SANYO
山高远　志广博

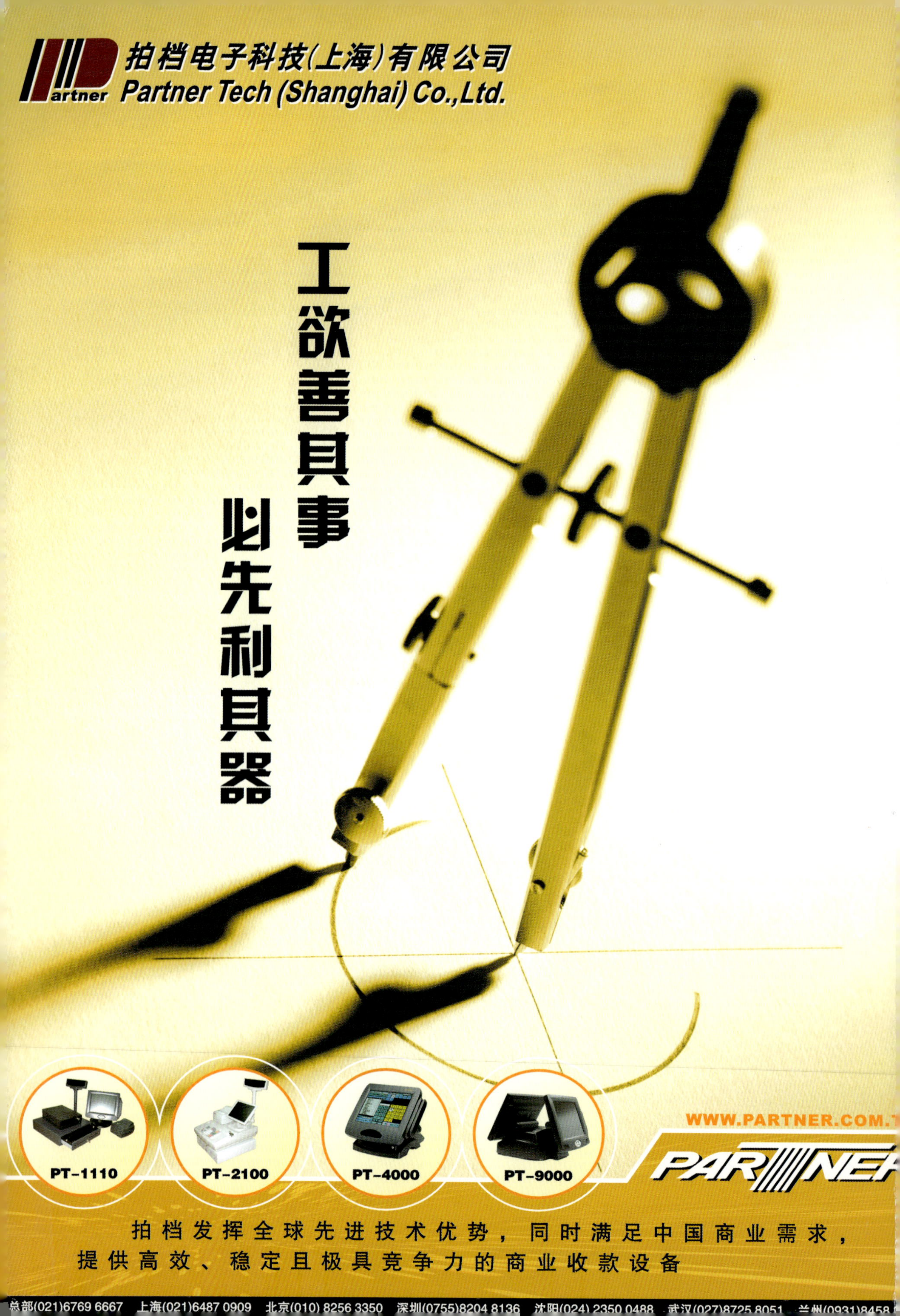

拍档电子科技(上海)有限公司
Partner Tech (Shanghai) Co.,Ltd.
工欲善其事
必先利其器
PT-1110
PT-2100
PT-4000
PT-9000
WWW.PARTNER.COM.T
拍档发挥全球先进技术优势，同时满足中国商业需求，
提供高效、稳定且极具竞争力的商业收款设备
总部(021)6769 6667 上海(021)6487 0909 北京(010) 8256 3350 深圳(0755)8204 8136 沈阳(024) 2350 0488 武汉(027)8725 8051 兰州(0931)8458

2003－2004年

中国连锁经营年鉴

中国连锁经营协会　编

中国商业出版社

图书在版编目（CIP）数据

2003－2004年中国连锁经营年鉴/中国连锁经营协会编．—北京：中国商业出版社，2004.8

ISBN 7－5044－5107－X

Ⅰ.2…　Ⅱ.中…　Ⅲ.连锁商店－商业经营－中国－2003－2004－年鉴　Ⅳ.F721.7－54

中国版本图书馆CIP数据核字（2004）第075035号

责任编辑：唐伟荣

中国商业出版社出版发行
（100053　北京广安门内报国寺1号）
新华书店总店北京发行所经销
北京星月印刷厂印刷
*
787×1092毫米　16开　33.5印张　750千字
2004年8月第1版　2004年8月第1次印刷
定价：280.00元
*　*　*　*
（如有印装质量问题可更换）

编辑委员会名单

总　　编：裴　亮
执行总编：郝晓燕

编辑部主任：郝晓燕
编辑人员：杨青松　彭建真　楚　东　何　勇
王洪涛　朱　冉　李建中　武瑞玲

前　言

连锁经营自20世纪90年代在我国出现以来，在国务院领导同志的高度重视和领导下，在各地流通主管部门的正确引导和广大连锁企业的共同努力下，取得了令人鼓舞的成绩，成为零售业、餐饮业和服务业等普遍应用的现代化经营方式和组织形式，显示出强大的生命力和发展潜力，是“三个代表”重要思想在流通领域的重要体现之一。据国家统计局统计，到2003年底，我国零售业和餐饮业限额以上连锁企业1203家，共有连锁门店44540个，从业人员109.5万人，年销售额达到3134.8亿元，增幅超过社会消费品零售总额的增幅达3倍之多，占社会消费品零售总额的比重已由2002年的5.7%增至6.8%，增加了1.1个百分点。2003年销售额超过百亿元的连锁经营企业共有6家。但是由于我国的连锁经营起步晚，发展时间较短，同发达国家和地区相比，无论从经营规模上，还是行业领域上都存在着明显的差距。2003年，港澳台商投资和外商投资的连锁零售企业和餐饮企业分别有64家和72家，零售额分别为506.1亿元和181.6亿元，门店数共2263个。按照我国的入世承诺，到2004年底，我国的分销领域将全面开放。面临国际大型零售企业的竞争，国内的连锁企业如何利用有限的时间加快发展、做强做大已成为当务之急。

因此，商务部组建以后，部党组就提出要遵循市场经济的规律，创造一个与国际同类企业平等竞争的市场环境，加快发展，把培育一批具有国际竞争力的大型流通企业作为一项战略任务，争取在3～5年内使我国流通业的竞争力有一个突破性的改观。在5～8年的时间内，培育出15～20家拥有著名品牌和自主知识产权，主业突出，核心竞争力强，初步具有国际竞争能力的大型流通企业集团。

推动连锁企业做强做大，必须解决连锁企业发展中面临的各种实际困难和问题。解决这些问题，要充分发挥行业协会这一中介组织桥梁与纽带的作用，为政府制定相关政策、提高连锁企业的经营管理水平做出贡献。中国连锁经营协会自成立以来，为推动中国连锁经营的发展做了大量卓有成效的工作，尤其致力于搞好行业内的一些基础工作。由该协会组织编撰出版的《中国连锁经营年鉴》就是一部详细记录中国连锁经营年度发展脉络和轨迹，汇集相关数据和案例，全面反映中国连锁经营发展进程的大型工具书。为中外社会各界人士，打开了又一扇认识、了解中国连锁业发展概况的“窗口”。

藉此《2003－2004年中国连锁经营年鉴》出版之际，向多年来为推动中国连锁经营发展而辛勤努力工作的各界人士，向所有参与《中国连锁经营年鉴》编纂的专家、学者、业内人士及编委会工作人员，表示衷心的感谢！

商务部副部长 张志刚

2004年7月3日

目　　录

第一部分　综合篇

第二部分　行业篇

第三部分　调查篇

第四部分　地方篇

第五部分　法规篇

第六部分　附　录

第一部分　综合篇

中央领导同志关于流通现代化的重要指示（摘选）

服务业是增加就业和扩大内需的重要渠道，要大力发展住房、旅游和社区服务业，积极发展连锁经营、物流配送等现代流通方式。

（江泽民同志2001年11月27日在中央经济工作会议上的讲话）

由于长期受计划经济体制的影响，“重生产、轻流通”的观念烙印很深，这也是影响经济发展的一个重要原因。发展社会主义市场经济，搞好流通极为重要，是消费通过流通来决定生产，只有现代的流通方式才能带动现代化的生产，大规模的流通方式才能带动大规模生产。因此，要大力支持和推动连锁经营、集中配送等现代流通方式，推动经济发展，提高竞争力。

（江泽民同志2002年2月25日在省部级主要领导干部“国际形势与WTO”专题研究班上的讲话）

在新世纪新阶段，发展要有新思路，改革要有新突破，开放要有新局面。要集中力量解决好关系经济建设和改革全局的重大问题，使经济总量、综合国力和人民生活再上一个新台阶。要以完善社会主义市场经济体制为目标，继续推进市场取向的改革，从根本上消除束缚生产力发展的体制性障碍，为经济发展注入新的活力。要从根本上改变粗放型经济发展方式，以提高经济效益为中心，注重依靠科技进步和加强管理，提高经济增长质量；注重实施可持续发展战略，节约和合理使用资源，加强环境生态保护和建设；注重地区、城乡协调发展和社会全面进步。要适应经济全球化和我国加入世贸组织的新形势，在更大范围、更广领域、更高层次上参与国际经济技术合作和竞争，拓展经济发展空间，全面提高对外开放水平。

（江泽民同志2002年5月31日在中央党校省部级干部进修班毕业典礼上的讲话）

运用现代经营方式和服务技术，改造商贸流通、交通运输、市政服务等传统服务业，提高服务质量和效益。

（朱镕基同志2001年3月5日在第九届全国人民代表大会第四次会议上《关于国民经济和社会发展第十个五年计划纲要的报告》）

大力推广连锁经营、物流配送等现代营销方式，使假冒伪劣商品难以进入市场。

（朱镕基同志2001年11月27日在中央经济工作会议上的讲话）

加快发展金融、会计、咨询、法律服务等行业。逐步推行连锁经营、物流配送、代理制、电子商务等组织形式和服务方式。

（朱镕基同志2002年3月5日在第九届全国人民代表大会第五次会议上的政府工作报告）

加快建设全国统一市场。强化市场的统一性，是建设现代市场体系的重要任务。大力推进市场对内对外开放，加快要素价格市场化，发展电子商务、连锁经营、物流配送等现代流通方式，促进商品和各种要素在全国范围自由流通和充分竞争。废止妨碍公平竞争、设置行政壁垒、排斥外地产品和服务的各种分割市场的规定，打破行业垄断和地区封锁。积极发展独立公正、规范运作的专业化市场中介服务机构，按市场化原则规范和发展各类行业协会、商会等自律性组织。完善行政执法、行业自律、舆论监督、群众参与相结合的市场监管体系，健全产品质量监管机制，严厉打击制假售假、商业欺诈等违法行为，维护和健全市场秩序。

（中共中央关于完善社会主义市场经济体制若干问题的决定　2003年10月14日中国共产党第十六届中央委员会第三次全体会议通过）

要加快发展第三产业。把加快发展服务业作为扩大就业、优化产业结构、提高国民经济整体效益和促进经济社会协调发展的重大举措。对就业容量大、同群众生活息息相关的商贸、餐饮、旅游等传统服务业，要实行充分竞争。积极创造有利于服务业加快发展的政策和体制环境，使服务业的比重不断上升，服务质量明显改善。

（胡锦涛同志2003年11月27日在中央经济工作会议上的讲话）

消费需求作为最终需求，对经济增长的拉动作用更为直接有效、稳定持久。扩大内需更加重视扩大消费需求。这对于合理调整投资和消费的关系，提高居民消费水平，促进国民经济持续发展和良性循环，具有重要意义。培育和扩大消费热点，推动消费结构升级。住房、汽车、通信、旅游、教育等方面的消费正在成为新的居民消费热点，要积极促进并引导。

（温家宝同志2003年11月27日在中央经济工作会议上的讲话）

大力发展现代流通、旅游、中介服务等第三产业，逐步提高其在国民经济中的比重。

（温家宝同志2004年3月5日在第十届全国人民代表大会第二次会议上的政府工作报告）

广东省要实现从小商人到大商人的转变，从传统商业向现代商业的转变，从传统服务业向现代服务业的转变，要创办广东的沃尔玛。商贸流通业要作为广东省的支柱产业，急起直追。

（李长春同志2001年在广东省工作时的指示）

明年我们务必要在流通工作上下更大的功夫。要健全现代市场体系，加强市场流通法律体系、社会信用体系、现代流通体系和市场监测体系建设，重点做好网点规划、开拓农村市场、推进流通企业改革、培育具有国际竞争力的大企业集团、重点商品的监测以及完善调控手段等方面的工作。特别要下决心打破行业垄断和地区封锁，加快促进商品和各种要素在全国范围内自由流动和充分竞争，建设统一、开放、竞争、有序的现代市场体系。同时，积极推动制定《反垄断法》等法律法规，尽快修订《反不正当竞争法》，加快建立和完善有关市场准入的法律法规和标准体系，为内外贸统一管理和协调发展提供法律保障。

当前开拓国内市场的主要方向，一要努力提高城乡居民的购买能力，二要提高消费预期，三要培育消费热点，四要改善消费环境。要重点关注住房、汽车、旅游、信息产业、教育等新兴消费成长和发展趋势，扩大居民旅游和服务消费，促进文化体育消费；深入研究市场和消费变化新特征，及时清理并取消限制消费的各种政策和做法，扩大消费市场空间。

（吴仪同志2003年12月27日在全国商务工作会议上的讲话摘要）

培育流通领域的大公司、大企业集团是贯彻落实党的十六届三中全会精神的重要措施，各地区、各部门要进一步提高认识，统一思想，认真做好这项工作。有关部门要认真研究必要的扶持政策，为流通企业的快速发展壮大创造良好环境。

（吴仪同志2004年2月20日在京主持召开流通企业改革与发展工作座谈会上指出）

国务院办公厅转发国务院体改办、国家经贸委关于促进连锁经营发展若干意见的通知

国办发〔2002〕49号

各省、自治区、直辖市人民政府，国务院各部委、各直属机构：

国务院体改办、国家经贸委《关于促进连锁经营发展的若干意见》已经国务院同意，现转发给你们，请认真贯彻执行。

发展连锁经营是促进大流通，带动大生产的重要措施，是改造传统商业，提升流通产业竞争力，推进流通现代化的有效途径。各地区、各部门要进一步提高认识，结合实际情况，采取切实措施，促进连锁经营的发展。

二〇〇二年九月二十七日

关于促进连锁经营发展的若干意见

连锁经营已成为当今商品流通业中最具活力的经营方式，目前在我国零售业、餐饮业等服务行业中普遍应用。但是由于发展时间短，现阶段我国连锁经营的总体水平仍然较低，突出表现是企业规模偏小、规范化程度不高。为了适应我国加入世贸组织后更加激烈的市场竞争，不断提高流通产业的组织化程度和现代化水平，引导消费和规范市场经济秩序，必须采取切实有效的措施促进连锁经营的发展。为此，提出以下意见。

一、充分认识促进连锁经营发展的重要意义

连锁经营是通过对若干零售企业实行集中采购、分散销售、规范化经营，从而实现规模经济效益的一种现代流通方式，主要有直营连锁、特许连锁、自由连锁等类型。实行统一采购、统一配送、统一标识、统一经营方针、统一服务规范和统一销售价格等是连锁经营的基本规范和内在要求。促进连锁经营发展对我国生产、流通、消费以及整个国民经济发展具有重要意义。

首先，发展连锁经营，通过规模化采购和网络化销售连接大批生产者和千家万户的消费者，可以有效衔接产需，是发展大流通，带动大生产的重要措施。没有连锁经营等现代流通体系的建粒，就不可能发展现代化大工业和社会主义市场经济。其次，发展连锁经营，有利于优化流通业态结构，提供质优价廉的商品和方便快捷的服务，引导促进消费，培育保护内需，促进国民经济持续快速健康发展。第三，发展连锁经营，有利于提高流通的组织化程度，实现经营行为的标准化和规范化，净化市场环境，防止假冒伪劣商品进入

流通领域，强化税收征管，是整顿和规范市场经济秩序的重要治本之策。第四，加入世贸组织后3年内，我国将基本取消对外资参与佣金代理、批发、零售在地域、股权、数量等方面的限制，取消对外资参与特许经营的限制，流通领域必将出现更加激烈的竞争。发展连锁经营，扩大经营规模，提高企业国际竞争力，是新形势下我国应对国际竞争，参与国际合作与竞争的重要举措。各地区、各部门要进一步提高认识，高度重视发展连锁经营工作。

二、采取切实措施，促进连锁经营发展

（一）深化改革，积极培育一批主业突出、经营规模大、具有国际竞争力的大型连锁集团

要按照建立现代企业制度的要求，加快连锁经营企业公司制改革步伐，完善法人治理结构，突出经营主业，增强创新能力，提高核心竞争力。鼓励连锁经营企业以资本为纽带，建立母子公司体制的直营连锁网络，或通过商品、品牌、商号、配送、管理技术等联结方式发展特许经营网络。鼓励相同业态或经营内容相近的连锁经营企业通过兼并、联合等形式进行重组，实现低成本扩张和跨地区发展。对通过兼并、收购等发展连锁经营的企业，被兼并、收购企业所在地政府及有关部门要给予积极支持。对资产质量好、经营机制规范、成长性强的连锁经营企业，要鼓励其上市。

（二）统筹规划，加快物流配送体系建设

要做好规划与标准制定等基础工作，积极扶持连锁经营企业配送中心的建设，鼓励引进和自主开发先进物流管理技术，努力实现仓库立体化、装卸搬运机械化、商品配货电子化，加快建立高效率的配送体系，提高连锁经营企业商品统一采购和集中配送的比例。积极改造传统的运输和仓储企业，挖掘现有物流网络设施潜力，发展面向广大中小企业的社会化物流配送企业。对具备条件的大型物流配送中心的建设，要纳入国家重点技术改造项目范围。有关部门要对与物流配送中心相配套的基础设施建设予以扶持。公安、交通、城市管理部门要对物流配送中心符合条件的送货车辆尽可能提供市区通行、停靠的便利。

（三）加强管理，提高连锁经营企业规范化水平

要按照连锁经营标准化、专业化的要求，建立连锁经营企业规范的作业标准和管理手册，连锁经营企业总部要强化对门店经营行为的监管和约束，杜绝不规范的商业行为。进一步推进和完善连锁经营时点销售系统、管理信息系统的建设，推广客户关系管理和供应链管理技术，加快连锁经营企业信息化建设步伐，推广品类管理、电子标牌、防损防盗等现代管理方法和手段。抓紧培养熟悉流通规则、方式、管理及技术的高素质人才，积极开展连锁经营从业人员培训。要进一步培育连锁经营行业组织，加强行业自律。

（四）进一步扩大对外开放，促进连锁经营企业在竞争中发展壮大

要认真总结近年来商业对外开放的经验教训，抓住我国加入世贸组织的有利时机，不

断完善商业利用外资的管理法规，根据加入世贸组织的承诺，加快商业对外开放步伐。要提高商业利用外资的质量和水平，引进、学习和消化跨国连锁集团先进的经营理念、经营模式和管理技术。要注重加大利用外资改造传统商业的力度，大力推进传统商业向现代商业的转变。鼓励和推动有条件的大型连锁经营企业“走出去”，建立我国自己的跨国连锁经营企业。

（五）推动连锁经营向多领域和深层次发展

要进一步拓宽发展连锁经营的行业范围，除零售业和餐饮服务业外，要鼓励电脑软件、汽车销售及租赁、汽车配件及维修、房地产中介、家政服务、旅游等新兴服务业以及铁路、邮政、电讯、石化、烟草等经营比较集中的行业积极探索和推行连锁经营。在继续发展直营连锁的同时，积极、规范发展特许经营，鼓励企业学习借鉴国外特许经营的管理经验和技术，运用特许经营的模式实现规模化经营，努力培育民族特许品牌，形成规范化、可复制、易扩张、能够实施有效监管的特许经营体系。

三、为发展连锁经营创造良好的外部环境

（一）简化行政审批手续，建立健全市场准入机制

工商、卫生、环保、质检、消防等部门要进一步提高工作效率，简化审批手续，缩短审批时间。

连锁经营企业设立全资或控股的配送中心和门店，可持总部出具的文件，直接到所设机构所在地工商行政管理机关申请登记注册，免予办理工商登记核转手续。工商行政管理机关对连锁经营企业经营范围，原则上按企业章程核定，其中按行业大类核定的，应在经营范围中注明“法律、行政法规和国务院决定的前置审批项目除外”字样。

连锁经营企业经营烟草、药品、书籍、报刊、音像制品，代售邮票、信封、明信片、电话卡、代办公用电话等业务，可由总部向审批机关申请办理有关批准文件（或许可证）。总部取得批准文件（或许可证）后，门店不需再办理相应批准文件（或许可证），可由总部（或委托门店）持加盖总部印章的批准文件（或许可证）复印件，向门店所在地有关部门备案，并由门店向所在地工商行政管理机关办理相关登记即可。有关部门在办理连锁经营企业经营上述商品或服务的批准文件（或许可证）时，对不同地区和系统内外的所有企业要一视同仁，不得歧视。对连锁经营企业要求设立非企业法人门店和配送中心的，门店所在地政府及有关部门要予以支持，不得设置障碍。

（二）实行统一纳税，促进连锁经营企业跨区域发展

对省内跨区域经营的直营连锁企业，经省（自治区、直辖市、计划单列市）税务部门会同同级财政部门审核同意后，可由总部向其所在地主管税务机关在省（自治区、直辖市、计划单列市）内统一申报缴纳增值税。对市（地）、县内跨区域经营的直营连锁企业，经市（地）、县税务部门会同同级财政部门审核同意后，可由总部向其所在地主管税务机关在市（地）、县内统一申报缴纳增值税。

对连锁企业省内跨区域设立的直营门店，凡在总部领导下统一经营、与总部微机联网、并由总部实行统一采购配送、统一核算、统一规范化管理，并且不设银行结算账户、不编制财务报表和账簿的，由总部统一缴纳企业所得税。

各省、自治区、直辖市财政部门要及时制定统一纳税后所属地区间财政利益调整办法，使连锁企业门店所在地的财政利益在纳税地点变化后不受影响。

（三）减少对连锁经营企业的重复检查，严格收费管理

工商、环保、质检、城管、物价等部门要依法行政，加强协调，推行多部门组织的联合检查，减少对连锁经营企业的多头和重复检查。要根据连锁经营企业的特点，强化总店的管理责任，并把检查的重点放在总部和配送中心。各有关部门要严格收费管理，规范收费制度，公开收费标准。严禁向连锁经营企业乱摊派、乱收费。行政执法部门按规定收取的各种费用（包括罚没收入），要严格实行“收支两条线”。

四、切实加强对发展连锁经营工作的领导

各地区、各部门要按照本意见要求，统筹规划，分类指导，做好组织协调，并结合实际制定促进连锁经营发展的具体实施办法，把有关政策和措施真正落到实处；要着力打破部门分割和地区封锁，改革各种不合理的行政审批制度，为连锁经营健康发展创造良好环境。要加快制定连锁经营方面的法律法规。要力争通过几年的努力，显著提高连锁经营的规模化和规范化水平，初步形成连锁经营在我国商业、服务业组织形式和经营方式中的主体地位，积极推进流通现代化，促进国民经济持续快速健康发展。

2002－2003年中国连锁经营发展基本情况

一、综述

2002年和2003年是我国经济增幅比较快的两年，特别是2003年，虽然我们经历了非典的影响，但发展仍然很快。这两年，国内生产总值分别达到102398亿元和116694亿元，比上年分别增长了8%和9.1%。

同一时期，社会消费品零售总额在前几年快速增长的基础上，依然保持着强劲的增长势头。2002年和2003年分别为40911亿元和45842亿元，比上年增长了10.2%和9.2%。

连锁经营作为商业、餐饮服务业非常重要的组织和经营形式，近几年的增幅又远高于社会消费品零售总额。

百强连锁企业的发展数据是衡量整个连锁经营发展程度的一个重要参考依据。根据中国连锁经营协会的统计，近几年百强连锁企业的销售额增长都在50%左右，占社会消费品零售总额的比例逐年增长。

表1　社会消费品零售总额与百强连锁企业销售总额增长情况

项　目	1999年	2000年	2001年	2002年	2003年
社会消费品零售总额（亿元）	31135	34153	37674	40911	45842
同比增幅（%）	10.1	9.7	10.1	10.2	9.2
百强连锁企业销售总额（亿元）	640	980	1620	2465	3580
同比增幅（%）		53	65	52	45
百强连锁企业销售总额占社会消费品零售总额比例	2.0%	2.9%	4.3%	6.0%	7.8%

从不同城市的发展情况来看，上海、深圳、北京是连锁经营普及化程度最高的城市，2003年底，上海的连锁经营企业销售总额已占社会消费品零售总额的45%，深圳占40%，北京占24%。

从全国情况来看，到2003年底，连锁经营企业销售总额约占社会消费品零售总额的15%，即约7000亿元人民币。

图1是社会消费品零售总额与百强连锁企业销售总额增长情况的比较。从中我们可以看到，后者的增幅远远高于前者。

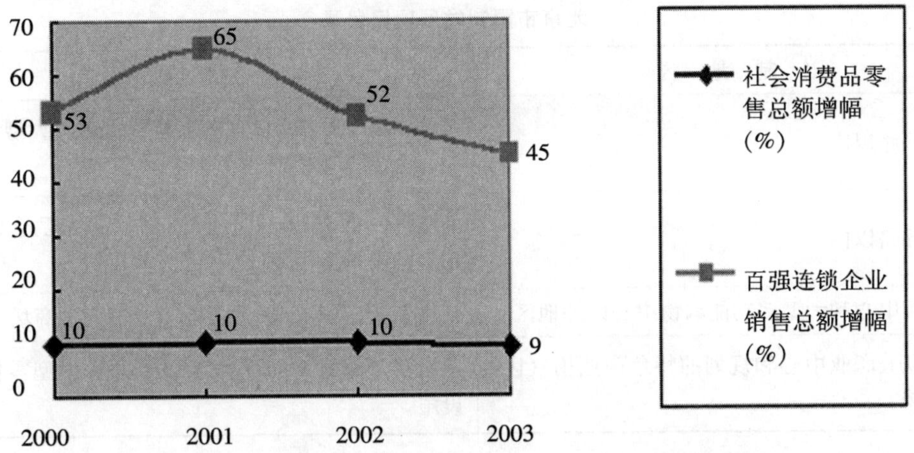

图 1　社会消费品零售总额与百强连锁企业销售总额增幅对比

二、2002 年连锁经营的发展情况

这一年，伴随着连锁企业的发展，圈地、并购、外资、价格战、进场费、食品安全等成为行业特别抢眼的字眼。

（一）圈地

面对外资企业的大举进入，国内零售企业面临空前的压力。利用有限的过渡期获得竞争优势，大规模开店，占据有利地理位置成了很多企业的第一选择。根据中国连锁经营协会的统计，2002 年百强连锁企业的店铺总数达 16986 个，比上年的 13117 个增长了 29%。

圈地运动随着大型超市数量的快速增长达到一个高潮。以上海为例，大型超市刚刚在上海兴起时，有关部门准备把总店数控制在 30 家左右。但是，据有关资料显示，到 2002 年底上海已经建成营业的大卖场就有 60 家，而这一数字是上海 2005 年的目标（依据上海市商业“十五”规划，到 2005 年末，大型超市总量将限制在 60 家左右，平均辐射人口为 20 万至 30 万）。

在有限的市场空间内密集开店，而且大型超市由于规模大，品种齐全，满足顾客一站式需求，因此对其他中小型超市的杀伤力很大。另外，由于客流量大（一般 5000 平方米卖场日客流量近万人，节假日更高），开在市区的大型超市还会对城市交通造成很大的压力。这些担心已经成为事实。针对这种局面，流通管理部门认为，必须对大型超市的发展进行总量控制，树立整体布局的概念。上海首先建立了听证会制度，遵循“内环线内严格控制、内外环线间适度控制、外环线外鼓励发展”的原则，进行宏观调控。

上海市商委在《关于在大型超市开设中引入听证制度的通知》中规定，内环线以内的中心城区，原则上不允许开设大型超市，建设 5000 平方米以上的大型商业项目，必须经过市计委和市商委的审批。凡在上海市内环线以外、外环线以内地区开设超过 1 万平方米的大型超市，必须经过听证会，原则上在 3 公里范围内不允许开设两家大卖场。

同样，北京市商委也于 2002 年底提出了“关于印发北京市流通业发展分类指导目录（2003 年）的通知”，文中提出限制发展项目目录如下：

表2 北京市限制发展项目目录

限制地区	限制项目
城区二环路以内	新增10000平方米以上的大型百货店、大型综合超市、大型专业超市
城区三环路以内	新增营业面积10000平方米以上的大型仓储式商场、各类批发市场
市级商业中心和大型多功能购物中心以外地区	新增营业面积10000平方米以上的大型商场
地区级以上商业中心和规划的特色商业街（区）以外地区	新增营业面积5000平方米以上的大中型零售商业设施

2004年3月，北京市商务局、北京市发改委正式发布2004年的"北京市流通业发展分类指导目录"。这个被称为"北京商业白皮书"的目录明确提出鼓励和限制发展的商业项目，其中对城区环路新增企业进行了限制。如，地区级以上商业中心和规划的特色商业街（区）以外限制新增营业面积5000平方米以上的大中型零售商业设施；城区二环路以内，限制新增营业面积1万平方米以上的大型百货店、大型综合超市；城区三环路以内限制新增营业面积1万平方米以上的大型仓储式商场、大型专业超市、各类大型批发市场等。

对于各地的限制，仁者见仁，智者见智。大多数业内人士对这些措施表示欢迎，认为这有利于建立一个好的零售发展环境，但对具体的做法也表达了各自的见解。如有人对上海的听证会人员组成中，政府人员占多数提出了异议。有的企业认为，3公里内不允许开设两家大卖场的规定，事实上会被越来越多的企业打破，比如一个大的购物中心里会同时包含多个卖场和百货店。也有企业提出应对限制办法进行跟踪、调研、分析，看看它是否取得预期效果，如果情况有变化，政府的规划也应随之调整。

从效益情况看，由于物流系统和信息管理相对薄弱，一些企业大规模开店为企业带来的效益是有限的，特别是跨地区开店。人们也在反思，为了先占据一处店址而不考虑盈利能力的做法是否值得？

（二）兼并重组

企业做强做大，是2002年政府和企业共同的呼声。但是仅凭企业的自身积累和发展，在较短时间内"做大"并非易事。企业间的兼并重组成了2002年零售业中的大事。

这一年发生的主要兼并重组案例有：

1.2002年3月，华润100%控股万佳百货

万佳百货负责人透露，华润近期将继续收购万佳余下的28%股份，至2月底完成100%全资控股万佳，而万佳将暂时不考虑上市。（羊城晚报2002年1月21日）

2.2002年4月，超市发、天客隆对外宣布：进入整合实施阶段

2002年3月15日，在原超市发总部召开了自两家（超市发与天客隆）连锁企业重组以来的第一次全体中层干部会议。在这次会上，超市发天客隆整合的框架终于浮出水面。

这标志着超市发与天客隆两家连锁企业自2001年12月18日重组以来，正式进入了实施整合阶段。(中国商报2002年4月5日)

3.2002年7月，联华斥资2亿控股杭州华商集团家友超市

2002年7月16日，友谊集团宣布旗下联华超市溢价增资2.1亿元，入主浙江最大的超市公司——家友超市的母公司杭州华商集团，以50%股权成为新组建的联华华商集团有限公司的第一大股东，从而成功地实施了国内连锁业最大的一桩异地购并案。(经济观察报2002年7月29日)

4.2002年8月，华润万佳以2.32亿元人民币收购江苏苏果超市39.25%的权益

5.2002年9月，天津劝业场与家乐福组建天津劝业家乐福超市有限公司

日前，天津劝业场（集团）股份有限公司宣布拟以现有的四家大超市资产作为投资，与家乐福（中国）控股有限公司合作组建合资公司。合资公司注册资本约为1000万美元，津劝业持有投资公司35%的股份，家乐福持有其余65%的股份。双方的代表已于日前正式签署了合作协议。(中华工商时报2002年9月3日)

6.2002年12月，物美重组崇文区崇远投资经营公司

以上是2002年发生的几起主要并购案，但签署并购协议只是开始，两个企业真正的重组要有漫长甚至是痛苦的路要走，最终的效果也需要时间的验证。

(三) 外资

2002年是外资零售业在国内开店相对较快的一年，也是近几年来内资企业感到压力最大的一年。

中国连锁经营协会对2002年大型外资零售企业的情况进行了统计。统计发现，大型超市是外资企业在国内发展的重点业态，而且业态相对单一，对内资企业的影响最大。表3是这些外资企业中有大型超市业态的企业的基本情况。由于个别企业无法直接得到确切的数据，所以其数据为估计值。

表3 2002年外资大型超市企业基本情况

序号	企业	销售规模(亿元)	店铺数(个)	行业、业态
1	家乐福	约110	36	大型综合超市
2	好又多	约100	52	大型综合超市
3	大润发	约90	35	大型综合超市
4	华润万佳	86	397	大型综合超市/超市
5	沃尔玛	约60	26	大型综合超市/会员店/社区店
7	乐购	约50	22	大型综合超市
8	易初莲花	约35	12	大型综合超市

续表

序号	企业	销售规模（亿元）	店铺数（个）	行业、业态
10	深圳百佳	18	19	大型综合超市/超市
11	华糖洋华堂	约17	3	大型综合超市
12	欧尚	8	2	大型综合超市

外资零售企业用了4~5年的时间，在我国零售业占据了重要的地位，而且还在保持比较快的增长。

（四）进场费

零售商向供应商收取的一些费用，包括开业时的赞助费用、进场前的进场费或入围费、进场后的条码费和专架费或宣传费、结算时的返佣费用等，统称为通道费或进场费，收取这些费用的数量和方式造成在一些地区和领域内，供商关系不和谐，由此引起了广泛的关注。

中国连锁经营协会对此进行了深入的研究后发现：在发达国家，进场费虽然也伴随着争吵，但合理收取进场费仍是各个国家较为普遍的惯例。20世纪70年代，通道费用在美国出现后，即引起了美国政府的关注。1996年7月，美国联邦贸易委员会召开了一次关于通道费用的听证会，在之后的报告中指出：联邦贸易委员会听取了供应商对通道费用的意见，但没有制造商能够提出证据，表明通道费用可能会对消费者产生不利影响。1999年，美国农业部经济调查中心在美国国家食品和农业政策项目委员会的协助和参与下，对美国通道费用的情况进行了调查。美国众议院司法委员会、联邦贸易委员会、参议院小企业委员会，分别在1999年10月、2000年5月和9月听取了关于通道费用情况的报告，但都没有形成最终的结论。

尽管对通道费用的收取有现实的客观基础，但应基于国家法律的要求和双方合同的约定。

（五）食品安全

2003年，食品安全成为消费者、食品生产企业和连锁企业共同关注的焦点。商品渠道质量不能保证、超市购物篮不及时清洁、散装食品不符合要求、直接入口食品的工作人员不戴口罩和手套等问题，频繁见诸于报端。

2003年6月份，国家质检总局宣布对小麦粉、大米、食用植物油、酱油、食醋等5类食品首批强制执行食品质量安全市场准入（QS）制度，并将逐步增加实行市场准入的种类。

2003年7月份，我国第一部适用于超市和商场的《散装食品卫生管理规范》正式出台。《规范》规定，销售的直接入口食品和不需清洗即可加工的散装食品必须标识出食品名称、配料表、生产者和地址、生产日期等。

2003年8－10月间，中国连锁经营协会依托14家大型连锁企业，在全国12个大城市进行的“超市顾客趋势调查”显示，食品安全成为顾客选购商品的第一要素。顾客在超市选购商品时最看重的因素依次为：食品安全、绿色食品标志可靠、品种丰富、始终有货、物有所值、价格便宜，其中食品安全成为首选。

（六）价格战

近几年，在超市经营和竞争中，价格往往被置于最重要的地位，价格大战愈演愈烈，造成个别企业在过分追求低价时，忽视了对商品质量的掌控，出售假货、劣质商品的事件时有发生。超市经过十年努力在顾客心目中确立的信任感将弱化，对于整个行业来说，也将是重大的损失。

三、2003年连锁经营发展情况

2003年是我国零售业正式对外开放的前一年。内资与外资、联合重组、上市等话题成为这一年的热点。

（一）民族商业

商业是否有民族性？至今仍有人在讨论。无论如何，在2003年，它的确引起了人们的极大关注。民族商业的倡导者主要是国内大型民营企业和具有国有企业色彩的大型企业。

首先，他们希望对内资企业实行与外资企业同等待遇。这些企业反映，目前各地均重视引进外资工作，于是当外资零售企业登陆国内市场时，有时在地价批租和服务效率等方面比内资企业更容易得到实惠，并且还能享受种种其他优惠政策。这种超国民待遇实际上给内资企业造成了非国民待遇，其后果是大大削弱了内资企业的市场竞争力，不利于民族商业的成长和发展。他们表示，民族商业在重大或特殊社会情况下，往往凸现无法替代的重要性，例如在“非典”疫情中，统一部署，服从调度，为社会稳定和控制疫情发挥了重要作用。

其次，希望政策扶持民族商业。为帮助民族商业企业尽快发展现代化流通方式，这些企业希望政府出台或给予一些优惠政策，例如对投资城市商业网点规划项目和现代物流设施给予贷款贴息；对在商业网点规划中鼓励的地段设点给予税收优惠等。

这些呼吁引起了很多内资企业的共鸣，也引起了政府有关部门的注意。《外商投资商业企业管理暂行办法》（以下简称《办法》）的制定及关于《大店法》的讨论与此不无关系。

（二）《外商投资商业企业管理暂行办法》

由商务部起草的这份《办法》，被业界普遍认为是一份防止过度开放的规范性文件，是对一段时间以来地方政府在对外商零售企业开放市场方面走得太快的一种校正。

持有“零售业过度开放”观点的全国工商联副主席、东方家园董事长张宏伟表示：中国入世时曾承诺，商业流通业的保护期为4年，本希望在仅有的4年时间内好好强身健体，不料外资零售商瞄准中国巨大的市场潜力，利用各种手段进入中国。目前，全球50家最大零售企业大部分都已进入并急速扩张，对我国的传统零售业形成渗透和吞并之势。《办法》可能在明年实施，虽然有点晚，但是有总比没有强，这样对外资零售企业有了一个惩处尺度。（南方都市报2003年12月17日）

所谓“惩处尺度”，主要是指在《办法》的征求意见稿中，写有对外资企业进行分级管理的条款。即外国投资者将被评级，若被列入B级或C级，将对其进行整改，直至不能开设新店铺。

但随后，《办法》中涉及分级管理内容将取消的说法又被证实。在商务部2004年2月11日举办的新闻发布会上，商务部有关负责人透露说，鉴于不少外商投资商业企业已保证，今后将遵守中国相关法律法规，因此在上报国务院的《外商投资商业企业管理办法》建议稿中，已取消了对违规企业分级管理的条文。（中国产经新闻2004年2月13日）

（三）非典

2003年四五月间，突如其来的“非典”疫情给全国商业服务业经营形成重创。在疫情严重的北京，零售、餐饮、美容美发、旅游等商业服务行业销售额与上年同比普遍下降五成以上。与此同时，在一些地区，部分日用消费品还一度出现了涨价和恐慌性抢购的情况。

在关键时刻，在各级政府的统一协调下，经过近十年发展起来的现代连锁商业，凭借其先进的连锁经营方式及高效的物流系统，迅速平息了抢购风潮，稳定了市场。在世界卫生组织宣布北京“双解除”后，全国各地商业服务企业又积极开展形式多样的促销活动，开拓市场，扩大销售。

根据中国连锁经营协会对2003年连锁企业的调查统计显示，2003年百强连锁企业总计实现销售额3580亿元，比上年的2465亿元增长45%。门店总数达到20424个，比上年的16986个增长了20%。连锁业经受住了非典的严峻考验，正是中国现代商业进步的体现。

国家统计局《2003年国民经济和社会发展统计公报》的数据显示，2003年国内生产总值116694亿元，按可比价格计算，比上年增长9.1%。全年社会消费品零售总额达到45842亿元，比上年增长9.1%，扣除物价因素，实际增长9.2%。

（四）商业航母

组建商业航母是在国家号召商业做强做大的背景下进行的，其中以上海百联集团和北京首联集团为代表，它们也都是在政府直接推动下进行的。

2003年4月24日，由原上海市商委直属的上海一百（集团）有限公司、华联（集团）有限公司、友谊（集团）有限公司和上海市经委直属的物资（集团）总公司归并整合而成的上海百联集团成立。组建后的百联集团，总资产超过280亿元，年销售规模700多亿元，其旗下拥有上海一百、华联商厦、联华超市、华联超市等7家上市公司在内的一大批知名企业，几乎涵盖了零售业所有业态，这是目前国内最大的商业集团。百联集团刚一组建，就提出了冲刺世界500强的宏伟目标。

上海百联（集团）有限公司董事长张新生在百联挂牌5个月后透露，将来百联75%～

80%的收入及利润将来自于超市商业、百货、生产资料这三大核心业务。按照规划，百联集团的目标是“力争至2010年销售达1200亿元人民币，净利率与投资回报率等效益指标高出国内行业平均水平10%以上”，这意味着超市商业、百货、生产资料将承担其中的900亿元到960亿元。根据百联集团的总体规划，百联旗下将分为8个事业部，分别是超市商业、百货、生产资料、商业房产、物流、购物中心、专业专卖和汽销，8大板块各有侧重。

作为商业改革的样板，百联的尝试势必会对未来的商业政策产生影响。在资本运作上，百联宣称国有资产不会简单退出，而是要实现国有资产价值的最大化。在做强做大国有资产的基础上，再考虑实现投资主体的多元化和外来资本的引入。如果百联重组成功，将对国有商业服务业起到通过资本运作做强的示范效应。

在北京，2001年底由13家企业以店铺资源、实物资产折价或投资入股的方式组建成首联集团，在2003年进行了重组，突出主力业态即大型综合超市的开发速度。重组后的首联集团旗下拥有“亿客隆”、“燕莎望京”、“小白羊超市”及“星座兴石”等多家连锁企业，各类门店达到60多家，总资产达到12.7亿元，其中净资产3.53亿元，2003年实现销售额19.7亿元。

首联集团还计划与外资合资、合作发展便利店、折扣店和标准超市三种新型业态，其中与西班牙迪亚国际食品营销有限公司合资设立的北京迪亚首联商业有限公司，已在2003年下半年开出了第一批店。

（五）上市

2003年，各种所有制的连锁企业对于资本的追求都显示出极大的热情，上市无疑是获得资本的最佳途径。两家大型连锁企业在香港的成功上市，使更多的企业看到了机会。

2003年6月27日，联华超市在香港上市。自6月27日在香港主板市场挂牌以来，股价始终稳定在4.20港元左右，市场反响热烈。

2003年11月21日，北京物美商业集团在香港联交所创业板挂牌上市，这是香港创业板2003年以来超额认购倍数最高、募集资金金额最大的企业，也是上市盈利最高的企业之一：半个多月股价就上涨21%。而且在上市不久就赢得了包括JP.Morgan等几大金融机构的垂青。

两家企业的成功上市是对国内零售企业的重大利好消息。国美（北京青年报2003年7月4日）、家世界（经济观察报2004年2月28日）、深圳茂业商厦、铜锣湾百货（财经周刊2004年3月22日）等企业都对外界披露希望在香港上市。

对于前几年上市的商业企业，也有一些成为投资的热点，如考虑到百联集团后续的动作，除百联下属上市公司外，上海九百、益民百货、新世界、豫园商城等股票都持续走高。一些大型综合超市上市公司，如华联综超、杭州解百、津劝业、华联超市等更是成为股评者推荐的个股。连锁百货股如大商集团、重庆百货、武汉中百等的表现也不逊色。

（六）联盟

在2003年百强连锁企业统计中，前10名的销售额达1508亿元，占百家企业总额的42%，10家企业平均销售额为151亿元，说明行业的集中化程度大大提高。中小企业在这样的竞争环境下，发展面临巨大的挑战。

是等待时机争取有利条件被并购，还是壮大实力求发展，成为摆在每个中小企业面前的问题。

2003年10月31日，在武汉召开的第五届中国连锁业会议上，由六家中小超市组成的中国第一家跨区域超市采购联盟——上海家联采购联盟有限公司正式宣告成立。事实上，走联合之路已成为众多在夹缝中生存的中小零售企业的共识。早在2002年7月，由北京大中、上海永乐、河南通利等9家家电连锁企业合资注册的上海中永通泰电器营销有限公司正式投入运营，随着联盟的发展，通过成员企业之间的资本合作实现企业重组的意图开始显露。在河南，也有规模更小的4家民营超市在郑州成立联合采购办公室，实行统一采购。广东的药品连锁企业也开始了类似的实践。

四、行业发展中的突出问题

（一）零售业法规滞后

近几年来，我国的连锁业发展很快，陆续涉及到一些原有法规没有明确规定的问题，如内外资的公平发展、店铺选址问题等。特别是2003年和2004年是零售企业逐步开放的过渡阶段，无论是内资企业还是外资企业都比以往更加关注国家政策。

此外，一些管理方式仍在阻碍着连锁经营的发展，如已发布两年的国务院第49号文并没有得到充分落实。

（二）连锁企业管理机制限制企业发展

管理机制直接关系到谁对企业有支配权，关系到经营者积极性的高低，关系到企业能否制定长期稳定的战略方针。有的企业因为没有好的机制，而浪费了自身的资源，企业的发展受到阻碍。商业企业呼唤更加灵活、更加市场化的机制。

（三）连锁经营管理水平偏低

我国发展连锁经营只有十几年的时间，信息技术、配送体系都得到了长足的发展，但从整体上看，国内企业在店铺开发、商品管理、信息技术、物流配送等多个环节，与外资企业仍有较大的差距。

（四）供应商与零售商的关系需要改进

两年来，围绕着供应商与零售商的关系，在日用消费品、家电、药品等领域发生过很多的争论，其根本原因是双方力量对比变化引发的利润再分配。供应链管理的提出和普及，将有助于把两者的对立关系转化为合作关系，提升供应链的效率将成为企业利润的重要来源。

（中国连锁经营协会）

中国特许经营发展现状与展望

特许经营作为一种全新的现代营销模式，在中国经过十余年的推广和普及，已经被越来越多的企业所运用，并受到广大投资人的青睐，引起了社会的广泛关注。特别是2003年以来，随着整体经济持续高速的增长，特许经营在我国进入一个新的发展时期。

一、特许经营在中国发展的基本情况

（一）特许体系发展情况

根据中国连锁经营协会掌握的情况，截止到2003年第一季度，我国具有一定规模且较规范的特许经营体系共1500个，加盟店数约为70000个。

表4　　2000－2003年特许体系数量

统计截止时间	2000年	2001年	2002年	2003年
特许体系个数	410	600	1200	1900

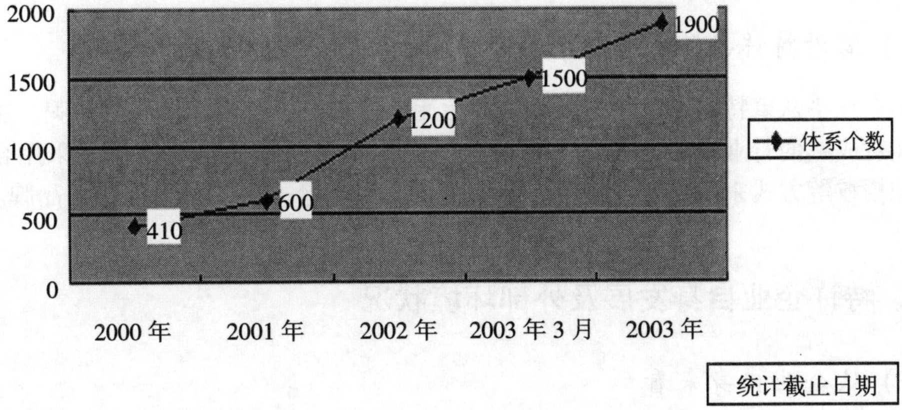

图2　2000－2003年特许体系增长情况

另据中国连锁经营协会“2002年度中国连锁经营企业经营状况分析报告”显示：与2001年同期相比，2002年中国连锁百强企业中的加盟店有了较大的发展，销售额达到244

亿元，同比增长129%；加盟店3968个，同比增长89%；员工人数近11万人，同比增长20%。

（二）特许经营行业分布情况

目前中国的特许经营在相关行业的发展情况主要有以下几种：

1. 起步较早，发展相对成熟的行业、业态

代表性行业、业态有餐饮（中式正餐、中式快餐、西式快餐）、零售（超市、便利店、服装专卖店、医药、家电专业店）等，这类行业中的特许经营企业成立时间较早、店铺数量较多、经营状况良好并已形成一批全国性或跨区域的特许体系，品牌知名度、美誉度较高。中国连锁经营协会2002年度中国特许体系调查结果显示，参加调查的以上两个行业企业数量分别占到参加调查的企业总数的22.3%、15.3%，这与世界上其他市场的情况相一致，即零售业和餐饮业是特许经营发展最普遍的行业。

2. 快速成长的行业、业态

代表行业和业态有洗衣、餐饮行业中的休闲类、教育培训中的外语培训、儿童启智教育、美容健身等，这类行业中的特许企业数量增长较快，发展速度相对较快。从中国连锁经营协会近两年的特许展会以及全国各地各类特许展览的参展企业的行业分析中均可以看出，特许经营在这些行业、业态中的发展势头迅猛。

3. 新兴的行业、业态

代表性行业、业态有汽车后市场服务、房地产中介以及教育培训等行业，这类行业、业态的特许企业成立时间虽晚但有良好的发展空间。

4. 传统垄断、半垄断性的行业

这类行业以前主要为国家控制和保护的行业。随着WTO三年过渡期即将结束，为了增加市场占有率，这些行业纷纷选择特许经营作为其扩张模式，代表性行业有加油站、烟草、图书音像、旅游、网吧等。

（三）海外特许品牌在华发展情况

目前，在华从事特许经营的海外品牌多为运作较成熟，知名度较高的品牌，主要集中在发展相对成熟的行业。由于我国市场尚未完全对海外开放，这些品牌多采用合资、合作、区域授权等方式来发展特许经营。如肯德基、星巴克、7－11、吉野家等品牌。

二、特许企业自身发展及外部环境状况

（一）从企业自身来看

国内的特许企业经过不断的探索和学习，已经逐步形成了适合自身的发展战略方针，并已付诸行动。中国的特许经营市场渐渐涌现出一批相对成熟的特许企业，并呈现如下特点：

1. 特许模式日趋成熟

众多本土企业选择特许扩张模式更加理性化、个性化和多元化。单店特许、区域特

许、合作、输出管理等特许经营的具体模式均已被各个特许企业有机地结合起来运用，并取得一定的成效。

2. 总部职能更加完善

国内特许企业逐步建立起物流配送、信息化管理、人力资源、培训、监督等体系，使得特许总部的职能更加完善，管理效率逐步提高。

（二）从外部环境来看

中国的特许经营市场从外部环境来看呈现如下特点：

1. 加盟者整体素质提高

经过这几年的推广和宣传，广大加盟商和潜在加盟商对特许经营的认识程度已经有了很大的提高，选择加盟品牌趋于理性化。同时，加盟商和潜在投资人的文化程度也在不断提高，从中国连锁经营协会推选出的12位2002年度中国优秀加盟者来看，有11位的学历在专科以上，其中有两位的学历为研究生。从中国连锁经营协会前5届中国特许加盟大会暨展览会的参观观众学历分析来看，大学以上学历者占到了总观众人数的50%以上。

2. 潜在投资人数量增大

2003年10月份，中国人民银行发布统计报告，截至2003年9月末，我国居民本外币储蓄存款余额已经超过10万亿元，达到10.10万亿元；另一组数据显示，国内51%的居民储蓄存款集中于20%的少数富裕个人和家庭手中。根据《科学投资》杂志的一篇题为“中国中产阶级真相”的文章推算，中国目前保守估计有3000万中产阶级，也正是这部分人占到了特许经营潜在投资人的大部分。另据中国连锁经营协会第5届中国特许加盟大会暨展览会的参观观众投资能力分析，拥有10万～50万投资额的观众占到了总观众数的50.1%。潜在投资人数量和投资金额的不断提高，极大程度地拉动了特许经营的快速发展。

以上两点是外部环境对特许经营发展有利的方面，外部环境还存在不利方面，主要表现在以下两点：

1. 法律环境还不完善

目前，由商务部起草的《商业特许经营管理条例》已上报国务院法制办审批，有望年内出台，但是就目前的特许经营法制环境来说，还存在很多不完善的地方，例如在信息披露等特许经营特有的内容方面没有具体规定；对于违反特许规则的惩罚法则也没有确定；外资准入等方面的内容还有待于进一步明确。此外，还存在部分特许总部不履行义务、加盟商不接受总部管理等由于特许双方的矛盾而产生的诉讼案件的审判仍旧依据于其他相关的法律法规。

2. 人才稀缺

由于特许经营这种模式进入中国仅十余年，且部分特许企业的成立时间较晚，因此在国内市场上，特许人才比较稀缺，专业人才流动性较大。特许总部的管理人才缺乏是制约企业发展的一个瓶颈。

三、中国特许经营展望

展望中国特许经营的发展，将会呈现出以下几点动向和趋势：

1. 消费结构的变化将促进特许经营在新兴行业的快速发展

2002年底大陆恩格尔系数下降到37.7%，相信随着中国经济的快速发展，恩格尔系数会降到更低。国家发展和改革委员会在2003年8月25日向十届全国人大常委会第四次会议报告中提供了住房、汽车等大宗消费品销售情况的权威数据：中国商品房前7个月销售额为2575亿元，同比增长43.9%，其中个人购房比例达到91%；轿车销售99.9万辆，同比增长77.1%。以上数据充分显示，我国居民消费结构升级步伐明显加快。消费结构的变化必将带动特许经营新兴行业（汽车后市场服务、房地产中介、医疗保健、旅游、娱乐等）的快速发展。

2. 海外品牌加快进入中国市场的步伐

随着WTO三年过渡期即将结束，海外特许品牌将纷纷加快进入中国市场。从目前以东南亚华语国家品牌为主要出口国逐渐向欧美等市场过渡，其发展方式将主要采取区域授权。同时CEPA的逐步落实将加快香港品牌进入内地以及海外品牌通过香港进入大陆的步伐。据了解，北美2000多个特许企业中有300家有在中国发展的意向；2003年，汉堡王、加拿大最大的咖啡企业第二杯等国际知名品牌已经确定了来华发展的计划；麦当劳在天津发展了大陆第一个加盟商；美国最大的医药零售品牌Medicine Shoppe授权海王星辰为中国区域加盟商。种种迹象都表明，海外品牌正在快速进入中国市场。

3. 本土特许企业快速扩张仍会继续

海外品牌即将大量涌入，形成市场上强有力的竞争，因此国内品牌将会继续加快扩张步伐，扩大市场占有率。

4. 特许企业的发展将以主业为基础向相关行业渗透

特许企业将不再局限于品牌与管理输出，而是通过兼并重组、供应链整合以不断向多品牌化经营和品牌多元化经营发展。全聚德收购华天、东来顺贴牌肉类产品、东易日盛生产同品牌家具、福奈特生产洗衣消耗品等企业行为已经充分证明了特许企业正在延伸发展。

5. 特许企业管理体系将不断完善

特许企业在未来将通过建立区域分部等方式，不断完善总部管理体系，有效控制加盟商的同时，也更有效地为加盟商服务。

6. 融资渠道将进一步通畅

随着国内诚信体系建设的进一步发展，以及WTO三年过渡期即将结束，各地融资政策将偏向于有网络体系的企业的发展扩张，从柯达联手工商银行上海分行、21世纪不动产与中信实业银行天津分行实行战略合作等信息已经可以看出，金融机构对特许企业的支持力度在加强，所以今后对特许企业来说，融资渠道会较以前通畅。

我们相信，进入21世纪的中国将是全球规模最大、速度最快、范围最广、最具发展潜力和活力的特许经营市场，我们正处在这样的一个新时期。

（中国连锁经营协会）

第二部分　行业篇

大型综合超市、仓储商店、超级市场分析

一、行业发展概况

（一）消费需求动态

尽管一些超市门店引进了部分较高档的商品种类，但超市消费需求在总体上仍属于大众消费和初级消费。2002、2003年中国居民的消费水平进一步提高，通过超市购买经济、实用型的食品和日用品成为许多市民的选择。主要表现如下：

1. 居民对超市生鲜食品的完全接收还需一定时间

从超市购买生鲜食品在发达国家早已成为主流，中国城市居民对超市经营的生鲜食品的需求虽有所增加，但所占比重仍然很小，预计今后几年也不会有太大的变化。主要原因在于：第一，居民的消费观念和消费习惯仍处在转变过程中。第二，超市经营的生鲜食品价格较高，中低收入家庭购买能力有限，所以偶尔购买无所谓，暂时还不会作为最主要的购买途径。根据对北京市的调查，家庭月收入达到5000元以上时，有50%的家庭会到超市购买生鲜食品，当月收入达到10000元时，有90%的家庭会到超市购买生鲜食品。第三，生鲜物流配送技术仍有待提高。第四，超市生鲜区的规模较小，种类少，新鲜度较差。上述因素的改变需要一定时间，所以超市中生鲜食品的经营还需要进一步发展和完善。

2. “一次性购足”消费理念进一步发展

外资大型综合超市将“一次性购足”消费理念带到中国，随着大型综合超市门店的增多，大中城市的居民已经基本熟悉了这种理念，“一次性购足”也日益成为大中城市居民的消费需求，今后这种需求将会继续普及并向中小城市扩散。总之，大型综合超市仍有较大的成长空间。

3. 超市和仓储商店中的日用品、耐用品销售日益受到越来越多的中低收入消费者的肯定

一些超市（尤其是大型综合超市）和仓储商店除了食品以外，也经营日用品与耐用品，它们的质量比较有保证，且与百货商店、专卖店等相比具有价格优势，满足了部分中低收入消费者的需求，瓜分了一部分中低端市场份额。

4. 消费者的需求日益多元化

为满足这种需求，一些企业在不断地变革自己的零售门店，这些因素导致了一些业态的变型，如家乐福在大型综合超市中引进小型专业店和专卖店；其他一些门店也引入某些服务等。

（二）行业发展特点

2002、2003年超市（大型综合超市、仓储商店、超级市场）在我国进一步得到较快的

发展，进入了稳定增长期。主要表现为：

1. 多种业态、不同规模并存

在大型综合超市中，超大型超市、大型超市、社区店等都获得了较快发展，并表现出大型化和社区化的特征。在超级市场中，标准食品超市、加强食品超市、生鲜超市增长较快，但生鲜超市的发展较为滞后。

2. 不同业态发展有所差异

在大型综合超市、仓储商店、超级市场这三种业态中，大型综合超市发展最好，仓储商店仍处于适应期，超级市场介于两者之间。以上海市2002年前半年的数据为例，根据上海商情信息中心的调查，上海市2002年标准型超市1－6月份销售178.1亿元，比2001年同期仅增长11.5%，而2001同期比2000年的增幅高达49.4%，表明标准型超市在2002年由快速增长过渡到缓慢增长。

与其相比，大型综合超市2002年前半年共实现销售90.84亿元，比上年同期增长28.4%，增长率明显高于标准型超市。通过2002、2003年的几例仓储商店改为大型综合超市的案例，可以看出仓储商店仍水土不服。

3. 不同城市发展有所差异

超市和仓储商店作为现代化零售业态，主要分布于城市中，所以一个城市的经济越发达，居民收入水平越高，一般而言超市就越发达。根据北京市商务局的资料：2003年，北京市超市和仓储式商场实现零售额209.8亿元，同比增长32.7%，占全市连锁企业实现零售额的45.3%，比上年提高3个百分点。

4.2003年非典疫情对超市的发展造成一定影响

受非典疫情的作用，少数连锁企业销售额出现了负增长，但仍有一些零售企业表现出快速增长的业绩。

（三）企业发展特点

表1和表2是2003、2002年超市和仓储商店行业的主要企业列表。除了表中所列企业外，还有一些重要的主营超市的企业，如京客隆、好又多、超市发等。目前并没有一个细分各业态的权威统计数据。本表选择企业的依据是商务部商业改革发展司2004年2月份发布的“2003年全国前30名连锁企业经营情况统计表”，以及中国连锁经营协会2004年3月23日发布的“2003年中国百家连锁企业情况表名单”。如果企业不公布或申报自己各业态的发展情况，要想获得经营多种业务企业的某一方面业务的销售额是很困难的。两表中针对企业超市和仓储商店以外其他业务的情况作了粗略的取舍，前后顺序不代表根据超市销售额做出的准确排名。

表1　　2003年10大主营超市或仓储商店的企业

企业名称	年销售额（万元）	店铺数（个）	超市业态	其他业务
联华超市股份有限公司	2403120	2579	超级市场、综合超市	便利店、药店、其他
华联超市股份有限公司	1803300	1388	综合超市	便利店

续表

企业名称	年销售额（万元）	店铺数（个）	超市业态	其他业务
北京华联集团投资控股有限公司	1360000	62	综合超市	大型购物中心、百货商厦
家乐福	1343682	41	大型综合超市	折扣店、生鲜超市
上海农工商超市有限公司	1238140	1213	大型综合超市	便利店、杂货店
华润万家有限公司	1032359	467	大型综合超市、综合超市、标准超市	
苏果超市有限公司	958000	1162	综合超市、超级市场	便利店、其他
北京物美投资集团	850451	518	大型综合超市、综合超市	便利店
沃尔玛中国有限公司	585329	33	大型综合超市、仓储商店、社区店	
锦江麦德龙现购自运有限公司	562064	18	仓储商店	

说明：表中的销售额和门店数不仅仅指超市。门店数和销售额根据中国连锁经营协会 2004 年 3 月 23 日发布的“2003 年中国百家连锁企业情况表名单”。

表 2　　2002 年 10 大主营超市或仓储商店的企业

企业名称	年销售额（万元）	店铺数（个）	超市业态	其他业务
华联集团有限公司	2147300	1921	超级市场、综合超市	便利店、药店
联华超市有限公司	1833002	1200	综合超市	便利店
北京华联集团投资控股有限公司	1030000	53	综合超市	大型购物中心、百货商厦
家乐福	1069345	35	大型综合超市	
上海农工商超市有限公司	873000	702	大型综合超市	便利店、杂货店
华润万佳有限公司	859107	456	大型综合超市、综合超市、标准超市	
苏果超市有限公司	705400	931	大型综合超市、超级市场	便利店、批发、配送、物流、加工
北京物美投资集团	506725	357	大型综合超市、综合超市	便利店

续表

企业名称	年销售额（万元）	店铺数（个）	超市业态	其他业务
沃尔玛中国有限公司	473958	25	大型综合超市、仓储商店、社区店	
锦江麦德龙现购自运有限公司	531029	16	仓储商店	

说明：表中的销售额和门店数不仅仅指超市。门店数和销售额根据商务部商业改革发展司 2004 年 2 月发布的"2003 年全国前 30 名连锁企业经营情况统计表"、中国连锁经营协会发布的"2002 年中国百家连锁企业情况表名单"。

通过比较表 1 和表 2，可以总结出 2002、2003 年超市和仓储商店行业从业企业的大体发展情况。①华联集团有限公司和联华超市有限公司已经纳入上海百联（集团）有限公司，如果合并计算，与第二名的差距将急剧拉大。②主营超市的企业，2003 年与 2002 年销售额相比基本上都获得了显著的增长，其中物美集团销售额增长最快，达 67.8%；其他公司大多集中在 20%多、30%多。但是与 2003 年连锁百强企业的平均增长率 45%相比，超市行业显得增长较慢；与药店、建材店、电器店处于"快速增长期"相比，可以认为超市行业进入"稳定增长期"。③内资零售企业大多进行多元化经营，即除了经营超市外，还经营其他一些业态，甚至许多企业的非零售业务占很大比重；相比之下，外商投资零售企业的业态较为集中，除了家乐福大力发展折扣店外，大都定位在超市行业。④2002 年、2003 年 10 家最大主营超市和仓储商店的企业相同，表明大企业地位日益稳固，不过企业的兼并重组也有可能打破这种格局。

二、典型企业分析

（一）典型内资企业发展状况

表 3 为超市和仓储商店行业的三家典型内资企业近三年来的销售情况和门店数统计表。从表 3 可以看出：三家企业的门店数都在持续增长，销售额也在持续增长，只是增长率有所波动和差异。这三家典型超市企业的发展情况，在总体上反映了超市行业的增长态势。

表 3　　典型内资企业销售情况统计表

年度	上海百联（集团）有限公司			上海农工商超市有限公司			华润万家有限公司		
	店铺数（个）	销售额（亿元）	比上年增幅（%）	店铺数（个）	销售额（亿元）	比上年增幅（%）	店铺数（个）	销售额（亿元）	比上年增幅（%）
2001				315	74.7	38.4	344	62.7	34.9
2002	3462	398.0		702	87.3	17.0	456	85.9	37.0
2003	4357	485.2	21.9	1213	124	41.8	467	103.2	20.2

说明：根据相关资料整理，因版本不同数据有所差异，仅反映大体情况。

1. 上海百联（集团）有限公司的经营、管理及重大事件

上海百联集团于2003年4月正式成立，其在政府的主导下，由上海四大国资商业集团上海一百、华联集团、友谊集团、物资集团重组而成。其业态几乎涵盖了商业流通业的所有领域。由于公司先成立后整合，因而其整合难度较大。

由于上海百联集团还未完成有效整合，因而没有表现出特别一致的经营模式，仍主要体现原组建公司的各自经营特点。第一百货正从综合百货向主题百货转变，从单体经营向连锁经营转变；华联超市的特许经营体系和现代化物流中心也极具特色。

在管理上，上海百联集团正尝试建立整合的组织架构：在一线成立8个事业部，在二线成立4个中心；以超市、百货、生产资料为核心业务，以商业房产、物流为支撑业务。

2003年上海百联集团的重大事件及举措有：2003年4月，上海百联集团正式组建；聘请咨询公司为公司整合和发展提供战略咨询；公司正在进行初步整合；另外，还在制定并运作公司上市事宜。

2. 农工商超市的经营、管理及重大事件

农工商超市的主导业态是大型综合超市与便利店，专注于发展大（第四代超市）、小（好德便利）、专（伍缘现代杂货）三种业态。公司的服务与产品品牌包括：农工商超市、好德便利、帕尔服饰、伍缘现代杂货、九九专卖、真德食品等。商品经营以生鲜食品为主导，经营特色为“大、全、廉”。

在管理上，公司树立“以人为本”的理念，完全是按照市场原则来组织管理企业活动，公司文化的核心为“责任、创造、贡献与激励”。

2002年农工商超市的重大事件及举措有：①公司的第四代超市诞生；②成立了真德食品有限公司、帕尔服饰有限公司，这是继超市、大卖场、便利店、酒楼后的两个新的业务，标志着农工商超市已走向“一业为主、多业态发展”的道路。

2003年农工商超市的重大事件及举措有：上海农工商超市有限公司成为国家第二批农业产业化国家重点龙头企业，也是中国零售商业惟一一家获此称号的企业；筹划第三方物流公司；好德便利门店数突破1000家。

3. 华润万家的经营、管理及重大事件

华润万家主营万佳百货（华润称其为大型综合超市，实际业态为大型综合商场）、综合超市（华润超级广场）、标准超市（华润超级市场）三种业态。大型综合性超市是在华润万家发展过程中已形成的比较成熟的模式，门店平均面积约1.5万平方米，商品品种齐全，最大程度地满足了消费者“一站式”的购物需求；综合超市是新型业态，面积在4000到6000平方米，主要经营快速消费品；标准超市面积在2000平方米以下，以社区居民为依托，强调便利功能。

在管理上，华润万家将中国划分为四个区域：华东、华南、华北和香港。2002年、2003年以及今后几年，华润万家主要致力于基本业务的优化和标准化。

2002年的重大事件为：华润万佳并入华润集团上市旗舰公司“华润创业有限公司”，获得了新的发展动力。

2003年的重大事件及举措有：华润万佳深圳配送中心启动；“华润万佳股份有限公司”正式更名为“华润万家”。

（二）典型外资企业发展状况

表4为超市和仓储商店行业的三家典型外资企业近三年的销售情况和门店数统计表。从表4可以看出：三家企业的门店数和销售额不论在全球还是在中国都在持续增长。总体上表现了超市行业在全球仍处于快速发展的态势，同时，外商投资的大型综合超市比仓储商店发展更好。家乐福、沃尔玛和麦德龙三家外资企业相比，前两家增长较快，麦德龙增长相对较慢；而家乐福和沃尔玛都以大型综合超市为主，麦德龙属于仓储商店；另外，沃尔玛两家会员商店的转型，也可以折射出外商投资的大型综合超市比仓储商店在中国成长得更快。

表4　　典型外资企业销售情况统计表

年度	家乐福				沃尔玛				麦德龙			
	总店铺数（个）	在中国店铺数	销售额（百万欧元）	在中国销售额（亿元）	总店铺数（个）	在中国店铺数	销售额（百万美元）	在中国销售额（亿元）	总店铺数（个）	在中国店铺数	销售额（百万欧元）	在中国销售额（亿元）
2001	5234	27	69486		3244	19	217799		2249	15	49522	49.5
2002	5532	35	68729	106.9	4688	25	244524	47.4	2310	16	51526	53.1
2003	6074	41	70486	134.4	4900	33	256300	58.5	2370	18	53595	56.2

说明：根据相关资料整理，因版本不同数据有所差异，仅反映大体情况。国际数据均来自各公司的年报。中国销售额的数据来源于商务部和中国连锁经营协会。

1．家乐福的经营、管理及重大事件

家乐福在全球拥有多种业态，其中大型超市、超级市场、折扣商店为三大主力业态。目前在中国主要定位在大型综合超市。将来家乐福在中国市场上的扩张可能采取（家乐福）大型超市、（冠军）超级市场和（迪亚）折扣商店三种主力业态的组合。

家乐福的经营理念可概括为“一次性购足、超低售价、货品新鲜、自动选购、免费停车”，其大型超市在同一位置以具有竞争力的价格提供较多的食品和非食品种类（如日用品、家庭用品、娱乐用品等）。家乐福的发展战略是获取较大市场区域的市场份额，用低价和常规促销吸引顾客，开发自有品牌商品，增加服务，并注重本土化。

为了便于管理，家乐福将中国大陆分为四个区：东部区、北方区、南方区、中部区。在商品的采购上，总部起组织和协调作用，分店具体落实。

2002年的重大事件：①家乐福在武汉、宁波、青岛等城市增设了采购中心；②原国家经贸委重点整顿家乐福，引发35%股权事件。2003年，家乐福与供应商（上海炒货行业）的关系受到广泛关注。

2．沃尔玛的经营、管理及重大事件

沃尔玛在全球拥有四种业态：沃尔玛商店、山姆俱乐部、购物广场和社区店。在中国已引进三种业态：大型综合超市、仓储商店、社区店，其中以大型综合超市为主。沃尔玛在中国的扩张战略可概括为“城市扩张战略、区域集中战略、市场饱和战略”。

其经营特色为：大型综合超市满足一站式购物的需求，将食品部和日用商品部整合在一起，强调每日低价。山姆俱乐部属于仓储商店，仅对会员开放，商品组合集中在用量最多的3500个品类，倡导极端低价。社区店可看作是小型的综合超市，在维持每日低价的同时，突出食品销售，增强了购物的便利性。

在管理上，加强对进货渠道、分销方式、营销费用以及行政开支等环节的成本控制。注重与政府的良好合作关系及与供应商的亲密合作关系。

2002年的重大事件主要是，2002年1月沃尔玛在中国引入新的业态——社区店。2003年的一个重大事件和举措是：重新审视仓储商店在中国市场的适应性，将昆明会员店改为购物广场；2004年初再次将长春的会员店改为购物广场。

3. 麦德龙的经营、管理及重大事件

麦德龙集团的全球业务可划分为“六大业态（分属于四大商业领域）”和“多个跨部门服务公司”。六大业态为仓储商店、大型综合超市、超级市场、专业店、大型装饰建材商场、百货商店。跨部门服务性公司指采购、物流、信息技术、广告和金融等。目前仅仓储商店一种业态进入中国。仓储商店一般将目标顾客定位在专业顾客，但在中国，大量的个人消费者成为其重要的目标顾客。

其在经营和管理方面的主要优势和特征有：会员制、低成本低价格、电脑货物管理系统、专业顾客的超级仓库、售后服务、保证新鲜、品种齐全、专业的大型手推车、直接邮报、内容详尽的发票、严格的商品质量控制、免费停车位、长时间营业、注重本土化等。

2002年的重大事件主要是，在中国北部、东部、南部和中部建立了四个销售区域。2003年的一个重大事件是，11月17日在上海国际会议中心举行了“2003麦德龙中国供应商大会”。

三、市场竞争分析

（一）市场竞争概述

市场竞争与产业和企业所处的生命周期阶段紧密相关。目前，不同零售业态处于不同的“产业生命周期”阶段，不同企业也处于不同的“企业生命周期”，因而呈现复杂的竞争局面。大型综合超市引入我国后，很快得到消费者的青睐，目前已处于生命周期的成长阶段；超级市场也得到消费者的认可，但其生鲜部分仍处于与消费者磨合的过程中；仓储商店仍然处于引入期。

在竞争手段上，价格竞争及非价格竞争都成为零售商常用的手段。价格竞争有两种方式：一种是指零售商通过成本管理降低成本，这是积极的价格竞争，例如家乐福、沃尔玛、麦德龙等国际零售商都注重这种方式，因而“天天低价”成为这些零售商的竞争优势之一；另一种是指零售商通过人为地降低销售价格以吸引顾客，这是一种恶性竞争，采取这种手段易激发相临零售商的报复行动，2002、2003年出现许多这样的典型案例。非价格竞争手段是指借助于产品的有形和无形差异、销售服务、广告宣传及其他推销手段等非价格形式销售产品，参与市场竞争。这种方式被内资、外资的大型零售商广泛采用，但由于管理水平、品牌知名度、服务水平、营销手段等方面的差异，不同企业具有不同的竞争力和竞争特色。

（二）市场竞争特征

根据竞争主体的关系，可以划分为多种竞争类型：同业态内的竞争；大型综合超市、仓储商店、超级市场之间的竞争；超市和仓储商店与相关业态（农贸市场、大型综合商场、便利店）的竞争；内资、外资零售商之间的竞争等。

1. 同业态内的竞争

在所有类型的竞争中，同业态由于目标顾客定位相同，竞争强度最大。同业态之间的竞争只能放到具体的城市来考察，在一个区域之内，如果同类的门店开设越多，竞争越激烈。大型综合超市之间、超级市场之间，由于在一个区域门店较多，商圈相互重叠，竞争较为激烈；而仓储商店由于仍处于引入期，门店较少，总体上竞争不激烈。

2. 大型综合超市、仓储商店、超级市场之间的竞争

大型综合超市、仓储商店、超级市场三种业态定位不同。三者之中，超级市场营业面积较小，商圈范围较小，以居民为主要销售对象，商品构成以购买频率高的生鲜食品以及日用必需品为主。大型综合超市商圈范围较大，商品构成中衣、食、用品齐全，重视本企业的品牌开发，满足一站式购物的需求，目标顾客为购物频率高的居民，强调每日低价。仓储商店商圈范围较大，商品组合集中在用量最多的几千个品类，倡导极端低价，一般仅对会员服务，但在中国个人顾客占很大比重。

尽管三种业态定位不同，但由于销售的商品存在替代关系，表现出较激烈的竞争态势，三者之间在生鲜食品销售方面存在竞争；大型综合超市与仓储商店之间在日用品方面存在竞争。在现实中，存在许多三种业态门店之间彼此临近的案例。如北京石景山区沃尔玛仓储商店与普尔斯马特的诺玛特超市（由会员店转型而来）相距不到400米，一家门店位于另一家门店的核心商圈之内。在上海市，家乐福、麦德龙、欧尚、易初莲花等外商投资零售企业开设有约20家的大型综合超市或仓储商店，如果以3公里作为商圈，除了这些门店之间商圈交叉外（尤其在上海市的东北和西南），这20家门店的商圈早已覆盖了上海市的大部分地区，再加上港商、台商投资的大超市，以及内资零售商（如上海百联集团、农工商超市集团等）投资的大超市，则商圈的交叉更为复杂。在这些商圈之内分布有大量的超级市场，彼此间存在着激烈的竞争。同理，在其他的一些城市（如北京、深圳等）也存在着这样的情况。

3. 超市和仓储商店与农贸市场、大型综合商场、便利店等的竞争

（1）超市和仓储商店与农贸市场之间的竞争

现代超市、仓储商店和传统的农贸市场都经营生鲜食品，但两者各有特色。农贸市场价格便宜，新鲜度高，机动灵活；超市和仓储商店的购物环境好，食品安全性高，质量较好。尽管2002年以来，一些城市政府力推“农改超”或“农加超”，但根据我国的经济发展水平，农贸市场升级的过程将是漫长的。

在我国，很多城市大量存在着超市和仓储商店与农贸市场相邻的案例。如北京市石景山区沃尔玛仓储商店临近京西批发市场，北京市马甸桥东北角的超市发与农贸市场相邻，上海市易初莲花船厂店与农贸市场相邻。既然相邻，必然存在着竞争。目前的情况是超市

与农贸市场在竞争中共存，这种现象会持续很长时间。

(2) 超市和仓储商店与大型综合商场、百货商店的竞争

在食品销售上，超市和仓储商店与大型综合商场存在着竞争。如大型综合商场一般在底层经营超市业务，因而与超市和仓储商店在生鲜食品和包装食品方面存在着竞争。

在日用品销售上，大型综合超市和仓储商店与大型综合商场、百货商店之间存在竞争。目前大型综合超市的耐用品占一定的比例，与大型综合商场和百货商店直接竞争。尽管定位不同，大型综合商场和百货商店中高档定位，大型综合超市中低档定位，但它们却在争夺中等收入的消费者，大型综合商场的打折促销对临近的大型综合超市影响很大，而大型综合超市的每日低价也吸引了一部分大型综合商场的顾客。

近年来一些大型综合商场远离商业中心开设，大型综合超市也一般偏离商业中心而接近居民区。两者在空间上的临近机会越来越多，因而竞争也愈来愈激烈。

(3) 超市和仓储商店与便利店之间的竞争

除了便利店提供的便民服务外，便利店所经营的绝大部分食品和日用品都可以在超市和仓储商店中找到。由于便利店的商品价格较高、商品种类少，一般居民的常规购物不会选择便利店。但便利店在购物时间短（几分钟完成购物）、24 小时营业、提供一些便民服务等方面具有特色，吸引了偶然购物的消费者。如果位置临近，超市和仓储商店与便利店虽有竞争，但便利店更多地表现为超市的补充。

四、热点问题分析

(一)“农改超”与生鲜经营的发展

“农改超”是 2002 年的一个发展热点。福州市在全国率先推行“农改超”模式，随后不少地方竞相仿效。到 2003 年“农改超”进度变缓，进入调整期，许多城市规定了具体的指标，但难以实现，不得不改变说法。这里要澄清一个概念：“农改超”指对原农贸市场的超市化改造，不应该包括“新设的现代超市”和“现有超市扩大生鲜经营面积”。“农改超”在推行中遇到一些困难，主要有：改建费用的问题，老摊贩安置的问题，成本增加引起售价高的问题，受生活消费水平影响的居民认可程度等。一些城市在探讨新的改造方式，如用“农加超”代替“农改超”。尽管如此，农贸市场的升级改造无可非议，只是不能一步到位，在中国目前的发展阶段，农贸市场有其存在的合理性。

(二) 仓储商店发展缓慢，转型求发展

2002 年、2003 年仓储商店发展中出现一个热点：多家仓储商店放弃会员制，转向大型综合超市。事实上，自 1996 年仓储商店这种业态引入中国以来，除了麦德龙以外，沃尔玛、万客隆、普尔斯马特的该业态发展均比较缓慢。中国内资的一批零售商曾模仿采用会员制，但大多倒闭。

在外商投资的仓储商店中，只有麦德龙仓储商店门店最多，并坚持会员制。其他零售商都有转型的案例：①沃尔玛昆明会员店于 2002 年 7 月、长春会员店于 2004 年分别转型为购物广场，目前仅剩深圳、福州和北京三家。②2002 年 8 月，开业仅 10 个月的泰国正

大会员制超市武汉店转型。③普尔斯马特把北京石景山、广州、昆明的三家会员店改成“诺玛特”购物中心。

仓储商店在发展中受阻的根本原因在于：中国消费者由于收入水平、出行交通方式、购物习惯（少量多次）等方面原因，不太认可仓储商店，更倾向于光顾大型综合超市。仓储商店要在中国发展，就需要探讨可行的盈利模式，如关于会员制的改革、商品包装量的改革等；另外，选址的好坏对仓储商店的经营成败影响很大。

（三）企业联合、兼并、重组及整合

联合、兼并与重组是零售企业做大做强的重要方式之一。沃尔玛、家乐福、麦德龙等国际零售巨头在发展中都有过多次重大的兼并与重组。近年来，在外商投资零售企业的压力下，国内商业企业纷纷通过联合、兼并与重组等方式来增强实力；北京、上海、广州等一些城市政府也都表示要培育和扶持一些大型流通企业集团。

2002、2003年是我国零售企业重组的又一个大发展时期，有多起重组案例。如2002年7月上海联华并购杭州华商集团；2003年4月上海四大国资商业集团重新组建成上海百联集团；物美商业集团与石景山、丰台、门头沟、崇文、通州等区的大企业的合作。

同时，2002、2003年又是以前重组企业的整合调整期，一些企业“联而不合”，最终解散。如超市发和天客隆分道扬镳；2002年11月物美正式退出首都商业连锁集团等。与政府主导的重组相比，企业自主的兼并更容易融合，也更稳定。

（四）外商投资零售企业的快速扩张

2002、2003年的另一个热点是外商投资零售企业在中国的快速扩张。主营超市行业（大型综合超市、仓储商店、超级市场）的外商主要有家乐福、沃尔玛、麦德龙、欧尚、易初莲花、普尔斯马特等。就业态而言，除了麦德龙为仓储商店外，其他都主营大型综合超市。这些外商实力雄厚，在市场竞争中基本处于市场领导者地位，其分店已遍布中国多数经济发达的大城市，并且都有近期开店计划，如麦德龙集团在中国的近期目标是在今后的五年内开设40家商场。

在空间布局上，这些外商的扩张战略基本都是多点铺开和区域集中双重战略。就全国布局而言，沃尔玛33家门店已分布于中国的16个城市，麦德龙的18家门店也分布于中国的12个城市。除了全国布点外，也有在一个城市开设较多家门店的情况（如沃尔玛在深圳有8家门店，家乐福在上海有6家门店等）。

在业态配合上，外商投资零售企业日益倾向于多元化。如沃尔玛的业态组合是大型综合超市、仓储商店、社区店，家乐福的业态组合是大型综合超市、折扣店、生鲜超市。采取多元化业态组合可以在目标城市开设更多的门店，获取更多的市场份额。这种区域和城市集中的开店方式加上有效的业态组合对当地零售企业造成巨大的冲击，其中沃尔玛和家乐福的业态组合对我国零售企业的威胁最大。

除了以上提到的几个热点外，还有其他一些核心问题值得关注，如成本降低、物流配送采购、与商业地产商的合作、自有品牌开发、业态创新、高新技术应用等。

（郭崇义）

便利店分析

中国便利店的发展呈现出两个明显特点：一是发展迅猛。主要是在最近几年内形成了规模化经营的格局。如由农工商超市集团创办的好德便利，用三年时间，门店数就发展到了1000多家。二是以本土品牌为主导。中国的便利店经历了一条与超市大卖场完全不同的发展道路。超市大卖场是在中外品牌贴身竞争中发展起来的，而便利店至今仍然以本土品牌为主导。罗森与7－Eleven虽然进入时间较早，但没有建立网络优势。连锁规模在500家以上的便利公司都是本土品牌，而且其发源地都在上海。尽管在某些城市，如上海，便利店的竞争已经白热化，但由于国际著名的便利店品牌仍然没有发展到规模化运作的程度，所以，中国便利店的发展还存在许多变数。

一、2002－2003年中国便利店发展的动因与制约因素

2002年中国的便利店行业急速发展，最重要的原因有两个。一是扩张驱动：连锁行业的销售增长主要是依靠外延的扩张，便利店已经成为连锁公司（特别是以超市为主导业态的连锁企业）规模扩张的重要途径。二是利益驱动：在国际零售品牌即将大举进入中国市场的压力下，国内经营者普遍认为，便利店的商铺也是一种稀缺资源，开一家就少一家，占有网络就是占有未来市场。当前的亏损可以通过规模的进一步扩张、加盟或出售来弥补，甚至获得未来的盈利。在这种情况下，几乎所有的超市公司都在发展便利店，有些是独立成立公司发展，有些则是作为公司内部的一种业态来发展。然而，这只是一种比较理想的状态。实际上，未来便利店市场会发生显著的变化，这种变化受制于以下三个方面：第一，随着城市的发展与人均GDP的提高，一方面便利店的消费市场会越来越成熟，但另一方面，商业成本也会大幅度提高，竞争的加剧又迫使便利店的经营投入必须增加，结果是只有那些高效率的便利店公司才能生存与发展。第二，便利店是一个耗钱的行业，需要以大集团为背景并提供充足的发展资金和承受长期且巨额的亏损。目前国内超市公司的盈利水平非常低，总体上大部分公司门店经营是亏损的，在大力发展大卖场和快速开拓全国市场的情况下，超市的亏损面与亏损额也是有增无减，大型超市公司能否为便利店提供足够的发展资金并承受巨额亏损，是令人担忧的一个问题。第三，寄希望于加盟翻身和通过出售盈利的想法也是单相思。在未来，便利店的加盟市场肯定会十分繁荣，但是，加盟店成功的基础是总部的品牌、技术与服务，以及加盟者全身心的投入。如果不能基本保证加盟者的利益，加盟关系就不可能长期维持下去，这样的加盟体系最终是要崩溃的。另一方面，如果被收购者开的都是一些“烂店”，是没有人会来收购的。中国发展便利店已经有十余年了，包括政府推动下的粮油店改造在内的便利店系统的亏损，笔者估计不会少于5个亿。最大的成果是什么？培育了一个便利店市场，提高了消费者对便利店的认知度。如果我国现有的便利店系统不能做实做强做大的话，那么，我们前十年的投入与亏损所创造

的成果将被他人坐享其成。

为此，我们应该意识到：第一，便利店将经历像超市那样的整合期，只有定位明确、战略得当、具备实力和核心技术的公司，才能获得生存与发展的空间。第二，便利店与超市是两个不同时代的产物，随着零售业态的不断细化，便利店应该做特定消费群的生意，而不能变成“迷你超市”。第三，便利店作为一种零售业，它的发展轨迹不是突变，学习与创新应该动态结合，是一个循序渐进的过程。我们更应该看到便利店是一种服务与信息产业，提供信息服务与便利服务是便利店的核心功能。

二、2002-2003年中国便利店发展状况

2002年中国连锁百强排名表显示，在百强中有36家公司经营便利店，门店数已经超过5000家，比2001年增长了50%，而同期连锁门店总数的增长率为29%，便利店门店的增长比连锁门店总数的增长高出21个百分点。在上海，2002年便利店门店总数达到了3576家，已经提前两年完成了“十五目标”，门店数同比增长83%，但销售只增长了63%，销售业绩下降了20个百分点，单店的日平均销售额估计不到4000元。

2003年中国连锁百强排名表显示，在百强中有30家公司经营便利店，门店数约为5800家，比2002年增长了16%，而同期连锁门店总数的增长率为20%，便利店门店的增长比连锁门店总数的增长低4个百分点。在上海，2003年便利店门店总数为4866家，市内便利店已经基本饱和，门店数同比增长36%，销售增长了34%，商品销售业绩并没有显著提高，销售增长可能主要来源于卡来销售。

新开门店增多，单店销售业绩下降，这虽然也是一种正常的现象，但是，作为便利店的经营者，在制定便利店发展战略时应该考虑规模扩张与业绩提高两者之间的动态平衡问题。如果管理水平不能随着规模的扩张而同步提升，经营规模的扩张将进一步导致经营业绩的恶化。上海便利店2000-2003年发展情况见表1。

表1　　上海便利店2000-2003年发展情况

	销售（亿元）	递增（%）	门店（个）	递增（亿元）
2000年	17	76	1109	50
2001年	27	59	1958	77
2002年	44	63	3576	83
2003年	59	34	4866	36

（资料来源：上海连锁商业协会。1999年上海有便利店741家，实现销售9.5亿元。）

2002-2003年便利店的发展有七个状况是值得注意的。

1. 便利店选址更加多样化

由上海农工商超市有限公司于2001年创办的好德便利（alldays）在周年庆时（2002年4月15日）推出了“大卖场加便利店”的发展模式，即在农工商超市大卖场旁边设立好德便利。从经营实效来分析，这种模式是十分成功的，能够起到互补的作用。其后，华联超

市于2002年7月4日推出了设在华联超市的“便利角”。北京的物美则在抢占地铁（上海的可的便利也已经进入上海的地铁）、加油站与商务楼。在山东，便利店还开进了监狱。有人提出：便利店还能去哪里？笔者认为：结论是没有定论。现在便利店的选址越来越灵活，在位置的选择上更加精细化，服务对象也更具有针对性，至于位置应该在哪里，主要还是看客流量与顾客需求能否支撑店铺的营运成本，以及有没有发展的空间。现在好不一定将来也好，现在不好不一定将来就不好。但就特定的铺面来说，不可能为未来等待很长的时间。目前，大学基本上是一个禁区，社会商业是很难进去的，这应该是一个很好的发展空间。地铁虽然不是全天候营运，但是客流量大，应该是可以发展便利店的。旅游景点的小型便利店也是可以有选择地发展的。总之，不能完全按照传统与国外的办法来选址，应该去发现有一定规模的“不便利”，这就是便利店的发展机会。

2. 便利店的规模化发展向前迈进了一大步

到2002年底，全国已经形成了五家门店规模接近或超过500家的便利公司，以公布的门店数排列是：快客便利（1045家，成立于1997年11月）、可的便利（706家，成立于1995年1月）、21便利（504家，成立于2001年5月）、好德便利（503家，成立于2001年4月），良友便利（472家，成立于1998年9月）。到2003年底，连锁规模达到1000家的便利公司有三家，仍然都在上海，它们是：联华的快客便利为1390家；农工商的好德便利为1001家；光明乳业的可的便利为1000家。

3. 市外寻找新发展

这些规模化经营的便利店系统都是独立成立便利公司发展的，而且正在向上海市外发展。如联华快客除上海公司外，分别在大连、杭州、宁波、北京、广州等地成立了多家子公司，分区域发展便利店的全国连锁。再如光明可的2000年进入杭州、昆山、张家港，2001年进入无锡、苏州、萧山，2002年进入常州、嘉兴、江阴，2003年进入广州、宁波、扬州、绍兴、太仓、常熟等地。好德便利也于2003年开始进入上海周遍地区，如浙江、江苏等地。

4. 行业自律开始启动

2001年以后好德便利等公司的强势发展，加剧了行业的竞争，同时也促进了便利店行业的发展。在这种背景下，2002年6月14日，上海连锁商业协会便利店专业委员会签订了“便利店选址公约”。笔者认为，这个公约的积极面是：防止贴身竞争；消极面是：可能保护区域垄断而不利于竞争；困难面是：公约实际上缺乏约束力，很难产生实效；问题面是：便利店的竞争还没有真正开始，我们就开始自我保护，不利于整个行业的有效发展。在便利店的发展初期（包括成长期），看似无序的竞争实际上是在用“看不见的手”整合效率比较低的便利店，培育效率比较高的便利店。这样做可能会造成一些浪费，但比人工干预会更有效。上海的这个经验不适于在全国推广。到2003年，上海便利店行业内部已经就面对面的店铺整合开始协商，通过协商，竞争双方可能会在2004年达成店面调整协议。

5. 便利店开始业态细分化

2002年9月18日，联华便利翻牌为“快客”。在20世纪90年代末，大型超市公司开始涉足便利店，当初在选择便利店品牌时实际上大家都已经考虑到了创立新品牌的问题，但最后基本上还是选择了原有的超市品牌，想利用原来的超市品牌来做便利店的生意。如联华超市发展联华便利，北京物美发展物美便利，苏果超市发展苏果便利。直到2001年，上海新发展的三家便利店（农工商超市的好德便利、家得利超市的21世纪便利、大润发的喜士多）全部都是采用了新的品牌与形象。这种差异化的品牌策略实际上是反映了经营者对便利店这种业态的认识有了提高，便利店已经成为一种全新的业态，经营定位上的差异导致了品牌的差异以及业务组织上的差异，如单独的信息系统与配送中心的建设等都是2002年我国便利店发展的重要项目。一切的一切都源于对便利店的认识与定位，这是一个很大的进步。当门店数量达到一定规模以后，门店数的多少并不是关键的，关键的是战略定位。

6. 在外资便利店进入的压力下，国内掀起了“便利店热”

在2002年，7－Eleven在中国内地的经营权始终是一个悬念，北京与广东的市场已经有主，关键是上海的市场怎么进。伊藤洋华堂、香港牛奶、统一和正大不管是四家联合进入还是独家进入，总是要进入的，当然还包括其他一些品牌的进入也是必然的。在这种心理压力下，全国各地便利店的发展有点像当年买股票认购证。在北京，政府推广社区便利店，物美、倍顺、京客隆、超市发等也都在发展便利店。在杭州，千家伴与可的是元老，喜士多与快客也在加快发展，台湾的“勇信”准备开100家，杭州百大集团已经决定发展便利店，杭州市贸易局将把600家夫妻店改造成为便利店。在宁波，主要有快客、KK、宁波新华联三家，合计100家左右，分布于30多个小区，平均每4天开一家，竞争很激烈。在广州，7－Eleven已经有100多家店；“8”字粮店200多家将变脸“OK”，首批40家，3年内发展350家。在天津，主要是天津市消费合作社开办的便利店，2002年发展到了100家。在大连，联华便利于2001年7月进入，9月18日同时开5家，到2002年年底已经达到了120家。当然，上述这些便利店有很大一部分并不是真正意义上的便利店，而是小超市或杂货店。但其优势有三点：一是低成本，尤其是铺面成本、劳动力成本与税负都比较低；二是便利性比较好；三是临近居住区，比较人性化。因此，这些店铺可能会在中国长期存在，但却很难发展成为规模化与标准化经营的便利店，因为它们缺乏明确的业态定位，在服务功能与便利性越来越健全的现代便利店大规模发展之后，传统意义上的便利店将逐渐被市场淘汰。

7. 美亚音像收购21世纪便利店

2003年6月28日上午，“美亚”音像连锁公司出资2亿元，正式获得了575家21世纪便利店的所有权，成为21世纪便利店的新主人。这也是到目前为止，在中国便利店行业金额最大的一宗收购案。上海连锁经营研究所所长顾国建认为，出售上海21世纪便利店，是投资公司的明智选择。同时，上海的便利店已经进入了高度竞争时期，如果投资方的经营管理技术无法突破，那么投资方将有可能面临亏损局面。

三、中国便利店进一步发展的思考

（一）便利店发展的一般规律

便利店发展的一般规律是：（1）人均GDP达到3000美元时起步发展，消费者也开始接受便利店的概念；（2）人均GDP达到5000美元时进入成长期，便利店的形态与顾客的需求开始结合，特别强调时间上的便利性；（3）人均 GDP 达到 10000 美元时进入竞争期，同业竞争加剧，品牌开始整合，经营面强调产品组合的便利性；（4）人均 GDP 达到 20000 美元时进入成熟期，品牌进一步集中，出现主导品牌寡头垄断的市场格局，经营面更强调品质，商品更新更快，服务向多元化方向发展。对此，有两点我们必须注意：一是我国 GDP 的含金量问题；二是一定的 GDP 水平如何支撑众多店铺的问题。如上海，人均 5000 美元的 GDP 很难支撑 3000 多家便利店（4866 家店铺中市内约为 3200 家）。我国便利店没有经过充分的成长期就直接进入了竞争期。从经营层面来分析，目前面临的主要问题是：（1）便利店的功能没有充分发挥。便利店是以满足即刻需求为其基本特征的，但是我国目前的便利店普遍存在即刻需求不足的问题。由于即刻需求不足，所以舍本求末，便利店就变成了“迷你超市”。（2）由此导致了第二个问题，没有建立完善的即食品供应链，经营商品没有特色，缺乏差异化与价值感，毛利空间比较小。甚至出现了便利店也打“价格战”的奇怪现象。（3）有了大卖场以后发展便利店，而且居民购物的选择余地很大，便利店会受到大卖场与中小超市的双重打压。而其他国家与地区，实际上大多是先有便利店后有大卖场。（4）人力资源严重不足，管理人才的培养跟不上门店的发展速度，员工缺乏良好的训练与教育，统一的服务水平与服务形象难以保证。（5）经营成本（尤其是租赁成本）居高不下，同业异业的竞争压力大，外资集团的进驻更加重了国内经营者的心理负担。在这种心理负担下，经营者犯决策错误的可能性也在增加。

（二）便利店要嫁人

中国的便利店正处于发展的十字路口。

目前，上海是中国便利店发展得最好的城市。虽然早在 1992 年香港的牛奶公司已经进入了深圳，2002 年日本伊藤洋华堂的 7 - Eleven 也进了北京，但是，便利店还没有形成规模，消费者对便利店的认知度还比较低。上海从 1993 年 3 月起到现在，便利店的发展已经有十年历史，估计企业的亏损有几个亿。这些投入的最大成果是提高了消费者对便利店的认知度，这是发展便利店的最重要的基础。正当我们因相互激战而疲惫的时候，国际品牌虎视眈眈，盯上了上海市场。前十年，特别是 2002 年，国内企业之间已经打得“白热化”了，但实际上，便利店的竞争还没有真正开始，目前尚缺乏全国性的便利店系统，因为最强的或者没有进来，而进来的还没有发挥威力。国内企业自己称老大是没有用的。所以笔者认为，避免国外品牌抢夺我们胜利果实的最有效办法就是联合，该娶的娶，该嫁的嫁。

“便利店要嫁人”，主要有三层意思：（1）便利店并不好玩，它是一个耗钱的行业，不要以为人人都可以去发展便利店，如果发展不好，会伤及自己的主业与老本。（2）便利店最终是大集团的天下，不要以为现在有一定的规模就玩得下去，与其今后玩不下去灰溜溜地退出，还不如现在就体面地退出。（3）有些便利店的经营者本来就想嫁人的，他们是为了人家而发展，但也不要忘记：如果质量不好是卖不了几个钱的，说不定还没有等到人家收购你就被自己的规模撑死了。

便利店一般都是以大集团为背景的。如在日本的便利店系统，一般有两种发展背景，一类是以大集团为背景的，如日本的伊藤洋华堂公司发展 7 - Eleven，大荣发展 Lawson，西武发展 Family Mart；另一类是以专业公司为背景，如酒类批发商、盒饭公司、面包公司发展的便利店。大集团发展大型的便利公司，专业公司发展区域性的中小型便利公司。日本的便利店目前主要有十个系统，可分为三类：第一类是大型系统，店铺数在7000～10000家之间，主要有三家：7－Eleven、Lawson、Family Mart。7－Eleven是日本业绩最好的便利店，它并不是有铺就开，为了保证经营业绩和配送的及时与便捷，有很多地方是不开店的，尤其是人少的地方。有些公司则不这么考虑，能进的地方就进，有铺的地方就开，店虽然开得多、开得快，但业绩不尽理想。第二类是中型系统，店铺数在2000～3000家，主要有三家：OK、Sanks、Daystore。这些公司也进入中心城市，但主要在几个区域市场内发展。第三类是小型系统，店铺数有1000～2000家，较普遍的是400～500家，主要有四家：Jusco发展的Ministore有1700家店；由一家盒饭公司投资创办的Popula主要集中在广岛九州，有900家店；由一家酒类批发商开办的SEIKO－Mart，主要在北海道发展，有1000家店铺；由近铁百货公司开办的Am/Pm，主要发展区域在关东及关西，有1200家店铺。从店铺数量来看，大型系统约占60%的市场份额；中型系统约占20%的市场份额；小型系统约占12%的市场份额。但是，大型系统的销售和利润业绩比中小型系统高出20%～30%。

（三）便利店的个性化

如果便利店与超市没有什么区别的话，除非是在超市还不发达的地区，否则不可能有大发展。中国便利店这个市场，从目前的情况来看，在北方，尽管北京的气候与南方不一样，但是北京的生活水平、生活方式及人均GDP等这几条都是比较符合开便利店的，北京的便利店应该是一个比较大的市场。

目前很多地方都在开便利店，实际上并没有搞清楚两个问题：

第一，什么是便利店？是满足个人需求的以服务为主体的店铺，是提供中食，介于饭店吃与家中吃之间。超市是满足每日必需商品的商店，是提供内食，以家中吃为主。

第二，开什么样的便利店？国际上有7－Eleven这样一个标准，我国在各地甚至不同的企业有不同的标准，但变来变去总好像是超市。在上海有3200家便利店，主要是8家公司，一年大概做60亿元。而在广东有一种情况是值得注意的，个体商户很多，这种状况在短期内可能不会有大的改变。发展便利店还是要整合的，整合到几个品牌，国内的主导品牌全国应该有一些，也要有一些地区性的。

（四）培育品牌与核心能力

便利店日后的竞争会更激烈，品牌形象决定着发展前途，选址也十分重要，如果核心竞争力不强，品牌形象与便利性又不好，以后必然会被淘汰。品牌与形象最直观的来源是人员服务，所以，必须重视对服务人员的持续的教育与训练。便利店之间的差距从什么地方表现出来？产品有特色只是一个方面，更重要的是顾客的感觉，门面、环境、人员服务、便利性等。鲜度、清洁、亲切，能做到这六个字，并且不走样，再加上不断有新东西（可以称为时尚），就是一家好的便利店。

经营便利店要有良好的心态，投资者应该有一种“咖啡心情”，亏损只是一种投资，是一种广告投入；经营者则应该激流勇进，创新发展；管理者要手中有“粮”，具有独特的经营技术；服务人员应该向顾客展示亲和的形象。

为了树立便利店的经营特色，必须重视商品结构与鲜度管理，及时掌握消费情报，以引导供应商做好新品的开发。为了充分发挥连锁体系的作用，必须持续地投资于提升运作效率的系统、自动化设备以及管理制度的改善。特别应该注意的是：超市的管理方式在便利店的应用应该特别慎重，有时候往往是不恰当的，因为他们的发展背景及业态特征有较大的差异。在经营发展方向上，便利店应该朝信息产业发展，要关注消费者生活，越来越多的便利性服务项目引进便利店将成为便利店未来竞争的重要手段。

（五）便利店将进入整合期

从2000年到2002年，上海便利店的发展速度在全国是具有代表性的，门店数和销售额每年递增50%~80%，2003年销售额与门店数的递增则回落到35%左右。这意味着：本地市场逐渐进入饱和期，经营发展进入了整合期。在这个时期，我国便利店的发展将会呈现出以下三个发展趋势：

首先，通过内部整合，提高核心竞争力。一是通过扩大服务项目提供更多的便利服务，通过改善服务形象提升品牌价值。二是通过完善即食品供应链，培育和扩大即刻需求，实现差异化经营，提升商品的价值，以扩大毛利率。三是信息系统、物流配送与教育训练将成为内部整合成败的三个决定性因素。

其次，在更广阔的市场范围内寻求新的发展空间。便利店跨地区发展比较有效的办法是实施区域特许，在没有找到合适的区域代理人之前，可以采用直营连锁的方式进入，然后通过合资的方式继续扩大经营规模，再发展特许加盟。

最后，在便利店市场比较成熟的地区，经营发展的主要手段是争夺便利店的加盟者。加盟主的品牌形象、店铺质量与服务水平的好坏直接决定着加盟者的加盟意向。这对以加盟发展为主体的便利店公司来说是一次挑战，如果你不能给加盟者盈利，加盟者就会转向选择能够为他们带来盈利的便利店品牌。所以，吸引加盟以及巩固加盟体系的基础仍然是品牌形象与盈利能力。

当然，便利店公司之间的整合将是必然的发展趋势。问题在于：已经达到一定经营规模的便利店公司大都以大公司为背景，谁也不愿意轻易退出这个领域，除非母公司难以支撑。如果按照市场原则办事，应该追求最大的投资回报，便利店的整合一定会比超市的整合更有实效，规模效益也将更明显。对此，经营者应该有清醒的认识。

（周　勇）

百货店分析

一、2002 年百货业的形势及分析

1.2001 年百货业走出低谷，2002 年保持这种势头

（1）2001 年百货业走出低谷。2001 年全国百货业销售逐步增长，在百货业 500 强中，有 348 家盈利，占 69.6%；亏损企业 104 家，占 20.8%，同比下降 4%。由此可见，百货业已走出低谷。

（2）2002 年保持增长势头。据统计，大型百货商场在消费品市场仍居主导地位，2002 年全国大型百货商场零售额约占零售总额的 9.2%，所监测的 356 家重点大型百货商场商品零售额同比增长 13.4%，高出社会商品零售总额增长速度 4.6 个百分点。

（3）百货店处于城市商业中心，成本很高，但是百货店的经营利润是超市的 2～3 倍。因此一旦百货店形成连锁，就不仅有地理优势，而且可以稳定向城市的时尚消费提供服务。如北京赛特 3.5 万平方米，近 1 亿元利润，相当于联华超市 1000 多家店铺的利润总额。

（4）百货业在北京、上海、广州等大城市发展的势头明显放缓，在成都、济南等省会城市仍然有较大的发展潜力。据对全国 34 个主要商业城市的 120 多家年销售额超过 2 亿元的大型百货商场的监测表明，百货业在 2002 年表现平稳，但其在城市消费市场的传统优势正在受到威胁。百货商场在超大型商业城市的发展势头明显放缓，由于受到超市、大卖场、便利店等新兴连锁业态市场的冲击，百货业原有的市场份额正在减少。统计表明，在北京、上海、广州等商业发达的地区，65.2%的被监测商场销售业绩低于 2001 年，3 个城市平均下降幅度分别为 10.3%、4.4%和 5%。然而随着新一轮商业设施的陆续建成，以及经济辐射区域的不断扩大，以省会城市为代表的区域商业中心正成为百货业发展的新天地。2002 年，成都、合肥、哈尔滨、济南、银川等城市被监测的百货商场的销售业绩，全部高于上一年；重庆、武汉、南京更是出现了超大规模单体百货，销售业绩位居全国前列，显示了这些地区强大的市场潜力。①

（5）现代商业不仅要有“繁荣”市场的功能，而且要有“繁华”都市的功能，百货店对后者所发挥的作用，完全是连锁超市不可替代的。作为城市的窗口和象征，百货店依然在国民经济和人民生活中发挥着重要作用。

2. 百货业产权制度和劳动制度改革进一步深化

据中国百货协会统计，以 457 家百货协会会员为例，已实行股份制企业的有 112 家，也有一些试点了与外资合营，两者合计已达 356 家。

3. 传统百货的业务流程再造

---

① 赵毅，《百货业省会城市觅商机》，《名牌时报》2003 年 2 月 24 日。

例如湖南友谊阿波罗有限公司在大胆探索产权制度改革后，迅速进行管理流程再造，形成了“经营管理一体化”模式，以进销分离、规范制度为前提，集团公司将有关商品引进、开发、配送交由采购部门（经营公司）统一管理；将有关销售管理、商品管理、人员管理、现场管理交由门店统一管理；而对经营管理全过程的监控交由计算机系统来完成。百货店毛利率迅速由原来的14.3%上升至18.9%，远远高于目前多数百货店15%的毛利率，全国30个省市区先后派出代表团来长沙学习考察。此外还有一些百货商场也进行了相应的业务流程再造，如北京城乡等一些百货商场。

4. 在结构调整中进一步发展

2002年是我国百货业进行结构调整的一年，各商场均在错位经营中改变“千店一面”的状况。

5. 许多百货商场采用了多种业态形式

许多百货商场采取“超百模式”，所谓“超百”模式，是指大型百货店在自己的卖场内辟出一定空间（一般最好为一、二楼）经营超市，而较高的楼层（三楼以上）仍为百货商场的混业经营方式，实现两种业态的并存、联合，优势互补，错位竞争，吸引人流，促进整体销售，是一种“1+1”业态，这也是传统大型百货店在业态创新上的方向之一。2002年北京的一些著名商场相继开折扣店，如燕莎奥特莱斯（Outlets）名品折扣店、首都时代广场LCX精品折扣店、北京上品折扣店。①

6. Shopping Mall成为百货业发展的一个亮点

继百货店在店中引入超市、餐饮后，不少省市的大中型百货店完善功能，建设集购物、餐饮、娱乐、休闲、住宿等为一体的综合性商业广场。至2002年底，全国已建和在建面积在8万平方米以上的Shopping Mall有73家，其中大陆有55家，成为许多百货商场转型的趋势之一。北京市计划在“十五”期间修建4个Shopping Mall，上海则计划修建5个Shopping Mall。

7. 许多百货商场采用了商业服务品牌竞争

8. 百货业连锁经营

许多百货商场开展了多种形式的连锁经营，百货业连锁包括两种形式：一是百货商场管理模式输出型的百货店业态连锁；二是百货商场下属的超市等其他业态的连锁。大连大商集团作为东北地区的商业龙头企业，2002年跨地区并购，在东北、山东30多个城市拥有店铺65个，年销售额达127.9亿元，年实现利税3亿元，成为国内最大的百货店连锁企业。王府井百货集团先后在北京、广州、成都、武汉、包头等地开了9个百货商场，2002年销售额达到50.78亿元，其中北京百货大楼销售额达10亿元，利润8000多万元；计划到2005年王府井百货的门店数将由目前的20家发展到30家，年销售指标由100亿元调整到120亿元。上海华联商厦将重点发展公司三大支柱之一的百货连锁，采用统一店名、统一服务、统一核算、统一营销的连锁经营体制。太平洋百货2002年9月进驻福州市东街口，随后又在苏州、南京、泉州开设了自己的百货商场。此外，赛特、商之都、北京华联、重庆百货大楼、邯郸阳光百货等百货业连锁也较为成功。一些外商的百货业连锁，如

① 参见《商业时代》2003年第1期，《大型精品折扣店引入京城》、《开放式百货零售概念店亮相京城》、《京城兴起折扣店热》。

太平洋百货连锁、马来西亚百盛百货连锁、香港新世界百货连锁在全国也有重要的影响。一些跨地区的百货连锁店在大城市已经很普遍，现在正在向中等城市和县城、集镇发展。

9. 商业网点布局引起了社会的重视

2001年和2002年原国家经贸委先后下达了《关于城市商业网点规划工作的指导意见》和《关于进一步做好大中城市商业网点规划工作的通知》。2002年6月27日，大连在全国率先出台了《大连市城市商业网点规划建设管理条例》；随后，上海对城市商业管理提出“规模、规划、规范”的指导思想，并颁布了《上海市南京路步行街综合管理暂行规定》；至2002年底，北京、青岛、秦皇岛等6个城市也相继出台了城市商业网点规划，8个城市完成商业网点规划征求意见稿。上海市制定了“标准尺”，对不同商业街区制定不同的“限制令”。如大型综合超市、仓储商店、批发交易市场、集贸市场等，要想进南京东路、淮海路、四川路、徐家汇等一些繁华闹市区，将会受到限制，而如要开设高品位的百货店、特色百货店则会得到大力鼓励。

10. 百货店充分利用假日消费促进销售

2003年春节，全国90家重点大型商场实现销售额16.78亿元，同比增长5.24%。上海全市236家大中型商业企业共实现销售额21.86亿元，同比增长22.1%；北京“金街”王府井零售额达9491.1万元，同比增长7.8%，其中王府井百货大楼7天创下2421万元的销售佳绩。

11. 外商加快进入中国市场的步伐

2002年共批准8家非内资投资公司，其中包括法国家乐福、欧尚、日本吉之岛、英国百安居。据对27个城市统计，外商百货占6%，外资投资的大卖场占23%。

12. 百货店信用交易方式创新得到了迅速发展

例如，北京、上海、武汉等城市百货店的消费信贷迅速发展。

13. 百货业人才跳槽引起业内震荡

2002年5月中旬，经营台湾太平洋百货多年、在国内百货业内屡创奇迹的知名商业CEO王德明，被公司免除了上海太平洋百货有限公司董事及总经理职务，董事一职由朱海翔接替，总经理一职由江庆能接替。据悉，朱海翔还兼任成都太平洋百货的总经理，江庆能原是台湾太平洋SOGO的协理。随后，王德明率领上海太平洋百货近十名中高层管理人员集体跳槽投奔大连万达旗下，并打出“大洋百货”的旗号在国内开分店。2003年1月，华润万佳总经理徐刚主动辞职。这些百货业内的重要经理层变动引起较大的社会反响。

二、2003年百货业的形势

1.2003年全球百货业面临着4个共同的问题

（1）百货店商品种类减少，市场份额降低，百货店本身数量也在下降；（2）原来百货商店都是大而全的，但是现在它们面临着精品店等高端市场的挑战；在低端市场，由于超市出售的商品质量变得更好了，百货店面临着超市的挑战；（3）百货店面临着折扣店的挑战；（4）由于连锁店的服务质量更好，所以导致百货店的商品越来越少。像法国百货店的销售仅占社会商品零售总额的百分之一点几，并且还在下降。中国百货业也面临着挑战，百货店的规模也在日益扩大。

2. 国内经济增长保持强劲，但会受到战争的一些影响

国内经济将会保持增长，预计增长速度为7%，但将会受伊拉克战争的一些影响。如随着我国工业化进程的发展，我国每年净进口石油1000多万吨，而战争会引起全球石油价格的波动，这就直接会对中国经济产生影响；同时，会间接影响到百货零售业的发展。

3.2003年消费的增长仍只能保持2002年8%～10%的水平

目前我国经济正在由财政刺激主导增长阶段，转入财政刺激与市场内在活力共同推动增长阶段。预计投资会保持在12%左右的增长速度。住房、汽车、通讯等消费热点会继续发挥作用，城镇居民家用电器逐步进入更新期，其他方面的居民消费也会随着收入的提高而有所改善，但农村居民收入增长仍然比较缓慢，低收入群体的收入和消费状况还难以有大的改善。

4. 整个市场态势仍然是供大于求

2003年上半年600种主要商品中，供求基本平衡的商品有87种，占排队商品总数的14.5%，与2002年下半年相比增加了1.5个百分点；供过于求的商品513种，占排队商品总数的85.5%，与下半年相比下降了1.5个百分点，没有供不应求的产品。

5. 外资进入中国市场势头很猛

自1992年我国零售业对外开放以来，我国累计已批准设立外商投资商业企业350多家，总投资额40多亿美元，分布在国内20个省市，其中国家正式批准的已达46家，全球50家最大的零售企业中，已经有40多家在我国抢滩登陆。

6. 多种业态分流冲击仍然存在

有形店铺业态的超市、综合超市、仓储商店等成为主力业态，便利店将得到迅速发展。Shopping Mall成为一些地方零售商业的新的投资热点，形成新一轮的建设高潮；此外，网上商店、自动售货、邮购、电视购物、直销也得到了迅速的发展。

7. 百货店业态在调整中的空间很大

(1) 产权制度改革将进一步深入。2003年北京零售批发、餐饮服务、仓储运输等11个行业的国有资本，将通过股份制、股份合作、产权转让等多种形式，“基本实现有序退出”，彻底放开放活中小企业。

(2) 形成一批大型的商贸企业集团。上海一百（集团）有限公司、上海友谊（集团）有限公司、华联（集团）有限公司、上海物资（集团）总公司合并成“百联”商贸企业集团。

(3) 业务流程再造将改造传统百货。我国许多百货店大多采用传统经营方式，随着科技的发展，许多百货店将采用“进销分离、专业分工；统一管理、统一核算；计算机对其全过程实施管理和监控”。通过业务流程再造，培育大型的商贸企业集团。

(4) 百货店主业的转移。百货业大多采取百货单体经营、百货连锁经营、百货集团经营三种形式，百货集团经营大多采取多元化经营的方式，百货零售是主营业务，而其他是附营业务。一些大型商场开始进行主营业务转型，如2003年1月9日隆福大厦被中财社福投资公司接手，并改造为数码音像发烧城；1月15日，引领兰州商业几十年的兰百大楼弃百货而转做餐饮。

(5) 大家电纷纷撤出大商场，生鲜类产品超市已经独占鳌头。20世纪80年代，百货商场的销售额占到商业零售的80%以上，现在却只能占到40%～50%的份额，被超市、便

民店、专卖店等蚕食了将近一半的销售额，而且百货商场的市场份额还在继续下降。10 年前，百货商场是出售家电的主力，其销售额也占到商场总体销售的很大比例，而现在不少商场已彻底退出了家电领域。

（6）一些百货商场开拓中西部地区。如西单商场将投资 4000 万元，与兰州金帝置业有限公司共同组建兰州西单百货有限公司，作为西单商场异地发展百货业态连锁经营的尝试。自 2002 年以来，西单商场股份有限公司确立了今后公司的发展方向，即以百货店、社区购物中心和专营专卖作为连锁经营发展的主线，集中和调整公司的各种资源来支持这三种业态的发展。

（7）大连大商集团与香港先施公司合资兴办了先施秋林，经过周密的市场调研，定位于“第一家男士专业店”，即大商男店，让男性从此不再从眼花缭乱的女性世界里去寻找男性的点滴商品。男性来店的次数不多，但消费不菲，对商店来说就是“定期大额储蓄”。

（8）太平洋百货半年内在全国开店 5 家，总经营面积达到 22 万平方米。2003 年 3 月 4 日，太平洋百货进入长沙，使长沙商界超市领域的竞争转移到百货店领域。

8. 餐饮品牌与商业品牌联姻

餐饮店与百货店结合已成为这两种业态的发展趋势，肯德基、乐杰士、吉野家、仙踪林四家餐饮公司已经和北京华联商厦股份有限公司签订了开店协议，今后北京华联商厦到哪里开店，这四个品牌餐厅也会出现在哪里。餐饮品牌与商业品牌联姻，并非只是依靠商场提升人气，更主要的是两种业态通过相互补充，降低双方交易成本和经营风险，实现双赢。至今，北京华联商厦已经在全国建了 220 多个连锁店。

9. 商务部成立将对我国内外贸统一产生重要意义

商务部成立后，有利于商品流通的统一宏观调控和管理。2003 年 2 月 11 日，原国家经贸委贸易市场局宣布，凡未制定商业网点规划（包括含有网点规划内容的商业发展规划）的城市，将不得上报外商投资商业企业项目。广州市现已着手加快广州商业网点的规划工作，并决定 2003 年 3 月份把商业网点规划的征求意见提交专家讨论，再报政府做最后决定。激烈的商业竞争中迫切需要出台《大店法》，同时应该加大《反不正当竞争法》、《价格法》的执法力度。

三、2003 年百货业分析

据中华商业信息中心资料，统计范围内的亿元以上的大型零售百货商场 2003 年总体利润总额同比增长 31%，平均利润总额约为 2000 万元，亏损面为 10.2%，比 2002 年下降 4 个百分点。销售额同比增长 6.3%，零售额同比增长 8.7%，销售额在 20 亿元以上的百货商场，销售总额同比增长 17.7%，零售额同比增长 14.5%，门店数占所统计的亿元以上百货商店总数的 4.3%，销售额总计占所统计亿元以上百货商店销售总额的 15.1%（2002 年为 13.7%），零售额总计占所统计亿元以上百货商店零售总额的 12.1%（2002 年为 11.5%）。

（一）百货业态继续面临着调整

继 2002 年多家大型百货公司相继倒闭歇业，迈入 2003 年，两家大型商场又向百货业挥手告别的消息见诸报端：1月9日，曾经名列京城“四大商场”之一的隆福大厦由“中财社福”投资公司接手，并改造为“数码音像发烧城”；1月15日，领军兰州商业几十年的兰百大楼传出弃百货做餐饮的决定。

（二）2003年百货商店经历了SARS疫情风波

1. 百货商店经历了SARS疫情风波

“非典”的冲击，百货业首当其冲，是商业中受影响最大的行业，下降最多的在90%左右，最少的如青岛，也在10%以上，绝大部分降幅集中在30%～60%之间。

相比之下，非典期间相对火爆的超市销售基本平稳。

2. 百家重点大型商业企业发展情况

2003年1－12月份，中国百家重点大型零售企业累计完成销售总额1314.51亿元，比上年同期增长15.5%，其中累计完成零售额1058.4亿元，同比增长11.4%。调查统计表明，2003年12月份消费品市场保持稳中有升的运行态势，市场商品货源充裕，吃、穿、用商品全面旺销。全国百家重点大型零售企业共完成销售总额159.61亿元，比上年同期增长16.3%，其中完成零售额109.65亿元，同比增长11.1%。从全国重点大型零售企业监测的28类商品中，12月份零售额同比上升的有19类。其中食品类同比增长26.5%，饮料类增长20%，酒类增长41.9%；汽车类、建筑及装潢器材类销售持续攀高，同比分别增长43.7%和45.9%。

（三）资产重组迈出大的步子

1. 百联集团成立

2003年4月9日，上海四大国有集团合并为上海百联集团，成为中国最大的商贸企业集团，到2003年上半年，拥有资产总额335亿元，下属有6家上市公司，如A股市场上市的第一百、华联超市、华联商厦、友谊股份、物贸中心，2003年6月27日在香港联交所上市的联华超市也已成为关联企业。经过5个月的紧张筹备，2003年9月27日，上海国资跨行业重组的商业“航母”百联集团，宣布以打造“中国第一、世界一流”的流通产业集团为目标，正式启航。百联集团现有从业人员20多万人，在全国遍布超过4500个网点，涉足20多个省市。

2. 一些百货店主动请出家电，减少家电份额

在激烈的家电价格竞争中，京沪穗百货店中的家电销售量明显减少。一些百货店主动退出家电领域，但一些百货店却形成联盟与专业家电企业竞争。如2003年8月，广州百货业的一些百货店——在广百电器的牵头下，广百、友谊商店、天贸南大、新大新、东百等五家百货公司终于达成一致，欲联手统一向厂家采购，以“包销”的手段买断型号，以统一标志向消费者出售，以与一些家电专业店抗衡。

3. 百货店连锁步伐加快

合肥百货过去一直是在省城合肥实施连锁，2003年第一次走出省城，接连并购两家重量级百货店：铜百和蚌百。1997年10月份，安徽商之都亳州商场隆重开业，这意味着商之都百货连锁迈出了坚实的一步，随后的几年时间里，商之都几乎以一年一店的速度在全省铺设百货连锁网，迄今为止，已拥有亳州商之都、六安商之都、巢湖商之都、滁州商之

都、舒城商之都、芜湖商之都和宿州商之都。

大商集团2003年通过资产重组、扩张，其效益已经显现。2003年上半年中报显示：该公司实现销售收入25.56亿元，同比增长93.26%；实现主营业务利润35162.84万元，同比增长65.22%；完成净利润58203万元，同比增长31.91%；完成每股收益0.22元，同比增长29.41%。该公司的主营业务收入和主营业务利润大幅增加，主要得益于合并及开设了抚顺商业城、抚顺商贸大厦、大庆百货大楼、葫芦岛新玛特、牡丹江新玛特、沈阳新玛特等企业。外埠地区的主营业务收入和主业务利润所占比重分别为51.26%和59.66%，首次双双超过了大连本地。

2003年9月，上海华联商厦张杨店赶在国庆黄金周前顺利开张，这是华联商厦的第四家连锁百货店。2004年，华联的连锁百货店将达到7至10家。

上海华联商厦顺应潮流，在本土百货业中率先转型——走连锁百货之路。南东店、普陀店、杨浦店，消费者看到三年内华联百货店铺迅速增加，商品变得时尚，而业内则对其大胆与国际同业接轨的管理模式表现出惊讶，因为传统的经营模式在短时间内全部被扭转过来：进销分离，按现代企业管理模式组成货品采购部与营运销售部，一部分人的既得利益被剥夺；成立百货事业部，确立统一店招、统一招商、统一营销、统一管理、统一核算为主要内容的连锁模式，从机制上确保降低采购成本及运营成本。2002年，华联百货三家连锁店完成总销售额7.65亿元。

此外，各地百货店连锁也在探索中发展，如江苏文峰大世界百货店连锁7家，重庆百货大楼15家，武汉中百集团4家，深圳贸业6家，深圳铜锣湾8家等。

4.2003年7月22日，大商集团进入北京，以总额10577.4万元分别受让北京自来水集团有限责任公司等持有北京天客隆集团有限公司的92%的股权，并享有天客隆的债权。这在2003年是一件较有影响的事件。

（洪　涛）

购物中心分析

一、购物中心概论

（一）购物中心的概念与特征

购物中心，英文为“ShoppingCenter”，源于美国，于上个世纪90年代中期传入中国。至今，购物中心在中国尚没有统一的定义，主要原因是中国购物中心的发展模式还在引进和探索阶段，相关理念和技术皆源于国外，而在知识的跨国传递过程中由于国与国的差异性造成了不同的理解。

首先，购物中心不同于百货商店和超市，国与国、地区与地区之间的发展存在着很大的差异性。由于各国发展状况不同，购物中心在各国的发展模式也不一致，因此不同国家及地区都给予购物中心不同的定义。中国的购物中心则从美国、欧洲、日本和港台地区等不同的渠道进入，因此模式与理解都不尽相同。

其实，根据国际购物中心协会公布的规范，购物中心基本采用两种建筑结构：一为密闭式的购物中心（Mall），一为带状店头式的购物中心（Strip Center）。

原国家内贸局曾在《零售业态分类规范》中给出了购物中心的基本定义和界定，但这种将购物中心作为八种零售业态之一的观点，并未得到国内专家学者的广泛认可。

目前被国内广泛引用的、较为权威的界定，应该来自国际购物中心协会（ICSC）提出的世界通用的购物中心指导性规范定义：“购物中心是由一组零售商及其相关的所有服务性、商业性设施共同组合而成。其土地、建筑及相关服务内容必须经过完整的规划、开发及一致的经营管理，附设等量的停车场，而其所包含的商业业态的数量必须大致满足其所服务的临近地区。”

根据上述规范，结合中国目前的发展情况，与其他零售的组织形式比较，购物中心应该包括以下基本特征：

1. 开发经营的整体性

包括统一的设计规划，建筑体的整体一致性，也包括后期对整个购物中心的统一经营管理。

2. 经营方式的多样性

购物中心提供的产品和服务也是多样的。而就具体经营而言，是由若干方式不同的、相互独立或联系的零售服务经营者完成的。

3. 功能的多元复合性

既应该包括多种品类的零售设施，也应该包括娱乐餐饮设施，还应该包括相关的服务设施，如停车场等等，而不同功能间又复合相关，以满足消费者的多元化复合需求。

（二）购物中心的类型

购物中心按照不同的角度可以划分为不同的类型，早期的购物中心基本在郊区发展，模式也较为单一，采用了按规模大小区分的方法，分为邻里型、社区型、区域型和超区域型，而这个标准也被我国1990年由国家质量监督检验检疫总局发布的国家标准《零售业态分类》所采用。随着上世纪末到本世纪初购物中心的发展模式出现了多种创新，单单的规模划分已经不能有效地区别不同的购物中心，因此，国际购物中心协会按照商户组合的特点及购物中心的用途的不同增加了4种新的类型，包括时装精品购物中心、大型量贩购物中心、主题与节庆购物中心、工厂直销购物中心。这8种类型成为目前购物中心最基本的分类方法。

此外，比较通用的划分方法还包括按购物中心分布在城市的不同地段划分，包括都市型（也可进一步划分为城市中心型和城市边缘型）和郊区型。而由于城市与郊区的经济环境明显不同，购物中心的功能也会有所区别，购物中心的建筑特点和商户组合特点都会有较大的差异。

（三）购物中心的起源与发展

购物中心从起源来看，可以追溯到1000多年前。而现代意义上的购物中心诞生于上个世纪初的美国，距今不到100年的历史，在第二次世界大战后才真正得到发展。其发展大致经历了两个扩散的过程：其一是区域扩散。从美国的一枝独秀，到欧洲和日本购物中心的兴起，到如今的全球范围内广泛的发展。其二是开发模式的扩散。购物中心的商户组成由单一向多元化发展，规模和类型不同的商户组合构成了不同种类的购物中心；此外，购物中心另一个很大的趋势就是连锁化的开发和经营，从美国的情况来看，大多数的购物中心由少数的几家发展商开发。这些过程带动了整个购物中心产业的成熟。

从目前发展态势而言，功能的多元复合化是最主要的趋势，特别是休闲娱乐元素在购物中心中占的比例越来越大；另一方面，高科技在购物中心的管理中得到了广泛运用，大大加强了购物中心对商户和消费者的吸引力。

二、中国购物中心发展综述

（一）购物中心在中国的发展

购物中心在中国的发展最早可以追溯到二十世纪80年代末，一方面，在城市的商业中心区域开始兴建一些综合性的商业设施，通过出租或出售的方式引入一些商户进场经营；另一方面，部分的百货商店开始进行改造，将部分的面积出租给其他商家进行合作经营。尽管这些商业设施不少都以购物中心命名，但这些商业设施大多没有统一的规划，租售形式杂合，功能单一，服务和配套设施严重缺乏。而两种方式，无论是开发模式还是经营模式，与规范的购物中心还相差甚远。这个阶段常被称为购物中心的萌芽期

真正的购物中心在中国的出现与发展，应该是90年代的中期开始，北京、上海和广州等中国经济最为发达的超大城市中出现了少数的统一规划和经营的多功能商城，其中最

富代表性的是广州的天河城。天河城位于广州发展最快的天河区的中心位置，天河体育中心对面，以统一规划与管理、只租不卖的模式进行经营。尽管初期发展并不顺利，但随着90年代后期广州以天河区为代表的新城区的发展，城市中心的东移，同时人们的消费观念的发展变化，天河城利用其区位优势，吸引了大量的消费者，成为中国历史上最为成功的购物中心之一。虽然从现在的标准来评价，在功能的安排和租户类型的选择方面，依然过于单一，配套设施也不够齐全，并不能满足顾客多元复合性的消费需求。

进入21世纪后，购物中心在中国开始高速发展。中国经济的快速发展，人民生活水平特别是城市居民的生活水平的提高，导致消费结构和习惯发生了较大的变化，同时政府对外资和民营资本进入商贸流通业的限制放宽，加之天河城等第一代购物中心开发成功，大大刺激了购物中心行业在中国的发展。中国加入WTO和申奥成功等事件也进一步的激发了购物中心开发的热情和信心。中国的购物中心规模和数量都出现了几乎跨越式的增长，仅2003年一年新增购物中心就达九十四家，占全国购物中心总存量的近40%，开业数量达到了历史最高点。而且这样的热潮还在继续，不断有新的购物中心在开始立项和建设，将在最近几年内开业经营。

（二）中国购物中心的基本特征

根据中国购物中心产业资讯中心2003年发布的《中国购物中心发展报告》显示，截至2003年底，中国省会以上城市购物中心总体数量为236家，总规模达到3067.3万平方米。购物中心产业在中国的发展已经初具规模。

1. 中国购物中心的社会经济特征

购物中心的发展与社会经济环境关系密切，中国近年来的经济形势一直保持稳步上升的势头，2003年中国国内生产总值突破11万亿元，达到11.67万亿元。由于人口基数大，人均GDP刚刚达到1000美元，与购物中心相关的人均可支配收入还不足8000元人民币。对于购物中心这种与个人收入和消费支出水平相关的零售组织形态，应该不具备在中国发展的条件。但中国区域之间经济发展存在着严重不平衡，城市居民生活水平明显高于农村，中心城市又明显好于小型城镇，而且这种差距有进一步拉大的趋势，这就使得购物中心有在局部发展的可能。

与购物中心联系更紧密的是居民消费结构，2002年中国城市居民的恩格尔系数为37.7%（农村为46.2%），低于40%，根据国际粮农组织的标准，已经从小康转变为富裕。而北京美兰德信息公司在2003年末对31个省会（或直辖市）城市进行城市居民调查结果显示，这些大城市居民的恩格尔系数仅为22.9%，与中等发达国家水平大抵相当。如果集中考虑到北京、上海和广州这几个经济发达的特大型城市，居民的消费水平和档次则更高。根据AC尼尔森在广州的调查，居民消费有明显向多元化和复合化发展的趋势，而居民消费的复合化需求增长的趋势正是购物中心与其他商业形式比最主要的优势。可以说，中国城市特别是发达中心城市发展水平，已经具备了购物中心产业发展的条件。

从另一个侧面来看，中国近两年的个人汽车消费增长迅速，在部分地区甚至出现成倍增长，城市家庭拥有汽车的比例在不断提高。从美国的发展历史来看，汽车的普及化正是购物中心，特别是大型购物中心发展的最重要前提条件。

政府对购物中心的态度也在逐渐升温，各大中城市政府都将促进商贸流通业的现代化发展作为工作的重点，而购物中心被喻为“城市名片”，成为各城市争相发展的目标。北京在商业发展规划中明确提出了4个大型购物中心的构想，广州商业发展规划中也将新增9个购物中心作为商业发展的重点，其他大中城市的政府工作计划和城市发展规划中也大多出现了与发展购物中心相关的内容。地方政府在相应政策上也有所倾斜，大大增强了企业开发购物中心的信心和积极性。

但在实际操作过程中，购物中心从项目立项、建设、招商到开业经营的整个过程中涉及到相当多的环节，不同的环节都必须经过政府的审批管理，涉及的部门很多，而政府一般并未为此而专门设立专项管理机构进行协调，也没有有针对性的处理机制和办法，这样大大延长了购物中心开发的时间，开发难度也大大增强。

2．中国购物中心的数量与区域分布特征

根据中国购物中心产业资讯中心公布的数据显示，到2003年末，中国省会以上城市购物中心总体数量为236家，总规模达到3067.30万平方米，考虑到沿海经济特别是珠三角、长三角区域中小城市发展的状况，保守估计中国购物中心的整体数目将超过250家，而且还存在数以千计的类似购物中心的商业形态。

从分布的城市而言，集中度较高，拥有量居前三位的上海（35家）、广州（27家）和深圳（20家）总和超过80家，约占总量的1/3，而北京、成都、大连、重庆和武汉的购物中心数量均超过10家，八个城市的购物中心数量之和占全国总量的7成以上。从某种意义上说，购物中心的发展水平已经成为中国城市发展的一个重要指标。

从大的经济区域来看，珠三角和长三角经济区的购物中心发展水平明显高于其他地区。北京作为我国的首都，加上2008年奥运概念的影响，在近年来也会迎来一个购物中心发展的高峰。其他区域的发展，几乎都集中在省会以上级别的中心城市，这与中国的消费力发展水平基本一致，反映了中国区域经济发展的状况。因此，购物中心要在中国更广泛地发展必须依赖全体人民消费力的普遍提高。从目前而言，购物中心发展的水平将代表一个区域城市化发展的水平。

3．中国购物中心的类型特征

从购物中心的基本类型来看，区域型和超区域型购物中心占了较大的比重。据中国购物中心产业资讯中心统计，两者之和超过了购物中心总量的70%，明显高于购物中心的邻里型和社会型购物中心。如果用总面积作为指标来比较，这个差距会更加明显。从发展的地段来看，都市型购物中心所占的比重远远高于郊区型购物中心。其中郊区型购物中心所占的比重仅为总量的5%，超过3/4的购物中心集中在城市的中心区域。

此外，中国购物中心基本上都属于传统型的购物中心。而时装精品购物中心、大型量贩购物中心、主题与节庆购物中心、工厂直销购物中心这四类新型购物中心类别，除了主题购物中心在中国有少量的发展外，其他类型在中国几乎都还未出现。

这种发展的不均衡意味着中国购物中心的发展将会有与其他国家不同的特点。

4．中国购物中心的基本特点

中国购物中心主有要以下四个基本特点：其一，大而全的发展模式；其二，多层垂直发展；其三，同地经营和竞争渐趋激烈；其四，娱乐休闲成为时尚。

（1）大而全的发展模式

超区域型和区域型的购物中心占主导地位的现状本身就意味着是大而全的发展模式。

具体而言是规模庞大，商品和服务的种类广泛，几乎面对每个消费层次的顾客群。

这种模式的集中体现是不断有巨型摩尔的诞生，不断有新的购物中心声称自己是全国、亚洲甚至世界最大的购物中心。从已经开业的24万平方米的上海正大广场，到即将开业的广州正佳广场达42万平方米（其中零售商业面积28万平方米）的“亚洲最大的购物中心”，而华南MALL占地面积43万公顷，规划建筑面积87万平方米（其中商业面积50万平方米），被称为亚洲最大规模的MALL商业建筑群；将于2004年10月开业的北京金源购物中心总面积将达到55万平方米，被称为世界规模最大的单体购物中心。近期又传来青岛和温州要兴建超过100万平方米，投资超过10亿元的购物中心的消息。这些被称为购物中心发展的最高形态的超区域购物中心这么短时间内在中国的集中出现，一时间使得中国的购物中心的发展受到社会各界的广泛关注。

（2）多层垂直发展

目前，中国的购物中心的平均占地面积为50000平方米左右，而平均的建筑面积达到10万平方米，两者的比例为1∶2。而在美国，购物中心几乎都是占地面积大于建筑面积。美国的购物中心一般为1～3层的低层建筑，而中国的购物中心低于3层的则很少。从原因来看，美国的购物中心多在郊区，土地成本相对便宜，而中国的购物中心多在寸土寸金的城市中心区域，昂贵的土地成本使得开发商不得不通过多层次垂直发展以降低单位面积的平均成本。

购物中心成功的前提在于将足够多的人流吸引到其内部各个商铺，而多层次垂直发展的结果使得购物中心还必须设法使得顾客能“更上一层楼”，从较低的楼层往较高的楼层流动。

这种多层结构使得购物中心经营的复杂度加强，也为购物中心商户组合方式提供了多样化发展的可能。

（3）同地经营和竞争渐趋激烈

众多的购物中心集中于少数几个城市，而且大部分又都位于城市的中心区，使得中国的购物中心几乎在同一地区经营。如广州的天河体育中心一带，就包括了数十家已经开业和即将开业的购物中心，其中天河城、广州维多利广场与即将开业的正佳广场和广州报业文化广场紧紧相连。杭州的购物中心几乎都集中在西湖的东岸，上海的购物中心也大多位于长宁到黄浦之间。购物中心过于集中的结果是相互商圈重叠。影响包括正负两面，从积极方面而言，购物中心的联合使得整体的商圈规模扩大，提高了所在商业区对消费者的影响力和吸引力；从消极一面来看，购物中心之间存在着比较明显的竞争，这将同时表现在对租户资源和消费者资源的争夺上。因此，购物中心成功的关键在于他们之间能否实现真正的差异化经营和优势互补。

（4）娱乐休闲成为时尚

为了迎合城市居民的复合性需求，各购物中心都注重功能的多元化的开发，以实现“餐饮娱乐带动零售”的目的。在新建的购物中心中，普遍增加了餐饮、娱乐和公共服务功能所占的比例，为消费者创造一个良好的休闲消费环境成为购物中心的卖点和特色。美食广场、电影院、主题公园等成了各个大型购物中心的标准配置。这与国际购物中心发展的潮流是一致的。

三、中国购物中心发展的主要问题

规模的急剧增加，并不意味着购物中心在中国的发展已成熟。严格来说，只有少数的购物中心取得了成功，有相当一部分购物中心经营状况不佳。甚至部分购物中心招商失败，光顾的消费者寥寥，开业后便面临着倒闭的情况；还有相当部分的购物中心开发突然中断，出现发展商中途退出换手等等情况。因此，中国的购物中心发展还存在着比较多的问题，最主要的还是相关资源的缺乏，概括言之主要在以下三个方面：

（一）资金和融资渠道的缺乏

购物中心有着投资大，投资回收期长的特点。特别在中国，购物中心集中在城市中心，土地成本昂贵，而且规模普遍巨大，这都使得投资额更加庞大，资源紧缺是中国购物中心发展过程中存在的普遍现象。

资金的丰富程度，固然与开发商的实力有一定的关系，但融资渠道的缺乏才是其中的关键因素。目前购物中心的资金来源，除了开发商的自有资金外，主要是贷款。而2003年以来，为了防止房地产发展的过热，取得贷款的难度进一步加大。越来越多的民营企业参与到购物中心的开发中，而这些企业获取贷款的难度更高。

而在美国，资金通过地产投资基金进入购物中心、写字楼、公寓以及其他不动产项目中，使这些项目得到良好的资金支持，也使个人投资者能够以有限的资金成为不动产项目的一部分。这种方式在亚洲也被新加坡和我国香港等国家和地区所采用。

资金紧缺的直接结果就是开发模式的不规范。一般而言，为了保证经营管理的统一性，开发者必须拥有对整个物业的处置权，因此购物中心采取“只租不卖”的经营方式。但资金的缺乏，融资渠道的缺乏使得开发商不得不以出卖部分物业的所有权来换取资金，然后再采用返租的方式获取统一的经营权。这种方式不但成本高，而且为后期的管理带来了很大的难度，容易使开发商失去对购物中心的控制权。一旦出现经营状况短期内不好的情况，就会大大深化矛盾甚至出现购物中心开发失败。广州中旅的开发失败就是明显的例子，而万达在长春的项目也遇到了类似的情况。从资金紧缺引致不规范的开发模式，最终导致开发的失败或是经营管理欠佳的事例比比皆是。因此，资金问题已经成为制约中国购物中心发展最主要的问题。

（二）租户资源的不足

从商业发展而言，零售业近年来的发展很快，各种商业业态和组织形式都得到快速发展，的确为购物中心发展提供了不少的租户资源。但并非所有的商业业态都适合做购物中心的租户资源，同时购物中心的租户资源中也越来越多的包含了娱乐、餐饮等其他功能元素。就娱乐设施而言，购物中心内娱乐设施与一般的娱乐设施就有比较大的不同。由于购物中心在中国发展的时间不长，而且发展规模扩展得如此迅速，各种零售服务的业种、业态要充分满足中国购物中心的发展仍需要一段时间。总之，购物中心租户资源的缺乏是客观存在的事实，整个购物中心租户市场的成熟仍需要一定的时间。

根据2003年《中国购物中心发展报告》的数据，至2003年底，购物中心的56%的发展商为地产商，加上投资商13%，一共占购物中心的发展商的七成，这中间大多数均第一次参与购物中心的开发，对购物中心的了解相当有限，由于事先手上并没有租户资源的积累，对零售租户普遍缺乏了解，使得购物中心能选择的租户面较窄。另一方面，购物中心过于集中分布，定位和模式又近似，这样，好的租户资源势必成为购物中心相互争夺的目标。

租户资源的短缺，更进一步而言，不仅仅表现在数量上，而且也表现在种类上。中国购物中心之间的区别不明显，购物中心普遍缺乏特色，原因很大程度上就在于租户资源的缺乏。几乎所有的购物中心差异化的营造都要有相应的租户资源来配合实现，而租户资源种类的有限，就大大限制了购物中心经营内容的多样化和特色化的发展。

（三）人力资源的短缺

任何新型产业的发展，都需要人力资源的支持，这在购物中心发展的过程中表现得更为明显。

购物中心的开发和经营是一个相当复杂的过程，需要各种不同领域的专家和技术管理人员，通过组成不同的专业团队，作为购物中心开发企业的一部分或是合作伙伴，协作完成购物中心从立项、建设、招商到后期经营的全过程。而且，整个过程与其他商业设施的兴建会有着较大的区别，需要懂得购物中心开发和经营的专业性的人才来完成。

购物中心不同于超市和便利店，开发模式很难被复制。购物中心的开发与所在地的社会经济环境紧密相关，特别是不同类型的购物中心都存在相当多的个性化的内容，而这些内容的实现都依赖相关的管理技术专才去实现。

购物中心与其他商业形态的差异性使得购物中心的人才并不容易从其他行业获得补给。购物中心的管理经营与所在地区的社会文化背景紧密相关，使得人才也不容易从国外补给。购物中心从无到有发展得如此之快，致使几乎所有的购物中心开发都缺乏专业人才。因此，与其他行业比较，人力资源缺乏的问题在购物中心的发展中更加突出。

资金和融资渠道的缺乏，租户资源的不足，人才资源的短缺使得中国的购物中心发展过程中的不同环节所产生的诸多问题，导致了中国购物中心开发过程不规范、经营同质化的现象严重，购物中心普遍缺乏明确的特色。种种现象说明，中国的购物中心发展仍然处在起步阶段。

四、中国购物中心发展模式分析

中国购物中心的发展模式是目前购物中心发展的主要焦点。针对目前中国购物中心的发展集中于沿海或区域中心城市的中心商业区现象，不少专家和学者认为不合理，应该分散发展。这里的分散有两层意思：其一，向更多的二级城市扩张；其二，从市区更多向郊区扩张。另外，也有不少专家认为购物中心一味求大规模不合理。

就区域扩张的角度而言，和其他商业形态发展规律近似，随着经济水平的发展和提高，购物中心向更多区域、更多的二级城市扩张是必然的规律。因此，都市型发展还是郊区型发展，大型化发展还是小型化发展是目前购物中心发展模式争议的焦点。

（一）都市型与郊区型发展的选择

首先，购物中心目前集中于城市中心区发展有着一定的合理性，城市中心区有着成熟的商业环境，居民也习惯于在中心商业区进行消费购物。而且，城市中心区多种公共服务功能的存在，使得购物中心没必要承载多过城市公共服务功能，从而去专注于特色功能的实现。

购物中心与城市中心区其他商业形态的发展是相互促进的过程，购物中心内部几乎可以承载各类商业形态和其他各样的餐饮娱乐服务设施。从这个角度看，购物中心所做的只是将城市中心区原有的商业资源重新组合，把档次较高的专业店、超市、百货公司和其他商业形态整合在一起。在这个过程中同时带动了这些商业业态的升级，可以帮助城市淘汰一些落后过时的商业形态，提升城市中心商业区的层次，从而带动整个城市的商业发展水平。而中国的很多购物中心本身就是由城市中心区的百货公司改造扩建而成。相邻的购物中心之间的确存在着相互竞争和威胁，但如果能较好地实现差异化经营，反而能进一步提升整个商业圈的影响力。

郊区型购物中心发展有着基本的条件，中国城市尚未实现居住的郊区化，相对于美国几乎每个家庭都拥有小汽车而言，中国家庭的拥有汽车数量还非常少，在沿海发达地区也仍不足0.2辆。而购物中心能在中国大城市中心区大量的发展，很大程度上是依赖于市区成熟发达的公共交通体系，其中市区地铁的上盖建筑往往被认为是购物中心发展的最佳场所。

尽管郊区有着土地资源丰富且成本低、扩张改建难度较低和发展潜力大等优势，但在目前的情况下，在没有商业传统的郊区兴建购物中心，开发失败后物业的变现价值将相当小，其风险性往往比在商业竞争激烈的市区中心更大。因此，巨大的投资和风险性，使得发展商不敢轻易在城区外开发购物中心。

从购物中心发展最早、目前购物中心最多的美国的情况来看，也有从郊区回归城市中心发展的趋势。而购物中心在欧洲经过四十来年的发展，很多西欧国家的购物中心目前仍然以都市型为主。

当然，城市发展到一定的程度，随着大量郊区住宅区的兴建，或经济发达地区由单一城市发展转换为区域城市群的共同发展及其城际高速公路网的兴建，郊区型购物中心将得到更多的发展机会。另外，在郊区发展，可以有效地发展娱乐设施，也能和一些原来的旅游资源有效结合起来，从而衍生出购物中心新的发展类型。但就目前而言，郊区型的购物中心主要在珠三角地区、长三角地区及京津地区具有一定的发展潜力外，整体而言，中国购物中心在将来相当长的一段时期仍然会以都市型为主。

（二）大规模发展和小规模发展的选择

购物中心在美国的发展，经过了由邻里型、社区型向区域型，最后到超区域型这样由小至大渐进发展的过程。而在中国甚至是先出现大型的区域型购物中心，然后才发展中小型的社区型和邻里型购物中心。从数量上讲，区域型和超区域型购物中心占有较明显的主导地位。

中国购物中心的这种模式选择由多方面的原因造成。首先，国外学者研究发现，购物中心的聚客能力很大程度上由购物中心的规模决定，这也被国外众多购物中心的发展所证实。其次，由国内的商业竞争环境决定，中国的购物中心出现时就面临着与传统的商业街、百货公司以及其他类型的商铺竞争的局面，那些商业形态已经被消费者所广泛承认和接受。超大规模，加上复合性多样化的功能，更能体现出购物中心的先进性，才可能达到引起消费者注意、改变消费者的消费习惯的目的。如果是选择中小型购物中心的话，这种效果很难达到。

但应该注意，大规模购物中心的发展并非是越大越好，要与当地的经济发展状态相适应。更进一步而言，建筑面积增大意味着投资成本的提高，而租金收入则由可租赁面积、租金水平和出租率来决定。规模的扩大一般意味着更多公共空间的要求，这样可租赁比例就会相应降低，而新增加的面积往往在于建高层或是选择偏远处，可能会带来租金水平和出租率的双重下降。因此，购物中心的适度发展的确是一个问题。

从另一角度考虑，城市中心区的商用土地资源，特别是可用于建造大型和超大型购物中心的区域越来越稀缺，而郊区的大型购物中心发展的时机尚未完全成熟。

相应的中小型购物中心的发展，在两种情况下可以实现，其一是新兴的城区和住宅区。目前中国新开发的中高档住宅小区内一般会配备会所。会所的规模和功能不一，而档次较高的会所一般会拥有零售、餐饮和娱乐健身功能，并进行统一的经营和管理，店铺经营以物业发展商自营为主，也有部分出租经营。从某种意义上说，我们可以将一些具有一定规模、发展较为完善的会所看作是邻里型或是社区型购物中心。

其二是走差异化发展的道路。这主要是指在市中心成熟商业区中出现的中小型购物中心。这些区域商业资源相对丰富但竞争激烈，对于中小型的购物中心，只有特色化才可以生存和发展。如在市区中心可以发展精品时尚中心，主要针对高端消费群，由引领时尚的各类高档专卖店组成，提供高价、高品质的产品。当然还有针对不同区域特色的其他实现模式。目前大城市内适合大型购物中心发展的土地资源将逐渐减少，小规模的特色购物中心发展则仍有较大的空间，而这些差异化的中小购物中心将大大地增加购物中心的多样性。

另外，中国城市中尚存在着大量类似购物中心的中小型商业设施，对这些设施进行改造，实施统一经营和管理，引入各种功能元素，在发展购物中心的同时，实现城市商业功能的更新和升级。

但任何的特色的实现，都需要有相应的商户（租户）资源构造和支持。因此，购物中心的发展有待于合适购物中心经营的不同类型商户的综合发展。另外，如何将这些商户资源在有限空间进行有效组合，去营造所谓的特色，达到效用最大化，将成为购物中心发展各种模式的实质问题。

五、购物中心未来发展的趋势分析

从总体发展规模来看，中国购物中心经过这两三年的快速发展，在 2003 年达到历史高点后，会进入到一个相对平稳的发展阶段。首先，居民的消费能力的进一步提高是一个平稳渐进的过程；其次，购物中心的继续发展受到土地资源的制约，城市中心可以用来规划成为购物中心的商业用地将会变得稀缺，这种现象已经在上海出现，而购物中心在郊区发展的条件除少数区域外，尚未完全成熟；第三，大幅增加的商业租赁面积也需要一定时间消化，特别是目前租户资源相对紧缺的情况下。因此，购物中心不可能出现继续井喷式的发展。

从购物中心的单店的规模特征来看，由一味追求大而全，而向中小型均衡发展。由于目前还有相当多的超大型的购物中心尚在兴建，购物中心的平均建筑面积和占地面积可能在 2004 年还将进一步增高，但之后开始有所回落，小型特色化也将为主要的发展趋势。

从发展的区域来看，也会更加广泛。大城市新城区的扩张、卫星城的建立和居住郊区化趋势将带动城市边缘和郊区的中小规模购物中心的发展。购物中心的发展区域将更为广泛，中西部也有可以结合当地的旅游和文化资源，而建成一些有特色的购物中心。

从开发模式来看，新建和旧店改造将会并存发展。就改造方面而言，除了有百货公司的改建和扩张，还会有专业市场和杂乱低层次租赁商铺的改建、改营等多种实现方式。

购物中心在经过此轮高速度同质同地扩张后，必然会有一批购物中心在竞争中失败，除了少量彻底出局外，更多的会寻求改建或是更换经营模式并塑造新的特色来吸引消费者，以求摆脱困境，而新建的购物中心也会更加注重差异化的开发经营。从另一个角度而言，零售业各种业态、业种在中国继续发展，将为购物中心创造出更多的租户类型。

购物中心的发展商逐渐向专业化转变。开发商对购物中心开发经营技术和方法的掌握，与租户之间进一步的交流和合作，针对不同消费群体的不同需要营造出形式和内容各异的商户组合模式，将会创造出新的购物中心开发经营模式。部分发展商在积累了充分的租户资源和相应管理发展模式日渐成熟的时候，将会实现购物中心的连锁化开发和经营。

同时，更多的与购物中心发展相关的专业技术和经营团队将会产生，他们为不同的发展商和不同的购物中心项目提供某一个环节或几个环节的专业服务。不同的专业团队和发展商的通力合作将提升购物中心的整体素质。相应的，高科技的经营技术和方法也会逐渐被中国的购物中心所采用。

种种因素的综合作用，预示着中国购物中心将实现真正意义上的多样化、多元化和专业化发展，中国的购物中心产业也相应地逐渐走向成熟发展的新阶段。

（沙振权　张　亮）

家电连锁经营分析

一、家电行业市场及需求变化情况

中国是家电生产和消费的大国。2002年、2003年，中国家电市场内销量分别超过3500亿元、4000亿元人民币，年销售额增幅超过10%。从2002年上半年家电工业生产情况看，主要家电产品生产保持了较快的增长态势。其中产量增长较快的是：彩电比上年同期增长35.7%，房间空调器增长33.6%，家用洗衣机增长13.8%，家用电冰箱增长3.1%，电风扇增长10.1%，录放像机增长24.9%，组合音响增长15%。

从市场需求看，2002年至2003年家电市场仍然延续了平稳增长态势，需求稳中有升。2002年上半年全国家用电器批发零售贸易额比上年同期增长13.2%，其中家用电冰箱零售额增长2.3%，家用洗衣机增长8.3%，房间空调器增长5.5%，电视机增长11.3%。其他家电商品的销售也有不同程度的增长。随着生活水平的日益提高，居民对大屏幕彩电、大容积冰箱、迷你彩电、数码相机、数码摄像机、DVD、小家电的需求进一步增加。

二、家电连锁业概述

(一) 各业态简述

目前国内家电销售形式主要有家电市场、百货商场、大型超市、专卖店和专业连锁店等。

电器市场，即家电批零大市场，其经营模式是投资者先建起一个大型招商市场，再将市场划分成一个个较小的经营区域，然后对外租赁经营。各类家电经销企业和个人在市场内开展具体的经营活动，在产品和品牌的选择上各有侧重。该业态过去主要的竞争优势在于其产品种类多、价格低，但随着消费者家电消费行为的不断成熟，对家电销售品牌和服务的要求日趋强烈，电器市场已经远远不能满足需求，正面临空柜或市场转型的变化。

相当多的地区单体百货商场年销售家电近亿元，具备高客流量、高信誉度的特点，是家电品牌推广的传统场所，也是一直以来占据家电市场份额最大的一种经营业态。但随着其他业态的兴起，百货商场出现了分化，一些商场退出了家电产品经营，而另一部分商场加大了家电产品经营力度，不断发展新的网络，向连锁经营业态转化。

大型超市，是上世纪90年代中期在国内出现的商业业态，家电是超市经营的辅助品类。在大型超市里家电经营只占其整体经营的很小部分，一般不配备专业的售后服务人员和设施。因此，大型超市中经营的家电主要以小电器、厨房用具、电视机等对专业服务的依赖性不强的家电品种。全国性的经营家电的大型超市主要有家乐福、麦德龙、华联、联华、农工商等。

专卖店，是由生产厂商或生产厂商认定的单一品牌的家电销售网点。在上世纪90年代中期，这种业态非常流行，有些企业在百货商场里建立与之类似的店中店。随着电脑、手机、数码产品等信息家电的崛起，信息家电品类的专卖店在一些二、三级市场起到重要作用。

专业家电连锁店，兴起于上世纪90年代末，是从家电专业店逐步演变出来的。这种业态的优势在于既有大商场家电种类齐全、经营面积大的特点，又具备家电城价格低廉的特点，而且还有专业的服务网络和专业的管理系统作支持，符合消费者和家电销售市场的要求。在家电市场进入供大于求阶段，行业利润率逐年下降，行之有效的出路是靠规模效益。专业连锁业态在同一城市布多个店、在不同的城市布同样的店，发挥规模采购的优势，降低管理和经营成本。2002年、2003年国内家电专业连锁店发展速度非常迅猛，形成一批初具全国连锁规模的企业。从目前大中城市各类家电商业业态所占的市场份额来看，以苏宁、国美、永乐、大中、三联为代表的家电专业连锁企业逐渐占据主导地位。

（二）家电连锁业发展状况

1．品类延伸

2002－2003年，各家电连锁企业的门店面积不断扩大，而且增长幅度较上一年度有了较大提高。单一品类的专卖店逐步被综合电器卖场所替代，全国最大的电器单体店达到18000平方米。

随着门店面积的不断扩大，各连锁店面的经营品类也在不断丰富。除了传统家电外，通讯产品、数码产品甚至是其他一些属于电器大类的产品如保健器材、橱卫等也已纳入家电连锁巨头的经营范围。而且在经营方式上，家电连锁企业已开始在大城市设立倡导互动性、体验型消费以及产品展示的个性化家电卖场。

2．区域连锁与全国连锁

目前，从网络规模和分布来区分，家电连锁企业大致可以分成两类：一是以苏宁、国美为代表的全国性连锁；一是以大中、永乐、三联为代表的区域性连锁。全国性连锁企业不断加速终端网络的扩展，聚合前、后两端市场资源，使自身在整个产业链中形成膨胀的强势的资源聚合效应，再进一步向全国各地区渗透。地区性连锁则是稳扎稳打，平稳发展。这些企业在某地区形成经营的强势，并且根据地区特点形成自己的经营特色。随着区域性连锁企业实力的逐渐增大，加上扩张的示范效应，逐渐走上跨地区扩张之路。此外，一些区域性连锁企业积极尝试相互之间的合作，中永通泰的成立就是区域性连锁企业联合的产物。

3．连锁扩张

随着家电销售市场的扩大和连锁业的快速发展，家电连锁企业网络的扩张速度不断加快，而且在扩张的方式上也呈现多样化。

近两年来，各连锁巨头的扩张速度明显加快，年新开店面数目增加幅度显著提高。仅苏宁、国美、永乐三家，2002年新增店面数就达到了80家，2003年三家新开店数达到104家。

以3C标准店为模式的扩张成为家店连锁发展的主流，在各大中城市，大型连锁企业间的“商圈争夺战”表现得异常活跃。

在各连锁企业的扩张模式不断趋同的同时，扩张手法却呈现多样化特点。各区域性或城市本土连锁企业认识到，在当今形势下，只有联合才有力量，只有合作才能共存。可以采用各种资本快速集中与企业规模有效扩张的形式来获得综合互补优势，提升企业群体竞争力。直营、联合、购并和股权渗透等方式被连锁企业们广泛运用。两年里，永乐收购东泽、永乐参股河南通利、大中参股青岛亚泰等一次次的尝试，为家电连锁业的发展提供了新的扩张形式。此外，企业还应积极寻找各种“低风险松散型”战略联盟的机会，大力发展工商、商学、商研、商商之间的合作，谋求在技术、人才、管理、营销等环节，及商业基础设施等多方面的联盟与合作，以获得战略协同效应。

（三）家电连锁企业经营及发展状况

表 1 2002 年家电行业连锁企业销售额排行榜

销售额排序	企业名称	年销售额（万元）	店铺数（个）
1	北京国美电器有限公司	1089649	64
2	苏宁电器集团	606843	134
3	上海永乐家用电器有限公司	489500	40
4	江苏五星电器有限公司	323339	76
5	华联集团家用电器公司	90000	15
6	深圳市顺电连锁经营有限公司	80000	3
7	河南通利量贩有限公司	60000	20
8	广州市东泽电器连锁商社	10455	9

表 2 2003 年家电行业连锁企业销售额排行榜

销售额排序	企业名称	年销售额（万元）	店铺数（个）
1	北京国美电器有限公司	1779235	139
2	苏宁电器集团	1209765	148
3	三联商社	1067560	202
4	上海永乐家用电器有限公司	876018	55
5	江苏五星电器有限公司	510688	96
6	深圳市顺电连锁经营有限公司	130480	8

表3　　家电连锁企业经营指标

1. 平均规模

年份	平均拥有门店数（个）	店均面积（平方米）	平均单店销售额（亿元）	平均员工数（人）
2002	61	1426	0.75	4651
2003	95	1746	1.15	10327
增幅（%）	56	22	53	122

2. 管理人员的数量及比例

年份	平均管理人员数量（人）	占员工总数的比率（%）
2002	247	5%
2003	549	5%
增幅	122%	0

3. 地效和人效

年份	地效（万元/平方米）	人效（万元/人）
2002	5.3	99
2003	6.6	106
增幅	24.5%	7.1%

三、家电连锁行业典型企业情况

（一）国内典型企业

1. 销售情况

表4　　国内典型企业销售情况统计表

年度	北京国美电器有限公司			苏宁电器集团			上海永乐家用电器有限公司		
	店铺数（个）	销售额（亿元）	比上年增率（%）	店铺数（个）	销售额（亿元）	比上年增率（%）	店铺数（个）	销售额（亿元）	比上年增率（%）
2001	41	61.50	115		39.91	23.9	22	20.51	62.4
2002	64	108.96	77.2	134	80.68	52.04	40	48.95	138.66
2003	139	177.92	63.3	148	120.98	99.37	55	87.60	80.2

2. 典型企业简述

(1) 苏宁

苏宁电器集团创立于1990年，连锁网络遍及北京、天津、上海、重庆、辽宁、山东、河北、安徽、江苏、浙江、广东、四川、陕西等全国24个省市地区，拥有直营和特许连锁店近150家，年销售规模120多亿元。苏宁电器一贯实行专业自营服务，形成自己的经营特色。

(2) 国美

北京国美电器有限公司成立于1987年，隶属于北京鹏润投资公司。国美电器在北京、天津、上海、成都、重庆、郑州、西安、沈阳、济南、青岛、广州、深圳、杭州、昆明、福州、宁波及山西、河北、吉林等省市拥有130余家连锁店，2003年实现销售额177.9亿元。多年来，国美将“价格战”作为扩张的利器。目前，国美正在积极谋求上市。

(3) 永乐

上海永乐家用电器有限公司创建于1996年，其主要的连锁网络集中在上海地区，通过密集的连锁网络及本土优势，占据了上海家电市场的龙头地位。从2003年开始，永乐开始谋求向外拓展，目前已经在江苏、浙江、福建的部分城市开设了直营连锁店，并通过参股、购买等方式进入河南和广东市场，积极拓展自己的连锁网络。

(4) 三联

三联商社是山东省政府重点培植的企业集团，注册资本20亿元人民币，拥有净资产32.5亿元人民币，员工3万人。2002年，三联集团确立了“以投资收益最大化为目标、以投资为主要责任和功能、以多元化战略投资为主要方式的投资控股公司”的目标。本着“多元化投资，专业化经营”的原则，通过产业整合，三联集团旗下的六大产业板块在全国范围内形成了一定的竞争优势，取得了骄人的业绩。

(二) 国外典型企业

1. 销售情况

表5　　国外典型企业销售情况统计表

年度	Best Buy				Circuit City				小岛电器			
	总店铺数(个)	在中国店铺数	销售额(亿元人民币)	在中国销售额(亿元)	总店铺数(个)	在中国店铺数	销售额(亿元人民币)	在中国销售额(亿元)	总店铺数(个)	在中国店铺数	销售额(亿元人民币)	在中国销售额(亿元)
2001		0	1531.8	0		0	787.8	0	230	0	377.5	0
2002		0	1733.7	0		0	823.9	0		0		0
2003	1900	0	1876.4	0	600	0		0		0		0

2．国外典型企业简述

（1）Best Bbuy

1966年成立的Best Buy专业零售店总部位于美国明尼苏达州，是北美地区经营消费类电子产品、个人电脑、娱乐软件和电器产品的第一大零售商。公司主要经营零售商场和网上超市，超市名称如下：Best Buy（BestBuy.com），Future Shop（FutureShop.ca），Magnolia Hi－Fi（MagnoliaHiFi.com），Media Play（MediaPlay.com），On Cue（OnCue.com），Sam Goody（SamGoody.com）和Suncoast（Suncoast.com）。Best Buy通过分布在美国、加拿大、波多黎哥及美属维尔京群岛的1900多家零售商场面向消费者，员工总数9万余人，公司2002财政年度的营业收入达196亿美元。主要产品领域包括消费类电子产品（音响、视频、个人手提产品、通讯产品、照相器材及附件），家庭办公用品（电脑、数码相机、软件及其他外设），娱乐软件（音乐、电影及软件），电器产品（大家电产品、家具、小型家用产品）。

（2）Circuit City

美国第二大消费电子产品零售公司Circuit City，是一家经营计算机等高新技术产品的连锁零售商，主要销售电器、个人计算机、软件等产品，以销售多样化的商品而著称。总部设于维吉尼亚州里奇蒙的Circuit City，拥有548家超级商店，2家电子产品专卖店，46个进驻购物中心的Circuit City Express，单店平均规模达到2.3万平方英尺。Circuit City在美国电子零售店中，排名仅次于Best Buy。

（3）小岛电器

截至2001年3月末，小岛电器的连锁店为230家，销售总额为5067亿日元，稳居日本电器销售量首位。2002－2003年，山田电器超过小岛电器成为日本最大的电器经销商，山田电器和小岛电器约占日本电器销售市场份额的50%。小岛电器的最大特点是价格低廉，把“挑战日本最低价格”作为企业理念。为此他们实行总部统一采购制，并通过现金买断方式最大限度地降低采购价格。此外，他们还在经营管理上下功夫，通过导入先进的信息软件系统预测销售趋势，并对每个商品都实行售价、毛利的单品精细管理。

四、家电连锁行业发展热点及核心问题

2002－2003年，是家电连锁行业快速发展的两年，家电连锁巨头们不约而同地加快了其在全国扩张的步伐。2003年，仅苏宁、国美、永乐三家的新开店面就达104家之多。各大中城市的家电市场已基本被电器连锁企业占据，且市场格局基本成型。随着家电零售企业的发展，生产和销售之间的关系以及销售与销售之间的关系成为了家电行业的热点及核心问题。而销售与销售之间的关系，其直接的体现之一则为价格战。

（一）工商关系

在加速扩张的同时，搞好与供应商的关系也被各大家电连锁企业提上了日程。曾有业内人士预测：随着市场竞争的加剧和市场经济的日益完善，长期以来由厂家主导的商业流通格局将逐步转变为由商家主导的商业流通格局，渠道将成为未来家电厂家竞争的核心，家电厂家不可避免地将竞相争取连锁企业的支持。这一预言在近年得到了印证。家电厂家为了适应和迎合销售商，特别是销售渠道完善的大型连锁企业，不约而同地为他们提供了

许多优惠的营销政策和广告宣传，同时搞好对销售企业的服务。即使是厂家被迫参与商家挑起价格战，厂家也必须保障商家获得稳定、持续的收益。面对厂家提供的诸多优惠政策，商家也以更高的销售额作为回馈。这种良好的厂商关系主导了2002、2003年家电销售市场的发展。

（二）价格竞争

降价是企业实现销售最快速、最容易见效的手段。任何企业间的竞争说到底就是利润与成本的竞争，不能给消费者提供更好的产品、更便宜的价格，企业是不可能拥有很长生命力的。价格战是市场上最常用的竞争方式，但也是最不好掌握、最危险的方式。家电连锁的销售渠道使得生产厂家节约网络构建成本，使得消费者节约采购成本，更使得自己节约了营运成本。凭借这一优势，2002－2003年家电连锁企业在全国各大城市不断掀起价格竞争，从各地的家电经销商手中抢下半壁江山。

（三）服务竞争

服务是扩展连锁经营的重大要素之一，也是连锁经营的核心管理问题，是整个事业获取成功的关键。如果说低价是尖兵，那么服务就是后续的大部队。苏宁短短几年之内在全国范围得以迅速扩张，与它所倡导的专业自营是密不可分的。上海永乐的“无理由退换”、“90天质量试用”、“低价补偿”、“即买即送”四大服务保障，也深得人心。就连一向只重价格的国美电器，也将搞好服务提上了议程。虽然服务战并非新鲜的营销招式，但越来越多的电器连锁销售商意识到，长久下去这将成为他们的“软肋”。

（四）人才储备

高速的发展也给各连锁企业带来了人员上的缺口。连锁企业战略的拟订与战术的实施无不需要员工真正的理解和切实执行到位，庞大的连锁系统也绝不允许出现执行断层和扭曲。一旦执行走样，将危及整个连锁系统的生存安全。因为连锁企业的成功扩张就在于“成功企业”的“成功复制”，这就要求员工具有相对应的素质，以保证这种“复制”不变形。各连锁企业清楚地认识到这一点，并根据连锁扩张的计划建立了相应的人才储备。各企业面向社会大规模招募员工，既为企业补充了大批的新鲜血液，又部分缓解了各地普遍存在的就业困难，产生了极好的社会影响。

五、2002－2003年（各地区）家电连锁行业主要活动暨行业大事记

2002年4月，“国美2002空调流行趋势发布会”在北京举行，中外空调业巨头云集，厂商联手，共同打造“国美金牌空调”。

2002年7月28日，由北京大中、上海永乐、河南通利、青岛雅泰、成都百货五家组成战略联盟——中永通泰电器营销有限公司。此后又有浙江五交化、深圳铭可达、广州东泽、武汉工贸、深圳顺电、重庆百货、重庆商社、厦门思文、安徽五交化、哈尔滨黑天鹅、秦皇岛百信、成都蜀宁、广州沙园陆续加入，至2003年11月，共有17家成员单位。

2002年8月，国美在中国商业连锁百强中以骄人业绩位居第三名。

2002年10月1日，苏宁在北京、上海、重庆、宁波、常州的五城六店同时开业。

2002年10月26日，鹏润投资有限公司总裁黄光裕再度执掌国美帅印。

2002年，苏宁荣获中国商业联合会授予的“中国商业名牌企业”，并以年销售60多亿元、上缴税收过亿元、员工上万名的规模，成为江苏省重点扶持的大型民营企业之首。

2003年3月15日，苏宁在南京山西路开设18000平方米的专业自营旗舰店，堪称亚洲电器单体店之首。

2003年5月，永乐注资4000万元获得河南通利50%的股份，成为第一大股东，从而进入中原市场。

2003年8月1日－31日，在广百电器的牵头下，广百、友谊商店、天贸南大、新大新、东百等五家百货公司结成价格联盟抛出上千万元订单，对抗苏宁、国美等专业电器连锁店的进驻。

2003年10月28日，家电50强CEO、COO对话苏宁，苏宁电器董事长张近东畅谈工商关系：苏宁永远不和供应商对抗。

2003年11月，国美总裁黄光裕亲自督战国美香港店开业。该店的开业不仅是中国家电零售企业首次跨出内地，而且标志着为中国家电与洋家电在内地之外的竞争提供了一个平台。

2003年11月10日，广州东泽正式停业，上海永乐控股，改名为广州永乐电器。

（孙卫民）

家居建材连锁经营分析

一、中国建材市场现状

中国建材市场的现状概括地说就是：市场前景看好，市场的经营模式需要与国际接轨。

从市场前景看，中国近年来经济高速发展最终体现在城市化的发展进程上，如何加快城市化发展成为中国21世纪每个城市经济发展的中心工作。城市化决定现代化，它反映了一个国家经济发展的水平。据2002年国家建设公报显示，截至2002年末，全国设市城市660个，城市人口35343.78万人，其中非农业人口22060.02万人。城市面积464772平方公里，其中建成区面积25972.55平方公里。城市范围内人口密度760人/平方公里。从这一点上看，与西方发达国家相比，中国城市化发展水平总体上讲不足西方国家的1/5。

从世界各国经济发展的总体状况所得到的资料分析，根据人均GDP增长水平，“十五”期间我国将进入城市化水平达到40%~60%的加速扩张阶段。我国房地产市场正从对居住面积的追求向数量质量并举转变。“十五”期间，预计全国城乡将竣工住房57亿平方米(其中城镇27亿平方米)，届时，城镇人均住房建筑面积将达到23平方米，农村人均住房面积将达到25平方米，砖混结构的住房比重将达到80%以上；基本实现平均每户有一套功能相对齐全、综合质量较高的住房。

根据世界各国房地产行业数据，在人均住房面积达到30.5平方米之前，住房需求会持续旺盛，而我国预计2015年实现城镇居民人均住房建筑面积30平方米，按照目前我国城镇人口3.89亿，就需增加住房近40亿平方米。在户均面积达到80平方米后，按照发达国家的经验，房地产进入以提高品质为主的平稳增长阶段。从我国居民现有居住条件看，存在着每户（套）面积较小、住房设施不齐全（配备卫生设施的仅占50%、有煤气或天然气配套的占20%）、房屋结构较差（框架结构仅占14%）、居住环境不理想（绿化率仅为5%）等问题，和经济发达国家的居住质量相比还有很大的差距，这都需要在未来新商品房的开发中不断改善。另外，随着生活水平的提高和人口流动性的加快，城郊和异地“二次购房”的普及，也会扩大对住宅消费的需求，以实现人居生活的舒适性、健康性和文化性。

据不完全统计，仅建筑装修业2002年市场销售额已达3800亿元人民币，2003年将近5000亿元人民币，在2007年以前，市场总容量每年将以25%~30%的速度递增。

从市场的经营模式看，我国建材市场的模式大多数还是局限于传统的摊位制。从市场发展的历史看，几乎每个城市的建材市场都是由在计划经济体制下的传统物资批发市场演变来的，逐步随着市场的发展形成建材一条街或翻建的建材城，近几年又逐渐向建材批发大市场转化，或又出现形似连锁市场的摊位大卖场。无论如何演变，经营模式并没有实质性变化，还是以出租摊位为经营手段的摊位制市场。由于市场的发展处于无序状态，经营模式比较单一，在某些城市，建材市场的发展已经趋于衰变状态。据不完全统计，2002年底，北京营业面积5000平方米以上的建材市场共有194家，营业面积超过1万平方米的建材市场就有64家，而当年有近1/3的建材城处于亏损状态，真正能实现赢利的企业不到50%。尽管这样，每年还会有十几家新增的建材城。大家都看到了建材市场火爆的一面，却没有看到其具有巨大风险的一面。无序的市场，无序的管理，千篇一律的经营手段，导致了整个市场的混乱，在消费者心中产生了不信任感，建材市场的发展进入无法自拔的误区。结果造成2003年的建材市场倒闭年的现象。2003年，北京的建材城有将近一半改头换面，其中营业面积1万平方米以上的就有13家。北京的这种现象，基本上可以代表全国其他城市的逐步发展的进程和趋势。所不同的是，北京城市规划控制相对严格，没有出现有些城市那种建材城相互毗邻、密密麻麻，水泄不通地连成大营的建材城局面。

建材市场的发展必须要纳入每个城市的商业规划中去，要实行总量控制。最主要是在经营模式上既要治标又要治本，树立诚信形象，要逐步与国际接轨。否则，面对WTO的宏观经济条件的约束，必将面临被淘汰的尴尬局面。

二、建材连锁超市的业态特征

建材连锁超市的主要特点是自主经营，采用以自选方式售卖的超市化卖场。超市直接从制造厂家统一组织进货，多采用仓储式，兼营批发零售，是一种以低成本运营、规模化发展为本质特征，运用计算机管理系统进行管理，且一般建在城乡结合部的商业业态。主要优势体现在经营模式和管理手段上，目标是提高服务质量、降低成本，符合产业分工原则。

在美国、欧洲等发达国家，除了少量极品建材品牌专卖店外，家居建材连锁超市的市场份额接近100%。这些世界著名特许连锁建材装饰集团在经营、服务、管理等许多方面，较我国建材流通企业有着明显优势。国外建材超市占地面积在15000～40000平方米左右，建筑面积在10000～15000平方米居多，都是单层建筑，有足够大的停车场。建材超市的经营范围广、商品种类繁多为其一大特色。凡涉及住宅装修、维护或美化用的材料、工具，除电脑、电视机、服装、食品等商品外几乎应有尽有，甚至灭鼠药也可以买到，经营服务范围非常大，为消费者想得十分周到。其商品结构与商品管理都符合个性化、人性化、科学化的要求，具有强大的市场竞争力。这就有别于目前我国的摊位制市场以承租商家决定市场的产品结构，致使产品比较单一的经营模式。

与建材家居连锁超市相配合的大型物流配送中心和电子商务网络体系具有区别于传统市场的典型特征。现代市场竞争日趋由品牌竞争过渡到标准化竞争，从生产环节上降低成本几乎已经不可能，对零售业更具有现实意义的是基于供应链管理的成本控制。零售企业如果能在理顺业务流程的前提下，有效利用计算机技术，充分发挥网络竞争优势，立足于供应链，对采购、销售、库存、结算予以战略“链”管理，才有可能做到以最低的成本、便捷的渠道、优质的服务、迅速的反应，将标准的商品交付给顾客，并随时与顾客沟通信息，这便是建材连锁超市的特征所在。

三、中国建材市场发展趋势

建材连锁超市在我国流通领域中是一个新型产业，它将成为全国及地方经济发展的支柱型产业，因此，在全国范围内建立建材流通网络体系对我国经济的长远发展具有深远意义。

中国建材市场的发展趋势用一句话概括就是：洋超市抢滩中国大城市，摊位制市场、超市、专卖店将长期三足鼎立，WTO将规范市场排序，最终市场份额的排序将会是：超市、专卖店、摊位制市场。

表1　　**建材市场不同类型业态市场份额分布**

业态	2002年市场份额	预计2010年市场份额
摊位租赁型	80%	30%
超市管理型	10%	40%
厂家直销型	10%	30%
总计	100%	100%

面对全国每年高达4000亿元的建材消费，并且每年还在以25%的速度递增，建材市场的发展已经纳入国际化的发展进程。在国际建材市场日益饱和的情况下，国外著名装饰建材商不约而同地把目光转向了中国建材家装市场。

1999年6月，欧洲第一、世界第三的百安居率先在上海、深圳、杭州、苏州、昆明开办连锁店，并于2000年1月经批准成为该行业首家中外合资商业试点企业。继百安居进入之后，德国的欧倍德也先后在无锡和上海、南京等地开设了4个店。全球第一大装饰建材销售商美国家居货栈也已把广州列为其连锁发展的战略要地，悄悄地在广东进行市场调查。

中国建材装饰行业权威人士认为，集贸市场、摊位制市场、商品订货会等传统市场形态，将被代理配送、直达供货、品牌专卖、仓储销售、网上交易和电子商务等现代流通方式及流通模式所取代。

1. 摊位制市场存在的原因

摊位制建材市场是由开发商招商、收取租金、做物业代理，开发商不参与经营。这种市场在国内长期存在并发展，主要是与中国国情有关。因为我们是发展中国家，城市间、地区间、城乡之间的发展水平有着较大的差异。由于这种差异，顾客对建材的消费也会存在不同的消费取向，多种市场形式并存的局面将长期存在。此外，每个摊位经营者对自己经营的商品非常熟悉，至少熟悉过程相对容易，而且对市场需求反应也较快。

另一方面，摊位制市场商品价格相对较低。摊位制市场中的承租者大多是个体经营，形不成规模优势，但为什么摊位制市场的建材价格低？这主要是因为我国建材市场税收大都采用针对批发业务的包税制，而建材批发市场实际上70%～80%从事的是零售业务，这正是摊位制建材批发市场价位低的主要原因，而且大部分零售消费者都不要发票从而也可以省去一部分税费用。其次，部分摊位业主虚报价格，赚取超额利润，消费者与个体经营者可随时讲价，造成了价格便宜的表面现象；另外，少数个体经营者经营假冒伪劣商品也是造成价格混乱的不利因素。加入WTO后，政府将这方面的规则平等化，取消包税，国内摊位制的建材批发市场就会失去价格优势。

2．建材超市冲击强烈，由点及面指日可待

一方面，国外大型建材零售企业正在不断涌入，凭借其拥有的全球的廉价采购网络、低廉的采购成本、先进的管理手段、统筹的布展方式、新颖的经营模式，将使“摊位制”的价格优势丢失。另一方面，建材超市网点多、规模经营，可以在供货商处取得买方优势，从而使价格降低，同时超市自主经营的特点也保证了其商品的质量，这也会对摊位制的产品体系形成巨大冲击。

零售业业态细分、商圈资源有限、本土特征浓厚的特性和我国零售商已具备的发展基础决定了外资不可能通吃我国的零售市场，本土企业仍有成长壮大的空间。

国内建材超市要想迅速发展，必须尽快建立起自己的核心竞争力。核心竞争力是后世贸时代零售企业生存发展的关键，主要包括四个要素：（1）规模经济；（2）连锁经营及明确清晰的业态定位；（3）信息化物流配送系统；（4）已确立的品牌资本（包括零售商品品牌和自有商品品牌）。

在加入WTO后的保护期内，洋建材超市在中国每一个城市所允许开设的建材超市不超过3家，且中资股份所占比例高，所以暂时还不能形成强势规模。此外，洋建材超市销售的商品一部分来自国外，质量高价格也高；另一部分来自国内的商品由于规模不够大也难以形成价格优势。由于两种业态的顾客群相对稳定，所以3～5年内两种业态还将井水不犯河水的共存。

3．国内建材超市与洋建材超市竞争的过程就是建材超市逐渐挤占摊位市场份额的过程

在建材市场上争取到更大范围的顾客群是中外建材超市生存和发展的共同需要，是超市与摊位两种业态之间的竞争。这种竞争，不可能由中外建材超市之间达成协议来完成，而是在超市与超市之间竞争过程中完成。超市与超市之间竞争，不断扩大规模，降低成本，完善服务，降低价格，从而在客观上形成了对摊位制业态的竞争优势。超市连锁经营取得规模效益的特性决定了超市必将逐步扩大在城市的据点和有效商圈，扩大在全国范围内的据点，并最终挤压摊位市场或者收购之后转换经营机制。这个过程在3～5年内不会实现，但是会是一个有加速度的过程。

在各大中城市建材销售的各种业态所占的市场份额上，目前的先后顺序依次是摊位制市场、超市和专卖店或专营店；在10～15年的时间内，将逐步过渡到建材家居超市占第一位，摊位市场占第二位，专卖店居末位；最后，摊位制市场基本上从大中城市撤离，只有超市和专卖店在大中城市中适应不同的顾客群扮演着互补的角色。摊位制市场在一段时期内还将与超市长期共存，但是基本上不存在竞争，随着大城市的业态转换，摊位制市场将向中小城镇撤退，更多地满足中小城镇和农村居民的生活需要。

建材超市经营的统一性决定了物流配送中心和电子商务网络体系的建立，使建材超市在和摊位制市场竞争的过程中占据了不可比拟的优势。建材市场将逐步向建材超市发展的趋势是不可逆转的，只是时间长短的问题，这个时间长短取决于中外建材超市竞争的激烈

程度，也取决于政府开展城市化进程以及集约化经营的程度。

四、典型企业介绍

东方家园建材家居连锁超市是东方集团实施跨世纪发展战略的支柱型产业项目，1999年8月东方家园第一家标准店北京丽泽店正式开业，经营建筑装饰材料3万余种。东方家园引进美国“家居货栈”的经营管理模式，倡导“以人为本、最大限度让利于消费者”的经营理念，以“统一形象，统一标识，统一采购，统一经营，一站购齐，天天平价，自由退货”为经营特色，实行从设计、选材、送货到装修的一条龙服务，引导了中国建材零售业发展的新趋势。东方家园在建立、筹备和经营过程中结合中国国情，同时吸取国内以往开设的建材超市的经验和教训，避免了洋建材超市“水土不服”的现象。东方家园根据全国范围内的开店规划已正在构建五大物流配送中心，东方家园电子商务网站也已经建立，并面向全国开通。东方家园无论从单店日均销售额和国内各大城市网点布局上都已在建材超市领域领先了一步。

东方家园将充分整合东方集团的各种资源，充分利用东方卫星等先进手段，建立起以连锁门店零售网为主，兼具物流博览功能的批发网和电子商务网的三网合一的运营模式。

东方家园在经营过程中还不断探索新的业态模式，丽泽店的建材超市和家具家装市场互为补充互相促进，取得了“1 + 1 > 2”的经济效益，并实现了家具家装市场的超市化转型。由此，东方家园创造了一种新的经营模式，即将建材连锁超市和家具家装市场相结合的业态——建材家居连锁超市，实现了由一站式购物向一站式服务的转换。

目前，东方家园已经在国内8个主要城市开设了14家门店，占地面积约30万平方米，总楼面面积约40万平方米。员工人数5000多人；2003财年销售额超过20亿元人民币；2004年计划新开门店16家，分布在全国15个主要城市。

东方家园已经明确地制定了未来五年的发展战略，根据公司中长期发展战略规划，至2006年，门店数量达到100家，公司年销售额达到300亿元人民币；2008年达到161家；到2010年，门店达到350家，总销售额突破1000亿元人民币。

（鲁炳全）

连锁药店分析

一、行业现状概述

（一）本行业市场发展状况及消费需求变化

1. 市场发展状况

（1）并购、重组风生水起，外资大鳄趁机而入

典型案例有：重庆医药股份公司和日本伊藤忠（中国）集团有限公司合作，三九医药连锁和日本株式会社八九君泽合作，上海医药和浙江嘉信合作成立嘉兴华氏大药房，以及国大药房收购深圳一致等。

目前国内炙手可热的3家药业巨子广州药业、太极集团、上海雷允上药业正式宣布结成销售联盟，并同时在广州、重庆和上海3地共150家药店悬挂特约药店标识，3家企业承诺各自在自己属下的药店为结盟企业的产品设立销售和展示专柜，共享商业网络与信息。广州药业总经理周跃进称，此举仅仅是3家企业战略联盟的第一步。

结盟的3家企业，目前年营业额都在国内医药企业处于前列，在中药生产开发上有一定优势，并分别在华南、华东及西南地区具有相当大号召力。3家企业的共同特点都是既是生产企业，同时又掌握着丰富的药品销售终端资源。如广州药业旗下有健民、采芝林等近300家连锁药店；太极集团下属的重庆桐君阁股份有限公司则是西部最大的医药商业企业，2000家“桐君阁大药房”商业连锁网点分布在西南和西北地区；上海雷允上药业则是上海最大的药品零售跨省连锁企业之一，在华东地区有天时、地利、人和优势。3家企业合作后，将通过免收药品上架费、设专柜推广等方式，减少医药企业产品进入新市场的环节，共同降低经营成本，为各自的产品走到对方的“地头”提供方便。3家企业的老总表示，销售领域的合作仅仅是合作的开始，下一步希望能在更深入的层次开展全方位合作。

名列我国医药零售直营连锁药店营业规模前三甲的深圳市海王星辰医药有限公司，于2002年底引进了全美第一大医药连锁加盟品牌——美信 MedicineShoppe；美信国际医药连锁中国总部在2003年以其特有的“不一样的加盟”在国内的华东和华南地区发展了近四十家特许加盟店，门店形象令人耳目一新，经营势头良好；随着我国经济的发展和医药分业制度的实施，美信先进的经营理念和其在我国的实践，将对我国医药零售行业按国际惯例运行带来宝贵经验。

（2）价格战爆发，市场竞争日趋白热化

2003年5月，“开心人大药房”进驻上海，由此引发了上海药品零售市场的一系列震荡：上海国大、上海雷允上率先跟进降价；其后，大大小小的药店也纷纷调低其药品价格；一些小型单体药店则抱团结成“绿色联盟”，企望通过联合应变；而上海市政府则发表声明支持开办经济药房。

各地药店的平均毛利率，达到了有史以来的最低点。医药连锁零售企业必须在内部管理、供应链管理、市场营销等方面精心经营，以面对日益激烈的价格竞争。

（3）各种业态混合共生，呈多角化发展

医药零售药店目前可分为如下几种业态：专业便利店、平价大药房、中药店（如同仁堂等）、专题药店（如糖尿病药店）、综合健康广场（一站式购物）等，目前是多种业态共生。2003年，平价药房赚足人们的眼球，但专业便利店仍保持良好发展势头，而综合健康广场却鲜有成功模式，另外所谓的药妆局也是一种潜在的发展业态。

这里特别说一下平价药房，目前市场上的平价药房，大部分经营面积在400平方米以上，拥有1000种以上的商品，视其规模大小，可分别归入药品超市与药品大卖场的范畴。平价药房在受到政府、媒体和消费者关注的同时，业绩却不如人意。在长沙，2003年有4家平价大药房关门歇业；在广州，据同业估计，老百姓大药房以日均13万元左右营业额，活在高额房租之下（25.8万元/月）；在杭州，普惠大药房开业3个月后因无法维持正常经营而宣告停业。因此我们认为，平价大药房可能存在定位误区、选址误区、商品结构误区和服务误区等，其未来发展模式还值得商榷。

而连锁药店所拥有的门店，大多在几十平方米到一百多平方米之间，大致属于便利店范畴。

目前在国内，同一企业也有混业经营的情况，比如像华氏，为了最大化地占有市场，也在尝试多种业态。

（4）价格呈逐渐降低趋势，零售药店盈利空间在逐渐压缩

自1997年以来，国家有关部门先后11次降低了中央管理药品价格，2003年，又对西药199种、2200个规格和中成药267个品种进行了调价，平均降幅达15.2%。据中国医药商业协会组织的全国30个主要城市化学药品零售物价指数测算结果显示，2002年药价总指数为95.39%，比上半年下降4.61个百分点。

另据有关报道，昆明几乎全部的药品、针剂价格都大幅下降，平均降幅达18.28%，其中抗生素降价幅度最大，达到27%。

因此我们推测，一般医药零售药店的毛利率每年至少降低1到2个百分点。

2. 消费需求变化

从消费者需求来说，“大病去医院，小病去药店”的观念正在逐步形成，并呈缓慢上升趋势。一般消费者去药店多购买常用药，包括一些处方药和非处方药，女性消费者自身消费偏向保健、减肥、美容产品，中药对慢性病患者和中老年人有一定的吸引力。

从价格方面来说，价格对中、低档消费者仍有很强的敏感度，平价药店、特价商品、促销商品、会员日销售都具有相当强的吸引力。

从商品结构来说，处方药的销售呈下降趋势，非处方药、保健品的销售呈上升趋势，生活便利品和化妆品所占的消费比重仍然较小，但也呈现稳中有升的趋势。

另外除价格以外，消费者对质量、服务、品牌的关注逐渐上升，按顺序排列，中高档消费者更注重品牌、质量、服务，其次才是价格。

（二）竞争格局

本部分包括同业态、不同业态、新业态、内外资、工商间、批零间的竞争格局，竞争

优劣态势分析及竞争发展趋势分析。

市场呈现多元化竞争时代。目前我国共有药品零售企业 151760 家，其中连锁企业 719 家；全部药店和连锁门店总和约为 23 万个，其中连锁药店 16 万个。从所有制分类来说，有国有或国有控股企业、集体企业、股份合作企业、股份制企业及外商（含港、澳、台）投资企业；从药店规模来说，有单个企业、区域连锁企业以及全国连锁企业；从业态来说，有超市店中店、专业便利店、专业药房及平价药店；从商品结构来说，有中医馆、中药店，还有西药店以及内含中药专柜的混合药店。

在同业态之间，行业内开始出现重组、购并，一些个体药店和小连锁药店由于经营规模、管理技术、GSP 认证等多方面原因而自觉或不自觉地被购并或被淘汰，强弱分化迹象开始显露；不同业态之间分享市场份额，如平价药房和一般专业便利店之间抢夺顾客，特别对于中下层消费群体，药品的价格弹性比较强。

新的业态如大卖场形式、专题药店形式甚至药店承包医院药房形式都值得连锁药业关注，但只有符合国家政策走向、符合行业发展规律的业态才会有竞争力，才会更有生命力。

根据中国加入 WTO 协议规定，2004 年 12 月 11 日中国零售业将全面对外资开放。目前外资也在不断加快进入的步伐，但由于中国药品零售 80%的市场份额仍然被医院药房垄断，再加上国内医疗体制改革的进程比较缓慢、医药分业经营的政策仍然阻力重重、医药分销是在一个不充分竞争市场内进行，预计外资的进入会考虑和国内一些有品牌的医药连锁企业联合，从而加快其本土化进程。但很显然，内外资医药零售企业不是在同一个级别的竞争，美国的 Walgreen2003 年一年的销售额为 325 亿美元，而国内的医药零售前几大企业 2003 年每家的年销售额仅在 1 亿美元左右，国内医药零售企业还相当弱小而不堪一击，需要政府的呵护和一些政策的扶持。

据统计，药品制造成本和药品零售价格的中间差额，平均约占药品零售价的 50%～60%。中国医药市场各商家的毛利润率是：药品制造商 40%～50%，批发商 5%～10%，医院 30%～40%，零售商 20%～30%。

药品生产和销售的价值链由于销售渠道的不同会有所变化，主要包括通过商业（药品区域代理商、批发商等）进入零售终端（包括医院和药店）和直接通过制造商进入零售终端两种渠道，制造成本加成比例一般为厂商加价 50%、商业流通 10%～20%、零售企业 30%。市场发展的趋势在逐渐向零售终端倾斜，一些厂家也提出“决胜在终端”的口号，这也为医药零售连锁企业的发展带来了机会和空间。

（三）医药连锁企业经营发展状况

表 1　　　　2002 年本行业企业销售额排行榜

销售额排　序	企业名称	年销售额（万元）	店铺数（个）
1	辽宁成大方圆医药连锁有限公司	75526	221
2	重庆和平药房连锁有限责任公司	66800	725
3	上海华氏大药房有限公司	62010	208

续表

销售额排序	企业名称	年销售额（万元）	店铺数（个）
4	重庆桐君阁大药房连锁有限责任公司	57401	1046
5	哈药集团医药药材公司人民同泰连锁店	50800	75
6	沈阳东北大药房连锁店	50000	70
7	深圳市海王星辰医药有限公司	46600	320
8	北京同仁堂连锁药店	45205	650
9	广州市医药公司健民医药连锁店	44300	105
10	沈阳天益堂药房连锁有限公司	39135	

表 2　　2003 年本行业企业销售额排行榜

序号	企业名称	年销售额（万元）	店铺数（个）
1	重庆和平药房连锁有限责任公司	73450	1013
2	深圳市海王星辰医药有限公司	70060	460
3	上海华氏大药房有限公司	65000	1214
4	深圳市中联大药房有限公司	56000	306
5	北京金象大药房	42600	218
6	深圳市一致医药连锁有限公司	36000	185
7	重庆桐君阁大药房连锁有限公司	30802	338

二、行业内典型企业情况

（一）国内典型/龙头企业

表 3　　销售情况统计表

年度	辽宁成大方圆医药连锁有限公司			重庆和平药房连锁有限责任公司			上海华氏大药房有限公司			深圳市海王星辰医药有限公司		
	店铺数(个)	销售额(亿元)	比上年增率(%)	店铺数(个)	销售额(亿元)	比上年增率(%)	店铺数(个)	销售额(亿元)	比上年增率(%)	店铺数(个)	销售额(亿元)	比上年增率(%)
2001	76	2.41		553	5.67	23	171	3.8		203	2.95	217
2002	221	7.52	212	725	6.68	18	226	5.3	39	320	4.66	58
2003				1013	7.345	10	1214	6.5	23	460	7.0	50

1. 辽宁成大方圆医药连锁有限公司

该公司成立于2000年9月，集医药批发、零售连锁、进出口贸易、中药材种植与加工、中西成药生产等为一体的大型医药企业集团是公司的最终发展目标。奉行“厂家、商家、顾客三赢”的经营理念，秉承“全心全意为人民健康服务”的服务理念和“尊重顾客、尊重伙伴、尊重人才、在竞争中发展”的生存理念，发扬“忠诚、团结、创新、敬业”的企业精神。

公司在连锁经营中坚持“八统一”原则，即：

标识系统统一；服务规范统一；

货源采购统一；商品配送统一；

商品价格统一；财务核算统一；

质量检验统一；经营管理统一。

2002年，成大方圆在全国医药零售连锁业销售额排名中稳居榜首。2003年5月，一次性通过国家GSP认证。

2. 重庆和平药房连锁有限责任公司

该公司于1997年5月由重庆医药股份有限公司通过资产重组组建，初期即建立起了产权清晰、权责明确、政企分开、管理科学的现代企业制度，并从此走上了超速发展的道路。销售总额从1997年的5300余万元增长到2003年的80000万元，平均年增幅在40%以上。连锁网点也由最初的14个发展到现在的1013个，并成功地实现了跨省经营。

七年来，企业强化“小病当医生，大病当参谋，重病当亲人”的服务宗旨，外塑服务品牌“真情服务”，不断提高企业的社会知名度。2000－2002年连获“全国连锁业百强企业”称号。2002年在全国医药行业经营排序中居全国第二位。2003年9月获得全国商业行业质量管理最高奖“2002全国商业质量管理奖”。

3. 上海华氏大药房有限公司

该公司成立于1998年4月，致力于创新企业制度和现代企业运作机制，在实践中探索和提升连锁管理水平，先后投入巨资实施内部计算机网络管理；坚持“六统一”的经营模式：统一华氏标识、统一经营理念、统一服务规范、统一采购配送、统一质量管理、统一财务结算。

华氏大药房率先在全行业向社会提出“让市民称心、放心、高兴，塑造良好企业形象”的倡议，以“为生命和健康创造价值，为顾客和员工创造幸福”为企业宗旨，并做出了“更专业的服务、更规范的经营、更安全的保障”新三大承诺。企业内部积极推行国际标准化体系ISO9001规范业务流程与岗位操作规程，2002年8月企业获得A级纳税和A级会计核算荣誉称号，2003年被推荐为合同诚信评估“AAA”守信单位，已通过国家GSP认证。

4. 深圳海王星辰医药有限公司

该公司于1995年6月28日成立，是一家大型医药、健康产品的专业营销公司。在中国医药零售行业，海王星辰率先引进国外先进的医药连锁经营管理技术，积极研究与开拓医药零售市场，创立了适合中国国情、具有全新模式的现代零售药店——海王星辰健康药房，遵循“健康＋专业＋便利”的连锁药房理念。

2001－2002年，海王星辰连获“中国连锁百强企业”称号，2002年底还获得“广东省流通龙头企业”的光荣称号，是深圳市医药零售行业中惟一获此殊荣的企业。

团结、务实的星辰人致力于创造一种学习型企业，以专业和创新的精神在多元化与专业化并行的轨道上稳健持续地前行，在中国医药连锁行业发展的道路上继续保持领先。

2002 年海王星辰与美国 Medicine Shoppe 结盟，致力于将美国先进医药零售技术引入中国；2003 年海王星辰携手北京同仁堂（集团）、北京首创科技投资有限公司共同组建了北京同仁堂商业投资发展有限责任公司，旨在运用海王星辰先进的科学管理技术，发展同仁堂现代国药精品店。

（二）国外典型/龙头企业

表 4　　**销售情况统计表**

年度	Walgreen				CVS				Medicine Shoppe			
	总店铺数（个）	在中国店铺数	销售额（亿美元）	在中国销售额（亿元）	总店铺数（个）	在中国店铺数	销售额（亿美元）	在中国销售额（亿元）	总店铺数（个）	在中国店铺数	销售额（亿美元）	在中国销售额（亿元）
2001	3520	–	246	–	4133	–	222	–		–		–
2002	3883	–	287	–	4087	–	231	–		4	20	
2003	4224	–	325	–	4132	–	253	–		40		

1. Walgreen

它是一家以经营连锁药店为主的公司，从 1901 年开设第一家店铺至今具有超过 100 年的历史，目前在美国 44 个州开设 4200 多家零售药店及 3 个邮递服务中心。2002 财政年度该公司取得 280 多亿美元的销售额，2003 年取得 320 多亿美元的销售额，处方药的销售占其整体销售的 62%。公司计划于 2004 年在南加州开设一个全新的配送中心并增开 450 家零售药店，于 2010 年开设 7000 家零售药店。

2. CVS & Walgreen

CVS 是一家以经营处方药、非处方药、照片冲印加工、贺卡、美容化妆品、方便食品和季节性商品为主的连锁药房，在美国药品零售业中处于领导地位。CVS 于 1963 年开设第一家以经营保健及美容产品为主的店铺，1985 年销售额达到 10 亿美元，1999 年在美国开通了第一个综合的在线药房。2002 财政年度该公司取得 240 多亿美元的销售额，2003 年取得 260 多亿美元的销售额。至 2004 年 1 月，CVS 已在美国 27 个州开设 4100 多家零售药房，以及一个电子商务网站 cvs.com。

3. Medicine Shoppe

该公司成立于 1970 年，总公司位于密苏里州的圣路易市，为全美排名第一并被评为最佳的医药零售特许经营品牌，年销售额 20 亿美元。其母公司 Cardinal Health 名列 2002 年《财富》500 强第 23 位，年销售额 400 亿美元，全美医药批发行业排位第二。

Medicine Shoppe 在全世界多个国家通过加盟特许发展全球业务，其加盟药房总数超过 1300 家。

经由多年的经验积累，Medicine Shoppe 发展出一套完善且任何竞争对手都难以匹敌的连锁加盟经营系统。其专业药房提供病患咨询、教育与安全用药指导，病患追踪、疗效管理，对特殊病人提供专科药学照顾。

2002年6月，Medicine Shoppe正式进入中国，首家店于9月29日在深圳开业；在2002年的威尔森药房顾客满意度调查中，Mdicine Shoppe连续第二年名列榜首；2003年12月23日，Mdicine Shoppe宣布与在美国34个州拥有181家社区药房的Medicap Pharmacies正式合作，共同致力于两个品牌的建设。

三、2003年出台的与本行业相关的政策、规定和地方法规等

由2002年开始，各地相继放开了对药店审批的限制，国有、民营、个体等各路资本如潮水般逐利而来；在加入WTO的大背景下，地方保护的坚冰逐渐融化，跨区域连锁如愿以偿。

为加强药品监督管理，保证药品质量，保障人体用药安全，维护人民身体健康和用药的合法权益，根据《中华人民共和国药品管理法》，国家药品监督管理局于2002年9月15日正式公布了《中华人民共和国药品管理法实施条例》，对药品的生产、经营、管理、包装、价格及广告等方面提出了更具体的要求。

（一）深圳：限制开店面积

为加强药品监督管理，规范深圳市药品零售企业经营行为，深圳市药品监督管理局根据《中华人民共和国药品管理法》等有关法律、法规的规定，结合深圳市实际，于2002年8月1日正式颁布了《深圳市药品零售企业监督管理暂行规定》。该规定对零售企业开办药店有所限制：特区内开设药品零售企业，店堂面积不得小于120平方米，仓库面积不少于30平方米；特区外开设药品零售企业，店堂面积不得小于40～80平方米，仓库面积不少于20平方米。

（二）GSP认证

为加强和规范广东省GSP认证工作，广东省药品监督管理局于2003年3月1日正式实施《广东省药品经营质量管理规范（GSP）认证管理办法（试行）》。2003年4月24日，国家药品监督管理局正式公布了《药品经营质量管理规范认证管理办法》。

四、本行业发展热点及核心问题

市场的竞争将随着国内零售业对外资的开放，正渐趋白热化。传统的、不思变革和创新的企业将会在市场竞争中被无情淘汰；与国际先进同行相比，国内连锁药店龙头企业的年营业额还不到美国同类企业的5%，经营意识薄弱、管理技术低下、执业技术不精是国内连锁药店企业普遍存在的现象，提供专业服务的全国性品牌企业尚未成型。

面对严峻的、不容乐观的现实，为了在激烈的竞争中获得生存，国内同行纷纷出招，在医药零售管理技术、经营技术和专业技术服务方面，进行了很多尝试，朝着现代化、大型化、专门化、连锁化和专业/服务导向等方面发展，以配合医药分业政策的实施和迎接

2004年底中国零售业向国际开放的挑战。

（一）发展热点

1．电子商务系统和商情调研

应用互联网技术，低成本、迅速扩大医药零售企业的零售疆域在网上售药，即所谓的BTOC；及时进行商情调研，了解客户需求，了解供应商现状。这一商业形式的发展，有着多方面的条件制约：目标市场的确定、物流配送的配套、电子商务的经营管理模式的确立和专业技术服务的提供等方面。

2．医药物流

现代物流配套是各类企业在竞争中取胜的必要条件之一，对零售业尤为重要。外资零售巨头无一不是物流配送管理的高手，医药零售连锁行业也不例外。自建现代化物流配送中心、第三方物流、第四方甚至第五方现代物流技术的应用和为社会独立药房和连锁药房提供药品批发和配送的专业大型医药批发物流公司的建设（如：九州通等）正风起云涌，随着信息技术的发展和应用、国际先进的物流技术的引进和资本的投入，中国医药物流将步入一个崭新的阶段，各零售药房的竞争也会由管理技术领域的竞争为主，进入到以经营技术和专业技术服务领域的竞争为主的阶段，从而为我国消费者提供现代化的物有所值的商品和服务。

3．相关药品营销的配套服务

综观我国医药零售行业，大部分的企业还处在公司管理或门店管理的初级阶段，就连比较好的连锁企业也仅处于管理公司和门店的阶段；而医药零售企业要成功，管理技术只是重要的因素之一。经营技术的应用，专业技术服务的运用，将售卖药品提升到贩卖健康的高度，则是医药零售企业另外两大成功因素。一些在我国现代医药连锁领先的企业如海王星辰医药有限公司已提出了2004年以品牌营销和创新为主题，将公司的重点由管理企业和药房转向经营企业和药房。2002年下半年，海王星辰引进全美第一大医药连锁加盟品牌MedicineShoppe美信，2003年以其全新的“不一样的加盟——先进的经营管理和执业技术制度加盟”加盟形式，在我国东南沿海地区（广东的广州、大佛山地区、深圳和东莞地区；福建的福州、厦门和泉州地区；华东的上海、江苏和浙江等地区）成功发展了近40家美信MedicineShoppe加盟药房，各地美信MedicineShoppe加盟药房在美信医药国际连锁中国总部的完整的管理技术、经营技术和专业执业技术体系的支持下，以其100%顾客满意的专业药房的全新形象出现在国人面前，为我国医药零售连锁行业提供了现代医药零售的先进理念和实践经验。

4．迅速扩张OTC市场

由于我国处方药的销售80%集中在医院，零售药房在医院缓慢释出药品市场的过程中，以提供消费者非处方药来满足越来越多“大病去医院、小病找药房”的市场需求。

（二）核心问题

1．企业核心竞争力

随着医药零售市场的日益成熟，企业一定要有自己的特色，才能在日趋激烈的市场竞争中生存和发展。企业要根据自身的资金、人才和环境等有限资源，在企业经营的某一或某几个环节，形成核心竞争力，如市场预测和客户服务为核心竞争力、品牌行销为核心竞争力、有特色的供应链管理和物流配送体系为核心竞争力以及信息技术的应用为核心竞争力等。

2. 企业发展策略

随着医药零售市场竞争机制的发展，企业已不能短线经营，企业要在竞争中生存、发展和壮大，必须要根据行业现状和对未来市场的科学预测，结合企业的资源（人、财、物），制定企业的中长期发展策略和短期配套执行方案。

3. 企业管理模式

医药连锁企业有以直营连锁药房中央集中经营管理型、特许加盟体系总部指导下的加盟店自主经营管理型、直营和加盟混合管理型，平价连锁大药房和便利连锁药房的管理均有不同的特点。

4. 企业采购管理

大卖场的品类管理等方法逐渐融入连锁药店的采购管理中。

5. 企业营销管理与市场运作

连锁药店在品牌塑造和行销创新方面开始了尝试，各种连锁大卖场的市场运作方法，被大胆地引入到医药零售连锁经营中。

6. 企业信息化管理

医药零售连锁企业的信息管理技术的应用，在现代零售行业中处于较为落后阶段。随着采购管理、价格管理、库存管理、商品管理和顾客管理在企业经营管理中的地位日益提高，医药零售连锁企业的信息化管理日显重要。

7. 企业配送/仓储物流管理和企业GSP认证管理等

五、2002、2003年（各地区）主要活动暨行业大事记

2002年6月27日，海王星辰与美国Medicine Shoppe结盟，致力于将美国先进的医药零售技术引入中国；9月29日，Medicine Shoppe第一家店在深圳隆重开业。

2003年2－6月，“非典”带动全球抗生素企业业绩猛涨并引发“中药热”。

2003年6月，平价药房在上海遭封杀：“开心人”平价药房在上海开业，不久遭到全城同行联合抵制。

2003年10月，国家食品药品监督管理局成立，“食品药品放心工程”启动。

2003年11月，海王星辰携手北京同仁堂（集团）、北京首创科技投资有限公司共同组建了北京同仁堂商业投资发展有限责任公司，旨在运用海王星辰先进的科学管理技术，发展同仁堂现代国药精品店。

（朱　丹）

零售物流分析

一、连锁的纽带是配送

从世界各国连锁超市业的成功经验来看，连锁经营方式之所以能够产生高效率、高效益，就在于连锁超市实行的是统一采购、统一配送、统一价格，并具有实现这一职能的商品配送中心，从而从根本上实现了“决策权向连锁超市总部集中，物流活动向商品配送中心集中；达到一套资金、一套库存，集中优势，将单个门店不可能投入的人力、物力、财力，用于采购供应活动。

也就是说，有了配送中心，才可能实现一头进货、集中库存、统一配送、各店分销的连锁经营方式，才可能实现直接的产销衔接，增强商业对市场信息需求的反馈能力，从而促进生产、满足消费、降低生产资源配置的成本和代价，以便于企业享受较高的价格折扣，降低流通成本和销售价格。由于将商品集中保管、流通加工，按各门店的需求配货，统一配送，实现了“最少环节、最短运距、最低费用、最高效率”，从而大大提高了经济效益。同时，通过统一进货，严把质量关，杜绝“假冒伪劣”商品，提高了连锁超市企业的信誉。只有这样，才可能实现在商品配送中心内统一结算和进行商品信息的自动化处理；实现物流、财务乃至整个连锁企业的管理科学化。国内连锁超市业界以及日本、美国、欧洲等发达国家的经验都告诉我们：实行商品供货的配送中心化，正是连锁经营的精髓之所在。

随着我国连锁经营的不断发展，零售企业对物流配送越来越重视。许多大中型连锁企业都建立了自己的配送中心，努力进行商品的多品种、小批量配送。

据中国连锁经营协会的统计，2001 年，国内连锁百强企业中，有 80% 的企业拥有自己的配送中心，配送中心的平均面积达到 9693 平方米。销售额在 1 亿元以上的 91 家超市公司，配送中心的平均面积为 8359 平方米。根据中国仓储协会 2001 年对中国物流市场所做的调查，目前我国商业企业的物流配送，有 74% 是由供货方完成的，13% 的企业依靠第三方物流企业，拥有自己的配送中心的企业仅占到商业企业总数的 13%。不少企业还引进了先进的自动化立体仓库、电子标签和自动分拣系统等物流设备。

二、把配送中心建成多功能、集约化、低成本的供货枢纽

多年来的实践使我们认识到现代物流配送和计算机网络化信息技术是支撑连锁超市超常规发展的重要条件；如何把配送中心建成多功能、集约化、低成本的供货枢纽，以及如何运用信息技术来重组和提升超市的供应链管理，更是我们连锁经营的核心战略。

全国各连锁超市公司对于配送中心的重视程度已越来越高，并有不少企业开始着手规划跨区域配送和配送体系建设的问题。联华、华联、农工商、华润等大型连锁超市公司，

均建立了强大的物流配送系统和现代化的配送中心。连锁企业的物流配送成为我国零售业物流的主要课题。

例如，华联超市股份有限公司投资8000万元于2000年8月建成了建筑面积达2万平方米的我国连锁业第一座现代化配送中心。该配送中心采用高站台、大跨度的单层物流建筑，可全天候地供80多辆卡车同时装卸作业。配送中心采用高层立体货架和拆零商品拣选货架相结合的仓储系统，大大地提高了仓库的空间利用率，商品库存量达60多万箱。装卸搬运是衔接物流各环节的链环，它渗透到物流的各个领域。应合理规划装卸方式和作业过程，减少装卸作业次数、缩短操作距离、合理选择装卸搬运机具，以大大提高装卸效率。

华联超市公司的桃浦配送中心采用了前移式蓄电池叉车、电动搬运车、电动拣选车和托盘，装卸作业全面实现机械化；同时采用无线通讯的电脑终端和RF射频技术，开发物流条形码技术，从收货、验货、入库到拆零、配货，全面实现物流管理条码化和无纸化。该超市公司还与上海捷强集团、宝洁公司等600多家供应商建立了自动补货系统，以降低配送中心商品的缺品率，提高商品新鲜度，控制库存水平，压缩库存金额。

零售业的现代化管理水平的提高，主要依赖于高科技的运用，尤其是跨国经营的零售集团和大型连锁企业。信息收集和传播、销售数据、商品分类管理、库存和商品盘点、供应链的管理，都要靠高科技电子技术才能高效率地完成。

例如，即将建成的海烟物流中心，按照“高标准、高要求、现代化程度高”的要求，以“国内一流、国际先进”为建设目标，引进了国际先进水平的物流设备，运用GIS（电子地图）/GPS（卫星定位）、WHS（仓库管理系统）和ERP（企业资源计划）系统的高度集成，实现存取拣选自动化、配送流程优质化、物流管理智能化，在物流流程的各节点上达到无缝衔接。

海烟物流将以“服务时间准、响应速度快、安全系数高、服务项目多、新型反馈快”的服务特点，提供卷烟、食品、百货的第三方物流服务和整体物流方案。对客户实行全程负责制，并根据客户的需求，不断调整和完善服务方式、服务内容和服务质量。可同时配送多种业态的销售终端，为企业提供个性化物流服务。利用销售、配送、信息三平台，为企业提供分销环节的一站式服务，并努力成为企业供应链的战略合作伙伴。

又如，华润万佳配送中心，坐落在深圳市平湖综合物流基地，目前已正式投入运营。该配送中心采用窄巷道三向叉车和高层立体货架，技术设备先进；配送能力强，日均商品处理能力达20万箱；辐射范围广，配送半径为300公里。工程投资1.5亿元，建筑面积4.5万平方米，为华润万佳加速在珠江三角洲地区的业务扩张，打下了坚实的基础。

三、引进高新技术，是提升配送中心服务能力的有效措施

近年来，连锁超市对商品的“拆零”作业需求越来越强烈，国外同行业配送中心拣货、拆零的劳动力已占整个配送中心劳力的70%；引进高新技术，采用电子标签拣选系统是解决问题的有效措施。

配送中心信息系统将门店拆零商品的要货信息，自动输入电子标签系统，拆零货架上存放各种拆零商品的相应货格的货位指示灯和品种显示器，立刻显示出该门店所需拆零商

品在货架上的具体位置及数量，作业人员便可从货格中取出商品，装入配货周转箱；然后揿动按钮，货位指示灯和品种显示器熄灭，订单商品配齐后进入理货环节。电子标签拣货系统自动引导拣货人员进行作业。任何人不需特别训练，即能立即上岗工作，大大提高了商品处理速度，减轻作业强度，大幅度降低差错率。

目前，电子标签技术已在联华快客便利、三九药业、武汉中百等连锁公司的配送中心投入运行。

实施店铺免验货可以大大节省劳力。在集中式网络系统下，由于在配送中心已进行了商品的验货作业，因此，在店铺就没有必要再进行商品的验货。这种店铺免验货方式所体现出来的效果，最直接的表现就是店头交货时商品验收简便化了；而更大的效果是体现在其后的各项操作工序中。配送中心将商品的验货结果核实后，传送给店方。

要做到无误差的验货并不是一件容易的事情，诸如商品的分拣、验收等作业，基本上都是由人工来操作的。从这种意义上讲，出现失误是不可避免的。要想达到店铺免验货的出库误差率小于十万分之一，即使是非常熟练的操作人员，如果没有信息系统的支撑，也是很难做到的。因此，配送中心需要引进各种 IT 手段，实现物流作业的简便化、准确化和效率化。

2003 年底，联华超市公司与日本株式会社冈村制作所签约，改建曹杨路配送中心。改造后的联华配送中心将完全实现自动化流水线、自动分拣和订货、配送、发货的计算机管理，从而大大提高了配送中心的处理能力，使库存量达 43 万箱，入出库能力达到每天 8 万箱，日配送门店数达 600 多家。

四、开展流通加工，提供增值服务

联华超市公司投资 6000 多万元新建的生鲜加工配送中心堪称一座现代化的“食品加工城”。在总面积 35906 平方米的 4 个楼层上，依次为水果、水产加工、原料清洗、冷却分割肉加工、调味品、盆菜、汉堡类产品和中西式熟食加工，所有的加工都由先进的生产流水线来完成。该配送中心可同时生产 15 大类、约 200 种生鲜食品，年产量 20000 吨，在全国超市系统中，是技术含量最高、运行管理最好的生鲜加工配送中心。

上海新天天配送中心更是以生鲜食品为特色，大力发展第三方物流。这个地处上海市交通便捷的西南面的新天天配送中心，紧靠内环线和高架轨道明珠线；占地面积 34632 平方米，拥有两座高低温冷库，总吨位 11600 吨，常温仓库 5690 平方米，0℃～10℃的生鲜分拣加工区 2100 平方米；适用于不同车辆的装卸升降平台有 6 台，并配有 21 个门对门冷藏链接口，同时备有与冷藏链相配套的各种配送车辆共 40 辆。该配送中心自 2000 年 10 月试运行以来，始终处于第三方的中立公共立场，为全社会的零售企业和制造企业提供服务，逐步赢得了广大客户的普遍认同与接受。

作为第三方物流企业，新天天为用户提供了哪些服务呢？

新天天从组建起，就将自己定位于生鲜食品的第三方配送，以社会化、规范化、集约化、细分化为经营理念，组织社会大配送，成为制造业和连锁商业不断发展壮大的“推进器”。新天天配送中心的服务内容主要有：（1）提供 365 天、24 小时全天候服务；（2）提供仓储（冷藏、冷冻、常温）服务；（3）提供食品质量检验服务；（4）提供市内运输服务；(5) 提供华东地区专线配送服务；(6) 提供商品加工服务；(7) 提供仓储、分拣、理配、加工、运输、信息处理等一条龙服务。

新天天自己不设网点，主要接受上游供货厂商委托向其客户组织配送，或受下游商业经营总部委托向其门店组织配送。配送商品涉及鲜奶制品、水果、蔬菜、水产品、面制品、熟肉制品等六大类约1000多种冷藏、冷冻商品，配送区域以上海为主，并向外延伸，北到南京，南到宁波，配送网点多达千家，其中以大卖场、超市、便利店居多，也有餐饮店、食品店、百货商店等业态。由于新天天切实做到了“门对门”的冷藏链服务，即从商品生产——运输——仓储——客户的全程保持同样的温度，使生鲜品的品质得到了充分保证，对客户降低物流成本、减少库存量、确保物流准确畅通起到了积极作用，深受客户好评。

五、零售业领导着物流的变革

当前，集中式物流已在零售行业的配送中心中崭露头角，实施集中式物流推进了补货作业的系统化；物流中心将各类商品按货架分拣归类装箱，并把这些货物的有关数据事前通知店方，店方在接收货物时，只要按事前发来的清单验收即可。

我们知道，传统的配送中心是以分店铺式补货为基本方式的；而集中式配送中心是以分货架式补货为基本方式。批发商只需把所购商品如数送至配送中心即可，并不需要分拣处理，此称“总量送货”。商品送到配送中心后，由配送中心对商品按货架进行分拣。把属于同一货架的商品装在同一货箱内进行补货的方式，就叫做分架式补货。对店方来讲，由于事前已接到了配送中心发来的有关送货商品细目表，因此，在商品到达店铺后，只需清点周转箱的数目即可。

在传统的配送中心方式下，由于是按店铺区分进行补货，供货商要考虑自己的分拣处理能力，送货能力往往受到限制。而在集中式送货的方式下，配送中心对上家所送来的货物不要求分拣归类，只要求按订货量送货即可。因此，送货方只需要考虑货箱是否装得下，而不必考虑分拣的处理能力问题。这为生产厂家直接送货提供了可能。生产厂家的直接送货与店铺补货作业的简化是集中式物流的两个重要特征。

目前，从便利店、超市到专业连锁店都在着手实行集中式物流。

连锁店的物流，最早实施集中式物流的要属小型便利连锁店。由于小型便利连锁店的空间有限，一般经营的商品数目多在3000～4000种。因此，补货业务比较容易实现系统化，并且实施集中式物流的必要性也很高。继便利店之后，超市也在加工食品范围内开始采用集中式物流，其后向日用杂货范围扩展。近年来，作为食品超市主要经营品种的日配食品（当日消费的生吃食品或盒饭等），鱼、蔬菜等生鲜食品也开始采用集中式物流。

在杂货类食品领域也开始实施集中式物流，并向房屋装修用品方面拓展。在房屋装修用品经营领域，早期仅有10家店铺采用集中式物流，如今，已有越来越多的店铺开始利用自己的配送中心了。

作为新兴业态的连锁便利药店，物流系统的发展变化也开始受到关注。随着“医”和“药”的分开（医疗和药房的分开），配药店以及药品、日用品便利店将会有更大的发展空间。所谓的药品、日用品便利店主要是指经营医药、化妆品、日用品和健康用品的便利店，现在已出现了用品和日用品配送的物流中心。

更值得注意的是，饮食连锁店的发展带来了不同专业批发商的联合。饮食连锁经营需要集中式物流的支持。饮食行业与药品、日用品便利店一样，也开始建立连锁店的物流系统，并且有相当大的发展潜力。饮食店与超市等相比，经营商品种类的绝对量还是很小的。但是，如果从饮食连锁经营的规模角度来考虑，供应不足和如何保持零库存是所要解决的重要问题。而如果采用以集中式物流为服务方式的供应系统，那么所带来的利益是非常大的。不仅如此，能够省去货物验收的作业，对饮食店来讲，也是非常有吸引力的。

从发展趋势看，不同行业批发商结成联合体，实行共同配送的事例将会越来越多。例如，日本的三友食品公司与10家专业批发商合作，共同建立起向饮食连锁店供货的配送中心，充分发挥与零售商合作的潜力，不仅提供单纯的物流服务，而且利用POS数据系统来提供销售预测及菜单提案等，增加综合的服务能力。总之，零售业正将拥有高效率的配送中心作为发展方向，以寻求一种新的商业经营模式。

六、从一体化物流到供应链物流

20世纪流通领域变革的最大特征是实施了“连锁经营”战略，而支撑连锁型零售业经营和发展的最主要动力就是配送技术和信息技术。可以说，用物流技术和信息技术构筑企业的核心竞争力，是连锁超市成功的关键。

配送是按客户的订货要求，在物流据点进行分货、配货作业，并将配好的商品送交收货人，它向我们展示的是一体化物流和供应链管理。

作为现代物流方式和优化销售体制手段的配送中心，它把收货验货、储存保管、装卸搬运、拣选、流通加工、配送、结算和信息处理，甚至包括订货等作业，有机地结合起来，形成多功能、一体化和全方位服务的供货枢纽。

在策划一个配送中心时，应着重研究物流系统的流程设计，要求各个环节互相配合，使物流的全过程处在一个均衡、协调的系统之中。

然而，在流通领域实施一体化物流的过程中人们越来越认识到：供应商、配送中心和零售商三者之间的协调问题是至关重要的，特别是库存问题。

很久以来，流通中的库存更像各自为政的。流通环节中的零售商、批发商、供应商都有各自的库存，各个供应链环节都有自己的库存控制策略。由于各自的库存控制策略不同，不可避免地产生需求的扭曲，导致供应商无法快速响应客户的需求。

在供应链管理条件下，供应链的各个环节的活动都应该是同步进行的，而传统的库存控制方法无法满足这一要求。于是，近年来出现了一种新的供应链库存管理方法——供应商管理用户库存（VMI），这种库存管理策略打破了传统的各自为政的库存管理模式，体现了供应链的一体化管理思想，适应市场的要求，是一种全新的有代表性的库存管理思想。连锁超市运用EDI技术，把订货信息、库存信息反馈给供应商，把“超市公司补货”变为“供应商补货”，即由供应商管理用户的库存。配送中心的自动补货系统，把供应商、配送中心、商场（POS系统）的产、供、销三者组成网络和集成供应链物流管理系统。进而，还开发了联合库存管理技术。联合库存管理与供应商管理用户库存不同，它强调双方同时参与，共同制定库存计划，使供应链过程中的每个库存管理者（供应商、制造商、分销商）都从相互之间的协调性考虑，保持供应链相邻两个节点之间的库存管理者对需求的预测保持一致，从而消除了“牛鞭效应”。华联超市物流有限公司在改制的基础上，运用第三方物流服务的模式进行联合库存管理的大胆尝试，并取得了可喜的成果。

我们相信，21世纪流通领域将迎来的最大挑战将是供应链管理的集成化。

（许胜余）

中式正餐连锁经营分析

近年来，中国的餐饮市场十分火爆，在 2002 年，餐饮业年营业额突破 5000 亿元大关后，2003 年，尽管遭受了“非典”的重创，但我国餐饮业仍然达到了两位数的增长幅度。来自有关专家的统计显示，2003 年全社会餐饮业营业额达到 6060 亿元，同比增幅超过 11.5%，保持了连续 13 年两位数的高速增长。

在中国，不少经营餐饮的企业开始用连锁经营这一先进的商业模式来扩大自己的市场，拓展现有的业务。它们将自己的餐饮品牌进行整理包装，以便更加适合幅员辽阔且口味差异极大的中国餐饮市场。

从百家连锁企业中 12 家餐饮企业全年的经营状况来看，企业的规模仍然得到扩大。

表 1　　餐饮企业平均规模情况

项目	销售额（万元）	门店数量（个）	营业面积（平方米）	员工数量（人）
2003 年	94817	224	129630	11506
2002 年	66692	183	114208	9193
增幅%	42	22	14	25

而且从效益指标上看，企业的平均效益是提高的。

表 2　　餐饮企业平均效益情况

项目	毛利率（%）	平均地效（元/平方米）	人均劳效（元/人）
2003 年	44	11785	98377
2002 年	45	10538	98938
增幅%	－2	12	－1

连锁经营是餐饮企业最为关注的商业经营模式之一，在全国餐饮业百强企业中有 79 家采取连锁经营形式。餐饮连锁经营的商业模式正在影响和改变着中国餐饮企业的经营思想和管理模式，并对中国餐饮企业的品牌塑造和企业文化建设产生着根本性的影响。而另一方面，中国的餐饮消费者在自己居住的城市，很方便地就能品尝到不同地区、不同文化、不同口味的餐饮美食，以及这些餐饮美食品牌带给消费者的价值观和文化教育精髓。

2003 年，中国餐饮连锁经营领域主要呈现七大特点：

一是连锁经营理念被餐饮企业广泛应用。随着国民经济的快速增长和人民生活进入小康，各地加快了城市化建设的速度，引进当地没有的吃、穿、用的品牌店。反映到餐饮业就是餐饮连锁店的开店速度加快，商务和家庭消费稳中有升，消费者对餐饮消费选择的品牌化、个性化要求逐渐呈现。

餐饮连锁店成为城市消费的热点，具有独特风味的中式正餐、火锅涮锅、面点小吃、休闲快餐、咖啡茶楼等餐饮连锁形式深受消费者欢迎。特色餐饮和快餐成为经营业态的主体。从全国100强餐饮企业经营业态看，特色餐饮企业有42家，营业额47.8亿元，占前100强总营业额的31.8%，成为主要经营业态。以经营快餐为主的企业有43家，营业额为92亿元，占到100强总营业额的61%。

二是餐饮业连锁经营和集团化经营的速度加快。以连锁经营为代表的现代餐饮业加速替代传统餐饮业的手工随意性生产、单店作坊式经营、人为经验型管理，向产业化、连锁化、集团化和现代化的方向迈进。

同时，企业并购重组势头增强。上海新亚集团和上海锦江集团重组、北京全聚德集团参股北京华天集团、香港大家乐集团并购上海新亚大包公司等，显示餐饮业并购重组和结构调整的势头明显增强。

三是普遍采用连锁经营火锅类餐饮企业发展最快，在百强连锁企业12家餐饮连锁企业中，火锅连锁企业有5家，占41%，而且销售额高达61%，显示出火锅连锁经营旺盛的生命力。

四是餐饮连锁企业更加注重连锁经营模式的探索和经营规范的执行。2002年，在中国连锁协会主办的首届“中国餐饮连锁经营发展战略研讨会”上，全聚德、东来顺、小天鹅、谭鱼头、小肥羊、小土豆、陶然居、毛家饭店等中国著名的餐饮连锁经营企业，就连锁经营模式如直营连锁、合作连锁、特许连锁在实践中的运用进行了深入的研讨，为2003年餐饮连锁经营企业的经营模式建立、技术标准制定和推广应用提供了帮助，受到餐饮连锁企业的广泛重视。

五是餐饮业重视连锁店职业经理人队伍的培训。由于中国餐饮连锁经营起步太晚，国家没有专门的学院或培训机构培养人才，餐饮连锁经营的人才奇缺，但不少餐饮连锁企业把培训作为规范餐饮连锁经营的必由之路。目前，一部分餐饮连锁企业开始建立自己的职业培训学校，开办餐饮经理人培训班、督导培训班、技术培训班等各种类型的培训班，传授餐饮连锁企业开店或经营的必修课。餐饮连锁企业经营者行为的规范促进了餐饮连锁业的全面协调和可持续发展，提高了餐饮连锁行业增长的质量。

六是中国的餐饮连锁企业加大了产品研发力度和物流配送基地的建设。产品的研发和物流配送是困扰餐饮连锁企业发展的一大难题，随着餐饮连锁经营步伐的加快，连锁店对产品的研发和更新换代要求不断增加。连锁经营的跨地域性经营的特点，更对保障品质的物流配送提出了更高的要求。不少餐饮连锁企业设立研究机构，建立配送中心，保证了餐饮连锁企业的健康发展。

七是中国餐饮连锁业加快了国际化发展迅速。随着对外交流的日益频繁以及整体国力的不断提升，世界餐饮业与中国传统餐饮业的融合进一步加深。在国外餐饮连锁业大举进军中国的同时，走出家门进军海外成为中国餐饮连锁业的新目标，全聚德、马兰拉面、小天鹅、谭鱼头等著名餐饮连锁企业在美国、新加坡、台湾、香港等地开设分店，开始了跨国连锁经营的探索。同时，中国的餐饮连锁企业通过参加国内外的“国际特许经营展”和相关论坛，加强了餐饮连锁业的国际交往，为进一步实现中国餐饮业的国际化战略打下了基础。

同时，我们清醒地看到，中式正餐的连锁经营事业在发展过程中也面临以下难题：

一是连锁经营企业在扩张过程中的模式的选择问题；

二是连锁总部与加盟商的关系问题；

三是连锁企业人才选拔、培养与使用问题；

四是餐饮连锁发展的区域与速度问题；

五是餐饮连锁营运标准的制定与执行问题；

六是餐饮物流配送与质量保证的问题。

餐饮业是连锁经营大家庭中最成功的行业之一。我们不得不承认，到餐饮连锁店就餐是一种文化时尚，到“全聚德”、“东来顺”、“小天鹅”、“皇城老妈”、“马兰拉面”等餐饮店就餐不仅仅是食欲的满足，更是一种生活方式和精神上的满足。人们不是在就餐，而是在吃文化，这是餐饮品牌文化精髓之魅力所在。

在中国，餐饮企业在连锁经营的道路上也走过一些弯路。上个世纪末，有几家餐饮企业如“红高粱”、“荣华鸡”等让国人自豪的餐饮特许品牌，他们走南闯北，高举“振兴民族餐饮业，与洋快餐斗争到底”的大旗，但终因特许产品没有经过时间的检验，口味缺乏地域的广泛性，特许体系供血不足，品牌文化苍白无力而纷纷败下阵来。当然，我们也欣喜地看到，2003 年，一批中国民族餐饮业的品牌企业，如全聚德、东来顺、内蒙古小肥羊、重庆小天鹅、沈阳小土豆、马兰拉面等在连锁经营的道路上取得了可喜的成绩。他们之所以能取得成功的关键就在于有相对较长的经营历史，有成功经营多家直营店的丰富经验，有相对完善的持续支持系统，有能为各地顾客接受的特色口味，更为重要的是这些餐饮企业都有独特的企业文化和创新意识。

有专家认为，特许经营是把你（特许人）的业务模式销售给其他有意愿创业的加盟者(受许人)。但我们必须承认，不是所有的餐饮品牌都适合特许经营，你必须考察你的餐厅和经营是否达到以下标准：

* 你是否有三个成功且声誉良好的样板店？
* 你是否具有先进灵活的经营理念和管理意识？
* 你的样板店是否经过社会风俗习惯和历史考验？
* 你是否具备一个已注册的商标和始终如一的品牌形象？
* 你的产品是否适合不同地区，且做得很好？
* 你的业务（行业）是否能够标准化，且易被复制？
* 你的企业文化是否合乎时代精神和潮流？
* 你是否有一套指导营运及管理的操作指南手册？
* 你的财务系统能否表明你的公司是在赢利？
* 你是否拥有一批具有专业技能和尽职尽责的优秀团队？

如果你对以上问题都回答“是”的话，那么你的餐饮企业有潜力来发展自己的特许业务。

现代企业发展理论——用品牌进行低成本、高效率扩张，成了中国最早应用特许经营模式进行品牌扩张经营的基础。

当前，中国餐饮连锁企业正面临巨大的历史机遇和挑战。一方面，中国经济的快速发展、人们生活水平的提高、品牌意识的不断加强，以及就餐习惯的改变，使在外就餐的人数大量增加，为中国的餐饮企业提供了发展的大好机遇。据有关专家预计，2004年餐饮业仍将保持高速增长，年营业额将突破7000亿元大关，增长幅度将达到15%左右。而餐饮连锁经营的发展势头仍将迅猛，连锁经营的数量和质量将创出历史新高。

但是，我们应该清醒地看到，由于中国的餐饮连锁经营起步较晚，有相当多的问题制约了中国餐饮连锁经营的发展速度和发展水平，并急需在未来的日子里加以解决。如：连锁经营的国家立法和餐饮连锁企业在扩张过程中的知识产权保护和法律规范问题；餐饮连锁企业跨地区经营的税收问题；餐饮连锁品牌体系建设的企业文化建设问题；餐饮连锁企业高级管理人员和技术人才的教育与培养问题；餐饮连锁企业跨地区物流配送与质量标准问题；餐饮连锁品牌餐饮食品的营养与健康问题；等等。

这一切，都有待于通过各级政府相关部门、行业协会、专业研究咨询机构、餐饮企业、教育院校等机构通力合作，制定出适合中国国情的中国连锁经营战略策略，培养出一批具有国际竞争力的餐饮连锁集团，以适应更为激烈的国际竞争。更重要的是，中国的餐饮企业要借鉴国际餐饮连锁品牌发展的先进经验，把中国的餐饮文化和美味佳肴推荐到世界各地。

（仇　一）

中式快餐连锁经营分析

一、行业业态概述

1. 中式快餐行业、业态市场发展状况及消费需求变化

(1) 市场及消费需求状况

2003年国内中式快餐市场变化的一个主要特征就是：在上半年“SARS”肆虐，餐饮业各业态全面遭受重创，小饭馆纷纷关闭，高档酒楼大部分歇业的情况下，快餐业一枝独秀，中式快餐所受影响较小，部分中式快餐企业甚至出现销售额上升的状况。一方面是快餐的分餐消费方式适应了特殊时期的消费需求，另一方面它体现了消费者对快餐品牌、卫生、质量和服务的信任。

“SARS”结束后，餐饮业全面恢复正常，快餐消费市场的变化则与以往区别不明显。以青少年为主的消费群对洋快餐的忠诚没有改变；以城市白领为主，包容社会各阶层消费群的消费者对中式快餐的消费需求依然如故。但是，通过“SARS”的教育，他们对中式快餐的信任度和忠诚度有所提高。

(2) 行业发展变化

中式快餐行业的发展进入了一个相对理性的阶段，行业规模的发展速度比前5年稳定，初步形成了一批骨干企业。2003年9月16日在上海召开的《第八届中国快餐发展论坛》上，中国烹饪协会快餐专业委员会公布的中国快餐著名品牌中，推出了中式快餐连锁十大著名品牌和22家知名连锁品牌企业。

中式快餐企业的素质逐步提高。具体表现为：①企业发展健康平稳，基本克服了以往存在的大起大落的不稳定现象。它标志着企业趋于成熟，在发展战略、市场定位、市场开发等方面少了浮躁，多了理性，偶然性因素对企业发展的影响减小，企业抗风险能力提高。②企业内部管理和连锁体系支持能力得到提高。企业克服了浮躁情绪后，扩张速度得到控制，普遍重视了内部管理能力和连锁体系支持能力的培育。③连锁经营的水平在不断提高。企业在加强内部管理和强化连锁体系支持能力的基础上，提高了对加盟商的要求，优化了连锁网点的布局，关注连锁店尤其是加盟店的盈利和管理能力，使连锁体系整体的经营管理水平有所提高。

中式快餐业态不断细分。2003年这一现象更加明显，较为突出的是团膳送餐和早餐工程两大业态的成长。

从事团膳送餐最早、最著名的企业丽华快餐在继续发展壮大，“SARS”在给社会带来了巨大灾难的同时，却为团膳送餐企业的发展提供了机遇，丽华快餐较好地把握了这一机遇。此外，一批具有一定规模和管理经验的企业加入团膳送餐行列，如北京的“金白领”，其前身是IT老大联想的内部食堂，它借用联想的理念和管理经验改制成为一家团膳送餐企业，仅仅几年时间，就发展成一个战略明晰、管理科学、有一定规模和工业化水平、具

有发展潜力的企业。类似的企业还有数家。

早餐工程是受到政府高度重视的项目。由于市场有需求，政府有引导和支持，早餐工程在东南、华东、华中、华北等地区的大中城市开展活跃，其中上海、厦门等城市较为成功。但是，各地发展不平衡，一部分地区由于主办单位对市场消费需求的研究不够，存在政府干预过多，支持措施不到位等情况，早餐工程的进展不顺利。

在业态发展方面，值得关注的还有，2003年在北京等大中城市出现了一大批“成都小吃”，表面看像似连锁经营的中式快餐，它具有基本统一的门脸、产品和营业模式等连锁快餐所需要具备的元素，不少消费者以为是一家快速发展的连锁中式快餐。但是，它有的只是统一的名称“成都小吃”，而没有统一的字号，也就是品牌，几乎所有的“成都小吃”都在强化产品概念，而弱化企业品牌概念。由此看出，“成都小吃”不是我们所熟悉的直营连锁和特许连锁，它的发展状况类似于自由连锁。但是尚未形成规范的连锁体系。

(3) 中式快餐行业存在的问题

行业整体缺乏有规模的企业和有规模的资本进入，缺乏跨地区的全国性品牌和企业，行业整体经营管理水平不高，缺乏高素质的人才，理论研究落后，业态定位需要规范，标准化、工业化水平不高，连锁体系尚处于幼稚期，信息技术在经营管理中的应用不够等。

2. 竞争格局（包括同业态、不同业态、新业态、内外资、工商间、批零间的竞争格局，竞争优劣态势分析及竞争发展趋势分析）

中式快餐行业的竞争包括以下几方面：

(1) 中式快餐与洋快餐之间的竞争

竞争的焦点是战略层面的，其中包括对青少年这个重要消费群体的争夺。在整个快餐市场份额的分配上，目前洋快餐具有雄厚的实力，无论是某一中式快餐企业，还是整个中式快餐行业，暂时不具备“挑战”的实力。但是，中式快餐的成长是令人瞩目的，在未来进行直接竞争是不可避免的。中式快餐和洋快餐目前在市场定位、特色、价位等方面不构成直接竞争，中式快餐更重要的是向洋快餐学习和借鉴。

(2) 中式快餐与中式快餐之间的竞争

首先，这种竞争是存在的。它源于中式快餐目前在品种来源、技术水平、经营与管理能力、市场定位等方面比较接近；其次，由于目前中式快餐尚处于市场导入期，市场大，而企业少且小，企业多在某一地区发展，所以，没有形成激烈的竞争；第三，在某一地区内，比较成熟的中式快餐品牌并不多，不同规模和水平的中式快餐在局部，如某一个或几个商圈，由于店铺相邻产生竞争。但是在整个地区市场中，规模大的品牌具有优势；第四，全国发展的中式快餐品牌在各地的发展也不平衡，其知名度在不同的地区并不相同，其优势主要集中在几个重点地区，就整体而言，竞争也不激烈。

(3) 中式快餐与规范的中式正餐之间的竞争

它们都是中餐，具有相同的来源，都为国内消费者所习惯。此外，大部分的中式快餐与中式正餐比较接近，并未真正达到快餐的水平，所以，两者之间的竞争比较明显。其竞争主要表现在与“大排档”和“家常菜”的竞争方面，两者各有优势：中式快餐的优势表现在标准化、相对快捷的服务、比较舒适的就餐环境等方面；“大排档”和“家常菜”的优势表现在品种丰富等方面。但是，由于两者定位不同，在满足消费需求方面仍然有差异，所以，两者之间的竞争不激烈，各自可以通过强化个性、实现错位竞争。

（4）中式快餐与不规范的小店小摊之间的竞争

这部分消费者是中式快餐顾客的主要来源。在小店小摊就餐的消费者的主要需求是方便、简单、便宜，这正是中式快餐所能满足的需求。消费者在小店小摊就餐多数是不得已，没有找到能够满足上述需求的地方，他们对小店小摊存在许多不满，比如食品卫生和食品安全、就餐环境和服务等。如果有能够满足其需求，而又克服上述不满的餐厅，他们将放弃对小店小摊的选择。规范的中式快餐基本满足上述要求，所以，中式快餐将吸引上述消费者。这部分消费者具有人数众多的特点。

3. 连锁企业经营及发展状况

表 1　　2002 年本行业企业销售额排行榜

按销售额排序	企业名称	业态	年销售额（万元）	店铺数（个）
1	沈阳市小土豆餐饮有限公司	中式正餐/快餐	79501	142
2	马兰拉面快餐连锁有限责任公司	中式快餐	45251	436
3	沈阳老边饺子有限公司	中式正餐/快餐	25268	71
4	北京华天饮食集团公司	中式正餐/快餐	22672.8	42
5	江苏大娘水饺餐饮有限公司	中式快餐	20000	86
6	北京老家快餐有限责任公司	中式快餐	18000	170
7	上海弘奇食品有限公司	中式快餐	9396	
8	大连亚惠美食专门有限公司	中式快餐	8996	16
9	河北千喜鹤饮食股份有限公司	中式正餐/快餐	8867	12
10	四平市李连贵风味大酒楼	中式快餐	8200	

表 2　　2003 年本行业企业销售额排行榜

按销售额排序	企业名称	营业额（万元）	店铺数
1	上海锦江国际酒店发展股份公司（上海新亚集团母公司）	230544	未报
2	马兰拉面快餐连锁有限责任公司	46382	442
3	武钢快餐公司	37843	56
4	上海仙踪林餐饮有限公司	24724	158
5	深圳面点王饮食连锁有限公司	19190	42

续表

按销售额排序	企业名称	营业额（万元）	店铺数
6	丽华快餐有限公司	19000	80
7	北京老家快餐有限责任公司	17500	189
8	江苏大娘水饺餐饮有限公司	17500	108
9	桂林人集团发展有限公司	15000	22
10	哈尔滨东方饺子王连锁经营有限公司	13040	26

说明：1. 上述数据来源于中国连锁经营协会、中国烹饪协会快餐专业委员会等机构；
2. 2002年入围企业中部分企业未提供2003年的数据；
3. 上海锦江国际酒店发展股份公司提供的数据包括非中式快餐部分的内容。

二、行业内典型/龙头企业情况

1. 国内典型/龙头企业（3家，排名第一的上海锦江国际酒店发展股份公司未提供企业资料）

表3　　销售情况统计表

年度	马兰拉面			面点王			丽华快餐		
	店铺数（个）	销售额（亿元）	比上年增率（%）	店铺数（个）	销售额（亿元）	比上年增率（%）	店铺数（个）	销售额（亿元）	比上年增率（%）
2001				24	1.29		20		
2002	436	4.5		35	1.79	27.93	48	1.67	
2003	442	4.6	2.17	42	1.92	6.77	80	1.90	13.2

2. 典型/龙头企业简述

（1）马兰拉面

基本情况："马兰拉面"源自中国北方传统面食手工拉面，因其营养丰富，风味独特，经济实惠，清淡快捷而深受消费者喜爱，具有广泛的消费基础。马兰拉面快餐连锁有限责任公司将中国传统饮食与现代快餐经营理念相结合，在中式餐饮的标准化、工业化、连锁化方面取得了突破。目前公司在全国有连锁店400多家，其中北京90多家。在美国、新加坡等地的分店已经把传统的中国饮食文化发扬光大。2001年2月，"马兰"荣获北京市著名商标。2000－2003年，"马兰拉面"连续三年荣获中国连锁业"百强企业"称号。"马兰拉面"还多次被中国连锁经营协会评为"中国优秀特许品牌"。

经营特色：近年来，"马兰拉面"在研发、健全连锁体系和提高体系功能方面投入较大力量，2003年推出了第三代连锁店模式，使连锁店的形象和盈利能力得到提高。“马兰拉面”加大了直营店的建设力度，控制了加盟店的发展速度，其连锁店在上海、天津、成都、太原、沈阳、哈尔滨等地区的发展有了一定的规模和基础。其在海外市场的发展也取得新进展，继新加坡1号店“火爆”以来，2号店也已开业。

管理特色：近年来，“马兰拉面”积极构筑自己的产业链。首先，他们加快在原材料产地建立生产加工基地。其次，健全和完善配送体系，加强配送商品的标准化，严格质量控制；通过建立联盟制业务模式和联盟商的评定和评审制度，重点发展主要供应商联盟队伍，逐步建立起供应商网络体系；与此同时，他们还在积极探索中式快餐物流配送体系电子商务解决方案，正在建立其物流配送的信息化管理系统。

(2) 面点王

基本情况：1996年于深圳八卦岭的第一家店正式营业，目前发展成为一家拥有2000多名员工、42家直营分店、1个食品配送中心的现代大型中式快餐连锁企业，每年以50%的增长速度发展，成功地实现了中式快餐的经营连锁化、发展规模化、生产工业化、产品标准化、管理科学化。先后两年入围中国餐饮百强，连续三年被评为深圳市工商企业百强，还获得了“中华餐饮名店”和“中国快餐连锁十大著名品牌企业”等殊荣。2003年6月26日，深圳面点王饮食连锁有限公司获得中国人民银行颁发的“AAA”资信等级证书。这是深圳市饮食行业中首家，也是目前惟一一家被评为“AAA”资信等级的企业。

经营特色：“面点王”的经营者认为，改造一碗传统的面，就是要让其走上“标准化制作、科学化管理、高质量服务、产业化经营”的道路。为此，“面点王”实行经营管理标准化，即统一价格、统一标准、统一采购、统一制作，成立了自己的配送中心。配送中心统一为分店配备成品和半成品，其经营品种的80%由该中心制作。通过配送中心的合理进货及配送，实现了生产的多品种、少批量，低投入、高产出，快周转、高效率，保证了顾客在任何一家分店吃到的东西都是一样的成色。“面点王”推出了130多个生产品种，在食肆林立、竞争激烈的深圳站稳了脚跟；“面点王”创立了自己的独特品牌，在深圳与“麦当劳”、“肯德基”成三足鼎立之势。

管理特色：“面点王”强调标准化控制，规范化管理，在一斤面做多少只水饺、一只蒸包里食盐、味精放多少克等问题上，都制定了严格标准。除了标准化，“面点王”还从洋快餐那里学到了规范化的服务以及保持良好的就餐环境。每间“面点王”店铺，从10时30分开门到22时关门，每个时间段，员工该干什么都有详细的规范，甚至洗手间多长时间清洁一次都有明确规定。这就保证了顾客在任何时间走进“面点王”，都能享受到良好的就餐环境。“面点王”还着力营造就餐环境的休闲文化气氛和亲和力。“面点王”坚持以人为本，员工主要面向大中专院校招聘，实行员工持股制度，以良好的薪酬和福利条件凝聚骨干力量，以公司和个人良好的发展目标留住骨干员工，加强企业文化建设，增强企业凝聚力，使企业能够持续稳定发展。

(3) 丽华快餐

基本情况：丽华快餐有限公司于1993年4月8日在江苏常州成立，是一家民营股份制企业，由现任董事长蒋建平发起创立，现有员工上千人，平均年龄28岁。1996年跃居常州快餐行业的龙头企业，1997年后走出常州，走向北京和大连发展并取得了成功，2002年2月28日上海地区3家分公司同时开张。目前，其在北京、大连、常州地区和上海拥有数十家连锁店。常州公司内部要求做到“半小时内送到”，在北京承诺“五环以内，一份起送”，在上海地区也是一份起送。“丽华快餐”已经成为中国最大的快餐连锁企业之一，拥有较高的声誉和良好的企业形象。

经营特色：中国首家采用“800受话方付费”订餐的中式快餐企业；中国首家开展网络订餐的中式快餐业务；全常州市统一电脑接线，无线传输，统一调度；科学化配餐，使就餐者得到均衡的营养；解决顾客所需，为顾客提供高水准的服务；强大的送餐网络，极强的送餐能力，在北京承诺“五环以内，一份起送”；集团采购，与各大厂家、食品基地合作，确保卫生安全。

管理特色：是中国首家通过ISO9002国际质量体系认证的快餐企业。“丽华”质量箴言是：质量是做出来的，而不是检测出来的；高质量不等于高成本，高质量是预防出来的。2000年4月，“丽华快餐”在全国餐饮服务行业率先采用环保型可降解快餐盒，美化环境，造福人类。其企业内部管理日趋科学化、规范化，建立了严格的质量和卫生保障体系。“丽华快餐”多次获得“十佳”民营企业、先进私营企业、消费者信得过产品、文明单位等各种荣誉称号。

三、相关的政策、规定和地方法规等

1. 商务部制定《全国餐饮业和住宿业振兴计划》。为了引导餐饮业尽快摆脱“SARS”疫情后的影响，恢复经营，全面振兴，商务部报国务院批准，制定了《全国餐饮业和住宿业振兴计划》，明确提出“创造安全放心的消费环境，恢复和促进市场繁荣，改善和提升行业水平”的振兴目标。经过行业上下共同努力，到10月份全国餐饮业月营业额回升到增长17%的发展水平。

2. 全国餐饮业高等教育自学考试项目全面启动。国家教育部高等自学考试指导委员会与中国烹饪协会共同下发《关于合作开考高等教育自学考试餐饮管理专业和实施中国餐饮业职业经理人资格证书考试的通知》，全国已有20个省市确定开考日程，标志着国家教育部门与餐饮行业协会合作的高等教育自学考试工作正式拉开帷幕。

3. 财政部国家税务总局发布《关于连锁经营企业增值税纳税地点问题的通知》。《通知》对跨地区经营的直营连锁企业，即连锁店的门店均由总部全资或控股企业开设，在总部领导下统一经营的连锁企业，凡按照原国内贸易部《连锁店经营管理规范意见》（内贸政体法字［1997］第24号）的要求，采取微机联网，实行统一采购配送商品，统一核算，统一规范化管理和经营，并符合条件的，可对总店和分店实行由总店向其所在地主管税务机关统一申报缴纳增值税。

4. 财政部公布《企业连锁经营有关财务管理问题的暂行规定》。

5. 国家工商局公布《解决商标和企业名称冲突问题的有关规定》，对商标中的文字和企业名称中的字号相同和近似，使他人对市场主体及其商品或服务的来源产生混淆（包括混淆的可能性），从而构成不正当竞争的，应当依法予以制止。

6. 上海市公布《规范餐饮业经营行为的办法》，对企业诚信经营、人员培训、明码标价、服务收费、提供清单、赔偿责任、行业约定等做出规定。

四、本行业发展热点及核心问题

1. 人才问题

中式快餐行业是一个新行业，行业的发展是在探索中进行的，人才的匮乏是不可避免的，同时也是暂时的。中式快餐企业缺乏人才是一个普遍现象，也是制约中式快餐企业发展的主要瓶颈。

2. 资本问题

中式快餐行业的资本多为民营资本，其规模一般较小，靠自我积累发展。与其他行业相比，中式快餐行业缺乏国有资本和国际资本的介入，缺乏有实力的民营资本的介入。资本问题是行业发展的又一瓶颈。资金缺乏是中式快餐企业面临的普遍难题。有迹象表明，国际资本对中式快餐的兴趣很大，上海新亚大包与香港大家乐的合资成功，标志着中式快餐资本和品牌国际化已经开始。

3. 管理问题

中式快餐作为新兴行业，其管理模式和经验主要依靠借鉴西式快餐和中式正餐。学习和借鉴有一个过程，形成中式快餐自己的管理模式更需要一个较长的时间。所以管理问题将成为中式快餐行业长期存在的问题。

4. 标准化问题

快餐的特点是规模化的生产和销售，规模化的生产就要求产品必须标准化。中式快餐来源于中式正餐或传统小吃，而中式正餐和传统小吃通过千百年的演化，已形成独特的技艺，对它们进行标准化，难度很大，是中式快餐无法回避的难题。标准化的工作不是一蹴而就的，需要一步一步地进行。目前，在中式快餐行业发展较快的企业如“新亚大包”、“马兰拉面”和“面点王”等都在标准化方面有所突破。

5. 产品多样化与标准化的矛盾问题

中式快餐行业有不少企业的经营模式是通过提供丰富的快餐品种吸引消费者，其中有的企业非常成功。但是，多品种必然为标准化带来更大的难度，有时甚至为了多品种而牺牲标准化。西式快餐的专业人士对此也表示忧虑，一种意见认为，中式快餐的标准化应从产品的简单化做起；而另一种意见是，简单化在短时间内可能难以满足消费者的选择性要求。还有人对目前成功的多品种中式快餐的属性提出异议。

6. 工业化问题

对于这个问题，行业内的意见已逐步趋于一致。问题集中在如何实现中式快餐的工业化。中式快餐行业的从业人员大多缺乏工业背景，缺少工业化的理念和知识。而工业方面的专业人员或对中式快餐不感兴趣，或不了解中式快餐的需求。有人认为，中式快餐企业与食品工业企业的合作将会对中式快餐行业的工业化产生积极作用。

7. 特许业务的问题

一是特许总部对加盟商的支持能力是否与特许商的承诺一致，特许店是否能达到直营店的经营和管理水平。由于特许商开展连锁经营的经验和投资的限制，有的特许商并不具备开展特许经营的条件，但为了加快发展速度，特许商降低加盟标准，甚至误导加盟商。加盟商一旦加盟，无法依靠连锁体系的支持，无法依靠特许总部的支持，其生存完全依靠自己，特许经营的优势不能发挥。因此，特许总部招致加盟商的投诉，特许商和加盟商的法律纠纷不断，特许品牌受到严重伤害；二是加盟商是否比较严格地遵守连锁体系的规章制度和特许合同。这方面普遍存在的问题是加盟商不按时缴纳特许费，合同到期不续签合同，但继续使用特许商的商标商号等知识产权，不按规定乱增品种，私自以加盟店形式开设新的分店等。

五、2003年主要活动暨行业大事记

1．第二季度全国餐饮业遭受“SARS”疫情的重大冲击，成为受“SARS”疫情冲击最为严重的行业之一

据中国烹饪协会调查，疫情期间，全国餐饮业就餐人数急剧减少，营业额大幅下降，严重地区企业歇业率达到50%～70%，全行业年营业额损失150亿元以上。中式快餐行业在“SARS”疫情中受冲击较小，快餐注重安全、卫生和健康营养的消费特征更加突出，显示出中式快餐的活力、在市场竞争中的优势和其生命力。

2．中国快餐连锁著名品牌和品牌企业推出

中国烹饪协会快餐专业委员会组织在全国进行企业市场调查和行业评议论证，2003年9月16日在上海召开的“第八届中国快餐连锁发展论坛”上，公布了近年来在我国连锁快餐事业发展中取得突出成绩的中式快餐十大著名品牌和22家品牌企业。中式快餐十大著名品牌是：上海新亚大包，马兰拉面，深圳面点王，丽华快餐，千喜鹤，江苏大娘水饺，东方饺子王，广西桂林人，武钢快餐，广西大西豪。22家品牌企业是：大连亚惠快餐有限公司，兰州金鼎牛肉面连锁公司，上海世好餐饮管理公司，天津狗不理快餐公司，天津食为天快餐连锁公司，北京馄饨侯餐饮公司，深圳万家好快餐连锁公司，北京老家快餐有限责任公司，成都市乐来锅盔快餐连锁公司，济南金德利快餐连锁公司，上海丰裕餐饮管理公司，上海白玉兰饮食公司，上海乔家栅小吃世界公司，青岛美尔达烤肉连锁公司，南昌好口福风味小吃城餐饮公司，青岛新尚快餐公司，吉林四平市李连贵风味餐饮公司，北京小土豆餐饮管理有限公司，江苏扬州市富春饮食公司，新疆苏式快餐公司，小胖子（青岛）餐饮管理公司，山西大同永和食府公司。

3．第八届中国快餐连锁发展论坛成功举办

由中国烹饪协会快餐专业委员会主办的“第八届中国快餐连锁发展论坛”于2003年9月16日在上海召开。论坛围绕培育快餐品牌，促进连锁发展的主题，通过专家讲座、专题论坛、自由论坛、品牌企业分析会、连锁培训和现场考察等形式，就目前中国快餐连锁企业发展中遇到的问题进行了探讨交流。

4．“中国连锁经营协会餐饮连锁委员会成立会议暨第二届餐饮连锁发展战略研讨会”2003年11月28日在重庆召开

会议讨论通过了餐饮委员会的章程，选举了委员会领导机构和办事机构，并就品牌策略、高层人才流失、特许总部与加盟商的关系、配送体系与信息系统建设等问题进行了研讨。两岸三地的主要中式快餐企业参加了会议。

5．在2003年度连锁百强企业中，“马兰拉面”作为惟一的中式快餐品牌入围

据2003年度中国大型餐饮企业分析报告，快餐企业在全国餐饮百强中占三分天下，

上海锦江国际酒店发展股份公司（品牌为“新亚大包”），“马兰拉面”、“丽华快餐”、“面点王”和“老家快餐”等14家中式快餐企业入围。

6. 外资进入趋势已露端倪

上海新亚集团公司和香港大家乐集团公司于2003年3月4日在上海签署股权转让协议，大家乐受让上海新亚大包50%股权，于6月组建上海新亚大家乐餐饮有限公司。此外，国际资本和外商继续在中式快餐企业中选择并购对象。上述迹象显示，国际资本和外商对中式快餐企业和国内快餐市场已十分重视，中式快餐行业资本和品牌的国际化开始起步。

7. “全国团体供餐送餐盈利模式论坛”于2003年12月4–6日在北京举办

论坛以创建盈利模式、促进规模发展为主题，围绕团体膳食、送餐配餐、店铺外卖、学生餐、食堂托管等内容进行研讨交流。会议认为，团体供餐送餐作为我国快餐经营业态与形式之一，已成为快餐企业经营开发中新的市场点和利益点。

（陈　实）

西式快餐连锁经营分析

1987年11月12日，肯德基（KFC）在北京前门设立了其在中国的第一家餐厅，西式快餐正式进入了中国，同时也开启了中国餐饮业现代化与连锁化的发展。

1992年，全世界最大的西式快餐连锁店——麦当劳进驻北京王府井，掀起了一股西式快餐投资热潮，包括来自美国的快餐之父艾德熊（A&W）、派派思（PYEPYE’S），来自日本的莫师汉堡（MOS BURGER），来自韩国的乐天利，以及来自台湾的顶呱呱、德克士等。而这个现象就如同当初西式快餐进入日本、韩国、台湾等亚洲国家、地区一样，除了许多美国品牌纷纷投入市场抢食西式快餐的大饼外，也引起了当地餐饮业现代化与连锁化的革命，促进了当地餐饮业的蓬勃发展。同时，同样的这些亚洲国家都有当地企业模仿这些外来的西式快餐企业成立本土自创品牌，来与国际品牌竞争分食市场。

至今，西式快餐进入中国已近17年，在这十多年来，肯德基与麦当劳已成为国内餐饮企业的模范与学习对象。同时有不少民族企业为了替中国人争一口气，纷纷向麦当劳、肯德基叫板，包括红高粱、荣华鸡等。然而商业竞争还是残酷的，市场机会是留给有实力的企业的，如今，环顾中国西式快餐市场已慢慢形成一个寡占市场，在这个市场上只剩下几大品牌继续在商场上竞技，这包括了肯德基、麦当劳及德克士等。

一、西式快餐在中国的发展

以下就西式快餐三大品牌及其他品牌在中国的发展状况，分别做阐述。

1．肯德基

肯德基总部设在美国肯塔基州的路易斯维尔市，是世界上最大的炸鸡快餐连锁店，1952年由创始人山德士先生创建。如今肯德基在世界各地的连锁店多达11000多家，遍布世界80个国家和地区。肯德基隶属于百胜集团，集团内拥有肯德基、必胜客、Taco Bell、A&W及LJS等五个餐饮品牌。

1987年11月12日肯德基第一家店在北京前门开业，成为最早进入中国的国际品牌西式快餐。之后，肯德基一直在东部沿海地区的主要大城市发展，包括北京、上海、广州、南京、杭州、深圳等地，起初展店的速度并不快，直到1996年经过了近十年的时间才突破了100家店。

在突破第100家店之后，由于人力、财力、中国经验等各方面的资源已形成气候，肯德基的经营综效开始发挥效应，开店速度成加速度增长，2000年达到400家，2001年达到500家，接着以每年超过200家的开店速度，在2004年1月份突破了1000家店，同时肯德基的餐厅已遍布全中国200多个城市，如今已是中国西式快餐的第一品牌，远超过世界第一品牌麦当劳。在中国，肯德基的表现更超过其全球的发展基调，17年的时光，肯德基已成为中国发展最快、规模最大的快餐双冠王。

2. 麦当劳

1937年，麦当劳兄弟在美国洛杉矶东部巴沙地那（Pasadena）开设了第一家麦当劳餐厅。1955年，克罗克先生创立了麦当劳系统公司，开始了麦当劳的扩张连锁之路。如今，麦当劳在世界100多个国家和地区，已开设了30000多家连锁店，成为全世界最大的快餐连锁店。

1992年4月23日，麦当劳在北京的王府井开设了其在中国的第一家店，比肯德基晚了近五年的时间进入中国。同样，麦当劳也是选择了在北京、上海、广州等大城市展店，而其发展速度明显要比肯德基慢了许多。1997年麦当劳突破100家店，而经过12年的发展，麦当劳的店数已近600家。但是近两年来麦当劳在中国的发展速度明显趋缓，而且在许多大城市时有关店的消息，包括成都、广州、福州、厦门等地，麦当劳在中国的发展已大大落后于肯德基，未来在中国的发展能否后来居上，仍值得观注。

3. 德克士

德克士隶属于来自台湾的顶新国际集团，1994年第一家店开在成都，是最早进入西部地区的西式快餐。1996年，以“康师傅”闻名于全中国的顶新集团收购了德克士，开始了其在中国的连锁扩张之路。不同于肯德基和麦当劳的是，德克士一开始不仅选择了沿海的大城市，包括北京、天津、南京、上海、杭州、福州和广州等地，也同时进入了中、西部地区的省会城市，包括成都、重庆、武汉、郑州、西安、昆明等地。

起初德克士采取了直营方式，且不惧与肯德基、麦当劳正面竞争，在全国十三个城市同时扩张，1998年底便开了近50家直营店，但除了少数城市盈利外，许多城市的餐厅都亏损，于是陆续关掉包括上海、广州、南京、武汉的全部餐厅及其他城市的部分餐厅。1999年，德克士率先发展特许加盟店，瞄准了广大的二、三级城市，前期开发的许多加盟店都有不错的盈利，于是2000年之后，德克士便有了突破性的发展。2000年年底店数突破了100家，2001年年底店数达到200家，而到了2004年年初德克士的店数突破了300家，在中国西式快餐市场站稳了脚根，成为继肯德基、麦当劳之后的第三品牌，是惟一能与这两大品牌分庭抗衡的本土品牌。

4. 其他品牌

（1）乐天利

乐天利是韩国乐天集团于1979年创立的餐饮品牌，是韩国当地最大的本土西式快餐品牌。1994年进入中国，曾经在北京和哈尔滨拥有9家餐厅，2003年2月其最后一家店北京赛特餐厅关店，乐天利全面撤出中国市场。

（2）艾德熊（A&W）

艾德熊是由北京爱得威美食娱乐有限公司于1996年取得美国艾德熊中国华北及东北地区的特许经营权，先后在北京开设了8家店。2002年5月，百胜集团在美国收购了A&W的全部股份。2003年1月，爱得威公司丧失了使用“A&W（艾德熊）”标识的权利。而从2002年10月到2003年9月，艾德熊在北京的8家连锁店陆续关闭。

（3）派派思

派派思是1972年在美国路易斯安那州建立的一家以炸鸡为主的快餐连锁店，在美国炸鸡连锁店中仅次于肯德基。1999年8月由其韩国的区域加盟商引进中国，在北京王府井开了第一家店，接着先后在北京、大连开设了5家直营店，后来又在大庆、成都开了加盟店，如今北京、大连的直营店已分别在 2002 年、2003 年关店，大庆的加盟店也于 2004 年年初关店，目前仅剩下成都的 2 家加盟店在惨淡经营。

(4) 顶呱呱

顶呱呱于 1974 年在台北开设了第一家炸鸡店，是台湾西式快餐连锁店的鼻祖，也是最大的本土品牌。1993 年 9 月 20 日于上海设立了中国的第一家店，最多的时候店数达到 12 家，连哈尔滨、乌鲁木齐都曾经有顶呱呱的踪迹。如今，顶呱呱已改型为中西餐复合的餐厅，不再是西式快餐厅，目前在大陆还有 5 家店。

(5) 莫师汉堡

莫师汉堡是来自日本的 Mos Burger，在日本是本土最大的西式快餐品牌，以米汉堡为其特色产品，进入中国约有十年的时间，目前在上海及无锡有 20 多家店，发展速度缓慢。

(6) 其他中国本土品牌

除了上述的国际连锁品牌外，国内许多的私营企业或个体户，在全国各地开设了自有品牌或本土品牌的加盟店，估计约有 1000 家店左右，一般都是规模小，产品质量相对较差，价格较低，环境较差，没有企业化、连锁化经营，许多店为了生存都是在西式快餐的炸鸡、汉堡、薯条的产品基础上，加上了米饭、面食等中式快餐。这些快餐主要分布在中、小城市。

二、西式快餐发展之道

从前述各个西式快餐品牌的发展状况来看，在中国的快餐行业当中，西式快餐的三大品牌肯德基、麦当劳、德克士的店数规模约有 2000 家，2004 年的营业额预估约有 135 亿元人民币，如以 2004 年全国餐饮业总销售额预估可达 7000 亿元来计算，占比为 1.93%。而这三大品牌在国内的快餐行业从店数及营业额来看，都应该是全中国排名最前茅的。

西式快餐在餐饮连锁业当中为何能够有这样的成绩，其经营发展之道何在，可以从下面五个方面来加以分析：

（一）快餐业的基本核心价值

麦当劳所奉为圭臬的 QSCV 及肯德基的经营方针 CHAMPS 都是快餐业乃至于整个餐饮业的经营标准。

麦当劳的 QSCV 指的是：

Q—Quality　品质

S—Service　服务

C—Cleanness　卫生

V—Value　价值

肯德基的 CHAMPS 指的是：

C—Cleanness　保持美观整洁的餐厅

H—Hospitality　提供真诚友善的接待

A—Accuracy　确保准确无误的供应

M—Maintenance　维持优良的设备

P—Product Quality　坚持高质稳定的产品

S—Speed　注意快速迅捷的服务

不管是 QSCV 或是 CHAMPS 对消费者而言，进入一家快餐厅想要得到的不外乎就是：在亲切和善的服务员接待下点餐，并得到快速准确的供餐，然后在清洁美观的环境下品尝卫生美味、品质稳定的食物。当然，如果价格合理或更实惠，那么消费者的满意度也就越高，餐厅所提供的服务价值也就越高。而这些只不过是快餐业入门的必备基本功而已，想要进入这个行业就必须长期做好这些工作，否则即便是再大的名气，再好吃的产品或再便宜的价格，都将会是昙花一现。

（二）快速扩张的规模效应

连锁店的发展有一个很重要的瓶颈，就是经济规模。既然要走连锁之路就必须要有足够的经济规模，而要有经济规模就必须要有完善的支持系统，而要建立起完善的系统就得投入大量的人力、财力、物力资源。如此一来，连锁总部的每月固定开销就成了一笔不小的费用与压力。

今天不管在什么行业里，如果不能在行业之中做前三名，长期来看都将会逐渐被市场所淘汰，或只能寻求市场利基来生存。因此，快速扩张进而形成经济规模，不仅是为了创造利润，也是为了在市场上生存，同时更能形成后来者的竞争障碍。

肯德基与麦当劳在中国的主要扩张策略都是采用直营为主，在全国各主要城市或采用与当地大企业合资的方式，或采用独资的方式，然后开展直营店。采用这样的模式，一方面需要大量的资金及人力，另一方面是展店的速度在前期会比较慢，所以肯德基初期花了9年多的时间开了100家店，麦当劳花了5年的时间开了100家店。但是当连锁店的店数越多且经营效益不错的情况下，开店的速度就会越来越快，因为此时企业的人力资源库及现金流量都是越来越充足的。如今肯德基大约每半年就能开100家店。

在美国，几乎所有成功的连锁品牌都会采取特许加盟的扩张方式，肯德基及麦当劳也不例外。在中国，1993年肯德基在西安开始了特许加盟的业务，将陕西省以区域加盟的方式授权给了一位从台湾移民到美国的美籍华侨，目前在陕西省已经有了20多家店。1999年肯德基推出了“不从零开始”的特许加盟业务，所谓“不从零开始”是指：肯德基将一家成熟的、正在盈利的餐厅转手给加盟者，加盟者不需进行自己选址、开店、招募与培训员工等大量繁重的前期准备工作，这些都是现成的。肯德基目前约有50家左右的加盟店，约占其总店数的5%。

麦当劳的特许加盟业务则是只闻雷声大，不见雨下来。早在2001年麦当劳即宣称在2002年下半年要开展特许经营，但直到2003年8月底才对外宣布将在天津开设其中国的第一家加盟店。

德克士与肯德基、麦当劳的扩张策略有所不同，1998年之前同样是采取直营的策略，但由于扩张过速，人才不足，加上高投资及高租金的压力，且品牌力不如肯德基、麦当劳，以致节节败退，陆续关店。1999年德克士开始推展单店特许加盟业务，在保留下来的分公司及直营店基础上向外扩展加盟店，初期把目标瞄向已有德克士的城市，及没有肯德基、麦当劳的二、三级城市。很快，德克士的“乡村包围城市”策略开始奏效，而加盟店也都有不错的效益，于是从2000年起德克士主要在西部地区、河南、福建攻城掠地，其他省份零星点火，在全国100多个城市开了260多家加盟店，而总店数也已经突破了300家，在许多省份及城市德克士已经领先了肯德基、麦当劳。

（三）完善的支持系统及人力资源

不管是肯德基、麦当劳或德克士，不管是采取直营或加盟策略，这些西式快餐连锁企业都自有其一套完善的支持系统来支持所有的餐厅，以更好地服务消费者。从科学的选址评估系统、原材物料供应链的管理、餐厅的设计装修工程、餐厅的标准操作流程、区域督导管理辅导系统、教育训练系统、电脑化管理系统、财务会计管理系统、产品开发系统等等都有专业化，标准化的管理制度与人才，而且都有数十年的经验积累及国际化团队的支援。

在这里特别要强调的是连锁事业是一个人才的事业，是一个训练的事业，所以教育训练系统就显得尤为重要。一般在西式快餐系统中，将餐厅的组织区分为管理干部、服务员及接待员三类。其中服务员及接待员都是计时工，主要做基本的生产、收银、清洁、接待、商圈拜访等工作，可以分成不同的工作站来做教育训练，通常只要按照标准操作手册很快就可以学会，当然在餐厅里也安排了训练员的师徒机制。而管理干部为正式职员，除了学习熟练服务员的工作外，一般分成储备干部、实习襄理、襄理、实习副理、副理、经理等职级，各有进阶训练课程，逐级升迁训练，有一套完整的训练系统来不断培养人才，以适应不断的扩张发展。

（四）标准化与工业化的经营管理

中式快餐与西式快餐相比，一直无法形成规模或成为全国性品牌，其最大的关键因素在于中式快餐较难标准化与工业化生产。西式快餐之所以能迅速发展及全国拓展是来自于其将餐厅的经营实现了标准化与工业化的管理。首先，将产品进行了分类，并将厨房区分成了几个工作站分别制作不同的产品，并从原物料的入库、储存、出库、制作、保温、销售等设计了像工厂一样的流水线。而且将大部分原料以冷冻的方式运输、储藏，在餐厅里采用各种机器设备及电脑仪表来制作食物及控制品质，使所有的产品都能在保证品质下快速而标准化地制作出来。

另外，为了确保品质及供货的稳定，原材物料供应商的供应链管理也是很重要的一环。一般经过严格审核筛选后一旦成为一个合格的供应商，这些连锁企业便会与这些厂商建立长期的合作关系，并定期对供应商进行辅导，甚至共同开发新产品，而且随着连锁企业的不断发展，这些供应商也将随着一起成长壮大。

（五）组织与团队的运作

除了系统与人力资源外，与国内大部分餐饮连锁企业不同的是：三大西式快餐品牌除了设有一个中国总部外，都在全国各地设立了10多个甚至30多个分支机构来就近支持及管理各分区域的餐厅。通常总部负责策略、政策、制度的规划，以及全国性事务的计划拟定与推动；地方分公司则负责当地的餐厅经营与管理，以及总部政策、全国性活动的执行。如此进行团队的协同运作，中央与地方的合理分工，才能使整个系统有效地运作，全体人员充分地发挥其应有的功用。

三、西式快餐面临的挑战与未来发展趋势

(一) 食品的健康问题

炸鸡、薯条、汉堡、可乐，明亮洁净、环境美观的餐厅环境，自助式快捷的就餐方式，工业化与标准化的生产，这就是西式快餐的特质。然而这样的特质正面临着难以超越的局限和缺陷，即其食品的健康问题。

当西方社会将越来越严重的肥胖问题归咎于高热量的快餐食品时，麦当劳、肯德基等超级快餐品牌也因此被指责为肥胖病的元凶。而当麦当劳、肯德基在中国已经成为西式快餐的代名词时，其食品的不健康、不合理也成为西式快餐在国人心中挥之不去的印象。而这种印象在全球范围内都越来越深刻，最极端的说法是：西式快餐是“垃圾食品”。

食品结构的调整确实是这些西式快餐巨头们面临挑战的一大课题，无怪乎肯德基不仅不断推新产品，还发布了《中国肯德基健康食品政策白皮书》，大打健康诉求，以期逐渐消除人们的不良印象。

(二) 从美国文化到本土化

在美国，一般人对麦当劳的印象是价格低廉、服务快速，是一般中、下阶层常去的用餐地方。但在中国，麦当劳被视为美式文化的象征，不仅仅是汉堡、薯条、炸鸡、可乐这些西式食品本身而已。经过十多年来的发展，西式快餐早已从刚开始的“朝圣”风潮，逐渐地融入了中国本地的文化。如今，西式快餐已是年轻人、三口之家所喜欢的用餐及聚会场所。

比较在美国与中国一样的西式快餐，在两个不同的社会里呈现出了极为不同的风貌。我们可以从以下几方面来加以说明。

1. 本地经营、本地管理

为了避免美国文化入侵的不良印象，麦当劳、肯德基都采取与中方合资的方式，企图呈现自己是中国企业，同时会不断强调其原料大部分都是在国内采购的，当然他们也会积极地参与社区服务及社会公益活动。

2. 另类的休闲场所

西式快餐的餐厅装修不断推陈出新，更新换代，如今中国的西式快餐厅与全世界的西式快餐厅相比，几乎已是装修档次最高、最美观的。除了餐厅的装潢布置、灯光外，加上悦耳的音乐，西式快餐厅所制造出来的用餐氛围，成了一个不仅是用餐的地方，同时也是一个很好的休闲场所，如生日餐会、朋友聚会、商务洽谈、约会等等，西式快餐餐厅已不只是一个用餐的场所而已。

3. 温馨的家庭氛围，儿童的天堂

除了休闲的氛围外，西式快餐同时还营造了温馨的家庭氛围，而且还增加了儿童游乐区。这样一来，使西式快餐成了儿童的天堂，三口之家一同欢乐，甚至三代同堂共享家庭之乐，这里都成了最佳选择。

4. 与顾客密切互动

和美国西式快餐致力以科技取代人力的做法大异其趣的是，在中国，西式快餐相当仰

赖与顾客间的互动。每家餐厅中都会安排1～2名的接待员阿姨，随时准备为顾客解决问题，经常与上门的孩童及其他顾客建立长期友谊，定期做商圈拜访，还有与小朋友一起做游戏等。

（三）未来的发展趋势

观察亚洲国家地区的发展经验，来看看中国西式快餐的未来发展趋势，西式快餐仍将是餐饮连锁业中的领头羊，而且还会继续快速增长。

1. 大者恒大，强者恒强

三大品牌的发展速度将持续稳定增长，预估各品牌将会以每年100家店以上的速度开店，而且开店的范围将扩及到二、三级城市，甚至城镇等中小城市。而在中国加入WTO后，许多国外品牌将会陆续进入中国市场，但是其生存空间已明显被挤压，就如同其他已经撤出中国的品牌一样，很难有发展机会。所以未来将会是大者恒大，强者恒强的局面，形成一个寡占市场。

2. 竞争加剧，价格竞争成为常态

随着三大品牌的不断扩张，竞争将会越演越烈，价格竞争将会成为常态，而且不仅仅是在大城市，将同样在中小城市上演。如此一来，行业的整体利益也会受到压缩，慢慢回归到合理化，而消费者则将得到实惠。除了西式快餐本身的竞争之外，中国餐饮业随着经济的发展将会越来越多元化，其他快餐业态，甚至便利店都将对西式快餐产生冲击。

3. 产品不断推陈出新，越来越本土化

食品是很本土的东西，口味自然是餐饮业的成功关键。麦当劳在中国落后于肯德基很显然口味是核心问题，因为麦当劳的产品本土化工程明显慢了许多。而德克士能有今天的地位，除了乡村包围城市及特许加盟的发展策略外，产品本土化也是其制胜的要素。

从近二三年来三个品牌推出的新产品来看，中式口味的产品越来越多，而德克士更是直接推出了米饭产品，产品的本土化将逐渐凌驾于美国的外来文化。

4. 特许加盟店比例逐渐增长

麦当劳已开始推展其特许加盟业务，而肯德基的加盟店推展速度虽然不快，比例也不高，但特许经营已成为一种趋势。从德克士的加盟店发展速度来看，我们不难发现国内有众多的投资者看好西式快餐市场，纷纷投入这一行业。未来几年，三大品牌的加盟店比例势必会逐渐增长。

四、结语

随着中国经济的不断增长，在外用餐的人口将快速增多，快餐已成为人们在外用餐的主要选择，而西式快餐依然会带领着快餐行业蓬勃的发展，中式快餐也将会崛起，快餐行业将会是一片欣欣向荣的景象。西式快餐不再那么洋化，而逐渐中式快餐化；中式快餐向西式快餐学习，而不断西式快餐化；甚至西式快餐企业投资发展中式快餐连锁店。这些量变与质变终将把快餐行业推向另一个高峰。

（邓仁荣）

休闲饮品连锁经营分析

休闲饮品业近年在中国大陆蓬勃发展，所涉及的业态和业种不断增加，且整体数量和营业额都呈上升态势。其中有些业种以直营连锁和特许经营模式发展，如红茶坊等。休闲饮品业连锁经营的快速发展有如下几方面的因素：

一、生活方式的改变

中国经济的快速发展使得城市新型知识分子人群骤然扩大。新型知识分子群体由政府公务员、公司职员、律师、记者、医生、作家、房产或保险经纪人、自由职业者、工程师等组成。新型知识分子就传统知识分子而言有着全新的知识结构，他们视角开阔，积极参与社会政治、经济、文化的变革，并成为改革的中坚力量。他们乐于接受新生事物，有着全新的价值观。他们从大众传媒——书籍、报刊、声像制品、电影、互联网上获取信息，与境外人士交往频繁，这些都极大地影响着他们，使他们形成新的生活观和价值观。

二、境外品牌的进入带动业内整体发展

台湾商人在内地投资形成了当代茶馆业和红茶坊业，如五福茶艺馆、仙踪林红茶坊等。随着北美咖啡连锁第一品牌星巴克和日本咖啡连锁知名品牌真锅的引进，中国大陆咖啡业连锁经营遍地开花。在酒吧业，同样如此。

三、特许经营使休闲饮品业店铺数量和从业人员大增

特许经营在国际上被证实是一种以较少的投入迅速扩大规模的经营模式。特许经营成功之路在休闲饮品业的发展中同样得到证实，特许经营使休闲饮品业中的许多品牌得以迅速扩张，从而使全行业迅速发展。

四、原料和产品供应丰富

近年来，我国软饮料生产以超过20%的年增长率递增，达到1300多万吨。在产量增长的同时，品种日趋多样化，为消费者提供了更多的选择余地。我国饮料品种已从单一的汽水发展成为包括碳酸饮料、果汁饮料、蔬菜汁等十大类。

茶叶产值快速增长。2000年茶叶行业的农业产值超过100亿元，比1990年增加1.9倍，年均递增14%。其中，1990年名优茶产值占当年茶叶总产值的19.8%；1999年达到54亿元，占当年茶叶总产值的56.5%。

国内茶叶消费潜力巨大，增长加速，消费结构因地域不同而各具特色。内销总量为46.57万吨，绿茶为26万吨，花茶为10.5万吨，花、绿茶合计占80%，大宗优质茶市场潜力巨大。1976－1986年，国内花茶消费量年均增长24.6%；90年代绿茶增长10%；上海、北京等地近年来人均消费量增长了1倍；2002年北京绿茶、乌龙茶、花茶分别增长了30%、30%、20%；各地茶艺馆的兴盛促进了茶叶的消费。

我国咖啡成品90%是从国外进口的，需交纳进口关税，而剩下的10%的国内生产的咖啡由于种植面积少，所以总产量很低。这些因素无形中提高了咖啡成品的市场价格。市场价格也在很大程度上影响了咖啡的销量。据调查，三合一咖啡平均每消费一次最低需要1元人民币，速溶咖啡最低需要2～3元，至于炒磨咖啡，最低也要10元。在高档咖啡馆，一杯咖啡最少也得近20元。而果汁和碳酸饮料价格相对于咖啡要便宜得多。所以，对于相当一分消费人群来说，可乐、果汁和茶饮料就成了他们的首要之选。因此，要提高咖啡的市场竞争力，价格也是一个因素。

中国的咖啡市场正在经历着快速的成长。家庭咖啡消费量以每年40%的速度增长，咖啡进口从2000年到2001年上升了75%，并且还在继续保持增长，同时年度零售咖啡销售增长超过了25%（大部分通过品牌零售咖啡店销售）。中国有着1.5亿中高收入的城市家庭，公司主管和受过大学教育的年轻专业人士在推动着这个市场的成长。这一群体具有强大的消费力，对西方流行品牌的追求永不知足。这一群体始终准备好尝试新的主流品牌并衡量其价值。

中国加入世贸组织后洋酒的关税下降，但关税下调并不意味着洋酒降价，这是由洋酒的综合税率高和洋酒的品牌价值等因素造成的。洋酒价格居高不下使得进口减少，1992年洋酒的进口超过100万箱，2000年后降至65万箱，但进口的品种更为丰富。

通观中国休闲饮品业，可以发现目前有红茶坊、茶馆、咖啡馆、酒吧这样四个成熟业种。另外，还应关注豆浆店和水果吧这两个业种。因为豆浆店的功能正由纯粹的用餐向休闲转化，产品结构和服务都有所改变。水果吧是市场上刚刚出现的业种，品牌、店铺还比较少，但应该给予关注和加以研究。评述中国休闲饮品业，我们似乎应该先从业种着手，因为各个业种构成了休闲饮品业。我们了解了各个业种的状况，也就看到了行业整体面貌。

五、典型业种

（一）红茶坊

红茶坊产生于我国台湾，1997年前后传入祖国大陆，在上海、广州等沿海经济发达城市迅速蔓延。红茶坊知名连锁品牌有：仙踪林、休闲小站、圆缘园、避风塘等。红茶坊1998－2001年这段时间在上海风行尤甚，有百家之多，但至2003年则只剩半数，行业进入稳定发展期。红茶坊盛行的原因是进入门槛低，市场需求大。上世纪末，休闲饮品业业种还比较少，咖啡馆、酒吧尚未风行，行业整体尚嫌稚嫩。在市场需求日益增长的环境下，仙踪林、休闲小站进入后，迅速以连锁经营方式扩张，且经营绩效和品牌影响看好，由此引得大批投资者快速跟进，从而使行业迅速发展。牌子纷繁的红茶坊业态各具特色，有供时尚青年谈天说地的；有供闲散市民打牌娱乐的。红茶坊的饮品主要为泡沫红茶系列和珍珠奶茶系列，并有多款小吃和快餐。由于牌子芜杂，经营管理水平参差不齐，渐渐地，一大批红茶坊因为消费者日益增长的消费需求多元化，以及咖啡馆的兴起对红茶坊的冲击等原因而纷纷倒闭。

2003年末，经过重新洗牌的茶坊业水平大幅度提高，目前，茶坊业面对的是与包括咖啡店行业在内的国际品牌、国际团队的竞争。茶坊业的主要竞争业种是咖啡店，两业种的竞争将持续高涨。

新的市场格局对茶坊业提出了更高的要求，表现在以下几方面：

1. 开店投资加大。以茶坊业的龙头企业仙踪林为例，一间220平方米的标准店原投资80万元，现投资上升为120万元。

2. 设备投资加大。企业开始引进如麦当劳、星巴克那样的国际标准的餐饮设备。

3. 人力资本要求提高。因要与国际团队竞争，所以企业要引进高级管理人才。

4. 服务水平有所提高。

茶坊业新一轮竞争的核心是品牌竞争。红茶坊连锁知名品牌有：仙踪林，连锁店86家；圆缘园，连锁店50家。

（二）茶馆

茶馆从业态上看有传统茶馆和新派茶馆之分，传统茶馆保留了传统样式，所提供的茶品种的地域色彩浓重，例如北京主要是花茶，杭州主要是绿茶，成都主要是紧压茶。新派茶馆多为台式茶馆，依台湾手法冲泡台湾和福建所产的乌龙茶。传统茶馆装修为地方传统样式，顾客群体以当地中老年人为主，人均消费适中，茶馆利润率不高，所以店数较少。各地为数众多的是新派茶馆，装修各具特色，传统与时尚相结合。顾客群体以中青年为主，人均消费较高，茶馆利润率较高，所以店数多，各地都有连锁经营的品牌。新派茶馆有纯喝茶的，有提供几十款小吃的，一般都不提供酒类。提供品种多样的小吃的茶馆多为自助式消费，有些还有不同价位。很多新派茶馆配有电视和宽带网接口，为时尚顾客群体提供便利条件。茶馆的竞争行业首先是咖啡馆，其次是红茶坊和酒吧。

茶叶销售市场的活跃为茶馆的兴盛提供了条件。全国大型茶叶批发市场有20多家，各类大型茶叶展示交易活动每年也有20多次。北方茶馆的数量每年以20%的速度增长。以北京为例，2002年1–3月，在北京市工商局注册的茶楼有300多家，而2001年底北京茶馆总共才300家。如今的茶馆，集时尚、娱乐、休闲为一体，多在黄金地段，装修豪华，各具特色，最大的有3000平方米。

茶馆连锁经营知名品牌有：总部在杭州的“太极茶道”，以特许经营模式推广，有加盟店530家，遍及东南各省；深圳的“紫苑茶馆”，有连锁店8家，分布于深圳、惠州、长沙、青岛；北京的“茗仁茶艺馆”，有连锁店6家。

（三）咖啡馆

上世纪末，随着国内生活水平的提高，求新求异的消费风潮热行，饮食西化倾向和生活方式多样化趋势促成咖啡消费热，到咖啡馆喝咖啡成为时尚，而推动这一时尚的是境外知名品牌连锁咖啡店。自从星巴克在北京、上海掀起咖啡消费热，东方“茶文化”便面临着“咖啡文化”的强劲冲击。不过，星巴克的霸主地位受到严峻挑战：洋咖啡巨头们纷纷启动中国市场拓展计划，咖啡馆大战硝烟顿起。洛杉矶咖啡巨头 COFFEE BEAN & TEALEAF 和同样闻名于美国的“西雅图咖啡”相继现身上海，以连锁经营模式迅速推广。百怡是加拿大著名咖啡店，以连锁经营闻名北美。2003年，百怡在北京、广州、上海、南京设立了分公司，以特许经营推广连锁店。意大利的林宝坚尼以制造顶级跑车而驰名于世，其品牌系列之一的林宝坚尼咖啡店在意大利、德国、奥地利等欧洲国家开了数十家连锁店，2003年进入中国推广连锁店。

咖啡店是一个利润十分丰厚的行业。一位台湾业主说，在上海开一家咖啡店，选址正确的话两三年就可以收回成本。对咖啡店而言，选址是关键。此外，个人独立开店成功的概率只有20%，而加盟知名连锁体系成功的概率高达80%。2000年，上海人饮用咖啡的比例已经高达42.7%。咖啡消费呈烽火之势蔓延上海，上海街头的专业咖啡店呈星罗棋布状。

早在1998年，真锅咖啡便抢先开到上海，目前在中国有近40家连锁店。真锅咖啡放言：到2005年在中国的连锁店将达200家。真锅是日本最大的咖啡连锁体系，1992年进入我国台湾，连锁店达80多家。1998年进军大陆市场。其经营理念是：让顾客在充满明亮、朝气的环境中感受咖啡的纯美内涵。

1999年1月11日，中国第一家星巴克咖啡店在北京国贸中心一层开业，为顾客提供享誉全球的星巴克咖啡。目前，星巴克咖啡连锁店在京津地区的总量已经达到45家。

上海星巴克第一家店2000年5月开业，到目前已经发展到30家，其中上海26家，杭州4家。2001年第一个完整的财政年度，上海星巴克收入达到6000多万元人民币，2002年达到1亿多元人民币，目前每天卖出的咖啡超过1万多杯。

现在，星巴克公司在世界28个国家共建有5689家连锁店。自从公司于10年前挂牌上市之后，销售额以每年平均20%的速度递增，2001年达到了26亿美元。利润额每年的平均增长幅度为30%，去年达到1.812亿美元。而且，其增长的趋势还在继续。原星巴克华北地区特许经营商、北京美大咖啡有限公司孙大伟总裁认为，咖啡店在北京会越来越受欢迎，星巴克欢迎来自麦当劳的竞争。

2001年，洋快餐巨头肯德基、麦当劳也开始角逐中国咖啡店市场，“麦咖啡”、“K咖啡”采用店中店的方式连锁经营。这不由得让人们猜想到品牌家喻户晓、实力雄厚的麦当劳、肯德基是否要与星巴克在中国市场激烈角逐，而麦当劳中国北方区总裁赖林胜认为，麦咖啡和星巴克在北京市场不会形成竞争，因为两家的定位不一样。麦当劳在咖啡店的定位上坚持了一贯的以家庭氛围为主的方针。星巴克将自已的咖啡店定位在相对于家庭和办公室的“第三空间”上。尽管提法不一样，但消费对象都是都市新型知识分子。从价格来看，一杯麦咖啡在10～20元之间，而星巴克咖啡从9元到29元不等。赖林胜说：“我们的价格是经过调查研究得出的，比较合理。”而孙大伟说：“星巴克在美国的价格也是比同类店高一些的，我们坚持的是品质。由于关税、运输费和高额的店面租金，星巴克在价格上不会做太大的浮动。”

源自台湾的迪欧咖啡连锁店已经遍布全国各大城市，拥有近百家直营和加盟连锁店。其经营理念是：迪欧咖啡秉承“永续经营，终身学习，服务为本”的理念，坚持一贯的业务原则，以品牌的优势和质量的保证深入人心，为加盟业主提供全方位服务。目前其在大陆有70家连锁店。

名典咖啡于1984年始创于我国台湾，1995年进驻大陆。其第一家店开于广东省东莞市，以欧美电子化设备和技术烘培高品质咖啡豆，广受当地外商、白领阶层消费者的喜爱。之后，以特许经营模式扩张，目前，在大陆沿海各省及内陆主要城市，名典咖啡已拥有300余家咖啡连锁店。

也有一些风格独特的咖啡馆，如北京的22filmlafe咖啡馆，是一家电影主题咖啡馆，室内贴有大量的电影海报并用一些旧摄影器材作装饰。他们每天推出“电影下午茶”活动，循环放映电影和播放电影音乐。

（四）酒吧

酒吧的兴起早于咖啡馆，酒吧的经营特色也多于咖啡馆。以北京为例，酒吧有这样一些形式：

音乐吧：如芥茉坊，一度是崔健和摇滚乐队的演出地。

运动吧：如万龙酒吧，每天播放高尔夫球和橄榄球赛；茵豪酒吧播放世界顶级足球队的比赛；快车号赛车吧以大屏幕播放精彩的一级方程式比赛。

演艺吧：如男孩女孩酒吧，由男孩女孩乐队演奏当代流行音乐。

时装秀吧：如米兰俱乐部。

跳舞吧：如哈瓦那，是拉丁舞爱好者的乐园。

收藏吧：如丑岛酒吧，在那里随处可见收集来的民俗旧货——老式留声机、壶具、花瓶、藏民做酥油茶的工具等。

酒吧适于开在商业发达城市的使（领）馆区、中央商务区和特定区域，且需集聚经营。因选址有特殊性和局限性，所以酒吧多为单体经营。较知名的连锁经营的酒吧有：上海的宝莱娜（3家）、成都的阿伦故事（3家）、长沙的可可清吧（3家）以及世界知名品牌硬石。

酒吧与咖啡馆顾客群体相近，较之咖啡馆，酒吧顾客群的年龄段要低一些。从环境上看，咖啡馆普遍比较静，而酒吧则比较闹，一静一动显示出两个业种顾客群在性格上的差别。从消费上看，酒吧与咖啡馆相当。从经营上看，酒吧与咖啡馆的利润率都比较高，毛利率在75%左右。从经营时段上看，酒吧主要在夜晚。

（五）其他业种

1. 水果吧

水果吧是休闲饮品业新生业种，品牌和店铺都比较少，但有快速发展的潜力。水果不仅口味多样，口感丰富，饱含营养，有利健康，还可帮助减肥，因此深受青年女性喜爱。在原料供应上，国产水果的品种、品质和产量都在逐年增加，随着对外贸易的加强，水果市场供应丰富，人们可以吃到来自世界各地的各色各样的水果。在北京已有3家连锁店的“水果捞”是典型的水果吧，主要产品是将各种水果切碎拼配出售，同时提供多种饮料和小吃，大受女性顾客喜爱。

2. 豆浆店

豆浆店本属餐饮行业，但近年来豆浆店在功能上朝着休闲发展，行业龙头企业“永和大王”、“永和豆浆”都很重视非饭口时段的利用，添加果汁、咖啡等休闲饮料和休闲小吃，在店内营造休闲氛围。其中，永和豆浆更有条件同时具备休闲饮品店的功能，永和豆浆的母公司弘奇食品公司在台湾原本就是豆浆饮料生产企业，其开发有几十种豆类饮品，在连锁店内和零售市场出售。2003年，弘奇公司在黑龙江省建立食品厂，深度开发大豆食品和饮料。弘奇公司不仅生产浓缩豆浆，还生产各种豆类包装饮料，其创新产品“永和黑豆浆”、“永和米浆”大受欢迎，“让全世界有华人的地方都能喝到永和豆浆”成为他们事业的终极目标。

（崔　霖）

图书连锁经营分析

一、2003 年，图书发行政策利好年

2003 年，是图书发行业的政策利好年。

1 月 8 日，“2003 中国书业高峰论坛”在北京举行，来自海内外华人出版业的 16 位专家和理论家纵论 2003 年中国书业的改革与发展。国家新闻出版总署副署长柳斌杰在会上作了《2003 年中国出版业政策走向》的主题演讲，论述了“今年出台的政策重点”、“今年新闻出版的政策走向”等业内普遍关注的重大问题，为 2003 年的图书市场定下了一个充满期望的温暖基调。

1 月 15 日至 17 日，2003 年全国新闻出版局长会议在北京召开。这是十六大之后召开的首次全国新闻出版局长会议，因此格外引人关注。新闻出版总署署长石宗源指出，全面建设小康社会给新闻出版业带来快速发展的新机遇。中宣部副部长李从军强调，要乘势而上，推进出版业跨越式发展。而最意味深长的是，此次会议破天荒地邀请了非国有书业的代表与会座谈，图书市场的进一步开放初露曙光。

随后的政策发展，果然不负人们所望。3 月 17 日，新闻出版总署和对外贸易经济合作部联合颁布了《外商投资图书、报纸、期刊分销企业管理办法》。该办法规定，从 2003 年 5 月 1 日起，中国允许外国投资者在国内市场从事图书、报纸和期刊的零售业务；7 月 29 日，新闻出版总署颁布《出版物市场管理规定》，从 2003 年 9 月 1 日起正式施行。依照这一规定，民营资本可以正大光明地经营出版物批发业务，不必再像以前那样，为规避政策风险而“挂靠”一个有资质的国有企事业单位以获得准入资格。

6 月 27 日至 28 日，全国文化体制改革试点工作会议在北京召开，研究部署文化体制改革试点工作。中共中央政治局常委李长春在会上强调，以创新体制、转换机制、面向市场、增强活力为重点，抓好经营性文化产业的改革和发展，推动我国文化事业和文化产业走上良性循环、健康发展的轨道。会议确定了 7 家出版改革试点单位，6 家发行改革试点单位，图书发行市场的政策利好再度升温。

从全国范围来看，对这些政策利好反应最快的是广东的民营企业。白马广告公司一马当先，联合广东和西北的两大书报发行商，共同成立了文德广运发行集团，成为国内第一家获得报刊总发行权的民营企业。主营图书馆新书配送的学苑书业集团将其新书展示中心扩大至 6000 平方米；学而优书店向社区大举扩张；经过 2003 年的装修和准备，由民企南方精典实业投资的南方书城于 2004 年初在广州天河购书中心对面正式开业。

图书发行政策利好不只是受到民营资本的欢迎，新华书店似乎早有准备，和民营书业一样，在 2003 年也做出了一系列重大举措积极应对。

2003 年 1 月 6 日，经新闻出版总署和民政部批准，中国新华书店协会在京宣告成立，中国最大的图书发行主体从此有了自己的社团法人组织。中国新华书店协会的成立是全国

新华书店维护品牌、壮大自我、应对挑战的重要举措。特别是在出版物分销开放、国外发行机构将进入中国市场的新态势下，中国新华书店协会的成立对于振兴中国民族发行企业，增强其凝聚力，提升竞争力都具有特殊意义。

9月12日，新华发行集团总公司在京正式挂牌成立。作为中央确定的全国文化体制改革试点单位之一，新华发行集团以多种形式进行资产重组和业务重组，内部逐渐形成专业公司和股份公司，对外则广泛吸收社会资本，适时组建上市公司，在此基础上，通过收购、兼并、合资、合营、控股等方式，逐步建成辐射全国并具有市场主导作用的、国际知名的发行集团，连锁经营自然是其首选的发展战略，成为重中之重。

二、2003年，“二渠道”灰色历史终结年

2003年9月1日开始正式实施的《出版物市场管理规定》，终于取消了图书批发特别是总发行的所有制限制，该规定允许具备一定资格的民营企业申请出版物国内总发行权及批发权，从而使民营图书发行企业获得了与新华书店公平竞争的权利，长期以来被贬称为“二渠道”的民营书商将合法地融入图书市场的上游，堂堂正正地走到图书市场的阳光下来，2003年因此成为“二渠道”灰色历史的终结年。

9月1日出台的新规定，打破了自新中国成立以来只有国有或国有控股的出版发行公司才有的出版物总发行权和批发权的垄断局面，这将给我国图书发行业带来深刻变革，一方面，新华书店等国有资本通过股份制改造和连锁经营积极应对失去了垄断地位的市场竞争，而民营资本尽管获得了与国有资本同等的市场准入条件，它们不再受歧视，但新规定对申请企业的要求也相应提高。企业的注册资本由原来的1000万元提高到2000万元，经营场所面积必须在1000平方米以上，这在客观上有利于提高图书市场的质量，同时也增加了民营资本进入图书发行市场的难度和风险。值得民营资本庆幸的是，按WTO的相关规定，外资和合资企业要申请出版物国内批发权，必须等到2004年12月，这样实际上给了民营资本在图书发行市场“领先一步”的宝贵机会。

事实上，民营书业近几年来抓住机会在零售市场上已经取得突破性进展，到2003年，据不完全统计，已有8万多家书店遍布城乡各地，是新华书店网点的5倍多；在全国图书销售的700多亿元总码洋和近50亿元销售利润中，民营书店和新华书店几乎平分秋色。

2003年，民营书店的发展总体呈现出如下几个趋势：

1. 各省新华书店的股份制改造，为民营资本提供了直接与省新华书店合作的机会，股份结构优化和多元化也为省新华书店发展跨地区连锁创造了条件。

2. 民营书业开始直接或间接介入教材批发，与新华书店同分一杯羹。

3. 专业书店和专业图书批发商显露出良好的发展前景，民营书业在这一领域具有特别能战斗的体制优势。金骆驼医学图书俱乐部之类的专业图书商在2003年获得了长足的进步，以向图书馆和学校配书为经营特色的广东省学苑书业集团年销售额高达近亿元。

4. 网上书店熬过了严冬，开始进入市场的春天，2003年当当网上书店的销售额不低于8000万元，年增长率为180%～220%，卓越网的销售额约为4000万元左右。

三、2003年，新华书店连锁转型年

新华书店将连锁发展提上正式日程，是在2001年。这一年的6月，新闻出版总署在深圳召开了新华书店连锁经营研讨会，随后，又出台了《关于推进和规范出版物发行连锁经营的若干意见》。这期间，中国超级书店联盟发起并主办的中国超级书店连锁经营研讨会在京召开，由此，全国范围内的新华书店纷纷高举连锁经营的大旗，连锁二字成为新华书店改革的标志性概念和热门话题。截至2003年底，全国各省市新华书店已成立连锁总部20多家，连锁店铺超过4000个。

新华书店的连锁经营，主要建立在传统发行网络的基础之上，就其实质而言，更多具有经营业态转型的性质，而不是经营体制的再造和重构。这一方面固然有利于新华书店充分发挥自身的优势，但也使本来发育不充分的连锁经营受到传统模式的制约，规范化的连锁经营优势也因此大打折扣。

直到2003年，以转型为特色的新华书店的连锁发展，仍然主要局限于省自为战、市自为战；在连锁形式方面，画地为牢的新华书店主要依托原有的店铺发展大书城连锁、社区店连锁和音像连锁；在连锁战略方面，则更注重内部的整合，而较少追求外部扩张。北京市新华书店于2002年11月起，经批准实施营销体制的改革，2003年其以所属王府井书店为主体，由东城、西城、宣武、崇文四区35家门店和两家加盟店组成连锁经营实体“王府井书店连锁店”，可以被认为是全国新华书店2003年连锁发展模式的典型代表。

局限于各自省域内的新华书店连锁经营，更像是一个自成体系的地区市场保护机制。各省新华书店大都是将过去的省市县三级管理体系，改建为集团式的母子公司，并在此基础上实行以省级店为总部、基层店为零售网点的翻牌式连锁。这种做法可以上溯到2000年，当时江西省新华书店在全国率先实行进货权统一上收，集团采购、统一分发的业务模式，引起各省级店纷纷仿效，各发行集团内部组成采购团直接向出版社统一订货、统一结款、各自退货，取得了显著成效，被作为连锁经验予以肯定。

各省新华书店限于资金和管理的不足，基本上无法通过连锁进行网点的扩张，只好对旧店进行装修改造，因此发展连锁后的新华书店，其全国范围内的店铺总数不但没有增加，反而因装修改造旧店而有所取舍，店铺数量有所减少。

新华书店通过改造旧网点发展连锁的通行办法是对现有企业信息网进行升级，投资建设局域网和营销数据库，各种连锁经营的管理软件和信息平台纷纷上马，各省市新华书店各有各的信息标准和信息平台，互不对接，又不兼容，大量的重复投资和独立开发使各省新华书店多少有些无可奈何。

过去几十年的建设积累，给全国新华书店留下了大量的物流基础设施和设备，这是一笔发展连锁的宝贵财富。各省新华书店无不利用现有的仓储物流设施，进行现代化配送系统的改造和扩展。到2003年，全国各省级店的仓储设施建设均已初具规模，服务于连锁经营的计算机管理系统、中央采购系统、退货系统、运输集散系统、配送业务系统等正在逐步建设和完善之中，第三方物流开始崭露头角。

综观2003年全国新华书店连锁经营的发展，用“大有作为、精彩纷呈”来概括似乎并不为过。以下南北两个案例集中体现了新华书店向连锁经营转型过程中的历史特点、优

势和局限，可以说是近年来全国新华书店连锁发展的一个缩影，通过对它们的介绍，有助于加深我们对2003年新华书店连锁发展的认识和对其未来发展的展望。

案例1：书商联手地产商，快速连锁扩张模式

广东新华发行集团股份有限公司是全国惟一一家具备独立法人资格的股份制企业，在重组成功后，借鉴沃尔玛超市连锁的经营理念，开创了“书商与地产商相结合”的经营模式——即房地产商提供场地，新华书店经营管理，先后建起了天誉科技书城、白云书城、黄埔书城、海珠书城。从2003年开始，广东新华发行集团进一步将触角伸向广东全省，先后投资1.35亿元在阳江、高要、江门、韶关、汕头、湛江、梅州、惠州等地，以直接投资、控股、参股等形式组建了8个直营的区域发行中心。

到2003年底，该集团拥有自有产权经营场地10.4万平方米，3000平方米以上的大型购书中心超过18家，各类连锁店119家，发行网点961处。

案例2：以总店为核心，发展社会连锁店，实现七统一

新华书店北方图书城有限公司于1995年7月成立，是辽宁省及东北地区最大的图书、音像制品零售连锁企业。截止到2003年，该公司在辽宁省内拥有14家直营连锁店，其中沈阳市内8家，鞍山、阜新、抚顺、本溪、营口、葫芦岛各1家，总经营面积35860平方米，经营图书25万种，音像制品3万余种，2003年销售码洋超过1亿元。

北方图书城通过8年多的摸索，逐步形成了一套有自己特色的连锁经营管理模式，即：以北方图书城总店为核心，建立连锁经营体系，发展社会连锁经营店；逐步实现统一信息、统一进货、统一配送、统一标识、统一管理、统一服务、统一促销活动等“七统一”。

北方图书城的早期连锁，是与几家商场联合发展加盟连锁店性质的店中店，但很快就被市场淘汰了。后来调整思路，改变为先发展具有一定规模的直营连锁店，然后再发展其他经营形式的连锁。于是，在1998年，北方图书城开设了第一家直营连锁店——中华路分店（现为音像大世界），随后又相继开设了辽大分店、音像大世界、滑翔分店等几家各具特色的直营连锁店。1999年，为适应连锁经营的要求，北方图书城建成了面积近4000平方米的物流中心，建立辅助计算机管理系统，为连锁搭建起了强大的配送平台。

从2001年开始，北方图书城以图书业务流程再造为基础，将连锁经营店的营业面积定位在1000平方米以上，并重点发展股份制形式的直营连锁店。与此同时，北方图书城实行24小时配送制度，在节假日、淡旺季分别实行专门的配送标准。

北方图书城充分利用连锁资源，统一策划、统一实施、统一宣传、资源共享，组织了几百次像读书节、外语节、假日书市、名人签名售书这样的市场活动，不但增强了书城连锁经营的活力，更提高了书城连锁经营的知名度，北方图书城的连锁体系已经成为辽沈地区图书文化交流的中心场所。

北方图书城于2003年投入1500万元进行店堂环境改造工程，改造后的新大楼营业面积由原来的1万平方米扩大到1.8万平方米，成为颇具规模的连锁旗舰店。

北方图书城现有的连锁形式仅限于综合店和音像店，今后的发展将采用多业态组合方式，以发展专业连锁店和特色连锁店作为自己的连锁战略。2003年投资500万元发展直营

连锁店8家，连锁经营总面积突破40000平方米。在发展省内连锁网点的同时，北方图书城还向省外市场拓展，到2005年，北方图书城将在东北三省逐步形成连锁网络规模。

北方图书城公司注册资本1000万元，其中辽宁出版集团控股90%，书城员工参股10%。今后将进一步优化股权结构，提高公司的融资能力，拓宽融资渠道，寻找优秀的合作伙伴，吸引有战略发展眼光的投资者，实现投资主体多样化、股权多元化，推动连锁经营的发展。

四、2004年市场展望

目前我国人均购买图书仅为5册，人均花费书款为33元，与15年人均购书占全国第一的深圳市相比有10倍之差，更不要说与发达国家相比。2004年12月1日，允许外商投资图书、报纸、期刊批发企业，外资从事分销服务企业在地域、数量、股权及企业设立形式方面的限制将被取消。为应对跨国巨头们的进攻，众多国内书业正在狂热扩张自己企业的门店数量，希望通过跑马圈地来占据有利地位，WTO以后的中国书业再也无法在商业环境中按照自身的规律而渐渐蜕变，我们的发展路径会因为外力的介入和市场的机制而发生深刻改变。

美国巴诺书店2003年仅网上书店总营业额就达到4.372亿美元，比2002年增长3.4%。德国贝塔斯曼中国合资公司与北京21世纪锦绣图书连锁有限公司合资公司的申请已获批准，这是第一个获批准的国际出版业巨头。同时英国朗文培生集团、美国麦格劳－希尔、剑桥大学出版社、新加坡泛太平洋有限公司等国外出版和零售集团正加紧进入的步伐，中国图书市场的巨大潜力是吸引他们的重要因素。

（虞　彬）

音像连锁经营分析

一、2003年全国音像市场概况

截至2003年底，全国共有音像批发单位约900家，音像零售、出租单位103282家，音像放映单位6318家。全国性音像连锁单位12个，其中9个是以民营为主的有限责任公司。20多个省、市有音像连锁单位100多家，音像连锁门店约6000个，200平方米以上的大型超市492个，音像电子商务单位29个。

12家全国音像连锁经营单位是：

三辰影库音像电子连锁租赁有限责任公司

新华音像租赁发行有限公司

上海美亚音像连锁经营有限公司

北京京文唱片有限公司

中唱音像有限责任公司

北京歌华音像有限责任公司

浙江华人传媒发展有限公司

四川精彩无限音像娱乐连锁有限公司

博库书城有限公司

国美音像有限公司

山东爱书人音像图书有限公司

上海天鼎音像连锁有限公司

2003年1－10月份，中国批准进口的音像制品是2482部，进口类音像制品的出版数量占总出版数量的10%，但是发行金额占20%。

二、2003年全国音像市场发展状况分析

从总体上说，我国的音像产业已经进入了以规模扩张、结构调整、市场整合为主要特征的发展的新阶段。经过近几年的努力，音像市场结构发生了很大的变化：音像经营单位总量比2000年下降了约25%，其中音像放映场所下降了70%多；社会资金大量投入，民营音像企业大批崛起，已经成为我国音像市场的主导力量，现在已有70%的正版音像制品是通过民营音像企业发行到全国各地；音像业连锁、超市等现代流通体系初见端倪，在一定程度上取代了传统的发行系统，音像流通主渠道初步构成；音像业规模扩大，已成为我国文化产业的一支生力军。

虽然压缩总量、结构调整的工作取得了重要进展，音像市场的总体情况仍不容乐观。走私盗版问题在全国范围内仍未得到较为彻底的解决，音像市场流通网络建设尚处于起步

阶段。主要问题是：

1. 音像经营单位总量仍然过大

还需继续以改革为动力，压缩总量，提高音像业的规模经营水平。

从一些地区来看，特别是一些大城市总量过多。有的仅百万人口的城市，零售出租点上千个，平均1000人一个店。这个比率大大高于发达国家的水平。

2. 音像市场流通网络建设力度尚需加大

连锁企业、超市总体数量少，规模小。全国的连锁门店数仅占批发、零售单位数的5%，大型音像超市还不到零售单位的0.5%。目前全国仅剩陕西、贵州、西藏三地没有连锁企业，除浙江、上海分别有15个、8个连锁企业外，100多个连锁企业较平均地分布于各地，平均每省还不到3个。

3. 连锁企业分布不均衡，审批不规范

虽然大部分省区都有连锁企业，但只有上海、深圳、山东等省（市）的连锁门店较多。山东省有4个连锁企业，2290个连锁门店，占了全国连锁门店的38%，而山东、上海、深圳等地的连锁门店的总和占全国连锁门店的60%多。山西、内蒙古等7省平均每个连锁企业还没有10家门店。

4. 电子商务发展缓慢

全国仅有9省市有电子商务网站（页）共29个，其中山东15个，上海5个，其他7省市每省仅有一两个，大部分地区尚未发展电子商务。

音像市场的发展，有待于继续调整音像市场结构和流通单位经济成分；加大力度推动和发展连锁经营和电子商务，巩固和扶持作为主渠道的专营连锁店、超市、大型商场中的音像经营点；不断提高音像经营单位发展水平，加强对从业人员的培训，尽快改变目前零售和出租点过多、过滥、过小的局面，进一步提高音像业的规模经营水平。

三、2003年全国音像连锁经营范例——山东经验

从2001年到2003年的两年多期间，山东省共发展了4个全省性连锁网络，其中大型音像超市57个，音像连锁经营门店2290个，音像市场建设取得突破性进展。正版音像制品市场占有率稳步增长，全省大中城市的正版音像制品上架率提升到现有的70%以上；发行量持续上升。

山东省在音像市场建设和音像连锁发展方面的经验主要有如下几点：

一是“一个声音说话”。音像市场中盗版打击工作非常艰巨、复杂。山东省党委、政府、人大和政协高度重视，大力支持音像市场管理工作；公安、工商等部门经常联系，密切配合音像市场整治行动；文化部门旗帜鲜明地推进连锁流通体系建设，发展正版销售网络。各级管理部门和领导对于音像市场只有一个声音，那就是“坚决打击盗版，积极扶持正版”，对非法经营活动一致说不，对合法经营扶持帮助。

二是“坚持两手抓”。一手抓整治，一手抓建设，两手都不放松。山东省始终对违法经营活动保持高压打击态势，抓重点部位和重点环节存在的突出问题，抓大案要案的查处，为正版经营扫清了障碍。同时，管理部门积极引导现代经营模式，大力发展连锁、超市和电子商务，推动用正版音像制品占领全省市场阵地，迅速填补打击非法经营形成的市

场空间，防止恶性循环。

三是“发展多条连锁网络”。山东省在发展连锁经营体系上视野开阔，思路明确，没有仅仅局限于一个企业或者一个网络，而是以点带面，以线布网，全面推进正版流通网络建设。在扶持山东“爱书人”率先建立连锁经营主渠道后，又经过深入调研，先后批准了青岛海信音像总汇、山东邮政发行公司和山东新华书店等3家企业，优先发展全省连锁经营。通过齐头并进，规范发展，形成了有序竞争格局。

附一：背景资料

2000年，文化部对全国音像经营单位情况进行了摸底调查，全国音像制品经营单位共141817个，其中批发1450个，零售61609个，出租53915个，录像放映24843个。针对音像经营单位总量过剩、结构失衡、秩序混乱等问题，文化部明确提出音像市场管理和发展的基本思路和指导思想，即：以压缩总量、调整结构为中心，改变零售、出租点过多、过滥、过小的局面，积极扶持发展连锁、超市、电子商务等现代流通体系，提高音像流通企业规模化、规范化经营水平，加强音像市场建设。

几年来，文化部根据音像市场形势发展的需要，在音像市场管理中坚持“一手抓繁荣，一手抓管理”的方针，在实施“压缩总量、调整结构、规范发展”的总体目标方面做出了不懈的努力：

2001年年底，音像市场管理部门历时3年，将全国277个盗版猖獗的集中经营场所全部关闭，涉及8000多个业户。

2002年，为贯彻落实新《音像制品管理条例》，文化部制定了音像制品经营单位重新审核标准，在全国开展了音像单位重新审核登记工作，音像制品经营单位数量大幅下降。

2003年，文化部提出“把盗版者送上法庭”。全年共收缴违法音像制品1.2亿多万盒(张)，吊销许可证3984个，移交公安、司法机关处理的案件1583起，其中被刑事处罚134起。

2003年文化部在山东省召开全国音像市场建设成果现场会，积极推动现代流通网络建设，推进音像产业结构调整，引导发展音像连锁经营网络，建设音像流通主渠道，推动音像市场繁荣发展，为民族音像产业的健康、快速发展创造良好的市场环境。

从文化部提出并实施“压缩总量、调整结构、规范发展”的总体目标至今4年来，通过加大打击力度、推动大型音像超市的建设和音像电子商务的发展，音像盗版活动大为减少，正版的市场占有率迅速上升。

附二：2003年中国音像市场大事记

1.2003年4月，文化部开展了以“把盗版分子送上法庭”为主题的第五届全国音像市场法制宣传周活动。活动通过召开研讨会、组织法规培训、剖析典型案例等形式，在全社会进行了广泛深入的法制宣传，引导和推动守法经营，提高民众知识产权保护意识。各地文化行政部门加大了对违法违规经营活动的打击力度。

2.2003年8月至10月，文化部文化市场司举办了首届中国音像制品网上博览会。全国共有100余家音像单位参加，提供音像制品信息约5万条，几乎囊括了国内主要音像出版发行单位及其主要产品信息。音像制品网上博览活动，进一步向国内外展示了民族音像业的发展成绩，对于加速音像制品电子商务的发展，探索音像制品经营管理新思路具有重要意义。

3.2003年9月，文化部下发了《文化部关于严厉打击刻录碟、烫码碟、无码碟、进口MP3、MP4等非法音像制品的通知》，明确了各类非法音像制品的主要特征，公布了重点查缴目录，指导各地文化行政部门严密关注市场动向，集中力量，坚决打击，有效遏制了这一新形式的违法经营活动蔓延的势头。

4.2003年10月15－17日，文化部在山东省济南市召开全国音像市场建设成果现场会，总结、学习和推广山东省在音像市场建设方面取得的成功经验，进一步推动音像领域现代流通网络的建设。

5.2003年9月30日和2003年10月17日，内地与香港、澳门分别签署《内地与香港关于建立更紧密经贸关系的安排》、《内地与澳门关于建立更紧密经贸关系的安排》，其中包括在音像制品分销领域放宽准入条件。

6.2003年11月举行了第四届“中国金唱片奖”颁奖典礼，这是国内唱片（音像）界、音乐界的权威性大奖。在本届“中国金唱片奖”颁奖典礼期间，举办了“2003’中国唱片（音像）业发展战略国际高峰论坛”。就加入WTO后中国唱片（音像）业发展战略、市场营销策略、知识产权保护和维权打非等论题进行了研讨。

7.2003年11月，在南京召开“江苏省建设沪宁沿线地区音像管理示范区暨现代音像流通网络研讨会”。对如何构建完善正版音像制品市场流通销售体系；如何提高音像经营单位的相互合作，联手打击盗版；政府如何采取措施，繁荣音像市场等进行了研讨。

（虞　彬）

服装服饰业连锁经营分析

一、服装服饰业市场发展状况及消费需求变化

（一）2002年我国服装服饰业市场发展状况

2002年我国服装市场仍将以平稳运行为主基调，我国年社会消费品零售总额增幅与上年基本保持同速，服装消费由于具有时尚感的产品的增多和吸引而增长，但市场竞争态势发生了深刻的变化，这种变化使市场格局重组，进而导致真正意义上的优胜劣汰和资源整合。

（二）2003年我国服装服饰业市场发展状况

1．受SARS影响先抑后扬

2003年4月份以后，国内各地商业服装的销售都有不同程度的下降，春季和初夏的服装销售影响较大，非典疫区服装产品的销售下降60%以上，很多服装企业为此失去了该年度春季内销和夏季服装出口的机会。然而“非典”过后，服装经济呈现了出人意料的强劲反弹。

2．服装企业国际化进程加剧

2003年我国服装企业国际化进程明显加快，仅举几例用以说明：一是8月份，中国服装协会和中国国际贸促会纺织行业分会组织“法派”、“培罗成”、“名瑞”等11个品牌，参加德国CPD2003秋季成衣博览会。这是中国服装行业首次以拥有原创品牌和时尚个性的企业群体走上国际服装品牌舞台；二是领导型服装企业杉杉集团大力实施“国际化、多品牌”战略，与国际服装企业合作，引进国际知名品牌，如马克·艾萨尼、涉喜等成功登陆；三是夏梦服饰有限公司与意大利男装品牌杰尼亚合资成立夏梦·意杰服饰有限公司，双方各占50%的股份。双方合资后，新公司将保持原有品牌不变，继续生产、销售“夏蒙”系列产品，并在适当时机将“夏蒙”品牌推向海外市场；等等。虽然这些企业的国际化走向还有待观察，但其国际规则意识确实明显提高了。

3．以服装带动“时尚之都”建设

“时尚之都”虽然叫了好几年，2003年却是叫得最响的一年。先是北京确立了建设国际服装名城的日程表，即力争用8～10年的时间，把北京建设成为东方服装服饰文化的研发中心、国内外一流设计师聚集地、引导时尚潮流的信息集散地。

上海紧跟其后，在提法上也更有声势，提出要打造“世界第六时装之都”。

4．服装出口亦喜亦忧

据权威部门调查统计，2003年服装进口超过其他商品已成定局。

根据中华全国商业信息中心统计，截至2003年11月份，全国重点大型零售企业服装

类商品销售总额达358.2亿元，比上年同期增长22.3%；各种服装共销售18664万件，比上年同期增长8.6%；出口同比增长25.21%。我国是服装生产大国，年产服装近100亿件，其中50%以上出口国外市场。据海关统计，2003年1月份服装及衣着附件累计出口469.30亿美元，比上年同期增长25.21%。其中，梭织服装及附件出口206.82亿美元，比上年同期增长20.24%；针织服装及附件出口161.8亿美元，比上年同期增长26.62%。2003年梭织服装产量突破130亿件套，比上年增辐达两位数；出口创汇突破450亿美元，向500亿美元靠近，其中有一半是梭织服装出口。在我国服装及衣着附件出口的主要贸易伙伴中，位列前三位的是日本、香港和美国，增幅最大的是对俄罗斯的出口，同比增长23.23亿美元。

二、连锁企业经营发展状况

（一）服装企业连锁经营迅速发展

中国传统服装业以专业店方式进行商业销售或者服务提供的方式由来已久，很早就出现了许多广为人知的商铺商号，有些店铺商号迄今仍在流传和延续，但服装企业的连锁经营来自于海外品牌的影响。1984年，皮尔卡丹特许专卖店在北京开出，这是中国第一家现代意义上的服装专卖店。同年，“东方鳄鱼”专卖店在上海鸣鞭开市。1993年前后一年多时间内，仅上海就有30多个国际品牌的50多家专卖店陆续开业。国外品牌正式大规模登陆中国市场，也为中国服装带来了新的销售模式。一时间，国内品牌专卖店销售模式迅速兴起。1993年，杉杉集团第一家专卖店在宁波开业，随之，鄂尔多斯、雅戈尔、三枪、开开、恒源祥、海螺等一大批国内著名企业以专卖店形式进行销售，并通过连锁网络形式拓展自己品牌的市场。

有专家总结认为，上世纪90年代以来中国服装产业升级，结构调整带来的市场效果日益明显，整个服装市场正处于平稳增长、秉承活跃的上升时期，主要体现在三个方面：第一，由以中低档需求为主转向中档需求为主，中高档需求增长迅速；第二，由以少数品牌竞争为主转向多品牌竞争格局，中高档品牌增长迅速；第三，由以百货业为主转向多种业态共同经营，销售渠道增长迅速。

到目前，专卖店连锁经营已成为服装企业品牌经营的重要手段。

（二）特许经营异军突起

以现代化、规范化、组织化为特征的连锁经营形式虽然进入我国时间不长，但发展速度相当快。国内服装企业开始发展连锁经营主要以直营连锁为主，像国内较早采取连锁经营方式的著名服装品牌杉杉、雅戈尔等等均以直营连锁的形式迅速在全国铺开网点并形成较大的发展规模，为服装品牌的推广及企业的发展壮大起到了不可估量的重要作用。但直营连锁存在的一些问题也逐渐显露出来，如投资巨大、库存多、经营积极性弱、费用多等等。尤其是随着社会的迅速发展，服装企业产业结构在不断进行调整，价值链分拆，一个企业从产品开发到生产到销售全过程经营的方式已不再能够充分地发挥企业的相对优势，服装企业特许经营模式在中国悄然诞生。

20世纪90年代末期国内服装企业采用特许经营方式主要以时尚品牌为主，许多新创品牌在开出几家自营专卖店，总结出自己的经营模式之后，大多以特许经营方式来开拓自己的领域，一些品牌定位准确，产品品质优良，企业文化内涵丰富，服务到位的企业迅速打开市场，取得了意想不到的迅速发展。

而国内以西服为标志的大型服装企业中，杉杉集团的特许经营的实践在国内服装界引起了广泛关注，并产生了深远的影响。

三、国内典型/龙头企业情况

1. 雅戈尔

总部位于宁波的雅戈尔创建于1979年，经过20多年的发展，雅戈尔确立了“以服装为主，金融、贸易和房地产为两翼”的发展战略，逐步确立了以纺织服装、房地产、对外贸易三大板块为核心的经营格局。2002年公司完成销售24.71亿元，主营业务利润10.09亿元，分别比上年增长41.09%和38.17%；实现净利润3.99亿元，同比增长14.89%。雅戈尔服装外贸出口收入达到5.89亿元，比上年同期上升了46.70%。雅戈尔目前已具备年产衬衫1000万件、西服150万套、休闲服2000万件的生产能力。按中国社会经济决策咨询中心的评测数据，雅戈尔集团股份有限公司名列中国527家最具竞争力的大企业集团的第49位，并名列世界服装制造业500强中国入选企业第一名。

雅戈尔要建成跨国公司，真正融入世界，必须先把自己的品牌做强做大，直接进入国际市场。为实现这个目标，2000年初，雅戈尔控股了宁波市外经贸委直属企业中基宁波分公司，利用它的外贸渠道和人才优势，进一步拓展国际市场。最近，雅戈尔又准备与世界著名贸易公司日本伊藤忠实行工商联合。现在雅戈尔的国内营销网络较为健全，建立了近5000家商业网点营销体系。

2. 杉杉集团

作为中国服装行业的龙头企业，杉杉集团2001年销售收入28.2亿元。2002年5月底，杉杉集团总资产已达38亿元，是国务院确定的全国520家重点企业之一。杉杉一直致力于不断提升产品的品质品位，优化服务体制，通过与日本、意大利、法国、美国等国际一流公司的合作，实施国际化多品牌战略，积极拓宽产品线。产品历年来经国家、省、市级鉴定为优等品或一等品。目前集团服装板块拥有杉杉（含西服、衬衫、羊绒、皮件、羽绒服、家纺、内衣等）、法涵诗（男、女装）、玛珂·爱萨尼、纪诺思、梵尚（男、女装）、菲荷女装、意丹奴、小杉哥等不同风格的品牌系列。集团下辖1家上市公司、7家海内外（公司）事务机构、10家品牌公司、20家产业公司、75家区域主加盟商公司，还有近3000家专卖店（厅）遍布中国各大中城市。到2010年，杉杉集团服装板块至少要拥有30个不同风格和定位的品牌，其中60%为国际品牌，形成一个服装品牌帝国。

杉杉1997－1999年连续3年入选世界经济高成长性公司，目前已初步形成了以服装为主业，以高新技术、资本运作为两翼三大板块的现代化、国际化产业集团。1999年初，杉杉总部迁至上海浦东，随着企业对人才结构、组织结构、管理结构、经营结构、投资结构的进一步调整，形成了以投资运作为主体的全新概念的集团化管理模式，明确了服装、高新技术、资本运作三大板块作为新世纪的发展战略，加快与国际接轨，积极参与国际竞争，力争到2010年实现200亿元资产总量、小于35%的负债率的目标，并为进一步跻身世界著名企业行列打下坚实的基础。

3. 罗蒙集团

罗蒙集团始创于1984年，2002年销售15亿元，现拥有固定资产10亿元。“创世界名牌，走国际化”，实行“多品牌经营、多元化发展”是罗蒙集团的一大战略。罗蒙集团通过罗蒙品牌OEM模式与国际大企业集团强强合作，加快国际化步伐。

罗蒙的发展可分为三个时期：初创时期（1984－1990年）实现了企业的资本积累，产品打开了销路，品牌得到了社会的认可；发展阶段（1990－1998年）从加工型企业发展成为拥有著名商标的企业，成为中国服装业有影响的知名企业；提升阶段（2000－现在）把一个纯粹的民营企业转变成为一个多元化经营的股份有限公司。

罗蒙将坚持以服装为龙头，在服装业做大做强的基础上，向高科技、房地产、纺织品等产业横向发展。2003年罗蒙启动集团公司股票上市申报工作，同年开始罗蒙工业园区建设工作。新工业城投资3亿元，工业区分为服装产业区、高科技产业区、合资合作区、高级服装研究所、罗蒙商学院、文化行政区等区域。

四、近年出台的与服装服饰行业相关的政策、规定和地方法规

1. 根据世贸组织《纺织品与服装协定》(ATC)，世界各国尤其是欧美国家对中国纺织品出口的配额限制，将在2005年之前分阶段取消。

2.2003年1月，欧盟修订了第三国进口纺织品管理一般规则，并增加了针对中国的特保措施条款。

3.2003年11月18日，美国商务部纺织品协议执行委员会CITA做出决定，对从中国进口的针织布、胸衣、袍服三种纺织品提出磋商请求。这是中国加入世贸组织以来，美国首次启动对中国纺织品的临时保障措施。有关行业组织建议国内服装企业要“苦练内功”，未雨绸缪。

4. 商务部出台新规则应对美纺织特保冲击。从2004年1月23日起，商务部对针织布、胸衣和袍服三类纺织品采用出口登记管理办法，对企业向全球出口的数量和出口单价实行“双挂钩”管理。无论一般贸易还是加工贸易，企业均需在出口报关前领取出口登记证，以规定的数量和不低于最低限价的价格出口。

五、服装行业发展热点及核心问题

（一）在未来一段时期内，我国纺织服装产业将呈现三个趋势

1. 纺织服装业的竞争格局将发生较大变化

与发达国家相比，我国纺织服装业在劳动密集型产业中占有较大的优势。要实现从产业优势向竞争优势的升级，关键在于培育企业的核心竞争力和技术创新优势，实现从产品单一、类型单一向多品种、多类型、高科技含量、高附加值跨越。

2. 加强环保和绿色营销意识

在世界性崇尚自然、绿色消费的浪潮下，各国都在积极开发、生产有利于环境保护、有利于人体健康的产品，同时纺织品的功能性也成为人们提高生活质量的要求。随着新材料、新技术的发展，人们对服装功能要求的提高，各种各样的功能性纺织品不断推出，如防紫外线、抗菌、免烫抗皱、阻燃、防静电、防水、防电磁波等类纺织品，纺织服装业要求生产商、销售商树立环保和绿色营销意识，积极开发和生产生态纺织品和绿色环保服装，以增强市场的竞争力。

3. 实施工商联动，组织强有力的市场攻势

产品的竞争，一定意义上是企业市场化运作水平、能力、机制、体制的竞争。通过联合协作，把纺织服装的工业生产和商业经营紧密结合起来，建立以全国性中心市场为枢纽，区域性市场为骨干，集贸市场为基础的纺织服装品市场体系，实现流通组织形式和经营方式的现代化。同时，通过建设一批跨地区经营的社会化大型专业物流中心和规模化、规范化的代理制及连锁经营企业，使产品尽快走向国内、国际市场。

（二）中国服装业即将应对的挑战和将要发生的变化

复杂多变的局势对服装产业提出了新的挑战。总的来讲主要有三个方面。

1. 城乡消费差异、个性化消费成为未来消费市场的一个主要趋势

应根据不同地区、不同企业、不同品牌，重新调整产品消费定位，提高产品文化内涵，使产业在调整中得以提升，在提升中求得发展，避免再走过去大路货、数量扩张的道路，使企业获得全面、健康、可持续的发展。

2. 产品质量亟待提高

服装不仅要讲究时尚、漂亮，更要重视健康、安全、卫生。

3. 加入WTO的影响

我国加入世贸组织以后，要不断增强企业适应市场的能力，通过提高质量来冲破以往的贸易壁垒。要熟悉和运用WTO规则来保护自己，同时加强自律，在行业内大力宣传诚信，不仅包括产品生产以及商业的诚信，还包括对WTO一些新规则的诚信。

（张亚辉　秦　欣）

美容业连锁经营分析

一、2002－2003年我国美容业市场发展状况及消费需求变化

（一）美容业市场发展状况

1．成为现代新型第三产业

经过二十几年的发展，我国美容业已形成了以美容、美发、医疗美容、保健美容、造型设计、美容教育、专业美容产品研发、生产、销售等为主体的综合性产业，越来越多深入到大众生活之中，成为不可或缺的现代新型第三产业。美容业的快速发展不但拉动了消费，而且带动了就业，是吸纳劳动力的一条不可忽视的途径，尤其能为女性劳动力和受教育程度偏低的劳动力群体提供大量的就业机会。

2．呈快速发展态势

从发展的状况看，我国美容业正处于市场发展较快的增长期，是一个完全竞争的成长型产业。其营业收入增长幅度高于全国GDP增长速度。其比例无论是在GDP中所占比重，还是在第三产业中所占比重以及就业人数在第三产业中所占比重均呈增长态势。美容业的这种快速发展态势表明：该产业属于朝阳产业，其产业的延伸内涵丰富，供求的弹性空间较大。预计未来五年内，美容业的营业额还可能再翻一番，老百姓的美容消费支出也将翻一番，就业人员也会随之有较大幅度的增长。据预测，美容业将是国家下一步启动和激励民间投资的重要领域之一。美容业总产值未来5年内将翻番，2010年将达5000亿元销售额。目前，中国城镇平均每位美容就业人员承担着52位城镇人口的美容消费需求（含20%的城镇流动人口）。

3．规模小、投入少、民营资本占绝对优势

小型美容美发店占总量的65.04%，民营经济比重高达87.13%。整个美容行业以小额投资为主，总体投资规模较小，行业进入门槛较低，容易形成竞争无序的局面。

4．行业的主要问题

一是行业自身存在的问题，诸如经营管理水平低、行业门槛低以及缺乏相关的行业法规制度的约束，经营环境差，设施简陋，缺乏先进的技术设备，尚未形成规范标准的竞争秩序，从业人员素质普遍不高，没有正规资格证书，产品和服务水平普遍不高等；二是政府管理的问题。没有具体的政府主管部门，没有正式的法律法规及国家标准进行规范，国家没有美容技术、科研成果的认定标准和机构，国家没有美容技术事故仲裁标准和机构等。

（二）美容业态发展状况

我国美容业的六大主流业态是：

1．会员制美容院

会员制的美容美体俱乐部单体规模大，服务项目多，前期投资较高，对细微部分的装饰、布置非常讲究，对现场管理水平要求高，从业人员的综合素质要求极高，须实施不间断的严格训练。

2．休闲式综合美容美体中心

该类型的美容院，在单体经营规模上较会员制俱乐部要小，服务项目的类别也会少，但会通过一两个特色项目带动其他消费。此类型美容院的规模一般不小于350平方米，其对周围已有商业服务类配套设施有一定依赖性，不可独立生存，略受商圈的限制，但强调交通的便利性。

3．美容专门店

随着科技水平的不断提高，与美容相关的高科技含量产品、设备、仪器的大量研发生产，促使美容业越来越朝着专业化、精致化的方向发展，使各类型专门店的设立与生存出现了潜力巨大的市场机会与空间。专门店无论是店面的装潢、产品组合、设备仪器，还是技术、咨询，每一个环节均传递着“专业”的信息。专门店的出现，更容易形成连锁化、网络化经营，是未来惟一能与会员制及综合性美容美体中心抗衡的经营业态。

4．复合美容院

复合美容院就是将表面上看起来与美容业完全不同的经营业态与专业美容院结合，强调经营业态的衍生利益，为顾客提供“另类”便利。它是基于准确的顾客定位和需求分析，满足顾客与美容相关联的需求，以形成区别于同业美容院的经营形态。

5．家庭式美容院

家庭式美容院指设于写字楼、住宅小区内的，采用预约制的小规模美容院，依靠口碑来拥有顾客。

6．自由美容师兴起

自由美容师起源于新加坡。为了满足人们不断增长的需求，美容师们开始把美指、面部护理及spa服务送上家门，令习惯出门逛街的人乐得留在家中。而自由美容师便是这群服务上门的美容师中最活跃的一个群体。他们通常没有固定的服务场所或店面，靠口碑宣传，电话预约，在客人空闲时上门，被人戏称为“外卖式”流动美容摊贩。

（三）美容业市场消费需求变化

20世纪90年代以前，美发业务主要是剪发和烫发，各占半壁江山；进入90年代以来，染发业务开始引进，但只能说是凤毛麟角；在90年代中期，染发业务占到20%；进入90年代后期，染发业务继续上升，碎剪开始流行，出现了剪发、烫发、染发三分天下的局面；进入21世纪以来，碎剪继续流行，飘逸、易于打理的空气灵感剪兴起，个性化的漂染大为流行，剪发和染发已成为越来越多追求自然、随意的顾客的最佳选择。而到目前为止，染发业务和剪发业务继续上升，在一些大店中已增长到40%，而烫发业务则减少到20%。

从美容行业市场发展状况看，我国大多数女性从18～25岁就开始注重保养，这个年龄阶段的女性是美容院的生力军，她们容易接纳新鲜事物，有着新潮的生活方式及消费观念。

（四）美容业竞争格局

目前，我国美容业店面总数约为155万家，特点是规模小、投入少，民营资本占绝对优势。其中，小型美容美发店占总量的65%；经营场所的使用方式以租赁为主，比重高达89.7%，年平均租金为2.5万元；民营经济比重高达87.13%。该行业中，女性就业人员占优势，男女性别比为23.6∶76.4；全行业初中及初中以下学历的占38.07%，高中学历的占50.2%，大专以上学历的占11.72%。从业人员的平均就业时间为4.8年，在一个店的平均停留时间为2.8年，流动性较大，流向以到行业内其他店供职和自己开店为主，表明行业的容纳量很大。

我国美容业是充满活力的行业，特别是为女性劳动力和受教育程度偏低的劳动力群体提供了大量的就业机会。目前，全国每万名城镇居民平均拥有美容店32家，每家美容店平均就业人员5.1人，全国城镇平均每个美容就业者年工资水平1.16万元。这些现象都表明美容业已成为当今社会不可或缺的现代新型第三产业。

我国美容业以中小型店占主流。其中50平方米以下的小型美容店占总量的65.04%；50～100平方米中小型美容店占总量的24.12%；100平方米以上美容店仅占美容店总量的10.84%。

在经营方式上，独立投资雇人经营方式所占比例达85.09%；合伙投资经营方式占10.7%；连锁、特许加盟等现代经营方式只占4.2%。

我国美容业投资额在3万～5万元所占比例最大，达到27.1%；投资额在2万元以下的占24.3%；投资额在6万～10万元的占20.8%。

从各大城市美容业的竞争状况看，北京、上海、广州三地的投资规模大于武汉、成都、沈阳、西安。后4个城市投资额在5万元以下的店都超过了50%，其中成都高达82.6%，西安为73.8%。前3个城市投资额在10万元以上的店都超过了30%，其中上海达到47.6%。通过对营业面积和投资额的交叉分析，可以看到营业面积和投资额存在一种正向的关系，即营业面积越大，投资额越高。此外，北京和上海的国有经济比重明显高于其他城市，北京、广州、深圳、武汉、重庆、成都、上海等数家城市的美容机构的认知度要高于其他城市。2002年，华南市场广州、深圳两地的美容机构销售总量已占到全国美容化妆品市场销售总额的40%以上。

（五）美容业竞争发展趋势分析

目前，我国美容业市场日渐成熟，市场竞争由泡沫型的价格战转为理智型的服务及效果战。美容院将面临一次大洗牌，小的、传统的美容院将遭淘汰，最终形成几大美容院品牌共分天下的局面。未来美容业将出现如下竞争趋势：

1. 从技术型向服务型发展；
2. 从小型孤立向规模连锁型发展；
3. 从简单护肤型向专业护理型发展；
4. 从追求短期效果向品牌化长期发展；
5. 从简单操作型向高素质综合型发展；
6. 生活美容和医疗美容共同发展；

7. 强势品牌将引领市场潮流；
8. 培训产业由单一向立体转变；
9. 建立美容业强制性法规。

（六）美容业连锁经营发展状况

1. 我国美容行业连锁经营尚处于导入期

中国美容连锁经营正在广泛发展。连锁经营尚处于导入期，并成为竞争的焦点。美容企业对连锁经营的真正含义和价值认识不够，许多企业只有形式上的连锁，在专业市场上被称为“品牌加盟”。这种形式上的“连锁”方式，如不迅速加以改善，将严重制约美容行业连锁经营的发展。

2. 在经营模式上重推销产品轻服务

美容连锁企业目前大都还停留在靠服务推销产品的阶段，加之许多较具规模的美容连锁企业多为生产型企业，所以，美容连锁企业重推销产品轻服务的问题很突出。美容行业新的一轮竞争焦点，将是比服务品质。值得注意的是，现在东南亚美容院利润的60%～80%来源于美容服务，20%～40%的利润来源于家庭美容用品。国内美容连锁行业现有销售模式值得反思，美容连锁企业应尽快认识到服务的重要性，并学会对服务品质的管理和控制，才能在竞争中赢得主动。

3. 美容连锁企业的特点

当前我国美容连锁企业总体经营规模较小，进入门槛低，面积在50～99平方米的店占总数的24.12%，面积在20～49平方米的店占总数的65.04%；投资额在3万～5万元的占27.1%，投资额在2万元以下的占24.3%；员工人数在5人以下的小店占总数的58.3%。非国有经济尤其是私营经济在数量上占较大比重，私营成分的店占总数的85%；北京和上海的国有经济比重明显高于其他城市。在经营上以传统经营理念为主，口碑宣传是最常见、也是最有效的传播方式，对大众传媒的依赖不大。在经营项目上是传统项目与新兴项目并存，各占半壁江山，皮肤护理、保养和理发分别是美容和美发客流量最大的服务项目。毛利率一般能保持在40%～50%，但由于税费负担较重，经营者的盈利状况不是很好。整个行业的总体技术水平不高，与国外先进水平相比仍有相当大差距，专业设备需求日益增大。整个行业的从业人员素质较低，员工流动性强，职称评定缺少标准，培训学校运作不够规范，从业人员的技术水平参差不齐。行业管理力度不够，缺乏必要的行业规范，美容美发市场竞争无序。

未来美容市场的细分将越来越严格，人们将美得越来越精致。

二、近年出台的相关政策

1.《医疗美容服务管理办法》（卫生部2002年2月22日颁布）
2.《医疗机构医疗美容科（室）基本标准》（卫医发（2202）103号）

（郑丹阳　何　森）

洗染业连锁经营分析

作为社会服务业，洗染业是与广大群众生活关联最为密切的行业之一。随着改革开放步代的加快，洗染业也是发展最为迅猛的行业之一。在改革开放初期（1980年左右），全国范围内的洗染企业仅数千家，全行业员工不足十万人。而目前洗染业企业总量（2003－2004年数字，以自然服务网点计算）已达100万家，员工总数约400万人。据匡算，2003年全行业总销售额约在450亿～500亿元人民币。

洗染业在全国不同地区的发展也是很不均衡的。沿海发达地区与西部地区的洗染业规模相差数倍，大中城市与小城市也会相差几倍。

目前，洗染业的企业类型共有六种：

1. 大中型连锁企业；
2. 具有一定规模的独立经营的洗衣店；
3. 专业洗衣工厂（以水洗布草为主，兼作服务）；
4. 宾馆酒店洗衣房（为本企业自身及宾客服务为主，部分对外服务）；
5. 机关、团体、医院等附设洗衣部（以内部服务为主）；
6. 个体小店及收衣点。

其中个体小店及收衣点占到洗染企业总数的80%以上。

当前洗染业竞争的焦点是洗染连锁企业。在各个行业中以连锁模式进行企业发展者，洗染业的比例最高。在全国范围内发展加盟店的洗染业连锁系统有十余家，在一些区域、省、市、自治区发展的连锁企业系统，可达近百家。这种情况其他行业望尘莫及。

改革开放前，尚无全国性行业管理法规，大多数省、市、自治区都有各个地方性的行业管理法规。如北京市商委上世纪70年代曾出台相关规定，但是始终未能在行业内准确执行。2002年，当时的国家经贸委曾经召集国内主要企业研讨《洗染行业管理规定》的讨论稿，但至今还未正式颁布。2003年底，北京市洗染行业协会曾就《北京市洗染行业管理规定》进行重新起草讨论，据悉目前仍在运作中。

洗染业在各大中城市中都曾经成为或正在成为市场投诉热点。其主要原因是行业发展太快，员工培训滞后，造成相当多的洗染企业技术水平低下；有一些经营者急功近利，甚至存在某些方面的欺诈行为。

在洗染业全行业的400万员工中经过系统培训者仅仅数万人，只占百分之一二，而持有职业技能等级证书者不足一万人。

洗染行业的主要设备（各种类型干洗机），大都为上世纪90年代前后高速发展时期购入。在全国洗染业所拥有的20万台左右干洗机中，仅有20%左右为符合环保要求的全封闭型，其中99%以上的石油干洗机不是全封闭型。已经在欧洲及北美淘汰十多年的开启式干洗机，还在我国市场上盛销不衰。主要设备在环保方面的水平极低，相关法规也相应滞后。

全国性的行业组织尚未形成。目前中央对国字头协会组织审批极其严格，近乎冻结状态。而正在全国范围内进行运作的筹备机构却有两个，尽管都有政府背景却至今悬而未决。两个筹备机构自上世纪90年代末起都在分别运作展销会、行业技术竞赛、经营及技术交流以及组织编写教材等活动。但是，功利性活动较多而实质性活动较少。不同组织者的同类型展会在全国范围内每年可达数次，竞争之激烈可见一斑。

（俞　晴）

教育培训连锁经营分析

随着“后学历时代”的到来，终身教育正成为这个时代多数人自愿或不自愿的选择，人们用于教育的投入越来越大。与之相对应，各种教育、培训机构也如雨后春笋般遍及全国。一方面消费者把教育支出看做一种投资，愿意在这上面花大钱；另一方面各种社会投资实体看准这个市场，纷纷杀将进来。买的卖的都把自己的投入看做投资，教育市场可谓商机诱人。

一、教育市场空间巨大，主要集中在三个领域

据统计，我国居民储蓄已经超过 11 万亿元。有关部门调查显示，居民储蓄中准备用于教育支出的比重大约占 10%左右，教育成为储蓄的主要动机之一。若这部分储蓄有 1/3 用于教育的话，全国居民潜在的教育支出每年至少在 3000 亿元，也就是说，我国存在着一个 3000 亿元的教育市场。而从目前的情况看，这部分市场又以英语、IT、婴幼儿教育为主。

（一）英语培训

统计表明，全世界 45 个国家的官方语言是英语，1/3 的人讲英语，75%的电视节目用英语播出，80%以上的科技信息用英文表达，几乎 100%的软件源代码用英文写成。有经济学家指出，我国 95%以上的行业和产品已基本实现了供求平衡或供大于求，惟独教育远远未满足需求，仍是卖方市场。英语教育尤为如此。特别是中国“入世”和 2008 年奥运会申办成功极大地促进了英语教育产业的发展，英语的应用范围越来越广，已经深入到产品开发、学术交流、信息传递、人际交往、文化传播等各个领域。在一个日益开放的中国，人们越来越认识到，无论是个人还是组织，如果不掌握充分的英语，其发展必然受到极大的局限。中国的英语教育从 2000 年开始得到了飞速的发展。目前外语培训机构总数在 3000 家以上，收费从几百元到万元不等。英语培训产业在全国 663 个城市创造的年产值超过 30 亿元。如果加上与英语培训有关的书籍、磁带、软件等等，则年产值将超过百亿元。

（二）IT 培训

随着知识经济的到来，以 IT 技术为代表的新技术的发展与应用引起了各国政府的高度重视，而 IT 人才的匮乏也已成为全球性问题。据我国 IT 业内人士预测，目前国内市场对 IT 人才的需求每年至少在 40 万人以上，这意味着不断为 IT 业“制造”人才的 IT 培训市场将大有可为。据权威 IT 调查机构 CCID（赛迪网）的调查数据，2001 年我国的 IT 培训市场规模已达到 5.6 亿元，比 2000 年增长 35.3%；2002 年市场规模则达 7 亿～8 亿元。国

内IT培训市场每年以超过30%的速度递增，远高于全球12%的速度。IT认证培训不仅市场空间巨大，而且利润回报率高，平均达到了20%以上。

（三）婴幼儿培训

1. 0～3岁婴幼儿市场

《中国人口统计年鉴》2000年版的数字显示：中国0～3岁的婴幼儿家庭总数超过2500万，中国目前的平均人口出生率约为7‰，这意味着每小时将诞生至少2000名婴儿，每年的新生婴儿数量达到2000万，0～3岁婴幼儿总量达到7000万。这个市场目标人群的绝对数值是足够大的，而且随着人类不断繁衍，目标人群是永远存在的。从《科学投资》得到的数据是，城镇0～3岁婴幼儿为2600万左右，每年新生儿660万，保守的估计，城镇家庭每月愿意为3岁以下孩子的教育投资50元，在仅考虑城镇市场的情况下，0～3岁儿童教育市场消费额就可达到50元/月×12月×2600万＝156亿元。

2. 3～6岁婴幼儿市场

根据《中国人口统计年鉴》2000年版的统计数字，中国3～6岁学龄前儿童人数达到了7000万。而城镇家庭为3～6岁儿童的教育投资要相对大于0～3岁儿童。如果按照城镇家庭每月愿意为3岁以下孩子的教育投资100元计算，则3～6岁儿童教育的市场消费额就可达到100元/月×12月×7000万＝840亿元。

上述两者相加，0～6岁儿童早期教育的市场规模达到了每年近千亿元。而现在的估计表明，目前全国早期教育的年销售额只有10亿元左右，显然，这一领域有巨大的市场潜力等待去发掘。

二、三大领域目前发展情况及竞争状况

（一）英语培训

在飞速发展的过程中，英语教育呈现以下几个特点：

1. 连锁英语学校是市场的主力军

目前，传统的英语学历教育几乎全由公办学校承担，而业余的英语培训市场又几乎全由社会力量办学承担。城区人口达到20万以上的城市基本都有英语培训学校，随着城市人口数量的增加和经济发达度的提高，英语学校的数量也随之增加。内陆省会城市的英语学校数量平均在15所左右，沿海的省会城市和发达的大城市的英语学校数量在30所左右，北京和上海的学校数则在100所以上。这些学校中连锁学校的比例越来越大，连锁学校的竞争优势越来越明显。随着市场竞争的加剧，越来越多的投资人认识到加盟连锁是降低风险、提高市场占有率的最佳途径。

2. 民办英语教育引导着中国的英语素质教育的发展

中国传统的英语教学越来越不适应市场经济的发展，由于师资、考核等限制英语素质教育的步伐非常缓慢，无法摆脱“哑巴”式英语教学的模式。这也恰恰给民办英语教育留出了很大的市场拓展空间，这也是为什么民办英语教育能够蓬勃发展的根本原因。

3. 外籍英语教师越来越成为主要的市场竞争点

为了提高市场竞争力，非考试类英语培训学校聘用外籍英语教师的数量越来越多。外教逐渐成为一支重要的师资力量，目前在中国任教的外教数量已达3000人。他们为中国学生带来了纯正的英语，也带来丰富的英语教学方法，大大促进了中国英语教育的发展。

“洗牌”是英语培训2003年叫得最响的一个口号。年初，各大培训机构雄心勃勃，一些知名教育培训机构借助特许经营的模式四处“结盟”，国外培训机构纷纷抢滩中国市场。激烈的竞争导致培训市场进行第一次洗牌，探讨划分地盘分类经营的出路。下半年，培训市场遭遇熊市，报名人数同比下降平均达到30%，“惨淡经营”迫使各培训机构重新洗牌，近300家英语培训机构被淘汰出局，北京近一半口语培训机构重新整合。

部分品牌介绍：

1.EF英孚教育

简介：EF英孚是创办于1965年的世界上最大的教育集团之一，专门从事英语语言培训等项目，目前EF英孚连锁学校已遍布中国24个省的44个大中城市。英孚教育（English First）拥有强大的外籍英语教师的招聘网络，其招聘点分布在英国的布来敦、曼彻斯特，美国的波士顿，澳大利亚的悉尼等，每年能为中国稳定地供应300~400名合格的外教。这是英孚教育能在中国获得持续发展的重要保证。EF英孚教育的另一显著特点就是以外教、小班化、融入式教学在中国全面推进英语素质教育。

发展规模：58所，24个省的44个城市。

2.洋话连篇

简介：“洋话连篇”是英语教育产业的著名品牌之一，由主创《洋话连篇》电视节目、《洋话宝典》图书音像、“洋话连篇”连锁学校的“东方友人”公司（全称：北京东方友人经济信息咨询有限公司）所属。洋话连篇”电视节目的全国收视人口达7000多万人，图书音像的读者每年达100万人，连锁学校的学员达12万人。在北京地区的知名度达97%（AC尼尔森统计数据）。2002年初，“洋话连篇”高效北美口语培训首创“一中一外”、“小班授课”模式。目前，《洋话连篇》已形成了完善、系统、全面的教学管理和运行模式，以及行之有效的教学监督体系，有中、外教100多人，年培训300多万人次。

发展规模：57所，集中在北京。

3.阶梯英语

简介：阶梯国际企业成立于1976年3月，全球共有员工8000人，阶梯英语二十多年来专业出版英语视听教材及0~100岁全家人终身学习的教育类产品，服务项目包括在全国各地设立英语学校，成立英语俱乐部，构建网络教学等。YOU&ME为阶梯公司主推中英双语光碟多媒体教材，风行十余年，有口皆碑。2000年，阶梯英语建立YOU&ME阶梯快乐英语培训学校，连锁经营已达518家，学生人数超过20万人。2001年，成立阶梯数码科技有限公司。2002年起，全面采用YOU&ME网络远距视讯教学，培养新一代的小朋友更快乐地学好英语。2003年阶梯正式推出YOU&ME幼儿英语加盟学校，包括双语托育中心、双语幼儿园、少儿英语培训班等。

发展规模：全国范围94所。

4.环球雅思

简介：环球雅思国际英语建于1997年，在我国23个城市创办连锁分校，是国内最大的英语教育机构，也是公认的全国最大的综合性英语培训学校和全国十大知名学校之一。

5年来从驰名的环球雅思培训中总结出独特的“环球实用应试教学模式”，迅速发展成为具有全国雅思培训、外教口语、中教听说中心、雅思和留学文书写作中心、新概念英语、BEC商务英语、四六级、词汇语法、英式发音、实用英语、法语、英国LCCI考试、职业教育在线、企业培训、国际预科课程合作、英方奖学金申请代培等课程的综合类学校及网校，成为中国教育行业的旗帜机构。

发展规模：全国范围24所。

5. 北京新东方学校

简介：北京新东方学校1993年11月16日建校，经过十年创业，已经从单一的出国考试培训发展成为集出国考试培训、国内考试培训、基础英语培训、中学英语培训、少儿英语、多语种、电脑培训等于一体的全国最大、最有名望的教育培训基地之一。随着业务的不断拓展，新东方教育科技集团应运而生。新东方教育科技集团是一家以外语培训为核心，集教育研发、图书杂志出版、在线教育、教学软件开发、文书写作、留学咨询等于一体的大型综合性教育集团。目前，新东方教育科技集团已经拥有北京、上海、广州、武汉、西安、天津、南京、成都、重庆、沈阳、深圳、扬州、多伦多等十多所新东方学校；还拥有新东方教育发展研究院、新东方文化发展研究院等两家专业研究机构；以及北京新东方大愚文化传播有限公司、北京联东伟业科技有限公司、北京明日东方科技有限公司、北京新东方飞华信息技术有限公司等四家子公司。

发展规模：在北京有5个教学区，全国共十多所学校。

6. 戴尔国际英语

简介：1999年8月创建于北航培训中心，由美国高科技教育集团投资并输入美国优秀教育资源。首次提出并建立中国实用主义英语教学标准，以“一人教、二机练、三实战”的“三维循环特训法”闻名业界。戴尔英语是集听说读写、基础英语教学、国外考试培训、国内考试培训、集团培训、IT培训为一体的大型综合类培训英语学校。并以独特的“四好一严”——老师好、环境好、服务好、价格好、管理严而独家荣获全国英语教学质量、环境、服务三优诚信学校。

戴尔英语已成为全国最大的综合性英语学校之一，课程品种有20多种，包括外教口语、口译演练、商务英语、VIP私人家教、口语等级考试、雅思、托福、四六级、新概念、实用英语、高教自考、中学英语、考研、少儿英语、导游英语、企业集训、翻译资格考试、教师培训、私人英语助理、网络课堂等，其“国际化品质，实用化教学，本土化价格”的办学理念深入人心。

发展规模：10所培训学校，集中在北京。

7. 新动力

简介：为满足不同层次学员的各种要求，新动力在语言培训中设有多个项目可供选择，从经典教程《新概念》、《许国璋》到现今流行的“全外教口语”，从国家认可的四六级、在职硕士英语考前辅导到国际认证的《BEC剑桥商务英语》，新动力为学员精心准备各类精品课程。新动力不仅拥有全方位的英语辅导，更提供德、法、日不同语种、不同类型的语言培训。

发展规模：4所，集中在北京。

(二) IT 培训

在强大的就业竞争压力下，参加 IT 培训不再是一种时尚，一种流行，而是一种趋势，一种必然。而市场呼唤的是那些权威的培训服务品牌。目前，一批在技术、管理上具备优势的培训机构，依托逐步建立起来的完善的运营管理体系，已成为颇具影响力的培训品牌。它们往往与占大多数的国内中小培训机构合作，创建连锁培训网络。目前，在整个培训市场中，已形成了北大青鸟 APTECH、MCSE、CISCO、北大燕工等几大 IT 培训品牌，它们都凭借其连锁培训网络进行市场运作。据统计，2001 年度连锁培训已经占据了 IT 培训市场容量的 64.3%。为把培训做成产业，进一步提升各自的品牌影响力，各 IT 人才培训机构 2001 年在培训市场展开了激烈的争夺战和渠道战。它们纷纷通过与各地区有实力的公司合作，建立和发展起全国性的培训服务网络，比如北大青鸟 APTECH、银河、NIIT、北大燕工等知名培训机构均在全国建立了一定数量的合作培训分部。由此可见，IT 培训市场的竞争态势已初步形成。有关专家预测，该市场短期内局势演变不会太大。

部分品牌介绍：

1. 北大青鸟 APTECH

简介：北大青鸟集团与印度 APTECH 公司强强联合，在中国成立北京阿博泰克北大青鸟信息技术有限公司。在先进的管理教学经验，系统完美的教材编排，灵活机动、以人为本的课程设置的基础上，已发展成为中国现代信息技术教育领域的先锋。

公司采取特许经营模式，在全国教育培训机构及相关机构中广泛发展合作伙伴，建立“北大青鸟 APTECH 计算机授权培训中心”。所有中心实行统一经营管理，严格保证教学质量，受到社会和业界的高度认可。短时期内，公司便已在全国各大中城市发展了近 100 家授权培训中心，学员人数逾 5 万人，发展速度之快、经营规模之大、学员人数之多，在全国众多 IT 职业培训机构中一枝独秀。

发展规模：全国范围 91 家。

2. 北大燕工

简介：北大燕工是一家以计算机培训、计算机学历教育、管理咨询、企业管理培训为主的综合性教育机构，充分发挥名牌大学的优势和自身教育的培训职能，为学校、为社会教育事业做出了一定的贡献。

北大燕工教育研究院致力于发展以电脑教育为主的全国连锁教育，成立之初即坚持以专业化、标准化、规模化、产业化作为自身定位标准，用 3 ~ 5 年的时间，发展成为中国最大、最知名、最权威和最具竞争优势的职业电脑教育连锁机构作为其总目标。

发展规模：全国直属分校十余家，近百家全国连锁教育中心。

3. 银河网络教育

简介：银河网络教育中心成立于 1994 年，作为目前国内最大、最权威的国际 IT 认证培训机构之一，与全球顶尖的厂商建立了良好的战略合作伙伴关系：Redhat 北京地区首家授权培训中心，Microsoft 公司第一批认证高技术教育中心（CTEC）及授权培训中心（ATC），SUN 首批授权培训中心，IBM/Lotus 公司白金授权教育中心（LAEC），Check Point 首批授权培训中心，Adobe 专业培训中心，Macromedia 职业培训中心，Novell 公司第一家授权教育中心（NAEC），全球最大的教育考试认证机构美国 Prometric 公司授权考试中心。为使全国各地的学员在当地接受符合银河统一品牌、统一管理、统一服务的高质量IT认证培训，从1999年开始面向全国发展特许教育中心。

发展规模：50多家，分布于45个城市。

4.NIIT

简介：NIIT成立于1981年，是总部设在印度的信息技术（IT）跨国公司；是专门提供教育、培训、软件解决方案和教育多媒体的上市公司；是一个年收入超过3亿美元，每年按50%速度增长的IT公司。公司的国内收入和国外收入大约各占一半，教育培训收入和软件解决方案收入大约各占一半。

NIIT的工作领域包括系统合成，商业对策，工程，制造，财务，网络工程，通讯，信息技术咨询，应用软件开发，多媒体软件及职业信息技术培训和企业信息技术培训。

发展规模：120所培训中心，分布于中国25个省市。

（三）婴幼儿培训

目前，教育产业正处于蓬勃发展的阶段，在国家不断加强大、中、小学和研究生教育的同时，在职教育、远程教育、MBA/MPA教育、职业英语教育、各种资格考试教育等新兴的教育形式如雨后春笋般发展起来。同时，在国家大力倡导幼儿学前教育的背景下，我们注意到，年轻家长越来越重视孩子的早期教育，在孩子的早期教育上的投入也不惜重金，且呈现急速增长趋势。目前，中国的低龄儿童教育，特别是0～6岁儿童的教育市场，仍然处于起步阶段，其中蕴藏着巨大的市场价值和社会价值。

对儿童的早期教育能焕发儿童巨大的学习潜能，将极大地提高中国教育的水平和国民整体素质，对经济和社会的持续、健康发展具有重要的战略意义。《国务院关于基础教育改革与发展的决定》在明确21世纪初叶基础教育改革与发展任务时，进一步明确了包括幼儿教育在内的基础教育的基础性、全局性和先导性作用。

鉴于中国幅员广大，人口众多，经济相对落后的状况，发展幼儿教育单纯依靠国家投资是不可能的。国家鼓励社会力量举办幼儿早期教育，对社会力量办园包括私人办园，不管是企业、事业单位还是社会团体、公民个人，在登记注册、分类定级、教师培训、职称评定等方面与政府办园一视同仁。“十五”期间，接受学前教育的儿童会增加近千万，不动员社会力量只靠政府无法完成。幼儿教育作为非义务教育，应根据教育成本制定合理的收费政策，确定收费标准，使办学者可以健康地运营。

部分品牌介绍：

1. 北京红黄蓝儿童潜能教育娱乐有限公司

简介：红黄蓝早教机构是创建最早、规模颇大、具有先进教育理念的亲子教育品牌。红黄蓝是目前北京市惟一拥有0～6岁亲子教育办学许可证的专业早期教育机构。红黄蓝吸收国际先进的教育理念，结合中国儿童具体情况，形成了一套完整、科学的立体教育方案。红黄蓝的教研课题组是国家重点科研项目“DIC”项目（借鉴多元智能理论，开发学生潜能实践研究）的重要成员。

发展规模：全国各大城市拥有近60家连锁加盟园。

2. 东方爱婴

简介：东方爱婴于1998年成立，长期与美国拉玛泽国际组织和美国PAT国家中心合作，从事0~3岁婴幼儿早期教育，总部位于北京。

发展规模：全国60个城市拥有近80家婴幼儿早期教育中心。

3. 金色摇篮潜能开发婴幼园

简介：金色摇篮是程跃博士专门为0~6岁婴幼儿创办的，自1996年第一所婴幼园——小关园成功创办以来，经过六年多的滚动发展，已经逐步成长为连锁经营大家庭。

发展规模：北京拥有六所直营园，全国拥有三十多所加盟园。

4. 万婴跟踪

简介：万婴跟踪针对0~3岁婴幼儿的早期教育开发游戏课程，通过对宝宝的交际、音乐、感觉统合、智力、双手灵活性等各方面的综合训练，使宝宝全脑得到开发。

5. 吉的堡

简介：1986年成立至今，吉的堡教育机构为全球2~12岁华人儿童提供了优质的英语教育、学前教育以及课后兴趣学习环境，2002年，以“首家亚洲品牌专业儿童教育机构”的身份在美国NASDAQ成功上市。

吉的堡汇集众多海内外高级人才组成教育研发团队，在国外最新教育理论的基础上，研究出最适合华人儿童学习的教学方式、启发儿童多元职能的教育系统，及针对各年龄层儿童和幼儿的各种英语学前教材和配套的多媒体教育资源。

发展规模：85家。

三、目前存在的问题及未来发展前景

（一）英语培训

目前，各家培训机构都在思考，针对市场做出自身的反应。一是推出免费餐，如华尔街英语推出的两人报名一个人免费，“洋话连篇”推出的给予报名者价值千余元的一个月免费课程，ABC外语学校推出的两周全额免费学习课程，还有很多机构推出的免费试听课等等。二是进行市场细分，夏恩英语学校定位在中小学和幼儿园，而福来得学校将英语培训从行业英语入手，把英语和财务、计算机、经贸等热门职业连接起来。三是通过讲英语等活动来提升人气。定期举办市民生活英语电视大赛、中学生英语演讲比赛、商务英语电视大赛、少儿英语比赛等系列比赛活动，以此来吸引人们对主办方——英语培训机构的关注，提高影响力。

帮助学习者更好地解决工作、生活与学习时间的矛盾，也是提高学员入学率的一个途径。如“洋话连篇”最近推出的“24小时全能学习店”和“个人全能学习平台”，以及“点卡学习制”，都使学习者可以在学习时间上任意挑选，学习时间的能动选择性极大。

从长远的眼光看，保证培训质量、价格适中、有自身的教学特色、灵活的学习方式，给学员提供最大的学习便利，是培训机构所要注重发展的方面。

（二）IT培训

众所周知，我国从事IT认证培训产业的公司绝大部分是民营的，目前的规模均很小，无法与美国的同类公司相提并论。就拿美国规模较小的Prosofttraining公司来看，其年销售额也达到2000万美元，约1.6亿元人民币；而New Horizons在49个国家拥有300个培训中心，年销售额大约5亿美元。相比之下，国内规模最大的IT认证培训机构的年收入也不过3500万元人民币左右，仅为Prosofttraining公司的1/5。

国外这些IT认证培训业的巨无霸，关注中国这个巨大的市场已久。现在，美国New Horizons在中国已开设了一家培训中心。随着中国加入WTO，这些国外IT认证培训业的巨无霸更会凭借资金、品牌和产品的优势，大举进攻中国市场，国内的IT认证培训业将面临巨大考验。

未来五年内，国内的IT认证培训中心将只剩下为数不多的品牌，大多数培训中心的出路不外乎三条：加盟在某一品牌下、倒闭或被收购。

但是，外国厂商的进入也是一个机遇。我们应该好好利用语言、熟悉本地市场以及人力资源的优势，与他们进行合作或竞争，在合作或竞争中寻找发展机会，为我国IT认证培训产业的发展，为国家的经济建设做出应有的贡献。

（三）婴幼儿培训

总体来看，全国早教连锁加盟事业运行态势基本良好，但运行中也存在一些比较突出和不容忽视的问题和困难，制约着早教市场的进一步发展。一是早教系统中各盟主公司良莠不齐。虽然早教市场在全国快速发展，但其中专业性、高层次、大规模、权威性的婴幼儿早教机构为数不多，大多数亲子机构规模小、管理水平低且布局分散。二是多数婴幼儿早教机构不具有自己的教研基地，多数早教机构专业化程度低，以教育事业为主体的意识淡薄，盲目追求眼前利润。三是连锁加盟及督导体系不健全，不能使加盟商充分利用既成的经营模式和资源。四是教育质量、模式及理念有待提高。多数亲子早教机构的教育思想虽然瞄准国际最新理念，但还是难以脱离中国固有的教育思想，难以进入国际市场。为此，早教系统今后应重点抓好以下两项工作：一是发展专业性、权威性婴幼儿早教机构，加大规模性早教教研基地建设，瞄准国际先进教育理念，开发适应中国婴幼儿身心发展规律的教育模式，在教育终身化、经济全球化的形势下实现效益最大化；二是连锁加盟现代化、国际化。规范连锁加盟市场，加大连锁园督导服务工作。让连锁加盟园最大限度地应用规范运营模式，加快加盟园的发展。尽快将中国婴幼儿早教模式与国际接轨，将有中国特色的早教模式推向国际。另外，中国婴幼儿早教事业虽然取得了积极进展，但早教机构数量多、规模性小、加盟费用高、资源共享率低依然是其“四大软肋”。故而，中国婴幼儿早教事业虽然前景光明，但真正走上规模系统发展道路的任务仍很艰巨。

（王洪涛）

房地产中介连锁经营分析

从房地产中介比较发达的国家和地区来看，随着市场的成熟和竞争的不断加剧，为了适应市场的不断变化和发展，房地产中介组织的发展轨迹是由单店到直营连锁，再由直营连锁向特许连锁转变。在竞争过程中，中介机构逐步通过专业化、规模化、品牌化等发展策略来建立自己的竞争优势，从而达到占领一定的市场份额，获取利润的目的。特许经营是连锁经营的高级形式，与直营连锁相比较，其特点是具有较强的快速扩张能力，以及较高的市场应对能力和创新能力。正是由于其具有这些优点，世界上著名的中介机构，都采用了特许经营的方式来拓展市场，如21世纪不动产、Coldwell banker、Re/max、ERA等。在国内沿海地区，房地产中介市场已开始走向成熟，各地的房地产中介直营连锁品牌为了占领市场，取得竞争优势，也开始采取特许经营的方式进行扩张，如上房金丰易居、我爱我家、智恒等，房地产中介特许经营的热潮开始形成。房地产中介特许连锁中加盟店是其基本组织，由于加盟店是独立拥有和运营的主体，虽然具有能动性和灵活性强的特点，但管理控制难度较大，在实际运作中对组织管理能力和水平要求较高。在目前房地产中介直营连锁向特许连锁快速转变的形势下，对房地产中介特许方和体系的发展来讲，具体运作中主要面临品牌、服务质量、快速扩张等三方面的风险，这些风险需要在具体的运作中加以注意和防范，只有解决好这些问题，才能够发挥房地产特许连锁的优势，达到经营的最终目的。

一、品牌风险及控制

品牌是房地产中介连锁机构竞争的最宝贵财富，它代表着中介企业的未来，它能够带来客户，是中介企业取得竞争优势的主要途径之一。谁拥有品牌，谁就拥有客户，拥有市场占有率。好的中介特许经营品牌，是通过长期诚信的优质服务，在顾客心中形成的认知，它是一种无形资产，是特许经营的基础。在房地产中介特许经营中，特许方将品牌授权给授许方使用，在有些时候，个别授许方会过度考虑自身的短期利益，做一些有损品牌形象的事情。如根据个人的喜好，擅自修改品牌视觉识别；欺骗客户的不诚信行为；等等。树立品牌需要中介企业长期积累，但毁坏是非常容易的。以上问题的发生将会给品牌带来伤害，影响其他授许者的长期利益，必须加以防范和制止。可以在特许经营合同中，明确规定品牌的视觉识别系统不许调整，设定严厉处罚的条款；在对特许商以及一般员工的培训中，加强品牌意识的培养，对有损品牌形象的行为严加处罚；在对加盟商的选择上需要严格把关，要选择有较好信誉纪录的中介商加盟；此外，还需要建立品牌定期检查制度来防范品牌的上述风险。

二、服务质量风险及控制

消费者要买房租房，之所以找中介商代理，是相信中介可以提供专业的服务，所以说房地产中介是专业化的服务业，谁能够为消费者提供优质的服务，谁就能够获得顾客满意，并且获得源源不断的房源和客户推荐，从而提高市场占有率，提高自身的竞争优势。因此，服务质量的控制和不断提高是特许体系发展的重要方面，如果在具体运作中，特许者不能够很好地处理服务质量方面的问题，就会给体系和品牌带来很大的损害，特许事业难以为继。目前，一方面，中介从业人员素质较低，加盟的房地产中介企业的基础较薄弱；另一方面，加盟者的独立运作倾向较直营连锁大，控制难度也就较大，从而增加了质量服务管理的难度和风险。为了有效防止服务质量方面的风险，特许方需要建立系统的质量服务管理体系。具体应当包括以下几方面的措施。

1. 建立标准化的服务程序

如服务操作程序、服务口径等方面需要不断明晰和透明，并告知消费者，鼓励消费者监督加盟店的服务，从而提高服务水平。

2. 定期对加盟者进行优质服务培训

应当不断地向加盟者提供从经纪人到店主的系列培训，灌输优质服务的基本理念。帮助加盟者树立诚信的职业观，提高经纪人对优质服务的认同，不断提高客户的满意度。

3. 制定日常服务监督制度

特许者可以对加盟店所服务过的客户进行调查回访，及时了解在服务过程中出现的问题，包括客户的满意程度和客户对体系的建议和意见。帮助加盟者完善其服务，提高服务质量。通过日常的监督及时发现问题，解决问题。

4. 制定有效的投诉解决制度

在遇到客户投诉时，将所发生的情况了解清楚后，可要求加盟店在24小时内必须给予答复。另外，在其加盟时，除了缴纳加盟费以外，还应当要求加盟者缴纳一定的质量服务保证金，对于加盟店给客户造成的损失特许方应当给予先行赔付。从而，可以通过对客户投诉的妥善解决，最大限度地将不满的客户变成忠实客户。

5. 建立严格的处罚制度

对于加盟店或经纪人不诚信的行为如做黑单、欺骗客户等，不按特许企业规定的服务流程操作的，特许者应当在合同中规定多种处罚方法：从教育、警告、罚款，直至开除出特许体系等。这样可以加大违规成员“不诚信行为”的风险成本，有效地遏制“不诚信行为”的发生。

三、快速扩张的风险及控制

快速扩张是加盟连锁的优势之一，但在发展特许加盟的过程中也要防止扩张速度过快，否则会引起一系列的问题，如出现特许者支持不到位，加盟店良莠不齐，甚至某些加盟者欠费不交等现象；此外，由于授许人的独立拥有和运营，某些加盟者有时会存在过度的独立自主倾向，导致加盟店之间商业信息分享不充分，没有整体合作意识，市场步调难以统一，最终会降低特许体系应对市场的能力，特许体系的整体优势发挥不出来，从而影响整个特许加盟事业的发展。以上都是特许体系快速发展中容易发生的风险，在特许体系的建设过程中可以通过以下途径加以防范。

1. 选择合适的加盟商

并不是所有的人都适合从事特许经营，对于那些自主意识非常强，不愿意接受特许体系规则约束的中介商，是不适合加盟特许体系的。此外，不遵守国家法规，没有诚信的中介商也不适合加盟特许体系。特许商应当建立严格的加盟标准，并且严格按照政府房地产主管机构以及相关机构要求的基本条件来审核加盟者，严格挑选加盟者，只有这样才能够选择到合适的加盟者。

2. 通过合同谈判建立加盟者对加盟体系理念的认同

特许经营体系是理念的共同体，有什么样的理念，就会产生什么样的行为表现。实际上，合同谈判是向加盟者灌输共同理念的一个重要过程。通过对理念的不断灌输，使加盟者认同特许体系的理念，从而保证加盟者加入体系后步调一致，按照加盟体系的原则行事。

3. 建立持续发展的专业人才支持团队

房地产中介是专业化的服务业，采用特许体系来经营的房地产中介，实际上又是知识产业。特许加盟的快速规模化发展，需要有强有力的专业人才团队支持，否则难以为继。特许经营体系能否成功，关键在于专业人才的支持。为了保证中介特许体系的不断发展，需要建立房地产中介营销、加盟店管理等专业人才支持团队。

4. 建立信息管理系统

房地产中介是一种信息密集型的行业，信息的准确性和及时性，信息量的多少都直接影响着中介业务的成败；同时特许体系在运作过程中的信息量也非常大。如何有效地利用好这些信息，关系到特许经营体系的发展。这需要在管理中采用专业的房地产中介软件和网络来提高管理效率，为客户提供快速多途径的服务，甚至是跨区域的成员之间的交流服务，从而提高成功率。可以说只要采用先进的计算机管理技术，就能够更快更准确地掌握业务信息，从而建立自己的竞争优势。在此基础上，如果能够进一步建立市场快速反应以及专家分析系统，可以使特许体系的管理具有前瞻性，提高特许体系的抗风险能力。

（胡正华）

加油站连锁经营分析

一、行业发展趋向

在我国，加油站经历了一个由少到多，由分散经营到规模经营，由单一经济成分向多种经济成分，由价格竞争向品牌竞争，由经验型管理向规范化、专业化管理，由单一品种经营向多种经营业态转化的发展过程。

1. 由分散经营向规模经营转化

我国加油站快速增加是在 20 世纪 90 年代初期。1992 年国内零售市场试验性开放，成品油价格实行“双轨制”，批零差价大、利润丰厚，社会各业和各种经济成分纷纷涉足，加油站数量急剧增加。从此，兴建加油站成为社会各业追逐的利润增长点。目前，石油、石化两大集团之外的社会各业加油站数量约占国内加油站总量的一半左右，其中一些经营管理比较规范的加油站加入到两大集团特许加油站行列。国外几大石油公司以各种变通或合资方式进入国内市场，采取与地方、中国石化、中国石油独资或合资的方式建立加油站。

2. 在竞争中相互促进，共同提高

石油、石化两大集团在国内南北地区形成各自的加油站分销网络后，开始相互渗透，双方在竞争中加强联合，相互促进，共同提高，对促进双方提高竞争力和营销管理水平产生了重要的作用。近年来，国外跨国石油公司通过各种途径进入国内成品油零售市场。目前世界几大石油公司在国内都有加油站，他们带来了国外加油站先进的经营理念、营销策略、服务方式，对两大集团和社会加油站经营管理水平的提高起到了重要的推动作用。

3. 由单一品种向多种经营延伸

随着我国国民经济的快速发展，人们可支配收入增加，住房条件改善，汽车开始进入家庭，国内汽车保有量迅速增长，目前已达 2200 多万辆。近几年来，特别是随着我国国省道公路和高速公路的开通，人们的出行更多的依赖于汽车和公路。伴随着汽车消费和人们生活方式的改变，汽车消费者对加油站的经营和服务提出了新的需求，加油站面对市场和消费者的需求，不断转变经营观念。由过去单一经营汽柴油，开始向经营便利店、餐饮、旅店、汽车维修、零配件、美容、换油、加水、配货等多种经营业态延伸。

4. 由价格竞争向品牌竞争转化

目前国内加油站的竞争主要在石油、石化两大集团之间，以及两大集团与社会各业和外资加油站之间进行。两大集团的营销观念正在由过去以企业为中心开始向以消费者为中心转化，双方之间的竞争由过去的价格竞争向品牌竞争转化，石油、石化两大集团按照市场和消费者需求，开展组织产品生产、改善产品品质、改变促销方式、建立零售网点、增加经营品种、扩大服务项目、提高服务水平等全方位的品牌竞争。

一些社会加油站也由于国家市场监管机制的不断完善，全社会诚信经营观念的提出和竞争对手的压力，开始改变过去一些短期的经营行为，如偷税漏税、以次充好、克扣斤两，注重自己的品牌形象。

5. 由经验型管理向规范化管理转化

国内加油站内部的各项管理，特别是石油、石化两大集团加油站开始由过去以省市为单位的各自为政、自成体系的管理向统一的专业化、标准化、规范化管理迈进。石油、石化销售企业在广泛学习国外先进经验的基础上，结合各自的实际，先后编制了适合各自特点的《加油站管理规范》，在各自的加油站，统一企业形象、统一业务流程、统一进货渠道、统一账册表单、统一服务规范等。标准化、规范化的管理对提高两大集团加油站的管理水平、竞争能力起到了重要的作用。

社会加油站在与两大集团和合资加油站竞争的过程中，改变了过去一站一户的家庭式管理，开始引入现代化的经营管理方式，聘请专业管理人员，吸收和学习两大集团和外资加油站的经营管理经验，或加盟两大集团，按照特许加油站规范管理加油站，经营管理水平不断提高。

二、行业发展的差距

目前石油、石化两大集团所属加油站已成为国内加油站的中坚力量，成为国家经济的重要支柱产业之一。两大集团在海外成功上市后，引入了现代化的管理体制，经营理念有所转变。石油、石化销售企业通过改革传统的商流和物流体制，减员分流，压扁管理层，转换经营机制，在学习和采用国际先进的加油站管理经验和技术的基础上，广泛采用现代化的流通方式，如连锁经营、物流配送和信息技术，两大集团加油站的组织化程度明显提高，市场竞争力明显增强。但总的来说，国内各业加油站与国外石油公司和国内合资加油站相比，还有一定的差距，主要表现在以下几个方面。

1. 加油站建设数量、规模缺乏长远规划

由于一些地方政府部门缺乏长远规划，监管不严，在国省道乱批、滥建加油站，造成加油站总量偏多，间隔过密。加油站建筑规模和占地面积从最初的几亩发展到几十亩，浪费了国家大量的有限土地资源。而国内的加油站建设规范只对城市加油站做了规定，对国省道加油站的建设规模、占地面积都没有规定，导致加油站建筑规模缺乏标准，不少加油站设计不规范、施工单位无资质，加油站建设缺乏健康、安全、环保意识，隐患严重。

2. 单站年销量偏低，经营品种单一

据统计，2002 年我国成品油零售量约 6500 万吨，公路通车里程 175 万公里，加油站 7.5 万多座，平均单站年销量 800 吨，平均每百公里有 5 ~ 6 座加油站、单站服务车辆 230 多辆。石油、石化两大集团加油站单站平均年销售量也只有 1500 吨左右。而在美国、英国、德国等发达国家，平均单站加油量为 2500 ~ 3000 吨，单站服务汽车 1500 ~ 2800 辆，平均百公里拥有加油站 2 ~ 3 个。目前，国内加油站经营品种主要还是汽柴油，效益也主要来自油品销售业务，便利店、餐饮等非油品服务性收入所占比例很小。而国外加油站经营业务不仅限于油品销售，已扩大到便利店、超市、餐饮、汽车服务领域，加油站的效益有一半以上来自非油品服务性项目的收入。

3. 加油站营销策略缺乏系统性

随着近几年国内成品油零售市场竞争的加剧，国有、社会加油站相继采用了一些现代化的营销手段。但这些营销策略还比较单一，各营销策略的选择和制定缺乏整体性、连贯性和系统性。如缺少对零售市场、消费者和竞争对手的分析，产品品种、品质的需求调查，以及各渠道成员销售价格的协调，加油站选址、建设、改造等营销策略的制定缺乏内在联系。

4. 经营管理水平发展不平衡

石油、石化两大集团的加油站虽然经过了几年的规范化管理，经营管理水平比过去有了明显的提高，但受多年形成的传统经营观念、管理体制、员工素质、市场竞争环境和地区经济发展不平衡的影响，部分省市或地区的加油站经营管理比沿海地区和竞争激烈的地区还有一定差距，市场竞争能力相对较弱。

5. 管理技术和信息手段不够先进

由于受国内几十年形成的计划管理体制、通讯技术、信用体系、业务流程和管理技术的影响，目前国内加油站在采用现代化管理技术和信息手段方面较国外发达国家还有一定的差距。如美国，159个炼厂、1300座油库、17.4万座加油站全部是计算机管理，油品从炼厂到油库再到加油站实行配送制，物流、运营成本很低。而我国加油站油品进、销、存管理很大一部分还是人工计量，靠传递单据进货，环节多，物流、运营成本高。这对国内石油公司和加油站零售市场信息的及时采集、反馈、分析和提高内部的经营管理效率和营销水平将会产生一定的制约。

三、两大集团企业经营情况

目前国内拥有加油站最多是中国石油化工股份有限公司和中国石油天然气股份有限公司。最近两年，两大集团的销售网络、销售规模都有了较大的增长。

中国石化股份有限公司加油站的中英文简称为“中国石化 SIONPEC”，所属加油站主要集中在我国中部和南方地区的北京、天津、河北、山西、河南、上海、江苏、浙江、安徽、福建、江西、山东、湖北、湖南、广东、广西、海南、贵州、云南等19个省、自治区、直辖市的各级石油公司，在西南地区和北方地区也建立了部分加油站。截至2003年末，共有直营加油站24500座，特许加油站5000座，年零售量3880万吨。

中国石油天然气股份有限公司加油站的中英文简称为“中国石油 PetroChina”。在股份公司的授权下，中国石油炼油与销售分公司负责股份公司炼油生产与炼油产品销售业务的管理。具体管理19家销售企业，对28家炼油企业和1家润滑油公司实施业务管理（其中归口管理13家炼油企业和1家润滑油公司）。炼油企业主要分布在中国油气资源丰富的东北和西北地区，年加工量占全国加工量的42.6%。成品油销售网络遍布全国各地，2003年销量达5300万吨。截至2003年底，已拥有油库500多座（库容800万立方米），自有、控股及特许经营加油站总数已达15000余座，年零售量2230万吨。

表 1　　两大集团加油站对比表

年度	中国石化			中国石油		
	加油站数（个）	销售量（万吨）	较上年增率（%）	加油站数（个）	销售量（万吨）	较上年增率（%）
2001	24062	2980		12102	1380	
2002	22053	3400	14	13160	1880	36
2003	24500	3880	14	15231	2230	19

此外，两大集团加油站的经营管理水平也有了明显提高，市场竞争能力不断增强。主要体现在以下几个方面。

1. 市场营销观念有所转变

两大集团抛弃了传统的以企业为中心的指导思想，把企业的营销活动建立在以满足消费者为中心的基础上，以消费者的需求为出发点，通过采用适应消费者需求的营销方式，提高消费者的满意度，来赢得和保持消费者的忠诚度。

2. 零售体制逐步理顺

两大集团为提高市场竞争力，均对传统的体制进行了改革，压扁管理层，精简机构，减员分流。中石化积极探索专业化管理新体制，推进同城重组，实行集中统一经营，组建区域公司，优化资源配置，全面实施市县一体化管理，经营结构有了明显改善，经营质量有了显著提高。中国石油股份公司改制上市后，通过几年来公司上下的共同努力，目前在全国范围内已初步形成了与资源相匹配的“一级集散、二级批发、三级零售”的成品油销售网络。并按照股份公司要求和市场的需要，建立了上下衔接、市场反应快速的专业化零售管理组织体系。

3. 初步建立加油站管理长效机制

两大集团采取有针对性的措施，积极创新，建立健全加油站管理的长效机制，靠机制来激发员工的内在积极性和创造性。中石化建立了一套完善的用人、用工、分配制度和考核体系，对加油站经理选用实行公开竞聘上岗，扩大竞聘范围，创造公平竞争环境，逐步形成一套科学合理的加油站经理培养、选拔、任用、考核机制；推行同工同酬，打破正式工和劳务工分配上的界限，建立科学、公平、有效的分配激励制度，吸引和留住优秀员工。中石油确立了“事业留人、待遇留人、感情留人”的企业管理文化，通过建立多层次、全方位的人才培训体系，专业培训与综合培训相结合，理论培训与实践培训相结合，初步建立起一支思想政治素质过硬、事业心和责任感强、有一定经营管理水平的人才队伍。各分公司层层分解下达年度零售 KPI 考核指标，建立起以预算指标为核心的综合考核体系。各公司根据自身及加油站情况对吨油含量工资进行了创造性的实践，积极实施薪酬制度改革，完善了分配制度。

4. 营销管理水平不断提高

两大集团整合营销队伍，改变了过去分散的、各自为阵的营销方法。培养和造就专业化的营销队伍，并与专业公司合作，进行整体的营销策划。中石化加强与技术监督、环保部门和汽车厂商的合作，利用其权威引导用户对高标号汽油的消费，实施高标号汽油的统一营销策略，取得了良好的效果。中石油按照规范化和国际化的标准，在吸取国内外加油站先进管理经验的基础上，结合自身实际，制定了中国石油《加油站管理规范》。从抓培训入手，力争做到人人懂《规范》、站站符合《规范》，全面促进加油站管理科学化、精细化、现代化程度的不断提高。

5. 采用先进的信息手段

提高市场竞争力，必须要有先进的信息技术作为支撑。这是提高管理效率，建立稳定的顾客群必不可少的手段。中石化投入巨资对众多的信息项目进行有机整合，建立ERP、IC卡工程、销售管理信息系统和一、二次物流优化等项目信息共享，建立了IC卡加油网点，实现了“一卡在手，各地加油”。为快捷、直观、形象地进行数据统计和分析，完善零售网络开发的评价依据，量化分析运营状况，科学判断影响加油站销售能力的主要因素，中石油在开发使用加油站地理信息系统方面做了大量有益的探索实践，引进国外先进零售竞争能力评价软件，从位置、交通、设施、商业化、价格、品牌、经营等七个方面对北京地区加油站的零售能力进行综合评价，取得了比较好的效果。

四、行业发展热点

随着我国石油石化市场的放开，国际石化巨头要涉足国内市场势必借销售网络进行势力渗透，对两家公司而言，在有限的时间内扩充自己的销售网络已成当务之急。中石化、中石油将斥巨资收编社会各业加油站，扩大网络规模，提升终端零售市场占有率。

根据中国对世贸组织的承诺，中国将在加入世贸组织后3年内开放成品油零售市场，5年后开放油品批发市场，同时将原油、天然气、燃料油的关税降至6%。而在中国的成品油销售版图上，全国7.5万多座加油站中，除了中石化、中石油两家公司的加油站外，还有一半多是社会各业加油站。尽管国家明文规定不允许外商介入加油站，但实际上，国际石油商们早在数年前就开始“借桥泊岸”。投资合股、特许经营，在天津、广东、四川等地，BP、埃克森、美孚和壳牌的标志并不鲜见。BP还与中石油签署协议，准备在广东、福建地区发展合作加油站500座。壳牌通过各种渠道已在华设立20多家三资企业和办事处以及40多个合资加油站。近期，壳牌与中石化在江苏拟合资500座加油站的可行性报告已获得国务院批准，双方关于合资合同的谈判目前已进入最后阶段。根据壳牌的计划，他们将在今后5年内投资50亿美元，在华建立1000家加油站，大力扩展其在华成品油零售业务。

（王文澜）

汽车养护连锁经营分析

一、行业现状

近年来，中国汽车消费强劲上扬，为我国汽车服务业的发展带来无限商机，汽车服务业逐渐成为我国一个新兴的“朝阳行业”。伴随汽车工业的发展、汽车进口关税的降低、私家车的普及和国家对汽车报废标准的调整，汽车服务市场的容量还将进一步扩大，前景十分看好。

在现代经济条件下，大量车主对车辆的专业维修、适时保养等全方位服务的要求越来越高。专业化、服务一体化将是汽车服务业生存和发展的根本。

（一）我国汽车服务业发展现状

我国的汽车服务业已经具备一定规模，从业人员达 240 万人，年产值逾 300 亿元，但总体水平依然相对落后。目前，我国汽车服务业主要存在以下几方面问题：

1. 行业形象比较差，缺乏强势品牌

我国汽车服务业初具规模，但仍很不成熟。相比较而言，汽车服务业明显滞后于汽车制造业。大多数汽修企业规模小，市场竞争混乱，修理养护处于不透明状态，收费标准杂乱，散、乱、差是其基本特征。众多品牌基本处于尝试阶段，网络建设的规范化程度、稳定性不高，真正的强势品牌还没有成长起来。

2. 从业人员素质不高，技术水平低

目前，我国汽车服务业从业人员普遍存在文化素质低、技术水平不高、服务意识差、法律意识淡薄的现象，难以提供令客户满意的高品质服务。

3. 价格不规范，服务质量差，客户投诉率高

现阶段，我国大多数汽修企业都处于单独经营的状态。在这种状态下，配件供应渠道、价格和质量都十分混乱，企业缺乏统一的进货渠道、统一的品牌形象、权威的技术指导和社会影响力，有配件库存时往往造成积压，没有配件又难以保证维修质量、合理的利润和及时的服务，导致在经营上处于一种低效率的状况，客户投诉时有发生。

4. 设备老化，维修、检测方法、管理手段落后

许多维修企业设备老化，维修、检测方法落后，技术水平不高，未能跟上汽车制造技术的发展。企业管理水平低，管理手段落后，与高度自动化的汽车制造业相比，汽车服务行业管理手段普遍落后，缺乏计算机辅助管理系统。为了迎接国外竞争对手的挑战，保证企业的生存和发展，企业必将大量采用以计算机为主的先进、科学管理方法和手段。

（二）目前我国汽车服务业市场格局

目前，我国汽车服务业市场主要由以下几大阵营构成：4S 店、路边快修店、传统汽修

企业和汽车服务连锁店。“4S店”阵营主要由汽车制造和经销商为主体发起，投资规模大，服务专业完善，但数量、覆盖率有限，成本高，是主流车型厂商的首选；“路边快修店”阵营投资少，成本低，灵活机动，覆盖面广，但经营条件恶劣，竞争力弱，客户信任度低，利润薄弱；“传统汽修企业”经营和管理方式落后，市场竞争力弱；“汽车服务连锁店”阵营由强势品牌发起，众多中小企业加盟，连锁体系内可以共享成功的品牌资源，接受统一的技术和管理支持，将成为未来汽车服务产业发展的主流。

（三）我国汽车服务业发展趋势

面对我国汽车行业的高速发展，目前国内汽车服务行业低水平的发展现状显然不能满足市场需求。市场对汽车服务业的技术和管理都提出了更高更新的要求。近几年，我国汽车服务业呈现以下发展趋势：

1．“以修代养”向“以养代修”转变

现代化的汽修装配及控制系统精度要求极高，传统的拆卸维修方式根本无法满足需求。“免拆养护”、“以养代修”是汽车维修业的大势所趋。

2．专业化经营和综合化经营是趋势，规模化经营和规范化经营是结果

顾客将从单纯的技术要求，逐渐过渡到技术、价格、环境、服务等全方位的要求，逐渐重视对品牌的选择，汽车维修也将像汽车综合服务的一条龙方向发展。为满足顾客快速、规范、优质、全面的需求，以规范、方便、快捷为主要特征的中小型汽修企业将会快速增长，并走向服务的规范化。

3．特许经营作为资源有偿共享的商业模式已经在各行各业中取得了较大的成功

特许经营是当今世界上最为流行的企业扩张和个人创业途径之一。它适应了现代化生产和消费变化的客观要求，通过低成本扩张实现规模化经营，采用标准化服务实现科学化管理，是一种高效率的经营方式。

实践证明，以特许经营模式拓展的企业明显以更平稳、更高速的状态发展壮大。知名品牌基础更坚实、网络更广泛，而新建品牌也以前所未有的速度在全国各地生根。

4．中国汽车后市场呼唤特许领导品牌

汽车作为高附加值耐用消费品，售后服务尤为重要，它在使用过程中需要经常性地进行加油、养护、维修、保养，而目前，我国汽车服务业发展较为缓慢，呈现无序竞争状态，缺乏统一管理、统一规划，汽车服务行业的落后制约着我国汽车业的快速发展。日益高涨的汽车服务市场，呼唤特许领导品牌。

5．品牌连锁、特许经营是最佳途径

解决我国汽车服务业发展中存在的问题，采取特许经营方式，壮大服务企业规模，降低经营费用，不失为较佳选择。由实力雄厚、规模较大、在汽车服务业具有特定技术的企业成立连锁总部，把经营较为成功的服务产品、技术和信息产品规范成可实际经营的样板，然后发展加盟店，通过集中采购实现统一进货，实现服务标准化、经营专业化、管理规范化，共享规模效益，不断促进企业及加盟店发展。

二、连锁经营是汽车服务业发展的必然

（一）汽车服务业走连锁经营道路的条件

1. 汽车服务连锁——路边店与4S店的中间路线

路边专修、快修店的优势是投资少、成本低，灵活机动，见缝插针，覆盖面广，但经营条件恶劣，竞争力弱，客户信任度低，利润薄弱；而4S店与路边快修店相比，虽然在规模、设备、人才、技术、资金、品牌等方面具有显著优势，但其覆盖面有限，配件库存大，营运成本高，若管理不善，车源不足，就很被动；两者间的综合，就是连锁经营。连锁经营的核心在于实现了资源的整合与共享，它既能发挥大型团队的整体优势，又不失中小个体的灵活性，加盟企业在技术、品牌、配件、管理、竞争力等各方面都可以获得提升。

2. 市场自身特性决定了连锁品牌的生存价值

连锁经营可解决当前维修企业的四大困惑：技术、管理（人员、生产）、配件、业务竞争。中国的市场广度、地域差异以及车型的多样、分散和数量有限决定了“四位一体”模式的局限，同时也决定了更为灵活、更具有生命力的连锁经营模式的存在和发展，

3. 连锁服务的关键条件已经具备，发展的时机已经来到

外围条件：信息网络技术、物流配送、广告策划、风险投资等相关产业已日臻完善。

市场条件：一是消费者日趋理性、成熟，对服务的要求更高；二是行业日趋规范化和规模化，发展迅速，存在发展空间；三是市场缺乏强势品牌，存在发展机遇。

内部条件：企业更为成熟，经济技术实力更为雄厚，高素质的技术管理人才已经涌现。

（二）汽车服务业连锁经营的优势

1. 共享成功的品牌资源，优化广告宣传成本

独立经营的中小企业由于受到自身资金、管理、经验等诸多因素的限制，很难在短期内创出自己的品牌。而加入连锁体系，便可与总部共享品牌资源，使自己的知名度和信誉度得到快速提升。同时，特许总部统一的营销策划、广告宣传，有利于降低广告成本，可以使所有加盟者均从中受益。

2. 享受专业技术和管理支持

一家新企业，如果要独自摸索出一套可行的管理方法，往往需要很长的时间。但如果投资者加入连锁体系，就不必一切从头做起，即使他完全没有专业知识和管理经验，也可以立即得到总部在管理技巧、经营诀窍和业务知识方面的培训。连锁总部那些已经被证明是行之有效、并形成了一套规范化的管理系统，将帮助加盟商极易获得创业的成功。

3. 优化采供成本，保证配送效率

特许经营最大的优势体现在集中进货与配送上。由于加盟总部将众多分散的小零售商组织成一体，从总体上加大了规模，这就使得进货成本和库存成本的降低成为可能。同时，由于统一进货及自有品牌的产品比通用品牌的成本和价格更低、利润更高，就能大大

提高加盟者从总部进货的积极性，从而增加总部统一采购的数量，进一步降低成本，形成良性循环。总部统一进货还可以克服单店独立采购的盲目性，加上总部配送快捷的优点，可以使加盟商将库存压到最低限度，从而使得库存成本相应降低。

（三）汽车服务业连锁现状

美国汽车服务业的营业额已经超过汽车整车的销售额，且一大批汽车服务连锁企业已充分发展，比如：Pepboys（pepboys.com是汽车用品行业的“沃尔玛”），Autozone（autozone.com汽车服务连锁）；NAPA（已进入中国）；AAA（aaa.com救援连锁）；等等。

自20世纪90年代初期，我国汽车服务市场才初具规模，各品牌的汽车养护中心、汽车美容中心、汽车服务中心等如雨后春笋般迅速发展。目前，国内汽车连锁服务的主要竞争品牌有威力狮、美丽狮、AC德科、百援、快车手、中车、快飞特等诸多品牌。随着我国汽车服务市场的放开，更多的国际连锁品牌将进入汽车服务领域，届时这一行业的竞争将更为激烈。

三、行业内典型企业情况

（一）国内典型企业

迎合飞速发展变化的汽车服务市场，威力狮汽车快速服务中心和美丽狮汽车专业美容中心两种服务模式应运而生。其特许总部——麦特集团旗下的烟台威力狮汽车快速服务连锁有限公司，是汽车后市场服务连锁的专业推广机构。威力狮、美丽狮、奔腾三大国际知名品牌，汽车服务业领先的生产及技术经验，加上汽车养护行业先进的管理模式，成就了其无法模拟的独特优势。

截至目前，威力狮/美丽狮特许总部已在全国发展了近百家直营店和合作加盟店，连锁网络遍布全国大江南北。“威力狮”被中国连锁经营协会评为“2002年度中国优秀特许品牌”，是迄今为止国内汽车服务业惟一获此殊荣的品牌。

（二）国外典型企业

作为美国大型的汽车配件经销商，NAPA以特许加盟的方式发展了汽车配件连锁店6300家；Autozone以直营方式发展了汽配连锁店2710家；Pepboys发展了汽配销售与汽车维修服务连锁一体店858家。

四、本行业发展热点及核心问题

汽车连锁服务的问题错综复杂，运作难度很大。关键是解决好三大问题：品牌运作及推广、技术支持和服务保障、服务网络体系的监控，最终形成一个具有核心竞争力的、稳固的、不断成长的组织网络，为社会提供优质高效的服务。国内的诸多汽车连锁服务企业由于没有形成自身品牌的系列化的专有技术、产品和服务，未能很好地解决以上问题，成为制约其连锁事业发展的瓶颈。

品牌运作是连锁经营的首要任务。市场定位的准确、正确与否决定了一个项目的成败。它必须考虑两个基本现实：一是各细分市场本身的需求、容量、利润和竞争情况；二是自己已有的产品、品牌情况。从当前的市场格局来看，连锁服务市场多定位在中高档轿车的维修和养护服务，以“专业、优质、快捷”的品牌形象出现。

技术支持和服务保障是连锁经营成功的根本。连锁总部能否保障加盟企业获得实实在在的利益和帮助，直接关系到整个项目的吸引力、生命力和凝聚力。因为总部和加盟企业间的关系不是一锤子买卖，还需要通过完善的售后服务维持整个机制的良好运行，这也是连锁经营的意义所在。

服务创造财富。客户网络本身就是一笔宝贵的资源财富，通过服务可以进行设备和产品的再销售，收取服务管理费，收集客户的意见反馈和需求，指导项目的运作，促进项目的发展。连锁总部对连锁机制和加盟企业的规范管理，直接关系到整个连锁体系的稳定、健康和持续发展。

资料显示，在未来的20年里，汽车服务产业将保持两位数的增长势头。汽车技术的发展和客户期望的提高，对这一行业提出了新的挑战。市场未来的赢家必定是那些具有统一的强势品牌，完善的培训支持体系，优质高效的配送渠道，真正实现超越客户期待理念的服务企业。

（盖　方）

农资连锁经营分析

一、开展中国农资连锁配送为农服务工程的背景及进展情况

农资连锁经营，起步较晚。1998年底国家对化肥流通体制改革，取消国家指令性计划，实行市场配置资源，农资流通才全面进入市场经济。在新的形势下如何做好农资供应？如何发挥供销社在农村的渠道、信息、网络优势，把现代营销模式与传统营销模式有机地结合起来？带着这些问题，中农结合在农资经营中的实际体系开始对农资连锁经营进行调研、规划和探索。2001年底开始，中农在中华全国供销总社直接领导下，在广泛调查研究的基础上，启动了“中国农资连锁配送为农服务工程”。

经过近两年的努力，按照“典型引路、先易后难、以点带面、逐步推开”的工作思路，中农对所属直营网点进行了连锁化改造；并先后接受河北、天津、北京、山西和洛阳、徐州等地农资公司整体加盟；2003年先后与黑龙江、内蒙古、新疆、大连、烟台等地农资公司建立了以资本为纽带的联合体。通过改造直营、吸收加盟和资本联合这三种途径，一年来在吉林、辽宁、河北、山西、湖北、四川、广西、陕西、西藏、宁夏等20多个省（市、区）挂牌成立了153个农资配送中心和816个农资连锁经营店，经营辐射地域达1200多个县。

中国农资连锁配送为农服务工程的开展，使中农公司从单纯大批发，逐渐向农资营销链条末端延伸，经营模式向批零兼营逐渐过渡，所在市场占有率大幅上升，控制风险的能力有所提高；业务流程进一步规范，服务意识逐渐增强，经营的效益也有所增长。

进一步扩大资源供应能力，建立网点的强力支撑。为满足连锁网点对资源的需要，从而形成稳定的供应渠道，在保持与生产企业的一般业务合作关系的同时，中农利用包销、租赁或控股等方式与国内几家大型化肥企业建立密切的合作关系。此项工作在其他生产企业也产生了很大的反响，前来探讨合作的化肥厂商络绎不绝。中农计划两年内与国内优质化肥生产企业建立密切合作关系的资源量可达350万吨。通过工商联合和合作，实现上游资源和农业生产的通畅对接，是中国农资连锁配送为农服务工程的历史使命。

中农公司启动连锁配送为农服务工程从初始框架的设计，到具体的运作实施，从基础方案的讨论，到合情合理地处理一些具体问题，中农做了积极的探索和尝试。由于农资商品和农资供应工作本身的一些独有特点，这项工程还有许多工作需要进一步完善。

二、开展中国农资连锁销售网络建设的几点体会

（一）理清思路，搞好规划

中农认为，微利、规模、连锁是农资企业发展的必然。发达国家的农资流通行业的发

展历程充分证明了这一点。从国内农资流通行业的发展来看，随着农业产业化进程的不断推进，农资流通连锁化经营趋势必将逐步显现，基于以上判断，中农集团公司立足于环境和自身资源条件，着眼于未来发展，制定了发展农资连锁经营的战略。以中农公司为核心企业，以“中国农资”为统一品牌，以培养核心竞争力更好地服务“三农”为目的，引进先进的连锁经营业态，以改造后的中农公司已有网点为骨干，联合、吸收各地农资经营企业特许加盟，全面建设覆盖全国、深入乡镇的“中国农资连锁销售配送网络”；依托网络优势，联合各方力量和农资企业，结成以中农为核心的联盟实体。迅速扩大经营规模和实力，提升品牌知名度和占有率；依托网络优势，实现结构调整和产业延伸。在改造经营体系的同时，逐步实现现代企业制度和规范管理，实现集中采购、集中资本运作、统一市场规划、分级授权管理，推行符合市场竞争法则的人才战略和相应的绩效管理制度。概括起来就是“两个阶段、三个一切、四个规范”。即按照短期和长期目标把今后的战略任务分成“资本整合”和“管理整合”两个阶段；贯彻“团结一切可以团结的力量、发挥一切可以发挥的优势、聚合一切可以聚合的资源”的精神；通过“规范渠道、规范管理、规范品牌、规范标准”提升经营水平。

（二）抓住关键，以点带面，重在规范

发展连锁经营的关键在于网点建设要与配送资源的能力相匹配。一方面通过控股、租赁、包销、贴牌等方式，与国内一些化肥企业建立密切的合作关系，并以中农的网络优势，将其产品推向全国各地，也使其产品逐步形成区域性的品牌优势，帮助工厂开拓占领市场，创造名牌产品；另一方面借助掌握的资源优势，整合、规范现有网络，并通过以资源厂为中心的网络群向周边地区辐射发展。

与此同时，中农狠抓网点建设的规范化。急功近利是贴合实际、长远发展的大忌，建立规范试点、积累经验、培养队伍、逐步推广放大是符合中国农资特色的正确的农资连锁化经营之路。面对如雨雪般的加盟申请，中农公司没有随意铺设网点，而是专心做好规范工作，因为中农希望建设一个可以有效运作并能抵御外侵的具有中国自己品牌的长期网络。

（三）积极探索，广布网络

根据农资商品的特点，探索发展多种适合农资商品特点的连锁经营模式，重点搞好基层连锁网络建设，推进乡、村两级连锁店的布点工作。在实践过程中，中农认识到纯粹搞零售或者纯粹搞批发，都不是中农公司业务发展的方向。单纯搞零售目前的销售规模很难保证实现，资金周转困难；单纯搞批发网点深度不够，市场难以覆盖。因此，中农配送中心的主要职能是兼营批零，大规模的配货坚持在可以消化的前提下，从工厂起运就一次到位，避免二次配货。在总结和吸取过去企业间联合的经验和教训的基础上，针对不同的合作对象，采取三种具体的合作方式。对于实力强、信誉好、且对当地市场有较好控制力的合作对象，采取区域加盟连锁的办法进行联合，中农公司总体上对牵头单位进行品牌授权并提供货源，委托其在合作区域内按统一标准发展连锁店组织经营；对于实力一般、信誉较好、市场辐射有限的合作对象，采取以中农公司为主联合建立配送中心，吸收加盟店，进行连锁经营；对于经营能力差、市场容量大的合作对象，采取中农公司直接在当地租借

设施，选聘经营人员，直接设立直营连锁配送超市经营。在县以下地区，依托农资专业合作社、村级综合服务站，在乡村设立农资门市部，建立供应点，把农资送到千家万户农民手中，实现发展农资连锁配送的终极目的。为此，中农将根据实际情况，建立一批有代表性的、规范的、实现良好效益的乡级连锁店，注重终端市场的建设，逐步建立面向“三农”的连锁配送服务体系。

（四）坚持不懈地抓好农资连锁配送的管理规范建设

中农公司作为中国农资连锁配送为农服务工程的核心骨干企业，要建设一个强大的中国农资连锁配送经营体系，必须缔造强大的核心竞争力。一方面需要社会各界对中农公司予以支持和关心；另一方面就是中农公司必须加强自身包括所属网络体系的建设和管理。对中农公司这样一个流通企业来说，核心竞争力就是强大的营销能力。因此，发展连锁配送不是简单地搭建销售平台，而是要切实提高营销能力。网点多并不意味着营销能力就强。这就要求我们必须注意业务流程、管理体系的再造问题。化肥流通市场化只有几年的时间，目前中农很多的业务管理和运作方式还不是很完善，不便于迅速推广和复制。为此，中农已与有关院校的专家以及专门的管理咨询公司合作，进一步修改、完善连锁配送为农服务工程实施方案，从而使其更符合实际和具有操作性。

（五）加快电子网络的建设，搭建信息沟通平台

这项工作专业化程度较高，中农正与有关技术公司合作，设计建立中国农资销售信息管理系统，加强对农资配送计划、采购、销售、库存的业务数据等信息的收集，实现销售管理的自动化和科学化，建立起高效、完善的农资配送业务管理信息系统。

三、发展农资连锁经营的两点建议

1. 需要进一步明确的产业政策引导

希望商务部能够组织牵头，制定农资行业的准入标准和资质审定，加强市场管理力度，打击假冒伪劣产品，在净化市场、稳定市场方面进一步发挥作用。

2. 协调落实农资经营的有关政策

农资经营是重要的支农物资，国家多年来一直给予一些政策支持，如农资铁路优惠运价、税收以及工商登记等。但近几年有所削弱，建议这方面要进一步强化。

（商务部商业改革发展司提供）

第三部分　调查篇

2002－2003年中国连锁经营发展环境相关统计数据

表1　人民物质文化生活状况

项目	单位	1995年	2000年	2001年	2002年	2003年
就业						
每一农村劳动力负担人数	人	1.56	1.52	1.52	1.52	1.47
每一城镇就业者负担人数	人	1.73	1.86	1.88	1.92	1.91
城镇登记失业率	%	2.9	3.1	3.6	4.0	4.3
收入						
农村居民家庭人均纯收入	元	1578	2253	2366	2475	2622
农村居民家庭人均纯收入指数	1978＝100	383.7	483.5	503.8	528.0	551.0
城镇居民家庭人均可支配收入	元	4283	6280	6860	7703	8472
城镇居民家庭人均可支配收入指数	1978＝100	290.3	383.7	416.3	472.1	515.0
职工年平均工资	元	5500	9371	10870	13161.1	14040.0
消费水平						
全国居民	元	2236	3397	3608	3791	4058
农村居民	元	1434	2037	2156	2259	2399
城镇居民	元	4874	7704	7761	7972	8265
农村居民家庭人均生活消费支出	元	1310	1670	1741	1834	1943
农村居民家庭恩格尔系数	%	58.6	49.1	47.7	46.2	45.6
城镇居民家庭人均生活消费支出	元	3538	4998	5309	6030	6511
城镇居民家庭恩格尔系数	%	49.9	39.2	37.9	37.7	37.1
储蓄						
城乡居民储蓄存款年底余额	亿元	29662	64332	73762	86911	103618
平均每人储蓄存款余额	元	2449	5076	5780	6766	8018
住房						
农村新建房屋面积	亿平方米	7.0	8.0	7.4	7.4	7.6
城镇新建房屋面积	亿平方米	3.8	5.5	5.4	6.0	6.2
农村人均居住面积	平方米	21.0	24.8	25.7	26.5	27.2
城市人均建筑面积	平方米	11.8	14.9	20.8	22.8	
城市人均使用面积	平方米	8.1	10.3	15.5		
城市公用事业						
用气普及率	%	70.0	84.2	60.4	67.2	

续表

项目	单位	1995年	2000年	2001年	2002年	2003年
人均公用绿地面积	平方米	5.0	6.8	4.6	5.4	
文化						
农村每百户有电视机	台	80.7	101.7	105.2	108.6	110.6
城镇每百户有彩色电视机	台	89.8	116.6	120.5	126.4	130.5
广播综合人口覆盖率	%	78.8	92.5	92.9	93.3	93.7
电视综合人口覆盖率	%	84.5	93.7	94.3	94.6	94.9
教育卫生						
学龄儿童入学率	%	98.5	99.1	99.1	98.6	98.7
每万人口中在校大学生数	人	24.0	43.9	56.3	70.3	86.3
每万人有医院、卫生院病床	张	23.4	23.8	23.9	23.2	23.4
每万人有医生数	人	15.8	16.8	16.9	14.7	14.8

注：1. 本表价值量指标按当年价格计算；指数按可比价格计算。

2. 城市住房人均使用面积和居住面积为建设部数字。

表2　　城乡居民家庭人均收入及恩格尔系数

年份	农村居民家庭人均纯收入		城镇居民家庭人均可支配收入		恩格尔系数（%）	
	绝对数（元）	指数（1978＝100）	绝对数（元）	指数（1978＝100）	农村居民家庭	城镇居民家庭
1978	133.6	100.0	343.4	100.0	67.7	57.5
1980	191.3	139.0	477.6	127.0	61.8	56.9
1985	397.6	268.9	739.1	160.4	57.8	53.3
1990	686.3	311.2	1510.2	198.1	58.8	54.2
1991	708.6	317.4	1700.6	212.4	57.6	53.8
1992	784.0	336.2	2026.6	232.9	57.6	52.9
1993	921.6	346.9	2577.4	255.1	58.1	50.1
1994	1221.0	364.4	3496.2	276.8	58.9	49.9
1995	1577.7	383.7	4283.0	290.3	58.6	49.9
1996	1926.1	418.2	4838.9	301.6	56.3	48.6
1997	2090.1	437.4	5160.3	311.9	55.1	46.4
1998	2162.0	456.2	5425.1	329.9	53.4	44.5
1999	2210.3	473.5	5854.0	360.6	52.6	41.9
2000	2253.4	483.5	6280.0	383.7	49.1	39.2
2001	2366.4	503.8	6859.6	416.3	47.7	37.9
2002	2475.6	528.0	7702.8	472.1	46.2	37.7
2003	2622.2	550.7	8472.2	514.6	45.6	37.1

注：本表指数按可比价格计算。

表 3　　全国城乡居民储蓄存款年底余额和年增加额

单位：亿元

年份	年底余额			年增加额		
	总计	定期	活期	总计	定期	活期
1978	210.6	128.9	81.7	29.0	17.2	11.8
1980	399.5	304.9	94.6	118.5	138.5	-20.0
1985	1622.6	1225.2	397.4	407.9	324.3	83.6
1986	2238.5	1729.7	508.8	615.9	504.5	111.4
1987	3081.4	2361.3	720.1	842.9	631.6	211.3
1988	3822.2	2848.5	973.7	740.8	487.2	253.6
1989	5196.4	4215.4	981.0	1374.2	1366.9	7.3
1990	7119.8	5911.2	1208.6	1923.4	1695.8	227.6
1991	9241.6	7691.7	1549.9	2121.8	1780.5	341.3
1992	11759.4	9425.2	2334.2	2517.8	1733.5	784.3
1993	15203.5	11971.0	3232.5	3444.1	2545.8	898.3
1994	21518.8	16838.7	4680.1	6315.3	4867.7	1447.6
1995	29662.3	23778.2	5884.1	8143.5	6939.5	1204.0
1996	38520.8	30873.4	7647.4	8858.5	7095.2	1763.3
1997	46279.8	36226.7	10053.1	7759.0	5353.3	2405.7
1998	53407.5	41791.6	11615.9	7615.4	5473.7	2141.7
1999	59621.8	44955.1	14666.7	6253.0	3198.5	3054.5
2000	64332.4	46141.7	18190.7	4976.7	1310.3	3666.4
2001	73762.4	51434.9	22327.6	9457.6	4144.5	5313.2
2002	86910.6	58788.9	28121.7	13233.2	7432.0	5801.2
2003	103617.7	68498.7	35119.0	16631.9	9674.5	6957.4

表 4　　城镇居民家庭基本情况

项目	单位	1985	1990	1995	2000	2001	2002	2003
调查户数	户	24338	35660	35520	42220	43840	45317	48028
平均每户家庭人口	人	3.89	3.50	3.23	3.13	3.10	3.04	3.01
平均每户就业人口	人	2.15	1.98	1.87	1.68	1.65	1.58	1.58
平均每户就业面	%	55.27	56.57	57.89	53.67	53.23	51.97	52.49
平均每一就业者负担人数(含本人)	人	1.81	1.77	1.73	1.86	1.88	1.92	1.91
平均每人全年可支配收入	元	739.08	1510.16	4282.95	6280.00	6859.58	7702.8	8472.2
平均每人全部年收入	元	748.92	1522.79	4288.09	6316.81	6907.08	8177.4	9061.2
国有单位职工工资	元	455.88	857.59	2590.03	3500.63	3745.98	5740.0	6410.2
集体单位职工工资	元	113.52	170.39	400.40	582.15	629.94		
其他所有制职工工资	元			68.53	269.82	314.13		
个体经营劳动者收入	元	10.20	18.71	90.60	348.2	400.34		

续表

项目	单位	1985	1990	1995	2000	2001	2002	2003
被聘用或留用的离退休人员收入	元	4.56	15.51	42.86	60.74	70.68		
其他就业者收入	元	1.95	3.79	8.44	30.96	36.92		
其他劳动收入	元	12.36	22.61	96.91	197.74	214.77		
财产性收入	元	3.74	15.6	90.43	128.38	134.62	102.12	135.0
转移性收入	元	65.88	250.01	734.83	1211.86	1362.39	2003.16	2112.2
其他收入	元	35.95	69.46	4.92	256.16	311.45		
平均每人实际支出	元	722.40	1413.9	4102.94	6147.4	6553.6	7893.0	8731.5
消费性支出	元	673.20	1278.89	3537.57	4998.00	5309.01	6029.9	6510.9
非消费性支出	元		37.16	561.11	1146.12	1240.81	1863.1	2220.6
恩格尔系数	%	52.25	54.25	49.92	39.18	37.94	37.7	37.1

注：1. 本表为城镇居民家庭抽样调查资料。

2. 可支配收入指居民家庭在支付个人所得税之后，所余下的实际收入。计算公式为：

可支配收入＝实际收入－个人所得税－家庭副业生产支出－记账补贴

3.2001和2000年城镇居民住户调查四季度数据为10月、11月的平均数，不包括12月数据。

表5　　城镇居民平均每人全年支出和购买的主要商品数量

项目	1998年	1999年	2000年	2001年	2002年	2003年
消费性支出（元）	4331.6	4615.9	4998.0	5309.0	6029.9	6510.9
1. 食品	1926.9	1932.1	1958.3	2014.0	2271.8	2416.9
#粮食	226.8	215.4	188.7	188.1	190.4	194.2
油脂类	75.3	73.7	66.3	58.9	64.4	
肉禽及制品	431.2	408.5	411.3	413.5	455.0	
水产品类	142.5	144.0	143.5	152.0	169.7	
菜类	197.0	194.6	192.3	194.3	213.5	236.4
烟草类	93.6	94.8	100.9	103.8	113.5	
酒和饮料	91.6	95.3	103.2	103.9	112.3	
干鲜瓜果	120.7	130.0	127.5	131.3	167.8	174.9
在外用餐	277.0	249.6	287.8	314.2	413.5	
2. 衣着	480.9	482.4	500.5	533.7	590.9	637.7
#服装	311.0	320.2	337.2	364.3	416.4	455.3
鞋袜帽及其他衣着	120.7	123.1	130.8	140.6	142.9	
3. 家庭设备用品及服务	356.8	395.5	439.3	438.9	388.7	410.3
#耐用消费品	201.3	231.3	259.1	250.6	205.1	213.6
4. 医疗保健	205.2	245.6	318.1	343.3	430.1	476.0
5. 交通和通信	257.2	310.6	395.0	457.0	626.0	721.1
交通	114.8	136.9	162.2	175.5	267.2	297.1
通信	142.4	173.7	232.8	281.5	358.8	424.0

续表

项目	1998 年	1999 年	2000 年	2001 年	2002 年	2003 年
6. 娱乐教育文化服务	499.4	567.1	627.8	690.0	902.3	934.4
# 文娱用耐用消费品	126.0	135.3	146.9	139.4	161.9	155.9
教育	275.0	323.3	363.8	428.3	495.2	514.0
7. 居住	408.4	454.0	500.5	548.0	624.4	699.4
住房	173.0	195.9	200.6	217.0	242.6	256.5
水电燃料及其他	235.4	258.1	298.9	331.0	357.0	412.7
8. 杂项商品和服务	197.0	228.8	258.8	284.1	195.8	215.1
# 个人消费	156.7	185.2	210.5	233.6	120.5	
购买的主要商品数量（千克）						
粮食	86.7	84.9	82.3	79.7	78.5	79.5
鲜菜	113.8	114.9	114.7	115.9	116.5	118.3
食用植物油	7.6	7.8	8.2	8.1	8.5	9.2
猪肉	15.9	16.9	16.7	16.0	20.3	20.4
牛羊肉	3.3	3.1	3.3	3.2	3.0	3.3
家禽	4.7	4.9	7.4	7.3	9.2	9.2
鲜蛋	10.8	11.5	11.9	11.1	10.6	11.2
水产品	9.8	10.3	11.7	12.3	13.2	13.4
酒	9.7	9.6	10.0	9.7	9.1	9.4
煤炭	116.9	115.5	128.1	129.5	101.3	104.7

表 6　　城镇居民平均每百户耐用消费品年底拥有量

项　目	单位	1997 年	1998 年	1999 年	2000 年	2001 年	2002 年	2003 年
摩托车	辆	11.6	13.2	15.1	18.8	20.4	28.1	31.8
洗衣机	台	89.1	90.6	91.5	90.5	92.2	92.9	94.4
电冰箱	台	73.0	76.1	77.7	80.1	81.9	87.4	88.7
彩色电视机	台	100.5	105.4	111.6	116.6	120.5	126.4	130.5
录放像机	台	21.3	21.7	21.7	20.1	19.9	18.4	17.9
组合音箱	套	15.3	17.5	19.7	22.2	23.8	25.2	26.9
照相机	台	33.6	36.3	38.1	38.4	39.8	44.1	45.4
空调器	台	16.3	20.0	24.5	30.8	35.8	51.1	61.8
淋浴热水器	台	38.9	43.3	45.5	49.1	52.0	62.4	66.6
排油烟机	台	42.6	45.9	48.6	54.1	55.5	60.7	63.6
影碟机	台	7.9	16.0	24.7	37.5	42.6	52.6	58.7
家用电脑	台	2.6	3.8	5.9	9.7	13.3	20.6	27.8
摄像机	台	0.8	0.9	1.1	1.3	1.6	1.9	2.5
微波炉	台	5.4	8.5	12.2	17.6	22.3	30.9	37.0
健身器材	台	2.3	3.0	3.8	3.5	4.0	3.7	4.1
移动电话	台	1.7	3.3	7.1	19.5	34.0	62.9	90.1
家用汽车	台	0.2	0.3	0.3	0.5	0.6	0.9	1.4

表7 **城镇居民收入与支出结构**

单位：元

项　目	1990年	1995年	1997年	1998年	1999年	2000年	2001年	2002年	2003年
平均每人全部年收入	1523	4288	5189	5458	5889	6316.8	6907.1	8177.4	9061.2
最低收入户	860	2178	2456	2505	2647	2678.3	2834.7	3186.1	2762.4
困难户	783	1985	2186	2229	2357	2350.8	2497.3	2749.4	2278.3
低收入户	1077	2778	3246	3329	3518	3658.5	3888.1	4486.9	4209.2
中等偏下收入户	1267	3364	3988	4135	4392	4651.7	4983.5	5862.2	5705.7
中等收入户	1489	4074	4922	5149	5543	5930.8	6406.2	7638.5	7753.9
中等偏上收入户	1757	4958	6074	6405	6942	7525.0	8213.7	9874.4	10463.7
高收入户	2072	6036	7495	7918	8675	9484.7	10441.6	12604.3	14076.1
最高收入户	2676	8231	10297	11021	12148	13390.5	15220	18288.3	23484.0
平均每人消费性支出	1279	3538	4186	4332	4616	4998.0	5309.0	6029.9	6510.9
最低收入户	782	2061	2333	2398	2523	2540.1	2691.0	2987.2	2562.4
困难户	725	1904	2148	2214	2328	2320.4	2450.9	2687.4	2237.3
低收入户	961	2516	2895	2979	3137	3274.9	3452.3	3913.9	3549.3
中等偏下收入户	1098	2934	3427	3503	3695	3947.9	4197.6	4696.3	4557.8
中等收入户	1275	3446	4065	4180	4433	4794.6	5131.6	5846.6	5848.0
中等偏上收入户	1457	4046	4822	4981	5347	5894.9	6241.5	7155.4	7547.3
高收入户	1685	4666	5710	6003	6443	7102.3	7495.1	8701.2	9627.6
最高收入户	2040	6033	7315	7594	8262	9250.6	9834.2	11224.3	14515.7

表8 **各地区城镇居民人均可支配收入**

单位：元

地区	1998年	1999年	2000年	2001年	2002年	2003年
全国总计	5425.1	5854.0	6280.0	6859.6	7702.8	8472.0
北　京	8472.0	9182.8	10349.7	11577.8	12462.5	13882.6
天　津	7110.5	7649.8	8140.5	8958.7	9337.6	10313.0
河　北	5084.6	5365.0	5661.2	5984.8	6678.7	7239.1
山　西	4098.7	4342.6	4724.1	5391.1	6234.3	7005.0
内蒙古	4353.0	5129.1	5535.9	5536.0	6051.2	7012.9
辽　宁	4617.2	4898.6	5357.8	5797.0	6524.6	7240.6
吉　林	4206.6	4480.0	4810.0	5340.5	6260.2	7005.1
黑龙江	4268.5	4595.1	4912.9	5425.9	6100.3	6678.9
上　海	8773.1	10931.6	11718.0	12883.5	13250.2	14867.5
江　苏	6017.9	6538.2	6800.2	7375.1	8177.6	9262.0
浙　江	7836.8	8428.0	9279.2	10464.7	11715.6	13180.0
安　徽	4770.5	5064.6	5293.6	5668.8	6032.4	6778.0

续表

地区	1998年	1999年	2000年	2001年	2002年	2003年
福　建	6485.6	6859.8	7432.3	8313.1	91893.0	9999.5
江　西	4251.4	4720.6	5103.6	5506.0	6335.6	
山　东	5380.1	5809.0	6490.0	7101.1	7614.5	8399.9
河　南	4219.4	4532.4	4766.3	5267.4	6245.4	6926.1
湖　北	4826.4	5212.8	5524.5	5856.0	6788.6	7322.0
湖　南	5334.3	5815.4	6218.7	6780.6	6958.6	7674.2
广　东	8839.7	9125.9	9761.6	10405.2	11137.2	12380.4
广　西	5412.2	5619.5	5834.4	6665.7	7315.3	7785.0
海　南	4852.9	5338.3	5258.3	5838.8	6822.7	7259.0
重　庆	5466.6	5896.0	6276.0	6721.1	7238.0	8093.7
四　川	5127.1	5477.9	5894.3	6360.5	6610.8	7041.5
贵　州	4565.4	4934.0	5122.2	5451.9	5944.1	6568.9
云　南	6042.8	6178.7	6324.6	6797.7	7628.3	7643.6
西　藏	6908.7	7426.3	7869.2	7762.0	8058.0	
陕　西	4220.2	4654.1	5124.2	5483.7	6330.8	6806.0
甘　肃	4009.6	4475.2	4916.3	5382.9	6151.4	6657.2
青　海	4240.1	4703.4	5170.0	5853.7	6503.9	6731.9
宁　夏	4112.4	4472.9	4912.4	5544.2	6067.4	6531.0
新　疆	5000.8	5319.8	5644.9	6395.0	6898.6	7220.6

表9　　2002年各地区城镇居民人均收支情况

单位：元

地　区	全部收入	#可支配收　入	实际支出	#消费性支　出	#非消费性支出	恩格尔系　数（%）
全国总计	8177.4	7702.8	7893.0	6029.9	1863.1	37.7
北　京	13251.8	12462.5	12248.3	10284.6	1963.7	33.8
天　津	9838.6	9337.6	9689.2	7192.0	2497.2	36.2
河　北	7015.2	6679.7	6589.8	5069.3	1520.6	35.4
山　西	6528.5	6234.4	6407.0	4711.0	1696.1	32.5
内蒙古	6341.3	6051.2	6235.4	4859.9	1375.6	31.5
辽　宁	6941.4	6524.5	6995.0	5342.7	1652.4	38.8
吉　林	6522.6	6260.2	6431.5	4973.9	1457.6	36.4
黑龙江	6333.7	6100.3	5737.8	4462.1	1276.0	35.5
上　海	14395.8	13249.8	15247.4	10464.0	4783.3	39.4
江　苏	8738.5	8177.6	8270.9	6042.6	2228.4	40.4

续表

地　区	全部收入	#可支配收入	实际支出	#消费性支出	#非消费性支出	恩格尔系数(%)
浙　江	12682.4	11715.6	11835.8	8713.1	3122.9	39.9
安　徽	6334.6	6032.4	6629.3	4736.5	1892.6	43.2
福　建	9861.5	9189.4	8764.8	6631.7	2133.1	43.4
江　西	6521.3	6335.6	5827.7	4549.3	1278.4	40.5
山　东	8158.1	7614.5	7501.2	5596.3	1904.9	34.4
河　南	6515.5	6245.4	5745.1	4504.7	1240.4	33.7
湖　北	7142.2	6788.6	7159.7	5608.9	1550.8	37.2
湖　南	7371.8	6958.6	7583.6	5574.7	2008.9	35.6
广　东	11960.9	11137.2	11368.7	8988.5	2380.4	38.5
广　西	7756.9	7315.3	6877.2	5413.4	1463.6	40.7
海　南	7174.2	6822.7	6645.0	5459.6	1185.5	44.6
重　庆	7663.3	7238.0	7985.2	6360.2	1624.9	38.0
四　川	6988.6	6610.8	7118.6	5413.1	1705.7	39.8
贵　州	6107.3	5944.1	5573.5	4598.3	975.2	38.9
云　南	7690.2	7240.4	7224.2	5827.9	1396.2	41.6
西　藏	8626.9	7762.0	8724.6	6952.4	1772.2	40.8
陕　西	6747.0	6330.8	6758.8	5378.0	1380.7	34.1
甘　肃	6524.3	6151.4	6419.9	5064.2	1355.6	35.4
青　海	6499.3	6170.5	6580.3	5042.5	1537.9	36.7
宁　夏	6409.4	6067.4	6652.7	5104.9	1547.8	34.8
新　疆	7452.6	6898.6	7160.2	5636.4	1523.8	33.9

表 10　　**2003年各地区城镇居民人均收支情况**

单位：元

地　区	全部收入	#可支配收入	实际支出	#消费性支出	#非消费性支出	恩格尔系数(%)
全国总计	9061.2	8472.2	8731.6	6510.9	2220.6	37.1
北　京	14959.3	13882.6	13762.9	1123.8	2639.0	31.7
天　津	10971.6	10312.9	11088.0	7867.5	3220.5	37.7
河　北	7608.4	7239.1	7284.2	5439.7	1844.4	35.2
山　西	7446.9	7005.0	7435.1	5105.4	2329.7	33.5
内蒙古	7351.6	7012.9	6984.4	5419.1	1565.3	31.5
辽　宁	7832.7	7240.6	8220.2	6077.9	2142.3	39.4
吉　林	7311.2	7005.2	7171.0	5492.0	1678.9	35.6
黑龙江	6968.0	6678.9	6327.0	5015.2	1311.8	35.6

续表

地区	全部收入	#可支配收入	实际支出	#消费性支出	#非消费性支出	恩格尔系数(%)
上海	16380.2	14867.5	17110.0	11040.3	6069.6	37.2
江苏	9912.1	9262.5	9107.7	6708.6	2399.1	38.3
浙江	14295.4	13179.5	13692.1	9712.9	3979.2	36.6
安徽	7155.9	6778.0	7100.9	5064.3	2036.5	44.2
福建	10816.3	9999.5	9879.3	7356.3	2523.0	42.2
江西	7153.7	6901.4	6387.5	4914.6	1473.0	40.3
山东	9057.6	8399.9	8290.0	6069.4	2220.6	33.8
河南	7245.0	6926.1	6465.6	4941.6	1524.0	33.6
湖北	7745.8	7322.0	7551.1	5963.3	1587.9	38.2
湖南	8145.1	7674.2	8441.6	6082.6	2359.0	35.8
广东	13451.1	12380.4	12825.5	9636.3	3189.2	37.2
广西	8293.9	7785.0	7582.3	5763.5	1818.8	40.0
海南	7605.7	7259.3	7055.0	5502.4	1552.6	44.8
重庆	8671.9	8093.7	8584.8	7118.1	1466.7	38.0
四川	7488.5	7041.9	7506.6	5759.1	1747.4	38.9
贵州	6746.4	6569.2	6081.2	4949.0	1132.3	39.8
云南	8202.6	7643.6	7650.6	6023.6	1627.0	41.6
西藏	9696.8	8765.5	10498.7	8045.3	2453.4	44.0
陕西	7314.4	6806.4	7552.2	5666.5	1885.7	34.6
甘肃	7132.8	6657.2	7027.8	5298.9	1728.9	36.0
青海	7155.1	6745.3	7090.3	5400.2	1690.1	36.8
宁夏	6991.3	6530.5	7911.8	5330.3	2581.5	36.0
新疆	7866.9	7173.5	7141.6	5540.6	1601.0	35.9

表11　　农村居民家庭基本情况

项目	单位	1985年	1990年	1995年	2000年	2001年	2002年	2003年
调查户数	户	66642	66960	67340	68116	68190	68190	68190
调查户常住人口	人	341525	321429	301878	286162	283223	281674	279536
平均每户常住人口	人	5.12	4.80	4.48	4.20	4.15	4.13	4.10
平均每户整、半劳动力	人	2.95	2.92	2.88	2.76	2.73	2.76	2.80
平均每个劳动力担负人口（含本人）	人	1.74	1.64	1.56	1.52	1.52	1.50	1.47
平均每户生产固定资产原值	元	792.53	1258.06	2774.27	4673.06	4883.80	5221.33	5586.00
平均每人经营耕地面积	亩	2.07	2.10	2.17	1.98	1.99	1.94	1.87

续表

项　　目	单位	1985年	1990年	1995年	2000年	2001年	2002年	2003年
平均每人年收入（总收入）	元	547.31	990.38	2337.87	3146.21	3306.92	3448.60	3582.40
1. 工资性收入	元	72.15	138.80	353.70	702.30	771.90	840.22	918.40
2. 家庭经营收入	元	445.25	815.79	1877.42	2251.28	2325.23	2380.50	2455.0
3. 财产性收入	元	29.91	35.79	40.98	45.04	46.97	50.68	65.80
4. 转移性收入	元			65.77	147.59	162.83	158.40	143.30
纯收入	元	397.60	686.31	1577.74	2253.42	2366.40	2475.60	2622.20
1. 生产性纯收入	元	367.69	657.35	1479.49	2129.58	2231.58	2326.80	
第一产业收入	元	298.28	510.86	996.51	1125.34	1165.17	1166.80	1195.60
第二产业收入	元	29.47	70.68	287.24	488.89	532.61	586.90	
第三产业收入	元	39.94	75.81	195.74	515.35	533.80	572.10	
2. 非生产性收入	元	29.91	28.96	98.25	123.84	134.82	148.90	
现金收入	元	357.39	676.67	1595.56	2381.60	2534.70	2713.00	2929.50
1. 工资性收入	元	68.89	136.43	352.88	700.41	769.77	839.20	916.60
2. 家庭经营收入	元	251.68	481.19	1116.73	1498.81	1565.51	1653.70	1822.10
3. 财产性收入	元	36.82	59.05	38.19	38.89	41.05	49.30	56.00
4. 转移性收入	元			87.76	143.49	158.37	154.70	134.70
平均每人年总支出	元	485.51	903.47	2138.33	2652.42	2779.96	2923.60	3025.0
生活消费支出	元	317.42	584.63	1310.36	1670.13	1741.09	1834.30	1943.30
恩格尔系数	%	57.79	58.80	58.62	49.13	47.71	46.20	45.60
现金支出	元	331.23	639.09	1545.81	2140.37	2284.62	2437.70	2537.40
房屋使用情况								
平均每人年内新建房屋面积	平方米	1.08	0.82	0.78	0.87	0.84	0.86	0.79
平均每人年末住房面积	平方米	14.7	17.83	21.01		25.73	26.53	27.24

表12　　农村居民平均每人全年支出和主要食品消费量

项　目	1998年	1999年	2000年	2001年	2002年	2003年
平均每人总支出（元）	2457.17	2390.37	2652.42	2779.96	2923.60	3025.0
#家庭经营费用支出	652.48	599.72	654.27	695.97	731.01	755.4
购置生产性固定资产支出	54.31	57.63	63.90	78.13	85.50	100.3
税费支出	106.70	99.98	95.52	91.24	78.70	67.3
#纳税	37.93	36.00	36.08	38.10	53.80	55.3
#生活消费支出	1590.33	1577.42	1670.13	1741.09	1834.31	1943.3
食品	849.64	829.02	820.51	830.72	848.35	886.0
衣着	98.06	92.04	95.95	98.68	105.00	110.3

续表

项 目	1998年	1999年	2000年	2001年	2002年	2003年
居住	239.62	232.69	258.34	279.06	300.16	308.4
家庭设备用品及服务	81.92	82.27	75.45	76.98	80.35	81.7
医疗保健	68.13	70.02	87.57	96.61	103.94	115.8
交通及运输	60.68	68.73	93.13	109.98	128.53	162.5
文化教育、娱乐用品及服务	159.41	168.33	186.71	192.64	210.31	235.7
其他商品及服务	32.87	34.32	52.46	56.42	57.66	43.0
平均每人现金支出（元）	1930.98	1917.23	2140.37	2284.62	2437.72	2537.4
#家庭经营费用支出	511.66	470.73	544.49	584.8	617.41	740.1
生活消费支出	1128.16	1144.61	1284.74	1364.08	1467.62	1576.6
#食品	428.90	425.98	464.26	484.47	510.96	551.2
衣着	97.04	91.48	85.17	97.95	104.50	109.5
居住	199.35	206.60	231.06	249.84	271.54	278.1
主要食品消费量（千克）						
粮食（原粮）	249.28	247.45	249.49	237.98	236.50	223.7
#细粮	208.97	206.18	207.10	199.70	199.42	192.5
蔬菜	108.96	108.89	111.98	109.30	110.55	107.4
食油	6.13	6.17	7.06	7.03	7.53	6.3
猪牛羊肉	13.20	13.87	14.41	14.50	14.87	15.0
家禽	2.33	2.48	2.81	2.87	2.91	3.2
蛋及制品	4.11	4.28	4.77	4.72	4.66	4.8
水产品	3.66	3.82	3.92	4.12	4.36	4.7
食糖	1.40	1.46	1.28	1.43	1.64	1.3
酒	6.98	6.98	7.02	7.10	7.50	7.7

表13　　农村居民家庭平均每百户年底耐用消费品拥有量

项 目	单位	1996年	1997年	1998年	1999年	2000年	2001年	2002年	2003年
自行车	辆	139.12	141.95	137.15	136.85	120.48	120.83	121.3	118.50
电风扇	台	100.46	105.93	111.59	116.07	122.62	129.42	134.3	138.10
电视机	台	87.97	92.44	96.16	100.59	101.71	105.15	108.6	110.60
#彩电	台	22.91	27.32	32.59	38.24	48.74	54.41	60.40	67.80
电冰箱	台	7.27	8.49	9.25	10.64	12.31	13.59	14.80	15.90
收录机	台	31.15	32.02	32.36	31.99	21.58	20.74	20.40	18.70
摩托车	辆	8.40	10.89	13.52	16.49	21.94	24.71	28.10	31.80
洗衣机	台	20.54	21.87	22.81	24.32	28.58	29.94	31.80	34.30
照相机	架	1.94	2.06	2.22	2.69	3.12	3.23	3.30	3.40
录像机	台	1.52	1.79	2.09	2.66	3.30	3.34	3.32	3.50

表 14　　农村居民家庭纯收入户数结构

单位：%

项目	1990 年	1995 年	2000 年	2001 年	2002 年
100 元以下	0.30	0.21	0.31	0.48	0.40
100～200（元）	1.78	0.36	0.20	0.21	0.19
200～300（元）	6.56	0.78	0.43	0.33	0.28
300～400（元）	12.04	1.47	0.69	0.60	0.50
400～500（元）	14.37	2.30	1.01	0.89	0.79
500～600（元）	13.94	3.37	1.37	1.36	1.25
600～800（元）	20.80	9.54	4.44	3.88	3.62
800～1000（元）	12.49	11.63	5.72	5.47	4.98
1000～1200（元）		11.83	6.75	6.30	6.16
1200～1300（元）	12.25	5.38	3.75	3.45	3.25
1300～1500（元）		9.74	7.42	7.25	6.89
1500～1700（元）	3.48	7.92	7.48	7.20	6.89
1700～2000（元）		9.39	10.45	10.13	6.89
2000～2500（元）		10.29	14.54	14.52	14.31
2500～3000（元）		5.89	10.29	10.38	10.45
3000～3500（元）		3.49	7.11	7.41	7.79
3500～4000（元）	1.99	1.95	4.76	5.07	5.61
4000～4500（元）		1.34	3.44	3.61	3.83
4500～5000（元）		0.86	2.40	2.56	2.84
5000 元以上		2.26	7.45	8.90	10.09

表 15　　各地区农村居民纯收入

单位：元

地区	1998 年	1999 年	2000 年	2001 年	2002 年	2003 年
全国总计	2161.98	2210.34	2253.42	2366.40	2475.6	2622.2
北　京	3952.30	4226.59	4604.55	5025.50	5398.5	5601.6
天　津	3395.70	3411.11	3622.39	3947.72	4278.7	4566.0
河　北	2405.30	2441.50	2478.86	2603.60	2685.2	2853.0
山　西	1858.60	1772.62	1905.61	1956.05	2149.8	2299.4
内蒙古	1981.50	2002.93	2038.21	1973.37	2086.0	2267.7
辽　宁	2479.80	2501.04	2355.58	2557.93	2751.3	2934.2
吉　林	2383.60	2260.59	2022.50	2182.22	2301.0	2530.4
黑龙江	2253.10	2165.93	2148.22	2280.28	2405.2	2508.9
上　海	5406.80	5409.11	5596.37	5870.87	6223.6	6653.9
江　苏	3376.80	3495.20	3595.09	3784.71	3979.8	4239.3
浙　江	3814.60	3948.39	4253.67	4582.34	4940.4	5389.0
安　徽	1862.90	1900.29	1934.57	2020.04	2117.6	2127.5

续表

地区	1998年	1999年	2000年	2001年	2002年	2003年
福　建	2946.40	3091.39	3230.49	3380.72	3538.8	3733.9
江　西	2048.00	2129.45	2135.30	2231.60	2306.5	2457.5
山　东	2452.80	2549.58	2659.20	2804.51	2947.7	3150.5
河　南	1864.10	1948.36	1985.82	2097.86	2215.7	2235.7
湖　北	2172.20	2217.00	2268.59	2352.16	2444.1	2566.8
湖　南	2064.90	2127.46	2197.16	2299.46	2397.9	2532.9
广　东	3527.10	3628.95	3654.48	3769.79	3911.9	4054.6
广　西	1971.80	2048.33	1864.51	1944.33	2012.6	2094.5
海　南	2018.30	2087.46	2182.26	2226.47	2423.2	2588.1
重　庆	1720.50	1736.63	1892.44	1971.18	2097.6	2214.6
四　川	1789.20	1843.47	1903.60	1986.99	2107.6	2229.9
贵　州	1334.50	1363.47	1374.16	1411.73	1489.9	1564.7
云　南	1387.30	1437.63	1478.60	1533.74	1608.6	1697.1
西　藏	1231.50	1309.46	1330.81	1404.01	1462.3	1691.0
陕　西	1405.60	1455.86	1443.86	1490.80	1596.3	1675.7
甘　肃	1393.10	1357.28	1428.68	1508.61	1590.3	1673.0
青　海	1424.80	1466.67	1490.49	1557.32	1668.9	1794.1
宁　夏	1721.20	1754.15	1724.30	1823.05	1917.4	2043.3
新　疆	1600.10	1473.17	1618.08	1710.44	1863.0	2106.2

表16　　2002年各地区农村居民家庭收支情况

单位：元

地区	总收入	#纯收入	总支出	#生活消费	现金收入	现金支出	恩格尔系数（%）
全国总计	3448.6	2475.6	2923.6	1834.3	2713.0	2437.7	46.2
北　京	6429.9	5398.5	4996.6	3731.7	6225.8	4920.9	34.1
天　津	5436.9	4278.7	3489.0	2163.6	5024.1	3350.3	38.0
河　北	3631.1	2685.2	2479.6	1476.4	3041.3	2197.9	38.9
山　西	2764.1	2149.8	2079.5	1354.6	2169.7	1807.0	43.9
内蒙古	3657.0	2086.0	3364.8	1647.0	2517.1	2628.0	43.4
辽　宁	4210.6	2751.3	3525.2	1781.3	3484.4	2998.6	45.0
吉　林	3629.8	2301.0	3277.2	1680.2	2494.2	2817.9	44.1
黑龙江	4195.1	2405.2	3857.1	1674.2	3124.5	3393.9	41.6
上　海	7070.9	6223.6	6979.6	5301.8	6666.7	6645.2	35.3
江　苏	4975.7	3979.8	3811.6	2620.3	4288.0	3390.9	39.9

续表

地区	总收入	#纯收入	总支出	#生活消费	现金收入	现金支出	恩格尔系数（%）
浙　江	6152.2	4940.4	5175.3	3692.9	5704.7	4854.2	40.8
安　徽	2875.7	2117.6	2322.3	1475.8	2218.3	1897.6	47.5
福　建	4455.3	3538.8	3634.6	2583.2	4055.8	3338.9	45.9
江　西	3023.9	2306.5	2616.9	1784.9	2306.3	2068.5	50.2
山　东	4324.1	2947.7	3438.8	1997.8	3691.0	3041.3	42.0
河　南	3061.0	2215.7	2361.7	1451.5	2119.7	1840.5	48.0
湖　北	3239.8	2444.1	2711.5	1745.6	2317.3	2115.5	50.0
湖　南	3389.1	2397.9	3114.7	2068.7	2731.7	2543.9	52.5
广　东	4893.4	3911.9	3818.6	2825.0	4146.6	3309.4	47.6
广　西	2864.6	2012.6	2598.7	1686.1	2232.4	2068.9	51.9
海　南	3272.5	2423.2	2501.2	1602.9	2640.9	1963.0	59.1
重　庆	2828.7	2097.6	2282.3	1497.7	1858.5	1623.9	55.8
四　川	3121.8	2107.6	2654.0	1592.0	2125.2	1911.1	53.9
贵　州	2072.1	1489.9	1777.1	1137.6	1371.6	1184.0	58.1
云　南	2491.4	1608.6	2302.3	1381.5	1593.6	1527.5	55.9
西　藏	1917.2	1462.3	1393.8	1000.3	1242.8	925.7	63.8
陕　西	2261.6	1596.3	2252.7	1490.8	1796.1	1944.2	37.8
甘　肃	2173.7	1590.3	1795.5	1153.3	1498.7	1421.5	46.1
青　海	2258.2	1668.9	2232.7	1386.1	1653.8	1752.6	48.0
宁　夏	3110.9	1917.4	2777.6	1418.1	2456.8	2262.2	44.6
新　疆	3239.6	1863.3	2900.1	1411.7	2501.0	2437.2	49.0

表17　　**2003年各地区农村居民家庭收支情况**

单位：元

地区	总收入	#纯收入	总支出	#生活消费	现金收入	现金支出	恩格尔系数（%）
全国总计	3582.4	2622.2	3025.0	1943.3	2929.5	2537.4	45.6
北　京	6477.5	5601.6	5242.3	4147.3	6316.2	5173.5	32.1
天　津	5900.3	4566.0	3836.9	2319.5	5532.1	3702.1	38.2
河　北	3785.5	2853.0	2618.0	1600.1	3202.5	2326.7	39.9
山　西	2879.3	2299.4	2091.8	1434.4	2255.1	1812.7	43.3
内蒙古	3862.0	2267.7	3583.9	1770.6	2934.1	2879.1	41.3
辽　宁	4458.5	2934.2	3618.7	1884.1	3771.5	3115.3	43.2
吉　林	3862.2	2530.4	3379.4	1815.6	3118.9	2952.0	44.0
黑龙江	4268.2	2508.9	3863.9	1661.7	3700.1	3482.4	40.7

续表

地区	总收入	#纯收入	总支出	#生活消费	现金收入	现金支出	恩格尔系数（%）
上海	7227.2	6658.0	6931.0	5669.6	6936.3	6642.3	35.3
江苏	5202.5	4239.3	3858.6	2704.4	4652.7	3393.3	41.4
浙江	6666.8	5389.0	5906.5	4285.1	6316.0	5617.0	38.2
安徽	2842.6	2127.5	2378.8	1596.3	2255.3	1928.7	46.0
福建	4640.1	3733.9	3737.9	2715.5	4158.4	3449.7	45.0
江西	3181.0	2457.5	2731.1	1907.6	2542.6	2152.5	51.7
山东	4482.2	3150.5	3521.4	2133.2	3887.3	3087.8	41.8
河南	3036.2	2235.7	2320.2	1444.5	2228.3	1885.3	45.9
湖北	3378.8	2566.8	2755.3	1801.6	2560.5	2128.0	51.7
湖南	3515.5	2532.9	3184.3	2139.2	2867.0	2607.8	51.9
广东	4946.7	4054.6	3888.4	2927.4	4376.9	3418.5	47.9
广西	2916.2	2094.5	2631.3	1751.2	2323.2	2122.9	51.3
海南	3428.7	2588.1	2502.1	1644.8	2880.3	2000.2	57.6
重庆	2922.1	2214.6	2333.9	1583.3	2019.6	1672.0	52.5
四川	3255.8	2229.9	2828.4	1747.0	2327.8	1985.9	53.9
贵州	2147.3	1564.7	1840.5	1185.2	1463.6	1213.3	56.9
云南	2554.4	1697.1	2320.4	1405.7	1709.8	1616.5	53.0
西藏	1973.2	1691.0	1434.3	1030.1	1287.6	938.9	65.0
陕西	2281.0	1675.7	2189.1	1455.4	1849.7	1923.0	39.3
甘肃	2336.8	1673.0	2053.2	1336.9	1644.2	1611.7	43.9
青海	2410.0	1794.1	2286.7	1563.2	1740.3	1679.4	49.6
宁夏	3268.0	2043.3	3029.8	1637.1	2624.5	2457.3	41.5
新疆	3564.1	2106.2	3082.8	1465.3	2930.4	2599.4	45.5

表 18

国内贸易基本情况

单位：亿元

指标	1998年	1999年	2000年	2001年	2002年	2003年
一、批发零售贸易业商品购销存总额						
商品购进总额	24297.4	24580.8	29784.1	32489.0	36885.9	
商品销售总额	56437.7	58780.1	66359.5	72415.2	81266.0	95507.0
限额以上	2146.8	27448.3	32265.5	32809.8	40090.3	45323.0
限额以下	29290.9	31331.7	34094.0	37243.0	41176.0	50184.0
商品库存总额	3789.7	3629.7	3327.2	4156.9	3577.9	3148.0
二、社会消费品零售总额	29152.5	31134.7	34152.6	37595.2	40910.5	45842.0

续表

指　标	1998 年	1999 年	2000 年	2001 年	2002 年	2003 年
按销售单位所在地分						
市	17825.2	19091.6	21110.3	23543.4	25897.6	29777.3
县	3681.9	3892.5	4217.2	4583.2	4880.4	5247.8
县以下	7645.4	8150.6	8825.1	9468.6	10132.5	10816.9
按行业分						
批发零售贸易业	19185.8	20551.8	23042.3	25510.8	27859.6	37692.5
餐饮业	2816.4	3199.6	3752.6	4368.9	5092.3	6065.7
其他行业	7150.3	7383.3	7357.7	7715.5	7958.6	2083.8
#制造业	2037.6	2094.5	2191.8	2304.7	2392.9	
农业生产者	4088.7	4205.0	4035.8	4191.7	4292.2	
三、城乡消费品市场情况						
市场数（个）	89177	88576	88811	86454	82498	81017
城市	24127	24983	26395	26699	26529	27006
乡村	65050	63593	62416	59755	55969	54011
成交额	19835.5	21707.8	2427936	24949.4	25975.7	26498.0
城市	11042.8	13800.4	14319.7	14319.7	15140.1	15448.0
乡村	8792.7	9382.1	10479.2	10629.6	10835.6	11050.0
在成交额中						
#粮油类	1464.9	1591.1	1959.5	1868.5	2095.5	2325.0
肉禽蛋类	3557.4	3802.1	4201.9	4185.3	4468.0	4802.0
水产品类	1659.0	1800.7	2073.4	2076.8	2205.4	2246.0
蔬菜类	2207.0	2425.5	2551.8	2695.2	2887.7	2938.0
干鲜果类	1234.7	1398.2	1546.2	1584.4	1692.2	1709.0
工业品	7792.6	8767.1	9559.34	10001.4	9986.6	9927.0

注：1.1998 年及以后批发零售贸易业商品购、存总额为限额以上批发零售贸易业数据。

2.1997 年及以后社会消费品零售总额不含居民购买住房（表 19 同）。

表 19　　　　各地区社会消费品零售总额

单位：亿元

地　区	1998 年	1999 年	2000 年	2001 年	2002 年	2003 年
全国总计	29152.5	31134.7	34152.6	37595.2	40910.5	45842.0
北　京	1167.2	1313.3	1443.3	1593.5	1744.8	1916.7
天　津	597.1	657.3	736.6	832.7	941.4	1074.1
河　北	1332.6	1458.8	1613.9	832.7	1968.3	2177.9
山　西	547.1	587.1	629.1	679.9	755.4	729.3
内蒙古	399.5	437.4	484.0	537.3	606.0	726.8

续表

地区	1998年	1999年	2000年	2001年	2002年	2003年
辽宁	1568.7	1696.1	1847.6	2034.9	2258.4	2330.8
吉林	680.4	734.0	810.9	909.1	1008.2	1376.4
黑龙江	949.7	1016.2	1094.0	1198.9	1320.0	1376.4
上海	1471.0	1590.4	1722.3	1861.3	2035.2	2220.6
江苏	2238.0	2394.1	2604.1	2869.0	3215.8	3566.5
浙江	1909.1	2075.8	2298.8	2555.5	2877.5	3157.1
安徽	924.8	979.1	1054.3	1142.8	1228.7	1331.2
福建	1132.5	1246.3	1372.8	1499.5	1663.3	1740.5
江西	605.1	650.5	704.9	763.3	832.7	923.2
山东	2127.2	2310.1	2545.9	2834.9	3181.9	3670.1
河南	1496.2	1616.0	1786.7	1979.8	2189.8	2416.4
湖北	1481.4	1617.1	1789.4	1975.2	2198.4	2358.7
湖南	1125.3	1229.2	1364.7	1511.1	1678.7	1816.3
广东	3316.3	3656	4071.9	4515.3	5013.6	5587.2
广西	733.9	791.3	859.2	935.9	764.5	857.7
海南	147.9	157.7	172.5	187.5	204.4	191.6
重庆	553.7	596.3	643.4	699.3	763.1	835.5
四川	1298.6	1382.6	1523.7	1680.4	1850.1	2091.1
贵州	289.9	313.8	343.7	378.0	416.2	458.8
云南	500.1	539.0	583.2	655.4	711.3	782.5
西藏	35.0	37.9	42.9	49.0	53.2	58.3
陕西	518.8	557.1	607.6	665.1	728.2	795.2
甘肃	303.7	331.6	362.7	395.4	433.5	474.6
青海	70.6	75.2	82.1	90.4	101.0	102.7
宁夏	77.2	82.7	90.2	98.9	108.8	116.5
新疆	327.5	347.4	374.5	406.3	422.9	421.2

注：1. 社会消费品零售额及增长速度均按当年价格计算。

2. 各地区相加不等于全国总计，原因是全国数据进行了修正（表20同）。

表 20　　各地区社会消费品零售总额

（按行业分，2002年）　　单位：亿元

地区	社会消费品零售总额	#批发零售贸易业	#餐饮业	其他行业	#制造业	#农业生产者
全国总计	40910.5	27859.6	5092.3	7958.6	2392.9	4292.2
北　京	1744.8	1258.9	112.4	373.4	112.0	9.1
天　津	941.4	514.7	102.6	324.1	39.6	70.0
河　北	1968.3	1382.9	216.2	369.1	163.7	159.4
山　西	755.4	520.3	78.3	156.8	36.2	85.5
内蒙古	606.03	398.8	66.9	140.3	40.7	76.9
辽　宁	2258.4	1667.1	305.2	286.1	61.1	188.8
吉　林	1008.2	839.4	141.9	26.8	9.5	9.4
黑龙江	1320.0	1030.1	135.7	154.2	44.0	86.4
上　海	2035.2	1609.6	184.2	241.4	48.6	177.9
江　苏	3215.8	2369.3	361.3	485.3	199.1	227.6
浙　江	2877.5	2022.0	309.3	546.1	176.0	288.6
安　徽	1228.7	807.4	143.3	278.0	86.5	162.2
福　建	1663.3	1209.3	194.1	259.9	87.9	91.1
江　西	832.7	520.8	75.0	236.8	53.4	158.1
山　东	3181.9	2100.1	372.6	709.2	280.9	283.9
河　南	2189.8	1367.4	298.7	523.8	267.7	186.0
湖　北	2198.4	1376.1	266.9	555.4	111.4	327.0
湖　南	1678.7	1100.1	187.5	391.3	81.2	278.3
广　东	5013.6	3638.5	829.6	545.4	184.5	288.4
广　西	1025.5	688.0	127.6	209.9	53.5	130.7
海　南	204.4	125.3	28.7	50.3	5.2	36.9
重　庆	763.1	481.1	69.7	212.2	42.8	160.2
四　川	1850.1	1108.6	296.7	444.7	101.1	302.6
贵　州	416.2	281.9	65.2	69.1	20.3	40.1
云　南	711.3	444.2	106.6	160.4	31.6	109.7
西　藏	53.2	40.0	7.5	5.7	2.2	2.4
陕　西	728.2	461.9	85.0	181.2	61.7	103.2
甘　肃	433.5	288.7	58.4	86.4	17.9	50.7
青　海	101.0	70.9	14.7	15.3	4.0	8.8
宁　夏	108.8	65.8	17.1	25.8	3.9	19.4
新　疆	422.9	296.1	53.0	93.7	22.3	52.8

表 21

各地区社会消费品零售总额

(按行业分,2003 年)

单位:亿元

地区	社会消费品零售总额	#批发零售贸易业	#餐饮业	其他行业	#制造业	#农业生产者
全国总计	45842.0	37692.5	6065.7	2083.8		
北 京	1916.7	1611.2	121.4	184.1		
天 津	922.3	727.1	109.9	85.3		
河 北	2177.9	1894.8	233.5	49.6		
山 西	729.3	614.2	81.7	33.4		
内蒙古	726.8	592.2	99.2	35.3		
辽 宁	2330.8	1935.6	338.9	56.3		
吉 林	1110.3	951.0	153.8	5.4		
黑龙江	1376.4	1191.9	152.3	32.2		
上 海	2220.6	1990.2	214.8	15.6		
江 苏	3566.5	3072.6	434.5	59.4		
浙 江	3157.1	2696.4	358.9	101.8		
安 徽	1331.2	1143.7	159.4	28.2		
福 建	1740.5	1423.1	211.2	106.2		
江 西	923.2	812.0	85.3	25.9		
山 东	3936.5	3251.7	497.2	187.6		
河 南	2426.4	2009.7	343.1	73.6		
湖 北	2358.7	1884.7	298.3	175.7		
湖 南	1816.3	1558.4	224.6	33.3		
广 东	5606.0	4681.1	887.3	47.6		
广 西	857.7	716.8	115.3	25.6		
海 南	191.6	150.3	31.0	10.1		
重 庆	835.5	719.1	107.3	9.1		
四 川	2091.1	1621.5	349.4	120.2		
贵 州	458.8	374.3	75.5	9.0		
云 南	782.5	635.4	124.6	22.4		
西 藏	58.30	46.58	8.17	3.6		
陕 西	853.2	646.3	184.3	22.6		
甘 肃	474.6	388.3	66.9	19.5		
青 海	102.7	83.4	16.4	2.8		
宁 夏	120.8	98.8	19.6	2.3		
新 疆	421.2	341.9	60.6	18.6		

表22 各地区最终消费品

单位：亿元

地区	最终消费				居民消费			
	1999年	2000年	2001年	2002年	1999年	2000年	2001年	2002年
北　京	954.1	1221.3	1467.71	1699.81	633.8	808.5	913.95	1049.21
天　津	716.8	804.7	901.85	990.21	503.8	557.3	621.00	656.38
河　北	1983.8	2240.7	2509.30	2819.62	1523.6	1682.8	1857.54	2051.65
山　西	857.1	946.0	1046.43	1184.01	584.4	651.8	727.68	841.01
内蒙古	724.5	787.2	936.20	1092.48	540.2	578.7	671.12	827.03
辽　宁	2330.5	2587.5	2828.09	3031.47	1707.3	1867.4	2001.97	2141.47
吉　林	1030.5	1174.9	1331.32	1444.68	824.7	890.0	971.22	1042.78
黑龙江	1730.8	1871.5	2110.54	2287.75	1297.7	1394.2	1534.64	1653.11
上　海	1917.5	1947.1	2149.07	2455.67	1352.9	1521.1	1663.73	2141.47
江　苏	3339.8	3710.7	4295.96	4801.91	2594.2	2815.5	3181.71	3475.13
浙　江	2355.4	2774.7	3306.10	3741.66	1727.9	1957.9	2197.33	2553.86
安　徽	1861.2	1947.8	2108.09	2262.95	1559.1	1615.4	1725.80	1833.19
福　建	1830.6	2052.4	2225.23	2434.05	1337.1	1496.2	1586.70	1699.74
江　西	1174.6	1269.6	1357.47	1459.65	865.9	989.2	1041.96	1114.58
山　东	3809.1	4099.7	4582.61	5021.15	2821.9	3099.8	3382.64	3581.27
河　南	2358.3	2758.6	3114.13	3441.71	1778.9	2084.1	2270.83	2473.85
湖　北	1983.1	2146.5	2408.84	2669.70	1593.9	1699.5	1899.35	2114.11
湖　南	2212.5	2383.27	2553.14	2762.95	1690.7	1782.8	1871.64	1992.05
广　东	4511.6	5336.2	5841.32	6701.15	3435.0	3754.8	3907.02	4450.00
广　西	1342.9	1443.2	1597.05	1698.54	978.8	1019.4	1075.89	1157.95
海　南	258.5	284.5	299.86	331.22	201.5	218.4	226.61	247.57
重　庆	924.1	994.4	1078.06	1228.89	716.4	760.0	817.56	880.86
四　川	2247.2	2522.9	2691.47	2894.10	1827.0	2059.2	2076.80	2216.29
贵　州	725.8	775.3	833.87	890.31	568.1	600.1	611.31	639.29
云　南	1256.5	1481.8	1430.44	1526.25	975.3	1066.8	934.60	1024.60
西　藏	59.2	66.2	82.79	99.95	42.3	47.0	50.68	61.27
陕　西	903.8	956.5	1004.50	1109.11	683.5	743.1	789.34	882.72
甘　肃	547.8	579.2	674.42	679.32	419.2	444.2	473.85	510.47
青　海	151.5	167.3	197.79	221.50	109.9	116.8	128.23	140.36
宁　夏	154.0	186.6	223.52	249.26	108.7	125.7	133.20	146.57
新　疆	745.2	899.9	854.60	948.92	530.4	585.7	541.09	600.67

注：本表按当年价格计算。

表 23　　居民消费水平及指数

年份	绝对数（元）			指数（1978 = 100）		
	全国居民	农村居民	城镇居民	全国居民	农村居民	城镇居民
1978	184	138	405	100.0	100.0	100.0
1980	236	178	496	115.8	115.5	111.9
1985	437	347	802	181.3	194.4	147.5
1990	803	571	1686	221.0	219.5	198.1
1991	896	621	1925	239.4	234.2	216.6
1992	1070	718	2356	270.3	257.2	249.9
1993	1331	855	3027	292.2	272.8	272.1
1994	1746	1118	3891	304.8	285.4	276.7
1995	2236	1434	4874	327.7	308.7	289.6
1996	2641	1768	5430	357.5	351.9	296.7
1997	2834	1876	5796	372.4	363.6	307.0
1998	2972	1895	6217	393.1	370.2	332.4
1999	3138	1927	6796	424.2	387.6	370.0
2000	3397	2037	7402	462.7	406.6	418.5
2001	3609	2156	7761	491.0	424.6	449.8
2002	3791	2259	7972	521.1	441.3	485.1
2003	4058	2399	8265	540.4	466.7	452.1
平均每年增长（%）						
1979－2003 年				7.0	6.4	6.2
“六五”时期				9.4	11.0	5.7
“七五”时期				4.0	2.5	6.1
“八五”时期				8.2	7.1	7.9
“九五”时期				7.0	5.6	7.1

注：本表绝对数按当年价格计算，指数按可比价格计算。

表 24　　各地区居民消费水平及增长速度

地　区	消费水平（元/人）					2002 年比上年增长（%）
	1998 年	1999 年	2000 年	2001 年	2002 年	
北　京	5178	5784	7326	8197	9291	12.7
天　津	5209	5551	6117	6802	7162	4.7
河　北	2207	2312	2534	2785	3054	10.8
山　西	1835	1833	2037	2232	2562	13.5
内蒙古	2141	2279	2425	2806	3453	29.3
辽　宁	3829	4128	4490	4789	5095	8.4
吉　林	3015	3148	3381	3651	3869	7.0
黑龙江	3276	3431	3669	4029	4337	8.4

续表

地区	消费水平（元/人）					2002年比上年增长（%）
	1998年	1999年	2000年	2001年	2002年	
上海	9202	10328	11546	12562	14295	12.6
江苏	3498	3594	3862	4322	4704	11.1
浙江	3784	3877	4366	4772	5515	9.0
安徽	2370	2523	2588	2739	2988	－0.4
福建	3934	4066	4428	4611	4900	7.0
江西	1973	2056	2396	2500	2651	4.5
山东	2899	3194	3467	3751	3952	6.7
河南	1862	1902	2208	2385	2581	8.6
湖北	2706	2691	2857	3183	3535	13.1
湖南	2471	2594	2723	2845	3013	6.0
广东	2594	4760	5007	5038	5683	13.2
广西	2040	2079	2147	2247	2405	7.9
海南	2562	2729	2904	2961	3198	7.6
重庆	2224	2336	2466	2642	2836	5.1
四川	2121	2191	2456	2466	2621	7.0
贵州	1511	1542	1608	1631	1701	3.5
云南	2059	2340	2530	2192	2377	8.5
西藏	1551	1669	1823	1939	2313	18.8
陕西	1852	1884	2035	2150	2404	9.0
甘肃	1612	1650	1734	1839	1975	8.2
青海	2047	2050	2255	2443	2644	4.9
宁夏	1947	2014	2290	2384	2583	9.0
新疆	2745	2936	2650	2882	3150	9.7

注：绝对数按当年价格计算，增长速度按可比价格计算。

表25

各种价格指数

（上年＝100）

项目	1985年	1990年	1995年	2000年	2001年	2002年	2003年
居民消费价格指数	109.3	103.1	117.1	100.4	100.7	99.2	101.2
城市居民	111.9	101.3	116.8	100.8	100.7	99.0	100.9
农村居民	107.6	104.5	117.5	99.9	100.8	99.6	101.6
商品零售价格指数	108.8	102.1	114.8	98.5	99.2	98.7	99.9
工业品出厂价格指数	108.7	104.1	114.9	102.8	98.7	97.8	102.3
原材料、燃料、动力购进价格指数		105.6	115.3	105.1	99.8	98.0	104.8
固定资产投资价格指数（上年＝100）			105.9	101.1	100.4	100.2	102.2

表 26

2002 年居民消费价格指数

（2002 年，上年 = 100）

项　　目	全国	城市	农村
居民消费价格指数	99.2	99.0	99.6
一、食品	99.4	99.5	99.3
#粮食	98.3	98.3	98.4
油脂	98.7	99.2	98.2
肉禽及其制品	99.5	99.3	100.0
蛋	102.6	102.5	102.9
水产品	96.7	97.1	95.6
菜	98.2	97.9	97.9
糖	97.3	98.9	95.0
茶及饮料	99.0	99.1	98.7
干鲜瓜果	103.1	103.1	103.2
奶及奶制品	99.0	99.2	97.3
二、烟酒及用品	99.9	99.9	100.0
#烟草	99.9	99.6	100.2
酒	100.1	100.5	99.7
三、衣着	97.6	97.3	98.4
#服装	97.4	97.1	98
鞋帽袜	98.0	97.6	98.9
四、家庭设备用品及服务	97.5	97.3	97.8
#耐用消费品	95.9	95.7	99.2
室内装饰品	98.8	98.6	99.2
家庭服务及加工维修服务	101.2	101.4	100.7
五、医疗保健和个人用品	98.8	98.0	100.1
医疗保健	98.5	97.4	100.5
个人用品及服务费	99.5	99.5	99.4
六、交通和通信	98.1	98	98.2
交通	99.1	99.3	98.8
通信	97.2	97.1	97.3
七、娱乐教育文化	100.6	100.2	101.2
文娱耐用消费品及服务	90.5	89.5	92.4
教育	103.7	104.1	103.1
文化娱乐用品	101.2	101.6	99.8
旅游及外出	95.9	95.9	97.6

续表

项　　目	全国	城市	农村
八、居住	99.9	99.8	100.1
建房及装修材料	98.4	98.5	98.3
租房	104.4	104.7	102.3
自有住房	95.4	94.2	100.4
九、水电燃料	102.9	102.4	103.9

注：从2001年起，国家统计局计算发布以2000年价格水平为固定对比基期的居民消费价格指数。

表27　　**2003年居民消费价格指数**

（2003年，上年＝100）

项　　目	全国	城市	农村
居民消费价格指数	101.2	100.9	101.6
一、食品	103.4	103.4	103.4
#粮食	102.3	102.3	102.2
油脂	112.6	112.0	113.4
肉禽及其制品	103.3	102.8	104.2
蛋	98.6	98.3	99.0
水产品	100.3	100.5	99.9
菜	117.7	119.2	113.4
糖	97.5	98.9	95.5
茶及饮料	99.2	99.2	98.9
干鲜瓜果	103.0	102.6	104.2
奶及奶制品	99.2	99.2	99.0
二、烟酒及用品	99.8	99.8	99.9
#烟草	99.8	99.7	99.9
酒	100.1	100.2	100.1
三、衣着	97.8	97.4	98.6
#服装	97.6	97.3	98.5
鞋帽袜	97.7	97.4	98.4
四、家庭设备用品及服务	97.4	97.0	98.3
#耐用消费品	95.8	95.3	97.1
室内装饰品	98.8	98.6	99.3
家庭服务及加工维修服务	101.1	101.1	101.1
五、医疗保健和个人用品	100.9	99.8	102.5
医疗保健	101.2	99.8	103.5
个人用品及服务费	100.2	100.0	100.4
六、交通和通信	97.8	97.4	98.6
交通	99.5	99.6	99.4
通信	96.1	95.7	97.4

续表

项目	全国	城市	农村
七、娱乐教育文化	101.3	100.5	102.8
文娱耐用消费品及服务	92.7	92.0	94.1
教育	104.3	103.9	104.8
文化娱乐用品	101.3	101.7	99.6
旅游及外出	95.4	95.1	99.0
八、居住	102.1	102.8	101.0
建房及装修材料	99.5	99.2	99.7
租房	103.5	103.8	101.5
自有住房	99.1	98.8	100.1
九、水电燃料	105.7	106.5	103.9

注：从2001年起，国家统计局计算发布以2000年价格水平为固定对比基期的居民消费价格指数。

表28 **2002年各地区居民消费价格分类指数**

(2002年，上年=100)

地区	居民消费价格指数	食品	烟酒及用品	衣着	家庭设备用品及服务	医疗保健和个人用品	交通和通信	娱乐教育文化	居住
全国	99.2	99.4	99.9	97.6	97.5	98.8	98.1	100.6	99.9
北京	98.2	98.0	100.6	95.9	97.0	100.2	99.5	96.6	101.9
天津	99.6	99.3	100.2	91.3	96.0	102.1	97.9	102.7	103.7
河北	99.0	98.3	100.6	97.9	97.9	97.6	97.7	99.8	102.1
山西	98.4	99.0	99.1	97.5	97.3	94.3	98.1	98.4	101.4
内蒙古	100.2	99.0	100.6	97.7	99.4	98.9	97.3	105.4	101.3
辽宁	98.9	97.9	100.5	98.1	97.4	96.6	98.8	102.6	99.5
吉林	99.5	98.8	99.5	98.3	99.2	99.5	96.4	100.8	103.4
黑龙江	99.3	99.4	101.7	96.7	98.1	98.1	99.5	99.4	101.7
上海	100.5	102.9	98.9	97.5	97.7	97.6	96.9	100.8	100.0
江苏	99.2	99.6	99.7	97.3	97.1	99.1	97.4	103.4	97.7
浙江	99.1	101.1	99.5	95.2	96.8	97.8	95.3	100.0	99.2
安徽	99.0	99.9	98.9	97.3	97.7	98.6	98.2	99.9	98.3
福建	99.5	99.7	100.3	97.2	97.2	98.7	97.8	103.0	99.3
江西	100.1	99.7	98.4	98.7	97.3	99.6	100.2	102.2	100.8
山东	99.3	99.7	100.9	97.1	98.0	98.4	97.8	99.0	101.7
河南	100.1	99.9	99.7	97.7	96.7	106.0	99.2	100.7	100.1
湖北	99.6	99.4	101.2	100.9	96.1	96.3	98.6	101.7	99.7
湖南	99.5	100.1	100.5	98.8	96.9	98.0	97.7	101.0	99.3

续表

地区	居民消费价格指数	食品	烟酒及用品	衣着	家庭设备用品及服务	医疗保健和个人用品	交通和通信	娱乐教育文化	居住
广东	98.6	98.1	101.0	99.6	98.8	98.3	98.0	98.8	99.3
广西	99.1	99.9	100.0	95.7	96.6	98.7	96.3	101.3	99.1
海南	99.5	98.6	96.6	100.1	99.4	101.6	97.5	102.9	98.4
重庆	99.6	98.7	98.4	93.5	96.8	95.6	99.4	105.5	104.1
四川	99.7	99.7	99.3	97.5	98.1	99.7	101.1	100.4	100.4
贵州	99.0	99.7	99.8	98.0	96.3	98.5	102.3	98.3	98.6
云南	99.8	100.5	99.7	98.1	96.5	102.2	97.8	99.9	99.5
西藏	100.4	99.6	100.1	103.1	100.2	101.1	101.9	99.9	98.8
陕西	98.9	99.5	101.5	99.1	98.0	98.9	96.9	98.4	98.7
甘肃	100.0	100.1	100.9	98.7	98.4	99.3	99.5	101.6	99.0
青海	102.3	99.5	101.6	100.2	98.9	105.3	101.5	110.2	101.3
宁夏	99.4	99.8	101.3	98.4	96.0	98.1	96.8	102.8	99.8
新疆	99.4	97.3	99.2	99.5	98.4	101.4	101.7	99.2	102.9

表29　**2003年各地区居民消费价格分类指数**

(2003年，上年＝100)

地区	居民消费价格指数	食品	烟酒及用品	衣着	家庭设备用品及服务	医疗保健和个人用品	交通和通信	娱乐教育文化	居住
全国	101.2	103.4	99.8	97.8	97.4	100.9	97.8	101.3	102.1
北京	100.2	103.2	100.2	97.1	97.7	100.1	97.8	98.3	101.6
天津	101.0	103.3	98.8	88.1	96.5	94.0	97.0	110.7	101.7
河北	102.2	104.5	100.1	97.8	97.0	106.0	98.1	100.7	104.5
山西	101.8	104.7	100.7	97.5	98.8	99.0	98.2	100.4	106.7
内蒙古	102.2	102.8	99.4	88.7	98.1	98.9	97.3	112.0	99.7
辽宁	101.7	105.3	98.6	97.8	96.4	103.5	97.7	99.6	101.7
吉林	101.2	104.0	100.4	99.6	97.9	101.8	97.9	99.2	100.4
黑龙江	100.9	103.3	98.8	98.4	97.0	99.4	98.5	101.9	101.2
上海	100.1	101.3	99.8	97.5	98.4	100.0	96.3	100.3	101.7
江苏	101.0	103.3	99.5	99.0	96.6	100.3	97.4	102.5	101.0
浙江	101.9	102.8	101.2	96.7	96.9	100.1	95.1	111.2	101.2
安徽	101.7	106.0	99.9	97.3	97.7	99.9	97.9	100.9	100.7
福建	100.8	102.0	100.4	96.5	97.3	98.7	97.3	104.3	102.8

续表

地区	居民消费价格指数	食品	烟酒及用品	衣着	家庭设备用品及服务	医疗保健和个人用品	交通和通信	娱乐教育文化	居住
江西	100.8	102.9	99.8	97.2	97.5	97.8	99.3	100.1	102.1
山东	101.1	104.9	99.6	96.9	98.0	100.3	98.8	100.1	101.0
河南	101.6	104.7	100.3	98.0	97.7	102.5	99.2	99.4	102.3
湖北	102.2	104.3	99.8	101.0	97.3	99.6	98.5	102.7	103.5
湖南	102.4	105.8	99.8	98.8	97.2	105.9	98.0	100.4	103.1
广东	100.6	102.3	101.4	97.7	98.0	100.4	97.9	98.0	103.1
广西	101.1	102.9	100.0	98.5	97.4	102.8	96.4	100.6	102.3
海南	100.1	102.9	100.1	95.9	98.1	100.1	91.8	98.7	101.7
重庆	100.6	104.3	98.2	94.2	95.5	99.3	98.7	99.6	102.2
四川	101.7	102.7	100.2	98.5	98.3	102.9	99.8	100.7	102.9
贵州	101.2	103.2	99.6	97.6	97.2	104.3	100.2	100.7	101.0
云南	101.2	101.7	99.9	97.2	98.4	99.3	98.6	106.4	101.9
西藏	100.9	100.5	103.0	101.5	101.4	101.0	100.1	99.7	98.8
陕西	101.7	105.2	99.6	99.0	97.1	106.6	95.6	98.9	101.0
甘肃	101.1	103.0	99.8	98.4	98.5	101.9	98.7	100.5	101.5
青海	102.0	104.1	99.0	101.9	100.1	104.8	98.7	105.9	99.9
宁夏	101.7	104.5	101.1	99.4	95.7	100.2	98.1	105.6	100.0
新疆	100.4	102.5	99.8	99.2	98.9	94.8	99.1	99.1	104.2

表 30　　商品零售价格指数

（上年 = 100）

地区	1997 年	1998 年	1999 年	2000 年	2001 年	2002 年	2003 年
商品零售价格指数	100.8	97.4	97.0	98.5	99.2	98.7	99.9
一、食品	99.8	96.8	95.8	97.5	100.6	99.9	103.4
粮食	92.1	96.9	96.4	90.1	101.5	98.6	102.2
油脂	104.6	100.7	94.4	86.2	89.3	100.1	112.5
肉禽蛋	104.3	92.6	91.1	96.1	102.9	100.4	
水产品	101.2	94.2	93.6	102.7	96.3	96.2	100.3
鲜菜	99.5	100.3	100.4	105.3	103.3	100.8	
干菜	102.1	98.2	99.1	99.2	98.6	99.6	
鲜果	92.1	85.7	99.4	95.7	100.1	104.3	
干果	106.6	94.8	91.5	99.1	98.5	100.8	
其他食品	103.0	99.2	97.8	100.9	101.8	99.1	
饮食品	104.7	101.1	99.6	99.8	100.4	100	

续表

地区	1997年	1998年	1999年	2000年	2001年	2002年	2003年
二、饮料烟酒	101.2	98.8	97.3	98.0	99.5	99.9	99.9
饮料	102.1	99.1	98.4	98.5	98.9	99.5	
烟酒	100.9	98.7	97.0	97.8	99.7	100.0	
三、服装鞋帽	103.5	99.3	97.3	99.2	98.9	97.9	97.5
四、纺织品	101.9	99.1	98.0	98.6	99.1	99.4	99.3
棉布	102.8	100.2	98.5	98.9	99.7	99.3	
化纤布	101.2	97.0	97.5	99.0	99.6	99.2	
绸缎	101.6	99.8	98.4	98.8	99.6	99.3	
五、中西药品	104.4	102.8	101	100.2	98.5	96.5	98.4
六、化妆品	102.3	100.5	99.6	98.9	98.8	98.4	98.9
七、书报杂志	112.8	105.1	104.9	105.4	108.1	100.8	100.3
八、文化体育用品	101.7	99.0	99.5	98.9	98.6	98.6	98.1
文化用品	100.9	98.4	99.5	98.7	98.4	98.4	95.8
体育用品	104.1	100.8	99.4	99.5	99.2	99.3	98.1
九、日用品	102.3	99.0	97.9	98.1	98.3	98.7	98.5
十、家用电器	95.6	93.9	94.0	93.6	93.9	94.2	94.2
十一、首饰	97.8	90.9	94.5	97.6	90.7	100.9	108.6
十二、燃料	107.3	96.1	100.4	117.7	102.4	102.0	109.3
十三、建筑装潢材料	99.0	97.1	98.3	98.4	100.1	100.1	99.7
十四、机电产品	95.5	92.3	95.1	95.6	94.3	94.2	

表31 **分行业基本建设投资**

主要行业	投资额（亿元）		2003年比上年增长		比重（%）	
	2002年	2003年	绝对数（亿元）	速度（%）	2002年	2003年
全国总计	17666.6	22729.0	5062.3	28.7	100.0	100.0
一、第一产业	1042.9	1059.7	16.8	1.6	5.9	4.7
农林牧渔水利业	1042.9	1059.7	16.8	1.6	5.9	4.7
二、第二产业	5636.0	7784.2	2148.2	38.1	31.9	34.2
1. 工业	5335.3	7320.5	1985.2	37.2	30.2	32.2
1）能源工业	3328.3	3861.4	533.0	16.0	18.8	17.0
煤炭	110.3	189.6	79.2	71.8	0.6	0.8
石油	732.4	729.5	－2.9	－0.4	4.1	3.2
电力	2845.6	2942.3	456.7	18.4	14.1	12.9
2）原材料工业	515.6	1143.1	627.4	121.7	2.9	5.0
冶金	120.7	316.8	196.0	162.4	0.7	1.4
有色	83.5	195.3	111.8	133.9	0.5	0.9
化工	293.9	613.1	319.2	108.6	1.7	2.7
森林	17.5	17.9	0.4	2.3	0.1	0.1

续表

主要行业	投资额（亿元）		2003年比上年增长		比重（%）	
	2002年	2003年	绝对数（亿元）	速度（%）	2002年	2003年
3）机械电子工业	731.2	968.9	237.7	32.5	4.1	4.3
机械	413.1	634.9	221.8	53.7	2.3	2.8
电子	318.0	334.0	15.9	5.0	1.8	1.5
4）轻纺工业	538.0	966.5	428.5	79.7	3.0	4.3
纺织	103.4	195.2	91.8	88.8	0.6	0.9
轻工	434.6	771.3	336.7	77.5	2.5	3.4
5）其他工业	222.2	380.7	158.5	71.3	1.3	1.7
2. 建筑业	300.7	463.7	163.1	54.2	1.7	2.0
三、第三产业	10987.7	13885.1	2897.3	26.4	62.2	61.1
1. 运输邮电通信业	4327.1	4767.8	440.7	10.2	24.5	21.0
#邮电通信业	557.0	495.2	－61.8	－11.1	3.2	2.2
2. 商业饮食供销仓储业	497.0	598.9	101.9	20.5	2.8	2.6
3. 房地产公用服务咨询业	2704.6	4016.5	1311.9	48.5	15.3	17.7
4. 文教卫生广播福利业	1505.3	2057.2	551.8	36.7	8.5	9.1
5. 科研综合技术服务业	143.8	232.3	88.5	61.5	0.8	1.0
6. 金融保险业	65.0	54.5	－10.5	－16.1	0.4	0.2
7. 其他行业	1744.7	2157.8	413.0	23.7	9.9	9.5

表32　**更新改造投资完成情况**

指　标	实际完成		2003年比上年增长		比重（%）	
	2002年	2003年	绝对数（亿元）	速度（%）	2002年	2003年
一、投资完成额（亿元）	6750.55	8443.9	1693.3	25.1	100.0	100.0
1. 按隶属关系分						
中央项目	1953.46	1909.7	－43.8	－2.2	28.9	22.6
地方项目	4797.09	6534.2	1737.1	36.2	71.1	77.4
2. 按用途分						
增　产	2491.95	3292.9	801.0	32.1	36.9	39.0
节约能源	229.28	235.7	6.4	2.8	3.4	2.8
其他节约	36.38	34.5	－1.9	－5.1	0.5	0.4
增加品种	814.72	1015.0	200.3	24.6	12.1	12.0
提高产品质量	546.87	524.4	－22.5	－4.1	8.1	6.2
三废治理	111.66	118.3	6.6	5.9	1.7	1.4
其　他	2519.69	3223.1	703.4	27.9	37.3	38.2
3. 按建设性质分						
#新　建	845.32	1296.9	451.6	53.4	12.5	15.4
扩　建	3208.70	4271.8	1063.1	33.1	47.5	50.6

续表

指　标	实际完成		2003年比上年增长		比重（%）	
	2002年	2003年	绝对数（亿元）	速度（%）	2002年	2003年
改　建	2202.77	2370.3	167.5	7.6	32.6	28.1
4.按工程用途分						
#住宅投资	35.89	37.3	1.4	4.0	0.5	0.4
二、新增固定资产（亿元）	4693.16	5022.1	328.9	7.0		
三、房屋面积（万平方米）						
施工面积	6711.48	8302.0	1590.5	23.7		
#住宅	535.18	500.3	－34.9	－6.5		
竣工面积	3371.10	3805.2	434.1	12.9		
#住宅	280.57	259.1	－21.5	－7.6		

表33　　**更新改造投资资金来源情况**

指　标	到位资金（亿元）		2003年比上年增长		比重（%）	
	2002年	2003年	绝对数（亿元）	速度（%）	2002年	2003年
资金来源合计	6822.10	8541.4	1719.3	25.2	100.0	100.0
1.国家预算内资金	167.2	185.3	18.1	10.8	2.5	2.2
2.国内贷款	1219.5	1558.3	338.8	27.8	17.9	18.2
3.债券	13.6	11.3	－2.3	－17.0	0.2	0.1
4.利用外资	312.3	374.2	61.9	19.8	4.6	4.4
#外商直接投资	249.9	293.5	43.6	17.5	3.7	3.4
5.自筹资金	4856.3	6109.7	1253.4	25.8	71.2	71.5
#企、事业单位自有资金	4281.5	5336.3	1054.8	24.6	62.8	62.5
6.其他资金	253.2	302.6	49.4	19.5	3.7	3.5

表34　　**各地区年底人口**

单位：万人

地区	1998年	1999年	2000年	2001年	2002年	2003年
全国总计	124761	125786	126583	127627	128453	129227
北　京	1246	1257	1357	1383	1423	1456
天　津	957	959	1001	1004	1007	1011
河　北	6569	6614	6744	6699	6735	6769
山　西	3172	3204	3297	3272	3294	3314
内蒙古	2345	2362	2376	2377	2379	2380
辽　宁	4157	4171	4238	4194	4203	4210
吉　林	2644	2658	2728	2691	2699	2704

续表

地区	1998 年	1999 年	2000 年	2001 年	2002 年	2003 年
黑龙江	3773	3792	3689	3811	3813	3815
上　海	1464	1474	1674	1614	1625	1711
江　苏	7182	7213	7438	7355	7381	7406
浙　江	4456	4475	4677	4613	4647	4679
安　徽	6184	6237	5986	6328	6368	6410
福　建	3299	3316	3471	3440	3466	3488
江　西	4191	4231	4140	4186	4222	
山　东	8838	8883	9079	9041	9082	9125
河　南	9315	9387	9256	9555	9613	9667
湖　北	5907	5938	6028	5975	5988	6002
湖　南	6502	6532	6440	6596	6629	6663
广　东	7143	7270	8642	7783	7859	7954
广　西	4675	4713	4489	4788	4822	4857
海　南	753	762	787	796	803	811
重　庆	3060	3075	3090	3097	3107	3130
四　川	8493	8550	8329	8640	8673	8700
贵　州	3658	3710	3525	3799	3837	3870
云　南	4144	4192	4288	4287	4333	4376
西　藏	252	256	262	263	267	270
陕　西	3596	3618	3605	3659	3674	3689
甘　肃	2519	2543	2562	2575	2593	2603
青　海	503	510	518	523	529	534
宁　夏	538	543	562	563	572	580
新　疆	1747	1774	1925	1876	1905	1934

注：1.2000 年数据为第五次全国人口普查快速汇总的 11 月 1 日零时数，各省总人口包括外来人口，不包括外出人口。其他年份数据为人口变动情况调查推算数。

2001、2002、2003 年度连锁经营状况分析报告

2001 年度连锁经营状况分析报告

一、连锁经营快速发展，在零售市场的主导地位更加显著

1. 销售额

➢ 销售总额 1620 亿元，比上年增长 48%，其中直营店销售额 1350 亿元，加盟店销售额 270 亿元。

表 1　　连锁百强企业销售总额对比

	2001 年	2000 年	增长率（%）
销售总额（亿元）	1620	1093	48.2
直营店（亿元）	1350	958	41.0
加盟店（亿元）	270	135	99.8

2. 店铺数

➢ 店铺数达到 13117 个，增长 56%，其中直营店 7733 个，加盟店 5384 个。

表 2　　连锁百强企业门店数对比

	2001 年	2000 年	增长率（%）
门店总数	13117	8406	56.0
直营店	7733	4875	58.6
加盟店	5384	3472	55.1

3. 营业面积

➢ 营业面积 838 万平方米，增长 62%，其中直营店 648 万平方米，加盟店 190 万平方米。

4. 员工人数

➤ 员工人数 41.6 万人，增长 63%，其中直营店 33.8 万人，加盟店 10.8 万人。

5. 分析总结

➤ 销售总额占社会消费品零售总额的 4.3%，比上年提高了 1.4 个百分点。

➤ 销售总额比上年增长 48%，远远高于社会消费品零售总额 10%的增长速度。

➤ 销售总额比上届百强增长 65%，门店总数增加 70%。

连锁百强在零售市场份额的大幅增长，说明连锁经营的集中化程度正在迅速提高。

二、大型企业快速发展，企业平均经营规模比上年有大幅度提高

2001 年连锁百强年平均销售额 16.2 亿元，是上届百强企业平均销售规模的 1.65 倍。

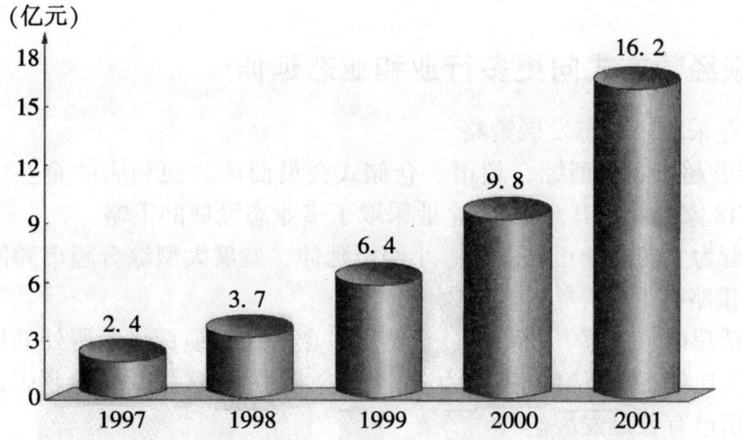

图 1　1997 – 2001 年连锁百强平均销售对比

百强平均拥有连锁店 131.2 个，是上届百强企业的 1.7 倍。

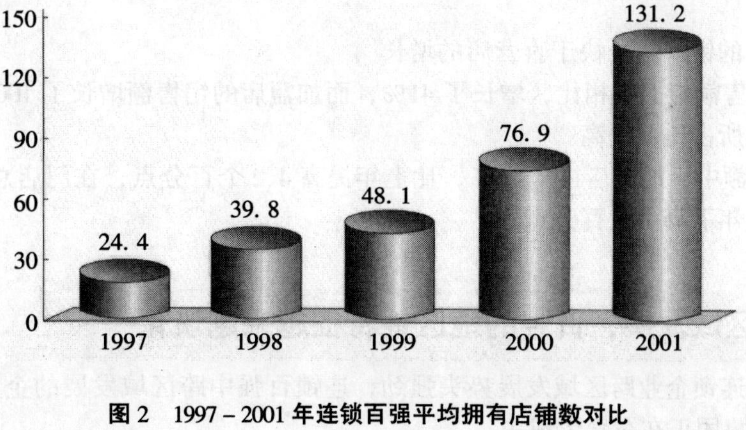

图 2　1997 – 2001 年连锁百强平均拥有店铺数对比

百强中前 10 名企业的销售额达到 718.4 亿元，占百强销售总额的 44%。

企业进入百强名单的销售规模的底线为 2.68 亿元，比上年增加了 1.44 亿元，上届百强企业中有近 20 家没能入围 2001 年的百强。

三、联合、兼并与重组成为连锁企业扩张的重要方式之一

去年榜上有名的几家百强企业，今年的座次和称谓都发生了显著变化，集中反映出 2001 年中国连锁领域一个最引人注目的发展动向，即连锁企业大范围的联合、购并活动。

➢ 华润收购万佳，组建华润万佳，排名第 11 位，去年排名分别是第 11 位和第 13 位；

➢ 超市发与天客隆合并，排名第 15 位，去年排名分别是第 18 位和第 32 位；

➢ 民润收购岛内价、新七星等民营连锁企业，排名第 27 位，上年民润、岛内价的排名分别是第 66 位和第 51 位。

四、连锁经营方式向更多行业和业态延伸

1. 大量企业采取多业态发展策略

在 69 家经营超市、大型综合超市、仓储式会员商店、便利店的企业中，单纯经营一种业态的只有 18 家企业，其余 51 家企业采取了多业态发展的策略。

以超市经营为主的企业正在向大、小两极延伸，发展大型综合超市和便利店。

2. 超市比重略有下降

超市（包括超市、大超、便利店、仓储店）企业在连锁百强中所处的地位没有发生大的变化，但所占比例有所下降，去年为 76 家，今年为 69 家。一些专业店，特别是家电专业店和连锁药店已有长足发展。

五、特许经营成为连锁企业规模扩张的重要方式

1. 特许经营的企业增多

百强企业中，有加盟店的企业 61 家，其中有 11 家企业是从 2001 年开始发展加盟店的。

2. 加盟店的销售增长快于直营店的增长

直营店销售额与上年相比，增长了 41%，而加盟店的销售额增长了 100%。

3. 加盟店所占比重提高

在总销售额中，加盟店占 16.6%，比上年提高 4.2 个百分点；在门店总数中，加盟店占 41%，比上年下降 1 个百分点。

六、跨区域发展，百强的地区性特征越来越淡化

2001 年，连锁企业跨区域发展势头强劲，连锁百强中跨区域发展的企业已不在少数，全国性的连锁集团正在孕育形成中。

七、只有建立现代企业制度，连锁企业才能做大做强

百强企业中，国有独资的比重下降到10%，有限责任、股份有限公司占绝大部分。已完成股份制改造的部分企业已进入上市准备期。

八、外资零售企业已经在中国零售市场中占有一定的份额

按照百强目前的“入围标准”，有相当一批外资零售企业能够在百强中占有一席之地，其中包括：家乐福、沃尔玛、好又多、普尔斯马特、万客隆、大润发、吉之岛、乐购、易初莲花、伊藤洋华堂、百安居、欧倍德、7-11、罗森、百盛、太平洋、麦当劳等。

因此，目前的连锁百强，还不能准确反映连锁经营的竞争态势和发展全貌。

九、连锁百强企业经营指标比较

表3 连锁百强各行业占比

	超市（%）	家电（%）	药店（%）	餐饮（%）	其他（%）
企业数比重	69	8	4	12	7
销售额比重	69.4	16	0.9	7.5	6.2
门店数比重	65.1	10	7	18.3	8.3
营业面积比重	76	4.4	0.9	14	6.2
员工人数比重	60	3.7	1.7	31.6	6.3

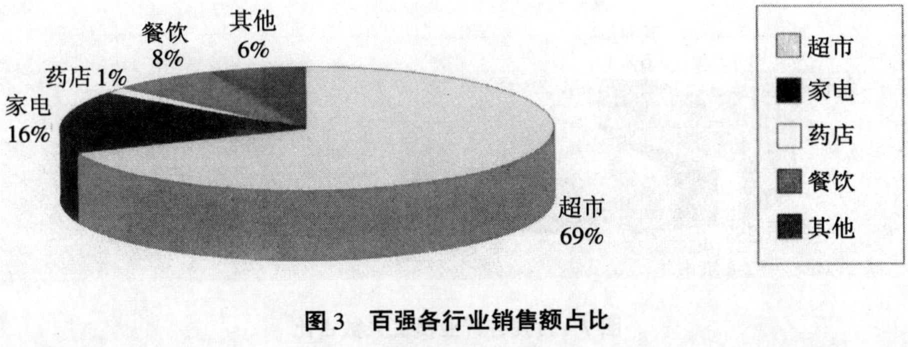

图3 百强各行业销售额占比

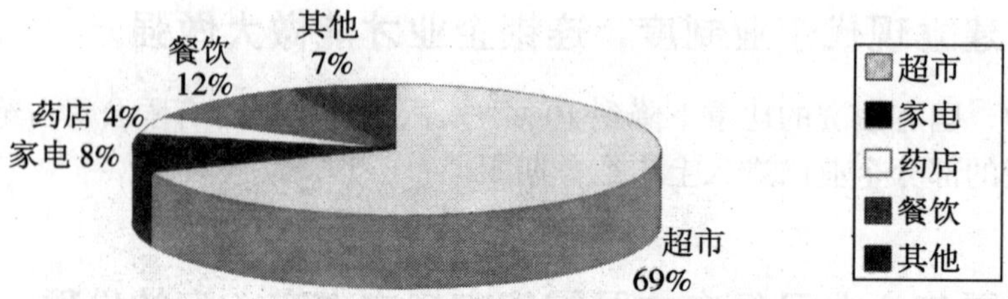

图4　百强各行业企业数占比

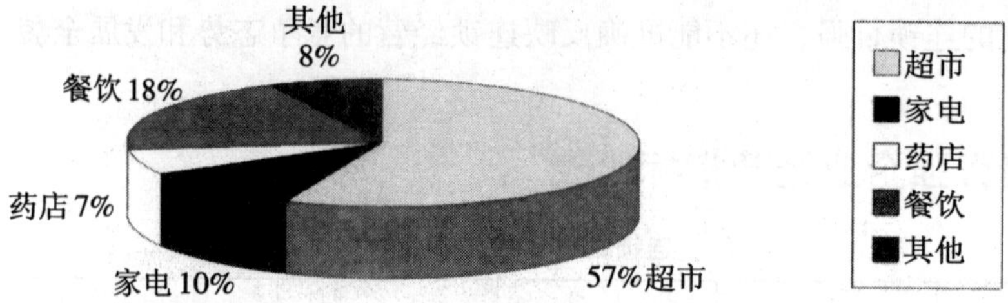

图5　百强各行业门店数占比

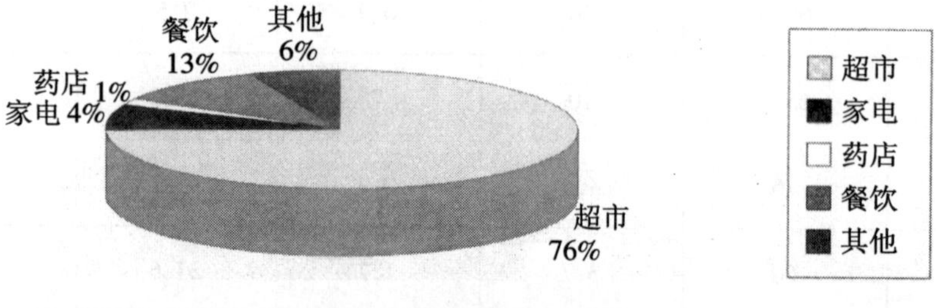

图6　百强各行业营业面积占比

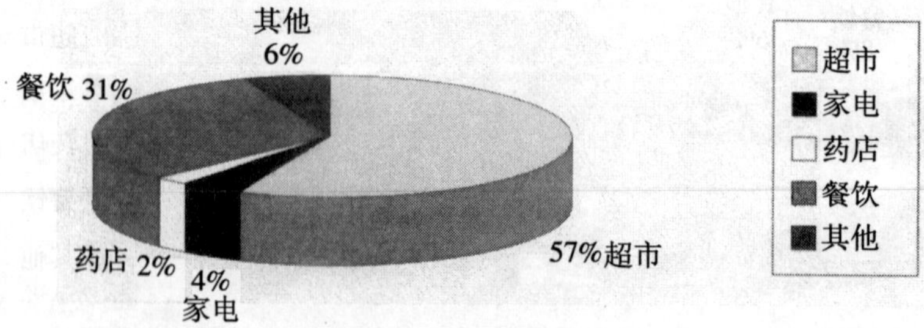

图7　百强各行业员工人数占比

1. 百强平均企业经营规模比较

➢ 家电零售行业的企业平均规模快速扩大，而且行业集中的态势也较其他行业明显；

➢ 药品零售行业的企业网点数最多，这与政府对行业的管理体制有较大关系，也与行业特点有关，特别是2000年以来，药品零售企业的连锁经营得到快速的发展；

➢ 餐饮企业的平均员工最多，是增加就业的重要行业。

表4　　百强企业平均经营规模对比

	超市	家电	药店	餐饮
企业平均销售额（亿元）	16.3	36.4	3.8	9.7
企业平均门店数（个）	107	146	231	173
企业平均营业面积（万平方米）	9.8	6.8	2.2	9.3
企业平均员工人数（万人）	3609	3408	1835	9983

2. 百强企业发展速度比较

➢ 家电连锁企业的销售额增长最快；

➢ 家电和药店的网点快速扩张，加快占领市场空间；

➢ 药店连锁企业的营业面积快速扩大，门店的经营环境改善且服务功能增加，从传统的经营药品到保健商品及医疗服务；

➢ 超市、餐饮企业销售额、门店数、营业面积同步增长。

表5　　百强企业平均增长速度对比

	百强	超市	家电	药店	餐饮
销售额增长（%）	48.2	43.6	80.7	28.8	29.6
门店数增长（%）	56	52.9	110	106.7	26.8
营业面积增长（%）	62	58.1		118.8	29.4

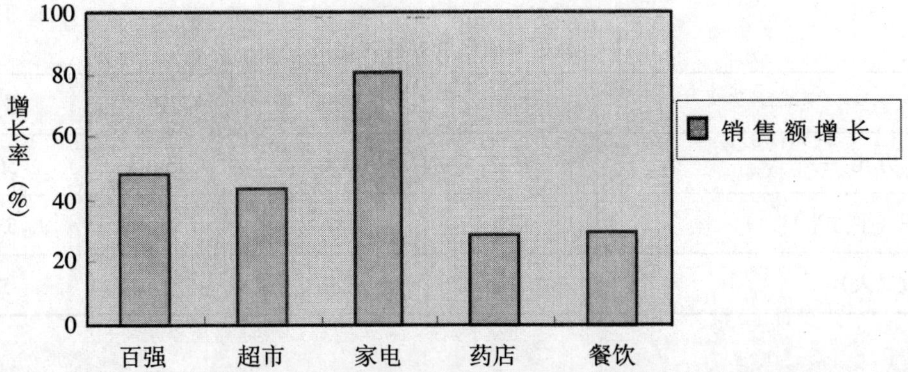

图8　百强销售额增长对比

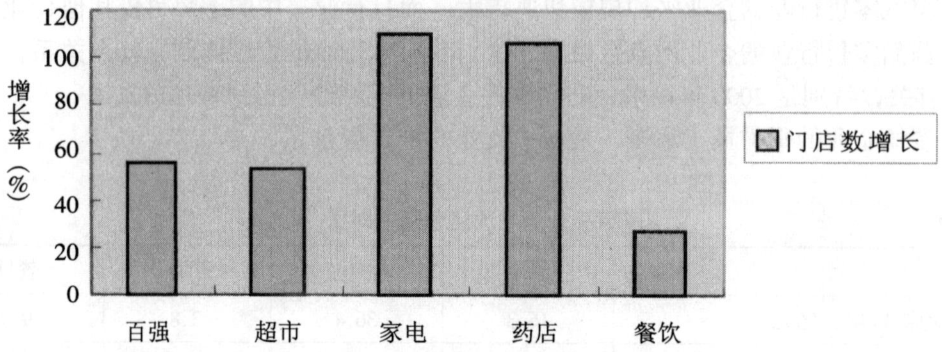

图9　百强门店数增长对比

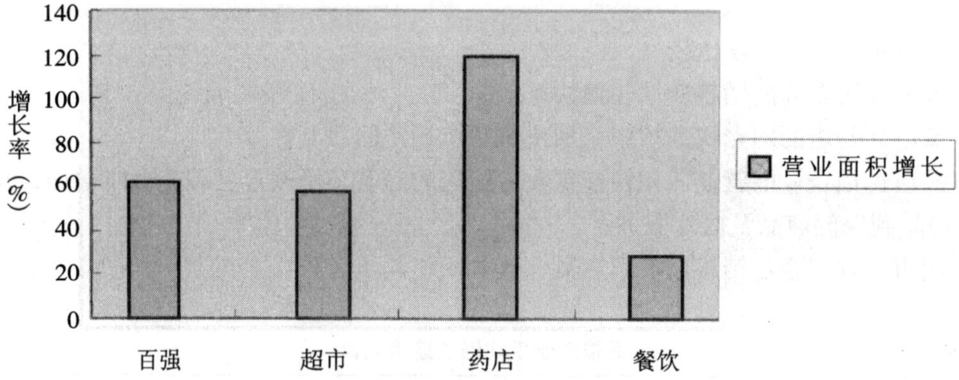

图10　百强营业面积增长对比

3．百强企业单店经营规模比较

➢ 家电企业的平均单店销售额最高；

➢ 超市企业的平均单店营业面积最大。

表6　　百强单店经营规模对比

	超市	家电	药店	餐饮
销售额（万元）	1527	2490	159	563
营业面积（平方米）	921	487	93	535
员工人数（人）	34	23	9	58

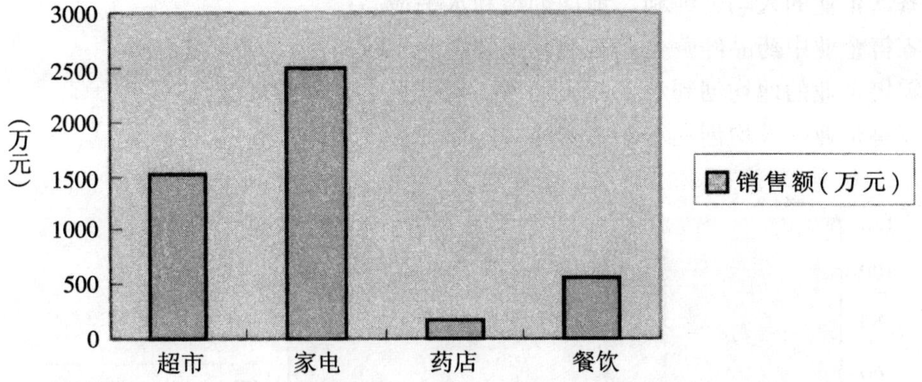

图 11　百强单店销售额对比

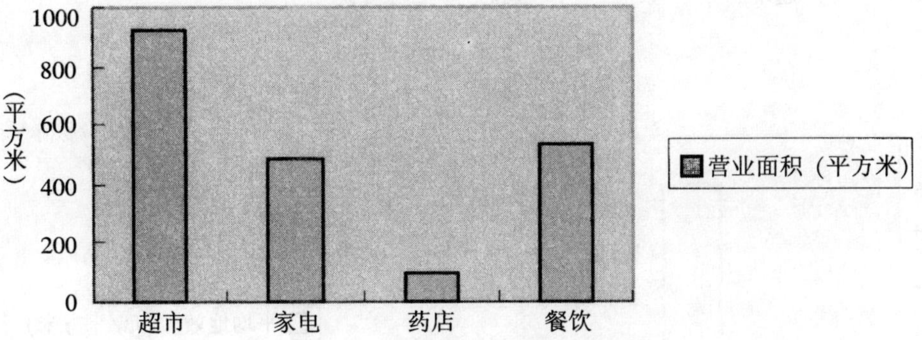

图 12　百强单店营业面积对比

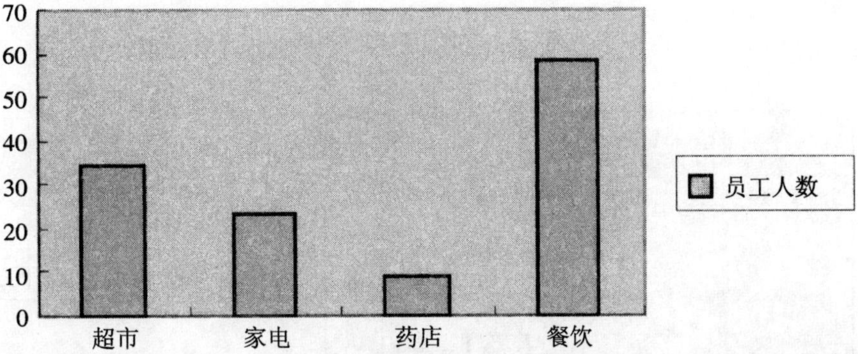

图 13　百强单店员工人数对比

4. 百强企业经营指标比较

➢ 餐饮企业的人均创纯利、地均创纯利水平最高；

➢ 零售企业中药品经营企业的毛利率和纯利率较高；

➢ 零售企业的地均创利水平药店最高，家电居中，超市最低；

➢ 零售企业的人均创利水平基本相同。

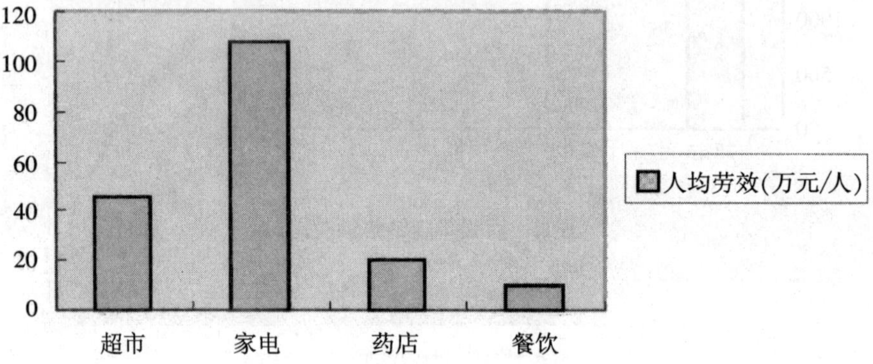

图14　百强人均劳效对比

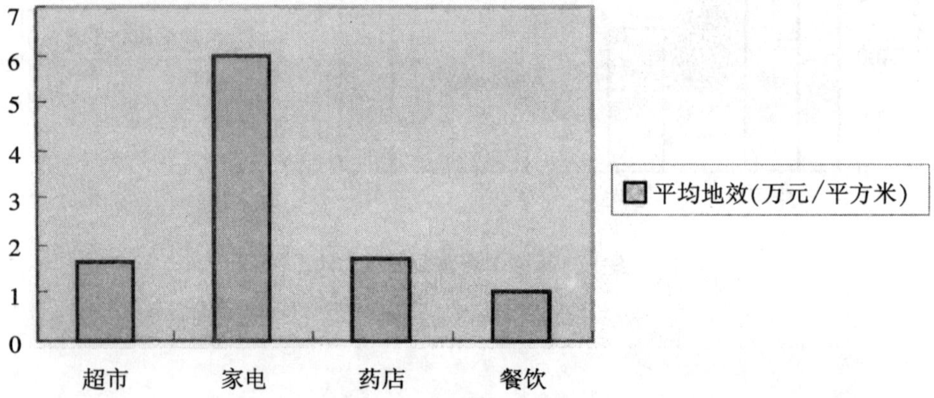

图15　百强平均地效对比

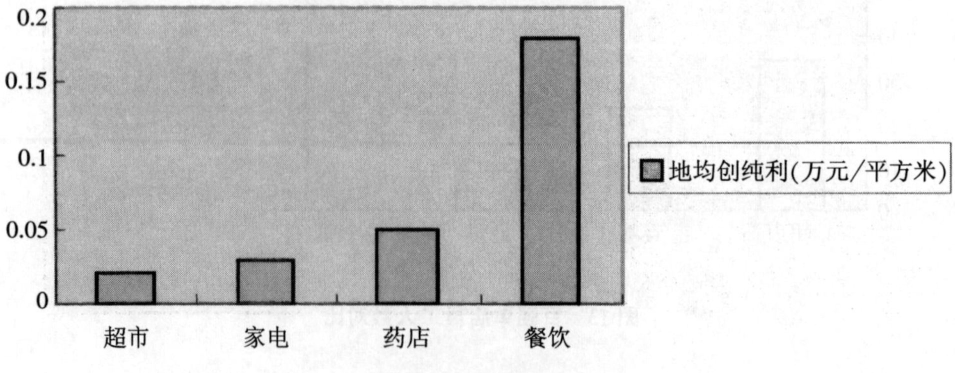

图16　百强地均创纯利对比

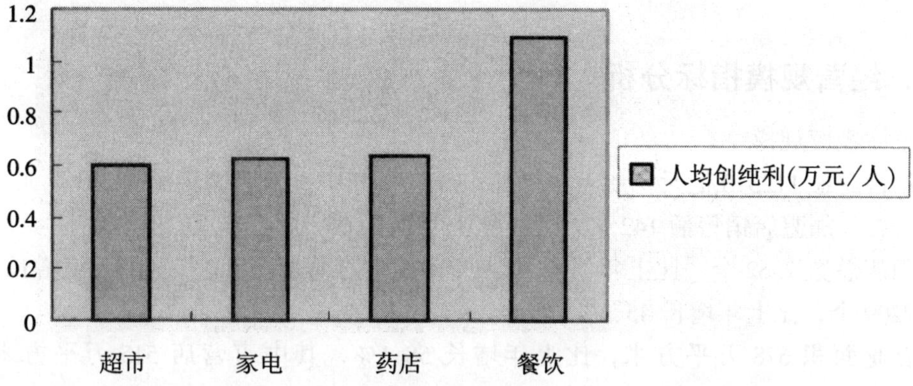

图 17 百强人均创纯利对比

表 7 百强企业经营指标对比

	超市	家电	药店	餐饮
人均劳效（万元）	45.13	107	20	9.76
人均营业面积（平方米）	27.23	20	11.7	9.27
平均地效（万元）	1.66	6	1.7	1.05
周转次数	13.9	15.7	5.3	
毛利率（%）	11.95	4.5	22.9	39.8
纯利率（%）	1.32	0.58	3.2	11.2
地均创纯利（万元）	0.02	0.03	0.05	0.18
人均创纯利（万元）	0.60	0.62	0.64	1.09

2001 年连锁超市经营情况分析

一、说明

➢ 本分析报告中的所有数据是由 2001 年连锁百强企业提供的，数据的准确性由提供企业负责。

➢ 2001 年连锁百强中超市企业（包括便利店、超市、大型综合超市、会员制仓储商店）共 69 家。

➢ 69 家企业中销售额最高的是上海联华超市公司，销售额 140.6 亿元。

二、经营规模指标分析

1．总体经营规模

➢销售总额1123.8亿元，比上年增长43.6%，其中直营店销售额982.3亿元，比上年增长40.9%，加盟店销售额142.4万元，比上年增长66.3%。

➢门店总数7362个，比上年增长52.9%，其中直营店5153个，比上年增长56.3%，加盟店2209个，比上年增长45.4%。

➢营业面积678万平方米，比上年增长58.1%，其中直营店515万平方米，增长39.7%，加盟店88.3万平方米，增长58.2%。

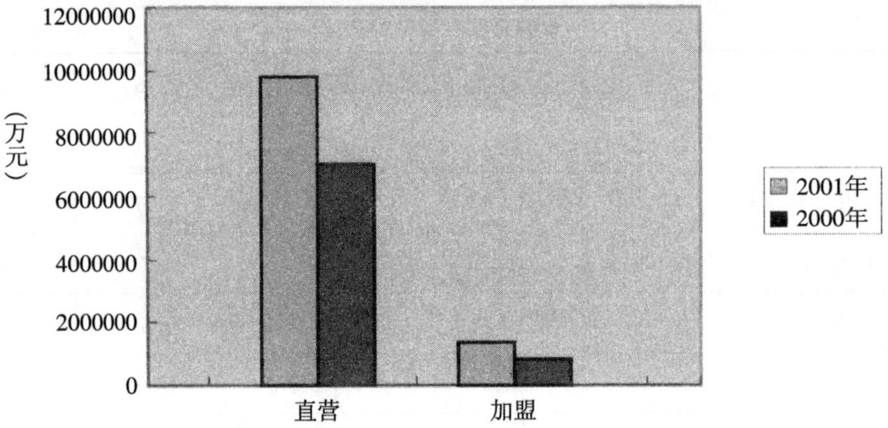

图1　百强企业销售额对比

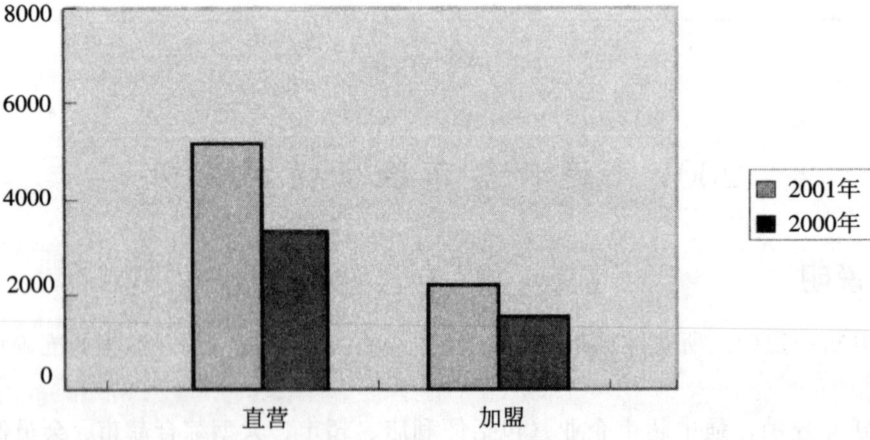

图2　百强企业门店数对比

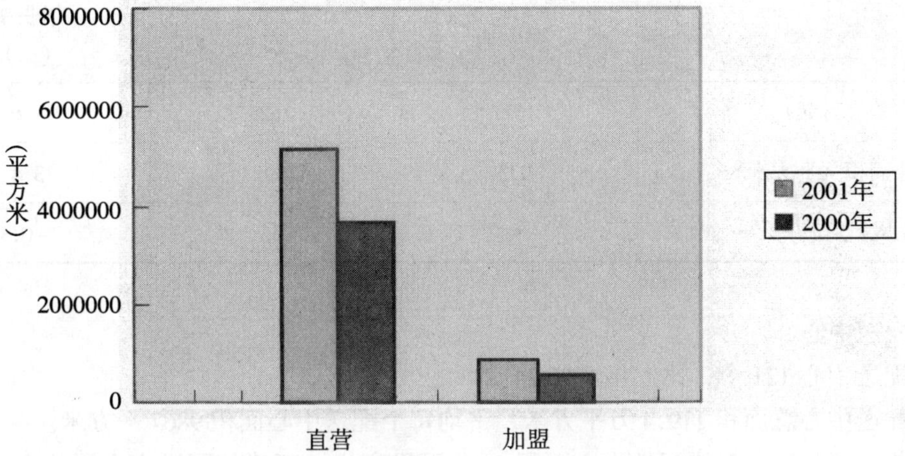

图 3　百强企业营业面积对比

2. 平均企业经营规模

➢ 平均企业销售额 16.3 亿元，略高于百强企业平均规模。

➢ 平均每个企业门店数 107 个，比百强企业平均门店数多 24 个门店。

➢ 营业面积平均 9.8 万平方米，比百强企业平均规模多 1.4 万平方米的规模。

➢ 员工人数平均 3609 人，比百强企业平均规模少 555 人。

表 1　　超市公司与百强企业平均规模对比

	超市公司	百强企业
平均企业销售额（万元）	162872	162019
平均企业门店数	107	131
平均企业营业面积（平方米）	98286	83671
平均员工人数	3609	4164

3. 平均门店经营规模

➢ 平均门店销售规模 1527 万元，比上年下降了 6%。

➢ 平均门店营业面积 921 平方米，比上年增加 3.4%。

➢ 平均门店员工人数 34 人，比上年下降 0.3%。

表2　　超市公司平均门店经营规模对比

	2001年	2000年	增长率（%）
平均销售额（万元）	1527	1625	－6
平均营业面积（平方米）	921	891	3.4
平均员工人数	34	35	－0.3

4. 配送中心

➢ 配送中心121个，比上年增加24个。

➢ 配送中心总面积119.4万平方米，平均每个配送中心面积9867平方米。

➢ 与上年相比，新增配送中心面积51.9万平方米；新建的配送中心平均面积为2万平方米。新建配送中心不但面积大，而且设施设备先进，管理科学，为连锁超市提高运营效率奠定了较好基础。

表3　　超市公司配送中心的发展对比

	2001年	2000年	增长率（%）
配送中心个数	121	97	24.7
配送中心平均面积（平方米）	9867	6953	41.9
新建配送中心平均面积（平方米）	21625	6953	211

4. 以上数字分析表明

➢ 企业经营规模快速扩大，但营业面积的增长快于门店数的增长，门店数的增长快于销售额的增长。企业规模主要是由网点规模、营业扩大带来的。

➢ 加盟店的增长快于直营店的增长，成为连锁企业一个新的增长点。

➢ 门店营业面积扩大，新增店铺中，大型店铺较多。

➢ 平均销售规模下降。

➢ 配送中心的建设受到重视，且规模大、投资大，设施先进。

三、经营效益指标分析

1. 改善、提高的指标

➢ 人均营业面积增加2.33平方米，可减少用工2万人。

➢ 年平均商品周转次数提高1.5次，周转天数减少4.7天，由此减少资金占用约10亿元。

➢ 毛利率提高 0.16 个百分点，由此可增加毛利额 1.8 亿元。

2. 下降的指标

➢ 人均劳效每个员工平均减少销售额 0.9 万元。

➢ 平均地效下降幅度较大，每平方米营业面积销售额下降 0.22 万元。

➢ 纯利率下降 0.01 个百分点。

3. 毛利存货周转回报率

毛利存货周转回报率是用企业的综合毛利率乘以存货年周转次数，用来衡量企业资金投入到商品的综合回报水平，也是国际零售业通用的一个经营指标。

2001 年连锁超市企业的平均毛利存货周转回报率为 1.66，比上年增长 0.2 个百分点。

连锁超市企业的经营指标有了较大提高，但与国际零售企业的先进指标相比，均有较大的差距。

表 4　　　　超市公司经营效益指标对比

	2001 年	2000 年	增长率（%）
人均劳效（万元）	45.13	51.06	－1.7
人均面积（平方米）	27.23	24.33	9.6
平均地效（万元）	1.66	2.10	－10.3
周转天数	26.3	31.0	－15
周转次数	13.9	12.4	12.1
毛利率（%）	11.95	11.79	0.14
纯利率（%）	1.32	1.33	－0.8
毛利存货周转回报率（%）	1.66	1.46	13.7

四、销售额前 10 名的大企业经营状况分析

1. 所占比重

➢ 前 10 名的企业销售总额为 619.7 亿元，占 69 家企业的 55.1%，其中直营店销售额 521.9 亿元，占 53.1%，加盟店 97.8 亿元，占 69.1%。

➢ 前 10 名的企业门店总数为 3577 个，占总数的 48.6%，其中直营店 2218 个，占 43%，加盟店 1359 个，占 61.5%。

➢ 前 10 名的企业营业面积 298 万平方米，占 44%。

以上说明在超市行业中，市场的集中度越来越高，今后，随着大型企业兼并、重组，这个比例还会提高。这也是国际零售业发展的一个重要趋势。

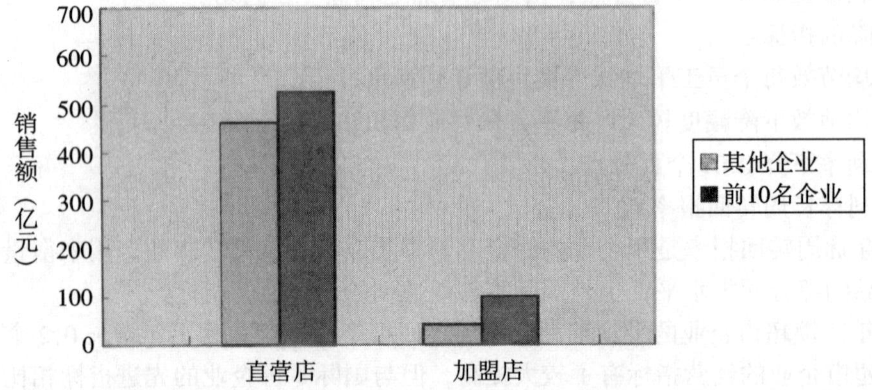

图4　销售额前10名超市企业销售额对比

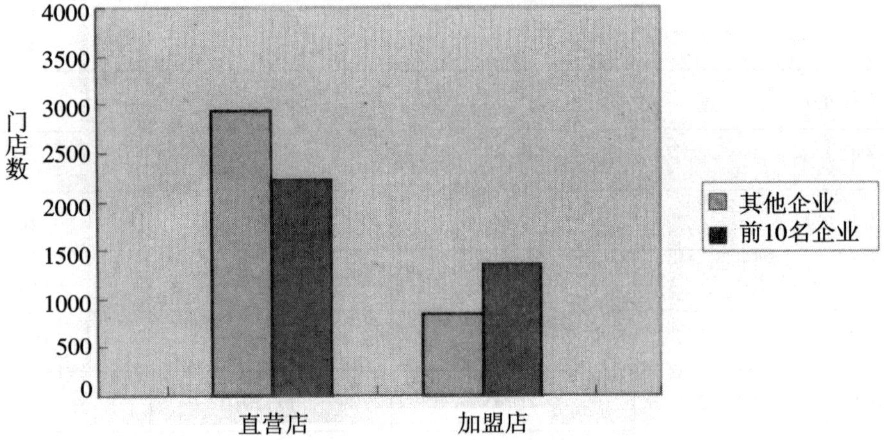

图5　销售额前10名超市企业门店数对比

2. 发展速度

2001年销售额前10名的超市公司经营规模有所增大。

➢ 销售总额比上年同期增长38%，其中直营店销售额增长28%，加盟店销售额增长144%。

➢ 门店总数增长38%，其中直营店数增长了43%，加盟店数增长了30%。

➢ 营业面积增长了47%。

➢ 配送中心个数与去年同期相同，但面积略有增加。

由于基数较大，大型公司的发展速度略低于平均水平。但是过去，超市公司的发展一般是以新开店铺为主，但今后，大型企业的发展将会以多种方式并存，以加快扩张和市场份额的占有。

3. 扩张方式

➢ 特许加盟成为重要的扩张方式。

大企业加盟店的销售额占企业销售总额的15.8%，高于行业平均水平3.2个百分点，占69家超市公司加盟店总销售额的69.1%。

➢ 大企业加盟店门店数占企业总门店数的38%，高于行业平均水平8个百分点，占69家超市公司加盟店总数的61.5%。

表5 销售额前10名大型超市公司加盟店的发展

	大企业中加盟店所占比重	行业平均加盟店所占比重	大企业加盟店占加盟店总数比重
销售总额	15.8	12.6	69.1
门店总数	38	30	61.5

4. 经营效益

➢ 人均劳效60.58万元，比上年降低了3.2%。

➢ 人均营业面积29.14平方米，比上年提高了5%。

➢ 平均地效2.08万元，比上年下降了7.8%。

➢ 年平均商品周转37天，比上年加快了2.4天。

➢ 平均毛利率12.8%，比上年略有下降。

➢ 平均纯利率1.77%，比上年略有提高。

表6 大型超市公司经济效益指标与行业水平比较

	大型企业	行业平均水平
人均劳效（万元）	60.58	45.13
人均面积（平方米）	29.14	27.23
平均地效（万元）	2.08	1.66
周转天数	37	26.3
周转次数	10	13.9
毛利率（%）	12.8	11.95
纯利率（%）	1.77	1.32
毛利存货周转回报率（%）	1.28	1.66

由以上数据分析可以看出：

➢ 大型企业的增长速度、商品周转指标慢于超市公司的平均发展水平，这与发展基数大有关；

➢ 大型企业与规模相关的经济指标均高于行业平均水平，显示出规模经济的效益。

➢ 大型企业的效率指标、周转天数以及与之相适应的毛利存货周转回报率要低于行业平均水平，需要引起大企业的重视，向做大做强的方向发展。

2001年连锁超市门店经营状况分析

一、说明

分析报告所依据的基础数据是由72家超市公司（包括：超级市场、便利店、大型综合超市、会员制仓储商店）提供的，其中的69家公司是2001年连锁百强企业。

每家超市公司提供1个门店的经营情况，这些门店的经营在本企业中多数属于较好水平。因此各项经营指标应代表超市行业的平均先进水平。

二、综合经营情况分析

在72家超市中，59家为2000年已有店铺，13家为新开店铺。

1. 经营规模扩大

➢ 门店的平均销售额比上年增长10.2%，扣除营业面积增加因素，同比增长了6%。连锁企业销售额的快速增长和经营规模的扩大，主要在于经营网点的增加和营业面积的扩大，而门店可比销售额的增长，由于受商圈范围、购买力水平、消费价格水平、竞争等因素的制约，其增长都是极有限的。

➢ 门店平均营业面积比上年增长了4.2%，除店铺网点改造扩大面积外，主要是新增店铺。

在13家新开店铺中，营业面积在5000平方米的有7家，说明大型超市快速发展。近年来，大型超市成为众多超市公司重点发展的业态。一方面，发展大型超市容易使企业快速形成经营规模，以在市场竞争中争取有利地位；另一方面，大型超市又可以单店运作，对物流配送网络的支持要求相对不高，有利于企业向外扩张布点。

在大型超市发展的同时，上海、北京、广东等经济发达地区的便利店也快速发展，成为另一个较有增长潜力的业态形式。

表1　　　　超市门店平均经营规模对比

	2001年	2000年	增长率（%）
平均门店销售额（万元）	11601	10236	10.2
平均门店营业面积（平方米）	5043	4838	4.2

2. 经营质量提高

➢ 2001 年超市的经营指标除客单价外，其他经营指标均好于上年水平，说明超市经营者在努力扩大经营规模的同时，并没有放松对经营活动的管理。

➢ 超市的销售额是由交易次数与客单价两个因素决定的。

在营业面积确定的前提下，企业要增加销售额，一方面是通过促销等各项活动，吸引更多的顾客来店购物；另一方面，通过调整商品结构，更好满足顾客需求，来提高客单价水平。

从企业运营的实际情况看，2001 年超市销售额的增加主要来自交易次数的增加，每平方米营业面积每年实现的交易数由 395 次提高到 420 次，比上年增加了 6.3%，说明企业比较重视促销活动，扩大企业的知名度和社会影响力，吸引顾客光顾。

2001 年与上年相比，平均客单价由 55.1 元下降到 54.8 元，其因素是多方面的，而市场竞争激烈，商品价格下降是一个重要的原因。另外，也反映出一些企业对如何提高客单价关注不够，虽然地均单品数由 3.49 个增加到 4.12 个，但这些商品是否适销对路，能否增加顾客购买还需要认真研究，商品结构有待于进一步调整。

在超市门店可比销售额增长（平均地效）中，由于交易次数增加而使销售额增长了 6.3%，由于客单价的下降而使销售额下降了 0.5%，所以，关注客单价的提高，是超市扩销增效的重要方面。

➢ 在人员管理上，主要是减员增效。

一方面，年人均劳效由 63 万元提高到 68.4 万元，提高了 8.5%。另一方面，人员与营业面积的比例由 1:29 提高到 1:29.7。

表 2　　超市门店经营指标对比

	2001 年	2000 年	增长率（%）
人均劳效（万元）	68.4	63.0	8.5
人均营业面积（万平方米）	29.7	29.0	2.6
平均地效（万元）	2.30	2.18	5.8
地均年交易次数	420	395	6.3
平均客单价（元）	54.8	55.1	-0.5
平均品项	4.31	3.49	18.1

3. 成本控制

保持比竞争对手更低的运营成本，是连锁超市企业核心竞争力的重要方面。与上年相比，经营管理费用得到了控制。

➢ 商品损耗由 4.3% 下降到 4.2%，下降了 0.1 个百分点。费用率由 7.77% 下降到 7.61%。72 家门店由于减少损耗、降低费用所增加的利润为 2000 万元。

➢ 人工费用下降幅度最大，下降了 9.8%，其中年人均人工成本由 1.51 万元下降为 1.48 万元，下降了 2.2%。

➢ 可控费用下降了 4.6%，是企业做出较大努力的结果，许多企业都制定了考核指标，对费用进行严略管理，进行考核奖惩。但是，大量用电设备的使用，会使水电费增加。

➢ 不可控费用率略有降低，但在总费用中所占比重上升。虽然银行降息减轻了企业的利息负担，但商业用房租金却一直上涨。由于房租在超市经营费用中占有较大比重，不可控费用的增加将成为趋势，这也是连锁超市经营模式与传统商业企业经营模式的不同之处。

➢ 超市经营优势之一在于低成本运营。其中降低经营费用仅是降低成本的一个方面，而且随着购物环境的改善，现代设施设备的增加，员工工资和福利的提高，一些费用项目必将会逐年增加。超市降低成本的另一个方面是降低采购成本。企业采购成本的高低，与企业的采购规模、管理水平及自有品牌有直接关系，是企业降低成本、增加盈利的重要方面。

表 3　　超市门店费用指标对比

	2001 年	2000 年	增长率（%）
损耗率（%）	4.2	4.3	－2.3
费用率（%）	7.61	7.97	－4.6
年人均成本（万元）	1.48	1.51	－2.2

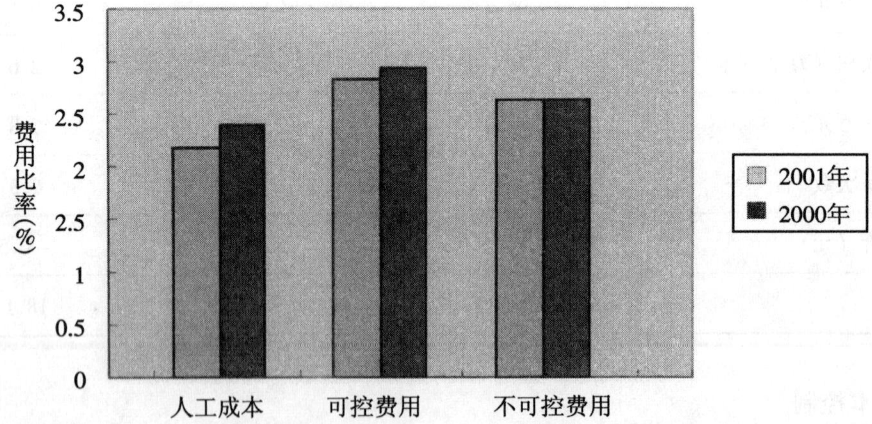

图 1　超市门店费用指标对比

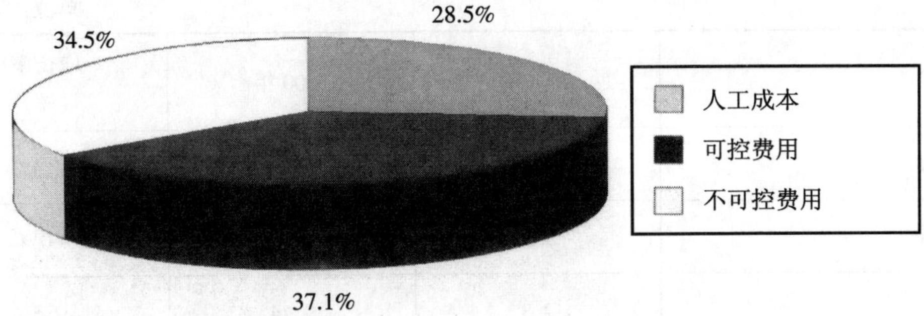

图 2　2001 年超市门店费用比例

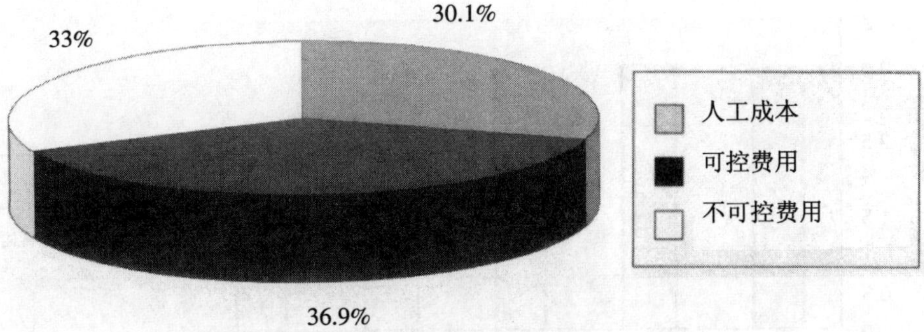

图 3　2000 年超市门店费用比例

三、业态经营情况分析

1. 基本情况

按经营业态分类，72 家门店中小型超市、便利店（500 平方米以下）13 家，中型超市（500 ~ 5000 平方米）33 家，大型超市（5000 平方米以上）26 家。

2. 平均地效分析

平均地效与营业面积关系密切，营业面积越大，单位营业面积的销售额就越低；另外，地效也与营业时间长短有关，营业时间长，单位面积销售额高。大、中型超市营业时间基本相同，小超市特别是便利店的营业时间较长，有的是 24 小时营业。

2001 年到 2000 年相比，中、小超市的平均地效变化不大，大型超市的地效有较高提升。对比协会 1997 年对近百家超市公司最佳门店的调查来看，中、小型超市平均地效增长不大，大型超市由于地效基数较低且经营管理技术在不断提高，所以近年来增长较快。

表4　　超市门店平均地效对比（按业态）

单位：万元

	2001年	2000年	增长率（%）
小型超市	3.73	3.70	1.1
中型超市	2.26	2.27	－0.4
大型超市	2.3	2.14	7.5
平均	2.3	2.18	5.8

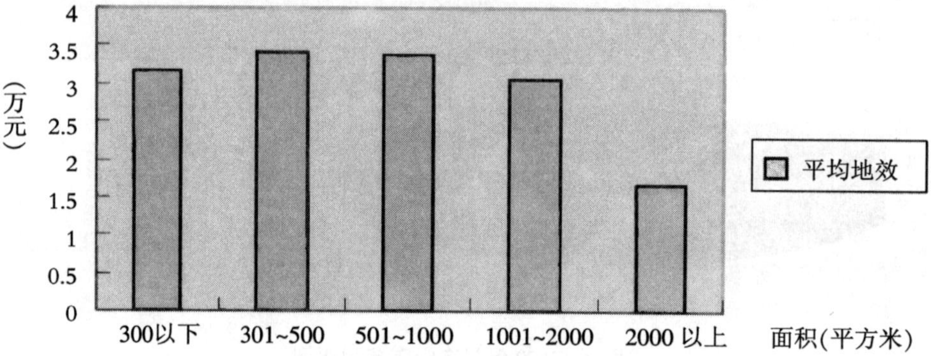

图4　1997年8家超市公司最佳门店平均地效

3．人均劳效

平均劳效按小、中、大超市依次增高，与营业面积成正比。中、小超市经过较长时间发展，劳效已基本稳定，增长不大；大型超市正处于成长期，劳效提高比较显著。

与1997年的调查相比，超市的人均劳效提高了将近一倍，说明超市在人员管理和改善经营上做了很大努力。

表5　　超市门店人均劳效对比（按业态）

单位：万元

	2001年	2000年	增长率（%）
平均	68.4	63.0	8.5

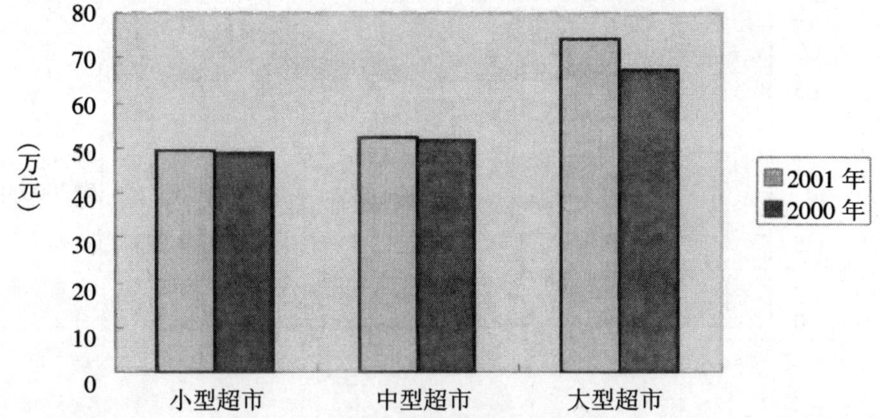

图 5　超市门店各业态人均劳效对比

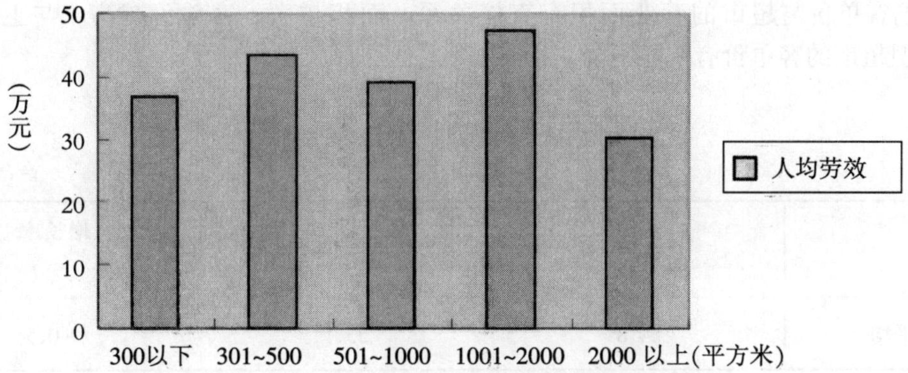

图 6　1997 年 8 家超市公司最佳门店人均劳效

4. 平均人工成本

平均人工成本随超市营业面积增大而提高。与上年相比，大、中超市的平均人工成本都略有降低，小型超市的平均成本虽有提高，但与大、中超市比仍有较大差距。

表 6　　超市门店平均人工成本对比

单位：万元

	2001 年	2000 年	增长率（%）
平均	1.48	1.51	－2.2

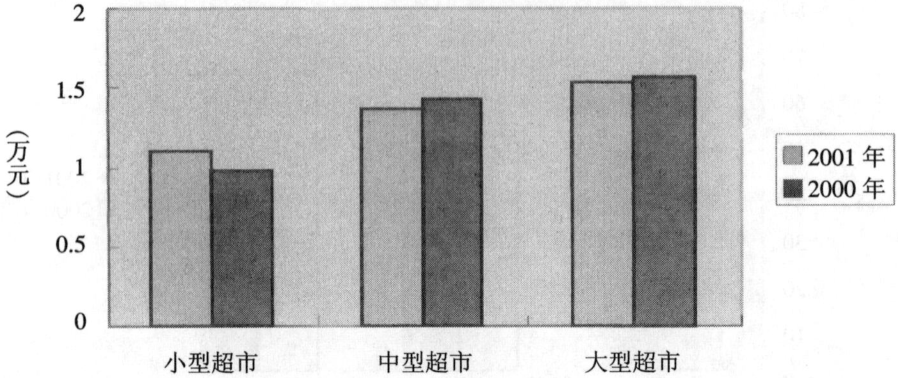

图 7　超市门店各业态平均人工成本对比

5. 平均客单价

平均客单价与超市的营业面积有直接关系，面积越大，客单价越高。与上年相比，中、小型超市的客单价有明显下降。

表 7　　超市门店平均客单价对比（按业态）

单位：元

	2001 年	2000 年	增长率（%）
平均	54.8	55.1	－0.5

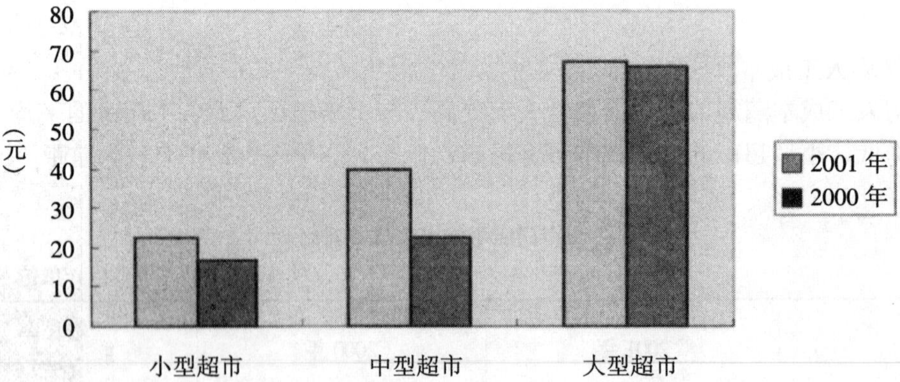

图 8　超市门店各业态平均客单价对比

6. 地均交易次数

地均交易次数与营业面积成反比例，面积越大，地均交易次数越低。超市日均交易次数与营业面积成正比，面积越大，交易总次数越高。

与上年相比，小型超市特别是便利店的交易增长较快，说明小型店的便利性增强，吸引更多的顾客光顾。

表 8　　超市门店地均交易次数对比（按业态）

	2001 年	2000 年	增长率（%）
平均	420	359	6.3

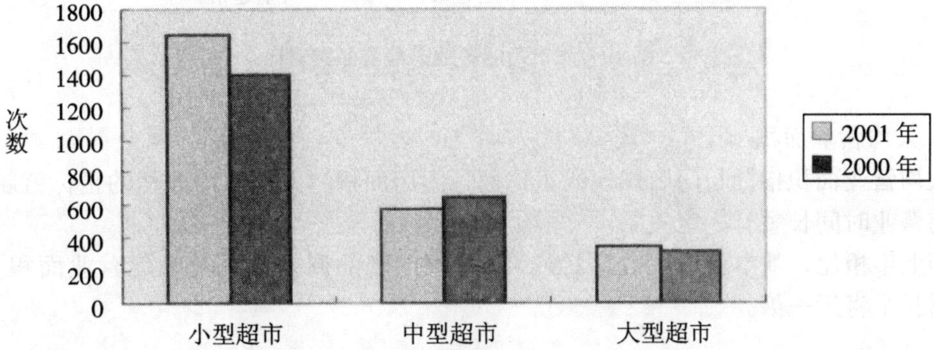

图 9　超市门店各业态地均交易次数对比

7. 经营品种

超市单位面积经营的商品品种（地均单品数），与营业面积成反比。与上年相比，大、小型超市的经营品种有较大的增加，中型超市变化不大。

地均单品数从宏观来说，与整个社会的商品种类丰富程度有关；从微观来看，与企业的经营理念、方式和经营管理有关。

经营商品品种多少并不代表企业经营管理水平的高低，而针对目标顾客的需求，选择适销对路的商品，在满足顾客需求的同时，为企业创造出经营效益，才能反映出一个零售企业的竞争优势。

表 9　　超市门店地均单品数对比（按业态）

	2001 年	2000 年	增长率（%）
平均	4.12	3.49	18.1

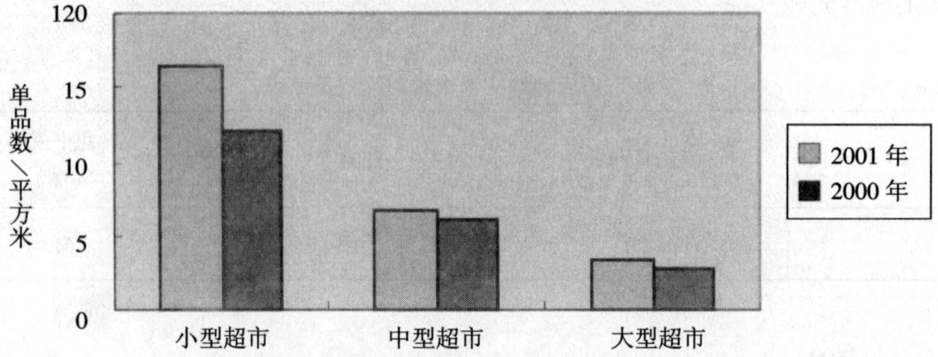

图10　超市门店各业态经营品种对比

8. 人均营业面积

人均营业面积指标与门店规模成正比例，门店面积越大，人均面积的指标就越高。同时也与营业时间长短有一定关系。

与上年相比，基本没有变化。1997年84家门店的调查数据是人均营业面积16平方米，增长了将近一倍。

表10　　超市门店人均营业面积对比（按业态）

单位：平方米

	2001年	2000年	增长率（%）
平均	29.7	29.0	2.6

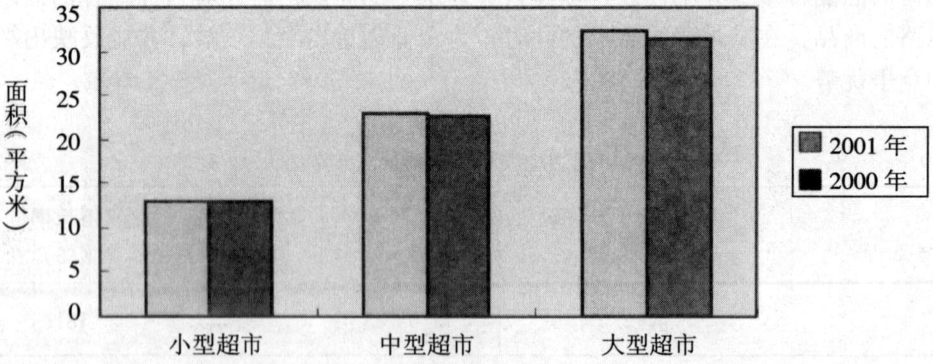

图11　超市门店人均营业面积对比

9. 经营费用

在各类型店铺中，经营费用指标没有明显的差别。

小型超市费用增长较快，一是由于费用基础水平较低，二是由于小型店向便利店发展中，增加了设备的投入及日常经营费用。

表 11　　超市门店经营费用对比

单位：万元

	2001 年	2000 年	增长率（%）
平均	7.61	7.97	-4.6

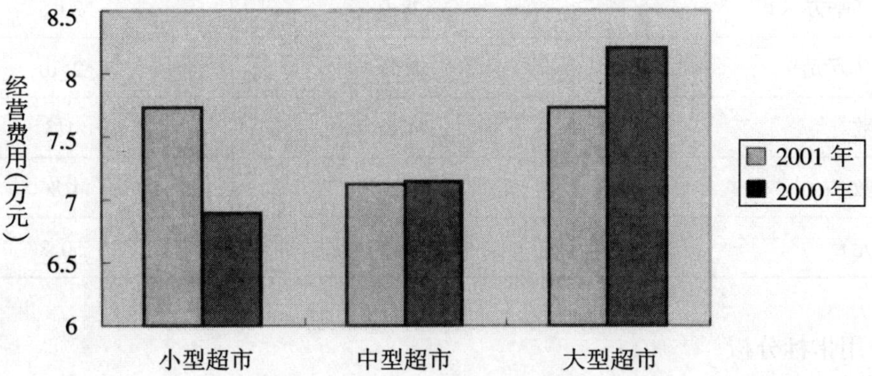

图 12　超市门店各业态经营费用对比

四、按城市分类

超市的发展，反映了消费需求的变化。我国超市的发展首先是从经济发达的大城市起步，逐步向城市周边地区和中、西部扩散。72 家超市门店中，地处北京、上海、广州、深圳的有 23 家，其他城市和地区的有 49 家。

1. 门店经营规模分析

大城市门店的经营规模高于其他城市。

表 12　　超市门店经营规模对比（按城市）

	大城市	其他城市
销售规模（万元）	18664	8286
营业面积（平方米）	7300	4000

2. 经营效益分析

大城市的超市与其他城市的超市相比，在平均地效、地均交易次数、客单价三项指标上有明显优势；其他城市的人均劳效大大高于大城市，在人均面积、地均单品数指标上略显优势。

大城市商业用房紧缺，租金昂贵，营业时间长，所以营业面积的利用效率较高。大城市人员成本高，但人均劳效却低于其他城市，是值得注意研究的问题。

表 13　　超市门店经营指标对比（按城市）

	大城市	其他城市
人均劳效（万元）	63.0	75.0
人均面积（平方米）	28.9	30.5
平均地效（万元）	2.53	2.10
地均交易数	428	413
地均单品数	3.27	4.86
客单价（元）	59.1	50.8

3. 费用指标分析

大城市的各项费用指标高于其他城市，特别是人均成本，差距大。在费用结构中，其他城市的可控费用所占比重较高。

表 14　　超市门店费用指标对比（按城市）

	大城市	其他城市
人均成本（万元）	1.9	1.1
费用率（%）	8.74	6.41
人工费用率（%）	2.60	1.70
可控费用率（%）	3.04	2.59
不可控费用率（%）	3.09	2.12
地均费用额（万元）	1553	989

由以上分析看出，随着超市的发展和竞争的加剧，大城市超市发展的空间越来越小，生存环境越来越恶化。向周边城市发展，已经成为更多企业的选择。

表 15　　超市门店费用结构对比（按城市）

	大城市	其他城市
人工费用（%）	29.7	26.5
可控费用（%）	34.8	40.3
不可控费用（%）	35.4	33.1
总费用（%）	100	100

五、地理位置分析

1. 门店所处位置分析

选择合适的地理位置开店，是零售企业成功的重要因素。超市是满足人们日常生活需要的购物场所，由此决定了超市的店铺位置，应该是最方便顾客购物的地方。

72 家超市门店的地点，在商业区、交通干道的有 43 家，在居民区、城乡结合部的有 29 家。

2. 门店经营规模分析

商业区和居民区的超市门店规模没有太大差别。

表 16　　超市门店经营规模对比（按位置）

	商业区	居民区
销售规模（万元）	11601	11114
营业面积（平方米）	5050	5030
员工人数	170	170

3. 经营效益指标分析

商业区与居民区的各项指标相差不大，商业区的人均劳效和客单价高于居民区，居民区的交易次数多于商业区。

表 17　　超市门店经营指标对比（按位置）

	商业区	居民区
人均劳效（万元）	70.5	65.3
人均面积（平方米）	29.8	29.5
平均地效（万元）	2.36	2.21
地均交易次数	400	450

续表

	商业区	居民区
地均单品数	4.23	3.95
客单价（元）	59.1	49.0

4. 费用指标分析

居民区的各项费用指标略高于商业区。

表18　　超市门店费用指标对比（按位置）

	商业区	居民区
人均成本（万元）	1.45	1.52
费用率（%）	7.32	8.06
地均费用额（万元）	1247	1266

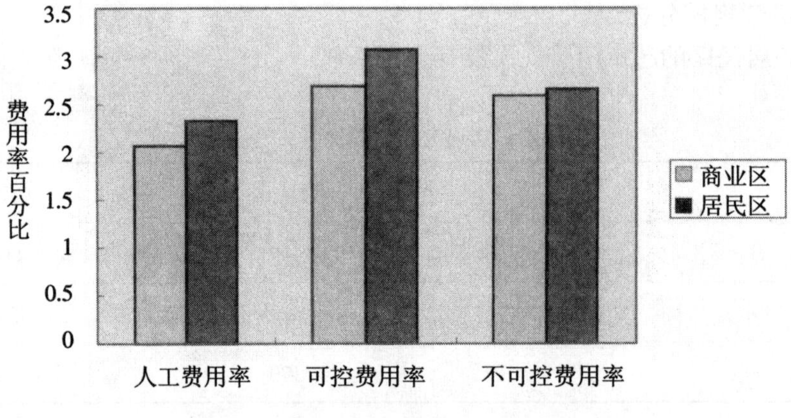

图13　超市门店费用分析（按位置）

2001年连锁家电企业经营情况分析

一、说明

2001年连锁百强中家电企业共8家：

三联商社

北京国美电器有限公司

苏宁电器连锁集团股份有限公司

联想（北京）有限公司

上海永乐家用电器有限公司

华联集团家用电器有限公司
上海光大通信终端产品销售有限公司
江苏五星电器有限公司
其中，1家企业未报有关数据，故此分析报告以7家企业提供的数据为依据。
7家企业中销售额最高的是三联商社，2001年销售额为70亿元。

二、经营规模指标分析

1. 总体经营规模

➢ 销售额

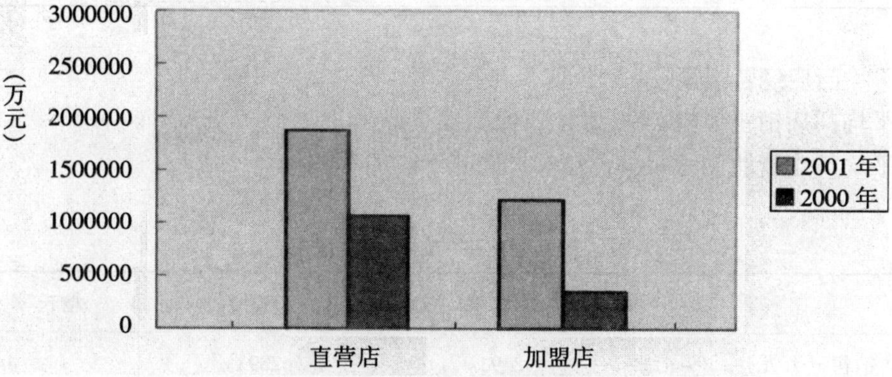

图1 家电企业销售额对比

➢ 门店数

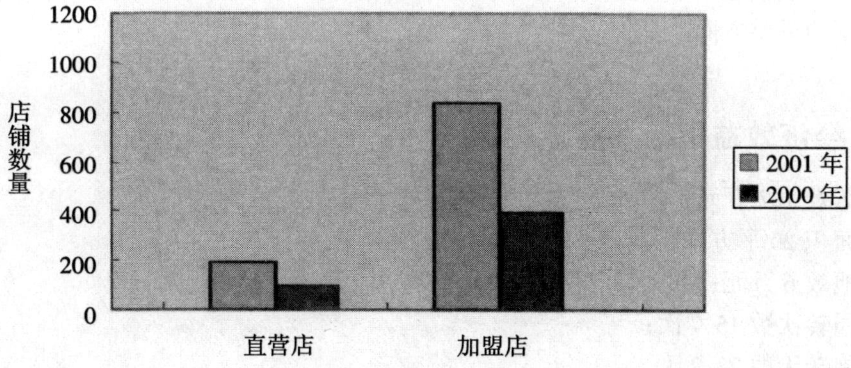

图2 家电企业门店数对比

➢ 营业面积47.3万平方米，其中直营店35.7万平方米，加盟店14.1万平方米。
➢ 员工人数23854人，其中直营店14127人，加盟店9268人。
2. 平均企业经营规模

➤ 平均企业销售额 364541 万元，比上年增长 80.7%。
➤ 平均企业门店数 146 个，比上年增长 110%。
➤ 平均企业营业面积 67586 平方米。
➤ 平均企业员工人数 3408 人。

表 1　　百强家电企业平均经营规模对比

	2001 年	2000 年	增长率（%）
平均企业销售额（万元）	364541	201694	80.7
平均企业门店数	146	70	110

3. 平均门店经营规模
➤ 平均门店销售规模 2490 万元，比上年下降 14%。
➤ 平均门店营业面积 487 平方米，比上年增加 0.65%。

表 2　　百强家电企业平均门店经营规模对比

	2001 年	2000 年	增长率（%）
平均门店销售（万元）	2490	2893	－14
平均门店面积（平方米）	487	484	0.60

以上数据分析表明，家电连锁企业的经营规模迅速扩大，其销售额、门店数的增长速度都超过了百强企业的平均发展水平。加盟店的增长大于直营店的增长，成为家电连锁企业规模经营的重要方面。

三、经济效益指标

人均劳效 107 万元；
人均面积 20 平方米；
平均地效 6 万元；
平均周转次数 15.7 次；
平均周转天数 23.2 天；
平均毛利率 4.5%；
平均纯利率 0.58%。

2001 年连锁家电企业门店经营状况分析

一、说明

➢ 本分析报告所依据的数据基础是由 5 家家电企业提供的，这 5 家企业全部为 2001 年连锁百强企业。

➢ 每家公司提供 1 个门店的经营情况，这些门店基本上属于较好水平。

➢ 5 家门店中年销售额最高为 10.7 亿元。

二、经营规模指标分析

➢ 门店经营规模：门店平均销售额 5 亿元；门店营业面积 5824 平方米；门店平均员工人数 324 人。

表 1 家电企业门店经营规模对比

	2001 年
平均门店销售额（万元）	50787
平均门店营业面积（平方米）	5824
平均员工人数	324

三、经营效益指标分析

➢ 人均劳效为 156.6 万元，比上年提高了 21.8%。

➢ 人均营业面积为 18 平方米，比上年降低了 5.2%。

➢ 平均地效为 8.72 万元，比去年提高了 28.5%。

➢ 地均年交易次数 78 次，比上年降低了 17.5%。

➢ 平均客单价 1111 元，比上年提高了 55.7%。

以上数字分析表明，2001 年家电企业门店的地均年交易次数略有降低，但客单价大幅度提高。因此，总体的销售额仍呈上升趋势。

表2　　　　　　　　　　　　　　　　　家电企业门店经营指标对比

	2001年	2000年	增长率（%）
人均劳效（万元）	156.6	128.5	21.8
人均营业面积（平方米）	18	18.9	－5.2
平均地效（万元）	8.72	6.79	28.5
地均年交易次数	78	95	－17.5
平均客单价（元）	1111	713	55.7

四、费用指标分析

➢ 费用率是费用总额与销售额相除的结果，2001年的费用率为2.46%，比上年降低了9.3%。

➢ 年人均成本1.48万元，比上年提高了9.2%，与超市门店人工成本相同。

➢ 费用率分析：人工费用率为0.94%，比上年降低了10.4%；可控费用率为0.92%，同比降低了16.7%；不可控费用率为0.6%，同比提高了7.7%。

表3　　　　　　　　　　　　　　　　　家电企业门店费用指标对比

	2001年	2000年	增长率（%）
费用率（%）	2.46	2.70	－9.3

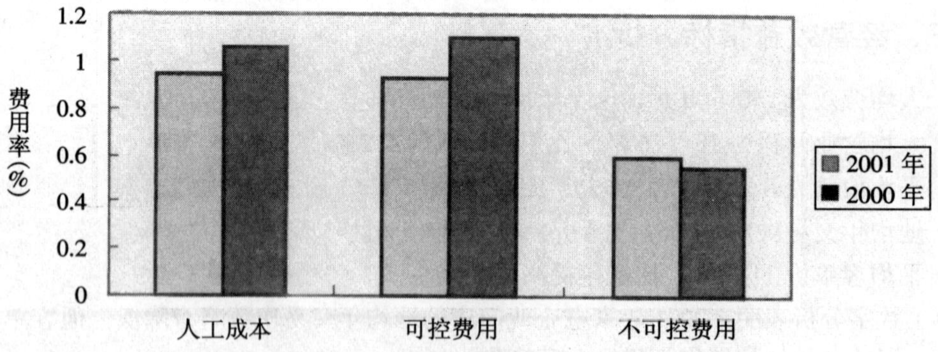

图1　家电门店费用分析

➢ 费用结构：人工费用占费用比重为38.4%，比上年降低了1.2%；可控费用占费用比重为37.3%，比上年降低了16.7%；不可控费用占费用比重为24.2%，比上年提高了

18.7%。

从以上数据不难看出，在费用比例中，可控费用占比最高，人工成本其次，不可控费用最低。

除了不可控费用外，其他各项费用指标均比上年有明显降低，说明企业在对费用的控制上取得了良好的效果。而不可控费用是人为难以控制的，因此要想降低或保持都非常困难。

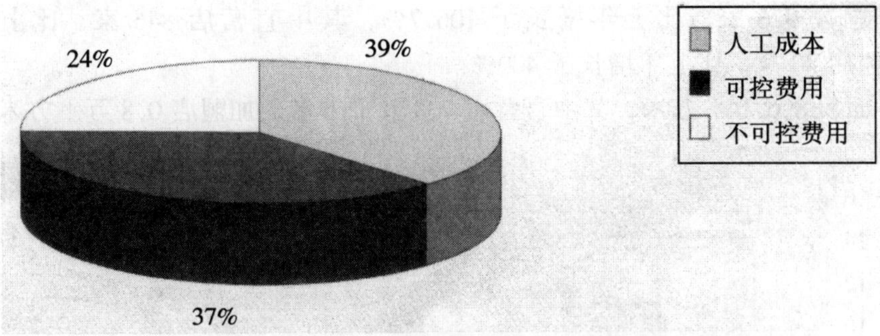

图 2　2001 年家电门店费用比例图

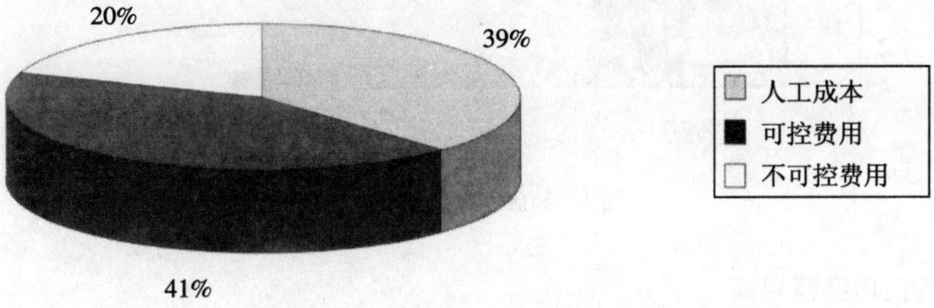

图 3　2000 年家电门店费用比例图

2001 年连锁药店企业经营情况分析

一、说明

2001 年连锁百强中药店企业共 4 家，分别是：

重庆和平药房连锁有限责任公司

大连美罗大药房连锁有限公司

深圳市海王星辰医药有限公司

广州市医药公司健民医药连锁店

2001 年，这 4 家企业中销售额最高的是重庆和平药房连锁有限责任公司，销售额为 5.7 亿元。

二、经营规模指标分析

1. 总体规模指标分析

➢ 销售总额 14.7 亿元，比上年增长了 28.7%，其中直营店 14.1 亿元，比上年提高了 26%，加盟店 0.58 亿元，比上年提高了 174.1%。

➢ 门店总数 926 家，比上年增长了 106.7%，其中直营店 846 家，比上年增长了 95.8%，加盟店 80 家，比上年增长了 400%。

➢ 营业面积 8.6 万平方米，其中直营店 7.8 万平方米，加盟店 0.8 万平方米。

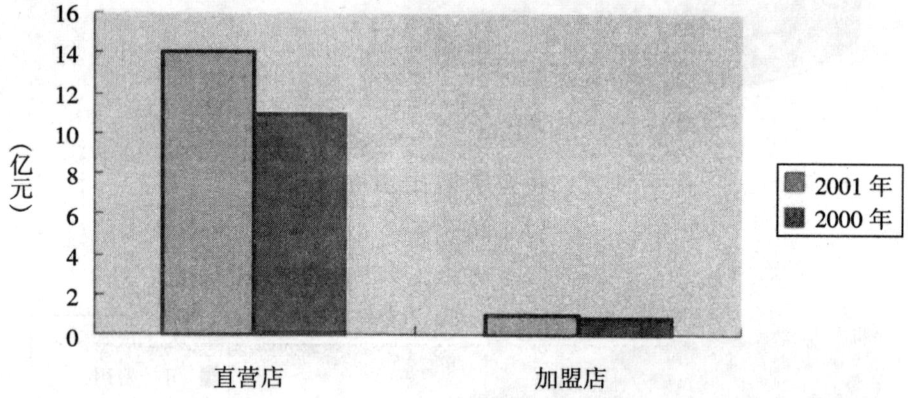

图 1　药店企业销售额对比

2. 平均门店经营规模

平均门店销售规模 159 万元；平均门店的营业面积 93 平方米。

三、经济效益指标分析

➢ 2001 年人均劳效为 20 万元；人均面积为 11.7 平方米；平均地效为 1.7 万元。

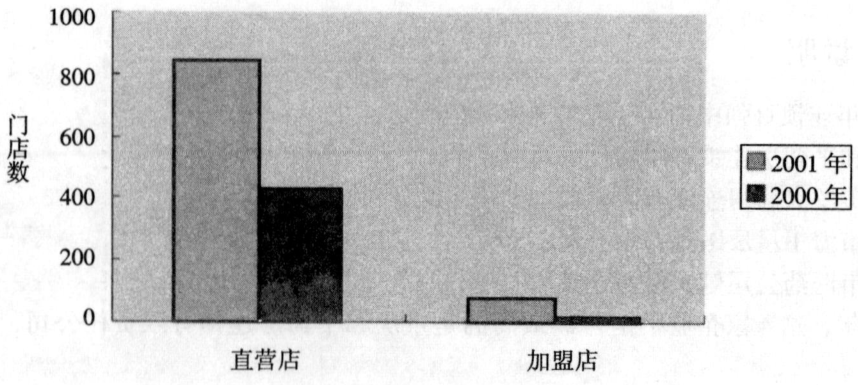

图 2　药店门店数对比

➢ 平均周转次数为 5.3 次。

➢ 平均毛利率为 22.9%；平均纯利率为 3.2%。可见，药店企业的平均毛利率和纯利率都是较高的。

表 1　　药店企业经济指标

	2001 年
人均劳效（万元）	20
人均面积（平方米）	11.7
平均地效（万元）	1.7
平均周转次数	5.3
平均毛利率（%）	22.9
平均纯利率（%）	3.2

2001 年连锁药店企业门店经营状况分析

一、说明

➢ 分析报告所依据的数据基础是由 8 家药店企业提供的，其中 3 家企业为 2001 年连锁百强企业。

➢ 每家公司提供 1 个门店的经营情况，这些门店基本上属于较好水平。

➢ 8 家门店中年销售额最高为 9476 万元。

二、经营规模指标分析

➢ 门店经营规模：平均门店销售额 2370 万元；平均门店营业面积 563 平方米；平均门店员工人数 34 人。

表 1　　药店门店经营规模

	2001 年
平均门店销售额（万元）	2370
平均门店营业面积（平方米）	563
平均员工人数（人）	34

三、经营效益指标分析

➢ 人均劳效为69万元，比上年降低了1.8%。

➢ 平均面积为16.4平方米，比上年提高了73.1%。

➢ 平均地效为4.21万元，比上年降低了43.2%。

➢ 地均年交易次数1496次，比上年降低了45.1%。

➢ 平均客单价28.2元，比上年提高了3.3%。

以上数字分析表明，2001年人均面积有较大幅度的提高，说明新开药店以大店铺为主，平均地效有所下降。平均客单价略有上涨，地均年交易次数有所降低。

表2　　药店门店经营效益指标

	2001年	2000年	增长率（%）
人均劳效（万元）	69	70.2	－1.8
人均营业面积（平方米）	16.4	9.5	73.1
平均地效（万元）	4.21	7.42	－43.2
地均年交易次数	1496	2722	－45.1
平均客单价（元）	28.2	27.3	3.3

四、费用指标分析

➢ 费用率是费用总额与销售额相除的结果。2001年的费用率为10%，比上年降低了20%。

➢ 人工费用率为5.26%，比上年降低了38%。

➢ 可控费用率为2.11%，比上年降低了43.6%。

➢ 不可控费用率为2.62%，比上年提高了3.2%。

表3　　药店门店费用指标对比

单位:%

	2001年	2000年	增长率（%）
费用率	10	12.5	－20
人工费用率	5.26	8.49	－38
可控费用率	2.11	1.47	43.6
不可控费用率	2.62	2.54	3.2

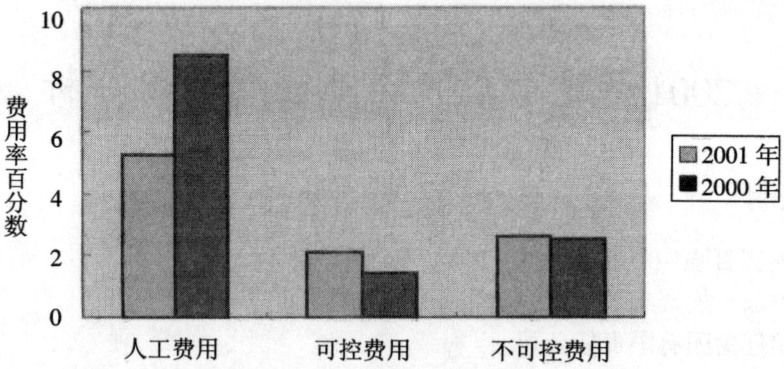

图 1 药店门店费用率对比

➢ 人均成本 3.63 万元，比上年降低了 39%。

➢ 在费用结构中，人工费用占费用比重为 52.7%，比上年降低了 22.4%；可控费用占费用比重为 21.1%，比上年提高了 79.5%；不可控费用占费用比重为 26.2%，比上年提高了 29%。

从以上数据看出，人工成本在整个费用结构中所占的比重最高，其次是不可控费用，比重最低的是可控费用。

2001 年人工成本降低了，但不可控费用、可控费用比上年有明显提高，说明企业在对人工成本的控制上取得了良好的效果。

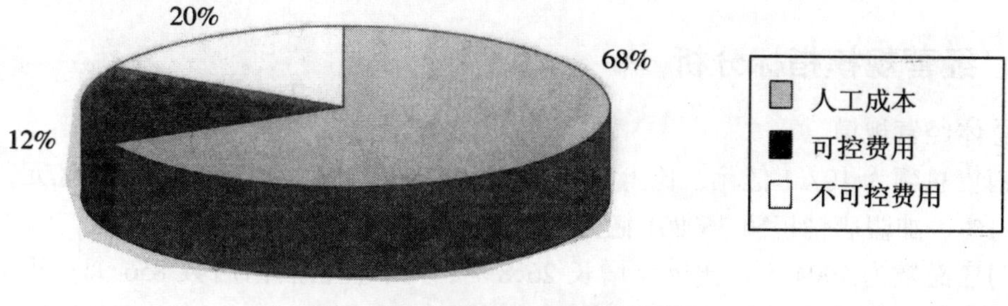

图 2 2000 年药店门店费用比例图

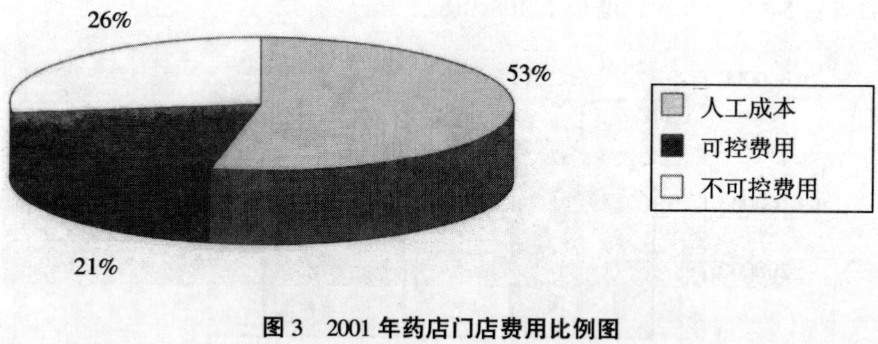

图 3 2001 年药店门店费用比例图

2001年连锁餐饮企业经营情况分析

一、说明

2001年连锁百强中餐饮企业共12家，如下所列：
百胜（中国）投资有限公司
广东烧鹅仔集团有限责任公司
中国北京全聚德集团有限责任公司
德克士食品开发有限公司
北京东安饮食公司
重庆小天鹅饮食集团有限公司
广州酒家企业集团
成都谭鱼头投资股份有限公司
重庆市菜根香风俗酒楼（集团）有限公司
马兰拉面快餐连锁有限责任公司
南京桂花鸭（集团）公司
其中1家企业未提供相关数据，本分析报告以11家企业提供的数据为依据。
11家企业中销售额最高的是百胜（中国）投资有限公司，销售额为549843万元。

二、经营规模指标分析

1. 总体经营规模

➤ 销售总额为107.1亿元，比上年增长29.6%，其中直营店销售额71亿元，比上年增长20.4%，加盟店销售额360801亿元，比上年增长52.6%。

➤ 门店总数为1904个，比上年增长26.8%，其中直营店门店数856个，比上年增长19.9%，加盟店1050个，比上年增长33.4%。

➤ 营业面积为102万平方米，比上年增长29.4%，其中直营店48万平方米，增长了14.4%，加盟店54万平方米，增长了108.9%。

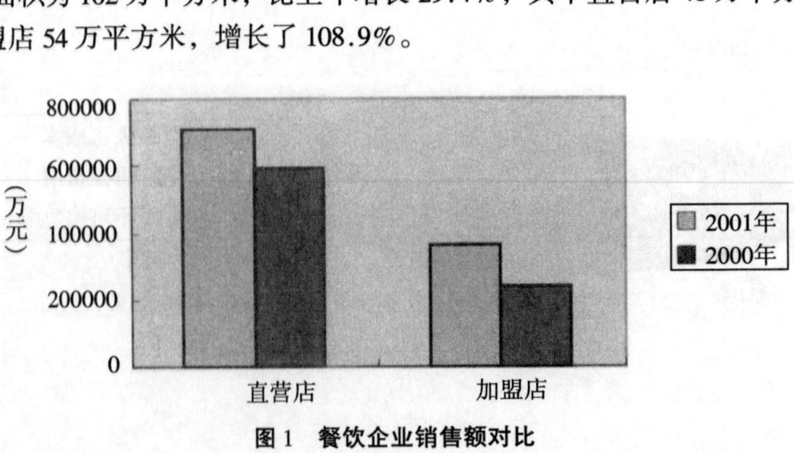

图1　餐饮企业销售额对比

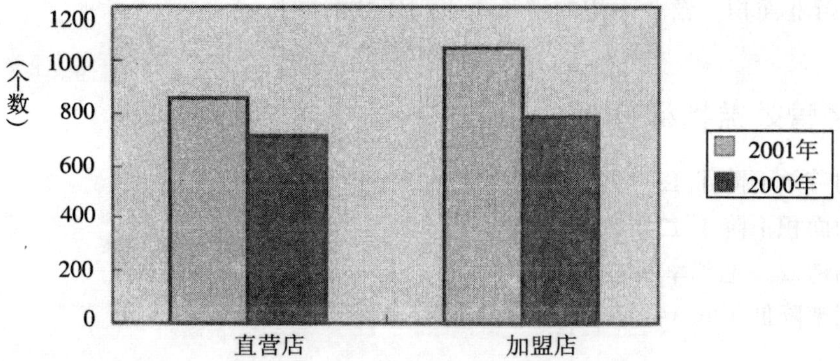

图 2 餐饮企业门店数对比

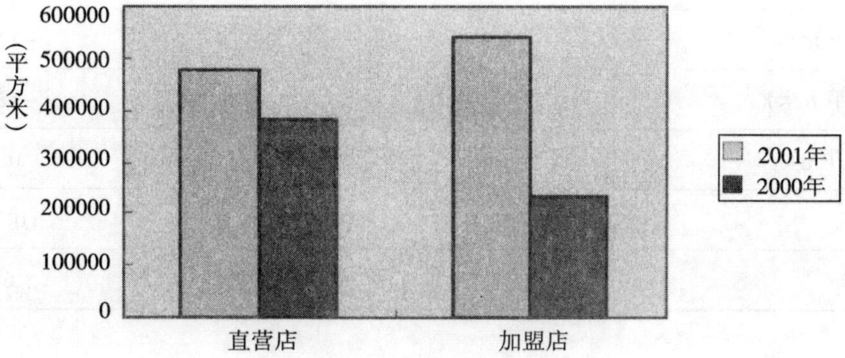

图 3 餐饮企业营业面积对比

2. 平均企业经营规模

➢ 平均企业销售额 97392 万元，增长 29.6%，其中直营店 64592 万元，增长 20.4%，加盟店 32800 万元，增长 52.6%。

➢ 平均企业门店数 173 个，增长 26.8%，其中直营店 78 个，增长 19.9%，加盟店 95 个，增长 33.4%。

➢ 平均企业营业面积 92538 平方米，增长 29.4%。

➢ 平均企业员工人数 9983 人，增长 47.9%。

3. 平均门店经营规模

➢ 平均门店销售规模 563 万元，比上年增长 2.1%。

➢ 平均门店营业面积 535 万平方米，比上年增长 2%。

表 1 百强餐饮企业门店经营规模

	2001 年	2000 年	增长率（%）
平均门店销售（万元）	563	551	2.1
平均门店面积（平方米）	535	524	2

以上数字分析表明：企业经营规模快速扩大，加盟店的增长速度尤其明显；销售额的增长略高于营业面积，营业面积的增长高于门店数的增长。

三、经营效益指标分析

➢ 人均劳效下降了12.4%。
➢ 人均面积下降了12.5%。
➢ 平均地效、毛利率基本维持上年水平。
➢ 纯利率降低了6.3%。

表2　　百强餐饮企业经营指标

	2001年	2000年	增长率（%）
人均劳效（万元）	9.76	11.14	－12.40
人均面积（平方米）	9.27	10.6	－12.50
平均地效（万元）	1.05	1.05	0.2
毛利率%	39.8	39.6	0.90
纯利率%	11.2	11.9	－6.30

2001年连锁餐饮企业门店经营状况分析

一、说明

本分析报告所依据的数据基础是由18家餐饮公司提供的，每家企业提供一家门店的经营情况。其中12家企业为2001年连锁百强餐饮企业。18家餐饮门店中，4家是2001年新开门店。

二、经营规模指标分析

➢ 门店的平均经营规模：2001年平均门店营业额1405万元，上年为1573万元；2001年平均门店营业面积1523平方米，上年为1548平方米；2001年平均门店员工人数122人，上年为139人。

➢ 单店年销售额最高的门店为7890万元，营业面积最大的门店为6320平方米。

表 1　　餐饮企业门店规模对比

	2001 年	2000 年	增长率（%）
平均门店营业额（万元）	1405	1573	－10.7
平均门店营业面积（平方米）	1523	1548	－1.7
平均员工人数（人）	122	139	－12.3

三、经营效益指标分析

➢ 2001 年人均劳效为 11.5 万元，比上年提高了 2%，其中人均劳效最高的为 22 万元。

➢ 人均面积为 12.5 平方米，比上年提高了 12.2%。一般快餐的人均营业面积要低于正餐，主要与营业时间长短有关。

➢ 平均每平方米的营业额为 0.92 万元，比去年降低了 9.2%，其中最高的门店为每平方米营业面积年营业额 4.3 万元。

➢ 平均客单价（人均消费）62.6 元，比上年提高了 25.9%。中式快餐人均消费最低，一般为 10～15 元；西式快餐人均消费为 20～25 元；中式正餐由于其档次不同，差距较大，一般为 30～90 元。

表 2　　餐饮企业门店经营指标对比

	2001 年	2000 年	增长率（%）
人均劳效（万元）	11.5	11.3	2
人均营业面积（平方米）	12.5	11.1	13
平均地效（万元）	0.92	1.02	－10
平均客单价（元）	62.6	49.7	26

四、费用指标分析

➢ 经营费用率是费用总额与销售额相除的结果。

➢ 2001 年门店的经营费用率为 28.15%，比上年降低了 29.8%。其中：人工费用率为 9.84%，比上年降低了 32%；可控费用率为 10.01%，比上年降低了 40.8%；不可控费用率为 8.3%，比上年降低了 5%。

表 3　　餐饮企业门店费用率对比

	2001 年	2000 年	增长率（%）
费用率（%）	28.15	40.11	－29.8

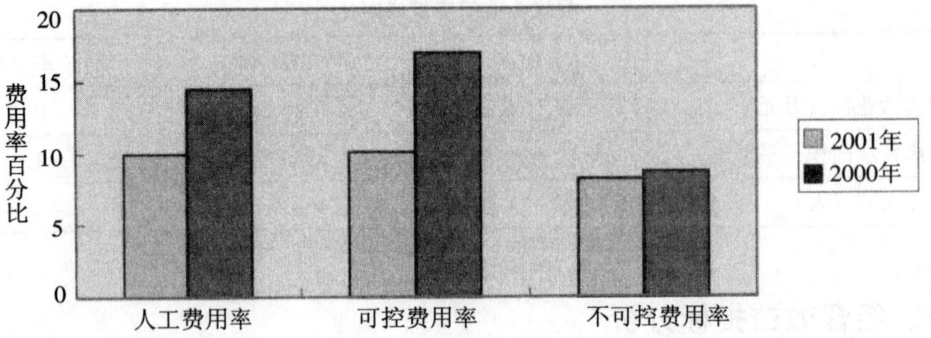

图 1 餐饮门店费用率对比

➢ 年人均成本 1.13 万元，比上年降低了 30.7%，其中最高的为 1.83 万元。

➢ 费用结构中，人工成本占费用比重为 34.9%，比上年降低了 3.1%；可控费用占费用比重为 35.6%，比上年降低了 15.6%；不可控费用占费用比重为 29.5%，比上年提高了 35.3%。

从以上数据不难看出，在整个费用比例中，可控费用占比最高，人工成本其次，不可控费用占比最低。

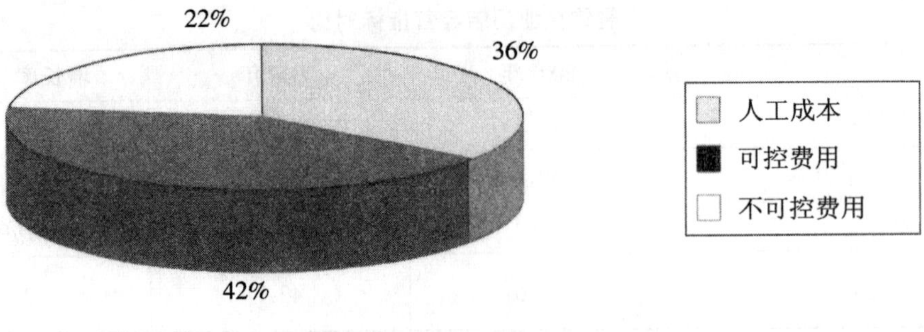

图 2 2000 年餐饮门店费用比例图

➢ 除了不可控费用外，其他各项费用指标均比上年有明显降低，说明企业在对费用的控制上取得了良好的效果。而不可控费用是人为难以控制的，因此要想降低或保持都非常困难。

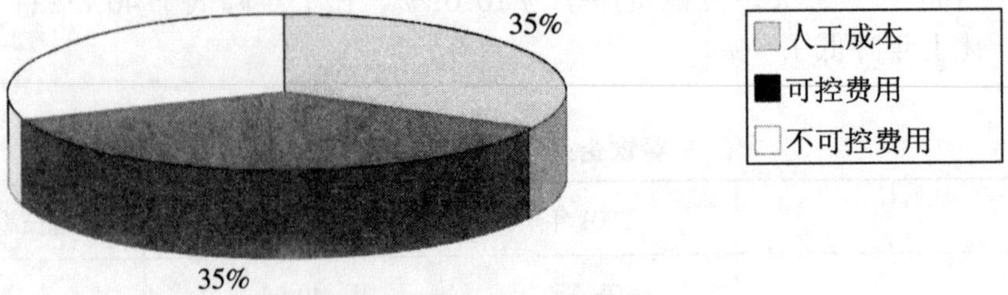

图 3 2001 年餐饮门店费用比例图

2002 年度连锁经营状况分析报告

一、连锁百强企业经营状况分析

中国连锁经营协会对2002年连锁企业的调查统计显示，2002年连锁百强总计实现销售额2465亿元，比上年的1620亿元增长52%。门店总数达到16986个，比上年的13117个增长29%。营业总面积达1334万平方米，比上年的838万平方米增长59%。员工人数51.97万人，比上年的41.64万人增长了24%。(具体见附表一。)

从2002年连锁百强的统计情况看，主要有以下特点：

1. 连锁经营持续高速增长，在零售业和社会经济中的地位更加突出

百强企业销售额占社会消费品零售总额40911亿元的6.0%，比上年的4.3%提高了1.7个百分点。1999－2002年连锁百强销售与社会消费品零售总额增长情况如表1所示。

表1　　百强企业销售增幅

项　　目	1999年	2000年	2001年	2002年
百强销售总额（亿元）	640	980	1620	2465
同比增幅		53%	65%	52%
社会消费品零售总额（亿元）	32000	33862	37674	40911
同比增幅		6%	11%	8.6%
百强销售总额占社会消费品零售总额比例	2.0%	2.9%	4.3%	6.0%

从表1中看出，连锁百强的销售增幅远远高于社会消费品零售总额的增长幅度，而且保持连续几年的快速增长；同时连锁百强占社会消费品零售总额的比例逐年加大，说明连锁百强在零售市场中的地位逐步增强。特别是上海和北京，连锁企业的销售额已分别占到社会消费品零售总额的30%和18%。

2002年百强中前二十名的销售额达1534亿元，占百强总销售额的62%；而2001年前二十名的销售额为920亿元，占比56%；2002年百强前二十名的销售额比上一年增加614亿元，比率提高6%。

2002年连锁百强企业平均销售额为25亿元，是上届百强企业平均销售规模的1.5倍。企业平均拥有连锁店169个，是上届百强企业平均拥有店铺数的1.3倍。

2002年百强第100名的销售额为3.65亿元，比上年的2.68亿元绝对额增加近1亿元。百强单个企业的实力进一步增强。(见附表一。)

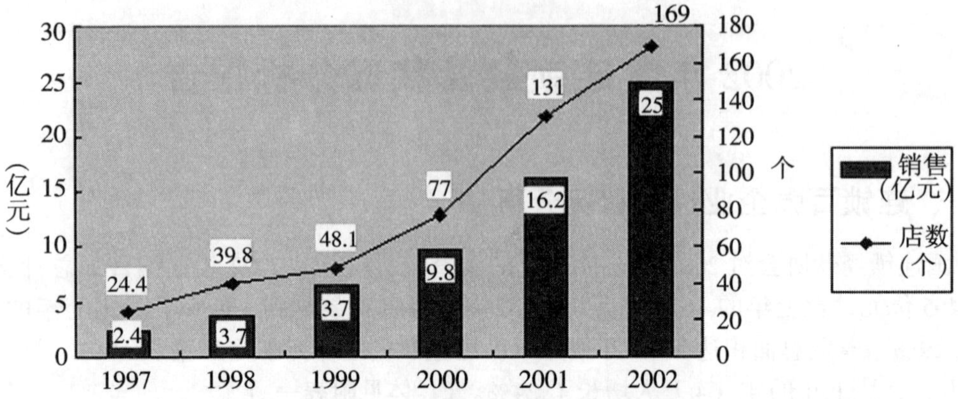

图1　1997－2002年百强企业平均情况

以上说明了连锁经营的集中化和规模化程度正在迅速提高。

2. 连锁经营向多行业、多业态方向发展

2.1　百强企业业态构成有所变化

2000－2002年连锁百强各业态的构成情况比较如图2所示。(见附表二、三、四、五、六、七。)

2.1.1　2002百强企业店铺的业态构成如下图所示。

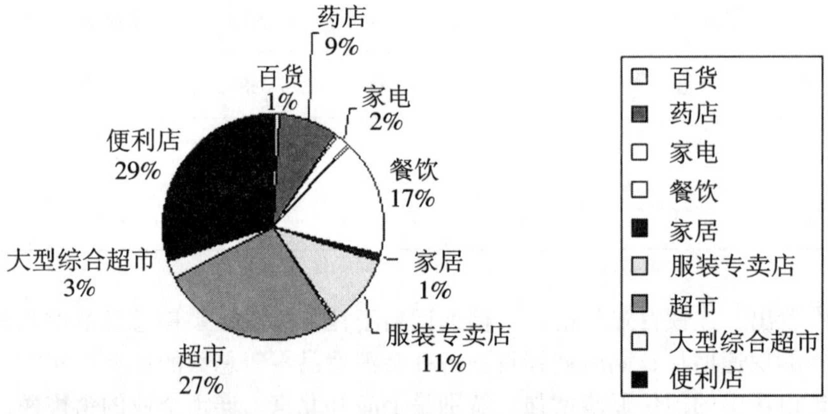

图2　2002年百强企业门店业态构成

2.1.2　2000－2002年连锁百强企业业态有所变化。从图2中可以看出，百强企业中百货业态有明显增加。而且百强中还增加了两种新的业态：家居建材装饰连锁专业店（1家），服装专卖连锁企业（11家）。

2.1.3　同一企业业态多元化发展。百强企业中半数以上企业2～5种业态并存，而且有的业态之间关联度不大。同一企业的经营向多种业态延伸，提高了企业的市场份额，同时也为规范化经营带来困难。

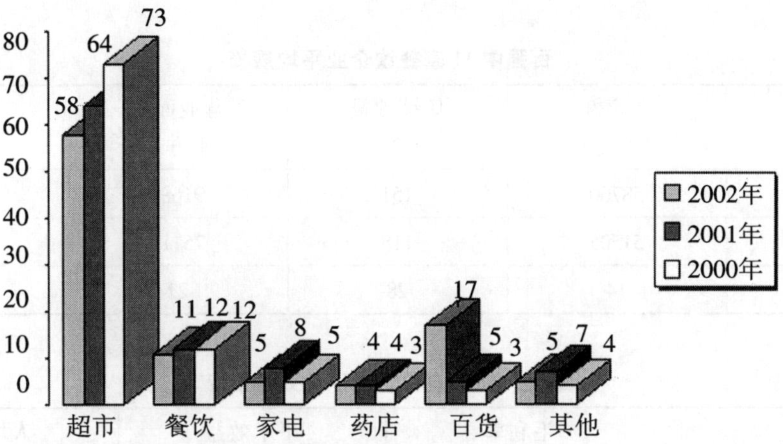

图 3　2000－2002 连锁百强业态分布

2.2　百强企业中零售企业（大型综合超市、超市、便利店）情况

表 2　　百强企业中零售企业平均规模

项目	销售额（万元）	门店数量（个）	营业面积（平方米）	员工人数
2002 年	267000	173	145000	5177
2001 年	195000	130	97444	3726
增幅（%）	37	33	49	39

表 3　　百强企业中零售企业平均效益

项目	毛利率（%）	平米效益（万元/平方米）	人均劳效（万元/人）
2002 年	12.7	1.7	51.6
2001 年	13.1	1.9	52.2
增幅（%）	－3	－11	－1

2.3　百强企业中餐饮企业情况

表 4　　百强中 11 家餐饮企业平均规模

项目	销售额（万元）	店铺数量（个）	营业面积（平方米）	员工人数
2002 年	58760	151	91686	7211
2001 年	51505	118	75111	6197
增幅（%）	14	28	22	16

表 5　　百强中 11 家餐饮企业平均效益情况

项目	毛利率（%）	平米效益（元/平方米）	人均劳效（元/人）
数值	45	6400	81500

2.4　百货店连锁化程度提高

在今年的百强企业中，有 17 家以经营百货店为主的连锁企业，而去年只有 5 家。说明连锁经营已引起国内百货店的关注，并且越来越多的企业开始导入连锁经营。(见附表四。)

2.5　连锁经营在专业店得到进一步的发展

连锁经营在家电专业店、家居建材专业连锁店、连锁药店、服装专业店等业态中得到了快速的发展。(见附表五、六、七。)

3. 跨区域开店、资本运作成为连锁企业扩张的重要方式

3.1　越来越多的企业寻求跨区域发展，跨区域发展成为企业全盘战略规划的一部分，全国性的连锁集团正在形成。

从 2002 年百强前十名的地区分布情况可以看到百强企业跨地区扩张的态势，有的企业把进入不同省份作为不同阶段的目标列入企业规划。外资企业跨区域扩张的步伐也在加快。(见附表九、十。)

3.2　百强企业扩张方式

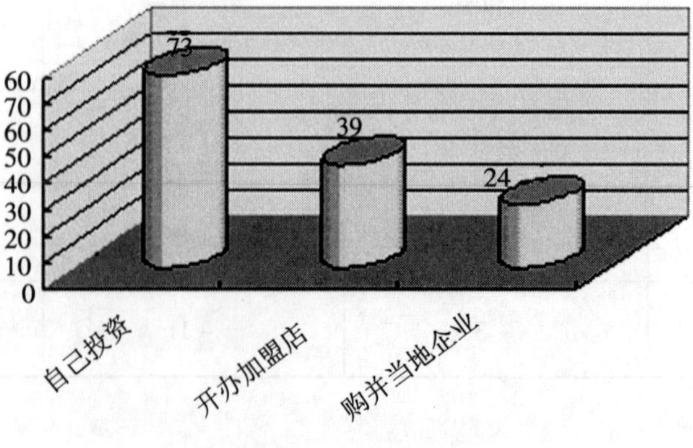

图 4　百强企业主要扩张方式

自己投资开店仍是大多数连锁企业的首选；越来越多的企业开始发展特许加盟；有一定资本实力的企业通过购并来扩张。2002 年主要连锁企业特许发展情况见附表八。

3.3 连锁企业经营与扩张的资金来源情况

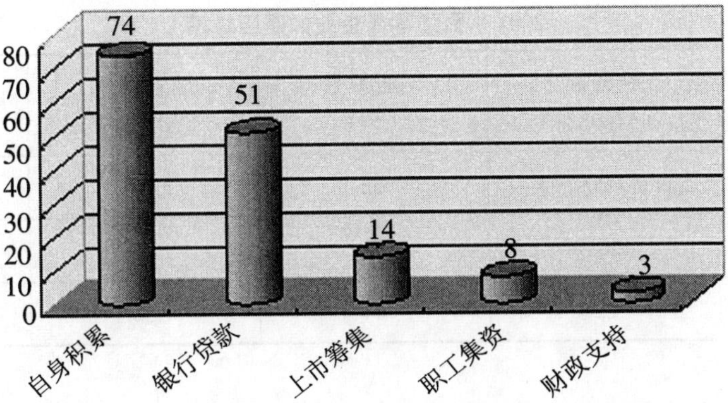

图 5 百强企业资金来源

大部分企业的发展靠自身积累；银行贷款是获取发展资金的一个重要途径；能够上市筹集资金的企业不多。

3.4 资本运作是连锁企业扩张的重要方式

一年来，与百强企业相关的兼并重组事件包括：

2002 年 3 月，华润 100%控股万佳百货；

2002 年 4 月，超市发天客隆进入整合实施阶段；

2002 年 7 月，联华斥资 2 亿元控股杭州华商集团家友超市；

2002 年 8 月，华润万佳以 2.32 亿元人民币收购江苏苏果超市 39.25%的权益；

2002 年 12 月，物美重组崇文区崇远投资经营公司。

4. 特许经营成为企业扩张的重要形式

4.1 百强企业加盟店开发总体情况

表 6　　2002 年百强企业加盟店规模

项目	加盟店销售额		加盟店门店		加盟店面积		加盟店员工	
	额度（万元）	占销售比（%）	店数（个）	占总店数比（%）	营业面积（平方米）	占总面积比（%）	员工数	占总人数比（%）
2002 年	2439900	10	3968	24	1797000	13	100800	19
2001 年	1063500	9	2100	25	1483000	19	83800	23
增幅（%）	129	18	89	－4	21	－32	20	－17

从表 6 中可以看出，百强企业的加盟店各项规模数据在绝对额上有了很大的增长：

2001年百强加盟店销售额比2000年增长100%，2002年比2001年增长129%。但由于销售基数的快速增大，加盟店在门店数量占比、面积占比和员工数占比上略有下降。

4.2　百强零售企业平均加盟店规模

表7　　2002年百强零售企业加盟店规模

项目	销售额（万元）	门店数量（个）	营业面积（平方米）	员工人数
2002年	30200	62	22500	650
2001年	16617	43	16500	467
增幅（%）	82	44	36	39

开展特许加盟的主要连锁企业的情况见附表八。

5. 民营资本、海外资本在连锁经营中的地位日益突出

5.1　企业形式构成

百强企业中，国有独资企业由2001年的10家下降为8家，大部分国有企业改制为有限责任或股份有限公司。在百强企业中，有9家上市公司，以及5家由上市公司投资的子公司。

5.2　民营资本在连锁企业中占有相当的份额

2002年百强中，有30多家民营企业，销售额近700亿元。百强之外的民营连锁企业数量也大幅提高，特别是餐饮、服务业连锁企业。民营企业将在连锁经营中占有越来越重要的地位。

5.3　外资企业在零售业中扮演着重要的角色

在百强当中，共有8家中外合资企业，包括华润万佳、百胜、麦德龙、欧尚、吉之岛、北京麦当劳等。8家企业的销售额为290亿元，占百强的12%。此外，本报告通过媒体、研究机构、业内人士的综合评估，收录了另外15家外资企业的情况，见附表十。

22家外资企业销售规模约为925亿元，店铺总数2285个。随着零售业的不断开放，外资企业将成为零售业的重要力量。

在附表十中，部分数据为估计值，另外还有一些外资企业没有列出，因此不能完全反映外资零售企业在中国发展的全貌，仅供参考。

6. 规范经营、加强管理、提升效益，是连锁经营发展中不容忽视的重要问题

6.1　连锁企业面临的主要困难

根据调查，“企业发展中面临的主要困难”如图6所示。

由于竞争加剧，有55家百强企业的毛利率与2001年相比有不同程度的下降（0.5%～3%不等），有21家略有提高，其他企业基本持平。毛利下降的主要原因是竞争加剧，企业之间展开价格战。

人才缺乏，特别是高级管理人员缺乏。随着企业规范化和专业化程度的提高，连锁企业对高层管理人员的要求越来越高，人才缺乏已成为制约企业发展的重要原因。

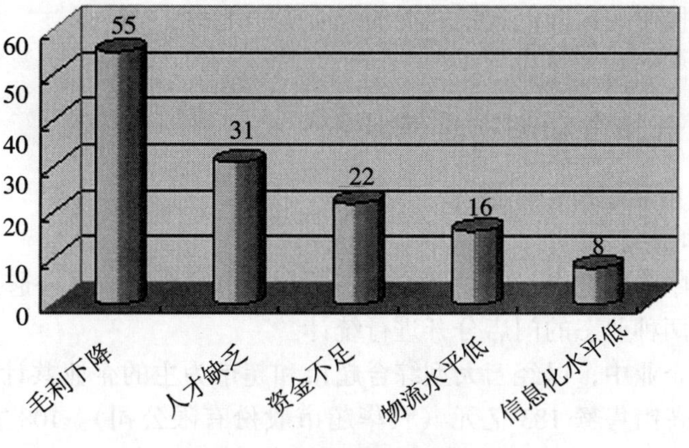

图 6 百强企业面临的困难

在人力资源方面，连锁企业对人员的需求逐步形成高低两个极端。对低端只需进行一些熟练性的操作，而对高级管理人员，却有专业知识、从业经验、领导能力等多方面的要求。

6.2 盲目扩张，导致企业破产倒闭

2002年初，福建华榕超市宣布倒闭；2002年4月1日，北京城市之光宣布倒闭。这两家企业都是2000年中国连锁百强企业。各地还有一批中小型超市相继倒闭。这些企业倒闭的直接原因大都是由流动资金缺口引起的。

6.3 信息化建设有待加强

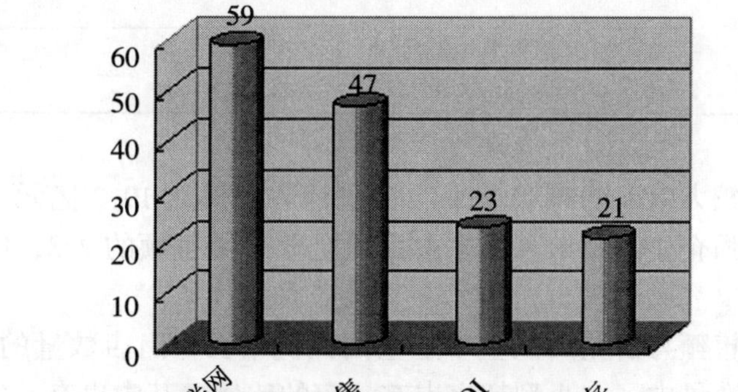

图 7 百强企业信息化水平

大部分企业实现了门店、配送、总部的信息联网，信息化水平有所提高。EDI 和 VMI 反映出企业供应链管理的实施水平，仅有少数企业部分实现了这一功能，外资企业普遍比内资企业要强。信息化水平是衡量企业经营管理水平的重要标志，内资企业与外资企业相比，差距很大，直接影响到国内连锁企业的综合竞争能力。

二、大型综合超市和超市经营状况

1. 大型综合超市和超市企业情况

1.1　样本基本情况

在本分析报告中我们把以经营大型综合超市和超市的企业放在一起进行分析，但在店铺分析中，则将这两种业态的门店分开进行统计。

在填报数据的企业中，以经营大型综合超市和超市为主的企业共计 148 家，其中数据完整的 108 家，最高销售额 183 亿元（联华超市股份有限公司）。108 家企业总销售额为 2070 亿元，总店铺数达 12420 个，总营业面积为 1110 万平方米，总员工数量为 39 万人。

本报告中，以这 108 家企业为基本样本。其中，2002 年连锁百强企业占 58 家，因此统计出的各项数据基本上代表了行业发展的中上水平。

1.2　企业平均规模

表 8　　大型综合超市和超市企业平均规模

项目	销售额（万元）	门店数量（个）	营业面积（平方米）	员工人数
2002 年	192032	115	102821	3610
2001 年	137160	75	71313	2571
增幅（%）	40	53	44	40

各项指标均有较大幅度的增长。平均企业销售规模达 19.2 亿元，体现了零售业的集中化趋势加强。百强企业前二十名几乎占百强企业总销售额的 2/3，因此将企业平均规模提高。

员工数量、销售额与营业面积基本上呈同比例增长，门店数量的增幅大于其他指标，说明在增加的店铺数量中，中小型超市占有一定的比例，其中也有一定数量的加盟店（具体见对企业扩张方式的分析）。

企业平均单店面积为 900 平方米，销售额 1700 万元。这也说明了中小型超市（一些企业同时经营便利店）在企业总体店铺中占有相当的比例。

1.3　企业配送中心规模

近年来，连锁企业的配送能力得到了很大的提高，在配送中心的建设上和对店铺的配送比例方面都大大加强了。前者体现在大部分企业都建立了自己的配送中心，也有一些企业根据商品不同性质，如生鲜商品和包装商品建立了不同的配送中心，跨地区发展的企业还在不同的区域建立了配送中心。

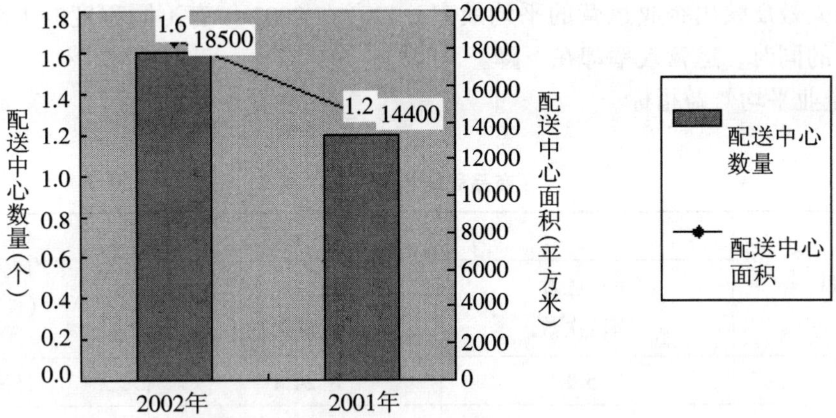

图 8　大型综合超市和超市企业的平均配送规模

有的企业的配送中心还开展了第三方物流服务，为中小型企业提供商品配送，扩展了业务。

1.4　企业平均经营性指标

1.4.1　大型综合超市和超市企业管理人员的比例

表 9　　大型综合超市和超市企业管理人员比例

项目	管理人员数	
	人数	占员工总数比重（%）
2002 年	132	3.6
2001 年	103	4.0
增幅（%）	28	－10

虽然管理人员的绝对值增加了 28%，但从相对数量上看，每百人中减少了 0.4 名管理人员，这意味着管理效率的提高和管理成本的降低。

1.4.2　大型综合超市和超市企业的地效和人效

表 10　　大型综合超市和超市企业平均地效和人效

项目	地效（万元/平方米）	人效（万元/人）
2002 年	1.9	53.2
2001 年	1.9	53.3
增幅（%）	0	0

地效和人效反映出企业运营的平均效率，二者在 2002 年有不同程度的下降，说明企业规模扩大的同时，运营效率却在下降。

1.5　企业平均效益指标

表 11　　商品周转和毛利率

项　目	库存周转		平均毛利率（%）
	年均库存周转次数	周转一次所需天数	
2002 年	15.1	24.1	11.4
2001 年	13.6	26.8	11.7
变化	增加 1.5 次	减少 2.7 天	－3%

库存周转次数提高，周转一次所需天数降低（每周转一次减少 2.7 天，全年增加周转 1.5 次），说明企业商品管理水平得到改进，企业资金利用效率提高了。企业总体周转水平要比店铺的周转水平略低。

毛利率水平依据企业所处的不同地区、企业的不同经营业态和不同的管理水平而变化较大。通常以大型综合超市为主的企业和位于沿海竞争激烈地区的企业，毛利率低于平均水平。表 11 中显示：2002 年企业毛利比 2001 年略有下降，一方面由于企业内部管理与企业大步扩张的差距（其中包括了人才、物流、信息等方面的不足），另一方面，激烈的市场竞争使很多企业把降低商品价格作为一项重要的竞争手段。毛利率的下降也说明了：采购规模（从销售规模反映出来）的扩大并没有相应带来毛利水平的提高，这是由多方面的原因造成的，如企业间竞争激烈、内部管理不完善、总部力量弱等，在其他业态中也存在类似问题。

纯利润率平均为 1.6%，比 2001 年的 1.8%下降了 0.2 个百分点。

1.6　大型综合超市和超市企业的费用情况

表 12　　大型综合超市和超市总体费用

项目	年均费用	
	费用额（万元）	费用率（%）
2002 年	12702	6.7
2001 年	9835	7.2
增幅（%）	29	－7

费用绝对额增长较快，主要是由于扩张开店、宣传促销、改进信息系统等原因。但费用额的增幅低于营业面积和销售额的增幅，因此费用率有所下降。就单个企业而言，大多

数中小型企业的费用率在9%以上，而大型企业由于销售基数大，费用率相对低一些。

1.7　大型综合超市和超市企业的扩张方式

1.7.1　自己投资仍是企业扩张的主要方式

对零售企业的调查统计结果显示，在对外扩张时，87%的企业首选自己投资开店。

1.7.2　开展特许加盟

有越来越多的企业发展加盟店，有的百强企业加盟店的销售额甚至超过了总销售额的50%，如上海华联超市股份有限公司，加盟店销售额为85亿元，占总销售额150亿元的57%。企业发展加盟店的平均情况见表13。

表13　**大型综合超市和超市企业发展加盟店情况**

项目	加盟店销售额（万元）	加盟店数量	加盟店面积（平方米）	加盟店人数
2002年	17974	29	11446	394
2001年	13292	18	9530	274
增幅（%）	35	61	20	44

从表中可以看到，加盟店数量的增幅明显高于其他指标，说明加盟店的规模以中小型店铺为主。因为对于超市或大型综合超市的投资还是相当大的，所以中小型店铺是零售业加盟商的首选。

特许加盟方式对特许方和加盟方都能够产生一定利益，因此获得快速发展。

但是随着加盟比例的提高，总部对加盟店的规范化管理也成为企业发展过程中面临的主要课题，包括信息和资源共享、费用收取、CI统一等。其他业态，如便利店、餐饮企业中也存在类似问题。

1.8　大型综合超市和超市企业的信息化水平

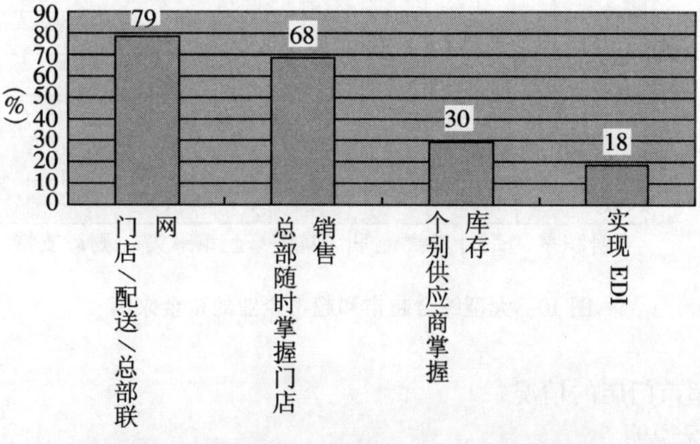

图9　**大型综合超市和超市企业的信息化水平**

企业信息系统的应用水平有了较大的提高，但在体现企业信息核心能力方面，如供应商管理库存（VMI）、电子数据交换（EDI）等方面与国外大型连锁企业有明显的差距。

连锁企业的信息应用水平与很多管理工具的应用有很大关系，除VMI和EDI之外，其他包括品类管理（Category Management）、供应链管理（Supply Chain Management）、高效顾客反馈（Effective Consumer Response）、即时配送（Just－In－Time）、客户关系管理（Customer Relationship Management）等，这些管理手段都是建立在强大的信息系统之上的，而条形码（Bar Code）的使用和普及则是各类管理手段的应用基础。

另外，在店铺信息管理方面，手持式终端应用极少，数据的统计仅限于固定POS机的收银数据，而且很多数据没有得到分析和处理。相比之下，跨国零售企业在店铺管理中大量使用手持式终端（PDA或手持式扫描器），大大方便了商品管理，如在订货管理、盘点管理、库存管理等方面都有所体现。

1.9　企业资金来源情况

与百强企业类似，虽然原有的部分国有企业也大都完成了股份制改制，但这类企业上市的比例不高，企业发展资金主要来源于自身积累和银行贷款。这一方面限制了企业的发展速度，另外也加重了企业的负债。

在2002年，关于供应商进入连锁企业，交纳一些费用的问题，也引起了广泛的讨论。批评者认为，零售企业一方面赊销供应商的商品，一方面还要收取各类费用（如进场费、专架费、促销费、节庆费等），加重了供应商的负担，也使零售企业的资金链变得脆弱。但零售企业也提出，他们依据自身的市场资源，在供过于求的市场条件下，向供应商明示收取适当的费用，符合国际惯例。针对这一问题，至今还没有明确的法律参考依据。

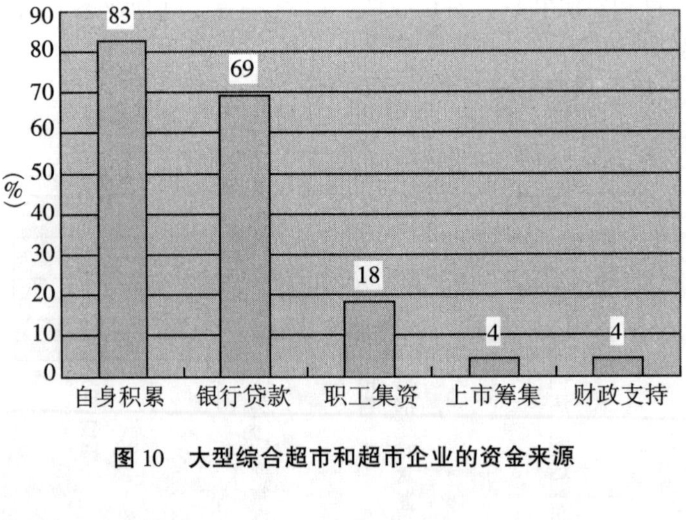

图10　大型综合超市和超市企业的资金来源

2．大型综合超市门店的情况

2.1　基本情况说明

本报告中所指的大型综合超市门店，以营业面积最低5000平方米为划分依据，营业时间一年以上数据完整的样本共计28家，其中营业面积最大的22000平方米，平均营业面积为9400平方米。

由于经营形式和商品结构上类似，本报告中将大卖场与大型综合超市等同，不再单独分析大卖场的情况。

在28家门店中，大部分是2000年前后开业，处于上升期。而且这些门店都是各个企业中经营状况较好的，因此分析的各项数据代表了行业的平均先进水平。

2.2 大型综合超市门店平均情况

大型综合超市门店的平均规模较大，如表14所示。

表14 **大型综合超市门店平均规模**

项目	店均销售额（万元）	店均人数	店均面积（平方米）
2002	23241	260	9400
2001	21240	251	9400
增幅（%）	9	4	0

在营业面积没有增加的情况下，平均单店销售增长9%，对于营业时间较长的门店来说，这是较大幅度的增长。

2.3 大型综合超市门店经营指标

2.3.1 关于人均和地均指标

表15 **人均和地均相关指标**

项目	人均面积（平方米/人）	人效（万元/人）	地效（万元/平方米）	地均单品数（个/平方米）
2002年	36	89.4	2.5	2.3
2001年	37	84.6	2.3	2.2
增幅（%）	-3	6	9	4

由于销售额的增长高于人员数量的增长，同时门店面积没有发生变化，因此人均和地均相关指标都有不同程度的提高。

大型综合超市平均门店的单品数量超过2万个（2002年为21630种），虽然从数量上看，每店单品总数较多，但由于单品的大量陈列，平均到每平方米的单品数只有2.3个。

越来越多的企业开始开发自有品牌（Private Label或Private Brand）商品，而且占商品总数的比例正在逐步提高。自有品牌利用企业自身的销售渠道，不需要支付大量的市场推广费用，因此在价格上要比同类产品具有20%~30%左右的优势。但在实际售价中，并没有这样大的差距，因为企业从中获得了更多的毛利。

2.3.2 平均指标地区间也有较大差距

表16 地区间人均劳效和地效差别

项目	人均劳效（万元/人/年）	地效（万元/平方米/年）
北京	96	2.1
上海	141	4.1
广东	109	2.1
其他地区	63	1.9

2.3.3 大型综合超市日交易次数和客单价

表17 大型综合超市门店交易次数和客单价

项目	日均交易次数（次/店）	日均地交易次数（次/平方米/天）	客单价（元/次交易）
2002年	10091	1.1	63
2001年	9700	1.0	60
变化	增加391次	增加约1次	增加3元

日均地交易次数的提高主要原因是大型综合超市提供一站式的购物方式和采取了一些积极的促销活动，如购物班车等。而且大型综合超市购物环境相对舒适，商品量贩式陈列刺激了顾客的购买欲，因此客单价很高，而且随着商品结构的改善，客单价将得到进一步提高。

为提高门店的交易次数，很多大型综合超市开设免费购物班车，而且大部分运营路线多（4、5条以上），频率高（半个小时左右），班次准时，车况和服务好（大多为空调车），免费购物班车往来穿梭，成为零售业发展中的一道风景。

2.3.4 大型综合超市收银效率

平均每家门店拥有收银机41台，每台收银机收银的效率是570万元/年，这是在所有零售业态和其他专业连锁业态中最高的。

2.3.5 大型综合超市的配送水平

由于大型综合超市商品种类繁杂，对于配送提出了较高的要求。平均配送比例为48%，低于超市的配送水平（见超市分析）。有些大型综合超市自己不建立配送中心，商品由总部规定渠道后，完全由厂家直送。这节约了大量的物流成本，但对企业的总部管理能力要求很高。

2.4 大型综合超市门店的费用情况

2.4.1 费用率和人均费用

表 18　大型综合超市门店总体费用情况

项目	店均费用总额（万元）	费用率（%）
2002 年	1951	8.4
2001 年	1883	8.8
增幅（%）	4	-4

门店费用的绝对额略有增加，但费用率略有降低，人均费用水平没有发生变化，为 7.5 万元/人。

大型综合超市在经营中大量使用厂方信息员或促销员（数量与正式员工数相当）和临时工或小时工（店均 52 人），这为门店节约了一定的人工成本。这也说明了企业店均 260 人，平均工资总额却达 430 万元的原因。

2.4.2 费用总额中部分费用构成

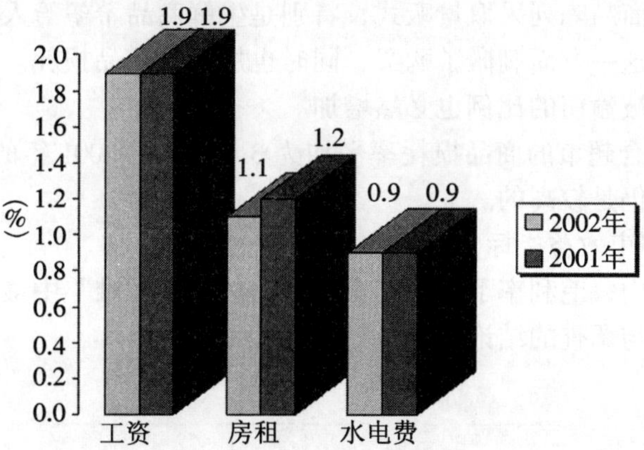

图 11　大型综合超市门店工资、房租、水电费占销售额比例

三项费用占销售额的比例变化不大，说明门店的费用支出相对稳定。

除以上三项费用外，门店发生的其他费用还包括：折旧费、装修摊销费、低值易耗品、修理费、通讯费、商品损耗等。有的企业在管理上将总部费用（如总部人员费用、配送费用等）按一定的比例分摊到店中，作为门店发生的费用。其他业态存在类似情况。

2.4.3　房租水平在地区间差距较大

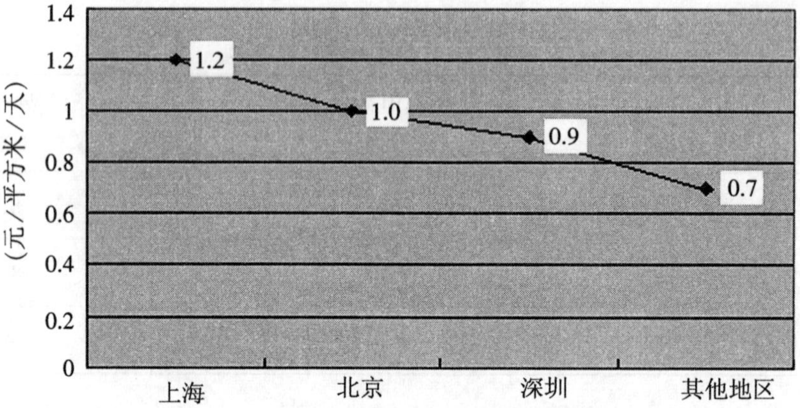

图 12　各地房租水平比较

一般来讲，竞争越激烈的地区，房租水平会越高。如上海共有5000平方米以上的大型综合超市58家（2002年年底），市场的空间已经很小，一个好的店址常常会有几家企业来竞价，导致房租水平攀升。很多企业把发展的目光和方向放在二、三级城市，导致这些城市的商业用地租金也有所增长。另外，同一地区不同地段的房租水平差距也会很大。

2.4.4　大型综合超市的商品损耗

大型综合超市的商品陈列采取量贩式，特别是生鲜商品希望给人造成一种“商品丰富新鲜”的陈列效果，这一方面刺激了购买，同时也加大了商品损耗。另外，由于大型综合超市空间较大，商品被偷窃的比例也必然增加。

2002年，大型综合超市的商品损耗率平均为3.8‰，比2001年的4.1‰略有下降，但这在各类零售业态中仍是较高的。

2.5　大型综合超市效益指标

在对企业的调查中，毛利率下降是“企业面临的主要困难”中最重要的一项。通过数据分析，得到的指标与调查的结论一致。

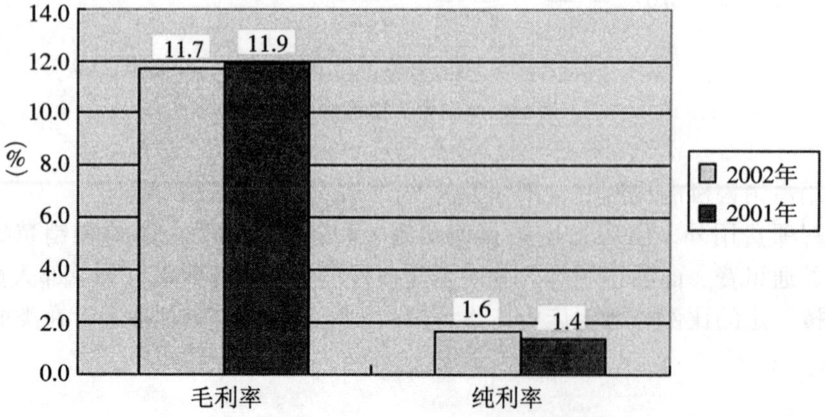

图 13　大型综合超市门店毛利和纯利水平

毛利最高的为17.2%，在该店中，毛利水平较高的百货类商品占有较大的比例，毛利最低的为7.8%。企业填报的纯利率有所上升。

在门店的收入中，其他收入占有重要比例，根据企业填报的数据，其他收入约占销售额的1%。

3. 超市门店情况

3.1 基本情况说明

我国上世纪90年代初期开始发展连锁经营，就是从超市这一业态最先开始的。十几年来，超市的经营管理取得了很大的进步，但与跨国零售企业的管理水平仍有较大差距。从商品结构上看，超市的食品类商品约占商品总数的2/3。

本报告所指的超市以营业面积300~5000平方米为划分依据。共有69家企业填报了企业内超市的数据，经营一年以上，数据完整的共计46家，报告以这46家门店为分析样本。分析的各项数据基本上反映了行业的平均先进水平。

3.2 超市门店平均规模

表19 超市门店平均规模

项目	店均销售额（万元）	店均人数	店均面积（平方米）
2002	3609	71	1960
2001	3319	76	1960
增幅（%）	9	-6	0

门店的销售额上升，同时人数和费用额略有下降，说明超市的经营管理水平得到提高，效益改进。

3.3 超市门店经营指标

3.3.1 人均和地均指标

由于超市门店员工数量略减，销售额上升，人均劳效和平米效益都有一定的提高，这也说明了企业管理能力的加强。同时由于企业员工略有减少，人均费用相应增加。如表20所示。

表20 超市门店人均和地均相关指标

项目	人均面积（平方米/人）	人均劳效（万元/人）	地效（万元/平方米）	地均单品数（个/平方米）
2002年	28	51	1.8	5.1
2001年	26	44	1.7	5.0
增幅（%）	11	15	6	2

对于近2000平方米的面积拥有近万个单品，这一比例偏高，应加强对商品结构的分析，对于销售不好却占用货架资源的商品应予以剔除。

3.3.2　超市门店的平均指标在地区间存在差距

表21　　地区间人均劳效和地效差别

项目	人均劳效（万元/人/年）	平米效益（万元/平方米/年）
北　京	64	2.9
上　海	82	3.3
广　东	58	2.1
其他地区	44	1.7

上海作为全国商业发展最快的地区，各项指标都略高于其他地区。广东作为一个地域上较大的地区，平均数比北京和上海要低一些。

3.3.3　超市日交易次数和客单价

表22　　超市门店日交易次数和客单价

项目	日均交易次数（次/店）	日均地交易次数（次/平方米/天）	客单价（元/次交易）
2002年	2149	1.1	46
2001年	1894	1.0	48
变化	增加255次	增加约1次	减少2元

由于超市在地理位置上相对方便，加之采取了积极的促销策略，所以来客数有所增加。但在满足一次性购齐需求和购物环境上，与大型综合超市相比有一定差距，因此客单价略有下降。可以通过改善商品结构来提高客单价，同时塑造门店质优价廉的形象，吸引更多的客流，并保持原有顾客的忠诚度。

很多企业的促销已不仅限于节日或庆典，基本上全年按不同的主题，以2周到一个月为周期，滚动促销，可以说促销已不再是特定时期为提高销售而采取的措施，而是维护企业运营的日常手段。

3.3.4　收银效率

店均收银台10台，平均每台年收银361万元，每台收银机每天接待来客数215人次。

3.3.5　超市门店配送水平

由于商品品种相对少，超市的配送比例要大大高于大型综合超市，2002年的平均配送率为76%，实现全部配送的门店比例达25%，说明统一采购的能力有所提高。

3.4 超市门店的费用情况

3.4.1 费用率和人均费用

表 23 超市门店总体费用情况

项目	费用率（%）	人均费用（万元）
2002年	9	4.8
2001年	11	4.7
增幅（%）	-18	2

3.4.2 部分费用构成情况

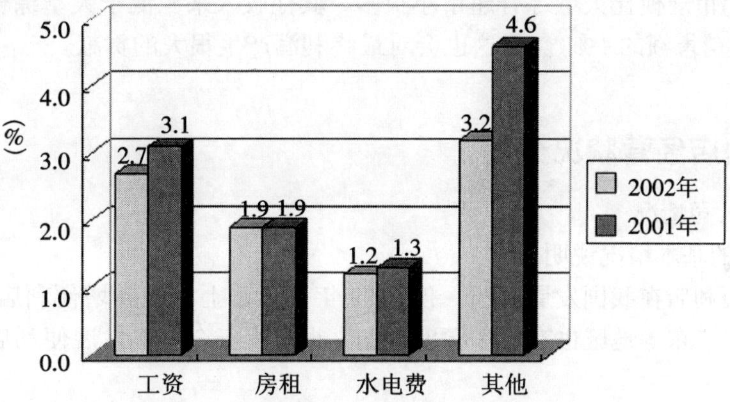

图 14 超市门店工资、房租、水电费情况

一般来讲，连锁超市发展的水平基本上与各地区的经济发展水平一致。这也体现在企业的工资水平上，如上海超市的平均工资水平为1.3万元/年，北京为1.1万元/年。

在租金水平方面，上海平均为1.7元/平方米/天，北京为1.3元/平方米/天，广东为0.9元/平方米/天，各地区不同地段的房租水平差距也很大。

3.4.3 超市的商品损耗

由于超市的空间相对较小，商品易于管理，损耗率要低于大型综合超市。由2001年的3.4‰下降为2002年的3.1‰，主要原因是信息化带来的库存管理加强，合理的库存水平减少了由滞销造成的过期变质情况。

3.5 超市门店效益指标

根据企业填报的数据，平均后如图15所示。

毛利率下降，纯利率上升，这与大型综合超市的情况一致。超市的纯利率高于大型综合超市，是由于两种门店形态在连锁体系中费用分担的不同方式形成的。大型综合超市往

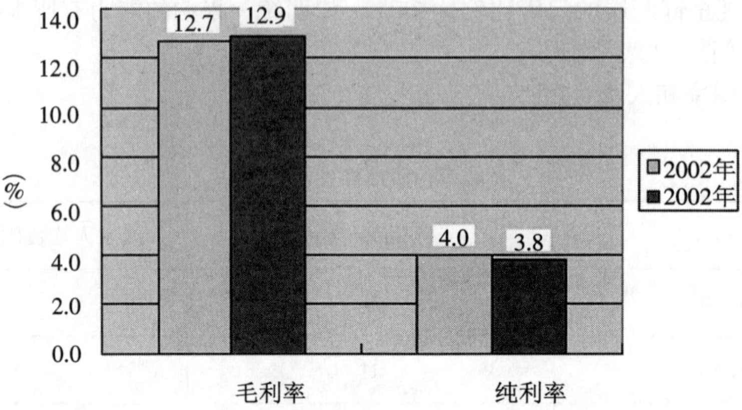

图15　超市门店毛利和纯利水平

往是企业独立的利润中心，进行相对独立的核算，而超市却是在总部的严格管理控制之下进行经营的，有很多费用在总部发生。

由于普通超市规模比大型综合超市小很多，其他收入来源低于大型综合超市，平均为37万元/店（占销售额的1%）。但这也会对最终利润产生很大的贡献。

三、便利店经营状况分析

1. 便利店公司情况

1.1　样本的基本情况说明

近年来，便利店在我国发展很快，仅2002年一年，上海就新增便利店近2000家，日增5家，北京、广东等地区也有较大幅度增加。很多零售企业将发展便利店作为主要业务之一。

在填报信息的350多家企业中，只经营便利店一种业态的企业13家，经营便利店同时兼营其他业态的连锁企业58家。在专业便利店的企业中，有3家是2002年的连锁百强企业（上海可的便利店有限公司、上海良友便利店有限公司、漯河双汇商业连锁有限公司），百强企业中另有16家兼营便利店。便利店数量最多的联华超市股份有限公司拥有便利店1045家。

填报数据的便利店公司中（只经营便利店一种业态的），最高销售额是10.9亿元，店铺数706家；最低销售额是3500万元，拥有店铺26家。

填报数据的便利店公司在地区分布上，以上海、广东、北京为主。在所有制结构上，包括外资企业、国有独资以及民营企业。

本报告的分析以专营便利店的13家企业数据为主，以兼营企业为辅。

1.2　便利店公司的平均规模

近年来，便利店在大城市发展很快，2002年便利店公司的平均规模有了很大的提高。如表24所示。

表 24 便利店公司的平均规模

项 目	平均销售额（万元）	平均拥有门店数量（个）	平均营业面积（平方米）	平均员工人数
2002 年	34000	190	20700	1150
2001 年	26120	158	15900	910
增幅（%）	30	20	30	26

企业同比平均销售规模有了较大提高，说明便利店这一业态的发展很快。每个企业的发展又促进了整个行业的发展。

销售额、营业面积、员工人数的增长水平基本一致，门店数量增长的幅度略低，说明单店的销售能力有所提高。

1.3 便利店公司的配送水平

由于便利店经营的商品具有方便快捷的特点，配送水平成为便利店经营的核心环节。优秀的便利店公司采用先进的信息系统，建立快速反馈系统（QR）和及时配送系统（JIT）等先进的管理手段，大大提高了配送水平，成为便利店企业发展的核心竞争力。

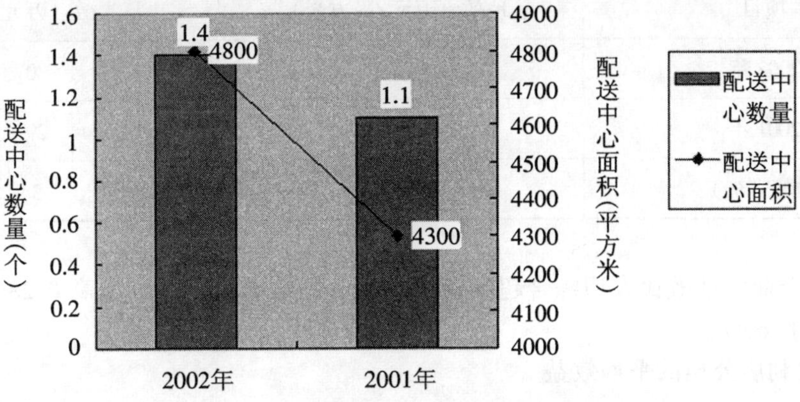

图 16 便利店公司平均配送中心规模

从图 16 中可以看出，便利店公司的配送中心平均面积较小。有的经营多种业态的连锁企业，便利店与其他业态共用一个或几个配送中心。由于便利店商品结构的特殊性，对配送的要求很高，所以应有相对独立的配送中心。有些大型的便利店公司由于跨区域发展，而在不同的区域内建立了配送中心，如快客便利等。

另外，配送的信息化水平普遍落后，传统管理方式仍占大部分，能够进行拆零配送的很少。

1.4　便利店公司的经营指标

1.4.1　便利店管理人员情况

表 25　　便利店管理人员结构比例

项目	管理人员数	
	人数	占员工总数比（%）
2002 年	60	5
2001 年	56	6
增幅（%）	7	－17

管理人员绝对数略有增加，但与快速发展的基数相比，2002 年管理人员的比例比上年略有下降。说明管理手段的创新和信息技术的应用使企业管理能力增强，管理成本在降低。

1.4.2　便利店公司的地效和人效

表 26　　便利店的平均地效和人效

项目	地效（万元/平方米）	人效（万元/人）
2002 年	1.6	30
2001 年	1.6	29
增幅（%）	0	3

便利店企业的地效比大型综合超市和超市企业的略高（每平方米高 0.28 万元），但人效只有后者的 60%。

1.5　便利店公司的平均效益

表 27　　便利店公司的效益状况

项　目	库存周转		平均毛利率（%）
	年均库存周转次数	周转一次所需天数	
2002 年	23	15.9	12.8
2001 年	22	16.6	13.2
变化	增加 1 次	每次减少 0.7 天	－3%

毛利率略有下降（9家填报该项的平均数），这与零售业各业态间、业态内的竞争激烈有很大关系，特别是在上海、北京等大城市。过低的毛利水平，将限制企业的持续和快速发展。

周转次数最高的达46次，最低的则只有8次。表27表明周转平均水平有所提高（提高了一次），在一定程度上弥补了毛利率下降造成的利润损失。以企业年平均库存1000万元和12.8%的毛利率计算，周转速度每增加一次，企业年销售额增加1000万元，毛利增加128万元，而相对应的人工、设备等成本没有增加。所以，增强商品管理水平，提高周转率是增加利润的一个重要方式。

另外，由于便利店的商品结构以方便快捷为主，所以周转速度明显快于其他零售经营业态。

企业填报的净利润率最高2.3%，最低-2.6%，平均0.9%。但同时根据企业填报的销售额、费用及毛利率情况，计算9家便利店公司（另外几家没有填报毛利率，没有计算）企业利润总额为515万元（销售额×毛利+其他收入-费用），平均每家公司利润额57万元，合纯利率0.16%，有些公司经营性亏损。

1.6 便利店公司的费用情况

表28 **便利店公司的整体费用情况**

项目	年均费用	
	费用额（万元）	费用率（%）
2002年	3700	11
2001年	2800	11
增幅（%）	32	0

费用提高很大，这与便利店公司大规模地开店扩张、设备设施及信息系统的更新改造有关。由于新店数量较多，费用增长幅度高于销售额的增长幅度。企业应在加强成本管理上多下功夫。企业的费用率依然很高，并与去年持平，达11%。

1.7 加盟店在便利店公司中的发展

开展特许加盟成为越来越多的便利店公司的选择。这是由便利店投资小、模式易于复制、加盟方风险小等特点决定，也与便利店门店发展空间越来越有限相关。在一些城市，大的企业利用品牌和渠道优势，整合夫妻店，吸引小店主的加盟，成为其发展的重要途径。

表29　　便利店公司加盟店发展情况

项目	加盟店销售额（万元）	加盟店数量（个）	加盟店面积（平方米）	加盟店人数
2002年	10200	63	5590	512
2001年	7000	43	4210	350
增幅（%）	46	47	33	46

从表29中可以看出，企业加盟店的平均增长速度大大高于总体销售和门店数量的增长速度。但加盟店在各企业中的发展情况很不平均，具有一定知名度的企业，更易于吸引加盟，有的加盟店的销售将近占企业总销售额的40%，但也有尚未开展特许加盟的企业。

2002年加盟店销售额占2002年公司总销售额的30%，店铺数占33%，营业面积占27%。国外便利店公司一般加盟店的比例在70%以上。

1.8　便利店公司的信息化水平

便利店公司的店铺分散，商品更新快，物流频率高，所以信息系统是体现其物流水平和形成竞争优势的主要原因。目前便利店信息应用情况如图17所示。

大部分企业实现了店铺、配送中心和总部联网，总部可以随时掌握门店的销售数据，信息技术的应用使管理能力大大增强。

少数企业实现了电子数据交换（EDI）和供应商管理库存（VMI），这些公司的周转水平要明显高于其他公司。EDI和VMI大大提高了消费者需求的反馈速度和供应商的回应速度。作为以方便、快捷为根本的便利店公司，这是非常重要的。

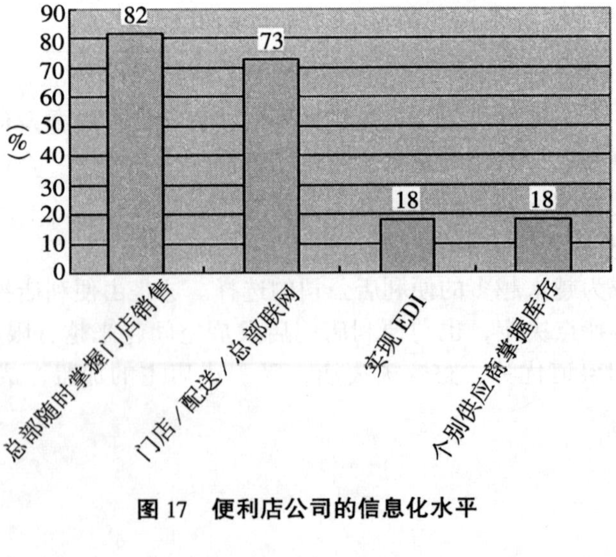

图17　便利店公司的信息化水平

便利店公司信息化建设的典范：7-11公司

7-11从1991年即开始使用ISDN（综合服务数据网）实现管理总部与分店联网，1998年，7-11应用卫星通讯技术和互联网技术，整合库存信息和数据，完善了供应链管理系统。

通过信息系统收集店内信息，并在20分钟内分析完毕，使7-11公司可以更快地分辨出哪些商品或包装吸引顾客，更好地预测每日的市场趋势。

先进的信息系统也大大提高了公司供应链的效率。目前7-11的订货频率为：快餐食品与生鲜食品每天订货3次，报纸杂志类每天订货1次，加工食品类每周订货3次。

2. 便利店公司的门店情况

2.1　门店情况说明

共计有17家经营一年以上的典型店铺数据，除13家专业便利店公司外，另有4家兼营便利店的公司填报了典型店铺的数据。

17家店铺中，最大面积232平方米，最小面积40平方米。根据调查显示，除三家店铺亏损外，其他盈利，达到82%。但作为企业整体而言，盈利的情况要小于这一比例。

2.2　门店平均情况

各企业填报的都是本企业经营状况较好的店铺，平均各项指标代表了中上水平的便利店店铺。

表30　　**便利店店铺平均规模**

项目	店均销售额（万元）	店均人数	店均单品数（个）
2002	420	11	3223
2001	425	11	3035
增幅（%）	-1.2	0	6.2

店均面积142平方米，个别在社区内的便利店面积偏小。因为便利店规模小，各项指标的绝对额变化不大。

单品数量有所增加，说明便利店在调整商品结构方面做了一定的工作。费用略有下降，说明便利店的内部管理有所加强。

企业提高利润根本上是依靠增收节支：增加收入和降低费用两个方面。表中销售收入和费用均下降，但收入下降的幅度小于费用下降的幅度，因此最终利润将提高。

2.3　便利店门店经营指标

2.3.1　人均和地均指标

表 31　　人均和地均指标

项目	人均面积（平方米/人）	人均劳效（万元/人）	地效（万元/平方米）	地均单品数（个/平方米）
2002 年	13	38.2	2.9	23
2001 年	13	38.6	3.0	22
增幅（%）	0	－1	－3	5

由于平均店铺销售额略有下降，在门店人员和面积没有发生变化的情况下，人均劳效和平米效益都相应下降。

2.3.2　平均指标地区间差异

平均指标地区间有较大差距，发展快的地区平均指标要高一些。

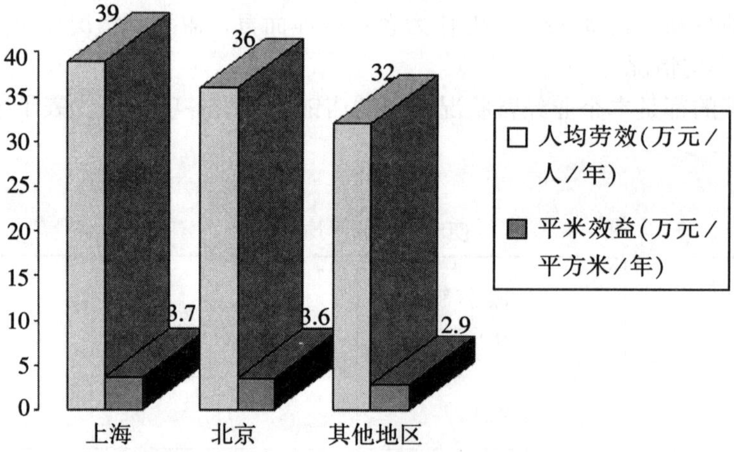

图 18　便利店门店人效和地效的地区差异

2.3.3　日均交易次数和客单价

交易次数衡量店铺整体对顾客的吸引力，客单价衡量商品结构的合理性。

表 32　　便利店门店的交易次数和客单价

项　目	日均交易次数（次/店）	日均地交易次数（次/平方米/天）	客单价（元/次交易）
2002 年	827	5.9	13.9
2001 年	771	5.6	15.1
变化	增加 56 次	增加 0.3 次	减少 1.2 元

交易次数上升的幅度小于客单价下降的幅度，导致销售额略有下降。

因为消费者到便利店购物，多数是急需或零用，所以便利店在各种零售业态中，客单价是最低的，但顾客光顾的频率却会较高。

客流上升说明顾客对便利店的接受程度提高，客单价的降低说明顾客虽然到店，但找不到更多吸引他的商品，店铺结构有待改善。

2.3.4　收银效率

便利店平均拥有收银台 1.8 台，平均每台年收款 230 万元，平均每台收银机日接待 450 人次。

2.3.5　便利店门店的配送情况

便利店公司总表中的数据表明，所有填报数据的便利店公司都建立了自己的配送中心（最多的有三个配送中心），配送中心面积从 1500 平方米到上万平方米不等，库存单品数 2000～4000 个。

门店配送率：便利店的单品数一般在 3000 个左右，配送率从 57%至 100%不等，平均配送率为 84%，商品全部实现配送的门店占 47%，发达地区的配送水平明显高于其他地区。便利店的商品周转速度、商品结构、专业化程度等特点要求便利店应采用集中配送。

商品周转情况见“便利店公司平均效益指标”。

2.4　便利店门店的各项费用情况

2.4.1　总体费用情况

表 33　　便利店门店的总体费用情况

项目	店均费用额（万元）	费用率（%）
2002	27	6
2001	28	7
增幅（%）	-3.6	-14

2.4.2　商品损耗

商品损耗最低为 1‰，最高为 5‰，平均为 2.7‰，低于 2001 年的 2.9‰，也低于超市和大卖场的情况。主要原因是便利店面积小，商品数量相对少，便于管理，不易发生偷窃和过期变质等情况，因此商品的损耗率与其他业态相比，处于较低的水平。

2.4.3　工资

工资是便利店各项费用中较大的一项。2002 年的人均工资水平为 8700 元/年，其中上海、北京的平均工资水平为 12000 元/年，明显高于其他地区，工资水平最低的店铺为 5200 元/年。

2.4.4　房租和水电费用

房租最高占到费用总额的 30%（占销售额的 4%），但有个别企业的用房属无偿或仅有很少的网点使用费。平均每平方米每天 2.7 元（因为样本多数为大中城市的企业，平均值会偏高），北京、上海等大城市的房租水平明显高于其他城市，一般为 3.5 元/平方米/

天以上，最高达6.5元/平方米/天。在中小城市，房租水平一般是1元/平方米/天左右，由于便利店面积小，大多为门面房，因此单位租金高于超市和大卖场。

水电费平均占销售额的1.2%，占费用总额的20%（最高达48%）。因为便利店的商品中有相当一部分是生鲜即食品，需要良好的温度保存条件，因此水电费用的比率比其他业态略高。

2.5　便利店门门店的效益情况

17家门店毛利率最低11.2%，最高19.6%，平均毛利率为14.5%，比2001年的平均毛利率14.7%降低0.2个百分点。毛利率下降的最主要原因是便利店之间的竞争，如仅在上海就有超过3000家便利店。另外，居民的消费习惯也影响着便利店的定价策略，“花钱买方便”的消费群体还不够大。国外便利店的毛利率一般在30%左右，一方面是它拥有先进的供应链系统和合理的商品结构，另一方面是存在和形成了特定的消费群体，这与收入水平和消费习惯密切相关。

毛利率各店的差异很大，既有明显降低的门店，也有显著增长的情况。另外，因典型店铺在企业中均属于中上水平，所以比企业的平均毛利率略高。

填报利润：有9家门店（反馈表的52%）在调查表格“纯利率”栏中填写了数据。最高为8.3%，最低为0.94%，平均为6.5%，总部扣除管理人员成本、物流成本（较好的企业一般占3%～4%左右）外，所剩纯利很少。

计算利润：本报告依据企业填报的销售、毛利和费用情况，计算门店平均利润率为7%。与门店填报的数据基本一致，也与企业总体分析中的利润情况一致。

2.6　便利店的功能开发

国外标准便利店的主力商品是即食品、饮料、适宜冷藏的生鲜品，以及报刊杂志。但我国的便利店在发展之初，往往是面积缩小了的超市，商品没有突出便利性的特点。近几年，经过不断的学习和调整，发生了很大的变化。

目前，很多便利店的功能已不仅仅局限于这些商品零售，很多便利店也开发出多种服务项目，如代理缴费（水电费、电话费、煤气费等），与专业公司合作代理票务，代理邮寄快递，发展B2C成为网上购物取货点，利用网络优势提供多种信息服务等。可以说，一些便利店已逐步演化为小型的社区服务中心，提供给顾客更多的增值服务，同时通过这些服务，便利店也赚取了一定的佣金收入，提高了效益。

根据国外便利店发展的经验，在人均国民收入达到3000美元时，便利店进入发展导入期，达到4000美元时，进入快速发展期。目前，我国一些特大城市的人均国民收入已达到和超过3000美元（上海已超过4000美元），便利店在这些城市中获得了快速发展。从另一个指标看，大城市中每3000人可以建一个便利店，对于百万人口以上的城市在国民收入达到一定水平时，便利店的发展空间将是很可观的。

在其他一些收入略低的城市，一些零售企业为抢占先机，也不同程度地发展了便利店这一业态，并根据实际情况进行了一定的调整，如营业时间减少为14～16小时。

可以预见，随着我国经济的快速发展，在今后几年中，便利店仍将是保持快速增长的一种零售业态。

四、百货店经营情况分析

1. 百货公司情况

1.1　百货公司的基本情况说明

在 350 多家填报企业当中，经营百货业务的有 47 家，进入 2002 年连锁百强的以经营百货为主的有 17 家，本分析报告中，主要以这 17 家企业的数据为基础，分析的结果代表百货行业的中上水平。

经营百货的企业都是规模相对较大的企业。17 家进入百强的百货企业销售总额为 458 亿元，最高销售额为 127.9 亿元，店铺总数达 51 家，最低销售额为 7.1 亿元，店铺数 2 家。

填报数据的 47 家百货企业中，以传统的百货店为主，这些企业基本上进行了改制，近年来陆续开展连锁经营。很多百货企业借鉴大型综合超市的做法，加大食品和生鲜商品的经营力度，取得了很好的效果。

个别数据项目如毛利等，有的企业填写不完整，分析中以完整的数据作为基数，样本数量相应降低。

1.2　公司平均规模

表 34　　百货公司平均规模

项目	平均销售额（万元）	平均拥有门店数量（个）	平均营业面积（平方米）	平均员工人数
2002 年	269385	13	115727	4221
2001 年	212832	10	88449	3901
增幅（%）	21	34	31	10

由于单个百货店的面积和商品数量都很大，开展连锁经营后，多个百货店组合起来，企业的规模明显大于其他业态形式。

各项指标都有了明显的增长，其中人员的增长速度慢于销售、门店数量和营业面积的增长，说明劳动效率有所提高。

在企业总体销售增长的同时，存在个别企业销售下降的情况，将在店铺分析中详细说明。

1.3　企业平均经营性指标

1.3.1　管理人员比例

表35　　百货公司管理人员比例

项目	管理人员数	
	人数	占总人数比（%）
2002年	140	3.3
2001年	138	3.5
增幅（%）	1.4	－5.0

1.3　地效和人效

表36　　百货公司的地效和人效

项目	地效（万元/平方米）	人效（万元/人）
2002年	2.3	63.8
2001年	2.4	54.5
增幅（%）	－4	17

1.4　企业相关费用

百货连锁企业的平均费用率为10.2%，最低的为6%。

1.5　平均效益情况

表37　　百货公司的库存周转水平和毛利

项目	年均库存周转次数（次）	周转一次所需天数	平均毛利率（%）
2002年	15	24	17
2001年	14	26	16
增幅（%）	7.0	8	6.2

百货企业经营的商品毛利一般要高于食品，因此企业总体毛利要高于大型综合超市、超市、便利店等业态。

百货企业的商品一般具有价值量大的特点，有些属于耐用消费品，与快速消费品相比，周转速度相对较慢。2002年比2001年增加周转一次。

很多百货企业采取了引厂进店的经营办法，采用流水倒扣或定额租金的办法，其销售归入百货企业营业总额，人员和商品管理归进店厂商，已为大多数百货企业采用。

1.6　利润情况

百货企业的毛利率由2001年的16.3%提高到2002年的16.7%。

企业填报的纯利率从0.08%~6%不等，平均数为2.61%，比2001年的2.44%提高了0.17%。虽然增长的绝对额不高，但对于庞大的销售基数来讲，也是很可观的。以17家的458亿元计算，相当于增加利润7800万元。

根据企业填报的销售、毛利及费用，计算企业的利润情况，有2家的计算值为亏损。

1.7　百货企业扩张方式

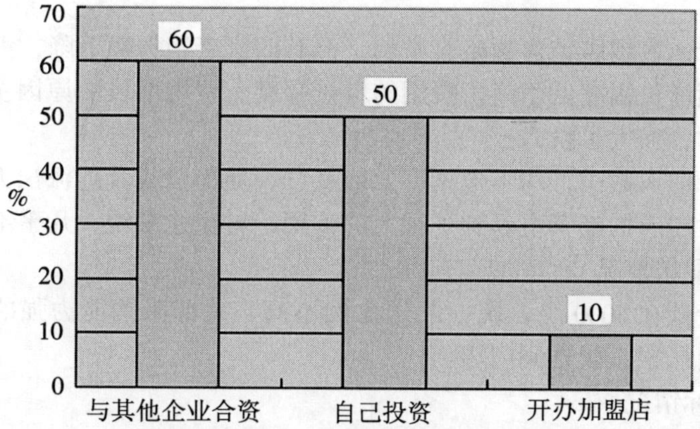

图19　百货公司的扩张方式

连锁经营对百货业发展具有特别意义。我国超市、便利店在对连锁经营的适应性和实践性方面都较百货店早，因此，才会出现只有几年历史的超市连锁集团迅速超越传统百货店占据零售业前列的情况。近年来，百货企业积极探索和实践连锁经营。百货连锁通过对百货店存在形式的整合，改变了百货店固有的单体存在形式，形成规模优势。大的百货集团已普遍采用连锁经营向外扩张，地区性和全国性的连锁百货集团正在形成。

百货店具有强大的资本优势（填报企业中，有近1/5的百货企业具有上市公司背景），利用这一优势，强势的百货企业不断兼并其他地区的企业，在当地获得快速扩张。

根据百货店的特点，具体的经营与连锁超市、便利店的情况有所区分。如有的企业在主要商品集中采购的前提下，店铺根据地区特点实施差异化经营，根据地区消费习惯、特点组织差异化营销活动和广告宣传。

2. 百货店的门店经营情况分析

2.1　基本情况说明

所选择的17家百货门店均经营一年以上，13家店经营3年以上，其中王府井百货于1955年营业。

17家店中，最高销售额9.8亿元，最低销售额1.1亿元。

在地区分布上，大部分位于大城市和沿海地区。

2.2　店均规模

表38　　百货门店平均规模

项目	店均销售额（万元）	店均人数	店均费用额（万元）	店均面积（平方米）
2002	47600	941	4898	25600
2001	45800	933	4581	25600
增幅（%）	3.9	0.8	7	0

从平均数上看，百货店销售额略有增长，但有四家店销售额下降，占24%。

门店的销售额增长幅度低于门店费用的增长幅度。费用增长的原因主要是门店开展多种形式的促销活动，加大了投入。

报告中所统计的人数中，均不包括厂方信息员、促销员或其他派出人员。在实际经营中，厂方信息员对门店的经营也起到了很大的作用，对企业来说，几乎不发生成本。

2.3　单品及配送情况

百货店单品最低在8000个，统一配送比例不高，总部采购能力强的企业决定供应商和商品品种，并由厂家直接送到门店。

2.4　经营指标情况

2.4.1　人效和地效

表39　　百货店平均指标

项目	人效（万元/人）	地效（万元/平方米）
2002	50.6	1.9
2001	49.1	1.8
增幅（%）	3	6

2.4.2　日交易情况

表40　　百货店的交易次数和客单价

项目	日均交易次数（次/店）	日均地交易次数（次/平方米/天）	客单价（元/次交易）
2002年	10700	0.42	122
2001年	11000	0.43	110
增幅（%）	－2.7	－2	10.9

由于业态内、业态间的竞争越来越激烈，一批专业连锁店（如家电专业店）在市场中确立了地位，分割了百货企业的市场份额。日均地交易次数的降低即是顾客分流的主要表现。

针对严峻的竞争形势，百货企业普遍采取了积极的促销策略。而且百货业态的特点决定其比超市具有更灵活和更普遍的促销方式，如限时抢购、积分卡、季节性促销、特殊事件的促销（如店庆）等。促销活动增加了顾客的购买量，提高了客单价，有的措施还提高了顾客的忠诚度。

2.5　门店费用情况

房租：因为百货店的面积大，整体租金水平高，单位水平则相对较低，而且有些国有企业的用地成本很低。根据对样本的统计显示，平均房租为 0.8 元/平方米/天，房租平均占销售额的 3%。

水电费：店均 428 万元，占费用总额的 9%，占销售额的 0.9%。

工资：平均占费用额的 27%，占销售额的 3.2%。百货企业的人均工资 1.3 万元/年，在各零售业态中处于上等水平。

百货店的商品管理方式决定其商品损耗较低。2002 年平均为 2.7‰，比 2001 年的 2.6‰略有增长。

2.6　利润水平

根据企业填报的数据，门店平均毛利率与公司总体毛利率水平持平。主要原因是百货企业的后台管理成本相对超市企业比例低一些，另外也有些统计口径上的不同。

在调查表中设计有利润率一项，但很少有企业填写这一项。根据我们大致的计算（利润 = 销售额 × 毛利率 + 其他收入 – 费用），得到 17 家门店的利润总额为 39650 万元，平均利润率为 4.9%（其中不排除有的企业漏报费用，导致此比率增大的情况）。因为百货店的后台成本相对较低，如配送能够利用厂家的资源，而不必建设大型配送中心，最终企业总体的利润仍保持一定的水平（见百货店总体情况分析）。

其他收入对百货店意义重大，在所统计的样本店中，店均其他收入占店均销售额的 1.5%。

五、餐饮连锁企业经营状况分析

1. 餐饮企业的情况

1.1　样本基本情况说明

本次调查共计回收餐饮连锁企业调查表 64 份（餐饮企业的调查表与零售业态使用的表格在一些细节上有所不同），其中数据完整的有 35 份，本分析报告即以数据完整的 35 份为基础。35 家餐饮企业中，销售额最高的是麦当劳北京公司，为 8.5 亿元人民币（百胜中国投资有限公司 2002 年销售额为 72.8 亿元，门店数 902 家，因为调查表中效益部分的数据不完整，未纳入统计样本）。35 家企业中有 10 家是 2002 年中国连锁百强企业（见附表一），因此，本统计结果显示的数据指标处于行业的中上水平。

填写调查表的企业大多是国内知名企业，民族品牌包括全聚德、东来顺、小天鹅、小土豆、谭鱼头、马兰拉面、九头鸟等，外资企业包括百胜集团（肯德基、必胜客等品牌）、麦当劳、德克士、吉野家、赛百味等。

从经营形态上看，包括中式正餐19家、中式快餐6家、西式快餐6家、中式正/快餐兼营的4家等。

从地区上看，四川和重庆的餐饮企业在35家企业中占6家，表现出地区餐饮文化的特点。其他以北京、上海等大中城市的企业为主。

从企业所有制形式上看，民营企业在餐饮连锁企业中占有重要地位，35家企业中，民营企业超过一半。西式快餐企业多为中外合资企业，中式正餐企业中有一定比例的国有企业。

1.2　企业规模

表41　　餐饮连锁企业平均规模

项目	平均销售额（万元）	平均门店数（个）	平均营业面积（平方米）	平均员工数
2002年	24527	70	36767	3204
2001年	21017	58	29791	2666
增幅（%）	17	21	23	20

销售额、门店数量、营业面积、员工数量等指标都比上一年有不同程度的增长，但销售额的增长比例低于其他三项，这与餐饮市场的竞争加剧以及企业扩张质量等因素有关。

1.3　企业的经营指标

1.3.1　管理人员构成

表42　　餐饮连锁企业管理人员比例

项目	平均管理人员数	占员工总数比（%）
2002年	57	1.7
2001年	50	1.8
增幅（%）	14	－5

由于企业规模迅速扩大，管理人员绝对额有了一定幅度的增长，但占员工总数的比例却下降了。

1.3.2　地效和人效

表 43　　餐饮连锁企业平均地效和人效

项目	地效 （万元/平方米）	人效 （万元/人）
2002 年	0.67	7.65
2001 年	0.70	7.88
增幅（%）	4	3

1.4　企业的费用情况

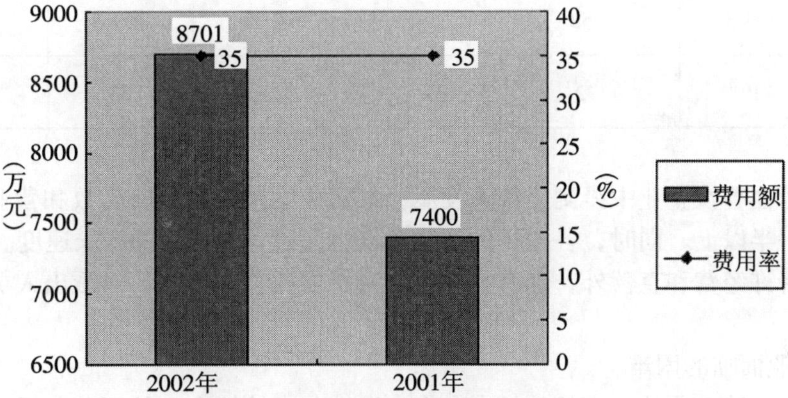

图 20　餐饮连锁企业的总体费用情况

1.5　效益

餐饮企业 2002 年的平均毛利率为 50%，比上年的 49%提高了 1 个百分点。在餐饮企业中，毛利水平根据不同的主营项目而有所差别。如图 21 所示。

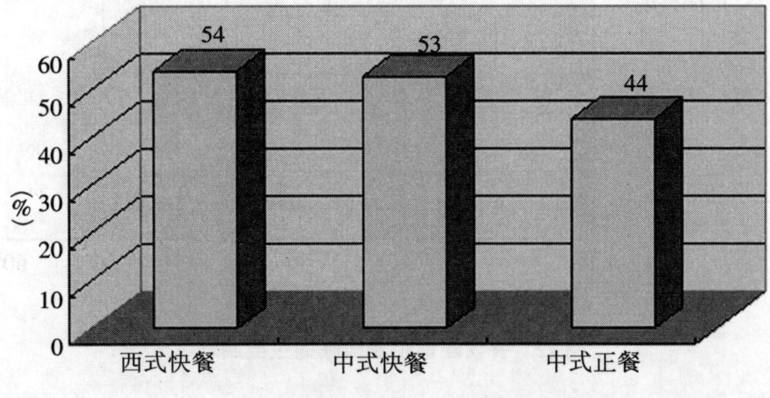

图 21　餐饮连锁企业毛利率比较

西式快餐不仅在毛利水平上比中式餐饮略高，而且由于采用分餐制，在2003年比中式餐饮受SARS的影响小一些。因此有的地区呼吁中式餐饮也采取分餐制。

餐饮企业的毛利很高，但费用水平也较高，主要是房租、人工成本、水电费等。具体见门店部分的相关分析。

1.6 餐饮企业特许加盟的发展情况

根据调查显示，特许加盟是餐饮企业规模扩张的首选方式。

表44 餐饮连锁企业加盟店情况

项目	销售额（万元）	占总销售比（%）	店数（个）	占总店数比（%）	面积（平方米）	占总面积比（%）
2002年	13046	53	46	66	21765	59
2001年	10965	52	37	64	16365	55
增幅（%）	19	2	24	3	33	8

特许经营在餐饮企业中得到了快速发展，加盟店的销售额、门店数和营业面积均占到企业总数的一半以上。同时，各指标的增长速度也超过了直营店的增长速度。

除开展特许经营和直营外，也有一些企业选择委托管理方式，对派出人员分别实施管理。

1.7 企业面临的困难

随着餐饮连锁企业的规模日益扩大，作为连锁基本特征之一的规范化运作问题，成为制约企业发展的一个重要障碍。一些民营企业对连锁经营的认识不够深入，当企业规模不断扩大时，规范化问题日益突出；有的国有企业由于体制上的局限，在推进规范化管理的过程中也面临着很多困难；外资企业一般都有健全的规范化运营体系。

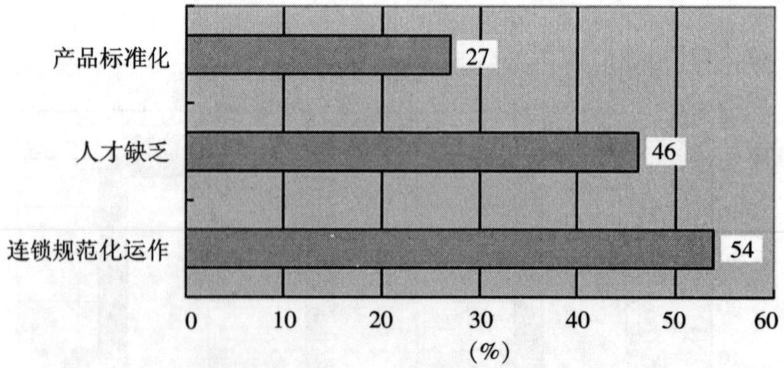

图22 餐饮连锁企业面临的主要困难

人才缺乏是所有连锁企业的共性，在餐饮企业中更为突出。餐饮企业中各类人员的比例见图 23。

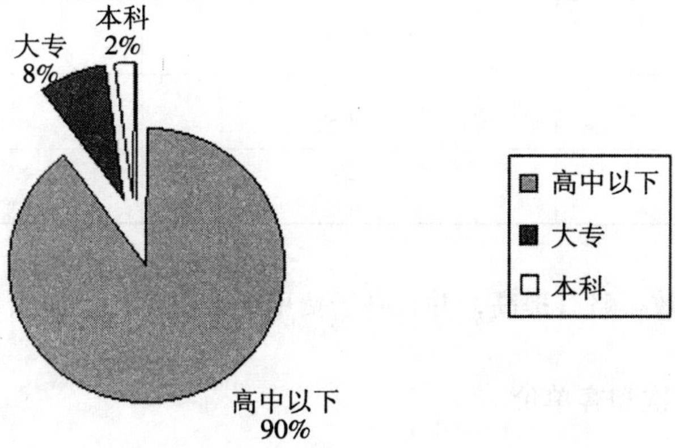

图 23　餐饮连锁企业人员构成

随着连锁化程度的进一步提高，对餐饮企业专业人才队伍的建设将提出更高的要求。

2. 餐饮企业门店（餐馆）情况

2.1　门店情况说明

本次调查共计 31 家企业填报了完整的典型餐馆的数据，其中属于中式正餐、中式快餐、西式快餐等业态的门店中，销售额最高的为 3200 万元，面积最大的为 3000 平方米。大部分是企业的直营店，加盟店只占 20%。

2.2　门店规模

表 45　　餐饮门店平均规模

项目	店均销售额（万元）	店均人数	店均费用（万元）	店均面积（平方米）
2002 年	882	61	263	920
2001 年	840	62	266	920
增幅（%）	5	-2	-1	0

由于样本中中式正餐餐馆比重较大，而正餐店的规模普遍大于快餐店，因此餐馆平均规模的各项指标相对高。2002 的各项指标与 2001 年相比变化不大，说明经营稳定。

2.3　经营指标

2.3.1　人效和地效

表46　　餐饮门店平均指标

项目	人均劳效（万元/平方米）	地效（万元/人）
2002年	14.5	0.96
2001年	13.5	0.91
增幅（%）	7	5

人均劳效和平米效益略有提高，并且高于费用增长幅度，说明门店管理有所加强，效益得到提高。

2.3.2　年接待人次和客单价

表47　　餐饮门店交易情况

项目	接待人次（人/平方米/年）	客单价（元/次交易）
2002年	309	31
2001年	324	28
增幅（%）	－4	10

2.4　费用情况

店均费用额263万元，费用率为30%。

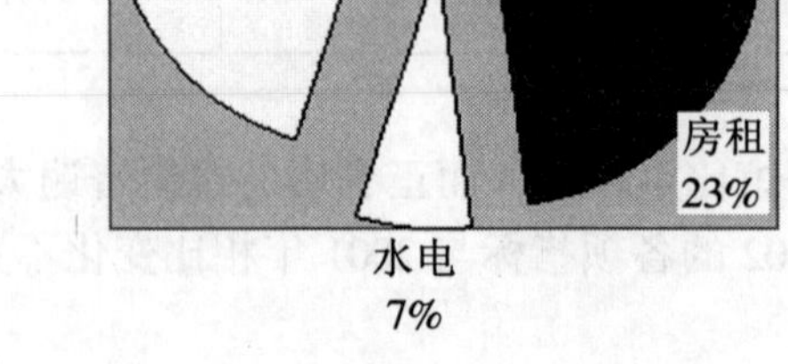

图24　餐饮门店费用基本构成

人工成本占总费用的25%，占销售额的8%。人均工资为8700元/年。

餐饮企业的用工性质与零售企业略有不同，小时工或临时工的比例更高一些，工资水平也低于零售企业的水平。

房租占销售额的7%，由于不同地段的差别很大，最低0.5元/平方米/天，最高达7元/平方米/天，平均为2.9元/平方米/天。

水电费占销售额的2%。其他费用包括：设备投入、折旧和维修费用、损耗、装修装饰费用、财务费用（利息）等。

2.5　利润水平

利润状况是企业的敏感数据，因此，除了企业填报的数据，我们也对餐饮门店的利润情况进行了计算。

表48　　餐饮门店平均效益

项目	毛利率（%）	计算纯利润率（%）	门店填报的平均纯利润率（%）
数据	50	20	18

尽管根据调查统计计算出的数据和企业自身填报的数据之间有一些差距（20% - 18%），但也基本上说明了餐饮企业门店利润水平的基本状况。根据以上比率计算出的门店平均利润约为179万元。

企业间的利润水平差距较大，统计数字显示，有3家处于亏损状态。

2003年，由于受SARS的影响，北京餐饮业零售额同比增幅明显回落，2000年以来首次出现下降。北京餐饮业4月份实现零售额8.3亿元人民币，比2002年同月下降4个百分点，与一季度相比，增幅回落近40个百分点。

北京前三十家大中型餐饮企业4月份实现零售额1.9亿元，平均增幅比上年同月下降16.4%，其中麦当劳、全聚德股份有限公司、东安饮食公司等大型餐饮企业分别比上年同月下降27.5%、51.8%和36.4%。

SARS的出现不仅对餐饮企业的效益产生极大的影响，对经营模式也产生了一定的影响，如部分中餐企业开始实行分餐制，餐馆加大外卖等。

广州2003年4月份餐饮企业营业额为18.66亿元，同比下降1.5%，是近年来首次出现单月下降。面对SARS的影响，国家也实行了一些减免收费的政策。

六、家电专业连锁企业

1. 家电专业连锁企业总体情况

1.1　基本情况说明

本次调查共有8家家电连锁企业填报了数据，其中，销售额最低的企业2002年的销售额为1.2亿元，销售额最高的达到108亿元。进入百强的家电连锁企业5家，分别是北京国美电器、苏宁电器、上海永乐、江苏五星和河南通利量贩，基本上是全国或地区家电连锁企业的代表。

由于样本数据有限，且都是家电行业的领先企业，因此，所列示的各项指标均代表了业内的先进水平。

1.2　家电连锁企业的总体情况

表49　家电连锁企业平均规模

项目	平均销售额（万元）	平均拥有门店数（个）	平均营业面积（平方米）	平均员工人数
2002年	458057	61	87000	4651
2001年	274916	40	53760	3161
增幅（%）	67	52	62	47

注：本表所列为进入百强的家电企业的平均规模。

可以看出，企业规模的各项指标比上年都有较大提高，其中，销售规模的增长最为突出，增幅高于其他指标，也高于连锁百强整体的销售增长水平，说明家电连锁企业2002年的发展扩张速度很快。

员工数量的增长率相对较低，说明人均劳效有较大的提高（在店铺部分有具体分析）。

1.3　家电连锁企业经营指标

1.3.1　管理人员的数量及比例

表50　家电连锁企业管理人员比例

项目	平均管理人员数	占员工总数的比率（%）
2002年	247	5
2001年	167	5
增幅（%）	47	0

1.3.2　地效和人效

表51　家电连锁企业地效和人效

项目	地效（万元/平方米）	人效（万元/人）
2002年	5.3	99
2001年	5.1	87
增幅（%）	3	14

由于家电产品的价值量高，家电企业的人均劳效在各业态连锁企业中相对较高。

1.3.3　费用情况

家电连锁企业的费用率从2001年的3.2%提高到2002年的3.5%。2002年人均费用为3.2万元。

1.3.4　商品周转及毛利

表52　　家电连锁企业的商品周转及毛利

项　目	年均库存周转次数	周转一次所需天数	平均毛利率（%）
2002年	6.6	55	8.4
2001年	5.9	62	8.7
增幅（%）	12	－11	－3

毛利率较去年有所下降，主要原因是家电企业之间以及家电企业与其他业态之间（如同百货店）的竞争加剧，并屡屡爆发价格战。

库存周转水平提高，说明家电企业的信息化水平和物流配送能力有所提高。

企业填报的平均毛利率为8.4%，平均利润率为2.1%。

2. 家电连锁企业门店情况

2.1　典型店铺调查情况说明

家电企业的店铺分析，是以5家经营一年以上的典型店铺的数据为主要依据。5家店铺中，面积最大的为12000平方米的家电大卖场，面积最小的为280平方米的家电专卖店，单店最高销售额近10亿元，最低销售额为650万元。

2.2　店铺规模

2.2.1　企业店铺平均规模

根据样本企业的总销售、总面积和总人数与企业店铺总数推算，与典型店铺平均规模有所差别。

表53　　家电连锁企业店铺平均规模

项目	店均销售额（万元）	店均人数	店均面积（平方米）
2002年	7509	76	1426
2001年	6872	79	1344
增幅（%）	9.3	－3.8	6.1

2.2.2　典型店铺平均规模

表54是5个典型店铺的数据平均值。由于其中规模最大的一家店铺的各项指标都远远高于其他店铺，因此平均指标的离散度较大。

表54　典型店铺平均规模

项目	店均销售额（万元）	店均人数	店均面积（平方米）
2002	35900	319	5087
2001	32201	270	5080
增幅（%）	12	18	0

如果不考虑最大店铺的情况，其他4家店2002年的平均销售额为2亿元，员工数为104人，店均费用额为695万元，平均面积为3300平方米。与同等面积的超市相比，家电门店的销售额要高一些，用人要少一些。

2.3　门店经营指标

2.3.1　人效和地效指标

表55　家电连锁企业门店平均人效和地效指标

项目	人效（万元/人）	地效（万元/平方米）
2002	112	7.1
2001	119	6.3
增幅（%）	－6	12

2.3.2　店铺各项费用情况

店均费用额为1214万元，比上年增加了38%，主要原因是信息系统投入和门店的宣传促销活动投入较大。

费用率为3.4%，其中房租占销售额的1%，占门店总费用额的33%。

2.3.3　交易次数和客单价

每平方米日交易次数平均为0.1次，客单价由于各店规模和商品结构的不同而存在很大差别，平均为800元。

2.4　门店效益水平

家电企业的毛利率水平是各业态中较低的。2002年家电企业门店的平均毛利率为7.4%，比2001年的8.1%下降了0.7个百分点，其中毛利率最低的店只有4.8%。有的企业将供应商返点或奖励部分计入毛利，因此会出现企业毛利比店铺毛利略高的情况。

其他收入（各类佣金、返点等）在收入结构中占有一定的比例，如2002年5家门店的其他收入平均额约占销售额的1%。

企业填报的门店纯利率在0.5%~2.6%之间，计算后的平均利润率为1.7%。

面对激烈的竞争，家电企业为了提高毛利水平，采取了很多新的尝试，如对生产商进行招标采购、组建采购联盟、实行买断经营等，有的企业也在尝试对家电产品进行OEM生产，也会在一定程度上提高产品的毛利率。

从供应商手中获取更低的商品价格是2002年家电企业竞争的重要内容，手段包括：

包销：向厂家下几亿甚至是十几亿元的大额订单；

定制：根据自身需求，向厂家提出生产要求；

买断：商品采购后不再退换，以此压低价格；

定牌（OEM）：要求厂家生产零售商品牌的家电产品。

有的零售商通过建立联盟提高采购能力；有的零售商通过在终端市场保持低价策略提高销量，进而提高采购量，以压低价格。

七、药店连锁企业

1. 药店连锁企业的情况

1.1　基本情况说明

我国现有医药零售企业12万多家，零售连锁门店7000多家，尚无一家过千店的连锁企业（资料来源：原国家经贸委经济运行局医药处）。

本次调查共有11家药店连锁企业填报了数据，其中进入2002年连锁百强的四家，即北京同仁堂、重庆和平药房、深圳海王星辰和北京金象大药房，其他企业也是各地区具有代表性的药店连锁企业。11家企业经营的连锁药店总计达2600家，占总店铺数量的37%，总销售额为33亿元。其中店铺数量最多的是重庆和平药房，为725家。

对药店的分析以填报数据较完整的7家企业作为分析样本。

1.2　药店连锁企业的平均规模

近年来药店连锁企业的规模发展很快，这一方面得益于国家医药零售政策性的改革，另一方面则是通过采用连锁经营的方式，使一些管理规范的企业能够快速复制扩张。

表56　**药店连锁企业平均规模**

项目	平均销售额（万元）	平均拥有门店数（个）	平均营业面积（平方米）	平均员工人数
2002年	30024	238	25207	1506
2001年	21598	158	18873	1203
增幅（%）	39	51	34	25

门店的增幅要高于其他各项，新建店铺以中小型为主，例如2001年药店的平均单店面积为120平方米，2002年则为105平方米，下降了10%。

1.3　配送中心

每家药店连锁企业都有自己的配送中心。配送中心的平均面积从2001年的7740平方米提高到2002年的8090平方米，增长率为5%。被调查企业当中，规模最大的配送中心面积为15000平方米，最小的面积为650平方米。

库存单品总数从2000种到8000种不等，平均数从2001年的4300种提高到2002年的5860种，增长36%。

药品的统一配送率达到100%的企业占被调查企业总数的95%以上（包括配送中心配送和总部统一规定的厂家直送）。

我国医药企业的整体供应链水平较低。据埃森哲公司2002年的估计，中国的药品企业供应链要比西方落后3～5年。在中国，为制药企业服务的批发商有16000家，每家的利润都在25%上下。而在美国，为制药企业服务的批发商只有8家，其中4家可以分销制药厂80%的产品，平均利润率不到5%。

1.4　药店连锁企业的经营指标

1.4.1　人效和地效

表57　　药店连锁企业的人效和地效

项目	地效（万元/平方米）	人效（万元/人）
2002年	1.2	19.9
2001年	1.1	17.9
增幅（%）	9	12

1.4.2　管理人员比例

企业总部管理人员占企业员工总数的比例由2001年的6%，提高到2002年的7%。

1.4.3　库存周转和毛利

表58　　药店连锁企业的库存周转和毛利

项目	年均库存周转次数	周转一次所需天数	平均毛利率（%）
2002年	8.1	45	16
2001年	7.5	49	20
变化	增加0.6次	减少4天	－20%

企业填报的毛利率从11%到28%不等（平均为21%），因企业总体毛利率与店铺毛利率在统计口径上不完全一致，因此对这一指标在店铺中进行具体分析。填报的净利润率从1%到3.5%不等，平均为2.3%，在各类专业店连锁企业中，处于中上水平。

1.5　药店连锁企业加盟店规模

表59　　药店连锁企业加盟店情况

项目	加盟店销售		加盟门店		营业面积	
	销售（万元）	占比%	门店数量	占比%	面积（平方米）	占比%
2002年	4857	16	45	19	5183	20
2001年	1352	6	10	6	1886	9
增幅（%）	259	167	350	216	175	122

加盟店2001年的基数较小，所以2002年的增长比例很高；同时，加盟店在企业经营中所占比重也有较大幅度增长，其中，门店数量的增幅又大大高于营业面积的增加，说明加盟店以中小型店铺为主。

美国药店企业介绍：

1. 企业规模

美国几家大型医药连锁企业几乎占有全国95%以上的医药零售市场。如：

Walgreen，2001年销售额212.07亿美元，利润7.8亿美元，员工95000人；

CVS，年销售额200.88亿美元，利润7.46亿美元，员工99000人；

Rit Aid，年销售额146.81亿美元，员工80818人；

Eckerd，有2600家药店，经营品种21000多种，其中处方药3000种，9家配送中心，每个中心的年销售额都在10亿美元以上。

另外，Medicine Shoppe已进入中国与中资企业开办合资药店。

2. 商品结构

除药品外，大部分还经营食品、百货等，但药品的价值占全部商品价值的55%以上。店铺面积一般在1000平方米以上。

3. 信息化

信息化和物流水平非常高，配送准确率一般都达到100%。配送中心与供应商的供货系统是连在一起的。一旦库存低于一定量，供应商便自动供货。平均90%的商品不用下定单，而由供应商自动供货；只有10%的商品是人工定货。

资料来源：原国家经贸委经济运行局医药处。

2. 医药连锁企业门店情况

2.1　门店情况说明

本部分分析以经营一年以上且数据完整的6家典型门店为基础。6家门店中，单店年销售最高的为7450万元，最低的为210万元，面积最大的为2600平方米，最小的为120平方米。

2.2 门店平均情况

表60 药店连锁企业门店平均规模

项目	店均销售额（万元）	店均人数	店均面积（平方米）
2002	2634	43	694
2001	2551	47	690
增幅（%）	3	－8	0

2.3 人效和地效

表61 药店连锁企业门店的人效和地效

项目	地效（万元/平方米）	人效（万元/人）
2002年	3.8	61
2001年	3.7	54
增幅（%）	3	13

2.4 各项费用分析

门店的平均费用率为14%。在费用总体构成中，工资、房租和水电费约占费用总额的2/3，具体构成如图25所示。

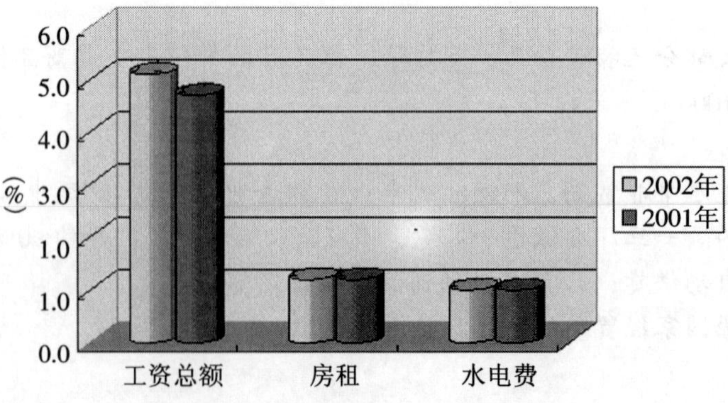

图25 药店连锁企业门店主要费用构成

工资总额占销售额的5.1%，房租和水电费各约占销售额的1%。

药店连锁企业人均年工资为1.8万元，是各类连锁业态中工资水平最高的。

2.5 利润水平分析

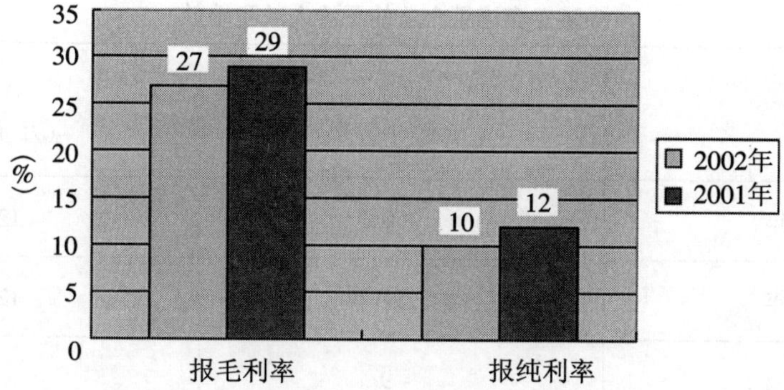

图26 药店连锁企业门店利润状况

由于医药制度改革和企业间竞争的加剧，2002年药店的毛利率和纯利率比2001年都有一定程度的下降。

企业上报的利润率要大大低于店铺的情况，因为连锁总部的管理成本要占相当的比例，如物流配送、信息系统、相关证照等都由总部来分摊。

八、服装专卖连锁企业

1. 企业情况

1.1 企业基本情况说明

本次调查共有9家服装连锁企业填报了相关数据，其中，进入2002年中国连锁百强的有2家，即福建劲霸服装有限公司和浙江高邦服饰集团有限公司。

1.2 企业平均规模

表62 服装专卖连锁企业平均规模

项目	平均销售额（万元）	平均拥有门店数（个）	平均营业面积（平方米）	平均员工人数
2002年	9637	235	9438	780
2001年	7918	180	7150	620
增幅（%）	20	30	32	26

从表62中可以看出，服装专卖连锁企业的规模有了较大的提高，但销售额的增幅低于其他指标的增幅，新增店铺的销售能力有待加强。

1.3 人效和地效

表63 服装专卖连锁企业的平均人效和地效

项目	地效（万元/平方米）	人效（万元/人）
2002年	1.0	12.3
2001年	1.1	12.7
增幅（%）	－9	－3

由于企业员工总数和营业面积的增幅均超过了销售额的增幅，因此人效和地效指标都有不同程度的下降。

1.4 企业费用情况

服装专卖连锁企业的费用率由2001年的4.2%提高到2002年的4.5%，主要是企业新开店的投入。费用的绝对额增幅很大，而且大大超过了门店数量和销售额的增幅，说明企业规模扩张与效益增长并不同步。

1.5 企业效益情况

表64 服装专卖连锁企业平均管理指标

项目	填报平均毛利率（%）	填报平均利润率（%）
2002年	9.2	4.1
2001年	8.9	3.9
增幅（%）	3	10

企业填报的平均毛利率和平均利润率略有提高。利润率水平是各类连锁企业中较高的。

1.6 企业加盟店发展情况

由于服装专卖企业的面积较小，易于管理，因此特许加盟在这一领域也得到了较快的发展。

表 65 服装专卖连锁企业平均加盟店规模

项目	平均销售额（万元）	平均拥有门店数（个）	平均营业面积（平方米）
2002 年	4020	140	5300
2001 年	3367	112	4270
增幅（%）	19	25	24

开展特许加盟是服装专卖企业的主要扩张方式，而且在企业中所占的比例很高，如2002 年加盟店销售占销售总额的 42%，店铺数量则占总店铺数的 60%。

2. 服装专卖连锁企业门店情况

2.1 门店基本情况

数据完整的服装典型门店共有 7 家，它们基本上是各服装专业连锁企业的旗舰店，单店规模都比较大。面积最大的为 410 平方米，销售额最高的达 830 万元。

2.2 门店平均规模

表 66 服装专卖连锁企业门店平均规模

项目	店均销售额（万元）	店均人数	店均面积（平方米）
2002	320	13	193
2001	304	12	193
增幅（%）	5	8	0

衡量门店规模的各项指标变化不大，说明门店的经营相对比较稳定。

2.3 门店人效和地效

表 67 服装专卖连锁企业门店人效和地效

项目	地效（万元/平方米）	人效（万元/人）
2002 年	1.7	25
2001 年	1.6	25
增幅（%）	6	0

2.4　门店费用构成情况

门店的平均费用率为18%，并且2002年与2001年的比率基本持平。费用的主要构成见图27所示。

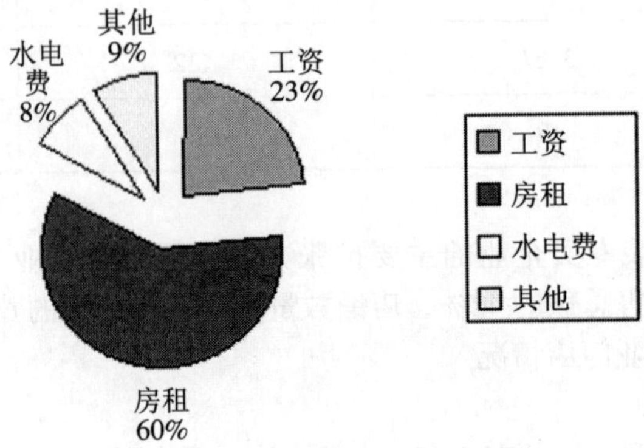

图27　服装专卖连锁企业门店费用构成

在各项费用中，房租占60%，这与其他业态的连锁企业有所区别，平均房租水平为5元/平方米/天，与其他各类连锁企业相比，要高出一些。主要原因是服装专卖店一般所处的地段都比较好，或者是在百货店中的独立区域内，因此租金水平很高。门店人均工资水平为1.0万元/年。

2.5　门店的利润情况

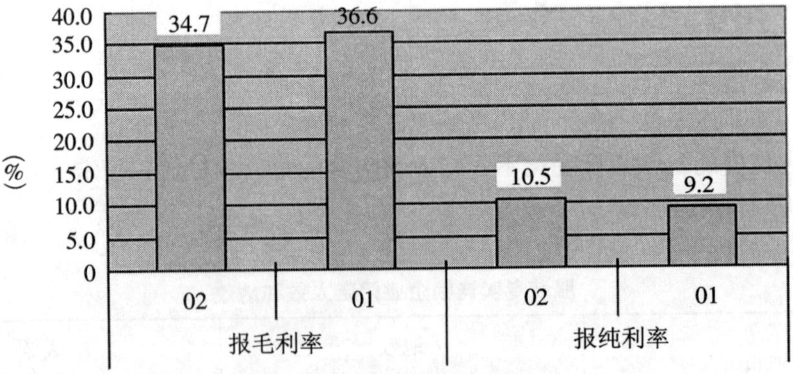

图28　服装专卖连锁企业门店利润

根据企业填报的数据，2002年服装专卖店的毛利率为35%，比2001年略有下降，但纯利润率却略有上升。与其他类型的连锁企业相比，毛利率和纯利率都要高出很多。

九、家居建材装饰连锁企业

1. 基本情况说明

参加本次调查的家居建材装饰连锁企业共计 12 家，其中家装企业 5 家，家居建材企业 7 家。家装企业有 1 家进入 2002 中国连锁百强，即北京龙发建筑装饰工程有限公司；家居建材企业有 2 家为 2002 年中国连锁百强企业，即好美家装潢建材有限公司和东方家园有限公司。

在家装建材连锁企业中，民营企业所占比例达到 60%。

因为家居建材家装连锁企业的样本数量较小，本报告的分析结果难免偏颇，仅供参考。

2. 家装连锁企业平均规模

表 68　　家装连锁企业平均规模

项目	平均销售额（万元）	平均拥有门店数（个）	平均营业面积（平方米）	平均员工人数
2002 年	23982	57	3498	1006
2001 年	11219	31	2380	461
增幅（%）	114	84	47	118

2002 年，平均每个企业拥有 5 家加盟店，加盟店的销售额平均占到总销售额的 10%。

3. 家装连锁企业店铺规模

表 69　　家装连锁企业店铺平均规模

项目	店均销售额（万元）	店均人数	店均面积（平方米）
2002	1407	20	75
2001	1186	16	75
增幅（%）	19	25	0

家装企业的店铺一般为家居市场中的门市或独立门市，主要由销售人员和工程设计人员组成。2002 年门店员工人数有较大增长，且高于销售额的增长。

4. 家装连锁企业店铺的人均劳效和平米效益情况

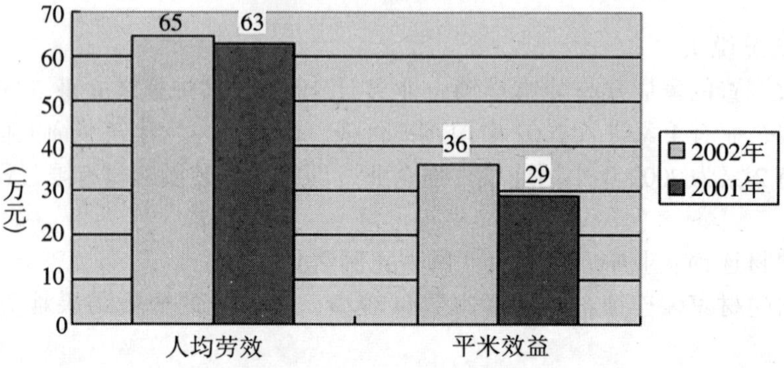

图 29　家装连锁企业门店人均劳效和平米效益

人均劳效和平米效益分别比上一年增长了3%和20%。从绝对额上看，家装企业的人均劳效与其他连锁企业比是较高的，同时人均工资水平在各专业连锁业态中也居于上等水平，人均工资达18000元，这也与人员的工作性质相关，如从事设计方面等工作。

5. 家装连锁企业店铺利润

店铺的平均毛利率为31.5%，平均利润率为6%。总部分摊管理成本后，企业总体平均利润率为2.8%，在各专业连锁业态中处于中上水平。

6. 家居建材连锁企业平均规模

2建材连锁企业2002年销售额分别为10.3亿元和8.6亿元，店铺数分别是14家和10家，店均销售额分别为7357万元和8600万元，企业毛利率平均为11%。

另外，根据相关信息来源，对家居建材企业中的三家外资企业：百安居、欧培德、宜家的情况进行了估计，具体见附表六。

十、其他专业连锁企业

1. 洗衣企业

参与本调查的洗衣连锁企业包括北京福奈特、荣昌·伊尔萨、郑州康洁等。

表 70　　洗染连锁企业平均规模

项目	销售额（万元）	店铺数量（个）	营业面积（平方米）	员工数量
数据	10500	210	14000	1450

填报企业都是行业的领先企业，平均规模代表了行业先进水平。另外，加盟店在洗衣企业中占有非常重要的地位，加盟店的店铺数和销售额均占到企业总数的2/3以上。

洗衣企业典型店铺的基本情况见表 71 所示。

表 71　　洗衣连锁企业店均规模

项目	销售额（万元）	营业面积（平方米）	员工数量
数据	109	130	10

2. 汽车服务企业

根据威力狮、驰耐普、新奇特等汽车服务连锁企业填报的数据显示：汽车服务企业的平均毛利率为 25%，平均利润率为 7%，但各企业间有较大差距。

表 72　　汽车服务企业平均规模

项目	销售额（万元）	店铺数量（个）	营业面积（平方米）	员工数量
数据	2250	45	9000	620

表 73　　汽车服务企业店均规模

项目	销售额（万元）	营业面积（平方米）	员工数量
数据	320	780	18

3. 其他专业连锁企业

以北京东方友人经济信息咨询有限公司（洋话连篇）、北京红黄蓝儿童潜能教育娱乐有限公司、北京阿博泰克北大青鸟信息技术有限公司在内的教育培训类企业；以联想（北京）有限公司（联想 1+1）、上海光大通信终端产品销售有限公司、新疆宏景通讯有限公司为代表的信息和通讯产品专卖企业；另外，北京旌旗席殊书屋有限公司、北京西藏北斗星图片总社、上海东方音像连锁有限公司等一些在专业领域内有一定知名度的企业也报送了材料。因样本总体数量较小，本报告未做具体分析。

十一、各业态企业和店铺指标综合

1. 各业态企业相关指标比较

1.1　不同业态企业平均规模比较

家电企业的平均销售额最高，百货企业其次，表明了这两个行业的发展实力。大型综合超市和超市企业位居第三。

企业平均拥有门店数药店企业和服装企业分列第一和第二位，也说明了其快速发展的势头。便利店的店铺数量也较高。

百货店作为一种传统的经营模式，企业平均拥有的营业面积是最高的，大型综合超市和超市企业次之。

家电企业和百货企业拥有的员工数居前两位。

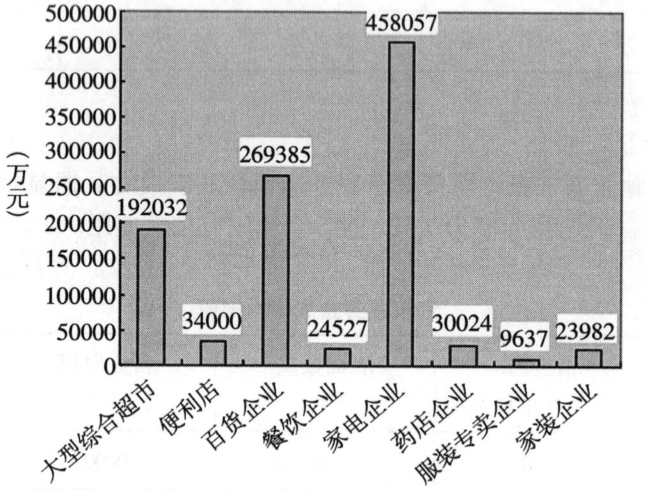

图 30　不同业态企业平均销售额

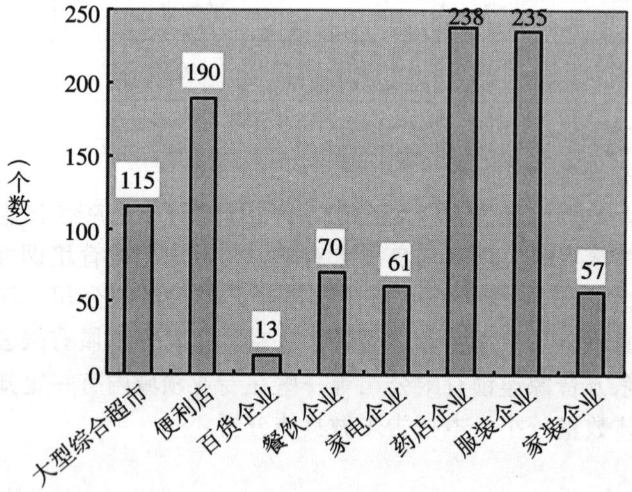

图 31　不同业态企业平均门店数

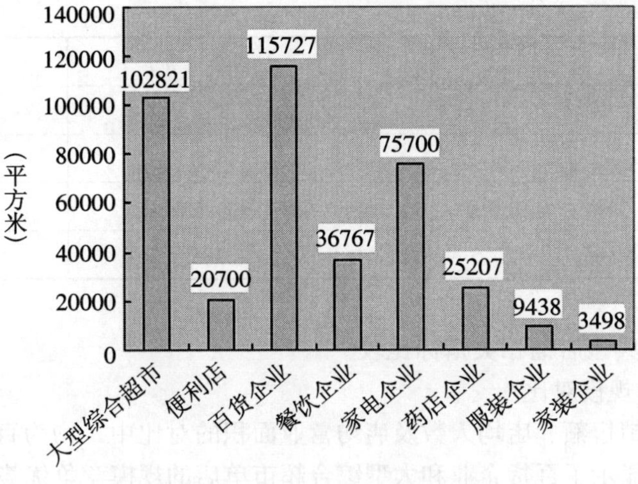

图 32 不同业态企业平均营业面积

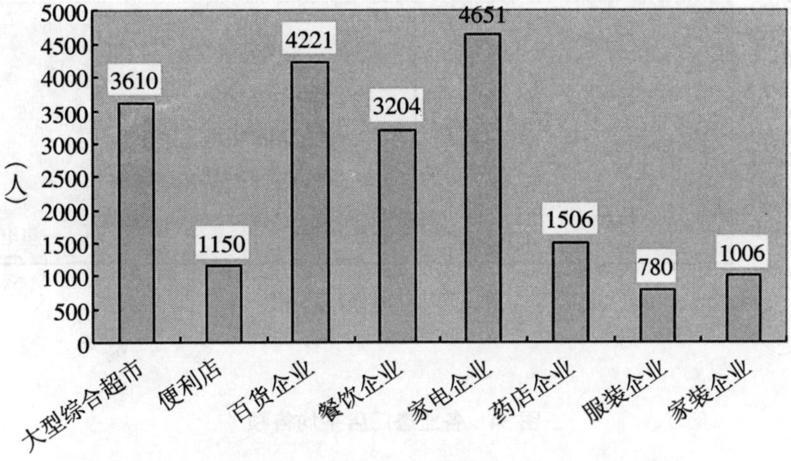

图 33 不同业态企业平均员工人数

1.2 不同业态企业平均经营指标对比

餐饮企业由于其经营方式的不同毛利率最高，药店企业其次。分析中还能看出家电企业的毛利率最低；但在利润率方面服装企业最高，家装企业第二。

表 74 各业态毛利率和利润率比较

业态	毛利率（%）	利润率（%）
大型综合超市和超市企业	11.4	1.6
便利店	12.8	0.9
百货企业	16.7	2.6
餐饮企业	50.0	

续表

业态	毛利率（%）	利润率（%）
家电企业	8.4	2.1
药店企业	21.0	2.3
服装专卖店企业	9.2	4.1
家装企业	31.5	2.8

2．各业态企业典型店铺相关指标比较

2.1　单店平均规模对比

在单店的平均销售额、店均人数及店均营业面积的对比中，均为百货店最高，大型综合超市位居第二，显示了百货企业和大型综合超市单店的规模竞争优势。

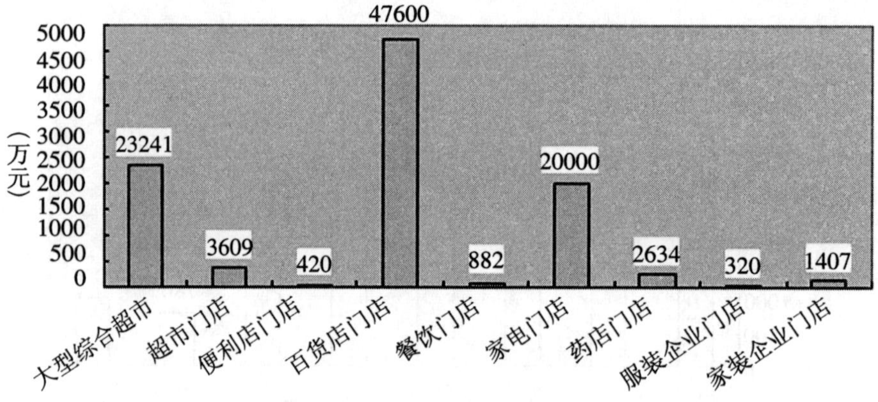

图34　各业态门店平均售额

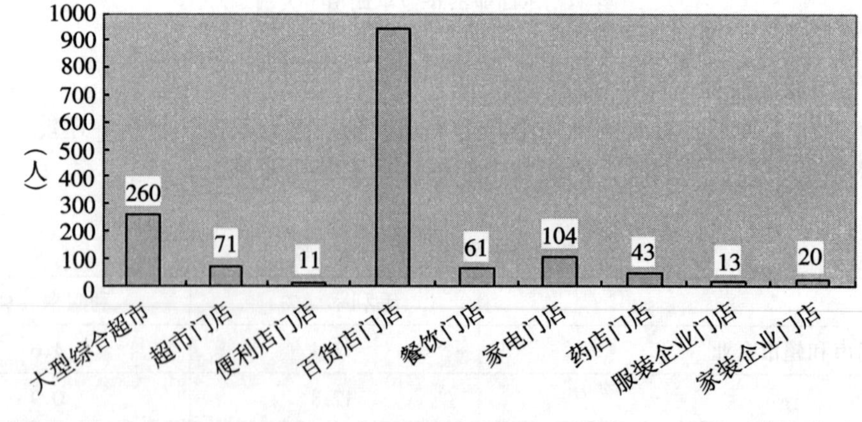

图35　不同业态门店店平均人数

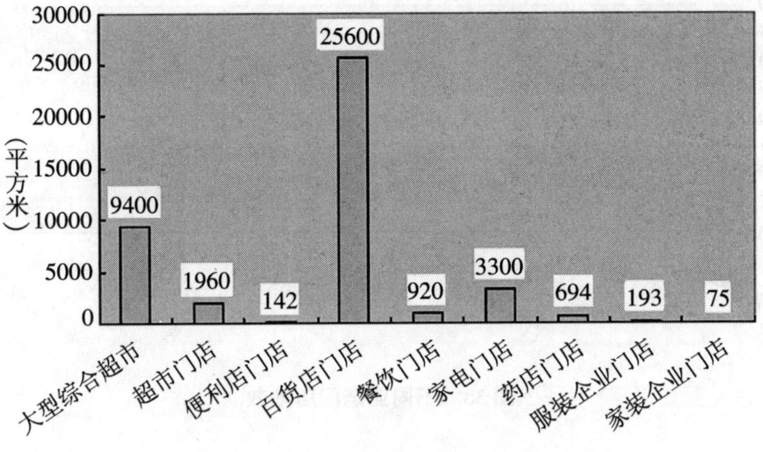

图 36 不同业态门店平均面积

2.2 单店平均经营指标比较

在不同业态单店的对比中，家电企业的人均劳效是最高的，大型综合超市第二；而在平米效益中家装企业高居第一位。

在单店毛利率的对比中，除餐饮企业以 50%高居第一外，服装企业和家装企业的单店以 34.7%、31.5%分列第二、第三位。

餐饮企业门店的利润率也是最高的，服装企业门店和药店门店分列其后。

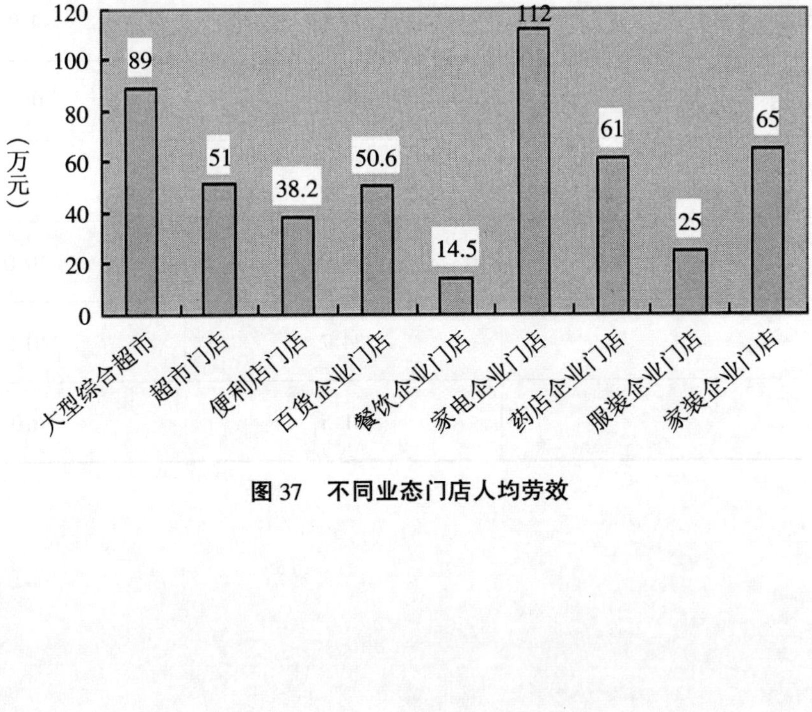

图 37 不同业态门店人均劳效

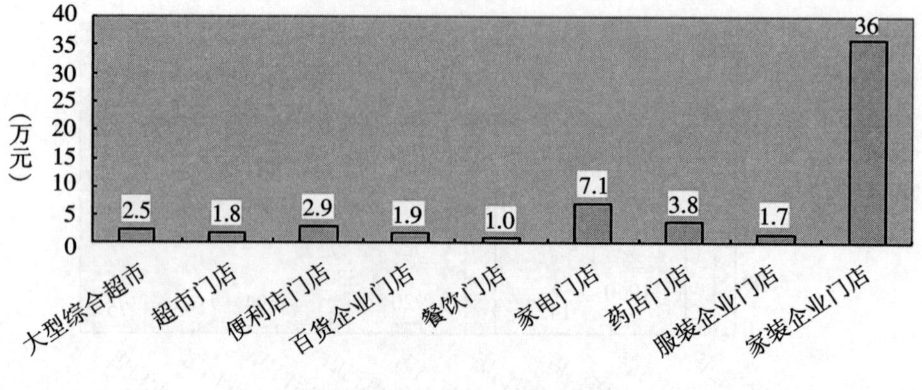

图 38　不同业态门店地效

表 75　各业态门店平均毛利率和利润率比较

业态	毛利率（%）	利润率（%）
大型综合超市	11.7	1.6
超市门店	12.7	4.0
便利店	14.5	6.5
百货企业门店	17.0	4.9
餐饮门店	50.0	18.0
家电企业门店	7.4	1.7
药店门店	27.0	10.0
服装门店	34.7	10.5
家装门店	31.5	6.0

附表一

2002年中国连锁百强名单

（中国连锁经营协会　2003年3月20日发布）

排序		企业名称	销售额（万元）	同比增长%	店数	同比增长%	业态分布
*	1	联华超市股份有限公司	1833022	30	1921	57	超851/综25/便1045
*	2	华联超市股份有限公司	1506600	77	1200	46	超1100/综11/便89
	3	大连商场集团公司	1279000	71	51	59	百/综
*	4	北京国美电器有限公司	1089649	70	64	49	家电专业店64
*	5	北京华联集团投资控股有限公司	1030000	29	54	29	综48/百6
*	6	上海农工商超市有限公司	873000	17	702	117	超/综/便
*	7	华润万佳有限公司	859108	37	397	21	超380/综17
*	8	百胜(中国)投资有限公司	728738	33	902	47	西式餐饮902
*	9	苏果超市有限公司	702000	33	940	42	超/便
*	10	苏宁电器集团	606844	26	134	47	家电专业店134
	11	武商集团股份有限公司	585900	39	20	67	综10/会1/百4/专业店5
*	12	重庆商社(集团)有限公司	536186	20	76	29	超26/综6/会1/便39/百4
*	13	锦江麦德龙现购自运有限公司	531029	7	16	7	会16
*	14	北京物美商业集团有限公司	506725	101	355	77	综4/超332/便19
*	15	上海永乐家用电器有限公司	489500	70	40	111	家电专业店40
*	16	北京王府井百货(集团)股份有限公司	476283	-3	8	0	百8
	17	天津家世界连锁商业集团有限公司	440390	35	40	43	综30
*	18	江苏文峰大世界连锁发展股份有限公司	436375	39	144	658	综5/百7/会1/专业服务

续表

排序		企业名称	销售额（万元）	同比增长%	店数	同比增长%	业态分布
*	19	北京京客隆超市连锁集团有限公司	425757	22	102	36	超26/综3/便41/药27/其他
	20	重庆百货大楼股份有限公司	402325	33	31	15	综1/便11/百16/家电3
*	21	北京超市发连锁股份有限公司	390000	48	116	13	超79/会1/便36
*	22	深圳市新一佳投资发展有限公司	380172	101	36	112	综36
*	23	武汉中百集团股份有限公司	336490	89	189	125	综16/便170/百3
*	24	江苏五星电器有限公司	323339	27	76	15	家电76
*	25	北京新燕莎控股集团有限责任公司	291637	0	10		综6/百4
*	26	深圳市人人乐连锁商业有限公司	263140	22	9	50	综9
*	27	青岛利群集团股份有限公司	263068	54	116	955	超3/综12/便100/百1
*	28	华联集团吉买盛购物中心有限公司	226266	41	15	88	综15
*	29	深圳民润农产品配送连锁商业有限公司	221790	34	138	84	超138
*	30	湖南友谊阿波罗股份有限公司	210663	5	11	38	百/超
*	31	江苏时代超市有限公司	203000	74	48	12	超/综
*	32	山东潍坊百货集团股份有限公司	202269	27	68	51	超19/综7/便38/百1/专业3
*	33	上海家得利超市有限公司	200000	100	600	757	超88/综8/便504
*	34	深圳铜锣湾百货有限公司	200000	43	6	50	百6
	35	成都人民商场(集团)股份公司	197840	16	51	113	百/超
*	36	深圳百佳超级市场有限公司	182540	9	19	0	综/超

续表

排序		企业名称	销售额（万元）	同比增长%	店数	同比增长%	业态分布
	37	合肥百货大楼集团股份有限公司	181000	13	9	13	超 3/综 3/百 3
*	38	成都红旗连锁有限公司	174870	37	248	44	超 248
*	39	上海捷强烟草糖酒(集团)连锁公司	174080	1	249	4	超/便/专业
*	40	安徽商之都有限责任公司	168000	17	8	0	综 1/百 7
*	41	北京小白羊超市连锁总店	139024	71	48	71	超/便 17
*	42	北京北辰购物中心	133499	0	1	0	综 1
*	43	宁波三江购物俱乐部有限公司	131228	25	27	17	综 27
*	44	山东省威海糖酒采购供应站	128000	52	86	16	超/综 10/会 1/便 3
*	45	深圳天虹商场有限公司	123135	22	7	133	百 7
	46	天津华联商厦	120600	21	8	167	百/家电专业店
*	47	赛特商业发展有限责任公司	120078	18	10	0	百 10
*	48	深圳茂业商厦有限公司	118772	13	4	0	百 4
*	49	南京华诚超市有限公司	118625	82	225	129	超 89/综 6/便 130
	50	广州市广百股份有限公司	109640	－12	5	25	百 5
*	51	上海可的便利店有限公司	109373	54	706	37	便 706
*	52	华普超市有限公司	103000	7	16	0	综 16
*	53	福建劲霸时装有限公司	103000	30	1213	71	服装专卖 1213
*	54	好美家装潢建材有限公司	102682		14		家居建材专业店 14
*	55	辽宁兴隆百货集团	102000	10	23	44	超 2/便 14/百 4/其他 3
*	56	湖南步步高连锁超市有限责任公司	97203	54	30	20	超 17/综 2/便 4/百 2/其他
	57	广州市新大新公司	96677	－4	3	50	百 3
*	58	哈尔滨中央红集团股份有限公司	93397	11	146	38	超 3/便 139/百货 4

续表

排序		企业名称	销售额（万元）	同比增长%	店数	同比增长%	业态分布
	59	上海良友便利连锁有限公司	89084	34	472	7	便472
*	60	东方家园有限公司	85948	42	10	0	家居建材专业店10
*	61	北京麦当劳食品有限公司(北京地区)	85349	2	88	11	西式快餐88
	62	上海欧尚超市有限公司	83000	54	2	0	综2
*	63	青岛崂山百货大楼(集团)股份有限公司	80197	34	131	1210	超4/综2/便122/百1/其他2
*	64	沈阳市小土豆餐饮有限公司	79501	4	142	2	中式正餐/中式快餐
	65	余姚华联商厦(集团)有限公司	74955	96	107	95	超5/便100/百货2
*	66	徐州惠客隆超级市场有限公司	72452	26	173	33	超102/综8/便63
*	67	邯郸市阳光百货集团	71000	13	20	33	超2/大4/百14
*	68	温州人本超市有限公司	70300	45	52	44	超28/综2/便22
*	69	中国北京全聚德集团有限责任公司	70200	6	47	9	中式正餐47
*	70	天津德克士食品开发有限公司	69700	16	246	27	西式快餐246
	71	广东吉之岛天资百货有限公司	69440	－5	2	0	综2
*	72	重庆小天鹅投资控股(集团)有限公司	67791	38	171	51	中式正餐171
*	73	重庆和平药房连锁有限责任公司	66800	57	725	39	药品专业店725
*	74	济南蔬菜集团总公司	66200	27	130	34	超90/综3/便37
*	75	阜阳市华联超市有限公司	65538	23	68	17	综6/便62
*	76	漯河双汇商业连锁有限公司	64201	36	193	57	便193
*	77	山东临沂九州集团总公司	63000	80	53	96	超30/便13/百2/其他

续表

排序		企业名称	销售额（万元）	同比增长%	店数	同比增长%	业态分布
	78	河南通利量贩有限公司	60000	150	20	186	家电专业店 20
*	79	重庆山城超市有限公司	56700	24	26	13	超 26
*	80	北京东安饮食公司	56000	6	99	3	中式正餐 99
*	81	慈溪市慈客隆超市有限公司	54900	41	48	100	超 33/综 1/便 14
*	82	北京美廉美连锁商业有限公司	54000	69	5	67	超 2/综 3
*	83	成都谭鱼头投资股份有限公司	51800	17	98	23	中式正餐 98
	84	重庆莱根香风俗酒楼有限公司	51800	19	68	21	中式正餐 68
*	85	广西佳用商贸股份有限公司	51000	38	72	67	超 9/综 13/便 26/会 2/其他
*	86	浙江高邦服饰集团有限公司	50585	31	390	3	服装专卖 390
*	87	陕西海星连锁超级市场有限责任公司	48578	81	112	18	超 89/便 23
*	88	北京顺天府商贸有限公司	47000	30	13	44	超 13
*	89	深圳市海王星辰医药有限公司	46600	58	320	58	药品专业店 320
*	90	马兰拉面快餐连锁有限责任公司	45251	5	436	14	中式快餐 436
	91	北京同仁堂连锁药店	45205	37	50	43	药品专业店 50
*	92	河南思达连锁商业有限公司	45000	41	114	43	超 113/综 1
*	93	河北国大连锁商业有限公司	41000	12	120	17	超 11/综 2/便 107
*	94	哈尔滨乐买连锁超市有限责任公司	40974	63	36	3	综 3/便 33

续表

排序		企业名称	销售额（万元）	同比增长%	店数	同比增长%	业态分布
*	95	北京家和通融超级市场有限公司	40000	5	7	40	超7
*	96	北京龙发建筑装饰工程有限公司	39120	296	42	147	家居装饰42
*	97	中山市壹加壹商业连锁有限公司	37992	21	26	13	超25/便1
*	98	北京金象大药房医药连锁有限责任公司	37000	71	182	219	药品专业店182
	9	重庆陶然居风味饮食文化有限公司	36800	31	48	26	中式正餐48
*	100	白山市方大商业有限公司	36480	23	36	13	超27/便2/专卖7
		合计	24646969	36	16986	52	

备注：

1. 标*者为中国连锁经营协会会员单位；
2. 本表“业态分布”栏中，超：食品超市；综：大型综合超市；便：便利店；百：百货店；会：仓储会员商店；药：药店。

附表二

2002年主要连锁超市企业情况

（含大型综合超市、便利店等业态）

序号	企业名称	2002年销售额（万元）	同比%	2002年店铺数	同比%
1	联华超市股份有限公司	1833022	30	1921	57
2	华联超市股份有限公司	1506600	77	1200	46
3	北京华联集团投资控股有限公司	1030000	29	54	29
4	上海农工商超市有限公司	873000	17	702	117
5	华润万佳有限公司	859108	37	397	21
6	苏果超市有限公司	702000	33	940	42
7	重庆商社（集团）有限公司	536186	20	72	22
8	锦江麦德龙现购自运有限公司	531029	7	16	7
9	北京物美商业集团有限公司	506725	101	355	77

续表

序号	企业名称	2002年销售额（万元）	同比%	2002年店铺数	同比%
10	天津家世界连锁商业集团有限公司	440390	35	40	43
11	江苏文峰大世界连锁发展股份有限公司	436375	39	144	658
12	北京京客隆超市连锁集团有限公司	425757	22	102	36
13	北京超市发连锁股份有限公司	390000	48	116	13
14	深圳市新一佳投资发展有限公司	380172	101	36	112
15	深圳市人人乐连锁商业有限公司	263140	22	9	50
16	青岛利群集团股份有限公司	263068	54	116	955
17	武汉中百连锁仓储超市公司	261000	121		
18	华联集团吉买盛购物中心有限公司	226266	41	15	88
19	深圳市民润农产品配送连锁商业有限公司	221790	34	138	84
20	武汉武商集团股份有限公司量贩分公司	221514	46	11	57
21	武汉中商集团股份有限公司平价连锁分公司	211164	28	9	125
22	江苏时代超市有限公司	203000	74	48	12
23	山东潍坊百货集团股份有限公司	202269	27	68	51
24	上海家得利超市有限公司	200000	100	600	757
25	深圳百佳超级市场有限公司	182540	9	19	0
26	成都红旗连锁有限公司	174870	37	248	44
27	北京小白羊超市连锁总店	139024	71	48	71
28	北京北辰购物中心	133499	0		
29	宁波三江购物俱乐部有限公司	131228	25	27	17
30	山东威海糖酒采购供应站	128000	52	86	16
31	南京华诚超市有限公司	118625	82	225	130
32	上海可的便利店有限公司	109373	54	706	37
33	华普超市有限公司	103000	7	16	0
34	湖南步步高连锁超市有限责任公司	97203	54	30	20
35	哈尔滨中央红集团股份有限公司	93397	11	146	38
36	上海良友便利连锁有限公司	89084	34	472	7

续表

序号	企业名称	2002年销售额（万元）	同比%	2002年店铺数	同比%
37	上海欧尚超市有限公司	83000	98	2	0
38	青岛崂山百货大楼（集团）股份有限公司	80197	34	131	1210
39	余姚华联商厦（集团）有限公司	74955	96	107	95
40	徐州惠客隆超级市场有限公司	72452	26	173	33
41	温州人本超市有限公司	70300	45	52	44
42	广东吉之岛天资百货有限公司	69440	－5	2	0
43	湖南家润多超市有限公司	68417	58	5	67
44	济南蔬菜集团总公司	66200	27	130	34
45	阜阳市华联超市有限公司	65538	23	68	17
46	漯河双汇商业连锁有限公司	64201	36	193	57
47	山东临沂九州集团总公司	63000	80	53	96
48	重庆山城超市有限公司	56700	24	26	13
49	慈溪市慈客隆超市有限公司	54900	41	48	100
50	北京美廉美连锁商业有限公司	54000	69	5	67
51	广西佳用商贸股份有限公司	51000	38	72	67
52	陕西海星连锁超级市场有限责任公司	48578	81	112	18
53	北京顺天府商贸有限公司	47000	30	13	44
54	河南思达连锁商业有限公司	45000	41	114	43
55	河北国大连锁商业有限公司	41000	12	127	23
56	哈尔滨乐买连锁超市有限责任公司	40974	63	36	3
57	北京家和通融超级市场有限公司	40000	5	7	40
58	中山市壹加壹商业连锁有限公司	37992	21	26	13
59	白山市方大商业有限公司	36480	23	36	13
60	吉林省明日恒客隆仓储百货有限公司	36041	－11	7	0
61	陕西晶众家乐超市有限公司	36000	71	11	57
62	内蒙古呼伦贝尔市友谊有限责任公司	35240	33	14	40
63	湖南佳惠百货有限责任公司	35000	94	7	75
64	绍兴供销超市有限公司	33218	90	70	84
65	北京市房山华冠商贸有限公司	32000	39	23	10
66	山西省太原唐久超市有限公司	31900	14	106	77

续表

序号	企业名称	2002年销售额（万元）	同比%	2002年店铺数	同比%
67	天津市消费合作总社	27800	2	115	92
68	广州宏城超级市场	26961	16		
69	北京城乡仓储大超市有限公司	26903	-9	1	0
70	东莞市糖酒集团美宜佳便利店有限公司	25200	12	280	12
71	淄博奥德隆经贸有限公司	25000	4	18	125
72	安徽徽商农家福股份有限公司	25000			
73	大连旺达连锁有限公司	25000		80	
74	岳阳福润多超市有限公司	21059	30	6	0
75	浙江天天惠超市有限公司	20700	-10	46	24
76	石家庄市天元食品连锁超市	20000	11	76	33
77	大连昌临旺客隆连锁有限公司	20000		38	
78	河北衡水市红旗商厦	16800	12	15	15
79	淄博政通超市有限公司	16421	32	31	24
80	许昌市胖东来商贸集团有限公司	14584	49	17	31
81	合肥百大合家福连锁超市有限责任公司	14025	37	6	50
82	北京翠微家园连锁超市经营公司	14000		4	
83	浙江省乐清市联华超市有限公司	14000	40	7	40
84	厦门市闽客隆发展有限公司	13604	-9		
85	青岛长青股份有限公司	13149	-18	58	-42
86	寿光糖酒茶副食品有限公司	12500	34	23	92
87	舟山市民生商厦有限责任公司	12000	50	28	-18
88	江苏无锡中百超市（配销）有限公司	10781	-28	13	8
89	河南邦杰集团有限公司连锁销售公司	10000	67	45	41
90	山东聊城昆仑超市有限公司	10000	43	4	33

附表三

2002年主要连锁餐饮企业基本情况

序号	企业名称	经营形态	2002年销售额（万元）	同比增长%	2002年店铺数	同比增长%
1	百胜（中国）投资有限公司	西式餐饮	728738	33	902	47
2	北京麦当劳食品有限公司	西式快餐	85341	2	88	11
3	沈阳市小土豆餐饮有限公司	中式正餐/快餐	79501	4	142	2
4	中国北京全聚德集团有限责任公司	中式正餐	70200	6	47	9
5	天津德克士食品开发有限公司	西式快餐	69700	16	246	27
6	重庆小天鹅投资控股（集团）有限公司	中式正餐	67791	38	171	51
7	北京东安饮食公司（东来顺连锁总部）	中式正餐	56000	6	99	3
8	成都谭鱼头投资股份有限公司	中式正餐	51800	17	98	23
9	重庆菜根香风俗酒楼有限公司	中式正餐	51800	19	68	21
10	重庆市德庄饮食文化有限公司	中式正餐	51000	135	158	187
11	马兰拉面快餐连锁有限责任公司	中式快餐	45251	5	436	14
12	重庆陶然居风味饮食文化公司	中式正餐	36800	31	48	26
13	沈阳老边饺子有限公司	中式正餐/快餐	25268	26	71	29
14	北京华天饮食集团公司	中式正餐/快餐	22673	0	42	－5
15	昆明大滇园美食有限公司	中式正餐	21996	5	98	3
16	玛利朗国际快餐有限公司	西式快餐	20000	33	125	19
17	江苏大娘水饺餐饮有限公司	中式快餐	20000	33	86	0
18	武汉市小南京健康美食酒店管理有限公司	中式正餐	19300	4	20	－5
19	北京老家快餐有限责任公司	中式快餐	18000	50	170	37
20	武汉三五酒店管理有限公司	中式正餐	15830	37	24	－8
21	北京好伦哥餐饮有限公司	西式快餐	13200	233	20	186
22	北京吉野家快餐有限公司	西式快餐	9875	42	23	92
23	韶山毛家饭店发展有限公司	中式正餐	9486	24	28	17
24	上海弘奇食品有限公司	中式快餐	9396			
25	北京西贝莜面村餐饮管理咨询有限公司	中式正餐	9248	60	9	50

续表

序号	企业名称	经营形态	2002 年销售额（万元）	同比增长%	2002 年店铺数	同比增长%
26	大连亚惠美食专门有限公司	中式快餐	8996	2	16	7
27	河北千喜鹤饮食股份有限公司	中式正餐/快餐	8867	21	12	
28	四平市李连贵风味大酒楼	中式快餐	8200			
29	重庆清华大酒楼有限责任公司	中式正餐	7300	135	114	192
30	深圳市山天饮食连锁有限公司	中式正餐	6260	28	21	163
31	北京市阳坊胜利涮羊肉食品集团	中式正餐	6000	37	41	－21
32	上海竹家庄美食有限公司	中式快餐	5800	45	7	40
33	北京市九头鸟酒店管理有限责任公司	中式正餐	5800	29	11	－8
34	上海白玉兰饮食有限公司	中式正餐/快餐	5453	13	28	0
35	济南六乃喜快餐连锁有限责任公司	中式快餐	4000	33	22	38
36	桂林仔家味饮业有限公司	中式正餐	3084	8	15	36
37	成都大蓉和餐饮有限公司	中式正餐	3015	49	2	100
38	安徽蜀王饮食服务有限责任公司	中式正餐/快餐	2680	－12	12	0
39	包头市乡土居餐饮有限公司	中式正餐	2400	33	12	33
40	郑州市饮食总公司	中式正餐	2180	0	35	3
41	北京赛佳味餐饮有限公司（赛百味）	西式快餐	1681	66	17	183
	合计		1689910	27	3582	25
备注：麦当劳公司的销售额为北京地区的销售额，重庆德庄公司的数据源于其他资料。						

附表四

2002 年主要百货连锁企业情况

序号	企业名称	2002 年销售额（万元）	同比%	2002 年店铺数（个）	同比%	备注
1	大连商场集团公司	1279000	71	51	59	
2	太平洋百货	1100000		8		*
3	百盛（Parkson）	680000		28		*
4	武商集团股份有限公司	585900	39	20	67	

续表

序号	企业名称	2002 年销售额（万元）	同比％	2002 年店铺数（个）	同比％	备注
5	北京市王府井百货（集团）股份有限公司	476283	－3	8	0	
6	重庆百货大楼股份有限公司	402325	33	31	15	
7	北京新燕莎控股（集团）有限责任公司	291637	0			
8	深圳市铜锣湾百货有限公司	200000	43	6	50	
9	成都人民商场（集团）股份公司	197840	16	51	113	
10	合肥百货大楼集团股份有限公司	181000	13	9	13	
11	安徽商之都有限责任公司	168000	17	8	0	
12	深圳天虹商场有限公司	123135	22	7	133	
13	赛特商业发展有限责任公司	120078	18	10	0	
14	天津华联商厦	120000	20	5	67	
15	深圳茂业商厦有限公司	118772	13	4	0	
16	广州广百股份有限公司	109640	－12	5	25	
17	辽宁兴隆百货集团	102000	10	23	44	
18	广州市新大新公司	96677	－4	3	50	
19	邯郸市阳光百货集团	71000	13	16	33	
说明：备注标＊号企业的数据源于媒体、研究机构等的估计值，仅供参考。						

附表五

2002 年主要家电连锁企业情况

序号	企业名称	2002 年销售额（万元）	同比％	2002 年店铺数（个）	同比％	备注
1	北京国美电器有限公司	1089649	70	64	49	
2	苏宁电器连锁集团股份有限公司	806843	68	134	47	
3	上海永乐家用电器有限公司	489500	70	40	111	

续表

序号	企业名称	2002年销售额（万元）	同比%	2002年店铺数（个）	同比%	备注
4	江苏五星电器有限公司	323339	27	76	15	
5	华联集团家用电器公司	90000		15		*
6	深圳顺电连锁股份公司	80000		11		*
7	河南通利量贩有限公司	60000	150	20	186	
8	广州市丰宁电器连锁商社	10455	13	9	5	
说明：备注标*号企业的数据源于媒体、研究机构等的估计值，仅供参考。						

附表六

2002年主要家居、建材、家装专业连锁企业情况

序号	企业名称	2002年销售额（万元）	同比%	2002年店铺数（个）	同比%	备注
1	百安居（上海）管理系统有限公司	160000		8		*
2	好美家装潢建材有限公司	102682		14		
3	东方家园有限公司	85948	42	10	0	
4	欧倍德（中国）管理系统有限公司	75000		4		*
5	宜家中国	70000		2	0	*
6	北京龙发建筑装饰工程有限公司	39120	296	42	147	
7	北京东易日盛装饰有限责任公司	21000	21	48	23	
8	北京业之峰装饰有限公司	11827	85	83	118	
9	广州市联城中港贸易发展有限公司	10000	67	15	25	
说明：备注标*号企业的数据源于媒体、研究机构等的估计值，仅供参考。						

附表七

2002 年主要连锁药店情况

序号	企业名称	2002 年销售额（万元）	同比％	2002 年店铺数（个）	同比％
1	重庆和平药房连锁有限责任公司	66800	57	725	39
2	深圳市海王星辰医药有限公司	46600	58	320	58
3	北京同仁堂连锁药店	45205	37	50	
4	北京金象大药房医药连锁有限责任公司	37000	71	182	219
5	北京嘉事堂药业	30000	11	159	
6	深圳一致医药连锁	28525	－7		
7	大连美罗大药房连锁有限公司	25974	－19	105	0
8	重庆时珍阁大药房连锁有限责任公司	20295		216	
9	深圳市中联大药房有限公司	16075	1	122	15
10	深圳万泽医药	13000	55		
11	湖南金沙大药房零售连锁有限公司	11500	177	84	100

附表八

2002 年部分特许企业经营情况

序号	企业名称	加盟店销售额（万元）	总销售额（万元）	加盟店铺数（2002）	总店铺数（2002）
1	华联超市股份有限公司	892100	1506600	900	1200
2	苏果超市有限公司	402000	702000	660	940
3	联华超市股份有限公司	192632	1833022	321	1921
4	上海可的便利店有限公司	130682	109373	116	706
5	上海捷强烟草糖酒（集团）连锁有限公司	86784	174080	114	249
6	江苏五星电器有限公司	63187	323339	60	76
7	沈阳市小土豆餐饮有限公司	59450	79501	107	142
8	德克士食品开发有限公司	55274	69700	211	246

续表

序号	企业名称	加盟店销售额（万元）	总销售额（万元）	加盟店铺数（2002）	总店铺数（2002）
9	南通文峰超市加盟管理有限公司	50000	436375	106	125
10	北京东安饮食公司北京东来顺连锁总部	49860	67791	93	99
11	重庆市德庄饮食文化有限公司	49110	54000	170	179
12	重庆小天鹅饮食控股（集团）有限公司	48480	67791	145	171
13	华润万佳有限公司	48000	859108	42	
14	安徽商之都有限责任公司	40600	168000	6	8
15	成都谭鱼头投资股份有限公司	40004	51800	79	98
16	漯河双汇商业连锁有限公司	38592	64201	127	147
17	中国北京全聚德集团有限责任公司	35400	70200	43	49
18	浙江高邦服饰集团有限公司	32350	50585	342	390
19	马兰拉面快餐连锁有限责任公司	31045	45251	302	436
20	南京华诚超市有限公司	29752	118625	96	225
21	徐州惠客隆超级市场有限公司	25599	72452	94	173
22	东莞市糖酒集团美宜佳便利店有限公司	25200	25200	280	288
23	慈溪市慈客隆超市有限公司	24812	54900	43	48
24	北京旌旗席殊书屋有限公司	23800	25000	560	568
25	昆明大滇园美食有限公司	21196	21996	95	98
26	山东潍坊百货集团股份有限公司	18262	202269	20	68
27	余姚市华联商厦（集团）有限公司	18250	74955	100	107
28	山西省太原唐久超市有限公司	17454	31900	58	106
29	重庆陶然居风味饮食文化有限公司	17200	36800	37	48
30	福建劲霸时装有限公司	16800	103000	1126	1213
31	北京老家快餐有限责任公司	15000	18000	138	170
32	山西百圆裤业有限公司	12000	20400	470	472

续表

序号	企业名称	加盟店销售额（万元）	总销售额（万元）	加盟店铺数（2002）	总店铺数（2002）
33	重庆时珍阁大药房连锁有限责任公司	12000	20295	201	216
34	荣昌·伊尔萨洗染连锁集团	10500	14200	215	227
35	河南通利量贩有限公司	10000	60000	8	20
36	北京福奈特洗衣服务有限公司	10000	10607	192	200
37	青岛利群集团股份有限公司	9850	263068	100	116
38	北京超市发连锁股份有限公司	9815	390000	24	140
39	阜阳华联超市有限公司	8749	65538	10	68
40	韶山毛家饭店发展有限公司	8131	9486	24	28
41	临沂九州集团有限公司	8000	63000	30	45
42	沈阳碰碰凉冷饮食品有限公司	7560	8010	700	717
43	河南思达连锁商业有限公司	6080	45000	19	114
44	武汉市小南京健康美食酒店管理有限公司	6040	19300	6	11
45	东易日盛装饰集团	6000	21000	11	48
46	河南邦杰（集团）连锁有限公司	5931	9875	25	45
47	绍兴供销超市有限公司	5364	33218	20	70

附表九

连锁百强前十名企业店铺的区域分布情况

排名	企业名称	店铺数（个）	主要分布地区	省份（个）
1	联华超市股份有限公司	1921	上海、北京、浙江、江苏、安徽、山东、辽宁、吉林、黑龙江、广东、天津、河南、河北、福建、重庆、内蒙古	16
2	华联超市股份有限公司	1200	上海、浙江、江苏、安徽、北京、江西、山东、河南、山西、辽宁、河北、湖南、湖北、福建	14

续表

排名	企业名称	店铺数（个）	主要分布地区	省份（个）
3	大连商场集团公司	51	黑龙江、吉林、辽宁	3
4	北京国美电器有限公司	64	北京、上海、天津、成都、重庆、郑州、西安、沈阳、青岛、济南、广州、深圳、武汉、杭州	12
5	北京华联集团投资控股有限公司	54	北京、河北、河南、内蒙古、山东、江苏、浙江、福建、广东、安徽、广西等	11
6	上海农工商超市有限公司	702	上海、浙江、江苏、安徽、江西、山东	6
7	华润万佳有限公司	397	广东、江苏、北京、天津、浙江	5
8	百胜（中国）投资有限公司	902	全国除西藏外的其他省份	
9	苏果超市有限公司	940	江苏	1
10	苏宁电器集团	134	南京、北京、扬州、常州、宁波、杭州、上海、兰州、西安、天津、广州、深圳、成都、重庆	10
备注：根据相关资料统计整理，仅供参考。				

附表十

2002年主要中外合资合作零售企业情况

序号	企业	销售规模（亿元）	店铺数（个）	行业、业态	备注
1	家乐福（Carrefour）	约110	36	大型综合超市	2001年，24个店，85亿元销售。分布于哈尔滨、沈阳、大连、北京、天津、青岛、上海、成都、重庆、武汉、长沙、南京、无锡、上海、苏州、宁波、深圳、珠海、东莞、广州、昆明等地。
2	好又多	约100	52	大型综合超市	
3	大润发	约90	35	大型综合超市	
4 *	华润万佳	86	397	大型综合超市/超市	
5 *	百盛（Parkson）	68	28	百货店	分布于北京、上海、合肥、成都、重庆、大连、贵州、兰州、绵阳、青岛、沈阳、无锡、西安、扬州、淄博等地。

续表

序号	企业	销售规模（亿元）	店铺数（个）	行业、业态	备注
6＊	百胜（中国）（YUM）	73	902	西式餐饮	
7	沃尔玛（Wal－mart）	约60	26	大型综合超市/会员店/社区店	购物广场（深圳、东莞、昆明、大连、汕头、福州、厦门、哈尔滨、长春、沈阳）；山姆会员店（深圳、福州、昆明、长春）；社区店（深圳）。
8＊	锦江麦德龙（Metro）	53	16	仓储会员店	
9	乐购	约50	22	大型综合超市	
10	太平洋百货	约35	8	百货店	分布于上海、北京、成都、重庆、南京等地。
11	易初莲花（Lotus）	约35	12	大型综合超市	
12	麦当劳（Mcdonald’s）	约32	543	西式快餐	分布于全国大部分省份，其中北京分公司2002年为8.5亿元。
13	普尔斯马特（Pricesmart）	约30	30	仓储会员店	
14＊	深圳百佳	18	19	大型综合超市/超市	
15	华糖洋华堂（ItoYokado）	约17	3	大型综合超市	分布于北京、成都两地。
16＊	万客隆（Makro）	16	6	仓储会员店	北京中贸联万客隆商业有限公司2店，8.8亿元；广州正大万客隆商业有限公司4店，7.6亿元。
17	百安居（B&Q）	约16	8	家居建材专业店	
18＊	欧尚（Auchan）	8	2	大型综合超市	
19	欧倍德（OBI）	约7	4	家居建材专业店	
20	宜家（IKEA）	约7	2	家居建材专业店	分布于北京、上海两地。
21＊	吉之岛（Jusco）	7	2	大型综合超市	分布于广东，分为吉之岛天资和吉之岛天贸（4.7亿元）。
22	7－Eleven	约6	132	便利店	分布于广州、深圳等地。
	合计	约925	2285		

说明：以下企业数据除带＊号的是由企业自己填报外，其他企业数据来源于媒体、研究机构等的综合评估，仅供参考。

2003 年度连锁经营状况分析报告（摘要）

中国连锁经营协会对 2003 年连锁企业的调查统计显示，2003 年百家连锁企业总计实现销售额 3580 亿元，比上年的 2465 亿元增长 45%。门店总数达到 20424 个，比上年的 16986 个增长 20%。营业总面积达 1907 万平方米，比上年的 1334 万平方米增长 42%。员工人数 64 万人，比上年的 52 万人增长 23%。

从 2003 年的统计情况看，主要有以下特点：

一、连锁经营在国民经济中的作用日益突出

从百家连锁企业占社会消费品零售总额的比例增长情况，我们可以看到这一比例有逐年增大的趋势。如表 1 所示。

表 1　　**连锁企业经营状况**

项　　目	1999 年	2000 年	2001 年	2002 年	2003 年
社会消费品零售总额（亿元）	31135	34153	37674	40911	45842
同比增幅（%）	10.1	9.7	10.1	10.2	9.2
百家连锁企业销售总额（亿元）	640	980	1620	2465	3580
同比增幅（%）		53	65	52	45
百家连锁企业销售总额占零售总额的比例	2.0	2.9	4.3	6.0	7.8

从城市的发展情况来看，上海的连锁经营已占社会消费品零售总额的 45%，深圳占 40%，北京占 24%。全国连锁经营企业销售总额占社会消费品零售总额约为 15%，即 7000 亿元。

从发展速度上看，百家零售企业的增长速度也大大高于社会消费品零售总额的增长速度，如图 1 所示。

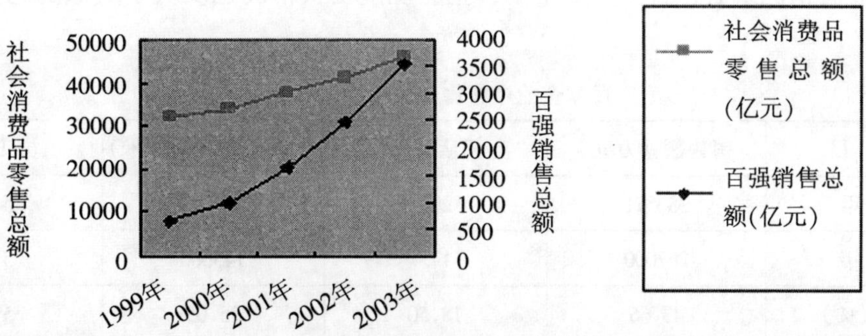

图 1　社会消费品零售总额与百家连锁企业增长趋势图

快速发展的连锁企业也为稳定社会做出了重要的贡献。2003 年四五月间，突如其来的“非典”疫情给全国商业服务业经营造成了重创，部分日用消费品还一度出现了恐慌性抢购。在关键时刻，在各级政府的统一协调下，经过近十年发展起来的现代连锁商业，凭借其先进的连锁经营方式及高效的物流系统，迅速平息了抢购风潮，稳定了市场。

就单个企业而言，百家企业的平均销售规模已达到 35 亿元，店铺数达 202 家，数字的背后蕴含着连锁企业服务顾客的范围和能力。如图 2 所示。

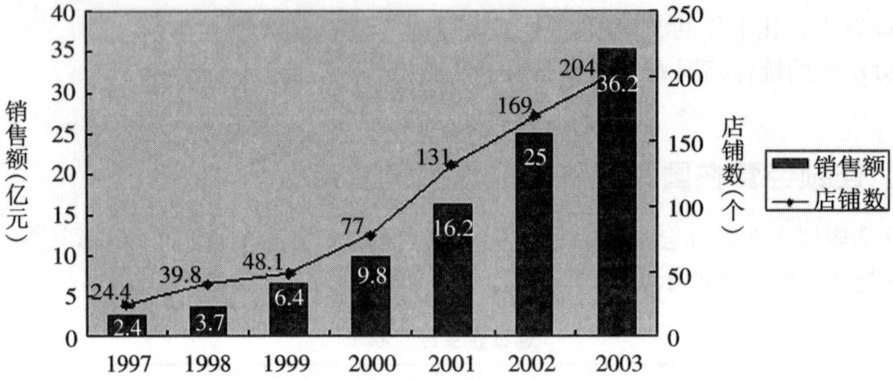

图 2　百家企业平均状况分析

二、连锁企业对规模扩张更加审慎

连锁企业是靠规模在市场中取胜的，但企业规模应与自身资源和能力相匹配，片面追求扩张速度、大规模跨地区开店，将对企业造成一定的负面影响。2003 年，连锁企业对此有了更加深刻的认识。

在经过 2001 年和 2002 年的快速发展后，大多数企业在 2003 年放慢了脚步，将重点放在加强内部管理上。

图 3 是近三年来，百家连锁企业的发展速度对比情况。

两年来，连锁企业的营业面积和门店数量增幅都有所下降，说明大家已经认识到过快扩张带来的一系列问题，另一方面也说明了企业管理正在逐步规范。

从分业态情况来看，百家企业中零售企业规模增长情况也反映了类似的趋势。如表 2 所示。

表 2　　百家企业中零售企业规模增长情况

项　　目	销售额（万元）	门店数量	营业面积（平方米）	员工数量
2003 年	383571	205	166829	5483
2002 年	267000	173	145000	5177
增幅（%）	43.66	18.50	15.05	5.91

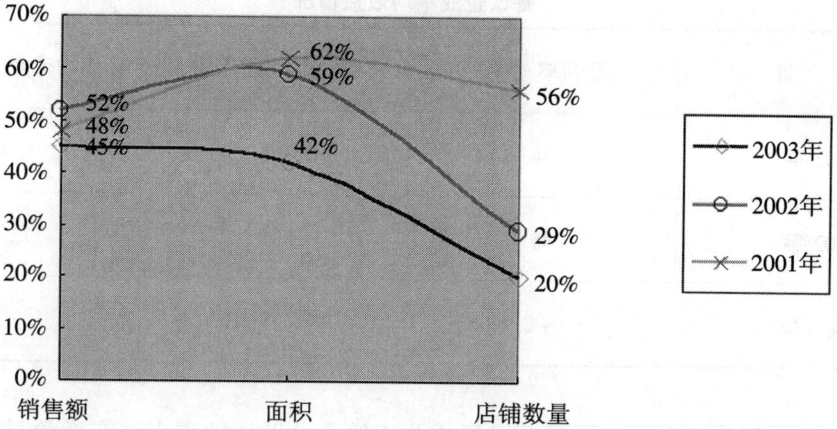

2001－2003 年百家连锁企业发展速度对比情况

在门店面积和员工数量增长不大的情况下，企业的销售额得到了较大的提高，同样说明企业效率的提高。

表 3　　　　百家零售企业效益情况表

项　　目	毛利率（%）	平米效益（万元/平方米）	人均劳效（万元/人）
2003 年	12.4	2.3	69.96
2002 年	12.7	1.8	51.6
增幅（%）	2.36	27.7	35.38

虽然由于市场竞争等因素，企业效益性指标之一——毛利率有所下降，但平米效益和人均劳效都略有增长，说明企业的劳动效率有所改善。

值得一提的是，虽然 2003 年上半年餐饮企业受到了非典的影响，但从百家连锁企业中 12 家餐饮企业的全年经营状况来看，企业的规模仍然得到了扩大。如表 4 所示。

表 4　　　　餐饮企业平均规模情况

项　　目	销售额（万元）	门店数量	营业面积（平方米）	员工数量
2003 年	94817	224	129630	11506
2002 年	66692	183	114208	9193
增幅（%）	42	22	14	25

表5　　餐饮企业平均效益情况

项　　目	毛利率（%）	平米效益（元/平方米）	人均劳效（元/人）
2003年	44	7314	82407
2002年	45	5840	72547
增幅（%）	－2	25	13

由此可见，规范经营、加强管理已经成为连锁企业关注的重点。在竞争日益激烈的市场条件下，企业的优势更加显现在内部的管理细节和流程上。自有品牌、品类管理、供应链管理成为2003年连锁行业的热门话题。

从另一个角度上看，2003年零售业的购并案例明显少于2002年。2003年发生的主要并购案是：4月下旬，由上海四家大型企业组成的百联集团挂牌；7月，大商集团以1.06亿元收购天客隆92%的股份。总体上看，2003年的购并案例少于2002年，但2002年的并购中产生了一些遗留问题，仍然对2003年的连锁企业发展造成了一些影响。

三、民营企业和外资企业地位更加突出

在2002年连锁百强中，民营企业达到了30家，销售额达700亿元。而2003年的百家连锁企业中，民营企业更是超过了40家，销售额达1302亿元，占总销售额的36%；店铺数量达到6397家，占总店铺数量的31%。在餐饮业态中，民营企业所占比例超过了80%。

图4反映了不同所有制企业的销售额构成。

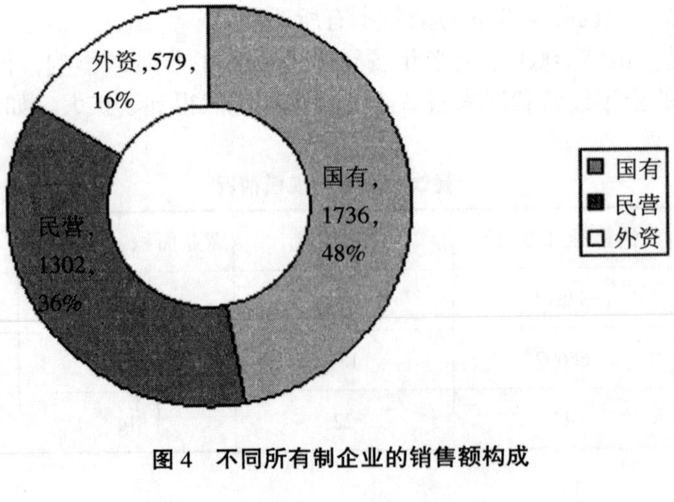

图4　不同所有制企业的销售额构成

图5为不同所有制企业的店铺构成。

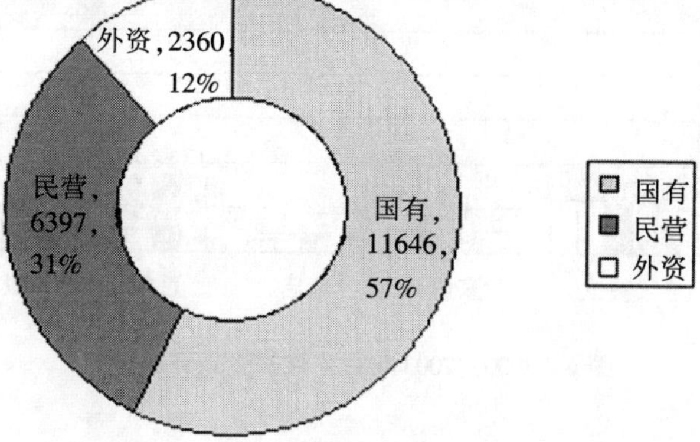

图5　店铺构成图

从图4、图5中可以看出，虽然民营和外资企业店铺数量仅占百家企业店铺总数的43%，但销售额的比重已达52%，超过了国有企业所占的比重。

在2002年的连锁百强中，外资企业为8家，销售总额为290亿元，占百强的12%。在2003年的百家连锁企业中，外资企业共有11家，销售额达2360亿元，占百家企业的16%。随着对外资限制的逐步取消，我们相信这踊比例还会继续增大。

另外，在2003年，各种所有制的连锁企业对于资本的追求都显示出极大的热情。2003年6月27日，联华超市在香港上市。11月21日，北京物美商业集团在香港联交所创业板挂牌上市。国美、家世界、深圳茂业商厦、铜锣湾百货等企业都对外界披露了要在香港上市的消息。

四、连锁企业不断探索和实践新的业态

1. 百家连锁企业的业态结构变化不大

2000－2003年连锁企业业态分布情况如图6所示。

图中显示，近年来业态的构成情况变化不大，以超市、百货业态为主，餐饮和家电、药店等大型专业店占有一席之地。

从店铺业态构成情况看，便利店、超市、大型综合超市的比例占到了70%。具体见图7所示。

餐饮、家电、药店连锁企业的销售额和店铺数量增长幅度都要高于百家企业的平均水平。

从新的业态上看，购物中心虽然出现较早，但从没有像2003年这样引起大家的关注。折扣店在这一年中，基本概念得到了普及，并且百家企业中的部分企业开始了实践。

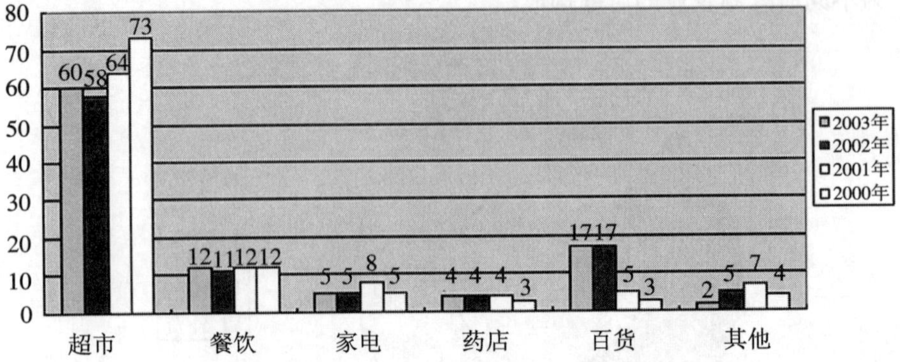

图6　2000－2003年百家连锁企业业态分布

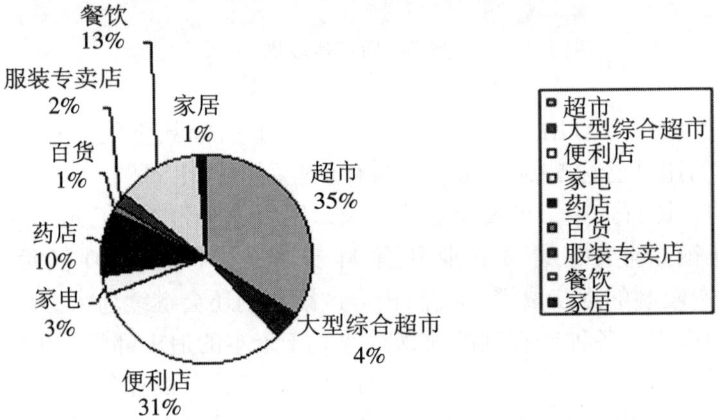

图7　百家连锁企业门店业态构成

五、中小企业困境中寻求发展机会和途径

虽然2003年百家企业平均销售额达35亿元，但仅前10名的销售额即达1508亿元，占百家企业总额的42%，单个企业平均销售额为151亿元。说明行业的集中化程度加强。

中小企业在这样的竞争环境下，发展面临巨大的挑战。是等待时机争取有利条件被并购，还是壮大实力求发展，成为摆在每个中小企业面前的问题。

2003年10月31日，在武汉召开的第五届中国连锁业会议上，由六家中小超市组成的中国第一家跨区域超市采购联盟——上海家联采购联盟有限公司正式宣告成立。事实上，走联合之路已成为众多在夹缝中生存的中小零售企业的共识。早在2002年7月，由北京大中、上海永乐、河南通利等9家家电连锁企业合资注册的上海中永通泰电器营销有限公司正式投入运营，随着联盟的发展，成员企业之间通过资本合作实现企业重组的意图开始显现。在河南，也有规模更小的4家民营超市在郑州成立联合采购办公室，实行统一采购。广东的药品连锁企业也开始了类似的实践。

面对大企业的竞争，中小企业面临着前所未有的困难。加之一些传统国有企业机制上的约束，多数企业多业态并存，有限的力量被分散，以及在资金和管理上存在瓶颈，这些企业的发展不容乐观。同时，中小型超市企业的经营灵活，个性化特点突出，更能适应本地区的情况，有些特点是大企业不能模仿的。加之通过联合采购，降低价格，中小企业的发展仍将是连锁发展的一个重要主题。

六、中小城市成为连锁企业扩张的重要区域

国外连锁零售业的发展规律表明，中小城市往往会孕育出超大型的连锁企业，如沃尔玛发源于阿肯色州的本顿威尔小城，7-11公司发源于德克萨斯州的达拉斯。其原因主要在于中小城市的发展环境往往比较宽松，竞争不是很激烈，企业在发展初期相对顺利。在2003年百家零售企业中，发源于中小城市的连锁超市企业达到21家。

从企业的扩张地区和上市公司的年报数据看，大型的内、外资连锁企业都把中小城市作为下一步扩张的重要区域。他们进入这一地区，或兼并当地企业，或直接投资开店，加剧了中小城市的商业竞争，物业价格也有所提高。

七、连锁企业迫切希望得到政策支持

2003年和2004年是零售企业逐步开放的过度阶段，因此不同所有制的企业都希望看到新的政策能够带给本企业新的发展。无论是内资企业还是外资企业，都比以往更加关注国家政策。

外资企业更加关注政策的稳定性。2003年由商务部制定的《外商投资商业企业管理暂行办法》更是引起了媒体和企业的极大关注。内资企业则更加希望通过政策和法规克服跨地区发展的障碍。

最近，中国连锁经营协会对国办发［2002］49号文的实施情况进行了调查。对49号文的三项内容："分支机构免于办理工商登记核转手续"的落实比例为20%；"经营烟草、药品、书籍、报刊、音像等门店不需再办理批准文件，由总部持批准文件复印件向有关部门备案"的落实比例为13%；"总部门所在地主管税务部门统一缴纳增值税、所得税"的落实比例为14%。未落实的原因包括：地方政策不一致；个别地方政府多头管理；统一纳税有地域限制等。

八、食品安全成为连锁企业和消费者关注的重点

2003年，食品安全成为消费者、食品生产企业和连锁企业共同关注的焦点。2003年6月，国家质检总局宣布对2003小麦粉、大米、食用植物油、酱油、食醋等5类食品首批强制执行食品质量安全市场准入（QS）制度。

2003年7月份，我国第一部适用于超市和商场的《散装食品卫生管理规范》正式出台。《规范》规定，销售的直接入口食品和不需清洗即可加工的散装食品必须标识出食品名称、配料表、生产者和地址、生产日期等。

2003年8-10月间，中国连锁经营协会依托14家大型连锁企业，在全国12个大城市

进行的“超市顾客趋势调查”显示：食品安全成为顾客选购商品的第一要素。顾客在超市选购商品时最看重的因素依次为：食品安全、绿色食品标志可靠、品种丰富、始终有货、物有所值、价格便宜，其中食品安全成为首选。

近几年，在超市经营和竞争中，价格往往被置于最重要的地位，价格大战愈演愈烈，造成个别企业在过分追求低价时，忽视了对商品质量的掌控，出售假货、劣质商品的事件时有发生。超市经过十年努力在顾客心目中确立的信任感将弱化，对于整个行业来说，也将是重大的损失。

九、2003年中国百家连锁企业基本情况(中国连锁经营协会　2004年3月23日发布)

是否会员	次序	单位	经济类型	销售规模（万元）	增幅%	门店数（个）	增幅%	业态
*	1	联华超市股份有限公司	国有	2403120	31	2595	34	超/1089 综/49 便/1390 药/27 其他/40
*	2	大连大商集团有限公司	国有	1818260	42	96	88	百/综
*	3	华联超市股份有限公司	国有	1803300	20	1388	16	综/13 便/28
*	4	北京国美电器有限公司	民营	1778629	63	101	58	家电/101
	5	北京华联集团投资控股有限公司		1360000	32	62	17	综/超/百
*	6	家乐福（中国）	外资	1343682	26	41	17	综/41
*	7	上海农工商超市有限公司	国有	1238140	42	1213	73	超/综/便
*	8	苏宁电器集团	民营	1231272	46	148	10	家电/148
*	9	三联商社		1067560	27	202	53	家电
*	10	华润万家有限公司	外资	1032359	20	467	2	综/超
*	11	苏果超市有限公司	外资	958000	36	1162	25	综/60 便/206 超/50 其他/846
*	12	上海永乐家用电器有限公司	民营	876018	80	55	72	家电
*	13	北京物美商业集团有限公司	民营	850451	68	518	7	综/超/便
	14	武商集团股份有限公司	国有	703100	20	31	55	综/18 百/4 家电/8 其他/1
	15	深圳市金海马实业股份有限公司	民营	680039	10	185	13	家居建材专业店/163
*	16	重庆商社集团	国有	668723	25	81	13	超/13 综/4 便/20 百/7 家电/7 家居/4
*	17	新一佳超市有限公司	民营	590020	55	46	64	综/46
*	18	沃尔玛（中国）	外资	585329	23	33	32	超/综/会

续表

是否会员	次序	单位	经济类型	销售规模（万元）	增幅%	门店数（个）	增幅%	业态
*	19	江苏文峰大世界连锁发展股份有限公司	民营	571736	31	326	161	综/5 会/1 百/7 家电/5 其他/6
*	20	锦江麦德龙现购自运有限公司	外资	562064	6	18	13	会/18
*	21	天津家世界连锁商业集团	民营	527204	20	49	23	综/家居
*	22	北京京客隆超市连锁有限公司	国有	524279	23	156	53	综/超/便
*	23	江苏五星电器有限公司		510688	58	96	26	家电/96
	24	好又多	外资	470054	(12)	27	0	综/27
*	25	北京王府井百货（集团）股份有限公司	国有	454833	(5)	11	22	百/11
*	26	武汉中百集团股份有限公司	国有	452302	34	286	51	综/24 便/242 百/4 家电/12 药/4
*	27	重庆百货大楼股份有限公司	国有	446580	11	33	6	综/3 便/10 百/15 家电/5
*	28	北京超市发连锁股份有限公司	国有	406457	3	112	9	超/55 综/32 便/19 其他/6
*	29	内蒙古小肥羊餐饮连锁有限公司	民营	352760	40	660	9	中式正餐
*	30	青岛利群集团股份有限公司		343429	31	318	177	超/百
*	31	华联集团吉买盛购物中心有限公司	民营	340868	51	21	40	综/21
*	32	深圳市人人乐连锁商业有限公司	民营	321360	22	15	67	综/15
*	33	江苏时代超市有限公司	外资	271000	31	52	8	综/52
*	34	北京新燕莎控股集团有限公司	国有	260758	7	171	(10)	百
*	35	山东潍坊百货集团股份有限公司	国有	250460	24	117	72	综/10 便/71 百/1 专/3
*	36	合肥市百货大楼集团股份有限公司	国有	248800	37	23	130	超/15 综/4 百/4
*	37	深圳市铜锣湾百货有限公司	民营	247000	24	8	167	百/8
*	38	上海家得利超市有限公司	国有	240000	20	107	18	超/97 综/10
*	39	山东威海糖酒采购供应站	民营	230000	80	170	16	超/70 综/21 会/1 其他/72
*	40	成都红旗连锁有限公司	民营	220107	26	416	68	超/416
*	41	湖南友谊阿波罗股份有限公司		219172	4	15	36	百/综

续表

是否会员	次序	单位	经济类型	销售规模（万元）	增幅%	门店数（个）	增幅%	业态
*	42	深圳百佳超级市场有限公司	外资	213549	21	22	0	超/7 综/15
*	43	深圳民润农产品配送连锁商业公司	国有	207502	(6)	108	(22)	超/综/折扣店
	44	北京首联商业集团公司	国有	197000	0	75	27	超/18 综/24 便/18 其他/15
*	45	安徽商之都有限责任公司	国有	192132	14	20	33	综/4 百/2 家电/6 百/7 其他/1
*	46	山东新星购销总部	民营	182000	10	118	20	超/5 综/3 便/104 百/2 家电/4
*	47	上海欧尚超市有限公司	外资	181197	66	6	50	综/6
*	48	上海捷强烟草糖酒连锁有限公司	国有	176370	1	292	17	超/83 便/150
*	49	深圳市天虹商场有限公司		168549	37	8	60	百
*	50	南京华诚超市有限公司	国有	165837	40	297	32	超/109 综/6 便/182
*	51	好美家装潢建材有限公司	国有	161099	57	20	43	家居
*	52	上海可的便利店有限公司	国有	160202	46	1000	42	便/1000
*	53	宁波三江购物俱乐部有限公司		160176	22	37	37	综合/37
*	54	深圳茂业商厦有限公司		150226	26	6	50	百/6
	55	深圳岁宝百货有限公司		146797	60	4	33	百/4
*	56	步步高商业连锁有限公司	民营	139000	43	37	23	超/20 综/10 百/3 便/4
*	57	辽宁兴隆百货集团	民营	137000	27	5	67	综/1 百/4
	58	广州市广百股份有限公司	国有	135777	24	10	100	百/7 家电/3
	59	深圳市顺电连锁股份有限公司	民营	130480	12	8	60	家电
*	60	浙江人本超市有限公司		120800	72	82	58	超/35 综/7 便/39 其他/1
*	61	重庆市德庄实业集团	民营	118500	119	319	88	中式正餐/11 其他/1
	62	天津华联商厦股份有限公司	国有	116998	20	4	0	综/4
*	63	上海良友金伴便利连锁有限公司	国有	110254	24	500	6	便/500
*	64	华普超市有限公司	民营	108000	0	16	0	综/16

续表

是否会员	次序	单位	经济类型	销售规模（万元）	增幅%	门店数（个）	增幅%	业态
	65	上海肯德基有限公司	外资	105005		112		西式快餐/112
*	66	哈尔滨中央红集团股份公司	民营	100017	7	146	0	综/3 便/139
*	67	漯河双汇商业连锁有限公司	国有	98017	53	330	71	便/330
	68	余姚华联商厦（集团）有限公司	民营	96900	29	137	28	超/16 综/3 便/109 百/2 药/4
	69	深圳百佳华实业发展有限公司	民营	90364	2	5	0	综/5
*	70	阜阳华联超市公司		89000	36	92	35	超/66 便/20 综/6
	71	江苏惠客隆超级市场公司	国有	88592	22	230	33	超/80 便/150
*	72	德克士食品有限公司	外资	85500	23	285	16	西式快餐/1
*	73	陕西海星连锁超级市场有限责任公司	民营	85366	76	118	5	超/90 综/1 便/27
*	74	北京美廉美连锁商业有限公司	民营	84600	57	11	120	超/2 综/9
*	75	重庆小天鹅投资控股（集团）有限公司	民营	84300	31	264	40	中式正餐
*	76	山东省临沂市九州集团总公司	民营	80000	27	54	2	超/30 综/1 便/13 百/2 家电/1 其他/7
*	77	慈溪市慈客隆超市有限公司	民营	78200	35	51	6	超/35 综/2 便/14
*	78	邯郸市阳光百货集团	民营	77360	2	18	6	综/4 百/14
*	79	重庆和平药房连锁有限公司	国有	73450	18	1013	62	药/1013
*	80	深圳市海王星辰医药有限公司	民营	70060	50	460	44	药/460
*	81	西安爱家商贸有限公司	民营	69597	91	8	0	综/7
*	82	中国北京全聚德集团有限责任公司	国有	68000	(3)	48	0	中式正餐/48
*	83	哈尔滨市联强商业发展有限公司		67417	65	24	(33)	综/1 便/12 家电/5 专/1 其他/2
*	84	重庆菜根香风俗酒楼有限公司	民营	65300	26	102	50	中式正餐/102
*	85	北京东来顺集团有限责任公司	国有	60000	7	100	4	中式正餐/100
*	86	浙江高邦服饰集团有限公司	民营	58130	15	460	18	专/460
*	87	河南思达连锁商业有限公司	民营	58000	29	169	48	超/104 综/2

续表

是否会员	次序	单位	经济类型	销售规模（万元）	增幅%	门店数（个）	增幅%	业态
*	88	北京顺天府商贸有限公司	民营	57000	21	17	31	超/16 综/1
*	89	深圳市中联大药房有限公司	国有	56000	248	306	151	药/306
*	90	青岛全统旅游育乐有限公司	外资	55562	413	135	322	休闲饮品/135
*	91	湖南佳惠百货有限责任公司	民营	52638	54	13	86	超/3 综/8 便/1 百/1
*	92	吉林省白山市方大商业有限公司	国有	49867	18	38	6	综/2 便/20 家电/5
	93	重庆陶然居饮食文化集团	民营	49499	35	53	39	中式正餐/53
*	94	天津市津工超市有限责任公司	国有	49133	30	201	74	综/1 便/200
*	95	绍兴供销超市有限公司	国有	47036	46	100	43	超/76 综/3 便/21
*	96	重庆秦妈餐饮文化有限公司	民营	47000	104	168	91	中式正餐
*	97	马兰拉面快餐连锁有限责任公司	民营	46382	2	442	1	中式快餐/442
*	98	内蒙古呼伦贝尔市友谊有限责任公司	民营	45611	29	16	14	超/3 综/2 便/2 百/5 家电/3
*	99	北京金象大药房连锁有限公司	国有	42600	15	218	20	药/218
	100	无锡天惠超市股份有限公司	国有	40727	0	40	25	超/22 综/1 便/13
		合计		35511587	30	20591	36	

备注：1. 表中标＊者为中国连锁经营协会会员单位。
2. 本表“业态”栏中，超：食品超市；综：大型综合超市；便：便利店；百：百货店；会：仓储会员店；药：药店。
3. 本表数据主要来源于企业的报送。

调查报告

中国消费品制造行业
与中国零售业工商关系调查报告

一、工商关系调查介绍

（一）工商关系调查背景

随着中国加入 WTO，零售业和消费品行业面临深刻的变革。供应商和销售商之间紧密联系的需求比以往任何时候更加强烈。传统的生产归生产、销售归销售的模式正迅速向供应链整合的方向发展。消费品的快速消费品企业越来越需要与零售商进行密切的合作，了解市场需求，动态地安排生产和营销；另一方面，零售商越来越需要与快速消费品企业紧密联系，以获得更低的采购成本和更快的订单响应。这种消费品制造和零售之间的整合的趋势已经在发达国家得到充分的体现，基于电子商务平台的快速消费品企业——零售商联盟已经在欧美分别出现。我们有充分理由认为，在中国加入 WTO 之后，为了在国际化竞争中生存，零售商和快速消费品企业也将走向供应联整合的道路。

然而在实际工作中，由于角度不同，快速消费品企业和零售商之间经常发生配合失灵甚至相互埋怨的现象，严重影响了双方的业务。大量的研究和调查表明，零售商和快速消费品企业关心的问题不尽相同，对同一问题的观点也常常不相一致。因此，客观地研究了解消费品的零售商和快速消费品企业彼此的需求，对于找出供需双方关心的关键问题及常常发生的矛盾焦点是非常重要的。

基于上述考虑，作为中国目前惟一的由连锁经营企业团体及个人自愿组成的全国性行业组织，中国连锁经营协会同国际商业机器中国有限公司企业咨询服务（原普华永道咨询公司）共同组织了此次全国性的工商关系调查。

（二）调查主要目的

工商关系调查的主要目的是：通过行业协会和专业咨询公司的合作，找出并分析国内大型的消费品零售商和快速消费品企业彼此的业务关联需求和相互评价；对领先的零售商和快速消费品企业进行排名分析和最佳实践的研究，从而分享行业成功合作的经验并指导未来的合作。

重点研究的领域包括：快速消费品企业；合作战略；产品和销售策略；供应链运作；零售企业；合作战略；零售前端管理；零售后端管理。

(三) 研究方法

1. 问卷调查

通过设计专门的问卷，对国内主要的零售企业和消费品企业进行问卷调查。调查问卷分为零售商对供应商评价和供应商对零售商评价两个版本。主要的发放目标企业是：

(1) 零售商

·排名在全国连锁业百强企业之内

·业态包括综合性大型超市/连锁超市/便利店/仓储式超市

·企业性质：国内企业/跨国公司

(2) 供应商

·主要消费品行业的大型企业

·包括食品/饮料/日用化学（化工）品/日用百货

·企业性质：国内企业/跨国公司

本次问卷发放180份，回收74份，回收率达到40%。

2. 数据录入、分析与建模

将收集的问卷输入电脑，采用专业的统计分析软件SPSS进行建模分析。具体分析方法如下：

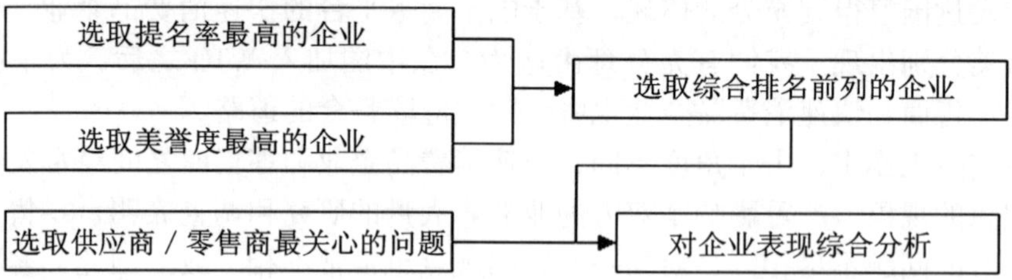

3. 行业人士访谈

通过对业内人士的访谈，定性地了解供应商和零售商对上述一些关键问题的观点，并对问卷调查反映出的一些问题进行佐证。

参与调查的零售企业（排名不分先后）：

·联华超市有限公司

·华联超市股份有限公司

·苏果超市有限公司

·上海农工商超市有限公司

·上海锦江麦德龙有限公司

·华润万家有限公司

·北京超市发连锁股份有限公司

·深圳市人人乐连锁商业有限公司

·武汉中商集团平价连锁分公司

·上海捷强烟草糖酒（集团）连锁公司

·宁波三江购物俱乐部有限公司
·华普超市有限公司
·上海家得利超市有限公司
·上海可的便利店有限公司
·青岛崂山百货大楼集团股份有限公司
·正大万客隆
·慈溪市慈客隆超市有限公司
·河南思达商业有限公司
·北京美廉美商贸公司
·绍兴华能超市有限公司
·家乐福
·PRICEMART
·湖南步步高连锁超市有限责任公司
·北京华堂
·其他未署名企业 8 家

参与调查的快速消费品企业（排名不分先后）:

·百事（中国）投资有限公司
·可口可乐中国饮料有限公司
·青岛啤酒股份有限公司
·上海梅林食品有限公司
·乐百氏（广东）集团有限公司
·不凡帝糖果有限公司
·北京汇源食品有限公司
·上海光明乳业有限公司
·石家庄三鹿集团股份有限公司
·宝洁（中国）有限公司
·内蒙古自治区伊利实业集团股份有限公司
·上海荷美尔食品公司
·李锦记（广州）食品有限公司
·上海农心食品有限公司
·上海英特尔营养食品有限公司
·箭牌口香糖有限公司
·上海太太乐调味品有限公司
·上海川崎食品公司
·联合利华食品（中国）有限公司
·天津顶益国际食品有限公司
·沈阳顶益国际食品有限公司
·珠海华丰食品工业集团股份有限公司
·海霸王（汕头）食品有限公司

·通用磨坊食品上海销售公司
·上海东亚食品工业有限公司
·上海白猫（集团）有限公司
·上海制皂（集团）有限公司
·上海牙膏厂有限公司
·丝宝集团
·奥妮化妆品（重庆）有限公司
·强生（中国）有限公司
·金佰利中国投资有限公司
·南通东洋之花化妆品有限责任公司
·活力美洁时洗涤用品有限公司
·吉利（中国）投资有限公司
·其他未署名企业7家

二、工商关系调查主要结论

1. 总体排名：快速消费品领域是跨国企业唱主角，零售业是中外企业对垒

每个参与调查的快速消费品企业和零售商分别对合作方的合作战略和营运水平进行评估。通过综合分析，我们选出了在各方面综合表现最佳的十个企业。

2. 消费品行业：外资公司更会跳“双人舞”

调查结果显示，消费品行业作为开放市场较早的行业，外资公司已经占据了绝对的优势。在排名前十位的企业中，外资公司占了8位。宝洁公司以80%的满意度名列榜首。

外资公司不但在产品和品牌方面具有优势，而且更善于与零售企业合作，提供零售企业需要的促销计划、产品市场支持和供应链管理。在零售企业调查的结果中可以发现，一些优秀的国内企业已经通过自身管理的提高，甚至引入外资，在与零售业的合作方面取得了长足的进步，本土公司光明和丝宝也在激烈竞争中入榜。

3. 零售行业：“山雨欲来”

或许在中国加入WTO之后，一味地谈论民族产业和外资企业已经逐渐失去了意义，但是对于零售这个属地性很强、又长期受政策保护的行业而言，目前的确感觉到中国加入WTO带来的压力。通过快速消费品企业的评价我们看到，国内的零售企业仍然有一定的属地优势，在上榜的十佳企业中，华联、联华、农工商以其强大的网络优势占据了其中的三个位置。但是在整体的管理方面，外资零售业在快速消费品企业处得到的评价远远高出国内的零售企业。沃尔玛、麦德龙以其良好的信用和卓越的商品管理能力分别占据第一和第二的地位。因此，目前国内的零售企业仍然是快速消费品企业重要的合作对象，但随着外资零售企业在国内的覆盖面逐渐扩大，能否保住现有的位置就要看能否迅速提高自己的管理能力了。

4. 零售业对十佳快速消费品企业的总体评价：不同领域，表现各有千秋

这次调研主要集中在战略合作、产品和销售政策及供应链管理三个方面。

（1）合作战略的满意度

在合作战略的满意度上，零售商的评价表现得具有两重性：一方面，宝洁、雀巢和可口可乐等的总体合作战略获得零售商的认可；另一方面，大品牌具有较强的讨价还价余地，因此零售商也感到与大品牌合作难度大。在“配合零售商促销计划”这一关键单项调查项上，前十名的排序几乎与合作战略的满意度调查相反。

（2）对产品策略和销售政策评价

大型跨国快速消费品企业在产品的层次和深度上表现出强劲的实力，其中宝洁、雀巢的产品策略满意度都超过70%。在价格体系维护方面，各企业表现不一，联合利华、宝洁、强生等渠道复杂、覆盖面广、销售层次多的一些企业的表现并不抢眼，雀巢获得了较好的零售商评价。

（3）对供应链管理水平的评价

零售商对快速消费品企业的供应链管理的满意度明显小于对合作和产品的满意程度，前几名的评价满意度均低于50%，说明供应链管理是零售商和快速消费品企业经常发生矛盾的焦点之一。

5. 快速消费品企业对十佳零售企业的总体评价：十佳公司各有所长，沃尔玛一路领跑

这次调研主要集中在战略合作、零售前端管理和后台支持系统三个方面。

（1）合作战略的满意度

在合作战略的满意度上，快速消费品企业对跨国零售企业三强沃尔玛、家乐福和麦德龙的评价很高，反映出大型的外资零售企业在总体的合作战略方面的确有过人之处。

（2）零售前端管理水平的评价

在快速消费品企业对零售企业的零售前端管理水平评价中，家乐福的门店管理被评为最佳。值得注意的是，在这项评估中，国内的传统零售三强在与跨国企业的比较中显示出一定的差距。

（3）零售后端管理

跨国企业依靠强大的IT系统在后端管理上显示优势，在快速消费品企业对零售企业的零售后端管理评价中，沃尔玛显示出很强的管理能力，以较高的比分名列第一。国内的传统零售三强在这方面的差距较大。

6. 工商关系：关注焦点各有侧重

（1）零售企业较侧重操作层面问题，订单履行是关注焦点

在涉及合作战略和方式，产品的销售策略和供应链的36个问题中，零售业关注度超过85%的10个问题中，操作层面的问题占了60%，其中订单的履行是零售企业关心的主要问题。提醒快速消费品企业在重视战略合作的同时，要尽快地提高自身执行方面的能力。

（2）快速消费品企业对战略合作较为重视，零售商的信用决定快速消费品企业的态度

在涉及合作战略和方式，零售前端管理和后端管理的35个问题中，快速消费品企业关注度超过85%的16个问题中，有关战略的问题占了60%，反映了快速消费品企业对战略合作的重视程度。“信用良好，不拖欠货款”是快速消费品企业最为关注的两个问题。提高和快速消费品企业的协同战略合作，提高企业的信用是零售企业赢得快速消费品企业更多配合的关键。

7. 工商关系：合作中矛盾，矛盾中合作

(1) 双方相互满意度较低

零售业和快速消费品企业作为价值链的上下游，有非常紧密的关系，但在双方合作中，相互的满意度较低。快速消费品企业对零售商的满意度为33%，反之，零售商的满意度为35%。

(2) 渠道的费用："店大欺客，客大欺店"

①矛盾存在是必然的。作为快速消费品企业，对于流通企业的主要抱怨集中在不能及时结算货款和过多的渠道费用两方面。实际上，在竞争越来越激烈、终端消费价格持续走低、作为供应链最末端的零售商普遍处于微利经营的时代，这种压力必然向整个供应链上游辐射，最终所有的企业都感到压力是必然的。在很难在下游取得更高利润的形势下，零售企业必然将手中的渠道资源货币化，从供应链的上游寻求一些利润；而快速消费品企业总是希望用最小的渠道成本将产品提供给消费者，两者产生矛盾是必然的。

②零售业占有强势地位。目前在消费品行业中大部分商品处于供应过剩的形势下，能否使自己的产品获得更大的展示面是获得足够市场占有率的关键，因此零售商在渠道费用的问题上处于主动的地位是很自然的。因此我们有理由相信，在可预见的未来，在渠道费用的矛盾上仍然是零售企业唱主角。

③费用是零售业的双刃剑，提高自身能力是关键。问题在于，零售企业将门店货架位置等渠道资源货币化的时候，是否符合价值规律，即优质的资源应被赋予更高的价值？调查显示，大型跨国性零售企业在零售管理方面存在较为明显的优势，因此部分此类企业自然在渠道费用方面具有更大的发言权。如果国内的企业不能长足地提高自己的渠道资源价值，在零售管理方面尽快赶上，却一味地学习外资的竞争对手收取越来越高的渠道费用，违反价值规律的结果是最终削弱本来已经不具优势的核心竞争力。因此，对于管理水平处于弱势的国内的零售企业而言，在收取渠道费用的问题上存在处理短期既得利益和发展自身长期竞争潜力的矛盾。

(3) 供应链是大问题

众所周知，国内的消费品的渠道远比发达国家复杂，渠道的深度也更大，因此供应链成为工商关系中的另一个焦点。

①渠道复杂是影响供应链的主要因素。对于大多数中小零售商而言，由于不能从快速消费品企业直接进货，只能通过中间商采购。但是，国内的分销商和批发商几乎都不是代理单一品牌，因此很难建立一套统一的供应链管理的模型和相应的IT系统。因此，对于这些中小零售商而言，建立与快速消费品企业直接的供应链管理联系几乎是不可能的。

②IT系统集成是协同管理中的一大障碍。即使对于本次调查中名列前茅的零售企业，协调的供应链管理仍然是大问题。一方面，除少数大的快速消费品企业外，国内的消费品企业在供应链管理方面能力还很弱；另一方面，除了沃尔玛、家乐福等大型跨国企业，国内零售企业本身的采购、库存、配货和门店管理的基础设施还很不完善，甚至自己的总部都不能准确了解渠道中的库存和流转，更不用说同供应商的IT系统协同运作了。

③协同供应链管理在中国有端倪。在调查中我们发现一种非常发人深思的现象，部分大型的跨国快速消费品企业和跨国零售企业把他们在其他国家成功的合作模式和IT系统逐步向国内转移。这很值得国内企业注意，如不能加快基础设施建设，尽快提高供应链管

理的核心能力，将有可能在工商关系的互动中逐渐边缘化，成为游戏规则的被动接受者。

三、工商关系调查主要发现

1. 零售商与快速消费品企业共同关注的焦点

(1) 什么是零售商主要关心的问题?

通过统计分析可以清楚地看出，零售商关注程度超过 85%（即认为该指标“非常重要”）的问题集中在：

①合作战略与合作方式；

②具有高度敬业精神和职业道德；

③销售队伍拥有专业素质和专业知识；

④共同维护市场价格的有序性和合理性；

⑤能配合零售商的促销计划；

⑥产品策略和销售策略；

⑦提供合理、透明和具竞争性的信用额度、折扣、促销经费和市场经费；

⑧提供产品、服务和解决方案，帮助我们扩大销售规模及提高赢利能力；

⑨供应链管理；

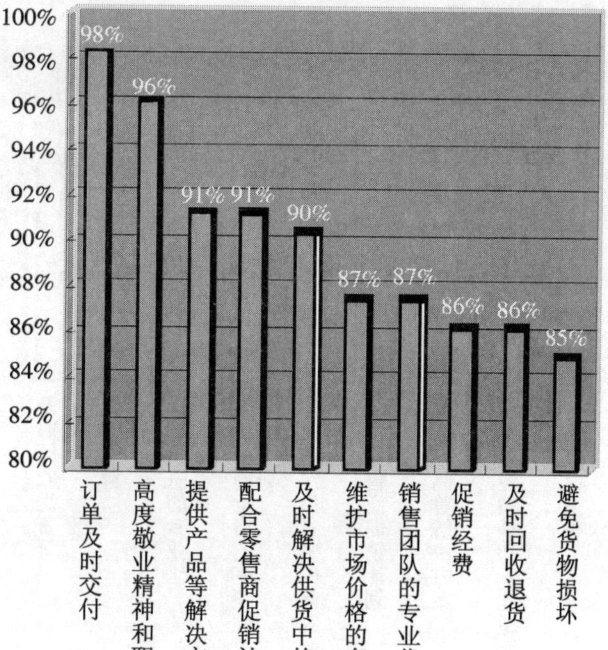

图 1 零售商对主要关心问题的关注度

⑩订单能够及时、足额、准确地交付；

⑪对供货中的问题及时提供信息和解决方案；

⑫及时回收退货；

⑬避免包装损坏和包装短缺。

（2）零售企业对主要问题的关注程度如何？

在这次调查中，零售商对合作中的一些具体的操作问题给予了较高的关注度，对一些战略性合作领域的关注度较低。共同的商业计划是快速消费品企业较为关注的领域，关注度达88%，而零售企业的关注度只有77%。现阶段，快速消费品企业在谋求战略合作的前提下应更注重提高自身在具体执行方面的能力。

订单的及时、准确交付是零售商关心的头等大事，关注度高达98%。订单的及时、快速履行是对快速消费品企业供应链的考验。零售商的高关注度说明快速消费品企业的供应链还不能很好地满足这方面的需求。

（3）零售商对快速消费品企业的总体满意度如何？

满意度较为平均，供应链是合作中较为突出的问题。目前快速消费品企业在零售商关注领域的得分普遍在45%左右，相对而言，零售商对快速消费品企业的满意程度比快速消费品企业对零售商的满意程度高。这也是目前工商关系的写照。

供货中问题的快速解决，如缺货、退货、交货延误等是目前零售商较为不满的领域。供应链的解决有赖工商双方的努力。

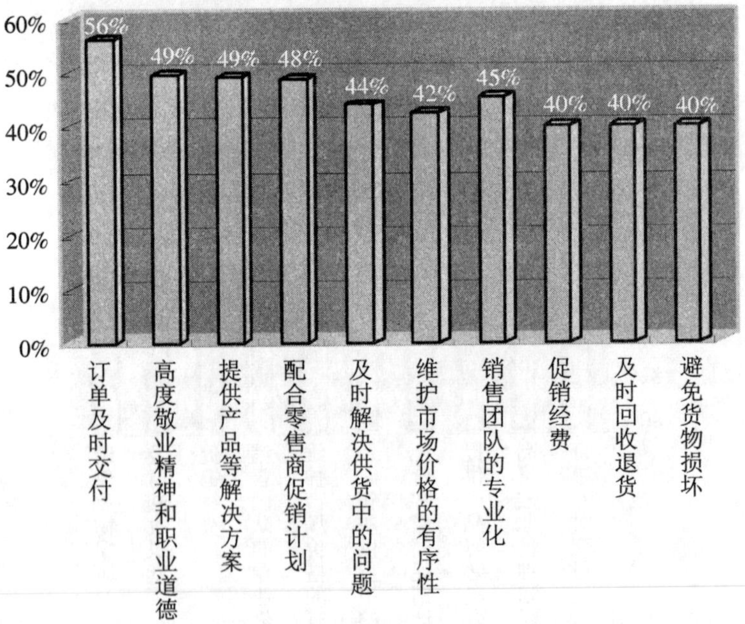

图2 零售商对制作企业在主要关注领域的总体满意度

（4）什么是快速消费品企业关心的主要问题？

通过统计分析可以清楚地看出，快速消费品企业关注程度超过85%（即认为该指标

"非常重要"）的问题集中在：

①合作战略和合作方式；

②共同制定未来计划，包括商品、品质、促销等；

③定期进行高质量的业务回顾；

④具有高度敬业精神和职业道德；

⑤信用良好，不拖欠货款，付款结算准确无误；

⑥渠道的促销费用合理，并有明确的政策及提前沟通；

⑦与零售商在价格策略方面的配合；

⑧积极配合供应商的产品推荐；

⑨积极配合供应商的促销活动；

⑩终端覆盖能力强，门店数量多，具有商圈优势；

⑪零售前端管理；

⑫商品分类、店面布局、货架陈列合理，有清晰的价格标识，方便顾客选择商品；

⑬商品的分类遵循合理的货架分配原则；

⑭能严格保证商品质量，包括包装和保质期；

⑮零售后端管理；

⑯能及时提供准确的规范的订单，按规定要求收货并及时确认到货；

⑰合理的安全库存管理，较少出现缺货或空架；

⑱有良好的配送和补货系统；

⑲具备准确的IT系统支持，能提供及时详细的业务数据。

（5）快速消费品企业对主要关心领域的关注程度如何？

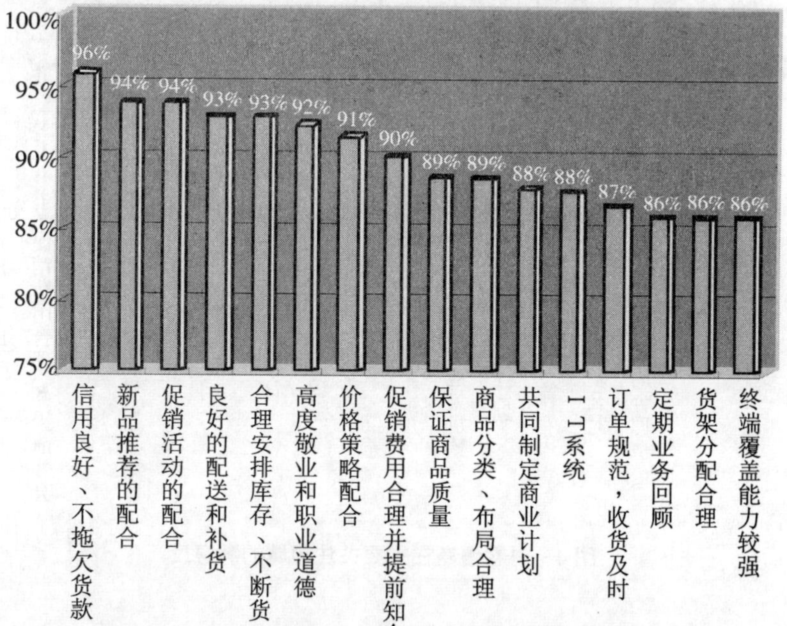

图3　快速消费品企业对主要关心问题的关注度

更多关注策略合作，信用是合作的关键。在快速消费品企业关注的16个领域中，60%的问题是和合作战略、合作方式有关的，反映了快速消费品企业对这个领域合作的重视程度。在目前工商双方彼此的利润空间都有限的情况下，制造企业把谋求战略层面的协同合作，作为达到双方共赢局面的有效手段，这一点应得到零售商的积极相应。

共同的商业计划和业务回顾都已进入快速消费品企业较为关注的领域，也从一个侧面反映出快速消费品企业对战略合作的重视。

零售企业的信用是制造企业最为关注的，快速消费品企业可以在其他方面做出较多的让步，但及时地、按照合同的规定付款是快速消费品企业的底线。零售企业应在这个领域给予足够的重视。

(6) 快速消费品企业对零售商的总体满意度如何？

总体满意度不高，对费用方面的意见尤其大。在快速消费品企业最为关注的信用方面，总体满意度为45%，反映出目前大部分零售商在这个领域还需要改进。虽然零售商在合作中处于较为强势的地位，但随着中国的经济环境向信用社会迈进，不讲诚信的企业也会慢慢被社会唾弃。

作为快速消费品企业三大最为关注指标的费用，平均满意度只有26%，几乎是不满意。零售企业利用紧缺的渠道资源收取费用的现象在短期内依然会存在，但如果零售商把利润的来源过多依赖于费用，不仅会加重快速消费品企业的成本，也将束缚自己的经营手脚。

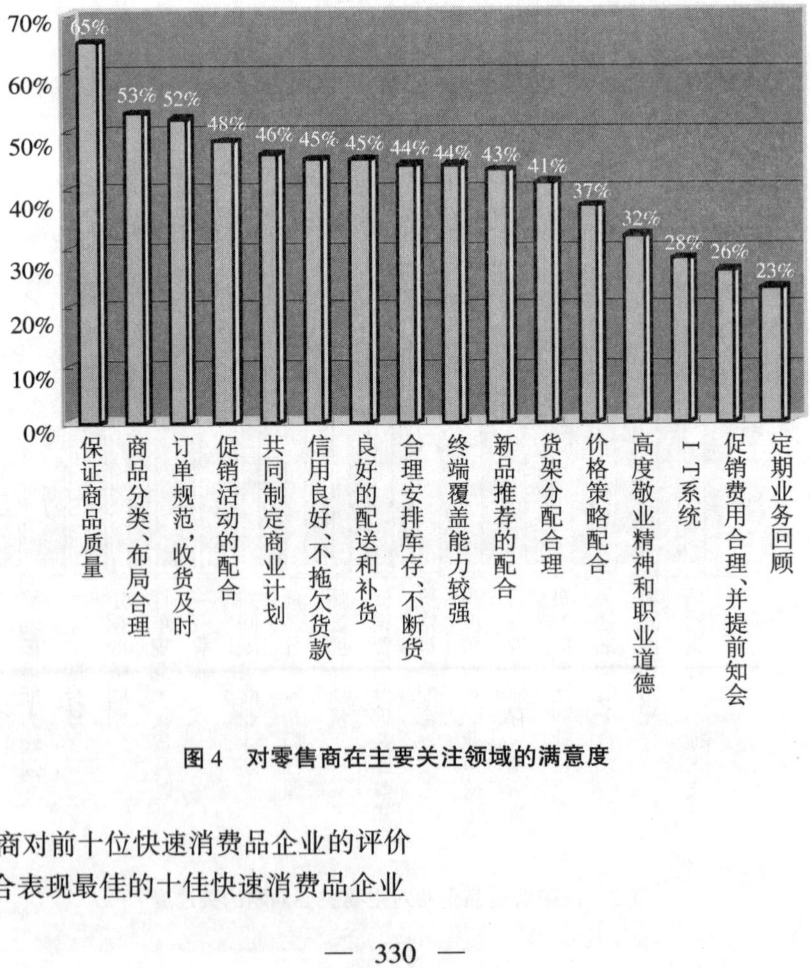

图4 对零售商在主要关注领域的满意度

2. 零售商对前十位快速消费品企业的评价

(1) 综合表现最佳的十佳快速消费品企业

每个参与调查的零售商提供了与之合作的快速消费品企业的知名度、满意度评估，按照合作战略、产品与销售政策、供应链管理对快速消费品企业进行了评价。通过综合评价，我们选出了在各方面综合表现最佳的十个企业。

快速消费品行业内的主要竞争对手都进入了十佳。宝洁 Vs 联合利华 Vs 丝宝；可口可乐 Vs 百事可乐；统一 Vs 康师傅。这个行业的竞争不仅体现在销售的终端，而且体现在和零售商的合作中，反映出这个行业竞争的全方位性。

宝洁公司以 80% 的满意度高居榜首，反映出这位快速消费品行业领袖的深厚实力，它在与零售商战略性合作、协同供应链解决方案和为零售企业提高品类管理方面咨询处于业界先行者地位。

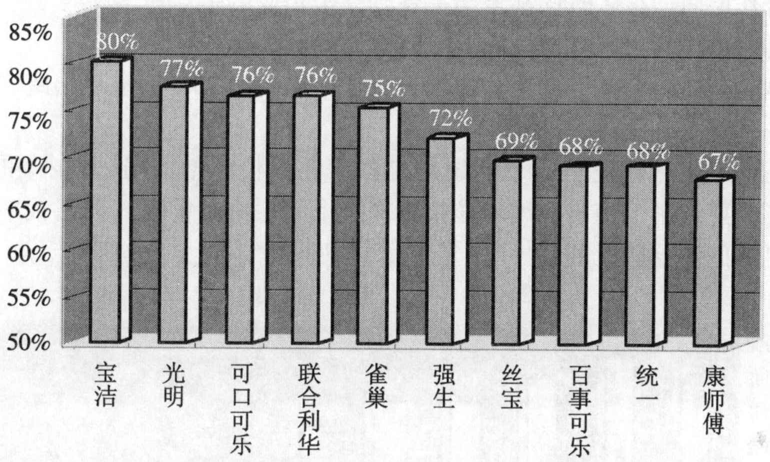

图 5　零售企业满意度排名前十名的快速消费品企业

(2)“高度的敬业精神和职业道德”是合作中的重要润滑剂——厂商服务意识决定它的服务态度

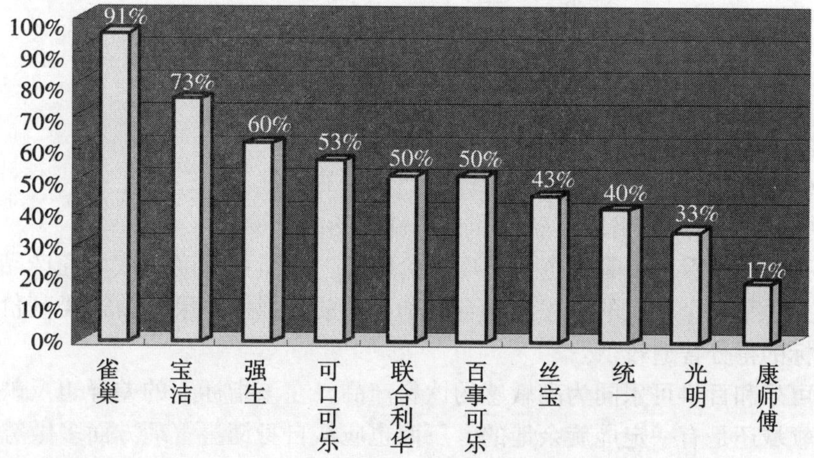

图 6　具有高度的敬业精神和职业道德

厂商的服务意识和服务水准是零售商评价快速消费品企业敬业精神的主要依据，这也是零售商非常关注的领域，关注度高达 93%。本位主义是服务质量提升的壁垒，换位思考才能切实提高服务水准。

雀巢公司以接近满分的程度，在该指标上稳获第一，和该公司一贯倡导的强化服务意识有直接关系。

在十佳企业中，该项指标的得分也参差不齐。一些名牌公司依靠其强大的品牌推动力，在市场上有良好的表现，但对零售商服务的深度不够，业务人员对零售商的服务相对一些正在快速成长的公司要差。

来自知名零售商的声音：现行状况下，这一点对于零售业从业人员，无论快速消费品企业还是零售商人员，都非常重要。敬业精神是解决很多问题的润滑剂，双方面的表现，不仅仅影响合作层面，很多时候甚至会关系到一个企业的生存。

(3)“销售人员拥有专业素质和专业知识”的满意度

大型跨国企业在这个指标的得分比本土企业平均高出 25%，显示出跨国企业在销售队伍管理方面的优势。

业务队伍的专业化建设是一个系统的工作，它不仅包括人员的选择和有针对性的培训，而且，它需要科学的销售业绩考核指标。一个只注重销售收入和回款率的企业是不能培养出一支良好的专业队伍的。

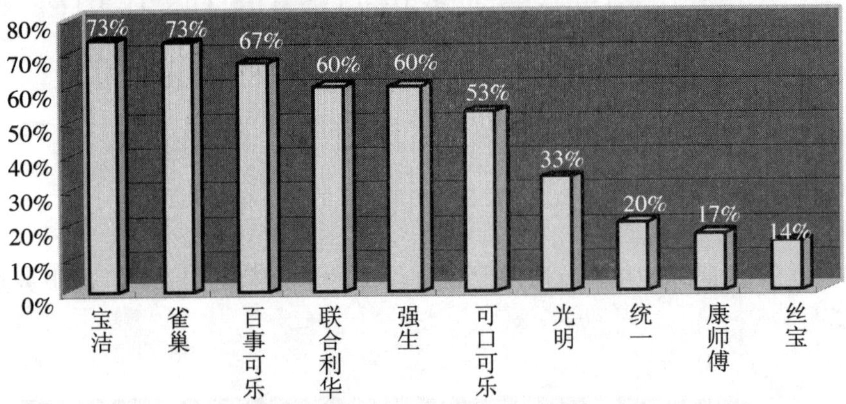

图 7　“销售队伍具有专业素质和专业知识”的满意度

IBM 咨询评价：

销售绩效考核指标的转变是提高销售管理水平的关键。

(4)“共同维护市场价格的有序性和合理性”的满意度

从图 8 我们可以看出，零售企业对厂商价格维护的满意程度和该厂商产品在卖场中的价格敏感度几乎是一个相反的顺序。联合利华、宝洁、强生、康师傅这类高价格敏感的企业在这项指标的得分普遍较低。

但可口可乐和百事可乐同为高敏感的饮料产品，在该指标上的差异也反映出厂商在价格维护这个领域还是有一定周旋余地的，厂商也应从自身销售管理方面多做努力。

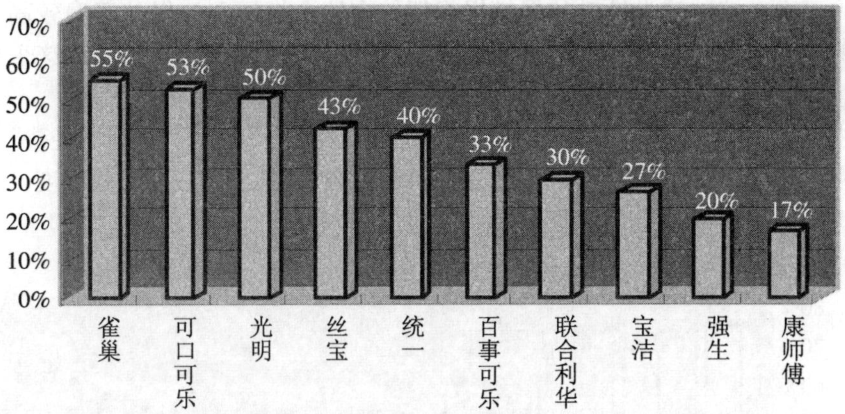

图 8　“共同维护市场价格的有序性和合理性”的满意度

IBM 咨询评价：

高价格敏感度的商品是零售企业的价格必争领域，零售企业对高敏感度商品的着重点在于商场的价格形象，零售企业在制定这类产品的价格时，是一种战略价格，经常会微利或亏本，这对该类商品的厂商的价格维护是一种挑战。

（5）“能配合零售商的促销计划”的满意度

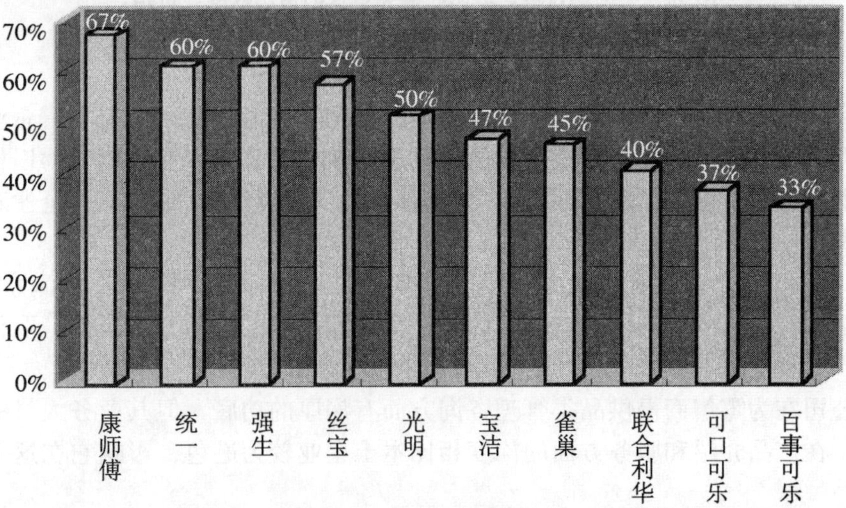

图 9　“能配合零售商的促销计划”的满意度

促销活动是工商双方销售的一个重要手段，双方对这个领域的配合都予以较高的重视。零售商关注程度达 91%，而快消费品企业也给予高达 94%的关注度。

康师傅、强生、丝宝的区域业务人员在促销方面有较大的权利，可以根据市场反应较快地调整促销计划，在这个指标上取得较好的成绩。

IBM 咨询评价：

灵活的，中央控制较为松散的促销组织架构在这个指标上的得分普遍较高，而中央集权式的组织结构计划性较强，较难根据市场的变化做出较为快速的反应。这个规律对零售企业和快速消费品企业同样适用。

（6）“提供合理、透明和具竞争性的信用额度、折扣、促销经费和市场经费”的满意度

宝洁公司在这个零售企业最为关注的销售政策方面取得了 73%的满意度。它在价格方面较为透明的销售政策，受到零售企业的欢迎。

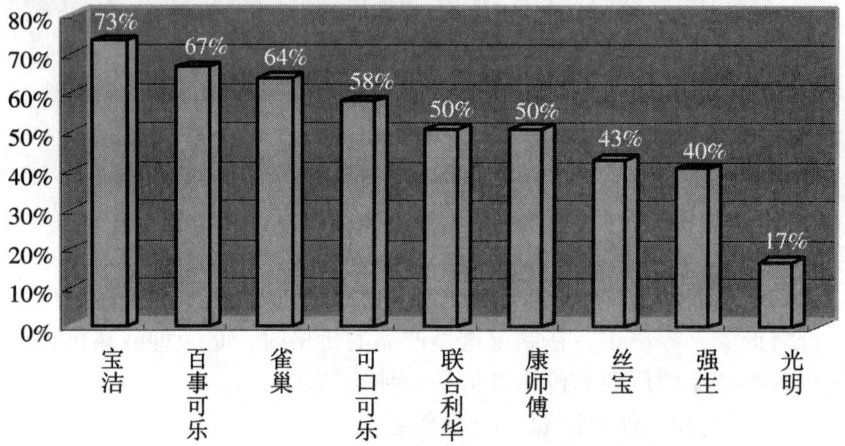

图 10 “提供合理、透明和具竞争性的信用额度、折扣、促销经费和市场经费”的满意度

制造商的声音：折扣是我们目前比较头痛的问题，我们目前给大型零售企业的扣率普遍较低，但目前有的大型零售企业当它的库存水平较高的时候，它会将货物以极低的加价卖给其他批发商，所谓的“后门放货”，这会让我们“背黑锅”，导致其他企业对我们的价格政策不满。

（7）“提供产品、服务和解决方案，帮助扩大销售规模和盈利能力”的满意度

在这个指标上，丝宝集团以其庞大的促销队伍和周到的产品介绍服务，取得不俗的成绩。

宝洁公司在为零售商提供品类管理咨询方面有深厚的功底，但其业务人员的管辖范围较为宽广，在产品介绍和服务方面的深度相比本土企业较为逊色，影响它在这个项目的得分。

（8）“订单及时、准确交付”是零售商最关心的领域

各企业水平相当，有完善的管理信息系统的企业在订单的准确交付上具有一定的优势。

十佳企业的前七家快速消费品企业在这个领域的得分相近，但丝宝和康师傅的得分明显落后。

当企业的销售规模达到一定的程度，简单的订单处理系统很难满足大批量的订单处理，订单系统和后台制造系统的集成是必不可缺的。我们了解到，排名前七位的快速消费品企业几乎都有完善的 ERP 系统支持订单处理，排名也从一个侧面对这一问题进行了注释。

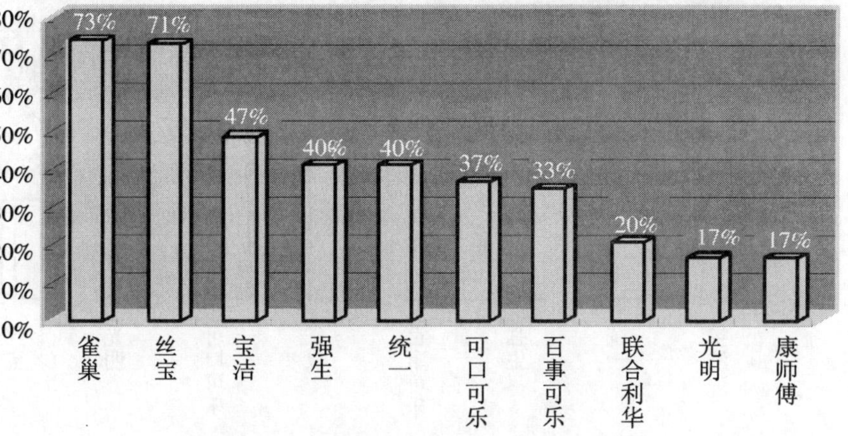

图 11　“提供产品、服务和解决方案，帮助零售企扩大销售规模和盈利能力”的满意度

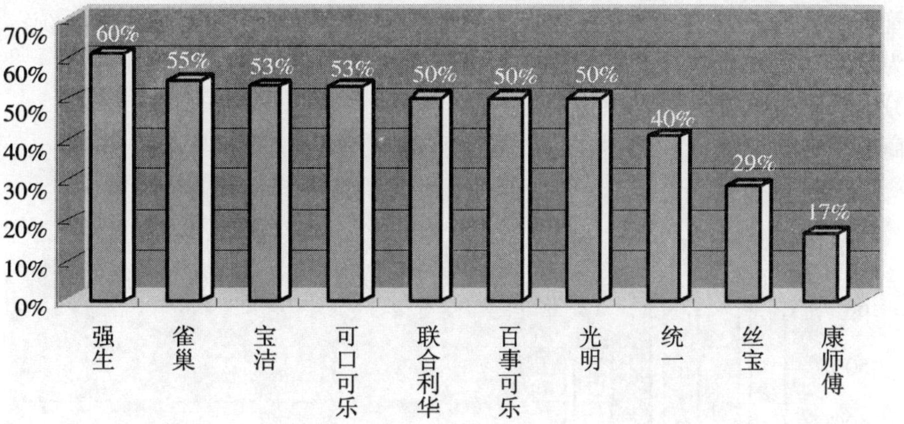

图 12　“订单及时、足额、准确交付”的满意度

IBM 咨询评价：目前中国的大型快速消费品企业正在尝试和零售企业在供应链领域的深入合作。通过系统的数据对接，实现销售信息和库存信息的共享，建立自动补货系统，由快速消费品企业管理自己在零售商的库存。这是一种未来合作发展的趋势，应引起双方对这种合作模式的足够重视。

(9)“对供货中的问题及时提供信息和解决方案”供应链反应速度的具体表现

零售商对快速消费品企业普遍满意度较低，十佳企业没有一家得分超过半数，反应快速消费品企业在供应链管理方面还存在比较大的问题。

供应链的环节过多是制约反应速度的一个主要的因素。大型快速消费品企业的销售结构往往较为复杂，审批制度较为繁冗，使销售终端的灵活性降低，对供货中出现的问题反应较慢；相反，成长性的公司的灵活性较好。

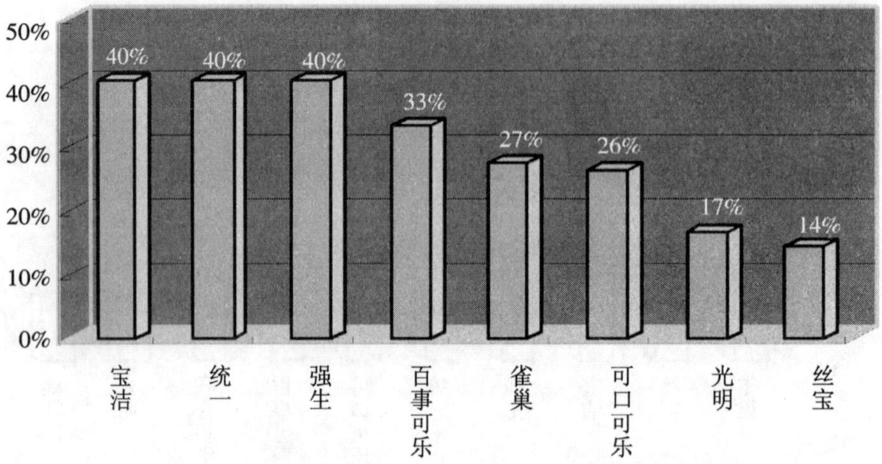

图 13　“对供货中出现的问题的快速反应”的满意程度

IBM 咨询评价：造成供应链管理水平低下的原因，主要是零售商和快速消费品企业有供应链管理的很少；供应链环节过多，中间商代理多个品牌，没有统一的系统；已有系统的各自为政，难以相互对接；暗箱操作，抵制供应链的系统化管理。

（10）“及时回收退货”是供货中常见的问题

厂商的得分普遍偏低，强生在这个指标上有较大提升。

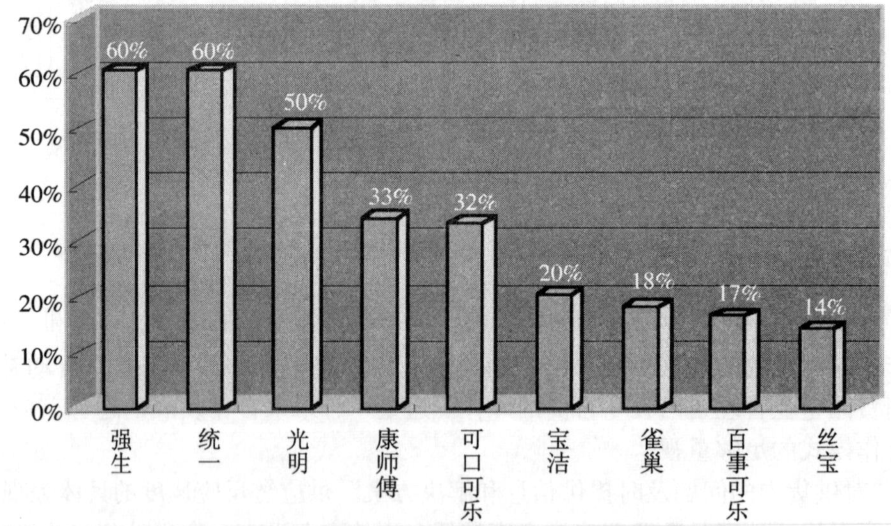

图 14　“及时回收退货的履行程度”的满意度

退货对快速消费品企业是一种损失，退货标准的确定是工商双方意见分歧较大的领域。在这个指标上，厂商对退货问题的态度，决定它在这个指标的得分。不仅如此，厂商对退货问题处理的流程也是零售企业经常抱怨的一个方面。强生公司对产品的外包装形象较为重视，在退货问题上给予终端的业务人员更大的权力，是其在这一问题上具有一定优势的主要因素。

零售商的声音：厂商目前解决问题的程序过于复杂，一个商品破损退换的小问题也要审批，我们一天要面对众多的商品问题，退货问题牵扯我们过多的精力。

(11)“避免货物损坏和包装短缺”是合作中的基础领域

零售商对此项的高关注度反映出现阶段零售商对合作中基础操作层面的重视。

零售企业在这个具体细节上给予了较高的关注度——85%，反映出在目前工商合作中，快速消费品企业在一些具体细节方面的执行能力还有待提高。

零售企业在包装规格和包装的强度方面需要充分考虑大卖场运输的便利性。在这一方面，快速消费品企业水平也有较大的悬殊。

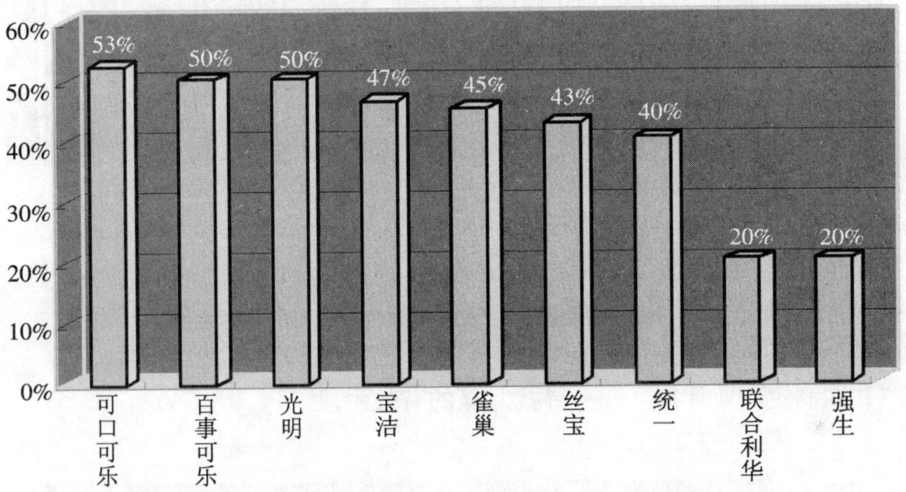

图 15　“避免货物损坏和包装短缺”的满意程度

零售商的声音：产品的包装经常有破损现象，有时大包装不牢，在搬运过程中经常散落，给搬运带来困难；产品的小包装的破损影响其在货架上的形象。我们的很多退货是由于包装破损造成的，这对彼此都是损失。

IBM 咨询评价：消费品的供应链不是快速消费品企业一家的问题，而是系统性的问题。

3. 快速消费品企业对前十位零售商的评价

(1) 综合表现最好的十佳零售企业

每个参与调查的快速消费品企业提供了对与之合作的零售商在合作战略、零售前端管理、零售后台管理的评价。通过综合评价，我们选出了在各方面综合表现最佳的十个企业。

与快速消费品企业的提名相比，零售商的提名明显体现出集中效应，知名度高的企业几乎都是有相当的营业规模、跨地区经营的大型企业。传统的零售三强联华、华联、农工商都榜上有名。但是从另一方面看，尽管有多年来的行业和政策壁垒的保护，大型的跨国零售企业仍然在中国建立了稳定的知名度，已经在与快速消费品企业的合作方面表现出领跑的态势。

总体印象方面，沃尔玛以总体 80%的满意度拔得头筹，表现出世界第一零售企业的强劲实力。

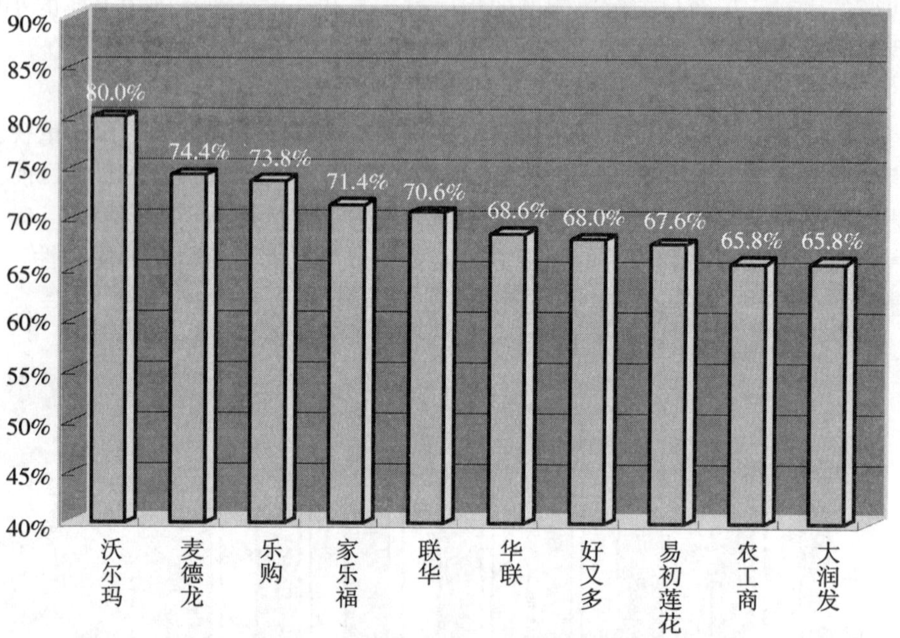

图16　快速消费品企业满意度排名前十名的零售企业

（2）“共同制定商业计划”——寻找双赢的有效手段

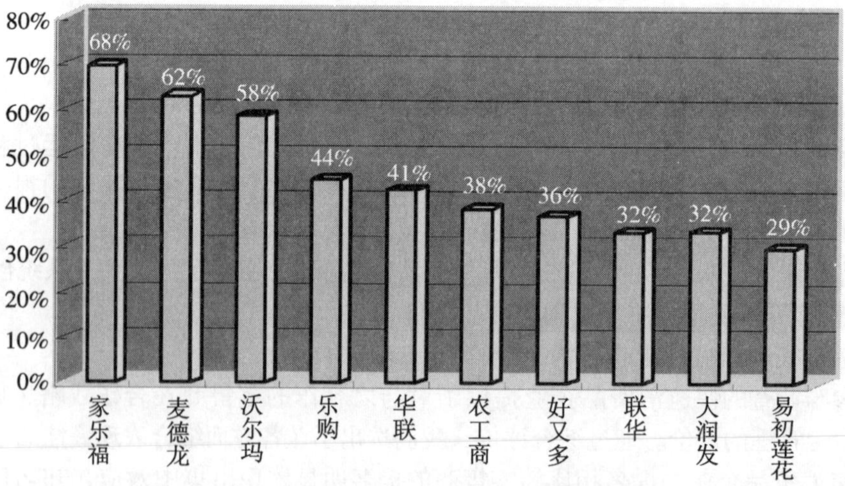

图17　“共同制定商业计划”的满意程度

①家乐福、麦德龙、沃尔玛一路领跑。从图中我们可以看到，在这方面家乐福、麦德龙和沃尔玛这些国际公司占据第一军团的地位，他们寻找策略上的合作，谋求在有限空间

的双赢。

②最佳实践参与。商业计划的事先性使双方可以在早期寻找共同的合作空间，从而紧密合作，实现共同的发展，这是谋求双赢的一个非常有效的手段。双方通过共同的促销计划，协调的新品推出计划和共同的销售目标的确定，优化资源，降低彼此的运作成本，提高盈利空间。

在家乐福、麦德龙和沃尔玛，采购经理和其主要供应商在年初会制定共同的业务计划，确定共同的销售目标和利润目标，快速消费品企业的新品上市策略和零售商的新品采购计划、促销计划，从而确保销售的实现。

(3)“定期进行业务回顾”——确保商业计划的有效实施

满意程度普遍较低，总体的执行力度有待提高。虽然跨国公司依然保持领先的态势，但最高分的得主——沃尔玛的满意度也没有超过半数，总体水平比制定计划的满意度低15%，反映出零售商重计划、轻回顾的普遍现象。这种局面急需改进，否则，商业计划将得不到有力的实施。

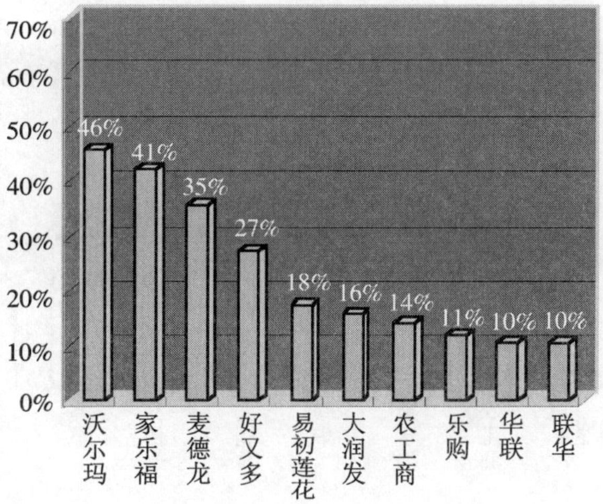

图 18 “定期进行业务回顾”的满意程度

沃尔玛由“制定计划”的第三位上升到“回顾计划”的第一位，反映出它在执行能力方面的优势。

快速消费品企业的声音：

目前我们和零售企业是有商业计划，但很多时候计划不如变化快，制定的计划往往执行不了，不了了之；而且，零售企业的采购往往较忙，定好的定期业务回顾，经常由于这样那样的原因取消，商业计划成了摆设。

诚实、公正是交易良性发展的基础，零售企业表现不尽如人意，行业风气需要改善。

(4)“高度的敬业精神和职业道德”的满意度

零售企业表现悬殊较大，提高满意度有赖于公司文化的倡导和有力的监控机制。沃尔玛在这个领域的满意度遥遥领先，以高出第二名家乐福 18 个百分点占据第一。而在十佳企业中大部分企业的得分没有超过半数。

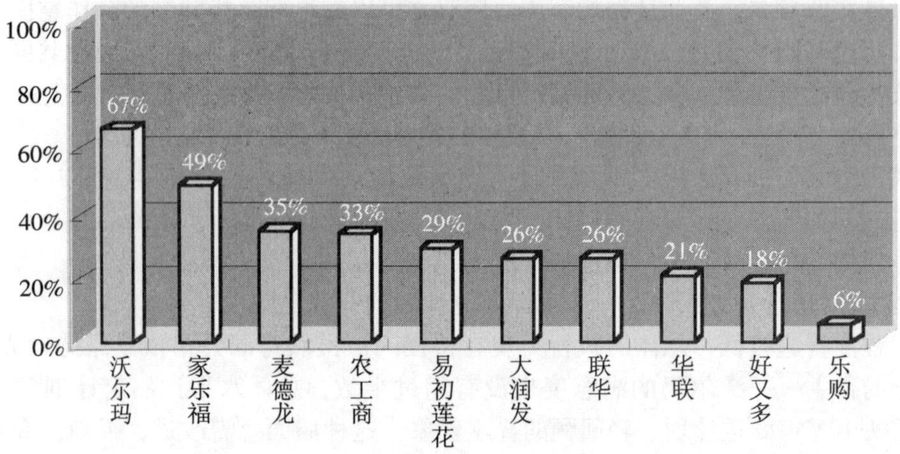

图19 “高度的敬业精神和职业道德”的满意度

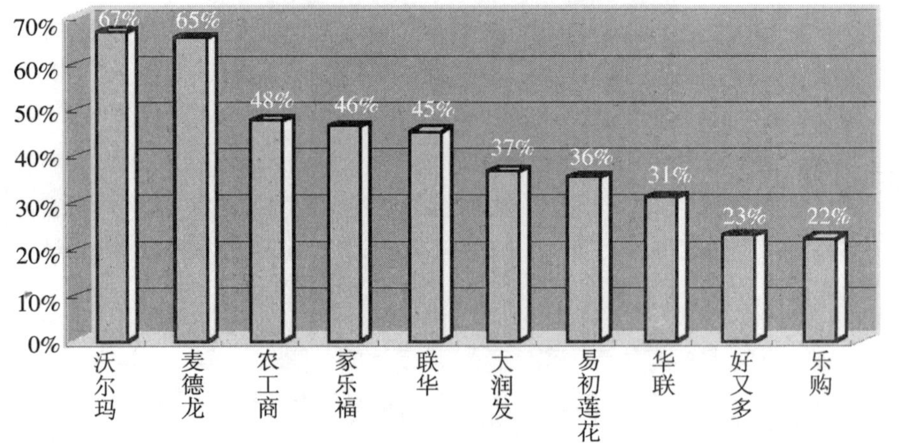

图20 “信用良好，付款结算准确无误”的满意度

(5)“信用良好，不拖欠货款”是快速消费品企业最为关注的领域

在合作策略中，供应商最看重的是“信用良好、结算准确”，对此指标的关注率达到96%。在这项指标上，供应商对沃尔玛和麦德龙的评价较高。

跨国的零售业整体的订单、收货、付款的流程较为流畅，在付款方面对合同的履行程度较好，无特殊原因不无故拖延付款。跨国公司付款方面的诚信使众多的快速消费品企业愿意在价格、费用、付款等领域做出更大的让步，从而使跨国零售企业有更大的优势。

快速消费品企业的声音：我们愿意和跨国大卖场合作的一个重要的原因是他们付款较好，比较卖货，有时做点让步也愿意。

(6)对“渠道费用合理，政策明确并提前沟通”的满意度

在供应商反应强烈的渠道费用问题上，即使零售业十佳企业的评价也不高，从一个侧面反映出这个问题已经成为工商关系上分歧的核心。

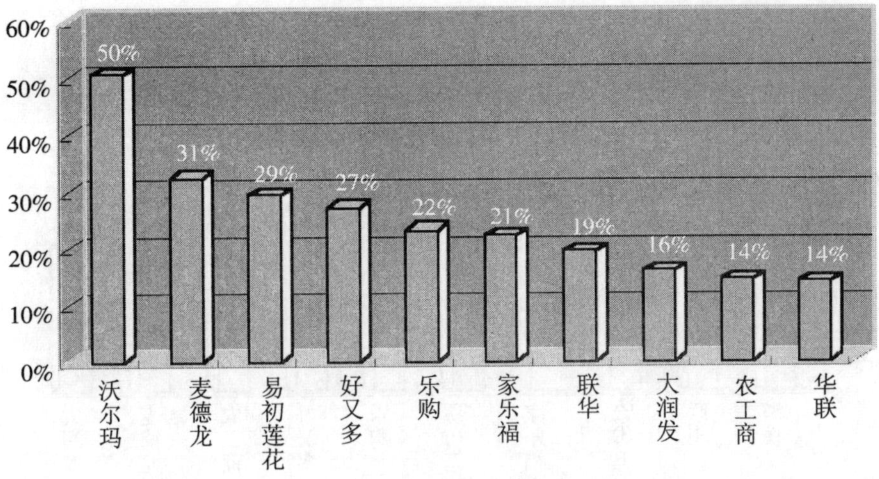

图 21　“渠道费用合理，有明确的政策和提前沟通”的满意度

快速消费品企业的声音：希望零售商改变现在的工作作风，与供应商的合作应该本着互惠互利的原则，不能无规则无理由地要求供应商承担各项苛捐杂税。每年零售商的费用层出不穷，名目繁多且不断增加。

渠道费用的形成是整个社会供过于求的结果，目前在消费品行业中大部分商品处于供应过剩的形势下，能否使自己的产品获得更大的展示面是获得足够市场占有率的关键，因此零售商在渠道费用的问题上处于主动的地位是很自然的。因此我们有理由相信，在可预见的未来，在渠道费用的矛盾上仍然是零售企业唱主角。

名目繁多的渠道费用，不仅增加供货商的成本，而且不利于零售商进行差异化竞争。零售企业寻找更新产品，尤其是有差异性的新产品来吸引消费者是一种避开单纯的价格竞争，提高利润水平的有效手段。过高的费用，会限制一些优秀的新产品的进入。通过加强自身的运营能力，提高企业的盈利能力是基本策略，过度地利用自身的渠道资源，而放松对运营管理能力的提高，零售企业将沦为地产商，失去持续竞争力。

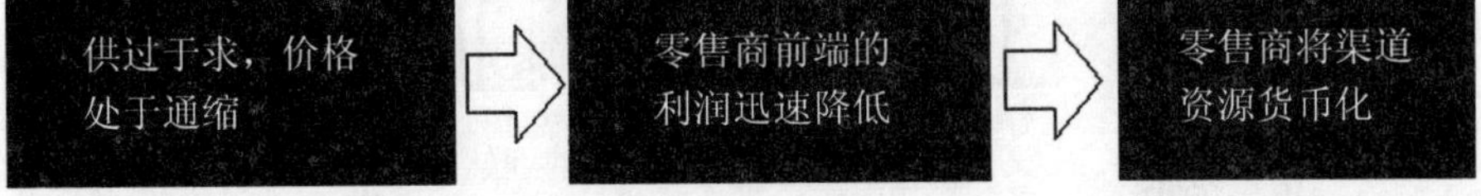

图 22　渠道费用三步曲

(7)“与快速消费品企业在价格策略上的配合”的满意度

不同业态由于竞争态势不同，对价格的配合程度不同。华联、联华这类以中型超市和便利店为主的零售商在价格方面会予以较好的配合。大卖场价格竞争激烈，得分普遍较低。沃尔玛、家乐福等大型超市市场价格会以自身需要为主导。大润发是以低价著称的卖场，它在价格方面的配合程度得分最低。麦德龙的会员制超市的特征注定快速消费品企业在价格配合方面对它的不满。

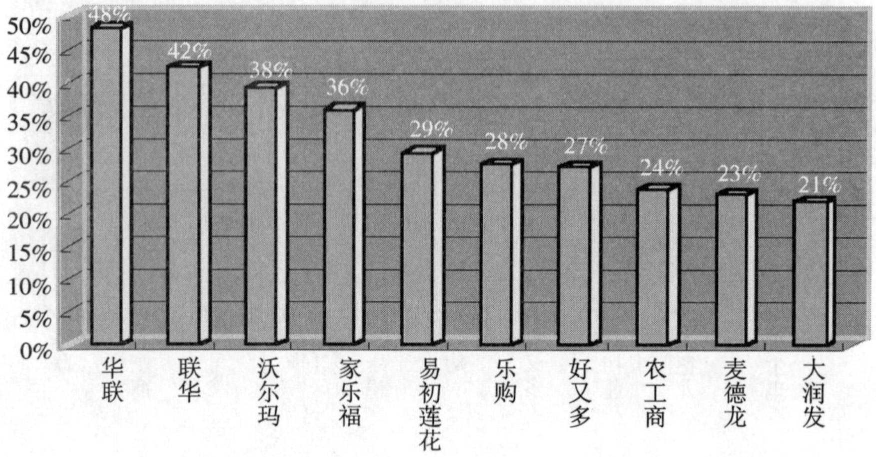

图23　“与快速消费品企业在价格策略上的配合”的满意度

零售商的声音：现在有的零售商过分注重价格形象，同时逼迫快速消费品企业降低进货价格，而有少数快速消费品企业为降低商品成本，会出现置商品质量于不顾的情况。如果发生在食品生产商身上，这是非常危险的，最终受到损害的，将会是顾客、零售商和快速消费品企业三方面。

（8）“积极配合供应商的新品和促销”的满意程度

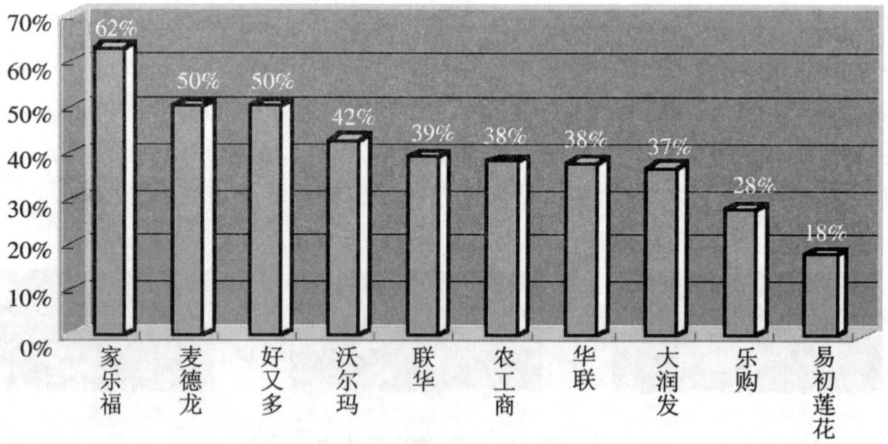

图24　“积极配合供应商的新品推广活动”的满意度

总体水平相差不大，家乐福门店运作灵活，促销配合程度较好。集中控制较强的零售企业由于其促销皆为总部统一制定，强调计划性，有利于一些大的促销活动的统一开展，但市场反应相对较慢；企业的促销计划必须及早沟通，否则，促销较难安排。

（9）“终端覆盖能力强，具有商圈优势”是零售企业在和快速消费品企业谈判中的重

要砝码

在终端覆盖方面，由于业态和历史的原因，传统零售三强联华、华联和农工商在供应商的评价中处于领先的位置。这反映出在竞争方面，门店数量多，业态灵活，覆盖面大，贴近消费者是国内零售业抗衡跨国零售企业的法宝。

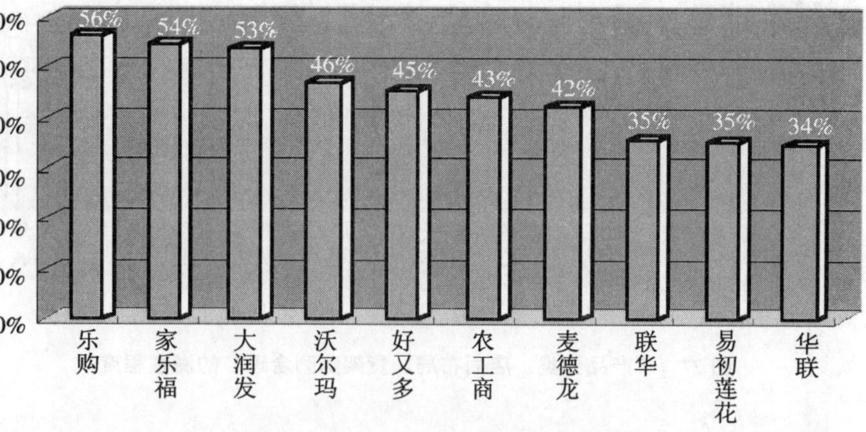

图25　“积极配合供应商的促销活动”的满意程度

但是不仅规模要大，而且运作起来要像大企业，发挥大的优势。结合前面的统计结果，国内的零售企业应该在零售管理方面下功夫，与国际先进水平看齐，提高企业的核心竞争力。

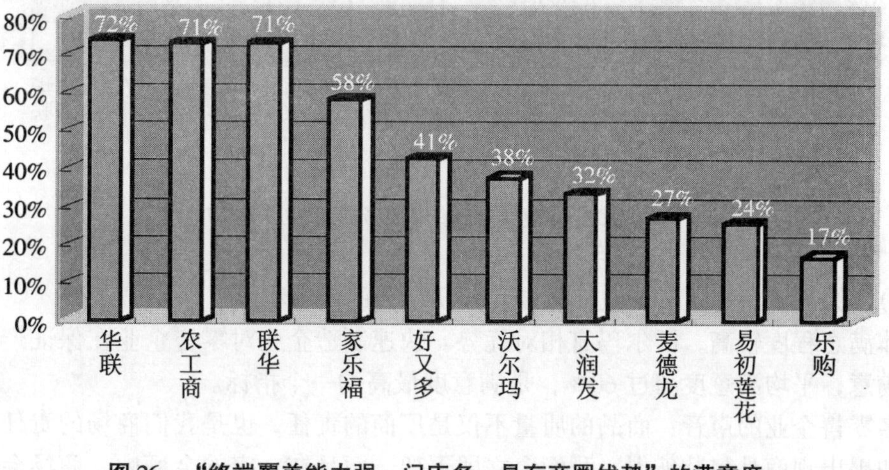

图26　“终端覆盖能力强、门店多，具有商圈优势”的满意度

(10)“商品分类、店面布局合理，方便客户选择商品”和“商品的分类遵循合理的货架分配原则”的评价

家乐福在商品管理的两个重要指标方面都有优势，门店管理能力较强。

但从总体来看，商品品类管理能力方面的满意度低于商场布局方面的满意度。商品分类、店面布局的平均满意度有53%，而品类管理的满意度只有38%。

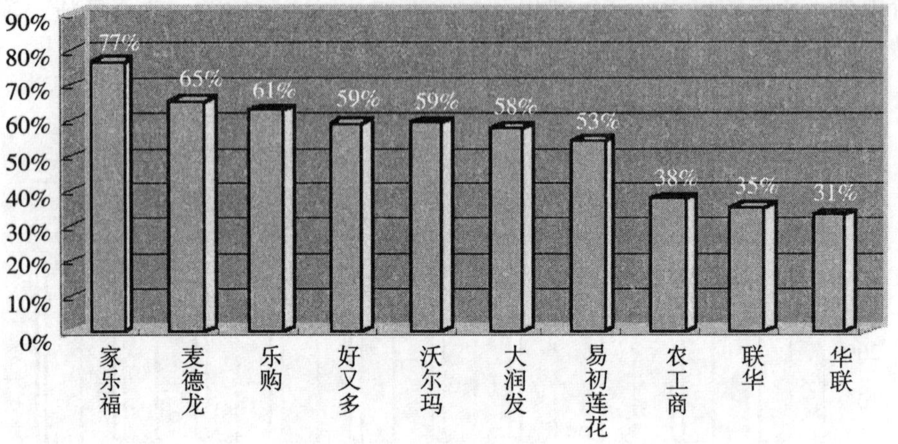

图27　“产品分类、店面布局、货架陈列合理”的满意程度

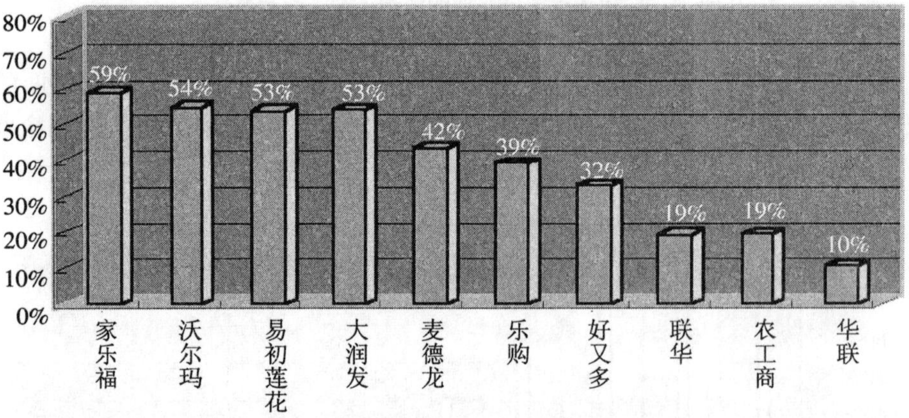

图28　“产品分类遵循合理的货架分配原则”的满意程度

(11)“保证商品的质量，包括包装和保质期”的满意程度

总体满意程度较高，沃尔玛有相对优势。快速制造企业对零售企业在保证产品质量方面较为满意，平均满意度超过60%，是满意度最高的一个指标。

著名零售企业的声音：商品的质量不仅是厂商的责任，也是我们商场的责任，在我们店里，如果出现商品包装破损，我们会立即下架，而且在一定的金额内，商场会承担相关的费用。

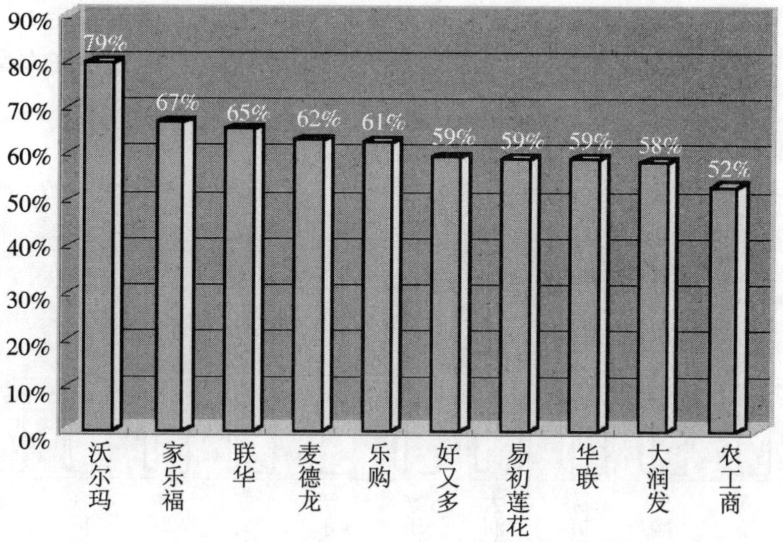

图 29 “保证商品的质量，包括包装和保质期”的满意程度

(12)“订单准确规范，按规定要求收货并及时确认到货”的满意度

麦德龙的规范操作得到快速消费品企业的认可，占据第一层面；易初莲花、家乐福等跨国零售商水平相当，占据第二层面；联华、华联则相对较弱。

在这个指标上，核实订货数量，合理地提前知会，对收货的及时确认不仅需要系统的支持，更需要业务人员务实的合作态度。

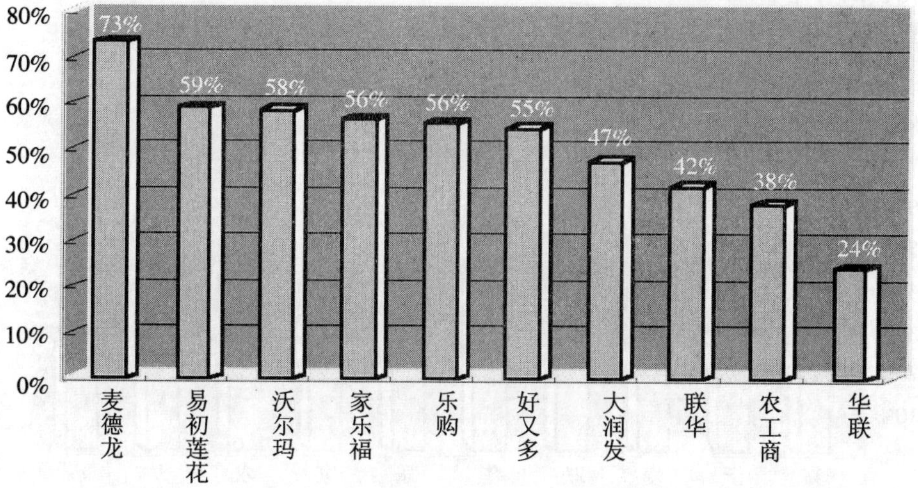

图 30 “订单准确规范，按规定要求收货并及时确认到货”的满意程度

快速消费品企业的声音：我们送货的时候，有时要排上两个多小时才能把货送出；收货人员在对生鲜货的收货方面，经常克扣斤两。

(3)“合理的安全库存管理，较少出现缺货或空架”是销售业绩的保证

产品缺货率是工商双方都非常关注的指标，它直接影响销售业绩。

排名前十位的企业中，运用IT系统经验成熟的前七位比未全面采用IT系统的华联、联华和农工商在该项指标方面的评价高出30个百分点，印证了IT系统在大型超市管理中的重要地位。

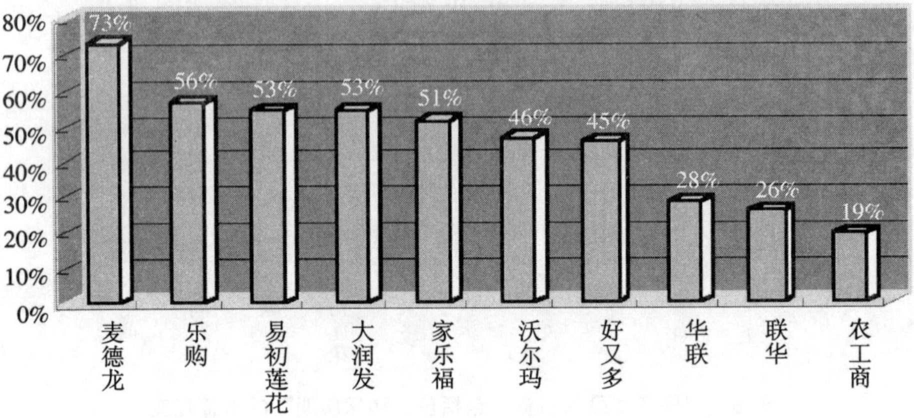

图31 “合理的安全库存，较少的缺货”的满意程度

IBM咨询评价：库存管理的关键在于数据的准确性和及时性，它需要：

· 优良的IT系统
· 合理的预定货制度
· 合理的仓储空间
· 完善的订单管理

（14）“配送和补货系统”是零售业的运转血脉

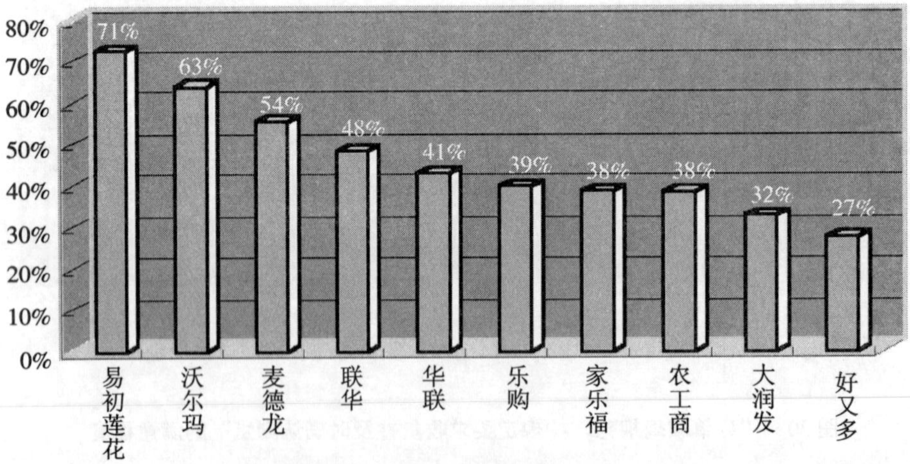

图32 “良好的配送和补货系统”的满意度

在配送和补货方面，本土企业和跨国公司差距不是很大，国内零售企业与外资零售企业水平相差不大，说明本土企业的区位优势仍然存在。而第三方物流的介入，整体提高了

运作效率。

（15）“有效的IT系统支持，提供及时详细的业务数据”是零售企业运作的保证

在IT系统的评价中，我们可以看到跨国零售企业的巨大优势，国内的零售三强与跨国零售业的差距是明显的，说明国内零售业在提升自身的IT基础设施与运营环境，构建核心竞争力方面还有很多工作要做。

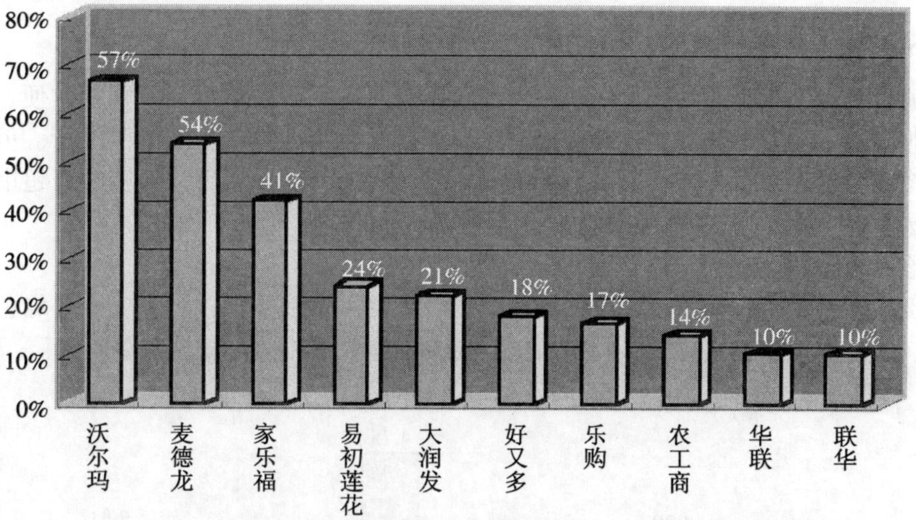

图33　“完善的IT系统，能提供及时详细的业务数据”的满意程度

4. 调查回顾

快速消费品企业关心的要点：付款/渠道费用

零售商关心的要点：供应链管理/产品策略

消费品行业：跨国企业领跑

零售业：国内企业仍有强项，跨国企业势头强劲

（中国连锁经营协会）

倾听顾客心声，回归零售根本

——2003超市顾客购物行为调查报告（摘要）

随着中国零售业的飞速发展，消费者的行为模式和购物心理也随之发生巨大的变化。了解消费最新趋势，掌握消费者购物心理，更好地满足消费者需求，是零售企业在瞬息万变的市场竞争中立于不败之地的根本。

2003年8－10月间，由中国连锁经营协会组织，IBM（中国）有限公司、北京零点指标信息咨询公司协助，14家大型连锁企业参与，在全国12个大城市进行了“超市顾客趋

势调查”。

在全国范围内针对顾客购物行为进行大规模的调查，这在国内尚属首次。调查反馈的信息，揭示了大量需要引起超市经营管理者重视的细节。正确处理经营中的每一个细节，构成了零售企业满足顾客需求，支撑企业健康、持久发展的基础。

在对本次调查所获数据深入分析的基础上，形成以下研究结果和建议。

一、把超市建成顾客最放心的购物场所

我国超市经过十年的发展，在消费者心目中逐步确立了质量可靠、购物方便、价格实惠的行业形象。在大中城市，超市已成为消费者日常生活用品的主要购买场所。但是，随着社会经济的发展和消费者收入水平的提高，特别是在SARS之后，顾客对于超市的要求正在悄然发生变化，期望值在不断提升。

1. 食品安全成为顾客选购商品的第一要素

本次调查显示，顾客在超市选购商品时最看重的因素依次为：食品安全、绿色食品标志可靠、品种丰富、始终有货、物有所值、价格便宜，其中食品安全成为首选。

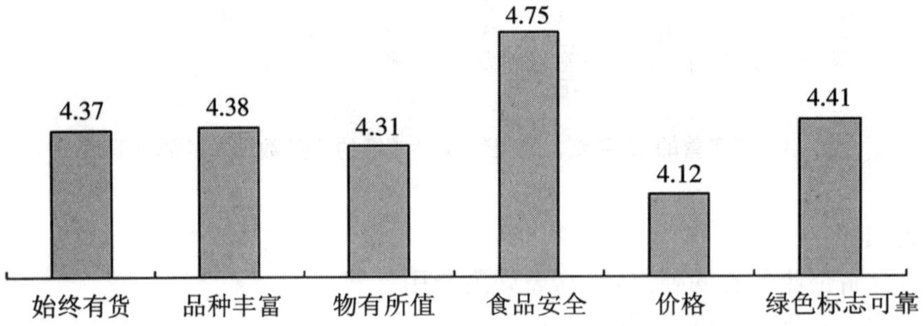

图1　顾客选购商品看重的因素

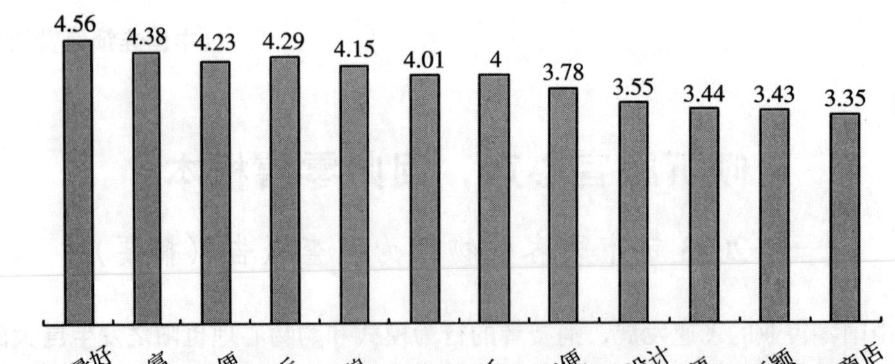

图2　影响顾客光顾超市的因素

从图 1 可以看出：在顾客选购商品最看重的六项因素中，食品安全得分最高，为 4.75，价格便宜得分相对较低，为 4.12。(我们将消费者看重各因素的程度分为 5 个档次，非常重要为 5 分，很重要为 4 分，一般为 3 分，不太重要为 2 分，很不重要为 1 分。)

在另一项调查题目中，对顾客购物时选择哪家超市的影响因素进行排队，也得出相同结论。如图 2 所示。

近几年，在超市经营和竞争中，价格往往被置于最重要的地位，价格大战愈演愈烈，造成个别企业在过分追求低价时，忽视了对商品质量的掌控，出售假货、劣质商品的事件时有发生。长此以往，一代超市人经过十年努力在顾客心目中确立的信任感将弱化，对于整个行业来说，也将是重大的损失。

2. 超市价格形象不明晰

尽管超市在消费者心目中已经确立了低价位的形象，但企业之间的特色和价格形象却并不明晰。多数企业没有贯穿始终的价格策略和价格形象。从调查中看出，66.3%的顾客是通过与其他门店的比较来对某家商店的商品是否便宜做出判断，进而形成超市价格的总体印象。如图 3 所示。

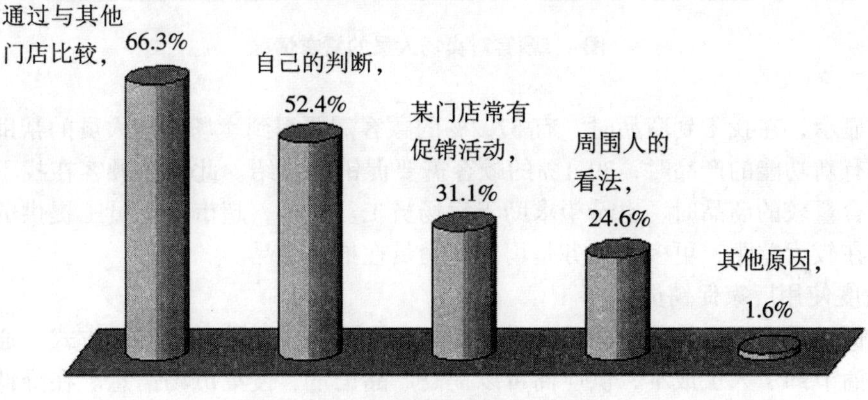

图 3　顾客判断超市价位的依据

单纯的价格战，不仅不能树立低价形象，而且将导致行业毛利率和利润率下降，直接影响到企业和整个行业的健康发展。

3. 从采购入手，建立、完善食品安全管理体系

2004 年政府把实施食品药品放心工程作为整顿市场秩序工作的重点，食品专项整治的主题是质量卫生安全，特别是对粮、肉、蔬菜、水果、奶制品、豆制品、水产品等食品的经营和销售，提出严格市场准入，规范经营行为的要求。这对于满足消费者日常生活需求的超市企业来说，是机会也是挑战。但仍有部分企业对商品安全和商品质量没有引起高度的重视。

二、把超市建成方便顾客购物的场所

本次调查显示，方便性是顾客考虑到某家超市，而不是去另一家超市购物的重要因素

之一。目前的超市在购物的方便性方面尚存在很多不足，需要进行调整和改善。

1. 为顾客提供最需要的服务

超市购物的最主要特征就是自选，为顾客提供的服务是有限的。在做到提供有限服务的条件下，最大程度地让顾客满意，惟一的途径就是向顾客提供他们最需要的服务。图4反映的是顾客对卖场人员服务的需求情况。

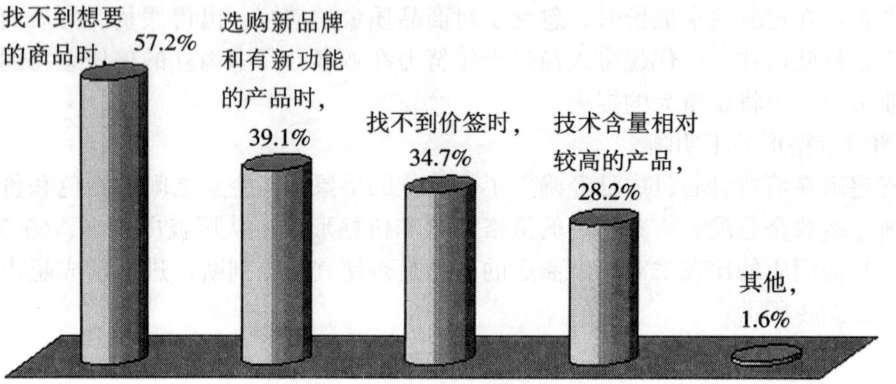

图4　顾客对卖场人员的需求情况

调查显示，在找不到商品时，有57.2%的顾客需要得到卖场工作人员的帮助；在选购新品牌和有新功能的产品时，39.1%的顾客需要促销员介绍。此外，顾客在找不到价签或遇到技术含量较的商品时，也希望求助于卖场员工。但是，超市店内员工提供的服务和顾客需求存在较大差距，更多的服务是厂家促销员在推销商品。

2. 适度使用厂家促销员

安排促销员向顾客推荐商品成为供应商和超市普遍采用的一种促销方式。通过这种方式，零售商节约了人工成本，供应商可以提高产品销量，搜集市场信息。在降低成本和提升销售的双重压力下，厂家促销员成为国内超市店内服务人员的重要组成部分。

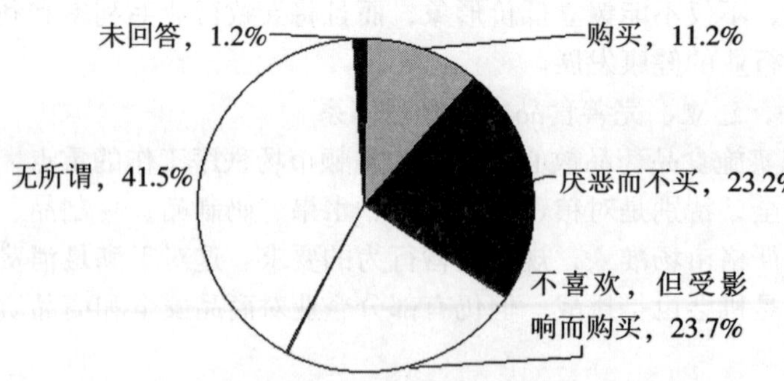

图5　顾客对超市叫卖商品和促销员推销商品的看法

但是，如果不加限制或过度使用厂家促销员，超市将有可能被分割成为各个供应商独立经营的商摊。这将弱化超市的经营能力，对顾客的情绪、购物过程和满意度也会造成负面影响。针对该问题所做的调查显示：厌恶这种方式并明确表示不会购买促销员推销的产品的顾客占被调查顾客总数的23.2%，表示无所谓且不会受其影响的顾客为41.5%，这两部分合计占被调查顾客总数的64.7%，只有11.2%的顾客表示会购买厂家促销员或叫卖方式销售的商品。如图5所示。

3. 卖场布局和商品陈列需改进

合理的卖场布局和商品陈列是顾客方便购物的重要保证。针对影响顾客购物速度问题的调查发现，导购牌指示不清楚是影响购物速度最主要的原因。顾客因此找不到需要的商品，只能求助于店内人员的帮助。在对商店环境需求的调查中，顾客把标志明晰、布局合理排在仅次于通风、健康的重要位置。上述调查结果都反映出超市在卖场设计、布局和商品陈列中存在的问题，有待于进一步改进。

4. 超市服务的软肋：收款

在对影响顾客购物情绪的因素的调查显示，收款台是顾客对超市服务最不满意的地方，收款台成为超市服务的软肋。

调查显示，收款排队等待、收款员态度不好和扫描设备出现问题而耽误时间是影响消费者购物情绪的主要因素。有64.7%的顾客认为，在超市不愉快的购物经历主要是由收款队伍太长引起的。详细情况见图6所示。

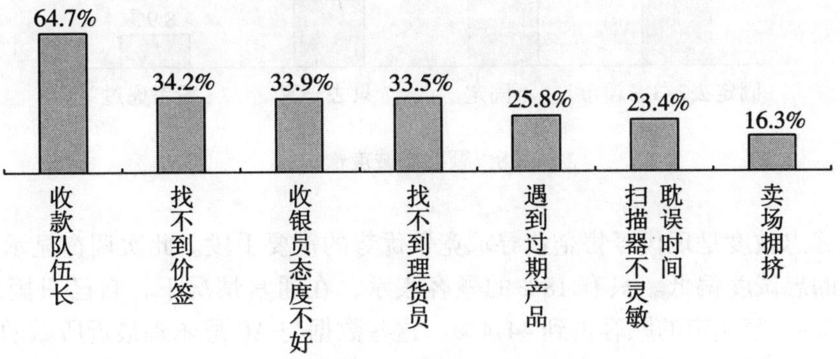

图6 顾客在超市不愉快的经历

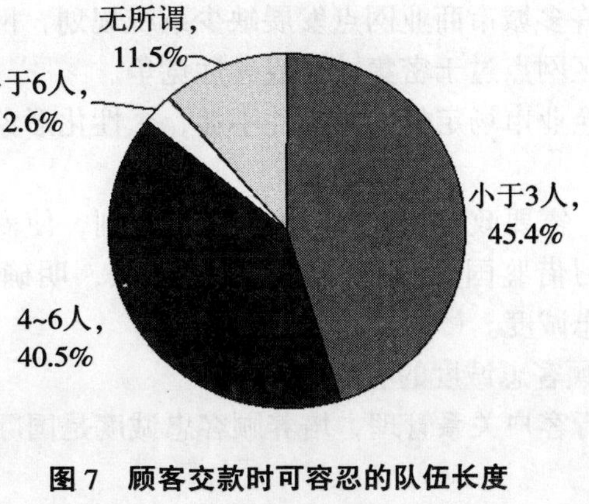

图7 顾客交款时可容忍的队伍长度

设置、开通多少收款台最经济合理而又能满足顾客需求？在针对顾客付款时能容忍的排队长度所进行的调查显示，排队长度如果超过3人就难以容忍的顾客占45.4%，另有40.5%的顾客容忍长度为6人。二者相加，则有85%以上的顾客不能容忍交款时前面的队伍超过6人。换言之，如果一个收款口排队顾客超过6人时，商场不能及时采取有效措施，顾客就有可能丢弃商品，放弃购买，从而造成销售的损失和顾客的流失。详细情况见图7所示。

另据调查了解，49.7%的顾客希望收款员帮助自己把所购商品装袋，帮助顾客装袋会在一定程度上提高顾客的满意度。

收款台是顾客最容易引发不满和冲突的地带。提高收款速度，合理排班，防止收款员因过度紧张疲劳而怠慢顾客，是当前超市改进服务质量的重点。

三、培养顾客忠诚度

1. 超市顾客忠诚度不高

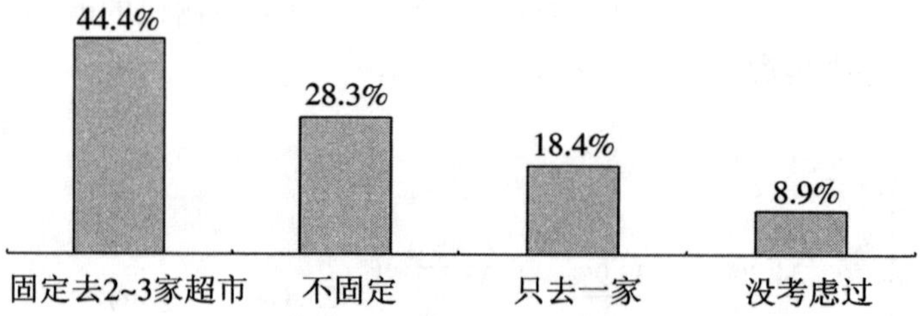

图8　顾客忠诚度情况

建立顾客忠诚度是现代零售企业寻求竞争优势的重要手段。此次调查显示，在中国超市业，顾客的忠诚度偏低。只有18%的顾客表示，在通常情况下，自己只固定去一家超市，固定去2～3家超市的顾客占到44.4%。这些数据与AC尼尔森最近所做的调查结果相同。AC尼尔森的调查还显示，中国大陆地区，光顾一到两家超市的顾客不足50%，亚太其他国家和地区的比例为60%～70%。详细调查结果如图8所示。

2. 顾客忠诚度不高的主要原因

从外部环境来看，许多城市商业网点发展缺少系统规划，网点开发处于无序状态，商业布局不合理，部分地区网点过于密集，形成恶性竞争。

从企业内部来看，企业市场定位的差异性不够，个性化形象不突出，因此无法形成明确的目标顾客群。

要提高顾客忠诚度，需要政府相关部门加强网点规划，使商业布局更加合理，防止出现过度竞争。企业应学习借鉴国外同行先进经验和做法，明确自己的市场定位和企业形象，提高目标顾客群的忠诚度。

3. 商店卡——建立顾客忠诚度的有效方式之一

通过发行商店卡进行客户关系管理，培养顾客忠诚度是国际通行的做法。对于商店发卡，国内的消费者是如何看待的？调查显示，超过半数的顾客非常支持储值卡（15.3%）或希望优惠购买（40.3%）。如图9所示。

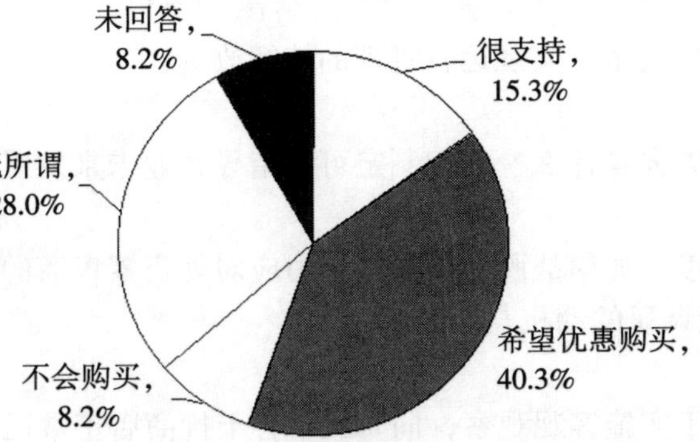

图9　顾客对超市储值卡的看法

可见，储值卡有利于零售企业提高客户忠诚度，稳定客源，同时也可以给消费者带来便利和实惠。

在国内，超市储值卡一直颇受非议。国外经验证明，传统的现金支付将会被越来越多的刷卡消费所取代，中国的零售业也必须对这种趋势加以关注。

从某种程度上讲，提高顾客忠诚度，主动权还是掌握在零售商手中。对影响顾客光顾超市因素的调查显示，商品质量好、商品丰富、交通方便、离家近、员工有礼貌、店面整洁等排名都比较靠前，这中间很多因素是超市本身可以控制的。

（中国连锁经营协会）

超市缺货调查报告（摘要）

一、中国快速消费品零售市场一瞥

* 中国零售商面临关乎生存的运营能力的挑战

* 国内快速消费品零售商正在经历规模快速扩张和经营能力严重缺乏的双重恶性循环

竞争越来越以规模的方式展开：

1. 以兼并、收购为主要形式的规模扩张日益频繁；

2. 零售行业快速地扩张和规模化；

3. 零售行业集中度上升。

经营能力越来越难，承载全面扩张要求：

1. 向各种业态全面扩张，使企业资源处处短缺；

2. 在企业资源整合和管理上，积累越来越多潜在危机；

3. 以追求规模为目的运营往往掩盖着运营管理方面的问题。

＊ 当业务发展能力不能支撑持续快速扩张时，中国零售商将面临严峻的生存挑战

1. 运营管理

如何切实掌握零售技术，实现运营管理的持续改进？

2. 战略管理

企业未来发展的方向是什么？如何制定可以指导企业未来发展的清晰战略？

3. 市场竞争

从长期战略的角度，如何战胜、至少是有力应对外资零售商的挑战？

＊ 进行商品缺货调研的动机与研究范围

1. 研究动机

(1) 商品缺货易于实施客观观察，同时又不会干扰商店正常运营；

(2) 缺货能集中反应零售商供应链运营中多方面的问题；

(3) 希望用基于事实的研究取代以往的种种主观臆测。

2. 研究范围

(1) 在2003年9月对13个分类的约2000种单品做了连续14天的货架扫描；

(2) 涵盖3个城市5家零售商的12家大卖场门店（深圳，北京，上海）；

(3) 总计获得了约250000个单品扫描数据，1000份消费者调查数据及500份门店经理人和员工访谈记录。

本次调查是中国最大规模的商品缺货和运营能力调查。

＊ 中国零售商品缺货研究的目标

1. 程度——定量衡量中国国内零售商的缺货状态

2. 损失——评估由于商品缺货而给零售商带来的销售损失和利润损失

3. 反应——分析消费者在商品缺货时的反应，以及消费满意程度与商品缺货状况之间的关系

4. 原因——深入了解国内零售商商品缺货的原因

5. 方案——为改善商品缺货状况，提高零售运营水平推荐可操作的解决方案

6. 比较——将商品缺货率，消费者反应和缺货原因与国外同类研究结果做比较分析

＊ 本研究采用货架盘点、消费者访谈和经理人访谈的方法搜集商品缺货数据

获得可靠的商品缺货数据的三个步骤：

1. 门店商品缺货盘点

实地通过先进的手持设备，对全国12家大卖场、2000单品进行在架盘点，获得定量缺货数据。

2. 消费者访谈

对门店消费者进行访谈，了解其购买各个品类商品的购物习惯，面对缺货的消费行为等。

3. 门店、品类管理访谈

现场访谈门店经理，通过查看后仓、检查定单发出情况等，调查缺货的原因。

二、对全世界的零售商来说，商品缺货（OOS）不仅是供应链效率低下的一个重要症状，同时也会对企业的业绩产生严重影响

* 商品缺货状况会引发消费者的各种反应，但一定会最终导致零售商和制造商的销售损失

* 在美国进行的同类可比研究表明：商品缺货每年会给零售商带来 60 亿美元的销售损失

三、罗兰·贝格与中国连锁经营协会发现：商品缺货在中国也是一个不容忽视的问题

* 保守来看，国内零售商商品缺货率一般在 10%左右，和国际水平相比，这是一个非常差的结果

表 1　　五个零售商的商品在架率

企业	销售额加权在架率	按频度计算在架率
Chain　A	86.0%	88.2%
Chain　B	91.3%	91.8%
Chain　C	96.9%	95.8%
Chain　D	78.1%	89.6%
Chain　E	90.8%	87.5%

参照销售额加权计算的商品在架率平均为 88.6%；按频度计算的商品在架率平均为 90.6%。由于在计算中剔除了连续 14 天缺货的商品，所以商品的在架率要比实际情况显得更好。

* 对每一个品类所做的进一步分析显示，对某些品类商品有必要立即着手寻求降低缺货率的对策

* 消费者经常采购的日常商品缺货严重，消费者可以储备的商品则相对稍好

表 2　　各品类商品在架率

水	72.9%
果汁	86.5%
卷筒纸	87.2%
啤酒	88.7%

续表

方便面	88.9%
鲜奶	89.4%
沐浴露	89.6%
卫生棉	90.3%
碳酸饮料	91.6%
牙膏	91.7%
洗衣粉	92.1%
洗发护发	92.1%
食用油	93.0%

* 从商品的周转率看可以获得同样的结果——周转最快的25%商品占了商品缺货的40%

表3　　按商品周转速度快慢排序的商品缺货率

最快的25%商品单品	40.0%
次快的25%商品单品	25.0%
较慢的25%商品单品	20.0%
最慢的25%商品单品	15.0%

* 25%的消费者认为降低商品缺货率能够显著提高客户满意度

表4　　消费者认为能提高满意度的措施

其他	1.6%
促销员具备更多的商品知识	11.9%
更多的现场售货人员	19.4%
更少的缺货现象	25.6%
更多的促销	33.9%
提供更多品种	58.0%
更短的付款时间	63.4%
更好的购物环境	63.6%

＊ 商品缺货对零售商的影响不可忽视，调查显示，在缺货时，37%的消费者会选择离开本家门店

表 5　　消费者对商品缺货的反应

（总计 100%）

购买同品类替代品/无所谓	48%	
不再购买	37%	
到另一家店购买此商品，但继续在该店购买其他商品	31%	对零售商的影响：有 37%的中转店率
立即离开商店，去别处购物	6%	

＊ 如果是要购买的生活必需品缺货，消费者不会有耐心等待，而是会到别处购买

表 6　　各品类由于商品缺货而导致推迟购买的比例（%）

原因	比例
鲜奶	14.5%
水	14.9%
果汁	15.7%
方便面	17.1%
碳酸饮料	17.2%
啤酒	17.3%
卫生棉	20.8%
卷筒纸	20.9%
食用油	21.9%
牙膏	22.5%
沐浴露	22.9%
洗发护发	24.1%
洗衣粉	24.1%

* 如果是品牌影响力很强的商品缺货，消费者不会在本店购买替代品，而是会转店购买，如洗发护发产品和沐浴露等

表7　　各品类商品缺货时消费者考虑换店购买的比例（%）

水	20.8%
碳酸饮料	21.8%
啤酒	22.6%
果汁	23.2%
方便面	27.0%
洗衣粉	30.1%
鲜奶	30.5%
卫生棉	32.1%
食用油	32.2%
卷筒纸	32.4%
牙膏	32.7%
沐浴露	37.8%
洗发护发	38.6%

* 门店的管理层根据经验估计周末和周一、周五期间缺货最严重

表8　　门店管理层对商品在一周内哪一天缺货最严重的估计

周六	21%
周日	24%
周一	33%
周二	4%
周三	1%
周四	2%
周五	14%

* 调查数据显示，从周一到周日商品缺货率存在显著波动情况，这与门店经理的估计相差很远

表 9　　一周内商品缺货率的实际波动情况

周六	9.9%
周日	10.2%
周一	9.3%
周二	10.9%
周三	9.1%
周四	11.0%
周五	8.8%
平均	9.9%

* 表 7 所列的 13 个品类商品缺货给零售商带来的潜在销售损失每年将接近 100 万元人民币

表 10　　从财务指标看商品缺货对一家门店的潜在经济影响

品类	周销售额（元）	缺货率%	销售损失率%	年度零售商销售损失（元）
方便面	4600	11.1%	52.2%	14896
卷筒纸	19200	12.8%	51.1%	68540
食用油	82350	7.0%	60.5%	196073
啤酒	12500	11.3%	49.9%	39595
果汁	16760	13.5%	46.8%	59329
牙膏	14500	8.4%	61.4%	41597
鲜奶	16000	10.6%	51.4%	48745
沐浴露	17800	10.4%	66.6%	69200
水	8450	27.2%	42.5%	54537
碳酸饮料	21440	8.4%	47.6%	48147
卫生棉	20250	9.7%	59.0%	64731
洗发护发	44900	7.9%	67.8%	134355
洗衣粉	17800	7.9%	58.4%	115758
总计	296550	9.9%	55.0%	955504

* 如果所有门店都达到调查中最佳的商品在架率，则每家门店每年可以平均增加销售 640 万元人民币

1. 按照平均商品缺货率从 9.9%减少到 3%（国内零售商的最佳业务数据）计算，估计平均每家大型超市的年销售额为 1.67 亿元

2. 计算基准为调整后的 2002 年全国消费品零售总额和餐饮业零售总额，及其他可能

缺货的服务零售额等，估计为20000万亿元人民币

＊ 商品缺货的原因是多方面的，说明供应链的各个环节必须从根本上进行整顿

通过访谈门店经理，得知导致商品缺货的各类原因各占比例如表11所示。

表11　　导致商品缺货原因及其所占比例

零售商清仓品种	18.50%
销售大于预期，订货不及时	7.60%
有备货，但未上架	6.60%
包装、条码变更	8.5%
供应商清仓品种	5%
已订货，供应商逾期未送达	21.8%
不正确的账面库存及系统问题	0.3%
公司和供应商的协作，如付款账期等	4.3%
已经订货，但物流中心配送逾期未达	1.4%
其他	26%

以上由于零售管理责任导致的商品缺货率合计37.4%。

＊ 占架体积大的商品由于货架容积有限而更容易缺货

表12　　后仓有货但架上无货的商品（占总缺货商品）的比例

卷筒纸	5.53%
洗衣粉	3.73%
卫生棉	1.3%
洗发护发	0.96%
食用油	0.91%
方便面	0.58%
沐浴露	0.66%
水	0.50%
果汁	0.45%
碳酸饮料	0.41%
鲜奶	0.40%
牙膏	0.33%
啤酒	0%

＊ 在两周中销售不到16个单品的商品很多，占据了至少20%的货架

表13　　两周中销售不到16个单品的商品

碳酸饮料	14%
鲜奶	15%
水	17%
方便面	22%
洗衣粉	25%
啤酒	26%
卷筒纸	29%
牙膏	32%
果汁	36%
卫生棉	42%
食用油	46%
洗发护发	65%
沐浴露	69%

四、中国零售企业的商品缺货水平远不能让人满意

究竟是哪些原因导致了缺货？

＊ 导致商品缺货的原因可能存在于供应链的各个环节

1. 供应商/零售商协作

· 缺乏信任，没有协同预测。

· 供应商出现断货问题。

2. 零售商总部/门店协作

· 员工缺乏培训，补货数量缺乏科学性。

· 采购和运营之间的协作非常弱。

3. 供应商与配送中心之间的物流

· 物流服务水平低。

· 落后的订单跟踪机制。

4. 从配送中心到门店后仓的物流

· 物流配送流程不规范。

· 配送中心建设不完善，缺少系统支持等。

5. 供应商直送
· 物流运营水平低。
· 销售旺季，资源紧张。
6. 店内物流
· 后仓管理混乱。
· 员工缺乏培训。
* 导致商品缺货的重要因素：供应商/零售商协作
1. 信任
· 在合同执行方面缺乏诚信，例如零售商拖欠账款等。
· 合同条款定义模糊而不明确，特别是在促销和退货方面。
2. 零售商从供应商处获取短期利益
· 零售商的促销计划得不到供应商的全力配合，导致商品缺货和销售损失。
· 零售商从进场费和返利中获取利润，而不是从核心的零售业务中获取利润。
3. 数据沟通效率低
· 供应商并不及时通知零售商包装和条码的变更导致收货延误和一品多码。
· 零售商和供应商之间相互缺乏信任，不会就销量预测进行协作。
· 运营和采购之间的沟通不畅是导致缺货的关键原因。
* 导致商品缺货的重要因素：零售商总部与门店的协作
1. 商品管理
· 采购部门未把握不同门店的需求差异，有些销路不佳的商品长期滞留在门店货架上。
· 门店的执行纪律性差，例如可能拉排面来隐藏缺货等。
· 门店不向总部及时汇报滞销商品清单，总部也不及时对门店的反馈做出反应，结果导致许多门店存在大量老旧数据。
2. 数据管理
总部和门店数据库数据严重不符，并且缺乏沟通。
· 由于数据不准确，门店经理对于总部和系统给出的补货提示没有信心。
3. 供应商管理
采购和供应商签订的合同对于配送服务质量、退货等缺乏明确规定，给运营造成困难。
· 中国快速移动消费品供应商的物流和订单交付服务质量有待提高。
* 导致商品缺货的重要因素：供应商与配送中心之间的物流配送
1. 订单处理
总部/配送中心对于门店的订单处置和异常订货缺乏跟踪监督。
2. 信息系统支撑不足
· 电话订购方式——缺乏书面证明文件。
· 没有订单跟踪程序，系统无法跟踪未收货订单。
· 仓库管理信息系统功能不足（收货和上架作业）。
3. 物流操作规范程度低

· 在采购合同中没有注明物流配送的服务标准。

· 对供应商缺乏监督，信息也不能及时向采购部门反馈，如送货及时率和配送的准确性。

· 没有采用标准统一的物流设备（如托盘等）零售门店。

· 零售商配送中心的运营能力尚不成熟，甚至成为供应链瓶颈。

* 导致商品缺货的重要因素：配送中心向门店的配送

1. 订单管理

· 总部对最低订货批量缺乏控制，导致了订货频繁且达不到经济批量。

· 物流商不愿意承担零担配送，造成商品缺货，凭经验订货导致少订、漏订、晚订和非最优批量订货。

· 零售商订货周期和供应商发货周期不合。

2. 配送中心运营管理

· 误收货操作导致一系列的后续问题。

· 分拣操作质量低。

· 没有采用标准统一的物流设备（如托盘，笼车等）。

3. 商品配送

· 高峰期时车辆不足，破损和失窃导致配送质量偏低。

· 缺少配送预约制度，导致后仓外车辆长时间排队等待。

· 搬箱运输导致门店运营低效率。

4. 后仓和货架区设计失误

· 货架和 SKU 数以及后仓容量不匹配，造成流程上的瓶颈。

· 后仓的容量和布局在前期缺乏仔细规划，造成货物存放无序，空间浪费。

5. 后仓和门店数据管理混乱

· 库存数据不准确，导致错误的补货提示。

· 大量的老旧数据使得系统的可用性降低。

6. 门店员工激励不足

· 没有设定对商品缺货进行管理的关键指标。

· 门店员工不关心商品在架率的准确性。

· 缺乏培训，不了解商品缺货对于销售额的影响。

五、国内零售企业的运营水准亟待改进

下一步采取什么措施?

* 监控门店的商品缺货水平，将其作为考核运营绩效的重要指标

1. 对门店商品缺货水准进行定量跟踪

(1) 关注畅销商品

重点关注畅销商品的缺货状况，评估可能的销售损失。

(2) 及时清除滞销产品

及时清除滞销产品，空出宝贵的货架面积。

(3) 进行商品缺货管理方面的培训

将商品缺货水平与销售损失相联系，增加员工对商品缺货的了解，并培训规范的补货流程。

2. 将商品缺货率定为考核运营经理的关键指标

(1) 激励

监控关键品类的商品缺货率将帮助您评估和激励相关的运营管理团队的货架面积。

* 发现门店运营中造成商品缺货的瓶颈环节，加以持续改善

通常，瓶颈存在于 5 个方面：

1. 单品过多、货架过少都会造成局部供应链瓶颈，导致严重的商品缺货

2. 门店后仓狭小也会导致商品缺货过多，尤其影响周转速度快的商品

3. 缺乏补货支持信息系统，导致了漏订、晚订和非最优批量订货

4. 缺乏诚信和相互理解，对供应商本身的供应能力缺乏监控

5. 无论是供应商还是零售商自有配送中心都无法提供高水准的服务，导致配送质量无法保证

* 最后一条建议：回归根本，做好基本运营

卓越运营意味着简单、可靠和做到最好。

1. 供应商

建议不要只关注 ECR 技术——第一步应是为供应商设计一套规范的采购合同，并严格执行。

2. 配送中心

先别考虑自动仓库系统——要优先考虑建立一套最基本的配送流程，并规范地执行。

3. 商品结构管理

中转店率先不要急着学习品类管理的复杂理念——第一步是更好地理解你的顾客，并把最基本的商品结构管理做好。

4. 总部

先不要急着再上一套 IT 系统——第一步应当把最基本的流程做好，再用一个 IT 系统来实现已经优化的流程。

5. 门店

首先做到店长能身体力行。按流程管理，增强执行纪律性，在此基础上给门店更多的灵活自主权。

如果中国零售商目前仍不着手建立自己的运营竞争力，那么市场将很快有一次大洗牌，许多零售商会由于竞争加剧、增长放缓和运营低效而面临破产。

（中国连锁经营协会）

2003 年餐饮业消费趋势年度调查报告（摘要）

为了解全国餐饮企业消费状况，2003 年 7 月，中国连锁经营协会组织了国内 11 个城

市的11家著名餐饮连锁企业，对3515名到其餐厅消费的顾客进行调查。该项调查涉及顾客光顾餐厅所关注的方方面面，对餐饮从业者了解国内11个大中城市的居民消费心理和消费趋势，具有较大的参考价值。

参与调查的城市包括：北京，上海，重庆，成都，昆明，沈阳，深圳，武汉，广州，哈尔滨，天津。

参与调查的企业为：

北京好伦哥餐饮有限公司

重庆小天鹅饮食文化（集团）有限公司

重庆市德庄饮食文化有限公司

哈尔滨东方饺子王连锁经营有限责任公司

天津德克士食品开发有限公司

深圳市山天饮食连锁有限公司

成都谭鱼头投资股份有限公司

昆明大滇园美食有限公司

北京东安饮食公司（东来顺连锁总部）

马兰拉面快餐连锁有限责任公司

沈阳市小土豆餐饮有限公司

本次调查的几点重要发现：

1. 消费者对品牌的认知度逐步提高

上半年，中国连锁经营协会在全国范围内做的“餐饮行业消费趋势调查”显示，在选择就餐地点时，将餐厅知名度放在重要地位的消费者占总调查人数的56.1%；将美誉度放在重要位置的消费者占59.8%；调查还显示，有73%的消费者认为，相对其他单店而言，连锁企业更具信任感。

2. 消费者在外就餐比例大多在10%～20%之间

从调查情况看，每月在外就餐的开销占其收入的比例在10%～20%之间的顾客最多，达到33.1%。

3. 一次性筷子难以退出市场

2003年由于非典流行等因素，普通消费者更加关注一次性餐具的使用。

调查显示，选择使用一次性筷子的顾客占总数的53.3%。看来，尽管国内消费者的环保意识已经有很大提高（有21.9%的顾客因环保原因尽量不使用一次性筷子），但在短时间内一次性餐具还很难退出市场。

4. 消费者注重餐厅卫生

顾客光顾餐馆时考虑的因素很多。我们对每个因素的各选项赋予了一定分值，基本不考虑为1分，不太考虑为2分，一般为3分，比较重要为4分，很重要为5分。根据各项因素得分情况，我们可以根据消费者关注程度对各因素进行排序。

统计结果显示，我们把全国消费者在光顾餐馆时考虑的因素按照得分从高到低排列如下：（1）卫生条件；（2）口味；（3）营养健康；（4）特色；（5）餐厅美誉度；（6）餐厅知名度；（7）周边环境；（8）装潢；（9）价格；（10）停车位。

其中卫生条件得分最高，为4.66分；停车位得分最低为3.33分；但从总体情况看，各因素得分都在3分以上，关注程度很高。

5. 消费者认为与餐厅卫生状况密切相关的调味品来源、菜品原料来源等透明度有待提高

目前，消费者越来越关注餐厅服务员健康状况、餐具卫生、餐巾纸来源、厨房卫生、原料来源、调味品来源、洗手间卫生等。

根据得分情况，在各因素中，消费者认为透明度最高的是洗手间卫生状况，其他从高到低依次排序如下：（1）餐具卫生；（2）服务员卫生；（3）厨房卫生状况；（4）餐巾纸来源；（5）调味品来源；（6）菜品原料来源。

看来，消费者普遍认为餐厅调味品和菜品原料来源的透明度较低。

6. 消费者认为中、西餐各具优势

目前，国内各大中城市的西式正餐和快餐厅较多，和中餐相比，双方各有什么优势和劣势，是业界较为关注的问题。

根据得分情况得出的结论是，在服务、品牌、时尚、环境方面，西餐有一定优势；中餐在价格、特色、口味、营养健康方面有一定优势。

7. 消费者对于就餐方式的偏好

在享用火锅的方式方面，统计表明，有接近50%的消费者希望改成小锅，29%的顾客希望保持现状。

对于中餐的就餐方式，调查显示，在中餐厅就餐时，有33%的顾客希望采用公用的筷子和勺。同时，有31%的顾客认为分餐制造成就餐成本的增加应由餐厅负担。

（中国连锁经营协会）

关于SARS对连锁企业影响的调查报告

2003年年初以来，全国各地陆续出现的非典疫情对多数行业产生了不同程度的影响。为进一步了解非典疫情对连锁企业的影响程度，中国连锁经营协会于5月中旬对会员企业进行了相关调查。协会共向60家会员单位发放问卷，46家企业提供了信息，反馈率为77%。考虑到企业在行业中的地位和代表性，选择发放问卷的会员多为协会理事单位，这些企业提供的信息，在一定程度上能代表所在行业的现状。

一、接受调查的企业构成

1. 零售业25家（占企业总数的54.3%）：

联华、华联、农工商、捷强、可的、华联吉买盛、物美、华普、超市发、京客隆、华冠、小白羊、人人乐、华润万佳、美佳、苏果、宁波三江、南通文峰、江苏时代、武商量贩、步步高、红旗连锁、山东潍坊百货、青岛海宾、淄博绿岛、威海糖酒站。

2. 餐饮业7家（15.2%）：

东来顺、全聚德、马兰拉面、百胜集团、内蒙古小肥羊、大滇园、小天鹅。

3. 服务业 5 家（10.9%）：

福奈特、荣昌、特丽洁、上海象王、仙踪林（休闲）。

4. 专业店 4 家（8.7%）：

威力狮、三联商社、旌旗席殊、和平药房。

5. 供应商 5 家（10.9%）：

上海家化、上海通用富士、上海永冠、上海海立中野、富基旋风。

接受调查企业的构成情况详见图 1。

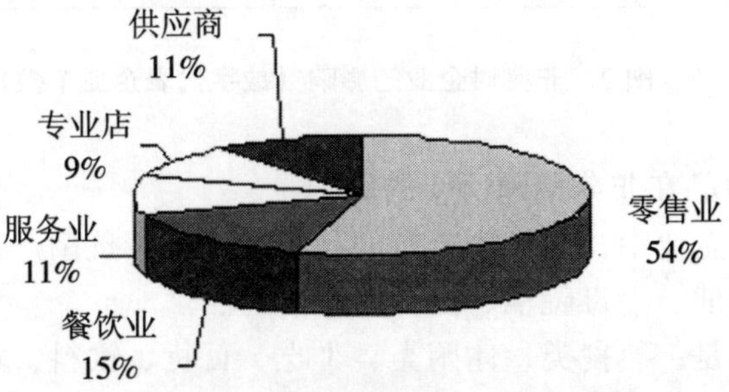

图 1 调查企业构成

二、关于 SARS 影响的调查结果

1. 非典对连锁企业和部分供应商的影响

调查结果显示，受访的 46 家企业中，有 15 家（占总数的 32.6%）认为目前非典对销售影响还不明显，但这些企业担心非典影响企业本年度发展。从企业构成情况看，这 15 家企业主要是零售企业和设施设备供应商。大部分接受调查的设施设备供应商之所以担心企业年度发展受影响，是因为这些公司的业绩和连锁企业尤其是零售企业的发展密不可分，零售业在受非典冲击、拓展受限的情况下，设施设备供应商存有一丝担心是完全可以理解的。

有 16 家企业表示近期销售额有所增加，占总数的 34.8%。这些企业基本上是经营超市业态的零售企业和医药零售企业。由于超市的很多商品和百姓生活息息相关，因此从目前情况看，以超市业态为主的零售企业在销售额上并未受到影响。但是，16 家企业中，有两家企业表示了对企业全年发展前景的担忧。

有 13 企业表示销售额明显下降，占总数的 28.3%。几乎所有接受调查的餐饮企业都表示营业额急剧下降；此外，以服务为主的荣昌、旌旗席殊、特丽洁、福奈特等企业的销售额也有一定程度下降。不容忽视的是，在 13 家销售额业已下降的企业中，有 6 家企业担心企业整体发展会受非典影响，该 6 家企业包括餐饮、服务和零售企业。

尽管多数企业受非典影响巨大，但少数规模较大的内资和外资企业由于措施得当，企业反应机制灵活，受非典的影响相对其他企业而言就小得多。受调查的企业中，有少数几家零售和餐饮企业认为自身所受影响有限。

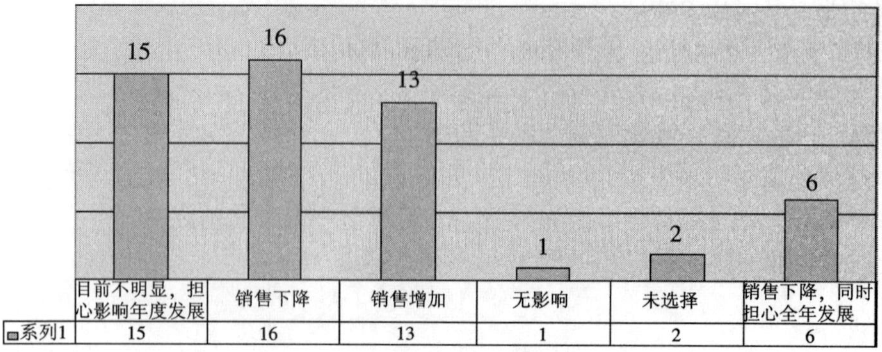

图 2　非典对企业的影响（数字代表企业个数）

2. 不同品类的商品在非典期间所受的影响

调查显示，零售企业中，销售额上升的品类主要是：抗菌产品、消毒产品、洗涤、生鲜、方便食品、米面油、消毒碗柜、健身器材、药品。

下降的品类主要是：熟食类、休闲类、小吃、百货、饮料、家电、服装、烟酒。

持平的品类主要是：副食、一般食品、服饰等。

3. 未来半年 SARS 将带来的影响

应该说，非典对任何企业或多或少都会带来一定的影响，从调查的总体情况看，尽管预测未来半年销售下降的企业比重不高，但多数企业表示非典会在其他方面对企业造成负面影响。

调查显示，有 17%的企业（8 家）预测未来半年企业销售额将下降，这部分企业涉及的行业范围较广，包括餐饮、零售、服务行业和供应商。还有 17%的企业认为非典对企业未来半年影响不大，这 8 家企业全部都是零售企业。

在接受调查的 46 家企业中，有 10 家企业提及企业的拓展将受到影响，占企业总数的 22%。这 10 家企业中，以加盟为主要拓展方式的服务企业受影响很大，同时这些企业还表示，非典将影响总部对加盟店的服务。在这一点上零售企业也不可避免地受到影响，对华联、华普等积极向外拓展的企业来说，非典疫情使其在对外扩张中的门店选址和谈判也受到限制。在企业提到的所有负面影响中，企业对外拓展受限是受关注程度最高的。

此外，还有 3 家零售企业表示未来半年，非典会对企业的配送和采购造成影响，对于跨地区发展的企业来说，这个问题不容忽视。

有 5 家企业提到，非典可能会影响企业年度目标的实现，占企业总数的 11%。还有部分企业认为，由于形势不明朗，自己不好预测下半年面临的形势。

对于少数受非典影响较大的零售企业和餐饮企业来说，急剧下降的现金流将影响企业正常运转，甚至支付员工工资、与供货商结算都将出现困难。鉴于非典疫情并未完全消除，随着时间的推移，可能还会有部分企业出现资金困难的情况。由于连锁企业和供应商之间存在紧密的资金链条关系，连锁企业现金流出现问题，会直接影响与供应商的结算，制造商不能及时收回货款，有可能会影响企业货品的进一步供应。如果非典持续的时间进一步延长，这个问题可能会更为突出。

此外，我们必须注意的是，一些企业表示，尽管一些零售企业在销售额上有所增加，但支撑销售额的增加主要为低毛利商品，在消费弹性很高的高毛利商品的销售额普遍下降、预防非典开支普遍增加的情况下，零售企业的利润将直接下降。对于部分销售额下降的企业来说，由于固定成本不变而导致商品分摊的成本的增加，将进一步吞噬企业的利润。企业效益的下降还可能导致员工队伍的不稳定。

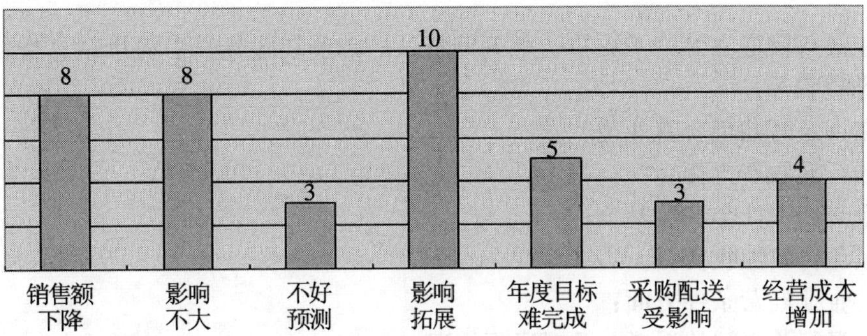

图 3 企业认为在未来半年将受到的影响（数字代表做出选择的企业个数）

尽管非典对企业造成的影响并非全是负面的，一些管理规范的连锁企业认为，随着时间的推移，非典可能会使自己赢得更多消费者的信赖。

4. 面对非典企业采取的措施

被调查的 46 家企业中，60.8%（28 家）的企业提及本单位成立了防护非典领导小组，或采取了相关措施。这 28 家企业主要是与顾客接触频繁的零售企业和餐饮企业。

被调查的 46 家企业中，有 12 家（26.1%）企业调整了商品结构，确保非常时期的商品供应。

除保证商品正常供应，确保社会稳定之外，很多企业在非典时期还通过网络维护客户、加大外卖力度，积极指导加盟店经营等手段完善企业经营，减少企业损失。部分企业还通过加强企业文化建设、加强企业内部管理等措施强化企业内功。

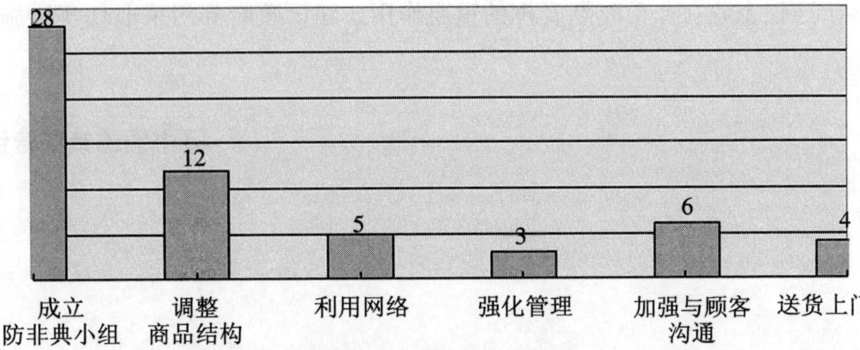

图 4 企业采取的应对措施（数字代表企业个数）

5. 企业呼吁政府或相关部门采取的措施

对于非典给企业造成的影响，接受调查的企业提出了很多具体要求，希望相关部门加大扶持力度。

从税收和贷款方面，有以下几点：

(1) 在税收方面给予优惠，包括暂缓交增值税、将 1－4 月份上交的税收返还一部分给企业；

(2) 在银行信贷方面给予支持，如到期贷款的归还期限延长，提供贴息贷款支持、提供小额信誉贷款等；

(3) 在一定时期免交营业税。

在各项行政收费方面：

(1) 缓交四项社会保险基金；

(2) 减免行政性收费。

在改善企业经营条件方面：

(1) 加强行业之间的沟通，及时通报情况；

(2) 开放露天市场（餐饮企业）；

(3) 电费方面的优惠；

(4) 疫情过后，政府应大力推动各行业振兴消费活动（如以消费发票抵消个人收入调节税等）；

(5) 在现有基础上，扩大减免费用和受扶持行业范围；

(6) 非典时期政府相关部门办事效率高，希望今后能保持，为企业经营创造良好条件。

在政府职责方面：

(1) 加强舆论宣传，澄清谣言；

(2) 尽快控制非典，恢复民众信心；

(3) 履行政府职责，做好价格平稳工作，维护市场秩序；

(4) 为企业创造宽松的宏观环境；

(5) 不要借非典干扰企业正常经营；

(6) 鉴于连锁企业在非常时期发挥的重要作用，建议政府部门采取切实措施推动行业发展。

（中国连锁经营协会）

2003年全球零售100强

名次	公司名称	中文名称	国别	2001年零售额（百万美元）	业态
1	Wal - Mart	沃尔玛	美国	217799	折扣商店、大型综合超市、超级市场、超级商店、仓储商店
2	Carrefour	家乐福	法国	61565	现购自运、便利店、折扣商店、大型综合超市、专卖店、超级市场
3	Ahold	阿霍德	荷兰	57976	现购自运、便利店、折扣商店、药店、大型综合超市、专卖店、超级市场
4	Home Depot	家居货栈	美国	53553	DIY、专卖店
5	Kroger	克罗格	美国	50098	便利店、折扣商店、专卖店、超级市场、仓储商店
6	Metro	麦德龙	德国	43357	现购自运、百货店、DIY、大卖场、超级商店
7	Target	塔吉特	美国	39455	百货商店、折扣商店
8	Albertsons	艾伯森	美国	37931	药店、超级市场、仓储商店
9	Kmart	凯马特	美国	36151	折扣商店、超级商店
10	Sears	西尔斯	美国	35843	百货商店、邮购、专卖店
11	Safeway，Inc	西夫韦	美国	34301	超级市场
12	Costco	科斯托克	美国	34137	仓储商店
13	Tesco	特易购	英国	33614	便利店、百货商店、大型综合超市、超级市场、超级商店、专卖店
14	JCPenney	彭尼	美国	32004	百货商店、药店、邮购
15	Aldi Einkauf	阿尔迪	德国	31310E	折扣商店

续表

名次	公司名称	中文名称	国别	2001 年零售额（百万美元）	业态
16	Rewe	瑞威	德国	29078	现购自运、折扣商店、DIY、药店、大型综合超市、专卖店、超级市场、超级商店
17	Intermarché	英特玛诗	法国	28710	现购自运、便利店、折扣商店、DIY、食品服务、专卖店、超级市场、超级商店
18	Edeka/AVA	爱德卡	德国	26700E	现购自运、折扣商店、DIY、超级市场、大型综合超市、超级商店
19	Walgreens	沃尔格林	美国	24623	药店
20	J Sainsbury	桑斯博里	英国	24081	便利店、大型综合超市、超级市场、超级商店
21	Auchan	欧尚	法国	23456	百货商店、DIY、大型综合超市、专卖店、超级市场
22	Tengelmann	特格曼（欧倍德的母公司）	德国	22980E	现购自运、折扣商店、DIY、药店、大型综合超市、专卖店、超级市场、超级商店
23	CVS	思佛斯	美国	22241	药店
24	Lowe's	劳氏	美国	22111	DIY
25	Ito Yokado	伊藤洋华堂	日本	21145	便利店、百货商店、折扣店、食品服务、专卖店、超级市场、超级商店
26	Aeon	依宏（佳世客、吉之岛）	日本	20040	便利店、DIY、百货商店、折扣商店、食品服务、专卖店、超级市场、超级商店
27	AutoNation	全美汽车租赁	美国	19989	汽车
28	Casino	卡西诺	法国	19984	现购自运、便利店、百货商店、食品服务、大型综合超市、超级市场、超级商店、仓储商店
29	Best Buy	佳买	美国	19597	专卖店

续表

名次	公司名称	中文名称	国别	2001年零售额（百万美元）	业态
30	Otto	奥托邮购	德国	19307	邮购、专卖店
31	E Leclerc	勒克莱尔	法国	19050E	大型综合超市、超级市场
32	Delhaize Group	德尔海兹利莲	比利时	18957	现购自运、便利店、药店、专卖店、超级市场、仓储商店
33	Lidl & Schwarz	利德－施瓦茨	德国	18110E	现购自运、折扣商店、大型综合超市、超级商店
34	Kingfisher	翠丰	英国	17196	百货商店、药店、DIY、专卖店
35	Federated Department Stores	联合百货	美国	15651	百货商店、邮购
36	Publix	大众超级市场	美国	15370	超级市场
37	Daiei	大荣	日本	15260	百货商店、折扣商店、食品服务、大型综合超市、专卖店、超级市场
38	Rite Aid	来德爱	美国	15171	药店
39	McDonald's	麦当劳	美国	14870	食品服务
40	May Department Stores	五月百货	美国	14215	百货商店、专卖店
41	Gap	嘉普	美国	13848	专卖店
42	Marks and Spencer	马克斯思班塞（玛莎）	英国	13506	百货商店、专卖店、超级市场
43	Safeway	隋福威	英国	13400	大型综合超市、超级市场、超级商店
44	KarstadtQuelle	卡尔施泰特	德国	12812	百货商店、食品服务、邮购、专卖店
45	Circuit City	环城	美国	12791	汽车、专卖店
46	Winn－Dixie	温迪克斯	美国	12334	超级市场
47	Coles Myer	考斯梅尔	澳大利亚	12112	百货商店、专卖店、超级市场
48	Meijer	梅耶尔	美国	11450E	超级商店
49	Toys' R' Us	玩具反斗店	美国	11019	专卖店
50	A&P	大西洋与太平洋茶叶公司	美国	10973	超级市场

续表

名次	公司名称	中文名称	国别	2001年零售额（百万美元）	业态
51	TJX Cos.	TJX	美国	10709	折扣商店
52	Woolworths	乌尔沃斯	澳大利亚	10440	百货商店、折扣商店、专卖店、超级市场
53	IKEA	宜家	瑞典	10359	专卖店
54	Pinault – Printemps – Redoute	春天集团	法国	10344	百货商店、邮购、专卖店
55	Staples	斯特普尔斯	美国	10100E	邮购、专卖店
56	7 – Eleven	7 – 11	美国	9894	便利店
57	Loblaw	老不老	加拿大	9884	超级市场、超级商店、仓储商店
58	Wal – Mart Mexico	墨西哥沃尔玛	墨西哥	9677	百货商店、折扣商店、食品服务、大型综合超市、超级市场、仓储商店
59	El Corte Ingles	埃尔·科尔特·因格莱斯	西班牙	9556	百货商店、大型综合超市、专卖店、超级市场
60	SuperValu	苏比维鲁	美国	9549	折扣商店、大型综合超市、超级市场、超级商店
61	Limited Brands	有限品牌	美国	9363	专卖店
62	Migros Genossenschaft	米格罗斯	瑞士	9167	百货商店、大型综合超市、超级市场、专卖店
63	Cora	科拉	法国	8965E	现购自运、便利店、折扣商店、大型综合超市、专卖店、超级市场
64	H.E.Butt	赫布特	美国	8800E	超级市场
65	Dillard’s	狄乐百货	美国	8155	百货商店
66	Seiyu	西友	日本	7733	百货商店、DIY、专卖店、超级市场、超级商店
67	Uny	生活创库	日本	7703	便利店、百货商店、DIY、药店、专卖店、超级市场、超级商店
68	COOP Italia	意大利合作社	意大利	7530E	折扣商店、DIY、大型综合超市、超级市场
69	Kohl’s	科尔斯	美国	7489	百货商店

续表

名次	公司名称	中文名称	国别	2001年零售额（百万美元）	业态
70	Office Depot	办公用品仓储	美国	7395E	邮购、专卖店
71	Takashimaya	高岛屋	日本	7347	百货商店、专卖店
72	Coop Switzerland	瑞士合作社	瑞士	7234	便利店、百货商店、DIY、药店、食品服务、大型综合超市、邮购、专卖店、超级市场
73	Great Universal Stores	大世界商店	英国	7214	邮购、专卖店
74	Boots	布茨	英国	7202	药店、专卖店
75	Dixons	迪克森斯	英国	7017	专卖店
76	Yum! Brands	百胜全球餐饮（肯德基、必胜客母公司）	美国	6953	食品服务
77	Army & Air Force Exchange Services	美国陆军和空军交换服务	美国	6824	专卖店
78	Mitsukoshi	三越	日本	6804	百货商店
79	Somerfield	索姆菲尔德	英国	6770	折扣商店、超级市场
80	The Big Food Group	大食集团	英国	6725	超级市场
81	Dell	戴尔	美国	6400E	电子商务
82	Sonic Automotive	索尼克汽车	美国	6337	汽车
83	John Lewis	约翰·刘易斯	英国	6310	百货商店、超级市场
84	United Auto Group	联合汽车集团	美国	6221	汽车
85	Empire/Sobeys	帝国	加拿大	6089	药店、超级市场
86	Saks, Inc.	萨克斯	美国	6071	百货商店、专卖店
87	Avon	雅芳	美国	5952	直销
88	Galeries Lafayette	老佛爷	法国	5899	百货商店、大型综合超市、邮购
89	Laurus		荷兰	5761	现购自运、便利店、折扣商店、超级市场
90	V.T., Inc.		美国	5648	汽车
91	Nordstrom	诺德斯壮	美国	5634	百货商店、专卖店

续表

名次	公司名称	中文名称	国别	2001年零售额（百万美元）	业态
92	Wm Morrison	莫里森	英国	5556	超级市场
93	Systeme U	U记超市	法国	5485	超级市场、超级商店
94	Lotte Shopping	乐天	韩国	5400E	便利店、百货商店、超级市场
95	Dollar General	道勒占诺	美国	5323	折扣商店
96	BJ's Wholesale Club	BJ仓储俱乐部	美国	5161	仓储商店
97	FDB	FDB	丹麦	5155	便利店、大型综合超市、专卖店、超级市场
98	Daimaru	大丸	日本	5098	百货商店、超级市场
99	Intimate Brands	亲密品牌	美国	5021	邮购、专卖店
100	Menard	美伊娜多	美国	5000E	DIY

资料来源：根据美国全国零售联盟（NRF）发布的“2003全球零售200强”整理。

说明：（1）本排名虽然称为“2003年全球零售100强”，但排名的依据是2001年的销售数据。

（2）本排名根据2001年各公司的“零售额”。因许多公司多元化经营，其零售额小于等于公司的整体销售额。根据零售额排名能反映零售业实际发展情况。

（3）零售额数据后的字母“E”表示该数据为估计数据。

2004年全球零售100强

名次	公司名称	中文名称	国别	2002年零售额（百万美元）	业态
1	Wal－Mart	沃尔玛	美国	229617	折扣商店、大型综合超市、超级市场、超级商店、仓储商店
2	Carrefour	家乐福	法国	65011	现购自运、便利店、折扣商店、大型综合超市、专卖店、超级市场
3	Home Depot	家居货栈	美国	58247	DIY、专卖店
4	Kroger	克罗格	美国	51760	便利店、折扣商店、专卖店、超级市场、仓储商店
5	Metro	麦德龙	德国	48349	现购自运、百货店、DIY、大卖场、超级商店
6	Target	塔吉特	美国	42722	百货商店、折扣商店、超级市场
7	Ahold	阿霍德	荷兰	40755	现购自运、便利店、折扣商店、药店、大型综合超市、专卖店、超级市场
8	Tesco	特易购	英国	40071	便利店、百货商店、大型综合超市、超级市场、超级商店
9	Costco	好事多	美国	37993	仓储商店
10	Sears	西尔斯	美国	35698	百货商店、邮购、专卖店、电子商务
11	Albertsons	艾伯森	美国	35626	药店、超级市场、仓储商店
12	Aldi Einkauf	阿尔迪	德国	33837E	折扣商店、超级市场
13	Safeway，Inc	西夫韦	美国	32399	超级市场
14	JCPenney	彭尼	美国	32347	百货商店、药店、邮购
15	Intermarché	英特玛诗	法国	31688 E	现购自运、便利店、折扣商店、DIY、食品服务、专卖店、超级市场、超级商店

续表

名次	公司名称	中文名称	国别	2002 年零售额（百万美元）	业态
16	Rewe	瑞威	德国	31404	现购自运、折扣商店、DIY、药店、大型综合超市、专卖店、超级市场、超级商店
17	Kmart	凯马特	美国	30762	折扣商店、超级商店
18	Walgreens	沃尔格林	美国	28681	药店
19	Edeka/AVA	爱德卡	德国	26514 E	现购自运、折扣商店、DIY、超级市场、大型综合超市、专卖店、超级商店
20	Lowe's	劳氏	美国	26491	DIY
21	J Sainsbury	桑斯博里	英国	26460	便利店、大型综合超市、超级市场、超级商店
22	Ito Yokado	伊藤洋华堂	日本	26179	便利店、百货商店、食品服务、专卖店、超级市场、超级商店
23	Auchan	欧尚	法国	26071	百货商店、大型综合超市、专卖店、超级市场
24	CVS	思佛斯	美国	24182	药店
25	Tengelmann	特格曼（欧倍德的母公司）	德国	23209 E	现购自运、折扣商店、DIY、大型综合超市、专卖店、超级市场、超级商店
26	Aeon	依宏（佳世客、吉之岛）	日本	23030	便利店、DIY、药店、百货商店、折扣商店、食品服务、专卖店、超级市场、超级商店
27	E Leclerc	勒克莱尔	法国	22229 E	便利店、大型综合超市、超级市场
28	Lidl & Schwarz	利德－施瓦茨	德国	21728 E	现购自运、折扣商店、大型综合超市、超级商店
29	Casino	卡西诺	法国	21620	现购自运、便利店、百货商店、折扣商店、食品服务、大型综合超市、专卖店、超级市场、超级商店、仓储商店

续表

名次	公司名称	中文名称	国别	2001年零售额（百万美元）	业态
30	Best Buy	佳买	美国	20946	专卖店
31	Delhaize Group	德尔海兹利莲	比利时	19569	现购自运、便利店、药店、专卖店、超级市场
32	Kingfisher	翠丰	英国	16185	DIY、专卖店
33	Publix	大众超级市场	美国	15931	便利店、超级市场
34	Rite Aid	来德爱	美国	15801	药店
35	Federated Department Stores	联合百货	美国	15435	百货商店、邮购
36	McDonald's	麦当劳	美国	15406	食品服务
37	Woolworths	乌尔沃斯	澳大利亚	15225	便利店、百货商店、专卖店、超级市场
38	Daiei	大荣	日本	14941	百货商店、折扣商店、专卖店、超级市场、超级商店
39	KarstadtQuelle	卡尔施泰特	德国	14724	百货商店、邮购、专卖店、电子商务
40	Gap	嘉普	美国	14455	专卖店
41	Coles Myer	考斯梅尔	澳大利亚	13560	百货商店、专卖店、超级市场
42	May Department Stores	五月百货	美国	13491	百货商店、专卖店
43	AutoNation	全美汽车租赁	美国	13463 E	汽车
44	Safeway	隋福威	英国	13366	便利店、大型综合超市、超级市场、超级商店
45	Otto	奥托邮购	德国	13018	现购自运、邮购、专卖店、电子商务
46	Winn – Dixie	温迪克斯	美国	12168	超级市场
47	Meijer	梅耶尔	美国	12000 E	超级商店
48	Marks and Spencer	马克斯思班塞（玛莎）	英国	11986	百货商店、专卖店、超级市场
49	TJX Cos.	TJX	美国	11981	百货商店、专卖店

续表

名次	公司名称	中文名称	国别	2001年零售额（百万美元）	业态
50	Pinault－Printemps－Redoute	春天集团	法国	11410	百货商店、邮购、专卖店
51	Toys'R'Us	玩具反斗店	美国	11305	专卖店
52	El Corte Ingles	埃尔·科尔特·因格莱斯	西班牙	10910	便利店、百货商店、大型综合超市、专卖店、超级市场
53	Loblaw	老不老	加拿大	10900	便利店、大型综合超市、超级市场、超级商店、仓储商店
54	IKEA	宜家	瑞典	10033	专卖店
55	Circuit City	环城	美国	9954	汽车、专卖店
56	SuperValu	苏比维鲁	美国	9848	折扣商店、大型综合超市、超级市场、超级商店
57	Migros Genossenschaft	米格罗斯	瑞士	9844	便利店、百货商店、大型综合超市、专卖店、超级市场、超级商店
58	Uny	生活创库	日本	9505	便利店、百货商店、DIY、药店、专卖店、超级市场、超级商店
59	Louis Delhaize	路易－德尔海兹	法国	9497 E	现购自运、便利店、折扣商店、大型综合超市、专卖店、超级市场
60	H.E.Butt	赫布特	美国	9300 E	超级市场
61	Great Universal Stores	大世界商店	英国	9141	DIY、邮购、专卖店
62	Kohl's	科尔斯	美国	9120	百货商店
63	Seiyu	西友	日本	8811	百货商店、DIY、专卖店、超级市场、超级商店
64	Dixons	迪克森斯	英国	8604	专卖店
65	COOP Italia	意大利合作社	意大利	8560 E	折扣商店、DIY、大型综合超市、超级市场
66	Limited Brands	有限品牌	美国	8445	邮购、专卖店
67	Staples	斯特普尔斯	美国	8200 E	邮购、专卖店

续表

名次	公司名称	中文名称	国别	2001年零售额（百万美元）	业态
68	Coop Switzerland	瑞士合作社	瑞士	8054	便利店、百货商店、药店、DIY、食品服务、大型综合超市、邮购、专卖店、超级市场
69	Dell	戴尔	美国	8000 E	电子商务
70	Takashimaya	高岛屋	日本	7949	百货商店、专卖店
71	Dillard's	狄乐百货	美国	7911	百货商店、邮购
72	Coop Norden	诺登合作社	瑞典	7798	便利店、折扣商店、大型综合超市、专卖店、超级市场、超级商店
73	Office Depot	办公用品仓储	美国	7450 E	专卖店、邮购
74	Mitsukoshi	三越	日本	7309	百货商店
75	Somerfield	索姆菲尔德	英国	7273	便利店、折扣商店、超级市场
76	Yum! Brands	百胜全球餐饮（肯德基、必胜客母公司）	美国	6891	食品服务
77	Army & Air Force Exchange Services	美国陆军和空军交换服务	美国	6800 E	专卖店
78	Empire/Sobeys	帝国	加拿大	6772	便利店、折扣商店、药店、超级市场、超级商店
79	Boots	布茨	英国	6686	药店、专卖店
80	The Big Food Group	大食集团	英国	6639	现购自运、超级市场
81	Lotte Shopping	乐天	韩国	6575	便利店、百货商店、食品服务、大型综合超市、超级市场
82	Yamada Denki	山田电气	日本	6517	专卖店
83	Wm Morrison	莫里森	英国	6514	超级市场、超级商店
84	John Lewis	约翰·刘易斯	英国	6450	百货商店、大型综合超市、超级市场
85	Systeme U	U记超市	法国	6338 E	超级市场、超级商店
86	Avon	雅芳	美国	6171	直销
87	Dollar General	道勒占诺	美国	6100	折扣商店

续表

名次	公司名称	中文名称	国别	2001年零售额（百万美元）	业态
88	Compass	金巴斯	英国	6092	食品服务
89	Nordstrom	诺德斯壮	美国	5975	百货商店、邮购、专卖店
90	Saks，Inc.	萨克斯	美国	5911	百货商店、专卖店
91	United Auto Group	联合汽车集团	美国	5907 E	汽车
92	BJ's Wholesale Club	BJ仓储俱乐部	美国	5729	仓储商店
93	Sonic Automotive	索尼克汽车	美国	5488 E	汽车
94	Daimaru	大丸	日本	5449	百货商店、超级市场
95	Hennes & Mauritz	亨尼斯·毛瑞茨	瑞典	5428	专卖店
96	Metcash		南非	5403 E	现购自运、便利店、专卖店、超级市场
97	AutoZone	汽车地带	美国	5326	专卖店
98	Barnes & Noble	巴诺	美国	5269	专卖店
99	Menard	美伊娜多	美国	5250 E	DIY
100	S Group	S集团	芬兰	5246 E	便利店、百货商店、食品服务、大型综合超市、专卖店、超级市场

资料来源：根据美国全国零售联盟（NRF）发布的“2004全球零售200强”整理。

说明：（1）本排名虽然称为“2004年全球零售100强”，但排名的依据是2002年的销售数据。

（2）本排名根据2002年各公司的“零售额”。因许多公司多元化经营，其零售额小于等于公司的整体销售额。根据零售额排名能反映零售业实际发展情况。

（3）零售额数据后的字母“E”表示该数据为估计数据。

2002年度中国优秀特许品牌

2002年度中国优秀特许品牌（10个　排名不分先后）

优秀特许品牌	企业名称	所属行业
华联超市	华联超市股份有限公司	超市
联华快客	上海联华快客便利有限公司	便利店
肯德基	百胜（中国）投资有限公司	西式快餐
全聚德	中国北京全聚德集团有限责任公司	中式正餐
马兰拉面	马兰拉面快餐连锁有限责任公司	中式快餐
德克士	德克士食品开发有限公司	西式快餐
小土豆	沈阳市小土豆餐饮有限公司	中式正餐
福奈特	北京福奈特洗衣服务有限公司	洗衣
21世纪中国不动产	北京埃菲特国际特许经咨询服务有限公司	房地产中介
威力狮	威力狮汽车快速服务连锁有限公司	汽车养护

2002年度中国特许企业优秀管理者（6名　排名不分先后）

优秀管理者	所在企业	所属行业
华洲	华联超市股份有限公司	超市
胡沛立	北京东安饮食公司·东来顺连锁总部	中式正餐
朱丽筠	北京福奈特洗衣服务有限公司	洗衣
刘子昆	昆明大滇园美食有限公司	中式正餐
谭长安	成都谭鱼头投资股份有限公司	中式正餐
仇一	重庆小天鹅饮食文化（集团）有限公司	中式正餐

2002 年度中国优秀加盟者（12 名　排名不分先后）

加盟品牌	优秀加盟者	行业	企业名称
华联超市	张建平	超市	（上海）新阳普超市有限公司
苏果超市	韩淑芬	超市	马鞍山市珍味南北货有限责任公司
东来顺	奚晏平	中式正餐	北京东来顺青岛海天饭庄
德克士	包图木勒	西式快餐	通辽市泰来金银珠宝有限责任公司
谭鱼头	谢烨群	中式正餐	昆明市谭鱼头火锅连锁有限公司
小天鹅	李延军	中式正餐	济南重庆小天鹅火锅食府
小土豆	李俊田	中式正餐	沈阳市小土豆餐饮有限公司晋城分店
大滇园	吴　田	中式正餐	大滇园煳辣鱼火锅城河南荥阳加盟连锁店
老家肉饼	薛国巍	中式快餐	北京市海汇百川餐厅
福奈特	熊　伟	洗衣	大连福奈特洗衣服务有限公司
新华驿站	王金友	音像租赁	北京新华驿站运河潮店
罗莱	曹建军	家居用品	徐州市金纺工贸有限公司

2003年度中国优秀特许品牌

2003年度中国优秀特许品牌（10个　排名不分先后）

品　牌	企业名称	所属行业
肯德基	百胜咨询（上海）有限公司	西式快餐
全聚德	中国北京全聚德集团有限责任公司	中式正餐
小天鹅	重庆小天鹅投资控股（集团）有限公司	中式正餐
仙踪林	上海仙踪林餐饮有限公司	休闲饮品
华联超市	华联超市股份有限公司	超市
可的便利	上海可的便利店有限公司	便利店
百圆裤业	山西百圆裤业有限公司	零售
福奈特	北京福奈特洗衣服务有限公司	洗涤
东易日盛	北京东易日盛装饰有限责任公司	装饰
东方爱婴	北京市东方爱婴咨询有限公司	教育

2003年度中国优秀特许企业管理者（6个　排名不分先后）

获奖者	所在企业	职务
汤庆顺	北京东来顺集团有限责任公司	董事长
仇一	重庆小天鹅连锁经营管理公司	总经理
朱奕玲	成都巴国布衣餐饮连锁管理有限公司	总经理
高阳	昆明大滇园美食有限公司	副总经理
施卫	联华超市股份有限公司	副总经理
王国安	上海吉的堡教育软件开发有限公司	董事长

2003年度中国优秀加盟者（20个　排名不分先后）

获奖者	加盟品牌	企业名称	行业
顾翔	肯德基	溧阳泰丰餐饮有限公司	西式快餐
陈雄鹰	小天鹅	云南新龙门实业有限公司	中式正餐
尤钊宇	仙踪林	广州市越秀仙踪林珍珠奶茶店	休闲饮品
张志坚	东来顺	北京东来顺饭庄加盟店	中式正餐
刘伟	巴国布衣	巴国布衣风味酒楼乌鲁木齐店	中式正餐
刘玲	德庄	成都市德庄重庆火锅餐饮有限公司	中式正餐
李学文	秦妈老火锅	重庆秦妈老火锅太原三部、四部、六部	中式正餐
杨丽辉	毛家饭店	广州市天河北路毛家饭店	中式正餐
许立志	李连贵	北京关东汉餐饮有限公司	中式快餐
周建民	德克士	山西省临汾市金泰洋食品公司	西式快餐
肖莉	小肥羊	无锡小肥羊餐饮有限公司	中式正餐
周贞	SPR COFFEE	SPR COFFEE深圳蛇口店	休闲饮品
薛光明	联华超市	上海新锦华（集团）有限公司	超市
唐洪元	华联超市	上海市普陀区桃浦供销合作社	超市
瞿林娣	可的便利	上海可的便利店有限公司	便利店
朱琛	福奈特	北京创新中天商贸有限公司	洗涤
林帝兵	东易日盛	昆明中策装饰有限公司	装饰
罗树东	东方爱婴	广州东方爱婴咨询有限公司	教育
杨红	席殊书屋	河北任丘华油席殊书屋	零售
王海	CENTURY 21®	北京海煦置地房地产经纪有限公司	地产中介

2003年度中国特许经营论文奖（1篇）

论文题目	作者	所在单位
特许经营费用问题研究	李飞	清华大学经济管理学院

第四部分　地方篇

黑龙江省连锁经营发展情况

国办发《关于促进连锁经营发展的若干意见》（［2002］49）下发后，我省重点做好两方面工作，一方面根据《意见》精神修改完善《黑龙江省关于大力推进现代化商贸流通业发展意见》，进一步明确我省连锁经营工作思路和工作重点，同时结合我省实际编制下发了《黑龙江省连锁经营“十五”发展规划》。另一方面着力做好连锁经营的推进工作。

截止到2003年6月，全省商贸流通系统已发展连锁经营企业40余家。2002年全省社会消费品零售总额1320亿元，同比增长10.1%，其中连锁经营企业实现销售额53.11亿元，同比增长18%，高于商业平均增长幅度，占全省社会消费品零售总额的4.02%。目前我省连锁经营发展主要呈现五个特点：

一是合作重组加快发展，先做强再做大。面对中外强手，为寻求加快发展，我省企业积极与国内一些大企业合资合作。哈尔滨道里菜市场按照“联强联大、创新经营”的战略思路，与国内连锁巨头上海联华超市公司签订合资合作协议，成立黑龙江联华超市公司，实现连锁经营上大船的目标。2003年4月，双方合作在哈尔滨市建成2.6万平方米的世纪联华店。哈尔滨医药公司和药材公司重组为哈药集团医药药材公司，原医药公司42家“同泰连锁药店”和药材公司35家“人民连锁药店”重组后占据哈尔滨药品批零市场60%份额，2002年实现5亿多元的销售。波斯特超市连锁公司与上海华联吉买盛购物中心有限公司签订战略合作框架协议，采取联合购物、合作经营方式共同开拓市场。牡丹江百货大楼、牡丹江商业大厦、大庆百货大楼“靠大连强”，登上大商集团这条航母。其中牡丹江百货大楼实现了当年改造当年盈利，去年成为牡丹江市排名前十位的利税大户。

二是民营连锁步伐加快，生产企业抢占市场终端。我省民营企业凭借机遇、体制和资金等优势，正在加快超市的连锁化发展。其中，比优特超市、华辰超市、太平洋超市呈现出咄咄逼人的发展势头。大庆的庆客隆超市开出总营业面积2万平方米的七家店，2002年销售额近亿元；哈尔滨的延大仓买连锁店已开出50家便利店，并建立了现代化的物流配送系统和信息管理系统，为进一步发展打下了良好的基础。与此同时，零售企业的终端优势越来越被生产企业认识和看好，并且开始通过发展新型商业业态的网络占据市场。如完达山乳业现已发展十几家直营便利店，百十家加盟便利点；哈尔滨义利食品集团以现代化大型屠宰场为支撑，开发出200多家义利放心肉和肉食品专卖店。

三是专业连锁店加快抢滩布阵，餐饮业积极探索连锁化发展。专业连锁店在主力类别商品上以其产品线的宽度和深度优势，在省内市场迅速崛起。特别是家电连锁公司，在省内中心城市涌现出年销售12亿元的家电连锁公司。其共同特点是不同程度采用买断、定制、区域代理等营销模式，获得了一定的市场定价权。待区域性市场目标完成后，开始向外扩张。哈尔滨的黑天鹅家电近年来在省内市场迅速圈地，已在哈市、齐市和省内一些中小城市开出几十家直营店和加盟店。牡丹江广汇家电相继在牡丹江、佳木斯、鸡西，以及俄罗斯的海参崴设立家电连锁店。大庆的昆仑家电、齐齐哈尔的华峰家电等也不断扩展区域市场。哈尔滨家电市场三联、国美等家电巨头的大比拚愈演愈烈。在餐饮业上，洋快餐和中式餐饮百强企业靠连锁化规模经营打天下，进一步促进了我省餐饮企业连锁化的发展进程。如哈尔滨东方饺子王、满汉楼、台北1+1、老头包子、吴记、汉斯、福都等，不断开发新产品，在提高信用度的同时，努力提高标准化的程度，加快实现经营管理手段的现代化。东方饺子王已成为知名品牌，打入北京、长春等省外市场，2002年进入全国餐饮百强企业行列。

四是中外巨头纷纷涌入，商业竞争局面渐变。自2002年开始，外资和合资以及国内大品牌店纷纷进入哈尔滨和省内几个中心城市。沃尔玛的第一家上万平方米超市入驻哈尔滨，之后陆续有大洋百货、时代华纳和万达集团投资10亿元在哈尔滨寸土寸金地带联合打造总面积15.5万平方米的哈尔滨万达商来市场；与外商合资的大福源上万平方米大卖场在齐齐哈尔和牡丹江陆续开店；家乐福在哈尔滨开出万米以上的大超市；普尔斯马特在哈尔滨开发区开设了近万平方米的仓储会员店。国内的超市巨头上海联华、华联也相继在哈尔滨开出2.6万平方米和近万平方米的大型购物中心和大超市。中外巨头在哈尔滨的布局，尤其是大开发商捆绑运作的威力，正在改变哈尔滨原有的商业格局，友谊路和开发区的新商业区等陆续崛起。区域市场正在变为国内、国际竞争的大市场。

五是业态更加齐全，业种不断扩展。随着中外巨头纷纷落户黑龙江市场，百货店、超市、大型综合超市、专业店、专卖店、便利店、仓储式商场、购物中心等主要零售业态形式在黑龙江市场都已出现。连锁经营的业种已从起初的零售业、餐饮业迅速向生活服务、娱乐休闲、高科技等行业拓展。连锁经营的触角已经开始向石油、建材家居、医药、音响、通讯器材、软件开发、房地产中介、生产资料、电脑、汽车美容及维修、洗衣、洗染、眼镜、食品加工等行业延伸。

通过贯彻落实国办发［2002］49号文件的实践，我们认为，为了支持连锁经营发展，国家应在以下几个方面给予政策扶持：一是重点支持效益好的企业拓宽融资渠道，通过增资扩股、股票上市等途径募集社会资金，扩大经营规模；二是通过资产重组、划拨等多种方式，鼓励改造工业企业的闲置厂房、设备和批发、储运企业的仓储设施，发展商品配送中心；三是尽快出台《特许经营管理条例》，维护知名品牌拥有者的合法权益，使特许经营健康有序发展；四是商服企业在用电、用水上应实行与工业企业同种价格；五是国家商务部应设立扶持重点连锁经营企业发展专项资金，使具有民族知名品牌的连锁企业迅速发展壮大。

（商务部商业改革发展司提供）

吉林省连锁经营发展情况

为加快传统流通业向现代流通业的转变，根据国家有关部委的工作部署和省政府指示精神，我省自1995年以来，有计划、分步骤地进行了现代流通业发展工作，倡导新兴业态，推动营销方式改革，通过媒体宣传、政策引导、人员培训、经验交流和典型示范等措施，取得了阶段性成果。

一、基本情况

自1995年试点以来，连锁经营逐步得到发展。据不完全统计，2002年年末，全省连锁企业近200户，门店2000多个。连锁经营销售额90亿元，占社会消费品零售总额的10%。经营较好的连锁企业有以下几类：一是利用组织化程度高、基础设施好的优势创办的连锁企业，起步快，效果好。如邮政邮购公司，充分利用邮政系统遍布城乡的网络发展连锁经营，到2002年年末拥有门店200多个，销售收入5000万元。二是具有行业专营性、经营技术要求高的连锁企业，组织结构稳定，经营持续发展。如吉林大药房，现有门店170个，2002年销售收入1.5亿元。三是机制活、负担轻、实力较强的企业，创办连锁的积极性高。如恒客隆仓储超市，大型仓储超市已达7个，迷你店100余个，2002年销售收入10亿元。四是具有专利技术的企业，创办的成本低、发展快。如四平李连贵风味大酒楼，作为具有百年历史，又获“中华名小吃”的餐饮企业，靠经营“李连贵大饼”这一名牌的特许权迅速扩展网点，开拓市场，2002年年末，门店已达115个，遍布全国19个省市，销售收入8200万元。五是龙头企业，其组建的连锁企业规模大、起点高。以我省流通业龙头企业欧亚集团为首的吉林省商业物流联盟自由连锁，自2002年8月份设立以来，参与企业已达69个，开发统一进货品种3000多个，配送网络覆盖全省，并幅射周边省份部分地区。

二、工作情况

1. 培训人员，协调政策

为提高员工素质，解决连锁经营所需人才问题，1996年我们组织各级贸易主管部门和企业200多人参加了原国内贸易部举办的连锁知识电视讲座，多次组队到外省、市考察学习，协调有关部门出台了关于连锁企业免税的扶持政策。此外，还利用媒体，广泛宣传开展连锁经营的意义，提高对发展连锁经营的认识，对工作起到了良好的推动作用。

2. 召开全省推进流通现代化攻作会议

2002年1月份，我们参加了国家经贸委在上海召开的全国推进流通现代化现场会。会上听取了领导讲话，学习了先进省市和企业的经验，实地参观了典型企业，开阔了眼界、启迪了思路，提高了对推进流通现代化重要意义的认识。会后，将领导讲话的精神和会议情况向分管副省长做了汇报，制定了贯彻措施，并于2002年9月召开了有各市（州）主管流通工作的副市长（副州长），各市（州）商委、贸易办公室、经贸委负责人，省政府各有关部门负责人，相关协会、重点企业负责人参加的全省推进流通现代化工作会议。会上分管副省长做了重要讲话，强调了推进流通现代化工作的重要意义，部署了下一步工作；长春、吉林两市商委介绍了经验和工作思路；长春欧亚集团等8户企业介绍了经验。

3. 制定流通现代化发展规划

为使我省连锁经营快速、有序发展，我省制定了流通现代化发展规划，提出了连锁经营的指导思想、原则、有关政策，明确了发展目标，即未来五年内在长春、吉林等大中城市完善和发展规模较大的连锁企业15个，新增连锁门店2000个。连锁经营销售额占社会商品零售总额的比重力争达到20%以上，此规划已于2002年末由省政府批转各地执行。

4. 评选流通现代化示范企业

为充分发挥典型企业的示范和带动作用，经地区贸易主管部门推荐、检查、审核，2002年评选出长春欧亚卖场等20户业态先进、管理科学、经营规范、社会形象好的企业为吉林省流通现代化示范单位，并授予牌匾，形成示范群体，在社会上引起了良好的反响。

5. 举办合作招商洽谈

2002年8月份，我省举办了吉林省流通现代化招商与合作洽谈会。洽谈会上组建了吉林省商业物流联盟，李连贵风味大酒楼等一批企业签署了合作项目，进一步扩大了规模，增强了实力。

三、下一步工作

1. 促进连锁业态多样化

一是大力发展连锁超市。以满足人民群众基本生活需要为宗旨，坚持商品、服务的大众化，积极发展以经营食品、蔬菜、副食品、日用百货为主的，规模较大、设备先进、功能完善的标准食品超市和仓储式超市，提高生鲜食品经营比重，使其逐步成为日用消费品经营的主体业态。重点扶持长春恒客隆仓储式连锁超市、远方连锁超市加速扩张。二是重点发展具有综合服务功能的社区、居民区便利店，整合、改造传统的夫妻店、食杂店；突出有特色的品牌商品专业店、专卖店，限制大卖场和单体百货店的过度发展；利用现代经营和管理技术对传统的百货零售业态进行改造，重组业务流程，进行超市化、连锁化经营。三是积极发展连锁服务店，鼓励洗浴、洗涤、美容美发、修配、照相等服务行业开展连锁经营，完善社会服务体系。四是以吉菜开发为契机，通过大力开发名优吉菜品牌，使四平李连贵风味大酒楼、长春同达酒店有限公司、延吉金达莱饭店有限责任公司、金德美食府等餐饮连锁企业得到快速发展。

2. 推进连锁业种多元化

要在我省连锁经营发展水平相对较低的电讯、石化、烟草、图书报刊等实行集中管理和专营专卖制度的行业，以及家电、电脑、软件、家具、装饰装修材料、汽车销售和房地产中介、教育培训、汽车配件及维修、家庭服务、旅游等新兴服务业中，广泛开展连锁经营，拓展连锁经营领域。

3. 实现地域分布合理化

目前我省连锁经营企业主要集中在长、吉两市，地域发展不平衡。要鼓励支持吉林大药房、长春恒客隆仓储连锁超市、长春天力集团和吉林大富豪鞋店、吉林市东北亚商贸公司等有实力的连锁企业向省内其他中心城市扩张，支持延边国贸、白山方大集团等区域性连锁企业向周边乡镇发展，形成覆盖全省的连锁经营网络。

4. 实现连锁经营规模化

支持规模大、实力强的流通企业充分发挥资本运营、资源配置、技术创新和市场开拓等方面优势，以资本或资产为纽带，通过股份制改造、兼并联合、参股控股、资产重组与划转等方式，吸纳企业特别是国有中小型企业加盟，扩大连锁企业规模，形成拥有自主知识产权、主业突出、核心竞争力强、具有国际竞争力的跨地区、跨行业乃至跨国界经营的连锁企业集团。扶持长春欧亚集团等省内9户大型流通企业组建的自由连锁壮大实力，加快发展。在直营连锁不断规范和完善的同时，选择李连贵风味大酒楼等部分拥有自主知识产权、知名度高、管理基础好的企业通过输出商品、标识、专利、专有技术、管理技术等，积极探索特许连锁经营，加快我省连锁企业的扩张。

5. 推行连锁经营运作规范化

要通过技术改造，全面提升大型连锁企业经营设备、设施的现代化水平，搞好店堂装潢，强化配送中心建设；要按照国际通行标准加强连锁企业质量管理体系建设，在企业组织机构、业务流程、内部管理和服务程序等方面实行标准化作业，严格遵循国际通行做法，坚持连锁经营的规范性标准，实行“统一采购、统一配送、统一核算、统一管理、统一价格、统一服务、统一广告、统一标识”，使我省的连锁经营站在较高的起点上健康发展。

四、政策建议

近年来，我省流通产业虽然有了很大的发展，但与经济发达省份相比，差距十分明显。我省经济欠发达，财政投入少，扶持力度弱是主要原因之一。而发展连锁经营需要较大的前期投入，希望国家能够在国债贴息、技改贷款等政策上对中西部地区有所倾斜，加快落后省份连锁经营的发展，尽快缩小其与先进省市的差距。

（商务部商业改革发展司提供）

辽宁省连锁经营发展情况

一、连锁经营发展的基本情况

我省连锁经营从20世纪90年代中期开始起步，经过几年的发展，特别是1998年省政府提出组织实施现代商业“示范工程”以来，通过发挥典型企业的先导和示范作用，有力地带动了全省连锁经营等新型流通业态和现代营销方式的快速发展，一批大型连锁经营企业迅速成长，以连锁超市、仓储式商店、会员制卖场、便利店、电子商务、无店铺销售、物流配送等现代营销业态为代表的连锁店铺日益增加，连锁经营网络逐步扩大，范围不断拓宽，成为推动全省现代商品流通产业加速发展，提高商业经营档次和服务水平，改善人民群众购物环境，吸引并扩大消费需求的主导潮流和崭新领域。

1. 连锁经营呈现的主要特点

(1) 数量规模迅速增加

近两年，新建、改扩建上万平方米以上的大型、超大型连锁零售商业设施35个，新增营业面积194.2万平方米，总投资76.1亿元，相当于“八五”、“九五”10年间商业全部建设投资。全省连锁店数量翻了一番，由“九五”时期的2000家，增加到4100多家；逾万平方米的大型超市、购物中心，“九五”时期有12家，现在达60家，比“九五”时期增长4倍；连锁商业“九五”时期累计实现销售额251亿元，这两年就实现381.3亿元，是“九五”时期的1.5倍；占社会消费品零售总额的比重由“九五”时期的5.2%，提升到10.2%，增加了5个百分点。

(2) 经营领域不断拓宽

目前全省连锁经营门类已覆盖百货、副食、餐饮服务、汽车、家具、建材、医药、书刊音像等30多个行业。按组织形式划分主要有两种类型：一是直营连锁，成为现在省内连锁经营的主导形式。二是特许连锁：沈阳小土豆餐饮有限公司的加盟店有135家，东北大药房的加盟药店已发展到103家。按业态形式划分主要有：连锁超市、连锁便利店、连锁专卖店和专业店、连锁百货店、连锁快餐店等。这些连锁企业，实行统一进货、统一配送、统一管理，极大地增强了企业经济实力和核心竞争力。此外，连锁服务网点，诸如彩扩、洗染、冷饮、维修、音像、摄影、家庭服务等也迅速地起步发展。

(3) 跨地域经营初具规模

我省连锁经营企业开始做大做强，大商集团在5省20多个城市中跨地经营的连锁店铺数量已达51家，全年销售额实现128亿元，成为国内最大的百货店连锁集团和第三大零售业企业集团。沈阳中兴、商业城、兴隆大家庭、大连友谊、和平广场等商业企业，也分别在竞争中扩张规模，不断做大做强。已经有4301户国有中小型商业企业通过出售、租赁、拍卖、股份制等多种形式实施转制，转制面达90%以上。20多万国有中小型商业企业职工通过并轨实现了身份置换，为连锁商业的加速发展奠定了深厚的市场基础和体制环境。

(4) 投资主体呈现多元化

我省连锁经营在投资主体上既有省内和外省的国有企业、私营企业、股份制企业，还有台商以及外商投资企业。从大型连锁超市看，外商投资企业领跑势头强劲。如沃尔玛(沈阳1家分店、大连2家分店)、法国的家乐福（沈阳、大连各1家分店)、日本的大荣、韩国的每家玛、马来西亚的百盛等。德国的麦德隆、荷兰的万客隆也即将落户沈阳。从民族商业来看，国有商业、社会其他经济成分也都对连锁经营表现出较大的投资热情。

(5) 物流配送开始起步

伴随连锁超市的迅速发展，与之相配套的现代物流配送业呈起步发展势头。我省物流配送企业大致有4种类型：一是商品流通领域传统的物流配送企业。二是依托行业优势发展起来的物流配送企业。主要分布在交通运输、邮政、民航、港口、铁路、外贸、粮食、医药、图书发行等行业，大约有50家左右。三是连锁、超市等新型商业企业依据自身经营需要而建立起来的物流配送中心。四是社会投资兴办的第三方物流配送企业。国际大型物流配送企业相继进入辽宁，由外资、民营企业兴办的具有第三方物流性质的企业约20余家。现已建成日用消费品、食品、机电、汽车、建材、钢材、煤炭等17个专业物流配送中心，以大商集团供配货中心、沈阳商业储运集团公司、沈阳机电设备股份有限公司等为代表的物流配送企业已经取得了显著成效，形成了210多家组织化程度高、经营规模大、市场覆盖面广的新型物流配送企业群体。

(6) 电子信息技术广泛应用

计算机和信息技术在全省商品流通领域得到快速发展和广泛应用。各类连锁超市、便利店、配送中心的日常经营管理中，自动销售管理系统（POS)、管理信息系统（MIS)、条码技术（Barcode)、数据库技术（DataBase)、电子订货系统（EOS)、电子数据交换系统(EDI)、增值网络（VAN）等现代经营管理手段开始应用，这对传统商业的管理组织、经营模式及交易方式带来了深刻的影响和积极的变革，成为构筑辽宁现代连锁经营、物流配送营运管理的基础框架和重要内容。

2. 采取措施，加速推进连锁经营的发展

(1) 省政府高度重视连锁经营

为加快辽宁连锁商业的现代化进程，薄熙来省长亲自带队到上海、江苏等地考察连锁商业；省政府召开常务会议，专门听取了我局这方面的工作汇报，并于2002年7月，以参观考察的形式在大连召开了全省推进流通现代化工作现场会。副省长刘克田出席会议并作重要讲话，各市主管商业工作的副市长、商业局长及部分大中型企业经理参加了会议。会上交流了典型经验，考察了大连连锁经营示范单位。此外，闻世震书记、薄熙来省长还带领有关部门的领导，多次视察走访省内的连锁经营企业。对全省商业进一步扩大对外开放，全面推进连锁经营的发展提出明确的部署和要求。

(2) 提出并制定了发展规划措施

为促进连锁经营的规范发展，我们组织论证并制定了《“十五”期间全省连锁经营发展规划》、《商业分级设置规范》和《现代零售业态规范》等。围绕加快城市连锁经营的发展，推广大连市建立便利连锁店的经验，专门下发了《关于学习大连明天集团经验，大力推进便利连锁发展的意见》。为把连锁经营这种经营方式引入农村市场，推进农村连锁商业的发展，我们在全省总结推广了沈阳蒲公英连锁商贸公司实施的“百厂联合，万店加盟”战略，对3000多家农村食杂店进行整合，建立商品配送体系。结合大连昌临旺客隆连锁公司面向县乡农村市场发展连锁经营的成功经验，将连锁经营、物流配送等现代流通方式引进农村市场，满足农民生产、生活消费需求，为进一步开拓农村市场，探索出了一条切实可行的新途径。

（3）将连锁经营列入考核目标

省政府决定把连锁经营店铺发展数量，列入对各市政府工作考核的39项指标之一，并制定了详细的评分标准。省政府连续3年给各市政府下达指标，并组织考核、评议，综合其他各项得分后作为省政府对各市政府年度工作的评价依据。这使得各市政府非常重视连锁店铺的发展，对连锁业态的发展起到了积极的推动作用。

二、全省连锁经营发展中存在的问题

虽然连锁经营、物流配送在我省有了一定的发展，但与国外先进水平及国内发达省份相比，还有较大差距，突出表现在：

1．发展布局不平衡

一是地区间发展不平衡，全省的大型超市几乎都集中在沈阳、大连这两个城市，其中，沈阳5000平方米以上的大型超市有22家，占全省同等规模超市的40%；大连连锁经营企业有70余家，连锁店铺1500余个，占全省总数的50%。其他城市则发展相对缓慢，有的城市至今还没有大型超市。二是规模布局不平衡，大规模的超过1万平方米的超市大多集中在沈、大两市，且大多分布在繁华商业街区，布局不尽合理。

2．规模化程度较低

连锁经营的优势在于规模效益，我省一是连锁企业规模偏小，店铺数量在20家以上的屈指可数；二是连锁企业经营额占社会消费品零售总额的比重与国内先进地区同一指标超过20%比较，差距较大；三是方便群众生活的便利连锁店铺从数量和布局上看，尚显不足，远不能适应消费需求，发展建设空间很大。

3．管理水平不高

我省的一些连锁企业虽然在组织形式上形成了连锁，但统一进货、统一配送、统一核算、统一管理的程度低，连而不锁，背离了连锁经营的原则，难以实现规模效益，在竞争中处于劣势，有的甚至被迫歇业。此外，信息系统建设滞后，管理的科技含量低，连锁企业还没有形成一个完善的、规范化运作的经营管理体制。

4．物流配送建设滞后

物流配送是连锁经营赖以生存发展的“瓶颈”和核心。许多企业固守“产、供、销一条龙”、“万事不求人”的传统观念，致使物流配送手段落后，物流配送基础设施陈旧简陋，仓储设施结构不合理，货场、低档库多，冷藏冷链、立体专用库少。辐射商圈狭窄，社会化、规模化程度低，服务功能不完善。

5．外部环境亟待改善

现代连锁经营发展的市场环境、法制环境尚需进一步整治，特别是打破地区封锁、破除行业垄断、整顿规范市场经济秩序，建立公开、公正、公平的市场竞争环境，以及相关标准、信用评价体系等亟需完善。连锁经营企业和物流配送行业急需一大批高素质、复合型管理人才，尤其是缺少电子信息、管理工程等方面的科技专业人才。

三、发展连锁经营的规划目标

1. 发展目标

——今后5年，全省社会消费品零售总额力争每年以13%的幅度递增，到2007年实现4100亿元，比2002年接近翻一番。

——全省商业增加值力争每年按13%的幅度递增，到2007年实现商业增加值1400亿元，占当年全省GDP的14%，比2002年提高0.1个百分点，接近翻一番。

——每年新增就业岗位20万个，5年内提供就业岗位100万个。到2007年，全省商业从业人员预计达到550万人，占全省从业人员的比重将达到25%以上。

——大力发展连锁经营等现代营销方式，以连锁经营机制改造传统商业，连锁企业店铺数量要发展到9000家，销售额达到1300亿元，年均递增34%，占社会消费品零售总额的比重达到32%。

2. 具体措施

（1）抓规划，促进连锁经营协调发展

（2）抓项目，积蓄连锁经营发展优势

今后5年，全省已经或即将投入施工建设的商业重点建设项目共有158个，总投资370多亿元，建筑面积1470万平方米。这些项目建成后，将吸纳33.7万人就业，预计实现销售收入580亿元，创利税46亿元。其中，大型连锁超市项目25个；连锁便利店项目17个；为连锁经营提供物流配送项目16个。同时，加速建设以沈阳、大连为核心，充分满足连锁经营市场需求，面向东北、华北、内蒙以及日、韩、朝、俄等周边国家的现代物流配送基地。在沈阳、大连、锦州三个城市，规划建设起点高、规模大、辐射力强的10个物流配送枢纽基地（园区）。全省商业物流配送额达到1万亿元，年均递增16%左右。今后5年，重点建设沈阳张士物流园区、沈阳储运物流公司、大连粮食物流中心、大连双兴蔬菜水果物流中心、大商集团物流配送中心、中海鞍山兴辽物流公司、锦州华联北方商品配送中心等10个商业物流配送基地（中心）。

（3）抓改革，实现连锁经营机制创新

今后5年，重点培育大商集团、万达集团大洋百货、沈阳商业大厦集团、商业城集团、大连友谊集团、辽宁一汽贸易有限公司、辽宁兴隆百货集团等10个大型连锁企业，使其具有较强的综合实力和国际竞争力。以连锁经营的方式和运行机制，加速对区域性批发市场的改造，提升经营管理档次和水平，增强吸纳辐射能力。到2007年，商品批发市场交易额力争达到4000亿元，年均递增13%。重点建设和扶持沈阳五爱商品市场、海城西柳服装批发市场、大连保税区国际车城、海城南台箱包批发市场等10家大型区域性批发市场。

（4）抓开放，增强连锁经营竞争实力

充分利用两种资源、两个市场，走出去，请进来。大力吸引国际著名商家、品牌旗舰店和跨国公司北方采购中心入驻辽宁，提高国际一流商业企业的集聚度。跳出“国内贸易”的思维，主动捕获海外商机，依托连锁经营的渠道，“引进来”和“走出去”并举，借船出海，利用跨国公司的全球营销网络，使更多的辽宁产品进入国际市场。

（5）抓科技，提升连锁经营国际化水平

大力依托现代信息技术，加快对连锁经营企业和物流配送企业的信息化建设，80%的大型连锁企业、物流配送企业，30%的中小商业企业都要建立管理信息系统。重点在连锁企业推广条码技术、品类管理、供应链管理和客户关系管理技术；在物流企业推广物流管理信息系统，构筑现代物流信息平台，提高物流配送标准化、系列化、自动化水平。

（6）抓服务，健全连锁经营诚信体系

拓展连锁经营的范围，大力发展连锁服务商业，适应居民日益提高的服务消费需求，发展连锁式的家政服务、老年服务、洗浴、修理、信息、拍卖、典当、旧货、二手车等服务性行业。积极开发建设遍布居民社区的连锁便民服务网点，加快社区综合超市、便民店、餐饮店、洗染店、家政服务网点建设，进一步完善城市社区商业服务体系。到2007年，全省要建立1000个标准化的社区商业服务示范小区，实现消费品零售额300亿元。

（7）抓市场，拓展连锁经营服务商圈

积极推广沈阳蒲公英、大连旺客隆连锁公司的经验，积极引导城市商业企业，通过连锁形式，整合农村商业网点，提升农村商业现代化水平。到2007年，农村市场实现社会消费品零售额900亿元，年递增20%。重点培育沈阳副食集团、沈阳顺利肉类食品加工基地、大连棒槌岛食品有限公司、阜新双汇肉类联合加工企业、鞍山味邦集团等5家以农副产品流通加工为主的龙头连锁企业。根据我省小城镇建设的总体规划，在即将建成的100个小城镇中，构建布局合理的各种连锁经营业态，形成区域性商业中心，创造100亿元新的销售额，使之成为农村市场销售增量的主体。

（8）抓业态，推动连锁经营延伸发展

在流通业态上，拓展连锁经营范围，从超市、百货店向便利店、专业店、专卖店、大型综合超市、仓储式商店等多业态发展。在流通行业上，拓展连锁经营的领域，在零售和餐饮服务业取得成功经验的基础上，在邮政、电讯、石化、烟草、图书报刊、医药等实行集中管理和专营专卖制度的行业中，以及在家电、电脑、软件、家具、装饰装修材料、汽车销售及租赁、服装等行业和房地产中介、教育培训、汽车配件及维修、家庭服务、旅游等新兴服务业中，积极发展连锁经营。

加大对连锁经营的政策扶持力度。我省连锁经营、物流配送作为商品流通领域的新型业态和新兴产业，尚处于起步发展阶段，需要在建立配送中心用地、店铺规划选址、设立专项发展基金、企业兼并重组、组织招商引资、经营管理人才培训等多方面提供相关的政策扶持和财力支持，为推进其加速发展创造良好的外部环境。

（商务部商业改革发展司提供）

沈阳市连锁经营发展情况

一、我市连锁经营的发展

大力发展连锁经营是我国商品流通领域的重大改革，也是沈阳市改造传统商业，改善流通结构，提升流通产业组织化程度，实现商贸流通现代化的重要途径。

1992年，由当时的沈阳市商业管理局组建的沈阳诚添总公司开办连锁超市，迈出了我市连锁经营的第一步。1994年，市粮食局开办了佳佳粮油食品连锁店。以后又有国有的沁园春和民营的中辰、信盟等陆续开业，成为我市连锁经营的初期尝试者。

近几年，沈阳市的连锁经营已经从导入期进入发展期，1999年1月6日家乐福超市进入我市，随后新加坡爱客家、台湾乐购、韩国每家玛、美国沃尔玛、台湾大福源等世界名店和北京国美电器、北京华联、大连友谊等国内大型连锁集团也相继进入我市，形成了第一轮的大型超市热。在这些大店的挤压下，原各区的国有副食商场也改为超市经营，如沈河副食改为满客隆连锁超市、铁西副食改为单体超市、大东副食改为单体超市等。截至2002年年末，全市共有连锁经营企业271个，店铺数2403个，销售额144.5亿元，占全市社会商品零售额的20.8%。

为进一步加快连锁经营在我市的发展，2003年2月，我市召开了商贸流通工作会议，下发了由15个局会签的沈商发［2003］24号《沈阳市加快发展连锁经营的意见》，提出到2005年，全市连锁经营的销售额占社会商品零售额比重要达到30%，连锁店铺要发展到3300个。实施的重点是加大连锁经营结构调整，改善连锁经营区域布局，拓展连锁经营行业领域，培育连锁经营品牌企业，推进特许经营快速发展，引进国内外著名连锁企业。

到2003年下半年，我市的连锁经营开店形成第二轮热潮。在大型连锁超市方面，家乐福将在铁西、展览馆开第二、第三分店；乐购也将在铁西、广宜开第二、第三分店；沃尔玛将在和平开第二分店；北京华联将在五爱开第二分店；就连中兴大厦的店内超市，也把铁西的生活家超市改为自己的加盟店。在便利店连锁方面，可购之仅用短短半年时间，就把自己的特许加盟店发展到100多家。绿色阳光仅用3个月的时间，就选定店址60个，开店45个。蒲公英也是仅用一年的时间，把农村的“夫妻店”变为加盟店，数量多达3200个。

二、对发展中出现问题的思考

我市连锁经营虽然在近两年得到迅速发展，但距规范的、健康的、规模化的标准还相差甚远。目前存在的主要问题：一是缺少大型连锁集团企业，虽然有十几家大型单体世界名店连锁超市和几百家小型连锁企业的几千个店铺，但没有一家称得上是有规模的大型连锁集团企业，许多小规模的连锁企业各自为战，造成社会资源的浪费。由于没有大规模的、统一的连锁网络，所以缺少大型配送中心的集中配货，缺乏外延扩展的能力。二是内资超市经营状况较差，企业数量虽多但经营规模小，现代化管理水平低，缺乏依法经营，经常发生拖欠供货商货款而倒闭的情况。在我市有信誉、有形象的大都是外资和合资超市，如何对相同行业的分散经营进行科学整合，成为连锁发展的当务之急。三是各行业连锁经营发展不平衡，较好的行业有百货、副食、餐饮、医药、图书、通讯，其他行业连锁经营的规范性、规模性、效益性还有待推动和提高。四是县乡镇农村市场的连锁经营发展滞后，农民购买商品基本还是延续古老的赶集方式，商品的质量难以提高。由于市区的连锁企业很少下伸到县乡镇，所以先进的连锁经营理念在农村传播得不广泛，也制约了农村市场连锁经营的发展。五是大型连锁超市分布和选址还不尽合理，有的相距太近、有的没按全市规划设址，还存在空白地域。小型连锁便利店进社区的步伐较慢，还没有达到便民、利民、星罗棋布、遍地开花的标准。

三、加快发展的建议

1. 政府部门要搞好连锁经营发展规划和网点布局，在宏观上指导企业的选址与布局，合理利用市场资源，避免过度竞争的发生，为企业营造良好的发展空间。

2. 努力引进国内外知名连锁集团到我市开连锁店，从整体上提升连锁经营水平，使之形成东北的商品集散中心，塑造大商业、大流通的大都市形象。

3. 积极培育本市典型的连锁企业做大、做强，利用特许加盟、托管经营、收购经营等拓展手段整合社会资源，加快自身发展。

4. 认真落实各管理部门的扶持政策，突出政府的服务功能，少束缚多铺路，为连锁企业提供良好的发展空间，合力推进连锁经营的快速发展。

5. 在引导连锁企业向农村发展的同时，大力扶持郊区和乡镇的连锁经营企业发展，借以提高农民消费水平。

6. 健全连锁经营协会，切实有效地开展工作，协助政府搞好行业自律，大力倡导在能实行连锁经营的各个行业发展连锁经营，节约社会资源，方便群众生活。

7. 相关政府部门要联合开展培养连锁经营各类人才的工作，满足大量连锁经营企业对人才的需求，为我市连锁经营发展夯实基础。

（沈阳市商业局消费品流通处）

大连市连锁经营发展情况

一、大连市连锁经营发展的基本情况

大连市连锁经营起步于20世纪90年代初期，“九五”期间取得了较快发展。截止到2002年年底，全市有连锁企业85家，连锁店2500个，营业面积187.6万平方米，销售额173亿元，占全市社会消费品零售总额的29.3%。2003年上半年，全市新增连锁店铺178个。截止到2003年上半年，全市有连锁店铺2678个，营业面积192万平方米，销售额82.3亿元，占全市社会消费品零售总额的29.5%。

二、大连市连锁经营发展特点

1. 业种分布广，业态较齐全

目前，我市连锁经营分布在百货、日用品、副食、粮食、烟草、餐饮、洗浴、图书、服饰、居室、医药、照相等三十多个业种，基本涵盖了国家确认的零售业态，包括超市、大型综合超市、便利店、专业店、专卖店、购物中心、百货店等业态。

2. 外资企业示范作用明显

美国的沃尔玛、法国的家乐福、日本的迈凯乐、马来西亚的百盛等一些国际知名零售连锁企业，以及美国的麦当劳、肯德基、必胜客，日本的吉野家等餐饮连锁企业；美国的柯达、日本的富士等影像连锁企业；法国的福奈特、日本的珠峰、意大利的伊尔萨等洗染连锁企业都相继落户大连，大大提升了我市连锁商业的档次和水平。

3. 配送中心建设有一定的发展

我市现有30家配送公司（中心）为连锁经营服务，其中大商供配货中心、双兴商品城果菜配送中心、保税区进口货物分拨中心和进口汽车集散中心等物流配送中心，中日合资的佳菱物流、友和物流等全国批准最早的外资物流企业，中海物流、宝供集发物流等第三方物流都已经形成了较大的规模。

4. 连锁企业跨区域发展取得成效

一些重点骨干企业的地方性特征越来越淡化，如大商集团已在全国3省27市开设了51家百货连锁和超市连锁店；万达集团在南京、南昌、苏州、泉州等5个城市的大连大洋百货已经开业，到2003年年底，将在全国开设15家百货连锁店；珍奥核酸也在韩国、马来西亚等国外及全国30个省设立连锁店800多家。

我市连锁经营在取得一定成绩的同时，也存在一些问题，突出表现为：一是连锁经营规模小，缺乏区域影响力。我市连锁企业平均拥有门店数量不足30个。受部门、地区、行业相互分割等因素的制约，整合资源、优化配置工作进展不快，连锁经营的组织化程度不高，缺乏具有区域影响力的大型连锁公司；二是规范化水平较低。专业化、社会化物流配送企业规模不大、数量较少，且信息化程度不高，大多数连锁企业还没有形成比较完善的、规范化运作的经营管理体制；三是布局分布不尽合理，业态结构还不平衡。连锁门店主要集中在市内中心区，新兴商业中心和居住区布点较少；市内门点较多，区（市）县较少。大型综合超市、购物中心发展较快，便利店、专卖店、专业店、仓储式商场等业态发展速度较慢。这些问题亟需在发展过程中逐步加以解决。

三、大连市连锁经营的近期发展目标

经过几年的努力，要基本形成经营布局合理、网络健全完善、业态结构优化、居民生活方便的连锁商业服务体系，基本确立连锁经营在商业和服务业中的主体地位。同时，商业连锁经营的组织化、规范化和企业运行质量要有较大提高，第三方物流配送中心、大型连锁企业内部配送中心和社会专业配送中心为主体的现代商贸物流配送格局初步形成。

到2005年，我市连锁经营发展的具体指标体系包括：

——连锁经营零售额占社会消费品零售额的比重年平均增长3～5个百分点，达到40%以上；

——连锁经营业种年平均增长10%，达到40个左右；

——大型连锁企业在零售市场的份额达到30%左右；

——培育3家大型连锁企业集团。其中包括：1家主业突出、拥有自主知识产权、业绩突出、核心竞争力强、初步具有国际竞争力的跨地区、跨行业经营，年销售额200亿元以上的大型连锁企业集团，成为国内知名的连锁品牌；2家年销售额30亿～50亿元的连锁企业集团；

——发展20家品牌化、专业化、特色化，实力雄厚，辐射能力强，能够带动相关产业发展的专业连锁企业；

——大型连锁企业MIS普及率达到100%，实现商品单品管理的企业达到80%；连锁企业实现计算机管理总体上达到80%，其中市区达到100%，近郊区（市）县达到80%，郊区（市）县达到60%。

四、目前我市连锁经营发展的主要任务

为实现“十五”时期我市连锁经营发展的目标，今后一定时期内促进全市连锁经营发展的主要任务是：

1. 进一步整合社会商业和服务业资源，增强连锁企业的竞争力

打破地区、行业、部门和所有制等方面的分割限制，通过整合社会商业和服务业资源，提高连锁企业的规模化、组织化程度，增强综合竞争力。要努力把大商百货连锁、大商超市连锁、明天便利、旺客隆、旺达、美罗药业、成大方圆医药、联惠家居、双盛园、亚惠快餐等连锁企业做大，连锁品牌做响。鼓励有条件的连锁企业利用成熟的经营管理技术和市场拓展经验，积极向北三市及广大农村延伸，向东北地区及全国发展，并积极推进跨国经营。加快国有连锁商业的改制和体制创新，大型连锁企业集团要推进投资主体多元

化，建立适合现代企业制度要求的规范法人治理结构；对中小国有连锁企业，通过股份合作制、出售等多种方式的改革，并通过发展特许经营、自由连锁等方式，促进其并入大型连锁企业集团。

2．加强规划，促进业态结构的合理化和多样化

一是积极稳妥地推进大型购物中心和大型综合超市的建设。“十五”期间，在交通便捷、人流集中、辐射区域广阔的地区，建设15万平方米左右的大型购物中心3～5家；按每20万人口或以半径3公里为商圈配置1个1万平方米左右的大型综合超市，“十五”期末，大型综合超市发展数量控制在20家左右。二是大力发展便利店。每1万人口配置1个小超市，每3000人或以500米为半径配置1个便利店。“十五”期末，市内门店分别达到100家和500家左右。中心城区的集贸市场要逐步改造规范为小型超市和便利店。三是积极稳妥发展连锁加盟和特许加盟。在特色食品、文教服务、餐饮服务、休闲旅游、医药、冲印、干洗、通讯等行业扩大连锁加盟领域的范围和规模。以行业中有自主知识产权、核心竞争力强、知名度高、管理基础好的企业为依托，推动特许经营的发展；积极利用和开发民族品牌，形成规范化、可复制、易扩张、能够实施有效监管的特许经营体系；鼓励实力较强的企业通过区域特许等方式，引进国际著名特许品牌。四是推动和鼓励传统百货店发展成连锁经营的现代百货店，或改造调整为专业店、专卖店。到2005年，基本形成品牌专卖、系列专卖与特种商品专卖的连锁经营体系，专卖店网点数达到1000家。

3．加强物流园区和物流配送中心的建设和管理

逐步提高连锁经营统一采购和统一配送的比例，重点培育物流园区、大型连锁企业配送中心和第三方物流企业。一是以建设物流园区为重点，形成物流集散基地，建设保税区、甘井子和开发区3大物流园区；二是以大商物流配送中心建设为重点，形成工业消费品的连锁配送中心。到2005年，大商要在大连、沈阳、长春、哈尔滨、济南建立5个物流配送中心，将为分布于东北、山东和北京的100个店铺进行配送服务；三是以建设双兴物流配送中心为重点，形成农副产品物流集散中心；四是以发展粮食物流为重点，形成粮食加工贸易和粮食集散中心；五是推动沃尔玛、家乐福北方采购中心建设，形成国际商业集团区域性物流配送基地；六是以发展专业化、社会化配送中心为重点，形成中小商业连锁企业配送服务体系。重点发展佳菱、友和、中海、宝供集发等第三方物流企业，使其逐步扩大规模，为连锁企业进行社会化服务。

4．积极推进绿色营销，建立农副产品安全流通体系

超市和便利店中的食品销售占很大比重，继续深化和完善“三绿工程”工作，对食品的生产、加工、采购、运输和销售的各个环节加强监督，定期进行商品质量检测。建立以新型业态为龙头的农副产品安全流通体系，与农副产品经销商和食品生产企业共同形成安全食品供应体系，确保进入连锁企业的食品的安全。

（商务部商业改革发展司提供）

北京市连锁经营发展情况

一、概述

2003年，北京市流通部门围绕推进流通现代化发展思路和重点，克服了非典疫情造成的严重影响，大力推广连锁经营等现代流通方式，不断优化流通业发展环境，稳步提高流通信息化水平，连锁经营结构不断调整优化，连锁经营运行质量稳步提高，连锁经营对流通经济发展继续保持了积极的促进作用。全市连锁经营企业实现零售额463亿元，同比增长23.7%，高于全市社会消费品零售额增幅9.2个百分点，连锁经营实现零售额占全市零售额的比重为24.2%，比年初上升了5.5个百分点；实现利润10.9亿元，与上年同期相比增长41.6%；实现税金14.5亿元，比上年同期增长14%。截至2003年年底，全市连锁经营门店总数达到4277家，比上年增加38.5%。连锁经营的业种已达到70种，比上年增加了10种。

连锁经营稳步健康发展。连锁经营发展呈现以下主要特点：一是连锁经营企业集中度稳步提高，龙头企业开始显现。连锁经营企业通过资源开发、整合、重组等多种形式扩张，逐步向集中化、规模化发展，连锁经营龙头企业的经营实力逐渐增强。2003年，在146家连锁经营企业中，年实现零售额大于10亿元的企业共11家，比2002年增加3家，11家连锁企业共有门店999家，占全市连锁门店总数的23.4%；实现零售额289.8亿元，占连锁经营实现零售额的62.6%，比上年提高13.7个百分点。二是超市业态在连锁经营中处于主导地位，成为政府宏观调控的重要载体。在零售业连锁各业态中，超市及仓储式商场业态与居民日常生活消费需求最贴近，是目前最受居民欢迎的连锁经营业态。2003年，超市和仓储式商场实现零售额209.8亿元，同比增长32.7%，占全市连锁实现零售额的45.3%，比上年提高3个百分点。超市业态零售额增长对连锁零售额增长的贡献率为58.6%，成为北京连锁商业销售份额最大、企业集中度和组织化程度最高的业态，成为政府宏观调控市场的载体，在抗击非典、平息市场抢购风波中，骨干连锁企业发挥了重要作用。百货业态实现零售额47.5亿元，占连锁经营零售额的10.3%；专业店和专卖店实现零售额150.1亿元，同比增长23.5%，占连锁经营零售额的32.4%。三是便利店呈现快速发展态势。2003年，随着本市居民消费水平的持续提高，居民对社区便利店的需求不断增加，促进了便利店业态的蓬勃发展。据统计局数据显示，2003年，本市14家连锁便利店公司新开店铺193家，门店总数达到350家，比上年同期增长122.9%；便利店实现零售额12.5亿元，同比增长105.2%，增幅位于连锁经营各业态之首。截至2003年年底，我市社区连锁超市、便利店总数已达1660家，社区覆盖率达到69.1%。

积极优化流通企业发展环境。积极转变政府职能和工作方式，加强政策措施研究和服务，为流通企业发展创造政策环境。在调查研究的基础上，研究制定了《关于印发加快我市连锁超市、便利店发展的意见》（京商发［2003］9号），与有关部门研究制定了《关于印发对发展社区连锁超市、便利店企业给予银行贷款贴息的实施办法》（京商发［2003］38号）。为落实《国务院办公厅转发国务院体改办国家经贸委关于促进连锁经营发展若干意见的通知》（国办发［2002］49号）文件精神，我们在广泛调查研究的基础上起草了《北京市促进连锁经营发展实施意见》，并先后征求了18个相关部门的意见，经市政府第17次常务会讨论同意转发。

二、特点

1. 龙头商业企业不断发展壮大

全市大型连锁经营企业年销售额超过300亿元的企业1家（亚飞汽车），超过100亿元的2家（国美、北京华联），超过80亿元的1家（物美），超过50亿元的1家（京客隆），30亿元以上的4家（王府井百货、超市发、中石化北京公司、大中电器）。在全国连锁30强企业评选中，北京企业占有7席，销售总额占30强企业销售总额的20.8%。其中，连锁百货业态在全国处于领先地位。王府井百货股份有限公司在全国前30名连锁企业排名中位于百货业的第2位，30强的第23位。连锁超市业态4家企业跻身于全国连锁30强行列。北京华联集团、物美商业投资集团有限公司、北京京客隆超市连锁集团、北京超市发连锁股份有限公司，分别位于前30强的第4、第12、第20和第26位。专业连锁业态在全国具有绝对优势。北京国美电器有限公司位于全国连锁30强排名第3位，专业连锁排名第1位。

2. 特许经营取得新进展

2003年，在146家连锁经营企业中，21家企业发展加盟店559家，加盟连锁店铺总数达到1439家，比上年同期增长63.3%，占全市连锁经营门店的33.6%，实现零售额8.2亿元，同比增长33.5%。物美、京客隆、超市发三家超市业态连锁企业发展加盟店92家，占加盟门店总数的16.5%。北京亚飞汽车连锁总店有限责任公司通过特许经营发展，企业规模实现快速扩张，765家经营网点覆盖全国除台湾以外的所有省份，成为本市连锁经营的龙头企业。

3. 连锁经营多元化发展格局初步形成

2003年，82家股份制连锁经营企业共有门店3211家，占全市连锁门店总数的75.1%；实现零售额284.1亿元，同比增长28%，占全市连锁经营实现零售额的61.3%；实现利润同比增长25.1%。

4. 北京物美香港挂牌上市

2003年11月21日，北京物美商业集团股份有限公司在香港联交所挂牌上市，成为首家在香港上市的国内民营商业企业。此次上市是物美集团在北京地区以综超、便超店铺为主的部分资产，共发行H股8794万股，其中90%向机构投资者发行，10%向公众发行，发行价格6.22港元，募集资金6亿港元。世界银行、美国JP摩根财团、德意志银行、汇丰银行、法国农业银行、宏利保险公司、英国石油公司等均成为物美集团的股东。物美上市同时创下了香港创业板2003年以来超额认购倍数最高、募集资金金额最大的记录。

5. 外埠连锁龙头企业快速在本市扩张

截至2003年年底，北京苏宁电器有限公司、北京双汇商业投资有限公司、北京联华快客便利超市有限公司、西单上海华联超市（北京）有限责任公司四家连锁经营企业在京开设店铺182家，其中，直营店铺170家，加盟店铺12家，开店总数比上年增加135家，扩张展店速度比全市平均水平快2倍多；实现零售额14.3亿元，占全市连锁经营实现零售额的3.1%。

6. 连锁经营企业整合形式不断创新

2003年，中国北京全聚德集团有限责任公司与北京华天饮食集团公司、北京国元投资有限公司，以市场化运作方式实现企业整合，共同投资组建了聚德华天控股有限公司。实现了连锁餐饮企业通过品牌优势互补，股份制企业与国有企业的强强整合。该公司以原北京华天饮食集团公司的优秀餐饮品牌和优良实物资产为基础，中国北京全聚德集团有限责任公司和北京国元投资有限公司分别以现金购买净资产方式入资。新公司注册资本5000万元人民币。其中，中国北京全聚德集团有限责任公司和北京华天饮食集团分别占34%，北京国元投资有限公司占32%。目前，聚德华天控股有限公司拥有原北京华天饮食集团公司旗下的全资企业和控股企业40余家，经营京、湘、鲁、苏、川、清真等不同菜系，涵盖中式正餐、快餐、小吃、西餐等不同业种，年销售额达2亿多元。

7. 连锁物流配送运行体系不断完善

全市63家连锁经营企业实现了统一配送，统一配送比重达到100%的企业38家，依靠第三方物流配送的企业20家。其中，北京永和大王有限公司、北京麦当劳食品有限公司、北京必胜客比萨饼有限公司、北京嘉事宏润医药经营有限公司、北京物美普金达便利超市有限责任公司6家连锁企业全部依靠第三方物流配送开展连锁经营。

8. 连锁经营效益稳步提高

2003年，连锁经营企业实现利润10.9亿元，同比增长41.6%；实现税金14.5亿元，同比增长14%，其中连锁零售企业实现利润9.4亿元，同比增长56.6%；实现税金12.5亿元，同比增长23.9%。连锁餐饮企业实现利润2.5亿元，同比增长7.8%。

（北京市商务局现代流通发展处）

上海市连锁经营发展情况

2003年上海商业连锁经营继续保持良好的发展势头，年内新开各类连锁经营网点2000多个，至年末，上海商业连锁经营网点达到10600个，其中超市3144，大卖场195，便利店4866，年规模销售额超过1000亿元。其中市内销售额800亿元，同比增长27%。连锁经营的行业范围由60个业态业种扩大到70个。

一、抓住发展机遇，加快拓展全国市场

面对我国入世和国内零售企业抢占市场带来的压力和挑战，一批大型连锁经营企业确立全国发展的战略，加快构筑全国市场网络。一是大型超市、便利店和特许经营成为拓展全国市场的重要业态和经营形式。2003年新开设大型超市55个，其中市外开设42个，占76.4%。新开设便利店1318个，其中市外开设544个，占41.3%。华联超市新开设超市近300个，其中市外发展特许加盟店202个，占67.3%。目前，该公司在市外的特许加盟店达到840个，占门店总数的60%。在市内大型超市、便利店竞争激烈、发展空间有限的情况下，部分企业把发展的重心转向全国市场。二是发展区域由长三角地区向全国各地延伸。以联华为代表的一批超市、便利店连锁经营公司，其发展已从江苏，浙江两省向东北、华北、华南、华中地区延伸，连锁经营的网络已分布到全国近20个省市，这些大型超市和便利店在市外省、地、县三级城市中成规模和集中地开设，对于上海商业编织全国经营网络，保持地域经营优势产生了积极的影响。三是市外市场份额进一步提高。2003年上海商业连锁经营在市外的网点达到3160个，约占30%，主要集中在超市、大型超市、便利店及部分专卖店，预计实现年销售额200亿元，占规模销售额的20%。其中联华、华联和农工商超市分别达到30%、60%和28%，标志着一批大型连锁经营公司逐步由区域性公司向全国性公司转变。

二、联合重组加大力度，促进经营规模发展

2003年4月，百联集团有限公司宣告成立。为适应市场竞争和战略发展需要，百联集团以改革、调整、重组求发展，超市、百货、专业专卖店、购物中心、物流等八大板块事业部开始挂牌运作，标志着集团将在高起点上向专业化、连锁化、规模化、多元化的目标发展。一百集团率先出资1.2亿元，实施对东方商厦51%的股权收购。与此同时，2003年6月，联华超市H股主板上市获得成功，一举募集海外资金约1亿美元。此外，美亚音像连锁公司对21世纪便利实施整体收购。一批连锁经营公司在全国通过组建区域公司、合资公司加快了发展。2003年，联华、华联和农工商超市的门店的规模分别达到2500个、1400个和1200个，销售规模分别达到234亿元、180亿元和123亿元，保持在全国连锁经

营的领先地位。

三、连锁经营业态进一步延伸和细化

一是新型零售业态成为发展的亮点。联华超市与西班牙迪亚集团合资开设食品折扣店，年内将达到38家。农工商超市发展“伍缘”折扣店，以5元均价销售实用新颖的商品，目前连锁店深入到各大型超市。标志着上海标准超市在竞争中已呈现细分化的趋势。二是连锁经营继续向零售、服务领域延伸。一年来，蜂产品、卤味、包子、冰淇淋、园艺花卉、废品回收、健身房、洗车等企业发展连锁经营，显示了良好的经济效益、社会效益和市场前景。此外，医药、建材装潢、家电、通讯器材等行业的连锁经营已出现整体推进态势，全市药品连锁经营企业达到25家，年销售额超过20亿元。永乐家电、迪信通电子通讯等经营规模迅速做大，年销售额分别增长112.8%和60%。

四、完善物流、信息系统管理，提升核心技术

一是完善物流体系。一批大型连锁超市公司在实施全国战略中，把建设和完善配送中心放在重要位置，在对上海配送中心实施扩容和升级的同时，抓紧全国配送分中心的建设。2003年10月，总面积达7万平方米的联华浙江配送分中心启用，以适应经营规模发展的需要。由烟草和烟糖集团联手建设的海烟物流，已完成配送库房土建工程，目前已进入设备安装阶段。预计2004年1季度投入试运行后，不仅为全市烟草糖酒的集约化经营提供支撑，同时成为全国一流的第三方物流企业。二是提升信息管理系统。为与公司战略规划配套，联华超市建立标准超市门店自动辅助要货系统并在所有门店全面推广，对降低门店缺货率、优化商品结构、加快库存周转以及提高门店的工作效率方面将发挥明显的作用。

（上海连锁商业协会）

江苏省连锁经营发展情况

一、基本情况

江苏连锁业起步于20世纪90年代初，肯德基、麦当劳是最早进入我省的外国连锁企业。1996年佳惠、苏果超市相继成立，成为我省最早的连锁企业。“九五”期间，为加速新型流通业态的发展，适应新的消费需求，省政府每年拨出600万元作为新型流通业态的扶持资金，对苏果超市、江苏五星以及佳惠超市给予贴息补助，省内连锁企业进入快速发展时期。“十五”以来，外资商业和上海的大型超市公司相继进入我省零售市场，随着宏观经济环境的日益改善，在政府的推动下，企业自身发展的要求不断提高，省内连锁企业的经营规模不断扩大。至2002年年末，全省贸易流通业连锁经营销售总额达到439.8亿元，比2000年增长91%，占当年社会消费品零售总额的13.7%，比2000年提高了8.3个百分点。

2003年上半年，受非典因素的影响，消费品市场出现了阶段性的波动，但全省贸易流通业连锁仍保持了较快的发展势头。1至6月份全省商贸流通业有连锁企业164家，门店总数4351个，同比增加745个；销售总额274.7亿元，同比增长47%，占社会消费品零售总额的16%，比上年同期提高2.3个百分点。

1. 主要特点

（1）经营聚集度进一步提高

2003年以来，全省商贸流通业的连锁企业比上年同期增加18家，销售额却增长47%，门店数增加745个，单体连锁企业平均销售额1.7亿元，同比增加5000万元。以苏果超市、苏宁电器、五星电器为代表的龙头企业，经营规模不断扩大，带动了省内连锁经营的发展。2002年，苏果超市、苏宁电器、江苏文峰大世界、江苏五星电器以及江苏时代超市等连锁企业在全国连锁企业百强排名中，分别位居第8、第9、第18、第24以及第31位。

（2）涉及的领域不断拓宽

随着连锁经营的集约化经营优势被广泛认知，百货、餐饮、服务、药品、建材、家具、烟草、汽车等行业连锁规模发展较快，以餐饮业发展最为突出。2003年1至6月份，全省餐饮连锁经营额达到6.8亿元，同比增长27.2%。其中，快餐为餐饮业连锁的主要业态形式，上半年累计实现营业额6.2亿元，占餐饮连锁营业额的91%。

（3）多种所有制企业共同发展

据统计，在全省164家连锁企业中，有限责任公司约占50%，私营企业和股份公司分别占12%和10%，国有企业、外商及港台投资企业、集体企业、股份合作企业和联营企业所占比重分别在3%～6%。从销售额构成看，国有及国有控股企业实现销售额109.9亿元，占总销售额的40%，所占份额比上年同期下降3个百分点；外商和港澳台投资企业实现销售17.4亿元，占总销售的6.9%，同比提高2个百分点。

(4) 多种业态齐头并进

全省全部连锁企业中，有58%采用了超市业态，42%采用专业店、专卖店以及便利店形式。近年来，大卖场、便利店以及品牌连锁店发展加快，呈现赶超超市的势头。

(5) 省内连锁企业竞争力提高

麦德龙、家乐福、欧倍德、欧尚等外资商业资本相继进入我省，省外规模化连锁企业的经营触角也加快延伸。商品市场竞争日益激烈，同时加速了商业零售业的分化。一些省内企业在竞争中被淘汰或被兼并，一些以中小型超市为主要形式的连锁企业在竞争中受大卖场、大型超市的挤压，转向经营便利店。在竞争中生存下来的省内企业，以明确的市场定位，独特的企业文化，先进的管理理念，本土化的竞争优势，在商品市场占有一席之地，保持良好的发展势头。2003年1至6月份，省内连锁企业86家，连锁经营额218.7亿元，占总销售额的79%；省外连锁企业78家，实现销售额55.97亿元，占总销售额的21%，与上年省内外企业各占半壁江山相比，市场格局发生了明显的变化。

2. 省市差距

(1) 经营规模较小

2002年年底，全省连锁企业零售额占社会消费品零售总额的比例仅为13.7%，同期上海为30%，广东为21%。全省还没有门店超过1000家的连锁企业，苏果超市2002年销售总额70.2亿元，与上海联华超市相差近100亿元。

(2) 连锁经营类型单一

目前我省的连锁企业多数采用正规连锁，成员门店由总部直接投资或租用，门店效益和职工利益联系不紧密。特许连锁、自由连锁的比重更小。2003年1至6月份，全省164家连锁企业的4351个门店中有2672个直营店，占61.4%；加盟店1679个，占38.6%。

(3) 规范化程度低，管理水平落后

在体现连锁经营对门店实行采购配送、经营管理、财务结算、服务规范的统一性方面，存在着重形式、轻内容的现象。有的统一了店名、标识，没有完全实行总部统一采购和配送；有的统一了广告宣传、员工服饰，没有统一商品价格和服务规范等。在管理方面，一些连锁公司缺乏总部对成员店的统一领导，内部管理仍然沿用传统模式；公司营业人员缺乏必要的培训。连锁形式不规范，管理水平不适应，管理人才不足，成为连锁经营发展的重要障碍。

(4) 外部环境不够宽松

多部门交叉管理，无章可循、无法可依的情况比较突出。连锁经营缺乏法规的保护和支撑，各种收费、摊派屡禁不止，市场秩序比较混乱。城市连锁网点缺乏统一规划，布局不合理，有时造成连锁企业间的恶性竞争。连锁企业经营蔬菜生鲜食品不能享受税收优惠政策，对促进超市发展生鲜食品经营形成障碍。跨区设立的连锁店，无法做到由总部统一纳税；在办理有关证照方面，难以做到统一办理。

二、下一步工作打算

一是推进连锁企业规模化。

二是推进规模企业连锁化。争取用1～2年的时间，建成2个销售额超100亿元的连锁企业。

三是推进连锁行业多元化。在总结零售和餐饮连锁经营企业经验的基础上，在实行集中管理和专营专卖制度的行业，如邮政、电讯、石化、烟草、黄金、图书报刊、医药、电脑软件、装饰材料、汽车销售等行业中积极发展连锁经营，更好地发挥连锁经营的市场作用。

四是发展多种新型业态。以超市、百货店为主，向便利店、专业店、专卖店、大型综合超市、仓储式商店、大型购物中心等业态全面发展。

争取到2005年年末，全省连锁企业零售额达到1270亿元，年均增长速度为40%，占社会消费品零售总额的比重由13.7%上升到25.8%，连锁经营成为流通领域的主要经营方式。

(商务部商业改革发展司提供)

南京市连锁经营发展情况

一、南京市连锁经营发展基本情况

南京是历史文化名城，地理位置优越，辐射集聚功能较强，自古以来就是商家必争之地。近年来，我市商贸流通企业积极实施扩张式发展战略，全行业呈现快速、健康发展的良好势头。2003 年上半年，克服了“非典”造成的不利影响，实现社会消费品零售总额 294.11 亿元，同比增长 13.2%，在全国 15 个副省级城市中零售额排名第 6、增幅排名第 5，其中，连锁经营贡献较大，功不可没，体现出新型业态的强大生命力和竞争力。

至 2002 年年底，全市 25 家连锁企业已有门店 2000 余个，比 2001 年增加 600 多个，其中直营店 1200 多个，加盟店 800 多个，配送中心 40 个；营业面积 60 万平方米；从业员工 4 万余人，其中 80%为再就业人员。2002 年实现销售总额近 200 亿元，同比增长 30.4%，其中实现零售额 167 亿元，占全市零售额的 32%。2003 年上半年，又实现销售额 137.5 亿元，同比增长 36.4%以上；实现零售额 99.2 亿元，同比增长 41.2%，占全市零售额的 33.7%；新增门店近 500 个，成为全行业惟一保持高速增长的业态，对商贸经济的发展做出了巨大贡献。

目前，我市连锁经营形成了由市中心向居民小区、城乡结合部、郊县和市外的放射性拓展之势，全市平均每 5000 人就拥有一个面积近 450 平方米的连锁店，平均服务半径 400 米左右。在 2003 年“非典”期间，其明显的便利性和抗跌性，更证明了它将是我市现代零售商业的主要组织形式和发展方向，并成为全市商贸流通业最具活力和增长潜力的新型营销方式。

我市连锁经营发展主要呈现以下五大特点：

第一，连锁形式多样，特许连锁发展较快。

我市连锁经营形式多样，主要有三种：一是直营连锁，如苏果、华诚、苏宁、五星、南京联华长江超市等连锁企业，这类企业所有权统一，连锁店铺由总部投资，管理高度集中；二是特许连锁，随着连锁企业的规模扩张，特许经营的形式被广泛采用，南京桂花鸭集团所属 220 多家连锁网点中，约 180 多个为特许加盟店，苏果超市公司 1000 多个连锁网点中，有近 70%为加盟店；三是自由连锁，如 2002 年以来，一些区属商业企业自愿组合的连锁店、便利店等，这些店的所有权、经营权、财务核算一般相对独立，但拥有统一店名，集中进货，分散销售，灵活性强，自主性大，是半松散型连锁经营的典型模式；四是战略联盟连锁。就是几家连锁企业相互结成战略合作伙伴，共同投资发展连锁，如苏宁电器和联通、福中电脑等企业结成联盟，五星电器则和移动公司、宏图三胞结成合作伙伴。

第二，经营范围不断拓展，专业化连锁店特色明显。

“便民、利民、惠民”始终是我市连锁企业遵循的服务宗旨，大多数企业坚持以人为本的思想，紧贴市民生活，不断扩大经营范围。一是品种数量较多，一些中小型食品超市经营品种一般在3000~6000种，大型综合超市和仓储式卖场经营的商品多达上万种，一些大型超市先后引入卤菜、生鲜净菜、水产、速冻食品、家电、装饰材料等经营品种，有的还开设了非处方常用药品专柜，使连锁经营日益综合化；二是连锁业种增加，出现了副食品、蔬菜、果品、粮油、饮食、烟酒、纸张、电脑、家电、医药、洗染、照相、美容美发等专业型连锁，并基本涵盖了我市整个流通行业；三是家电、电子专业连锁独具特色，随着居民消费升级加快，电脑和通讯器材的市场需求较大，电子产品的市场容量增长迅速。众多经营电子产品的企业纷纷落户南京，使南京逐渐成为区域性电子产品销售中心，苏宁电器、江苏五星卖场、宏图三胞电脑公司、福中电脑和新华海电脑公司等专业连锁店占据了本地市场，并将势力范围扩展到外地，对周边地区形成强大的辐射力。

第三，投资主体多元化，全国性连锁企业正在形成。

目前，我市连锁商业已形成国有及国有控股经济、集体经济、私营个体经济和外商投资经济等相互竞争，共同发展的态势，民营资本、海外资本在连锁经营中的地位也日益突出。随着我市对外开放步伐的加快，尤其是加入WTO之后，外国商业资本涌入我市速度明显加快，短短几年内，好又多、欧倍德、必胜客、欧尚、百安居、易初莲花、乐客多等世界一流连锁企业纷纷在我市落户，大量外资和先进管理技术的引进，对提升南京商贸业的现代化水平和行业竞争力起到了积极作用。尽管如此，我市本土连锁企业借助天时、地利、人和优势，扩张势头不减，其中苏果、苏宁、五星等连锁企业脱颖而出，不仅经营门点大量增加，而且覆盖面遍及半个中国，2001年和2002年均进入全国连锁企业20强，区域龙头企业地位突出。

第四，注重科技投入，企业运作逐步现代化。

现代连锁经营区别于传统商业的一个重要标志，就是加快科技手段与新型管理技术的应用。主要体现为：一是商品条形码得到广泛运用。不仅方便了顾客结算，也大大提高了管理效率，为我市连锁企业提高水平奠定了基础；二是计算机技术开始普及。我市连锁商业计算机的应用始于1995年，目前连锁企业普遍运用了POS和MIS管理系统，实行了商品的单品管理，同时，联华长江超市、苏果超市、苏宁、五星等企业也运用了现代化的信息系统（包括客户管理系统），大大提高了管理效率和核心竞争力；三是加快了硬件设施和经营环境的更新改造与升级，有的企业还建造或扩大了停车场，提升了企业形象，提高了经营业绩。

第五，物流配送初成体系，连带效应比较突出。

我市连锁企业自创办之日起，就比较注重物流配送的建设，至今已初步形成了服务于连锁经营的三层配送体系。一是连锁公司内部配送中心。一些规模较大的连锁企业利用原有的批发机构和仓储运输设施，改造成内设配送中心；二是食品加工型配送中心，实行食品的生产、加工、销售一体化；三是社会化专业性配送中心，主要是在一些批发公司的基础上进行调整改造，发挥社会化配送功能。目前已形成副食品、粮油食品、果品蔬菜、水产品、日用百货等社会化配送企业，促进了连锁业态的发展。此外，我市河西农副产品物流园区、苏果超市的大型现代化配送加工中心也即将开工建设，不仅规模大，而且功能配套，将为跨区域配送打下基础。

二、南京市今后五年连锁经营发展目标和基本对策

未来五年，我市连锁经营的主要目标是：

连锁经营销售额——到2005年实现销售额超过450亿元，年均递增30%以上；到2007年销售额超过700亿元，年均递增30%以上。

连锁企业门店数——到2005年超过3000个；到2007年超过4000个。

连锁企业规模——到2007年年销售超100亿元的连锁企业达到3～5家，销售额超200亿元的连锁企业具有1～2家，形成一批主业突出、核心竞争力强、跨地区发展、初具国际竞争优势的大型连锁企业集团。

（商务部商业改革发展司提供）

山东省连锁经营发展情况

一、连锁经营发展的基本情况

我省的连锁经营起步于“九五”初期。进入“十五”特别是2002年省政府召开全省推进流通现代化工作会议之后，连锁经营作为推进流通现代化的重要举措发展很快，全省各地紧紧围绕“大众化、规模化、规范化、现代化”这一目标，以超市、便利店为发展重点，以生鲜食品、居民生活用品为主力商品，进一步扩大连锁经营的范围和领域，推动连锁经营进入了一个新的快速发展时期。其主要特点：

1. 连锁规模不断扩大

到2002年末，全省商业连锁经营企业发展到160家，连锁门店数达到3688个，分别比上年增长16%和50%；连锁经营额达到283.1亿元，比上年增长34%，相当于全省社会消费品零售额的8.9%，比上年提高1个百分点。全年实现商品配送额229亿元，比上年增长50.2%；大型综合超市发展到159处，比上年增加43处。青岛、济南两市，连锁经营额占社会消费品零售额的比重分别达到19%和18%。

2. 连锁业种不断增加

连锁经营作为一种新的具有生命力的经营方式和经营机制，已被广泛应用于不同的行业和领域。就全省看，已由初期的商业零售连锁向餐饮服务及租赁、家政、维修等行业和领域延伸；由日用消费品连锁向汽车、电脑、石化、药品、卷烟、图书、音像、建材等行业推进。目前，青岛、济南、潍坊等市的连锁经营业种均达到20多个。

3. 连锁业态日趋多样化

总体上看，连锁经营已由初期的标准超市连锁向大型综合超市、便利店、专业店、专卖店、购物中心、百货店、仓储式商场等多业态发展。目前，省内一些大的连锁集团都由过去的单一业态走向了多业态并举的路子，如潍百集团，到2003年上半年已有连锁店铺87个，比上年同期增长64%，主力业态包括百货店、大型综合超市和便利店三种；银座集团目前已涉足标准超市、大型综合超市、百货店和建材超市等多种业态。

4. 企业运作日益规范

各地在加强连锁经营规模化发展的同时，注重了企业的规范化运作。骨干连锁经营企业普遍按照标准化、专业化的要求，依据省里出台的《山东省商业连锁企业规范》，建立完善了企业作业标准和管理手册，进一步规范了采购、配送、管理、店面设置、商品陈列等各环节的运作，强化了总部对门店经营行为的监管和约束，为杜绝不规范的商业行为创造了有利条件。连锁经营企业统一采购、配送的比重不断提高，单品管理水平不断提升，企业普遍保持了一定的新品补给率和旧品淘汰率。

5. 区域布局趋向合理

在城市中心商业区、区域商业中心大力发展大型综合超市、购物中心、专业店、专卖店的同时，近两年，连锁经营企业开始注重以标准超市、便利店等业态向城市社区拓展；还有相当一部分企业借助其品牌、商誉、统一采购等优势，通过连锁机制向县城及农村大的集镇拓展。如青岛利群集团近两年走出市区，积极向周边县级城市拓展，经营触角已延伸到威海、烟台两市，去年新开大型综合超市6家，新增营业面积5万多平方米；与此同时，整合市区内“夫妻店”，发展特许连锁，也走出了成功之路。威海糖酒供应站（家家悦超市公司）2002年新开面积在1000平方米以上的超市13家。目前，青岛利群、潍坊百货、威海糖酒等三个连锁企业的店铺已覆盖青岛、烟台、威海、潍坊等市近40个县级市。

二、主要工作措施

近几年来，我省围绕推动连锁经营的快速发展，主要抓了以下四个方面的工作：

1. 抓规划引导

2002年，结合贯彻全省推进流通现代化工作会议精神，省里组织专门力量，对我省流通现代化建设情况进行了调研，在此基础上，研究提出了山东省流通现代化发展规划(2002－2005年)。《规划》就连锁经营、物流配送和现代批发市场等流通现代化建设的三项工作重点，提出了明确的指导思想、目标任务、发展思路和工作重点。

2. 抓政策扶持

为推动连锁经营的快速健康发展，给企业发展创造一个良好的政策环境，2002年省政府相继出台了《关于推进流通现代化建设的意见》、《关于加快现代物流发展的意见》和《关于加快连锁经营发展的意见》。在这一系列《意见》中，明确了若干支持连锁经营的政策措施，清除了诸多制约企业发展的政策性障碍。如，就直营连锁企业办理经营资格审批问题，规定可由总部统一办理，各分店持总部批准文件或证、照复印件在所在地办理相关手续；对连锁企业统一配送商品的质量、卫生防疫等方面的检查，要求简化手续，原则上只在配送中心进行；对连锁、物流企业登记挂牌的送货机动车，要求公安、交通和城管部门提供市区通行和停靠便利；对连锁企业经营专营、专卖商品，要求有关部门给予支持，简化审批手续；连锁企业省内跨区设立直营店，符合有关条件的，允许由总部统一缴纳增值税和企业所得税；等等。另外，在企业配送中心建设用地，企业使用大型冷藏、冷冻和各类大型生产加工设备用电等方面，也出台了一些优惠扶持政策。

3. 抓规范发展

随着连锁经营规模的扩大，我们在促进连锁经营规模发展的同时，注重企业的规范运作，按照“高标准起步，规范化运作，规模化发展”的思路，注重加强企业的规范化发展问题。为此，省流通主管部门与质量技术监督局共同研究制定了《山东省商业连锁企业规范》。该《规范》对连锁经营的概念、连锁企业的门店数、连锁经营的形式及连锁超市、连锁便利店等业态，做了明确的界定和规范。2003年，省里又制定了《山东省商业零售业态》，作为地方性标准颁布实施。为引导现代流通业的规范有序发展，济南、青岛等市也都制定发布了《商业分级设置规范》、《商业零售业态规范》等标准规范。这些标准规范的实施，对促进连锁业的规范运作起到了积极作用。

4. 抓重点企业

为充分发挥骨干优势企业在推进流通现代化中的示范带动作用，省政府确定了15户重点连锁经营企业、4户重点商贸物流企业和8户现代批发市场，作为全省流通现代化重点企业予以重点培育。对这部分重点企业的发展，省里出台了相关的扶持政策，并制定了动态管理办法。2002年，15户重点连锁经营企业中，有13户销售额在10亿元以上，其中三联商社和润华集团分别作为家电和汽车的专业连锁企业，销售额分别达到84.3亿元和20.8亿元。在商业零售连锁中，青岛利群、潍百和银座三家企业的销售额均突破20亿元。2003年上半年，有8家企业销售额达到10亿元以上。

5. 抓对外开放

2003年6月，全省实际进入的外资零售企业11家，累计开店27处，分别为佳士客2处、百盛7处、家乐福2处、麦德龙1处、普尔斯马特3处、法宝3处、大润发7处、欧倍德建材超市1处、百安居建材超市1处。在建并且年内开业的4处，分别为沃尔玛的青岛店和济南店，家乐福的济南店和易初莲花泰安店。以上各店，总经营面积（含在建）约在50万平方米左右。2002年外资零售业实现商品销售额48亿元左右，约占全省社会消费品零售额的1.5%。目前先期进入的外资零售企业主要集中在济南、青岛两个试点市，其中落户青岛的10家著名跨国零售企业，开店总数达到20个；肯德基、麦当劳2家餐饮业，开店28个。2002年，青岛市外资商业实现零售额35.37亿元，占全市社会消费品零售总额的8.8%，完成税收1.1亿元，比上年增长40%。济南市引进的大润发已先后在市区开4家店，目前在建的有沃尔玛和家乐福2个店。同时，国内一些大的零售连锁企业也通过直营、特许等方式进入我省流通领域。零售领域的对外开放，引进了先进的经营理念、管理模式、管理经验和技术，较好地促进了业态的创新，推动流通产业层次的提升，对我省流通现代化起到了很好的催化作用。

三、下一步工作思路

今后一个时期，山东省连锁经营发展的基本思路是，围绕连锁经营体系的建设，以骨干连锁企业为龙头，以强化采购、配送和信息化管理三大核心技术为重点，尽快构筑起业态多样、业种广泛、辐射城乡的连锁经营网络。到“十五”期末，全省连锁店铺发展到6000个，连锁企业年销售额达到700亿元，占社会消费品零售额的比重达到15%以上。济南、青岛两市连锁经营额占社会消费品零售额的比重达到30%以上。力争有10家连锁企业的店铺达到100个以上、年销售额超过20亿元，其中5家企业年销售额过50亿元，1～2家企业年销售额过百亿元。

（商务部商业改革发展司提供）

青岛市连锁经营发展情况

截至 2003 年上半年，全市 42 户连锁企业共发展各类连锁门店 2200 处，连锁销售额实现 56 亿元，同比分别增长 59%、25%；连锁销售额占社会消费品零售额的比重达到 24%，比年初增加 1.6 个百分点。累计引进外来商业连锁企业 18 户，销售额占全市社会消费品零售额的比重达到 8.8%。

主要做法：

一、确立目标，科学规划，促进全市连锁业健康发展

我们把连锁经营作为推进流通现代化的主线，起草了《关于促进我市连锁经营发展的实施意见》，制定了我市连锁业 5 年发展规划。确立一个目标，就是到 2007 年连锁销售额达到 240 亿元，占全市社会消费品零售额的比重达到 30%，连锁业种扩大到 60 种以上。

为发挥政府的调控和引导作用，避免低水平重复建设和无序竞争，我们从强化行业规划和法规建设入手推进工作的开展，促进连锁发展和业态结构的合理布局。通过制定和实施《商业零售业态规范》、《商业分级设置规范》、《青岛市市区商业网点专业规划》，对城市商业业态及网点布局进行规划和完善，使流通业的发展融入了全市的总体规划，也提高了连锁经营发展的科学性、合理性和规范性，使流通产业层次得到有效提升。

二、外引内联，突出重点，促进全市连锁业协调发展

近两年来，我市在流通业改革中，以加快发展连锁经营为重点，积极推进流通业规模化、集约化经营，不断提高企业组织化水平。

一是“引进来”与“走出去”相结合，构建起我市现代连锁的主体框架。我市开放型流通发展战略的确立，促进了国际化连锁机构的快速引进。按照业态完善、功能互补、协调发展的要求，2003 年新引进百安居、欧倍德、家世界、沃尔玛、阳光百货、上海华联等商业项目，使外来商业连锁企业累计达到 18 户，开设网点 40 多处。同时创造良好环境，支持骨干连锁企业加快发展，做大做强。利群、崂百等企业已先后在青岛周边地市开设上万平方米以上大型商业网点 11 处，净增营业面积 16 万平方米。

二是培育大型连锁企业集团与整合小型食品杂货店相结合，提高连锁业发展层次，壮大发展基础。通过政策扶持和信息引导，已涌现出一批具有现代经营理念的骨干连锁企业。青岛利群集团以连锁扩张为主线，以物流技术、采购技术、库存控制技术、信息技术为支撑，2002 年分别在我市县级市、省内其他地市建设大型超市、购物广场 6 处，使万米以上商厦达到 13 座，总经营面积达到 27 万余平方米，连续三年实现跨越式发展，销售年增长率达到 59.2%，2002 年销售额达到 26.3 亿元，列全国零售百强第 23 位。青岛崂百集

团发挥本土化优势，突出“维客”品牌，加快实施科技兴商、业态优化的连锁发展战略，成功开发实施了ERP系统，将物流配送、信息管理、人力资源、资金配置融为一体，努力构建现代流通运营体系，形成以超市为主，大卖场与便利店相配置的新型业态结构和跨区域、全方位发展的连锁经营网络。2002年以来，先后在周边县市开设了大型商业连锁店7处，2002年集团销售额达到8.08亿元。

在培育大企业的同时，我们加快了对市区“夫妻店”的整合改造。按照“政府引导、企业自愿、市场运作、作业自律”的原则，引导推动5户骨干连锁企业，以特许加盟方式通过输出品牌、管理和技术对食品杂货店（夫妻店）实施了整合改造，使小商业设施的发展状况得到初步改善，至2003年上半年，累计整合改造夫妻店474处。中小连锁企业以“品牌”塑造为载体，以直营带动、加盟促进为动力，以社区经营、商街发展为重点，以“点多面广”、便利经营为优势的连锁发展，与大型连锁企业形成了互补、立体、全方位发展格局。

三是全面发展与重点推动相结合，促进连锁经营向多领域、多形式发展。经过科学规划、协调发展，我市连锁业态结构逐步优化，以大型综合超市为主体，专业店、专卖店、便利店、超市、仓储式超市等多业态共同发展现代连锁体系初步形成。建材、家电、医药、音像、图书、钟表眼镜等行业的连锁发展得到重点推进，全市连锁业种已发展到31个。通过引进百安居、欧倍德、东方家园、家世界、好美家5家建材超市，使我市成为国内大型建材超市最密集的城市之一；山东雅泰、北京国美两家大型电器专业超市的竞相发展，促进了我市家电连锁业的发展；青岛音像总汇和爱书人两家音像连锁企业短短两年时间内已发展连锁店340处；国风大药房已发展连锁店173处，2002年销售额达到2.13亿元。2003年以来，特许加盟经营连锁形式发展迅猛。上半年新发展特许加盟店700多处，累计达到1300处，占连锁店总数的比重达到69%，比年初提高了34个百分点。

三、运用现代信息技术，积极发展电子商务，提高连锁业现代化管理水平

在推进流通现代化过程中，推动连锁零售企业不断加强信息化建设，用现代信息技术改造提升传统零售业。政府积极引导金融、电信、有线电视等部门，为流通现代化建设服务，解决了商场银行卡资金结算、集团与分店间的数据和语音同步传输等问题，按照统一的业务规范和技术标准完成了对全市商场和超市POS机的直联改造。已完成银行卡网络直联商户300多家，布设直联POS机2000台，解决了银行卡的跨行结算问题，为连锁企业的资金结算提供了便利、快捷的硬件设施。以此为基础，重点抓好连锁企业计算机管理的推广应用，由单店单机发展到多店联机，现已向联机成网发展；销售即时管理（POS）系统、商场信息管理（MIS）系统，以及代表流通信息技术先进水平，以顾客分析为核心、以互联网技术为基础的供应链管理系统、财务管理系统、客户管理系统正在得到广泛推广和应用。利群、崂百等大型连锁零售企业基本上形成了现代商业管理模式，实现了管理的升级换代。通过运用网络系统对信息进行收集、传递、储存、加工、维护，实现了商品数字化管理和由传统管理向现代化管理的质的跨越，极大挖掘了企业潜力。网络功能的运用，也促进了购销分离、单品管理、集中进货、一级核算管理模式的实施，促进了对物流和资金

流各种信息的加工、处理，实现了物流、资金流、信息流的有机结合，并为连锁经营和企业远程管理提供了重要保障。同时，引导连锁企业积极发展电子商务，推动传统购销方式向现代购销方式的转变。目前，大型连锁企业基本实现了集团内部网上门店自动请配、网上结算业务，建立了网上信息交换平台。

四、以发展现代物流配送为重点，推进连锁企业后续支持系统建设

现代物流配送，是流通业现代化的重要标志之一。我们积极引导和支持连锁企业从实际出发，加快建设物流配送体系。目前，全市连锁企业各种物流配送中心达到30多处，商品平均配送比重达到40%。在加快发展的同时，积极做好宏观规划指导，引导骨干连锁企业发展大型现代物流。利群集团10万平方米的物流中心项目已获准列入国家国债贴息项目，2003年8月份开业。该物流中心将建成高位立体存储，电子标签、自动分拣，BtoB运作、网上购物，并将成为辐射整个山东半岛的，规模最大、现代化程度最高的第三方物流公司。崂百集团积极发展连锁配送系统，总投资1.9亿元的现代化大型物流配送中心已开工建设。总投资1.5亿元的青联农产品物流中心项目，将建成辐射环渤海的农副产品加工销售中心。

五、坚持人才为本，为连锁业发展提供智力支撑

人才是促进我市流通业现代化的关键和“第一资源”。青岛流通业的快速发展，是与全市流通行业大批优秀企业家共同努力密不可分的。近年来，我们重点抓了两项工作：一是加强现代流通经营管理者队伍的建设。通过组织零售企业参观学习外资商业，以及开展中外商业企业总经理沙龙等系列活动，增强了中外企业高级管理人员的沟通交流，使内资企业坚定了迎接挑战、加快调整、创新发展的信心；通过选送高级经营管理者到国外商业公司学习培训，使管理者开阔了视野，找到了差距，学到了知识，实现了管理体制和机制的创新。二是加强现代流通人才队伍建设，重点是加大了人才的引进和培养力度。即：通过每年招收大学生，吸纳、储备、任用一批；通过海内外高薪聘用，吸引、留住、重用一批；通过内部择优考录，培训、锻炼、选拔一批。两项举措为青岛现代流通业的发展，提供了骨干力量、新鲜血液和新生力量，大大提高了流通队伍的整体素质，增强了现代流通产业的发展后劲。

（商务部商业改革发展司提供）

安徽省连锁经营发展情况

一、我省连锁经营发展概况

近几年来，连锁经营在我省得到了迅速发展。据安徽省商业协会统计，到2002年底，全省31家大中型连锁（超市）企业商品销售总额73.1亿元，比上年增长27.6%；实现利税总额2.66亿元，比上年增长13.9%；连锁企业共有连锁店（铺）554个；拥有固定资产18.21亿元，比上年增长20.3%；营业面积达66.16万平方米，其中超万平方米的有22家；职工人数达24704人。主要表现在以下几个方面：

1. 大型零售企业发挥了龙头作用

安徽商之都、合肥百货大楼股份有限公司、蚌埠百大股份公司、淮南华联商厦、宿州市华厦商社等大型商业零售企业，充分利用自身优势，积极整合社会商业资源，通过发展直营连锁网络和特许经营等形式，进行低成本扩张和跨地区发展，扩大了企业的经营规模，提高了市场竞争力。2002年这几家企业的商品销售总额分别为16.85亿元、18.0亿元、3.1亿元、1.49亿元、2.64亿元，都比上年有较大幅度增长。同时，通过发展连锁经营，实行规模化采购和网络化销售，企业的经营管理水平也得到了明显提高，为我省发展连锁经营起到示范带动作用。安徽商之都先后在亳州、六安、芜湖、滁州、巢湖等市开办了七家连锁店，并在合肥开办了两家大型超市。合肥百货大楼股份有限公司成立了合家福连锁超市公司，在合肥市先后开办了六家超市连锁店，并在蚌埠、铜陵等市通过兼并收购一批大型商业零售企业发展直营连锁网络，目前势头正旺。

2. 综合型连锁超市发展迅速

目前，北京华联综合超市有限公司已在合肥开办了2个大型超市，阜阳华联超市公司跨地区发展连锁超市已达74个。此外，蚌埠华运超市、合肥喜客多超市、合家福超市、你我他超市等都有长足发展。2002年，北京华联综合超市有限公司、阜阳华联超市公司商品销售总额分别达到了30737万元和63939万元，比2000年分别增长64.9%和2.56倍。

3. 专业化连锁经营已创出徽商品牌

在发展连锁经营中，我省的一些专业化连锁经营异军突起，发展迅猛。安徽省徽商集团农家福超市公司、安徽省五交化公司（国生电器公司）、安徽亚厦集团公司、宿州美惠多超市公司、合肥百大集团合家福连锁超市公司、安徽天恒肉食品公司、安徽绿十字连锁超市公司等企业，都在激烈的市场竞争中冲出重围，开拓出一条各具特色的专业化连锁经营路子。合肥市糖酒公司过去经营商品种类较多，批零兼营，主营商品不突出，企业陷入困境，后来通过名酒连锁经营的形式，在市区开设39个连锁分店。安徽天恒肉食品公司，2002年开业以来，通过实施“三绿”工程，开办“放心肉”连锁经营，目前已在合肥市发展15个连锁店，彻底改变了企业在市场竞争中的被动局面。省五交化公司为开拓家电产品市场，通过打造国生家电品牌，发展直营连锁专卖店，先后在亳州市、滁州市、舒城县和马鞍山市建立了四个家电商场和分店，成为我省家电流通行业的龙头老大。安徽亚厦集团公司，通过汽车销售代理，已在全省开设50个连锁专卖店，2002年商品销售总额达87789万元，已成为我省汽车流通行业一块闪亮的品牌。

4. 餐饮业连锁经营创建品牌成绩斐然

我省餐饮业发展较快，多年来一直保持着两位数字的增长速度，连锁经营的形式改变了过去安徽餐饮界以几家大饭店为代表的形象。近几年发展起来的安徽金满楼、安徽蜀王、合肥香格里拉、安徽梦城、安徽塞纳河畔、合肥玖玖隆等餐饮连锁企业，品牌效应不断扩大，企业形象不断提升，在我省餐饮界极负盛名。

二、我省发展连锁经营中存在的主要问题

1. 总体规模小，组织化程度低

我省商业流通领域多年来形成了分散经营、各自为阵的格局，全省批发零售贸易企业约70多万个，而限额以上的企业仅占0.1%；销售额亿元以上的企业只有100多家，约占限额以上企业数的15%左右；零售企业的零散度高达90%以上。目前，我省品牌连锁经营企业还没有形成整体优势和建立现代分销网络体系，很难跨出区域发展，绝大部分企业都是在本省一定区域内，市场开拓能力还比较弱，而外省大型连锁经营企业进入安徽市场较多，发展势头很好。

2. 经营业态发展不平衡

虽然我省连锁经营、现代物流、电子商务等现代流通方式业已起步发展，但规模和实力很小，主要还是依赖百货店、食品杂货店等传统业态，连锁经营企业主要集中在百货、食品连锁上，特色连锁经营比较少。发展连锁经营有关的批发企业尤其是重点批发企业还处于结构调整、机制转换阶段，其组织形式、管理水平、制度创新等发展滞后。大型商业流通基础设施，如现代化的物流中心、配送中心和仓储建设等发展缓慢，设施陈旧老化，低水平重复建设严重，制约着连锁经营的发展。

3. 规范化程度不高，经营管理水平低

目前我省大部分连锁经营企业还不具备现代意义上连锁经营企业的条件，其经营规模、管理水平、技术水平等比较落后，有的还不是严格意义上的连锁经营，与国内、国际大型连锁企业相比悬殊。

4. 流通秩序亟待规范

首先是连锁经营有序发展、规范经营、依法保护的市场运行机制尚未形成，假冒伪劣商品横行，坑蒙拐骗等欺诈行为猖獗，行业自律不强，商业道德滑坡，商业信用下降。其次是部门、地区分割，地方保护现象严重，连锁企业重复办理相关手续、证照，重复接受检查，重复缴费等问题比较突出，影响和制约着连锁经营发展。第三是商品流通业规划管理滞后，城市建设规划没有很好地与城市商业网点发展规划有机结合，重复建设现象较为突出，商业网点过于集中，业态单一，企业间没有实行错位经营，造成社会资源浪费，直接影响着连锁经营有序、健康发展。

（商务部商业改革发展司提供）

合肥市连锁经营发展情况

一、合肥市连锁经营发展现状

合肥市发展连锁经营起于1993年，近年来随着我市国民经济的发展和现代化大城市的建设，国有、集体、民营及外资经济在连锁经营上都有所发展，已呈现出竞相发展的势头。目前，全市约有各类连锁经营企业40余家，连锁店铺300个。在发展过程中有以下主要特点：

1. 在指导思想上

立足市情，明确重点，把发展连锁经营作为深化流通企业改革的一项重要内容，边发展，边完善。重点做好四个结合，即把发展连锁经营同企业改制、改组、改造和转机建制相结合；同科技兴贸、提高企业管理水平相结合；同打造信用企业，塑造商业品牌和拓展市场相结合；同引进国内外大的连锁公司，提升合肥商业整体水平相结合。如在引进外地连锁企业方面，已引进马来西亚金狮集团、北京华联超市有限公司、南京苏果超市公司、上海联华超市有限公司等企业在合肥开办连锁分店，此外引进台湾“好又多”、法国家乐福等国内外知名连锁公司的洽谈工作也正在积极进行中。

2. 在业态选择上

依据我市经济发展水平和企业的不同特点，以“便民、利民、为民”为宗旨，重点发展便民连锁店和连锁超市，在连锁形式上以直营连锁为主，同时积极推进具有一定实力的连锁企业采取发展特许连锁、收购、兼并等多种形式向外扩张，发挥其龙头带动作用。如合肥百货大楼集团股份有限公司发挥自身融资、品牌等优势，除加快传统商业改造步伐，大力推进购销分离改革外，还单独组建了合家福连锁超市有限责任公司，目前已在市区发展直营连锁超市9个；同时还积极向外扩张，斥巨资收购濒临倒闭的原铜陵百货大楼，积极探索跨区域连锁经营的路子。安徽商之都发挥自身商誉、管理等优势，将经营触角伸向全省区域，目前已在省内亳州、六安等市发展百货连锁店7个。合肥糖业烟酒有限责任公司则在激烈的市场竞争中，突出主营酒类优势，开展特色经营，已发展名酒专卖连锁店32个，取得了良好的经济效益和社会效益。

3. 在区域布局上

积极引导企业利用和盘活城区闲置资产发展连锁商业，并逐步向城郊结合部、新建居民区和周边地区拓展，如北京华联超市有限公司利用原安纺闲置厂房开办大型社区超市。合肥天恒肉食品有限责任公司依托生猪定点屠宰优势，目前已在全市主要集贸市场和居民小区发展“徽商放心肉”便民连锁店20个，深受广大市民的欢迎。

4. 在管理上

总体上看，多数连锁企业基本上能实行统一管理，如统一核算、统一进货、统一店徽等，并努力调整企业经营结构和组织结构，配套进行劳动、用工、分配三项制度改革；在管理手段上，重视应用计算机网络技术，提高企业管理水平。

二、下一步发展连锁经营的思路及对策

合肥市是一座发展中的中等城市，全市人口448万余人，其中市区人口近150万人。伴随着全市国民经济的发展和城市建设步伐的加快，近年来连锁经营等新型业态的商业发展迅速，2002年全市实现社会消费品零售总额185亿元，较上年同期增长12.3%。但是，较经济发达地区相比，还存在着一定的差距。合肥作为一个中等城市，如何立足市情，加快发展连锁商业，这是值得我们研究的一个重要课题。对此，我们认为：

1. 统筹规划，加强引导

结合我市连锁经营中存在的问题，重点是引导和推进企业扩大连锁经营覆盖面，从百货、副食品、餐饮业连锁拓展到服务业、医药、建材、家用电器、农资、旅店等行业的连锁。在业态上，继续重点发展便利店、连锁超市，积极发展专卖店、仓储式商场等多业态的连锁。在地域上，要加快城郊结合部、新建商业区和居民社区以及商业网点相对薄弱区域的连锁业的发展，同时鼓励连锁企业向县城、集镇、农村延伸，大力开拓农村市场等。通过合理规划，强化引导，力争两三年内，全市连锁企业发展到50家，连锁门店达到500多个，基本形成超市连锁、便民连锁、专卖连锁、百货连锁、快餐连锁、服务业连锁等种类齐全，直营连锁、特许连锁、自由连锁多种连锁形式并存，国有、集体、民营等多种经济成分共同发展，网点布局合理的连锁经营体系，连锁商业销售额占全市社会消费品零售总额的35%左右。

2. 深化改革，制度创新

通过深化改革，建立和完善现代企业制度，真正转机建制，使企业具有内在的发展活力，在大力拓展市场、多点经营的同时，能够做到管理系统完善，既集中统一又灵活方便，整体上协调发展。

3. 积极培育连锁经营龙头企业

一方面重点支持合肥百货大楼集团股份有限公司、商之都等有实力的连锁企业向外扩张，通过兼并、控股等形式聚合弱小的中小企业，拓展门店，实现连锁规模化和发挥带动作用。另一方面，积极引导中小企业采取多种形式，加盟有实力的连锁企业，改变中小企业经营分散、各自为战、竞争力弱的状况，实现中小企业向新的业态转移，活化存量资产，提高我市商贸流通业的组织化程度和规模经济能力。

4. 加快商业对外开放

积极引进国内外大型商贸连锁企业输入新的经营管理理念和方式，借以推进我市连锁企业改革，提升我市商贸流通业的档次和规模，并大力支持连锁企业通过合资、合作等形式实现与跨国公司的对接。

5. 依托高新技术，提高连锁经营规范化水平

一是加快建立与完善配送体系，提高统一采购与商品配送比例，降低物流成本；二是完善连锁企业业务流程，强化连锁总部在经营指导、市场开发、促销策划、教育培训等方面的作用。三是加快信息网络和物流技术的运用，整合我市商业资源，推动流通产业升

级；四是强化企业管理，尤其是要着力推进以大型连锁企业为龙头的电子商务平台建设，实现连锁经营的智能化、网络化，使我市连锁企业逐步走上科学化、规范化、标准化的健康发展之路。

6. 落实政策，优化环境

一是制定全市商业网点发展规划，明确发展思路和目标，对5000平方米以上的超市、大卖场和10000平方米以上的专业市场，实行由流通主管部门牵头的会商制度，以合理建设连锁网点，避免恶性竞争和社会资源的浪费，引导连锁企业健康、有序地发展。二是积极会同有关部门认真贯彻落实各级政府扶持连锁经营的政策，形成合力，帮助企业协调解决有关问题，为连锁业的发展创造宽松的外部环境。

7. 加快人才的吸收和培养

连锁企业从“一把手”到一线员工，都应当各具应有的连锁经营理论、管理知识和业务技能，才能够保证连锁经营业务的顺利开展，因而必须通过专业培训、带职深造、技术培训、吸收大中专毕业生以及社会招聘等各种形式和渠道，来满足企业对人才的需求。

（商务部商业改革发展司提供）

福建省连锁经营发展情况

一、福建省连锁经营发展现状

我省连锁经营自 1996 年以来发展较快，到目前为止，全省共有各类限额以上连锁零售企业、餐饮企业 67 户，所辖的门店数有 664 个，销售额 55 亿元，占全省限额以上批零、餐饮业的 23%。但占社会零售额的比重不高，2002 年销售总额 62 亿元，只占全省社会消费品零售总额的 3.7%；每个连锁总店平均拥有门店数量在 10 个左右，年销售额上亿元的只有 9 户。

二、我省连锁经营企业存在的问题

我省连锁企业取得长足的发展，对于流通制度的创新，深化国有商贸企业改革和提高群众生活等方面起到积极的促进作用，产生了巨大的影响。但是应该看到，我省的连锁企业还处于改革、调整、磨合、适应的过程，连锁企业的发展还不尽如人意，多数连锁企业仍处于起步的探索阶段，没有发挥规模效益，离规范经营还有较大距离。

1. 连锁企业仍处于起步和探索阶段，规模小、层次低

目前我省的连锁总店平均拥有门店数量在 10 家左右，不仅与国际通行的 14 个门店的水平有差距，与国内发达省市相比差距更大。多数门店的营业面积偏小，5000 平方米以下的有 649 家，占总门店的 97.3%，5000～10000 平方米的仅 3 家，10000 平方米以上的有 6 家。年销售额上亿元的只有 9 家。连锁门店有 87.4%与总部在同一城市，带有明显的区域性，跨地区的仅有 58 个，跨省的就更少，仅为 26 个。门店经营面积太小，致使经营的商品数量和商品品种受到很大限制，规模过小也不利于公司品牌资源的充分利用和发挥。

2. 连锁企业规模效益不理想

从我国的情况看，连锁公司有 15 家以上的店铺才有规模效益。可是我省的连锁总店大多数达不到此标准，据统计，全省 66 家限额以上的连锁总店中有 46 家门店在 10 个以下，占 70%。因而，我省连锁店缺乏规模经营，也就难以实现规模效益。

3. 规范化程度较低，统一配送率不高

我省目前只有外商港澳台投资企业及闽客隆在各连锁店实现了 EOS（电子订货）及 POS（销售信息管理），肯德基、豪客来餐饮娱乐有限公司导入了 CI、CS 系统工程，其余大部分内资连锁企业只是做到了统一店面及标识，而经营管理仍停留在原来的水平上，特别是总部在采购配送、经营指导、市场开发、促销策划、教育培训等方面的职能不完善，有的连最基本的统一配送也做不到。

4. 只注重外表的统一，而忽视实质的统一

5. 连锁企业缺乏品牌意识，自身优势难以发挥

我省目前除了外商投资的几家企业注重品牌外，其他连锁企业尚未创立自有品牌，经营特色不突出，商品雷同现象较严重，导致削价竞争，不利于企业自身利润的实现和市场的健康发展。

三、发展我省连锁经营的设想

1. 发展目标

2003－2007年我省连锁经营发展的总目标是，结合我省经济发展的总体趋势，大力引进和发展新型的商业服务业业种、业态，基本上形成布局科学合理、网络初步完善、业种较为齐全、业态结构优化、方便居民生活的连锁商业服务业服务体系，初步确立连锁经营主导地位，同时，连锁经营的组织化、集中化、规模化、规范化程度和企业运行质量有较大提高。具体发展目标：

(1) 全省连锁经营零售额占社会消费品零售总额的比重每年提高0.5～1个百分点，限额以上连锁批零餐饮企业销售额占全省限额以上企业零售总额的比重每年提高2～3个百分点；

(2) 连锁经营的业种数量达到60个左右；

(3) 培育若干家销售额超10亿元的大型连锁集团，争取实现3家连锁企业各有100个以上门店，5家连锁企业各有50个以上门店，5家连锁企业各有30个以上门店，发展50家能够带动相关产业发展专业化的连锁企业。

2. 发展重点

(1) 行业重点

不断拓展经营范围，积极推动连锁经营从传统零售业、餐饮业向第三产业多个专业领域渗透。一是在石化、烟草、农资、家电、家具、服装、食品、医药、电信、装饰材料、电力物资、图书报刊、音像制品、汽车汽配等零售行业中，推行连锁经营；二是在旅店、洗涤、美发、照相、维修等传统服务和旅游、快运、软件开发、商品租赁、教育培训、家庭服务、娱乐健身、房地产中介等新兴服务领域中推广连锁经营；三是鼓励工业生产企业利用、整合自己的销售渠道、经营网点或与流通企业联合发展连锁经营；四是加快餐饮业连锁特别是中式快餐连锁店的发展，提高传统产业的整体水平。

2. 地域重点

在地区布局上，重点发展沿海城市及设区市的连锁企业，支持优势连锁企业加快向城市社区、郊区、小城镇和沿海发达乡村扩张，支持发展跨地区连锁经营。

3. 形式重点

鼓励企业充分利用社会商业资源，发挥自身优势，积极探索特许经营的发展模式。在完善直营连锁的基础上，鼓励特色突出、具有知名品牌的连锁企业、老字号企业，运用商品、商号、配送、经营管理等优势，发展特许经营和专业连锁，整合社会资源；支持中小门店按照特许经营、自由连锁等方式，与大型连锁企业、物流配送企业合资合作，联合携手，提高连锁商业的组织化程度。

4. 业态重点

要坚持以“为民、便民、利民”为指导思想，进一步促进业态结构的合理化和多样化。积极推进与人民群众生活密切相关的食品超市的发展，努力提高生鲜食品经营比重。大力发展以社区为中心、具有多项服务功能的连锁便利店，探索便利店在不同地区的经营内容和发展模式。推进传统百货店向现代化大型综合超市、购物中心等业态转型和功能创新，并利用连锁经营进行改造。大力发展连锁专业店和专卖店，使之成为开拓闽货市场的新形式。

5. 技改重点

一是建设和改造连锁企业的物流配送中心，采用先进的物流配送技术，提高管理水平和配送能力。二是实施连锁企业管理信息化，发展电子商务。连锁企业要从实际出发，分步骤实施总部、配送中心和门店的管理信息化，并与供应厂商和顾客联网，建立供应链信息网络，不断提高企业经营管理水平。

3. 配套政策

(1) 经营审批政策

各级政府有关部门要进一步提高工作效率，简化连锁经营有关审批手续，缩短审批时间。

(2) 工商登记政策

连锁经营企业设立全资或控股的配送中心和门店，可持总部出具的文件，直接到所设机构所在地工商行政管理机关申请登记注册，免予办理工商登记核准手续。工商行政管理机关对连锁经营企业经营范围，原则上按企业章程核定，其中按行业大类核定的应在经营范围中注明“法律、行政法规和国务院决定的前置审批项目除外”字样。

(3) 检查收费政策

各级政府有关部门要依法行政，加强协调，推行多部门组织的联合检查，减少对连锁经营企业的多头和重复检查。对发展连锁经营中涉及土地、工商、食品卫生检验、交通、产权交易等的收费项目，各有关部门和有关单位要本着支持发展现代流通业的精神，适当给予一定的优惠。对连锁企业实行由配送中心统一采购配送的商品质量，有关部门不对其所属门店重复抽检。有关部门在开展商品质量监督抽查时，要坚持抽查不收费的原则。

(4) 财税金融政策

对省内跨区域经营的直营连锁企业，经省税务部门会同同级财政部门审核同意后，可由总部向其所在地主管税务机关在省内统一申报缴纳增值税、所得税。对市、县内跨区域经营的直营连锁企业，经市、县税务部门会同同级财政部门审核同意后，可由总部向其所在地主管税务机关在市、县内统一申报缴纳增值税、所得税。对列入省重点示范项目的连锁企业，“十五”期间省计划、财政部门将安排一定资金作为引导资金予以支持，各地财政酌情给予支持。对连锁企业进行信息管理、物流配送、生鲜经营等技术改造项目，经省经贸委备案确认、省税务机关批准，可按照财政部、国家税务总局《关于印发〈技术改造国产设备投资抵免所得税暂行办法〉的通知》(财税字〔1999〕290号)的有关规定，享受国产设备抵免所得税的政策。对连锁企业开办门店所需的资金，在企业自筹、有关部门支持的基础上，不足部分可向金融单位申请贷款，金融部门按人行规定利率优先贷款，并提供良好的金融服务。

(5) 交通土地政策

对连锁企业、物流配送中心已登记的运送鲜活商品小型货车，经当地公安交通管理部门批准，适当放宽配送货车白天进市区的限制，提供市区通行、停靠的便利。提高现代流通业包括连锁企业的用地比重，企业以原划拨土地为条件引进资金和设备建设物流配送中心，可按划拨土地使用权价格作为法人资产出资。若未涉及产权变更、转让的，可保留划拨土地性质不变。在列入省规划的大型物流基地内设立物流配送中心用地，土地出让金及市政基础设施配套费可按标准适当下浮。连锁企业自主或与他人合作开发本企业在老城区的房地产，原划拨用地转为开发用地缴纳的出让金，可部分或全部返还企业，用于在郊区另行征地经营或安置职工。

(6) 外经外贸政策

按照我国加入世贸组织的承诺，逐步放开外资在各行业的连锁经营。支持和鼓励连锁企业、有进出口经营权的企业，通过联营、合作、兼并、参股、控股、组建企业集团等方式，带动其他企业扩大进口业务。有进出口经营权的企业，易货贸易所换回的商品、物资有权在全国范围内销售。经政府有关部门审批，企业有权使用自有外汇安排业务人员出境；有权根据对外业务需要，确定本企业经常出入境人员名额，实行一次性审批、一年内多次有效的办法。

（商务部商业改革发展司提供）

江西省连锁经营发展情况

一、我省连锁经营发展现状

我省连锁经营自 1994 年开始起步，主要表现为以下几个特点：

1. 连锁经营已初具规模，成为推动商品流通产业发展和吸引居民消费的新亮点

2002 年年底，我省年销售额 500 万元以上的连锁企业有 19 家，连锁门店数 975 个，当年实现销售总额 27.8 亿元，近两年年均增长 25% 以上。南昌百货大楼集团公司近几年积极发展连锁经营，已拥有 4 个营业面积共 7 万多平方米的大型超市，2002 年实现销售收入 8 亿多元，成为我省销售规模最大的连锁经营企业，该公司又在积极筹建城南、城北 2 个大型超市。

2. 经营形式多样，领域不断拓宽

目前，我省连锁经营门类已覆盖百货、副食、餐饮服务、医药、蔬菜等多个领域，直营连锁是当前的主导形式，特许连锁、自由连锁也有不同程度发展。业态形式主要有超市、便利店、专卖店、专业店、仓储式商店、快餐店及其他各类专业连锁店。

3. 吸引国内外知名品牌连锁经营企业落户我省，促进了我省连锁经营的发展

近两年，我省实行大开放的主战略，积极吸引国内外知名品牌商业企业进入我省，提升我省流通产业现代化程度。到目前为止，已有台湾太平洋百货、美国沃尔玛等外资零售商，肯德基、麦当劳等洋快餐，北京华联、上海华联、上海农工商、中国全力等省外大型商业企业落户我省，促进了我省连锁经营的发展。

我省连锁经营近两年虽有较快发展，但总体上仍处于起步发展阶段，与国内发达省份和国际水平相比，还有很大差距。主要表现为：

1. 经营规模小，地区间发展不平衡

我省连锁企业规模普遍偏小，实力较弱，还没有形成一定规模的、有较强竞争实力的品牌连锁龙头企业。2002 年全国连锁企业销售额前 30 名中，江西省还没有一家。从地区看，南昌市发展较快，其他城市相对滞后，尤其是大型连锁超市，基本集中在南昌市。

2. 规范化程度低，管理水平不高

连锁企业在具体经营运作方面远未达到“六统一”的基本要求，基本上是连而不锁，现代化水平低，管理方式和手段落后，在管理技术上自动化系统和计算机运用水平不高。

3. 物流配送体系建设滞后

多数连锁店尚无独立的配送中心，即使有的企业已有配送中心，但规模小，技术落后，自动化水平低，配送比例低。物流配送已成为制约我省连锁经营发展的“瓶颈”。

4. 组织形式比较单一，多是直营连锁，特许连锁、自由连锁较少

二、下一步我省发展连锁经营的举措和政策措施

我省连锁经营虽然起步较晚、起点较低，但政府一直比较重视和支持连锁经营的发展。1997年省政府召开了全省连锁经营工作会议，1998年又转发了省商业厅《关于加快我省连锁经营发展的报告》。国办发［2002］49号文下发后，省政府要求全省各地、各部门要深刻认识现代流通革命的意义和趋势，进一步统一思想，提高认识，加快流通体制改革，切实将发展连锁经营作为推进全省流通产业现代化的主攻方向来抓，力争经过三年的努力，初步确定连锁经营在商业和服务业中的主导地位。省内贸办、省计委、省经贸委、省体改办组成了联合调研组，就发展连锁经营开展专题调研后，向省政府呈报了《关于加快我省连锁经营发展的意见》，提出了我省发展连锁经营的主要任务、发展重点以及具体的政策扶持措施。

下一步，我省发展连锁经营的主要任务和发展重点是：

1. 实行政府推动引导，市场运作，坚持低成本快速扩张与高技术投入相结合，通过多种方式的资本运作，努力实现连锁经营跳跃式发展。到“十五”期末，全省连锁店铺及其销售额力争年均递增30%，培育出1~2家品牌知名度较高、核心竞争力较强的大型连锁企业集团。

2. 重点培育大型连锁经营骨干企业。省、市两级分别选择1~2家重点连锁企业给予扶持，力争使这些企业在销售规模、管理水平和经济效益等方面尽快跃上一个新台阶。

3. 制定科学的连锁经营发展规划和网点设置规划，优化连锁经营布局和业态结构。

4. 打破部门、行业分割和地区封锁，鼓励跨区域发展，进一步开拓农村市场。

5. 加快改造和整合传统商业企业，支持骨干连锁企业通过兼并、重组、收购等多种形式，对现存国有商业、医药等网点进行整合，通过自由连锁方式，将个体杂货店整合为连锁便利店。

6. 抓好“农改超”和社区商业服务网点建设。中心城市加快“农改超”步伐，取得试点经验后再逐步推广。

7. 尽快提高连锁企业的规范化管理和信息化水平，对省重点扶持的连锁企业信息系统建设列入技改投资项目优先予以扶持。

8. 积极发展特许经营，支持知名企业和老字号企业发展加盟店，培养地方民族特许品牌。

9. 积极推进物流配送体系建设。扶持和推进大型连锁企业配送中心建设，除国家重点支持的我省建设现代化的医药物流主配送中心和二级配送中心外，大中城市要建设具有食品加工开发功能和配备冷藏链的生鲜食品配送中心。

10. 进一步扩大对外开放，加大利用外资改造传统商业、发展连锁经营的力度，提高利用外资的质量和水平。

11. 充分发挥中介组织的作用，切实加强信息交流和人才培养。

（商务部商业改革发展司提供）

杭州市连锁经营发展情况

连锁经营自 1995 年开始导入我市流通领域，到 2002 年年底，连锁企业已发展到 35 家，连锁门店数近 750 个，连锁企业零售额 58.73 亿元，同比增长 30%，占全市社会消费品零售总额的 11.23%，显示出强大的生命力和竞争力。截至 2003 上半年，杭州市区有限额以上的连锁企业 53 家，实现商品销售总额 49.28 亿元，同比增长 57.7%。其中零售额 48.2 亿元，增长 58.6%，相当于全市社会消费品零售额的 17.5%，比上年末增加 6.3 个百分点；连锁企业门店数达 819 个，比上年同期增加 173 个，比上年末增加 69 个；共实现利润总额 1.29 亿元，同比增长 43.3%。

一、杭州市连锁经营发展的特点

1. 经营主体多元化的发展格局

近年来，我市在推进流通体制改革方面力度较大，加速了国有资本在商贸流通领域的退出步伐。我市的连锁零售业、餐饮业已从发展初期的国有控股、集体零售企业为主，发展成为国有、集体、私营、股份制、股份合作、港澳台投资、外商投资等多种经济成分共同参与的经营格局，特别是非公有制企业发展势头强劲。

2. 连锁经营已越来越贴近居民生活，显示出强大的生命力

连锁企业本着“为民、便民、利民”的服务宗旨，将市场定位于普通的大众消费群体，以超市、便利店作为主要的业态形式。目前在我市连锁零售企业中，近 70% 为超市和便利店，另外还有一定数量的专卖（业）店。连锁超市和连锁便利店以居民生活必需品为主要经营商品，以相对低廉的价格、可靠的质量和周到的服务吸引消费者，成为居民日常购物的主要场所，受到消费者的普遍认同，并日益深入百姓生活。

3. 连锁经营的范围和行业不断扩大

在激烈的市场竞争中，连锁企业利用自身的经营优势，开始把目光投向城郊结合部和周边城镇，逐步把门店往这些地区扩张，形成由城市中心地带向周边城镇继而向相对发达的农村乡镇发展的趋势。从连锁经营的行业看，已开始向更多行业延伸，目前，连锁经营有多达二十余个业种业态，包括：大卖场、超市、便利店、百货店、餐饮、家电、医药、服装、家居建材装饰、洗染、汽车服务（专卖、修理、加油）、教育培训、通讯产品专卖、咨询服务、书店、音像店、冲印、家政服务等，市场辐射力不断增强。

4. 连锁企业规模不断扩大

各级政府和行业主管部门的思想观念进一步转变，“不求所有、但求所在、但求所用”的意识不断增强。连锁企业加大了资产经营的力度，通过联营、购并、加盟等方式，加速了规模化发展的过程，如我省最大、最强的家友、万家福超市与上海联华实现了跨地区的强强联合，企业规模进一步扩大，家友超市、解百超市已跻身于全国连锁百强企业之列。

5. 便利店的服务功能日趋完善

随着城市的发展，生活节奏的加快，便利店的作用越来越重要。如杭州可的便利公司的服务功能已包括：基本生活的必需品、即食品商品、冲印、音像、杂志、家政服务的部分项目，极大地方便了市民的生活。

6. 国内外连锁企业纷纷抢滩杭州市场，市场国际化、现代化程度不断提高

杭州市城乡居民的消费水平较高，居民的购买潜力十分巨大。随着我市城市化进程的加快和对外开放、招商引资力度的进一步加大，麦德龙、欧尚、家乐福、百安居、好又多、乐购、易初莲花、国美、苏宁、永乐等实力雄厚的国内外连锁企业巨头纷纷进驻杭州市场，大大地促进了我市市场的国际化和现代化。据统计，2002 年外商经济零售额约占全市社会消费品零售总额的 5.6%。

二、连锁经营发展存在的主要问题

1. 经营规模总体偏小

我市连锁经营从总量上看，销售总额只占到社零总额的 17.5%，与上海等地有相当的差距。从企业规模看，杭州最大的连锁企业华商家友超市公司拥有门店数 30 个，销售总额 2003 年可突破 20 亿元。

2. 经营管理人才、发展资金比较缺乏

3. 外部环境方面存在制约因素

如有的政府部门和社会对连锁经营的认识还不到位，行政执法部门存在多头重复检查等现象，行政管理服务有待进一步改善；连锁经营企业统一纳税政策一时难以执行，增加了企业的发展成本，影响了企业门店的拓展。商业网点布局的不尽合理，商业网点规划与布局调控手段的缺乏，给连锁企业的布点扩张带来较大的难度，造成市场无序竞争。

三、发展连锁经营的几点设想和建议

我市确定连锁经营的发展目标是：到 2005 年，连锁经营销售总额占社会消费品零售总额的比重达到 30%以上。

1. 加大政策促进力度

市政府在原有连锁经营发展贴息政策的基础上，2003 年又在以下四方面对连锁经营采取政策促进：一是实行统一纳税，促进连锁经营企业跨区域发展。对杭州市内实行跨区经营的直营连锁企业，凡采用微机联网，实行统一采购配送、统一核算、统一规范管理和经营的，经市财政局、市国税局、市地税局审核同意后，可由其总部向总部所在地税务机关统一申报缴纳增值税和所得税，并按财政体制进行市、区财政结算，以不影响直营门店所在地的财政收入。二是简化行政审批手续。连锁经营企业申请增加书籍报刊、烟、盐、音像制品等专营、专卖经营范围，增加公用电话、代售邮票等便民服务项目，可由连锁企业总部向有关审批机关统一申请办理有关批准文件（或许可证），门店持加盖总部印章的批准文件（或许可证）复印件，向门店所在地有关部门备案，由门店向所在地工商行政管理机关办理相关登记。三是优化管理服务。根据连锁经营企业的特点，工商、环保、技监、

城管、物价等部门要推行多部门联合检查，并将检查的重点放在总部和配送中心，减少多头和重复检查。市交警部门要对连锁门店货物配送车辆在市区通行和卸货停车尽可能提供方便。四是发展社区便利连锁经营。对符合社区建设要求、达到一定规模的社区便利连锁经营企业（专营店）给予一定的奖励。

2. 以“为民、便民、利民”为宗旨，大力发展连锁超市和便利店

2003年下半年开始，我市根据“政策促进、市场化运作”原则，将重点做好以下工作：一是推进社区便利连锁经营，整合社区现有的商业网络设施，提升社区商业品位和形象。二是推进“菜篮子”和生鲜食品专卖连锁经营，更加方便居民生活，如“联合康康”冻鲜肉专卖连锁店。三是稳步推进“农改超”工程，改善市容和居民购物环境，提升居民生活质量。

3. 加强现代物流配送与连锁经营的有效结合

我们将加快现代物流配送的发展，一方面鼓励有条件的大型连锁企业的配送中心，在满足自身物流配送需求的基础上逐步向社会化第三方物流企业转型。另一方面积极推进连锁经营企业将物流配送业务委托专业化的第三方物流公司进行，以进一步降低物流成本，提高运营效率。

（商务部商业改革发展司提供）

广东省连锁经营发展情况

一、广东省连锁经营概况

广东毗邻港澳，地处国内外市场的临界点，改革开放后，在大量引入资金、设备、商品的同时，市场经济发达国家先进的企业组织形式、经营方式和管理经验，给商业企业带来很大影响。超级市场、连锁商业、便利店等企业组织形式和经营方式较早地被企业尝试和模仿。但由于受到居民收入及购买力水平不高，消费观念、方式、习惯未转变，市场条件尚未成熟，商业连锁经营的技术、管理知识欠缺等因素的影响，20 世纪 80 年代中期的广东连锁经营只是昙花一现。直到 20 世纪 90 年代初，随着商品市场的发展，人民生活水平和消费水平的提高，国有商业企业深化体制改革，广东的连锁商业再次出现发展的契机。1990 年 12 月 26 日，东莞糖烟酒公司在东莞虎门开设全国首家连锁店——美佳超级商场，标志着广东连锁商业正式起步。此后十年，广东连锁商业从封闭走向开放、从经验走向科技、从传统走向现代，无论是产业结构、企业结构、资本结构、业态结构和技术结构都有了明显的变化和进步，取得了长足的发展。

2001 年，广东省委省政府发布《中共广东省委、广东省人民政府关于大力发展现代流通业的意见》，在其精神指导下，广东省连锁经营得到了政府、社会、企业的认同，在各个行业得到迅猛发展，广东连锁商业发展迎来了期盼已久的春天，揭开了发展的新篇章。

（一）现状

1. 广东的连锁业保持持续高速发展态势

据不完全统计，2003 年，广东省连锁业总营业额达到约 1229 亿元，比 2002 年增长 10.5%，占社会消费品零售总额的 22%，已超出“十五”规划的预期。广东省大卖场、超市、小型店、便利店等现代渠道类的店铺数量在 2003 年增长了 2171 家，较 2002 年增幅达到 37%。珠三角尤其是广州、深圳发展更快，连锁商业日益成熟，龙头作用显著。新一佳超市平均 20 天就有一家新店开张，一年新增门店 18 家，分店总数达到 45 家；华润万佳作为深圳商业的龙头老大，2002 年开出新店 25 家；广州大卖场、超市、小型店、便利店等现代渠道类的店铺数量发展最快，增幅达到 42.7%，远远超过珠三角 17.9% 的平均水平。

2. 广东连锁业呈现业种多元化态势

广东省的连锁业呈现出向多行业拓展的特征。从原来主要局限在超市、便利店，发展到电讯、汽车服务、洗衣、家政等行业的连锁。据不完全统计，目前广州市已有 64 个行业引入了连锁经营的方式，从综合性百货、超市的连锁，发展到专业性连锁，包括餐饮、药店、汽车服务、家政服务、文化教育，颇具岭南特色的凉茶，以及美容、美发、美甲、饼屋、汽车美容、冲印、洗衣等。

3. 广东连锁业呈现业态多元化态势

随着改革开放的深入进行，向市场经济转变步伐的加快，各种新的零售业态形式相继在广东登场，形成了业态竞争多元化的局面。原有的业态形式，如百货店、超市不断向规范化发展；购物中心、便利店等新的业态迅速成长起来；邮购、电视购物、网上购物等无店铺零售形式也相继问世。其中，医药连锁专业店更是狂飙突进，截至 2003 年年底，广东省有药品零售企业 31997 家，药品零售连锁企业 100 家。

4. 广东连锁龙头企业增长强劲

2003 年，省 12 户连锁经营龙头企业共实现销售额 378 亿元，同比增长 24.8%，其中增长超过 40%以上的有新一佳、民润、本草、广百、海王，分别增长了 55.2%、50.6%、46.8%、46.5%和 45.1%。有 7 户第三方物流企业实现营业额 63.4 亿元，同比增长 22.2%，邮政 YCC、宝供增幅分别达到 54.7%和 35%，呈现出高速发展势头。广东连锁龙头企业朝着稳步、健康、持续的方向快速发展，在全省商贸流通业发展中起到中流砥柱的作用。

5. 广东连锁品牌全国化扩张趋势取得实质性进展

如果说前几年还是本省连锁企业的基本设施建设期，那么这一两年就是他们的全国化扩张期。华润万佳、新一佳、海王星辰的全国拓展步伐的全面迈开，使得广东知名连锁品牌走向全国。到 2003 年年底，新一佳在省内广州、深圳、珠海、江门、佛山，省外沈阳、鞍山、徐州、南通、宁波、长沙、淄博等地拥有 46 家门店。海王星辰现已在全国十个区域，包括深圳、昆明、大连、广州、上海、苏州、杭州、宁波、常州、成都等，都已经开设了以海王星辰为品牌的直营门店，成功实现跨区域经营。

（二）存在问题

1. 地区发展不平衡

广东的东部地区由于经济基础厚实，连锁商业起步早，业态业种丰富，发展势头强劲；粤北地区则还处于起步阶段，由于地区收入水平低，消费观念落后，重数量而轻质量，由此决定了新型业态比例低，呈小型化趋势，经营方式陈旧，管理方式落后，使得小型零售企业经营越来越困难。

2. 业态发展不平衡

由于市场缺乏规范和企业对业态的把握问题，连锁商业发展不平衡的现象显现。具体表现为城市大卖场超常规发展，出现竞争过度的势头，传统商业中心重复建设，影响资源的优化配置，而专业店、折扣店等新兴业态的发展未得到充分的重视。目前我省城市零售业态发展不平衡造成的结构失调，反映出零售业态布局不合理、功能雷同等问题，一定程度上影响了城市商业区域功能的发挥。

3. 总体规模还小

虽然广东的连锁业起步早，在全国拥有一定的影响力，但在全国百强的排行榜上，平均规模偏小，总体排名靠后的状况仍然较明显。如在国家商务部最近公布的 2003 年全国连锁经营企业 30 强中，广东本土企业只有 2 家，且分别处于第 15 和第 28 位，排位总体比较靠后，销售规模还不大。广东流通业在体制创新、组织创新、技术创新、管理创新上的力度不足，盈利能力和扩张能力还不高，尤其是信息化建设和供应链管理等核心技术方面，与国际水平还有很大的差距。

二、发展趋势

1. 连锁经营新一轮发展高潮已经来临

携资本雄风，本土连锁零售企业在资本的助力下将加大前进步伐，规模化趋势将进一步加剧。以国内资本为代表的新一佳、民润、宏城、家谊、广百将有更大的发展空间。随着过渡期接近尾声，百佳、吉之岛、家乐福等在华潜心修炼多年的外资零售巨擘将进入喷发期。

2. 各业态进一步发展，业态细分的趋势越来越明显

最突出的表现为购物中心和便利店这一大一小两个业态的蓬勃发展。2003 年，购物中心热遍珠三角。各类在建和筹建的项目全力引领广东购物中心风潮。外资便利店在珠三角广泛布点，本土商家积极探索。7－11、OK、上海联华快客，以及东莞美宜佳都已染指便利店市场。同时，以医药连锁为代表的专业店亦继续迅猛发展。

3. 业种更加多元化的趋势显著

随着连锁经营这一现代商业模式被越来越多的行业广泛采用，连锁经营的业种也必将从仅仅局限在传统零售行业发展到涉及餐饮、出版、电讯、家电、家居、医药、家政等多个行业。从衣食住行到娱乐，连锁将深入到每个人的日常生活中，在国际化脚步日趋并进的现代，广东连锁业种更趋多元化。

4. 连锁形式取得新发展

特许经营狂飙突进。广东的资本和特许经营的资源都异常丰富，根据中国加入世贸组织的协议，在入世 3 年内，中国将取消所有特许经营的限制。届时，将有很多的外国企业通过特许经营进入中国市场。越来越多的品牌产品，采用加盟、特许的方式进行产品销售。预计广东特许经营将会迎来黄金发展期。

自由连锁破壳而出。在国外、省外零售“大鳄”的强力压迫下，自由连锁成为中小企业共享规模效益和效率，抗御强敌的有力武器。

5. 连锁商业的增值服务会更多

连锁商业从以往满足“一站式购物”到满足“一站式服务配套”的服务定位改变，大大提升了连锁商业“便民、为民、利民”的服务水平。相信这类把单纯的买卖关系化为邻里亲情式贴身服务的形式会在连锁商业中广泛推广。

6. 竞争会更加激烈

连锁经营的大发展必然引致竞争的加剧，这将促使企业的认知更加清晰，越来理智的商家将把服务作为“竞争根本”，以满足广东人民富裕生活的需求；同时，企业会更加注重信息技术、采购技术、物流技术等核心竞争力的提升。供应链管理将逐步被企业所认知，供应链优化将成为企业发展的利润源泉。

（广东省连锁经营协会）

深圳市连锁经营发展情况

近几年来，在国家和广东省关于发展现代商贸流通业各项政策的推动下，深圳连锁商业发展势头十分迅猛，显示出强大的市场扩张能力，带动深圳传统商业逐步向现代商业转变。深圳连锁商业的发展呈现以下几个主要特征：

1. 连锁商业由占深圳零售商业的主导地位向主体地位转变

近三年来，深圳连锁商业的年均递增速度为25%，比社会商品零售总额的增速高出10个百分点。2002年，我市有各类连锁企业超过120家，在市内外开设各类门店总数近4000个；连锁企业的零售额占本地零售总额的比重每年提高4～5个百分点，2002年这一比例达到36%，预计2003年可以达到40%，2005年将会达到50%左右。

2. 本地连锁经营零售企业地位上升

2002年，我市共有华润万佳、新一佳、人人乐、民润超市、铜锣湾百货、百佳超市、天虹商场、茂业百货和海王星辰等9家企业进入全国连锁百强。深圳的优势传统工业如服装、皮革、钟表、珠宝、家具、家用电器等行业，由生产企业开设的品牌连锁专门店也有数千家，其中中国名牌产品百丽皮鞋在全国开设专门店800多家，2002年销售额28亿元。深圳的零售企业在与世界顶尖零售商参与竞争的市场环境中，不仅生存了下来，而且发展更快！

3. 连锁企业的跨地域扩张速度加快

近几年来，深圳的连锁企业不满足在本市的发展，正加快向本省和内地市场的扩张。2002年，我市15家重点连锁企业在深圳以外的广东各地开店106家，销售77.4亿元，增长61.5%；在广东以外的各省市开店141家，销售104.0亿元，增长19.9%。

4. 现代物流和信息技术在连锁经营中得到广泛应用

连锁企业面对激烈的市场竞争，采用统一采购、集中配送的方式，以先进的物流、信息技术整合供应链资源，提高决策水平和运作效率，降低流通成本，取得了比较明显的成效。目前，我市已有华润万佳、百佳、天虹、民润、一致药业等大型连锁企业拥有较大型的配送中心。

5. 连锁经营模式向多业种、多业态的领域发展

近几年来，深圳商家在日用品、药品、餐饮和成品油经营领域运用连锁经营模式，取得了快速发展的同时，还为其他领域的连锁经营带来了强烈的示范效应。目前，在业种上，连锁经营模式在家电、通讯、汽车、图书、音像、建材、装饰家居、文具、体育用品等方面已经得到越来越广泛的应用；在业态上，除了连锁超市成为主流之外，连锁百货、连锁专业店、连锁专卖店、连锁折扣店、连锁便利店等形式也不断地涌现出来。不仅如此，在服务贸易领域，如运输、维修、医疗保健、家政以及个人服务等方面，连锁经营模式也得到了积极的推广。

6. 连锁企业成为规范市场经济秩序的重要力量

一是连锁经营提高了市场的组织化程度，逐步取代传统集贸市场、摊铺小店。由于连锁企业立足长远，依靠先进的管理和规模经营取得成本和价格优势，无须通过假冒伪劣、偷税漏税冒险的行为去赚取短期利润，已经成为深圳老百姓放心购物的重要场所。

二是连锁经营正规纳税。近几年来，深圳商业增值税年均递增25%，超过社会消费品零售总额年均递增率10个百分点，主要原因是连锁商业快速发展，商业的集中度提高，大型连锁企业守法经营、依法纳税。

三是连锁经营为政府提高行政效率创造了条件。连锁企业采用信息化管理，财务等经营信息比较公开透明，工商、税务等政府部门容易进行集中检查，需要的人力少；城管、环保、卫生、公安和计划生育等各个部门都能减轻管理负担。在深圳，一家拥有5000平方米营业面积的日用品连锁超市，相当于300家街边小店一年的营业额；管理一家这样的连锁超市，与管理300家街边小店相比，政府可以大大节省监管力量和行政费用。

近几年深圳连锁商业之所以快速发展，首先是深圳人均收入较高，具备了连锁经营发展的市场基础。其次是国家和省委省政府的大力推动。深圳市围绕国家和省市的要求，于2002年出台了《关于大力发展现代商贸流通业的意见》，把大力发展连锁经营放在了最重要的位置，重点抓了以下工作：

1. 改革行政管理办法，支持连锁企业发展

包括：(1) 简化审批手续。对连锁企业及其直营门店申领（含换发、变更、年审）各类经营许可证及营业执照，原则上由总部一级办理。(2) 放宽经营限制。对连锁企业申请增加经营非专营的商品和服务项目，工商部门按企业申请予以增加。(3) 集中报税。对在我市跨区经营的直营连锁企业，实行由总店向所在地主管税务机关统一申报缴纳增值税、营业税的办法。(4) 进一步规范执法检查。在保证有效监管的前提下，有关部门对连锁企业及其分店的检查，由市一级主管部门统一安排，集中进行。

2. 改革行政收费方法，减轻连锁企业的负担

对商业、饮食连锁企业依法应主动报检的项目和政府依法对市场强制检查的项目实行收费分别处理的办法。企业依法应主动报检的项目，由企业委托检验机构完成，检测费用由企业承担。政府相关部门对强制性市场检查项目进行检测所发生的费用，分别列入年度部门预算，向财政申报，财政部门按实际检测的项目和数量予以核拨。该项改革从2003年开始已在卫生防疫部门先行试点。

3. 对连锁企业的物流配送项目给予电价优惠和技术改造支持

对连锁企业的大型冷库、配送中心用电，其用电量的30%按工业用电电价标准收取。对连锁企业配送中心建设中央自动分拣系统、物流信息集成系统、商品采购和销售信息化管理系统等项目，纳入深圳市技术改造项目计划，享受政府有关技改贷款贴息或低息借款政策。

4. 积极帮助连锁企业开拓市场

2002年，由市领导带队，组织我市主要商家和物流公司，走访了珠江三角洲的所有城市，探讨区域商贸和物流合作。当年我市商贸企业在广东其他地区新开门店141家。我们还通过举办采购会，帮助连锁企业改善供应链管理；通过加大对连锁商业的宣传，在连锁企业积极开展无公害蔬菜、无公害猪肉专柜的建设和推广，提高连锁商业的市场声誉；通

过零售行业协会组织，发动大型商家自我约束和规范经营行为，在会员企业中不销售假冒伪劣商品等等。

连锁经营正面临着前所未有的良好机遇，进入了快速发展的重要时期。我们提出两点建议，以期更好地推动连锁经营的发展。

一是继续改革不适应连锁经营发展的行政管理体制，消除不利于连锁经营发展的体制障碍。连锁经营企业的快速发展是近几年的事，而我们的许多管理规定以及行政管理体制是在此之前制定的，已经不适应连锁经营发展的要求。我市在对连锁企业简化办理各类经营证照手续、放宽经营限制等方面推进较为困难，主要是受到有关部委层面管理规定限制。希望从国家部委行政管理层面给予改进。

二是研究改进流通环节征收农产品增值税的问题。连锁超市经营生鲜农产品要征收13%的增值税，而传统菜市场几乎没有这类税收。这对生鲜农产品经营向超市化发展不利，也对发展现代化大农业不利。在全国农业税改革难以一步到位的情况下，可否考虑将这类税收改为地方税，由地方自行决定征收。

（商务部商业改革发展司提供）

广州市连锁经营发展情况

一、广州市商贸经济概述

广州市2003年商品销售额达4210亿元，同比增长15%；社会消费品零售总额1494亿元，同比增长9%；商业对第三产业增加值增长的贡献率超过20%，最终消费占GDP的比重为52%。广州居民家庭消费结构已从传统的基本生活消费逐步向发展型和享受型消费转移。2003年广州市居民家庭人均消费支出为11570.58元，增长8.4%，比上年增幅提高了5.1个百分点。其中，2003年，居民人均服务性消费支出为3927.52元，增长8.8%，高于消费支出的增长幅度，表明服务性消费的发展潜力巨大。

主要特点有：第一，社会消费品零售总额增长曲线呈U型，与往年平稳增长走势不同；第二，新兴消费领域正在扩大，消费结构逐步升级；第三，消费价格指数稳步回升。

2003年，广州市的连锁经营健康、稳步发展，全市具一定规模的连锁企业97家，门店超过2500间，销售额超过220亿元，同比增长超过23%。据有关人士分析，广州今后的连锁经营将会是：

超市、仓储式商场将更深层次地冲击传统的百货公司；

生鲜超市将加快瓜分传统肉菜市场的份额；

24小时便利店将逐步改造居民生活区的传统小士多；

种类繁多的专卖店、专门店将成为流行商品和专业性、服务性强的商品的主要销售模式，连锁经营将使广州这个千年商都焕发出现代风采。

二、连锁经营企业以社会责任为己任

2003年上半年，非典影响了人们的正常生活，影响了企业的运作。在这样的情况下，广州连锁经营协会一方面通过多种形式加强与会员的联系，了解他们的情况；另一方面，协会和主管单位一道，深入到各大超市了解他们的经营情况，从抗非典常用的消毒用品、口罩、生鲜食品、熟食的经营情况，到企业和员工对非典预防措施的落实情况等等，通过深入了解，不仅掌握了会员单位当前的经营情况，而且密切了与会员以及连锁企业的联系，鼓励连锁经营企业以社会责任为己任。

三、2003年广州市连锁经营发展概况

1. 外源经济与内源经济共同发展

2003年，不少外地连锁企业在广州的发展颇为迅速。如：广东帕康连锁药店有限公

司，如今已发展到80间门店，其中直营店27间；海王星辰医药连锁有限公司广州分公司，目前虽然只有34间门店（全部为直营店），但是，他们一直将广州作为企业发展的重点，已定下目标，在不久的将来，要成为广州药品零售的“大哥大”。在家电行业，外来企业几乎全唱主角，国美电器来穗开业时间不长，但是至2003年年底已发展到5间店，营业额超10亿元，永乐收购东泽后，密锣紧鼓进行筹备，2004年计划再开10间家电大卖场，将对广州市场形成较大的冲击力。大型综合超市，外地、外资企业占据了半壁江山，百佳、万佳、新一佳、好又多、吉之岛、家乐福、诺玛特……已经成为了广大市民购物的好去处，其企业品牌已在市民心目中扎下了根。如今在不同行业的连锁企业中，几乎都有外地来穗经营的企业。

与此同时，本土连锁企业也有了长足的发展，他们从单求数量的发展，转向追求质量、效益与数量同步发展。如：家谊与岛内价的资产重组，使之成为全市规模最大的民营超市，全年营业额超1.8亿元；福特玛超市走出价格竞争的误区，走个性化经营之路，取得了良好的经济效益；特别大药房敢于打破相对平静的药品市场局面，开设了首间经营面积达6800平方米的药店，平均月销售额超过300万元；大西豪快餐经过10年辛勤的耕耘，不仅在广州市站稳脚跟，而且发展到了上海；明廊眼镜，2003年年底门店已到100间，不仅遍布全省各市，并在北京开设了分店；黄振龙凉茶经过八年的奋斗，在全省开出了470多间的连锁店，并建立了自己的生产基地，使这小小的凉茶，创出了大市场，成就了一番大事业。目前，广州“内外资并举，多元化投资”的连锁经营局面已经形成。

2. 连锁经营在第三产业中全面发展

连锁经营发展之初，主要是集中于超市及便民服务方面，经过10年的发展，它已被第三产业各行业普遍应用，而且在某些行业，还起着主导地位。如：超市、便利店、加油站、家电、摄影扩印等行业，绝大部分都是以连锁经营的方式来运作的。近年在眼镜、凉茶、服装、医药等行业的连锁经营的比例也有了大幅增加，而且上述行业的连锁经营集约化程度比以前有了较大的提高。就连一些新兴的行业，如：美甲、美发、家政服务、教育、时尚饰物等，也引入了连锁经营的模式来运作。可以说，连锁经营在第三产业各领域全面开花。

3. 门类齐全的专卖店、专业店成为广州连锁经营的特色

在广州众多的连锁企业中，种类齐全的专卖店、专业店成为了一大特色。据广州市白马实业股份有限公司的管理人员介绍，在白马商贸大厦内，就有近200个服装品牌，实行了连锁特许经营；金羊、大洋报刊销售连锁店，均已超过100间门店，成了广州文化产业的一道亮丽的风景线；宝生园、皇上皇、沧洲、利口福等老字号品牌的专卖店，给老字号注入了生机与活力，宝生园的连锁店在广东省内已超过100间，沧洲腊味的专卖店也有近50间，为无形资产增添了含金量；同时又涌现了大西豪快餐、明廊眼镜、东方眼镜等新的品牌；富有岭南特色的凉茶店、时尚的饰物店、美容、美发、美体、美甲专业店都给广州这个千年商都增添了现代元素，使之更具立体化、多元化。

更令人可喜的是，各式各样的“广货”专卖店，将广州生产的名优产品，源源不断地“送”往全国各地，像音响、鞋、服装、玩具、化妆品、皮具等经营广州产品的连锁专卖店在外地履见不鲜。

4. 连锁经营的业态不断更新

随着连锁经营的外延不断扩大，其内涵也不断深化，具体表现为新业态不断出现：已从当初的超市，发展到生鲜超市、加强型生鲜超市；从当初的标准超市发展到大型综合超市、仓储式超市等等。而且像折扣店、网络商店（虚拟商店）、无店铺销售、工厂直销中心等，也不断出现，使广州的连锁经营朝着多业种、多业态的方向健康发展，也揭示了广州的连锁经营越来越细化，越来越个性化，显示了广州的连锁经营已从起步走向成熟。

四、广州连锁经营企业整体水平有提高

近年来，广州的连锁经营企业都渐渐意识到，要在市场竞争中取胜，不能单纯停留于价格竞争的低层次竞争上，而应向服务、个性、品牌等深度的竞争转移，因此，他们纷纷加强内部管理，重视人才培养，注重吸收国外连锁经营新的经营理念、经营技术，创新经营机制。拥有先进设备，是增强企业竞争力的必要条件，以往被视为劳动密集型的零售业，现在拥有先进和较先进的设备已占总设备的50%。这同时也是广州市连锁经营发展的一个缩影。

广州市政府已明确表示：连锁经营工作是2004年商贸工作的重点之一。我们相信，在广州市委、市政府的领导下，广州市的连锁经营工作将会有新的更大的发展。

（广州市连锁经营协会）

湖北省连锁经营发展情况

一、我省连锁经营发展的基本情况

截止到2003年上半年，全省商业连锁超市门店数发展到970家，实现销售额54.61亿元，分别较去年同期增加90家和5.31亿元，上升幅度为10.8%和11.6%；连锁业态销售占社会消费品零售总额的比例由2002年底的4.86%上升到5.37%。我省连锁经营发展的主要特点是：

1.连锁企业发展迅速

近年来，全省以连锁超市为代表的新型业态得到快速发展，特别是几大龙头商贸企业，连锁超市网点数和销售额大幅上升。2002年，据对全省重点跟踪的44家连锁企业的情况调查，共有门店数737家，同比增长30.67%；实现销售额110.97亿元，同比增长48%，是同期全省社会消费品零售总额增长率的4.2倍。

2.连锁企业内部物流发展较快

在全省规模以上的51家连锁企业中，有39家建立了自有配送中心，占76.47%。有43家企业配备了专门的运输车辆，占84.3%。连锁企业内部统一配送比例进一步提高，经营成本逐步降低，企业经营竞争力不断提高。

3.连锁经营开始向多业种发展

2002年以来，全省除传统百货连锁企业外，餐饮、粮油、医药、图书等行业也开始采用连锁经营方式。据统计的51家规模以上连锁企业中，传统商业15家，占29.41%；餐饮企业11家，占21.57%；医药公司12家，占23.53%。

4.连锁企业逐步向省内二级县市扩张

以传统百货、餐饮为主的连锁企业在占领本地市场的同时，积极向省内其他城市延伸，抢占空白市场。2002年末，44家重点跟踪的连锁企业与总部同省不同城市的连锁门店有34个，较上年同期增长8.8%。其中，中商集团、武汉市小南京健康美食酒店管理有限公司在省内二级城市门店数已分别达到5家和15家，占其总门店数的35.7%和65.2%。

5.社区连锁便民店发展迅速

近年来，以“为民、便民、利民”为宗旨的社区便民店快速发展。特别是以经营粮油、日用生活品、副食品及生鲜食品等为主的便民店，成为社区居民购物的首选。至2003年6月末，中百集团共有连锁门店125个，其中便民店114个，较上年同期增加45个。

6.私营企业、有限责任公司、股份公司所占比重大

近年来，全省商贸系统通过兼并、联合、分离重组、租赁出售、股份合作、股份制等形式放开搞活中小流通企业，市场主体进一步优化，一批私营企业、有限责任公司及股份公司得到快速发展。统计的44家重点跟踪企业中，私营企业、有限责任公司、股份公司

33家，占75%；国有、集体企业11家，仅占25%。

近年来，虽然我省的连锁经营发展取得了显著的成绩，但也存在着一些问题，突出表现在以下几个方面：一是企业经营规模小。据对全省规模以上的51家连锁企业调查，销售额过5亿元的连锁企业仅有4家，连锁企业拥有店铺数量超过20个的仅有10家，连锁企业销售额占全社会零售总额的比重仅为5%左右，连锁企业的规模效益尚未充分发挥。二是规范化水平低。统一采购、统一配送比重不高，大多数连锁企业还没有形成一个完善的、规范化运作的经营管理体制，加之信息系统建设滞后，管理的科技含量较低，对我省连锁企业的进一步发展形成了一定的制约。三是流通现代化建设发展缓慢，商贸流通企业在现代管理理念、机制、资金、信息、技术、人才及基础设施等方面明显滞后。

二、“十五”期间发展我省连锁经营的指导思想和总体目标

“十五”期间发展我省连锁经营的指导思想是：以邓小平理论和江泽民同志“三个代表”重要思想为指导；坚持以市场为导向，企业为主体，先规划、后发展的原则，在充分发挥市场机制的基础作用的同时，加强政府的引导和宏观调控；以提高连锁经营质量和连锁企业竞争力为核心，着重提高连锁经营的规模化和规范化程度。加快连锁企业的结构调整，推动企业的联合、兼并、重组；加快连锁企业信息化建设；大力发展集中配送；打破部门、地区封锁，促进连锁经营企业跨地区发展；以武汉商贸中心城市为龙头，以沿江(长江)、沿线（京广、京九）及中等城市为突破口，辐射、带动全省城乡。重点培育发展一批主业突出、核心竞争力强、跨地区发展、初步具有国际竞争力的大型连锁企业集团。

“十五”期间发展我省连锁经营的总体目标是：到2005年，连锁企业店铺数发展到5000个，销售额占社会消费品零售总额的比重达到20%左右，大中城市连锁企业销售额占当地社会消费品零售总额的30%以上。培育5~10家年销售额在50亿~100亿元的连锁企业，1~2家拥有自主知识产权、主业突出、核心竞争力强、具有国际竞争力的大型连锁企业集团。

（商务部商业改革发展司提供）

武汉市连锁经营发展情况

2003年，是武汉市连锁超市全面、持续、快速发展的一年，也是在经营与管理上积极探索、调整规范、锐意创新和富有成效的一年。

一、抢抓市场机遇，超市网点持续大发展

2003年，是超市业态持续发展的又一个高峰年。我市超市出现了“四个一起上”的发展态势，即：内资企业和外资企业一起上，国有控股企业与民营企业一起上，连锁大超市与连锁小超市一起上，市内网点与市外网点一起上。

2003年，各连锁企业争相发展网点，互争发展速度。本土几家大的连锁企业都开创了一年连开10家、8家超市大卖场的奇迹；小的超市甚至平均3.65天开一家，高峰时达到一天连开4家。不仅超市网点开得多，而且收到了开店就能出效益的成果。各连锁企业注重从以下四个方面寻找能产生效益的卖场和门点，创造了新的开店经验。

1. 抢占“外地”

先期目标是武汉的周边地区和城市，如江夏区、新洲区、黄陂区、黄石、襄樊、沙市、孝感、荆门、鄂州、仙桃等省内各城市，人口四五十万，交通方便，居民收入水平相对较高，这是超市发展的首选市场。

2. 开发“生地”

市内“生地”已经不多，可是，近郊区和乡镇对便民小超市来说还大有发展空间。如中百便民在近郊的流芳等乡镇，去年开店37家，效益都很不错。

3. 打入“禁地”

部队、监狱，以往曾是商业、服务业“禁入”的场所。随着改革开放的深入，中百便民超市2003年率先进入，以其优良的商品、优质的服务受到了主管单位和服务对象的欢迎。

4. 跟进“新地”

在武汉经济快速发展的大环境下，新的开发区建立在哪里，他们就迅速“跟进”到哪里，得到了市场的肯定和消费者的欢迎。

2003年，武商、中百、中商三大商业集团连锁超市销售都大幅增长，超市销售占集团的总销售比重逐年增大。2003年武商量贩公司销售实现25亿元，比上年增长65.42%；中百仓储年销售实现28.2亿元，比上年增长35.9%；中百便民销售实现8.8亿元，比上年增长58.7%。中百仓储与便民两家公司的销售额共计37亿元，占中百集团总销售的81.8%，连锁超市已成为中百集团的主导产业。中商平价销售实现11亿元，比上年增长26.92%，超市销售占中商集团销售比例为31.5%。

二、围绕可持续发展，狠抓管理创新

各超市公司在一手抓网点开发的同时，一手积极抓管理工作与新业态的适应。从而促进了管理工作的不断创新，达到了网点大发展与管理水平大提升的效果。同上年比较，2003年超市管理有8大创新：

1. 先调研、后开店，回避投资风险

为克服投资的盲目性，他们对即将开发城市的市场环境，如市场状况、经营结构、人文风俗、购物习惯、价格水平、市场定位等相关情况，及时作出书面报告，作为开店的基本依据；对已开外地店的经营情况也先后写出报告，帮助卖场发现、分析和解决问题。

2. 培养旗舰店、样板店，以点带面

连锁业态的一大特点是店多面广。通过管理者的悉心培育与打造，各个连锁公司都有了自己的“旗舰”和样板。有形象样板、经营样板、综合样板，所属其他门店照样“复制”，旗舰店能做到的，其他店也应做到。

3. 编写操作守则，做到管理规范化

为了把经理的决策变为员工的行动，各企业在2003年根据企业发展的需要，制定、修订和完善了《开店手册》、《营运手册》、《员工管理手册》、《清货、验货、上货、退货、盘点手册》，各门店卖场一律按条文规范执行。

4. 细化量化考核，在管理机制上创新

总的原则是：“个人发展与业绩挂钩，个人利益与企业效益挂钩”，不同的岗位制定不同的考核标准。比如中百仓储公司制定的《2003年工资分配方案》、《市郊及省外店工资总额管理办法》和《公司采购部买手工资考核办法》等，各门店按月、季、年进行考核，以指标定奖惩，最大限度地调动全体员工为企业做贡献的积极性。

5. 完善管理体制，实行统分结合

连锁企业经过几年来“五统一”、“六统一”的集权实践以后，许多连锁企业深深感受到实行“大权独揽，小权分散”的必要。比如商品定价权，超市公司都从实际出发，有统一定价也有指导定价，每个门店都有权处理那些需要及时处理的商品，收到了增收创利的效果。

6. 悉心培训队伍——打造团队

随着企业规模的扩张，职工队伍日益壮大，各企业都在建立学习型企业，不断培训职工。为此，武商量贩、中商平价、中百超市等企业都建立了“总部集中培训，区域技能培训，门店岗位培训，员工自我学习”的分层培训体系，不断提升管理人员的专业化程度和团队管理技巧。

7. 启动配送体系，支撑连锁发展

2003年，是中百吴家山物流配送中心全面启动的第一年，这是一个规模3万多平方米，全部由电子控制、机械操作、自动管理、宽敞、整洁、快捷、高效、无纸化。该中心去年下半年全面启动以来，仅对集团内的两家超市公司配送，进货量达3.77亿元，配送量3.64亿元，累计对所有卖场和门店送货3.1万余店次，行程67.5万公里，而且及时、准确，为各门店和卖场的物流提供了有力的支撑。其他连锁企业也相继建立了类似的、规模大小不一的物流机构，确保了市内外连锁门店对物流配套的需求。

8. 强化科技手段，服务营销

中百仓储按照“经营是分析，分析也是经营”的思路，与北京某科技公司开发了数据分析查询系统，使决策者更快捷地了解和分析企业经营情况，并以此作为决策的依据。武商量贩也对通讯设备进行升级改造，使数据查询效率提高了一倍，为企业的跨区扩张提供了电子系统保障。

三、细化管理，向一切可以挖潜的方面要效益

增收节支，开源节流，是企业永恒的主题。企业的共同经验是：

1. 建立货源基地，尽力向生产的源头采购商品，扩大自营比重，向商品的供应链要效益

一是建立商品供应基地，如水果基地、鲜蔬基地、工业品加工基地、粮油基地、腌腊制品基地等；二是跳开中间商、代理商，直接向产地生产商采购；三是将代销转经销；四是与知名品牌厂商定牌合作，通过定牌形成自己的拳头产品；五是买断经营，对畅销、适销、大路商品上量经营，大胆买断经营；六是对部分品牌实行账期经营，以销定进，内外调剂，充分利用供应商的库存资源；七是推行网上定单和信息沟通体系，实行网上查询、订货、备货、送货，降低采购营运成本；八是健全对供应商的管理，推行销售末位淘汰制。通过上述种种办法，超市毛利率明显提高。

2. 广招 4050 人员——向用工制度改革要效益

2003 年，各连锁企业从总结用工经验中发现 4050 下岗人员的五大优越性：一是珍惜再就业。岗位失而复得，工作来之不易，4050 人员一般都具有很强的敬业精神；二是年岁偏大，安心本职工作；三是有一定社会工作经验，吃苦耐劳，稍加培训即可适应；四是对社区便民小超市来说，营业高峰时段性强，能安心守店；五是对职业待遇要求不高，福利稍有改善，工作积极性就立竿见影。因此，许多超市特别是便民超市如中百便民现有 6000 余名职工中，4050 人员占 70% 左右，丽红超市现有的 400 多名职工中，4050 下岗人员占 42%，用工成本大大降低。

用工制度改革的另一建树是扩大复合型用工比例，一岗多职，技能只是岗位职责的要求，不再是某一岗位的职责，从而节省了大批人力。

3. 巧妙安排营业场地——向富余营业空间要效益

营业卖场，寸土寸金，对全部满足卖场经营需要以后的“金边银角”，分租给其他业主经营与超市相连带的辅助项目，如书店、便民药店、儿童乐园等，这些项目的引进，可以带动门店的人气，方便居民的需求，也降低了门店的房租费用。

4. 注重企业外观形象——向卖场广告收入要效益

中百仓储的经验是：卖场布局要常看常新，店面广告要用心经营。做到商品陈列立体化、活性化、合理化。及时整顿、更新和售卖卖场门面广告，将广告位作为一种可以用来经营的资源，2003 年仅此一项收入就达 650 万元。

5. 及时关闭无效益门店——向止损扭亏要效益

在快速发展的大量超市门店中，不可能确保店店盈利，对于个别因选点不准，或因经

营不善，或因竞争对手过强而导致经营亏损的门店，中百便民的做法是对症下药，及时“医治”，医治无效的，果断关闭。去年，中百便民先后关闭了8家门店，制止了企业利润的无谓耗费。

6. 防盗、防损、防患——向企业治保工作要效益

经常教育员工树立安全也是创利的思想，对“防火、防盗、防抢、防骗、防爆”为重点的“五防”工作，警钟常鸣，建立综合治理安全责任制，并层层抓落实。

（武汉商业总会连锁经营分会）

南宁市连锁经营发展情况

近几年来，我市充分发挥区位优势、首府优势和商贸流通业的优势，坚持政府引导、企业投资、市场运作的原则，大力推进连锁经营这一现代营销方式的发展。特别是2002年，我市认真贯彻落实国务院办公厅《关于促进连锁经营发展的若干意见》（国办发[2002] 49号）和《全国连锁经营“十五”发展规划》，在制定南宁市服务业发展的有关政策中，确定了促进连锁业发展的优惠政策，使我市连锁业发展又取得了新的进展。据不完全统计，目前我市已有连锁经营企业35家，经营网点250多个，连锁企业社会消费品零售总额占全社会社会消费品零售总额的10.5%。

一、南宁市连锁业的发展特点

1. 发展速度越来越快，涉及的行业范围越来越广

据测算，2003年上半年，我市连锁业完成社会消费品零售总额同比增长达到了18%，保持了较快的增长速度。越来越多的企业认识到发展连锁经营，通过规模化采购和网络化销售连接生产者和消费者，可以有效衔接产需，有利于充分发挥规模效益，降低经营成本，优化流通业态，为消费者提供质优价廉的商品和方便快捷的服务，从而主动采取措施大力发展连锁经营。目前，连锁经营的发展已不仅局限在百货等传统行业，还涉及了医药、五金交电、餐饮、汽车销售、燃料燃气、服装、专业摄影、建材、通讯器材、办公用品等越来越多的行业。

2. 本地连锁企业和引进的外地、外资连锁企业同台竞争，共同发展

南宁市康迈商业有限责任公司于1995年成立第一家利客隆超市以来，至今已发展到25个连锁超市，其中直营店11家，加盟店10家，便利店4家，卖场遍及市内各城区，加盟店已发展至区内的百色、钦州、龙州、田东、大新、靖西、宾阳、马山、横县等县、市，年销售额达4亿多元，每年上缴税费1400万元，是广西最大的连锁超市。南宁百货大楼股份有限公司利用销售网络和进货渠道的优势，大胆开拓连锁经营的发展，现已在桂平、钦州等地发展异地连锁超市，取得了较好成绩。此外，我市还引进了北京华联、深圳南城百货、麦当劳、肯德基、必胜客、上岛咖啡、诺玛特等外地、外资知名连锁企业，正在准备引进的还有美国的沃尔玛和普尔斯玛特、法国的家乐福、深圳的人人乐、北京王府井百货等。国内外商业航母进军南宁，日趋激烈的竞争促使南宁市商家的经营理念、营销方式和手段更趋现代化，也使南宁市民的消费理念、消费习惯和购物取向发生转变，南宁市的商业格局正在发生深刻的变化。

3. 连锁药业的发展一枝独秀

目前，南宁市连锁医药企业达16家，连锁药店200多家。发展较好的如同济大药房，最初只在南宁零散开了几家药店，政策放开后，采用直营扩张、股份扩张、加盟扩张等形

式，不到一年的时间在南宁市布下了46家店面，并以相同模式在广西扩张到160余家店面。“一心药业”是由国有企业改制而成的。该企业看准了医药零售企业大发展的机会，一下从批发为主过渡到零售为主，现已在南宁市内拥有门店30家，在广西境内拥有门店92家，其所属的广西一心药业物流中心是广西最大的药业物流中心，日营业额达50万～60万元。在南宁，人们熟悉的医药连锁企业还有康全药业、佳和大药房、新华药业、和平药业等。2003年，佳和平价药店打响了邕城医药连锁企业间激烈竞争的第一炮，湖南老百姓大药房等外地医药连锁企业的进入，使药品价格之争越演越烈，降低虚高药价也使广大市民从中受益。

4. 电子商务等现代营销方式在连锁企业得到迅速发展

我市的大型连锁企业大都建立了时点销售系统（POS）、管理信息系统（MIS）和电子订货系统（EOS），实现了总部、配送中心、分店之间商务活动的无纸化运作，一些先进的企业还引进了仓库管理信息化系统（WMS）、全球卫星定位系统（GPS）等，实现了全过程对商品的实时跟踪、查询和监管。

二、南宁市连锁业今后发展的思路

我市连锁业总的发展趋势是好的，但也存在着一些问题，如企业规模偏小，连锁业的规模效益尚未充分发挥；规范化水平低，统一采购、统一配送比重不高；信息系统建设滞后，管理科技含量低；现行的行政管理体制和政策与连锁业发展的要求不适应等，这些都制约了我市连锁业的发展。针对这些问题，今后我们要以发展大流通、建设大市场、带动大生产为目的，以流通方式和组织形式的改革和创新为切入点，改造传统商业和服务业，促进连锁经营在各行业的发展。要加强连锁企业的信息化建设，大力发展连锁经营企业集中配送、“产供销”一体化的专业配送服务体系，提高连锁经营的经营质量和规范化运作。加快连锁企业的结构调整步伐，推动企业的联合、兼并、重组，促进连锁企业跨地区发展，全面提高我市连锁业的规模、整体素质和综合竞争力，建立高效、畅通、便捷的流通体系。到“十五”末期，连锁业零售额占社会消费品零售总额的比重达到30%以上，打造一批核心竞争力强的大型连锁企业，包括年销售额在20亿元以上的商业零售连锁企业、年销售额5亿～10亿元的餐饮连锁企业、医药连锁企业等。

（商务部商业改革发展司提供）

四川省连锁经营发展情况

四川作为中国西部的人口大省、经济大省，有着特殊的自然资源优势和巴蜀文化，酒文化、茶文化、川菜文化久负盛名，素有“天府之国”的美称，历来市场繁荣活跃，商贸业发达。改革开放以来，特别是在全国推进流通现代化工作会议后，我省商贸流通业尤其是连锁经营得到了快速发展，以连锁经营、物流配送和电子商务为主的现代流通方式正在积极推进。

一、我省连锁经营的基本情况

近年来，我省新型流通业态从无到有，蓬勃发展，以连锁经营为代表的现代流通方式在我省大中城市得到迅速推广。主要表现在：

一是业态种类多。目前我省已有百货店、超级市场、便利店、专业店、专卖店、大型综合超市、仓储式商店、购物中心等多种零售业态。

二是行业广。连锁经营在日用品、食品、家电等传统零售业和餐饮业中蓬勃发展，在烟草、医药、石化、电信等实行集中管理和专营专卖的行业中，与其行业特点相适应的连锁经营正在逐步完善。

三是所有制形式多元化。我省连锁经营企业中，不仅有国有连锁企业，还有一批产权多元化的股份制企业。近几年，非公有制连锁经营企业发展迅猛，以红旗连锁、互惠连锁、谭鱼头连锁为代表的一批连锁经营企业正在高速发展。红旗连锁、人民商场、百货大楼、互惠连锁等通过连锁经营的方式实现了规模化发展，2002 年销售额分别达到 17.45 亿元、16.14 亿元、13.46 亿元和 13 亿元。

四是国际、国内商业资本进入我省商业领域的速度加快。家乐福、麦德龙、伊藤洋华堂、太平洋、好又多、北京王府井、北京华联等 14 家国内外商业企业先后以连锁经营的方式在我省投资建店。沃尔玛、欧尚也正积极筹备在我省投资建店。

五是连锁经营企业信息化程度有所提高。我省流通业信息化通过努力已有了良好的开端，一些大型商业企业已开始应用条码技术、时点销售系统（POS）、管理信息系统（MIS）等现代电子信息技术，企业经营管理的科技含量有所提高。一些大中型企业在接入互联网、建立网站、开展电子商务、网上采购、网上销售等方面进行了积极探索，取得了一定的成效。

六是物流配送的建设促进了连锁经营的发展。省政府及时出台的《十五期间至 2010 年我省现代物流业发展纲要》，从政策措施上为促进我省连锁经营企业的发展提供了保障。一方面连锁企业内部的配送中心有了较大发展。成都人民商场、百货大楼、红旗连锁、互惠超市等均建立了自己的配送中心。另一方面是专业化的物流企业正在形成。一些传统的运输和仓储企业，通过改造发展成物流企业，开展物流配送服务，出现了一批各具特色、不同类型的现代物流企业。

二、结合实际，认真贯彻全国推进流通现代化工作会议精神

针对我省连锁经营的现状，我们开展了广泛的调研，在进一步摸清情况的基础上召开了重点城市经贸流通主管部门和部分连锁企业座谈会，总结交流了近年来发展连锁经营、深化改革的经验和做法，分析了存在的问题，研究并制定了加快连锁经营发展的对策措施。

一是政策扶持，做大做强。2002 年 9 月，省政府办公厅及时下发了《四川省人民政府关于做大做强商业大公司大集团若干意见的通知》，确定了 29 户商贸流通企业为省列做大做强的大公司大集团，对培育和壮大一批代表先进生产力、竞争实力强的大公司和大集团起到了积极的推动作用。在借鉴兄弟省市经验的基础上，结合我省实际，制定了《四川省人民政府关于促进连锁经营发展的意见》，从政策上大力支持连锁经营企业的发展。连锁企业通过技术改造发展壮大，省政府从工业技改资金中分别给予红旗连锁、人民商场和德仁堂、同仁堂等连锁企业技改贴息资金，使这些连锁企业得到快速发展。

二是加强指导，稳步推进。针对我省连锁经营发展缓慢的实际，我们加强了对全省流通现代化的调查研究和工作指导，及时向省委、省政府领导汇报，并提出建议和意见。同时，组织召开了经贸流通主管部门和流通企业的会议，对连锁经营、物流配送、电子商务等现代流通方式的做法和经验进行了交流。邀请专家进行物流专题讲座，提高了我省商贸流通主管部门和有关企业对流通现代化的认识。下发了《关于制定商业发展规划的若干意见》，对我省商业网点的合理布局和有序发展起到了积极作用。

三、发展连锁经营，推进流通现代化

目前，我省有连锁经营企业 310 家，连锁门店近 5000 家，由于这些企业规模小，核心竞争力不强，人才缺乏，管理不规范，严重制约了我省连锁经营的发展。针对这些问题，我们根据全国连锁经营“十五”发展规划并结合我省实际，着重从以下几方面抓好落实：

1. 加强规划，促进业态结构向合理化、多元化方向发展

坚持以“为民、便民、利民”为指导思想的原则，以中等收入的工薪阶层为目标顾客，以满足人民群众基本生活需求为经营宗旨，以大众化生活用品和“菜篮子”、“米袋子”为主体商品，积极推进与人民群众生活密切相关的超市、便民店、特许店、加盟店的发展。把发展连锁经营和小城镇建设、社区建设、城市规划有机结合起来，不断向多行业和农村延伸，真正把“三个代表”的重要思想落实到基层。为适应我国加入 WTO 的新形势，在发展本地连锁的同时，我们鼓励有条件的连锁企业向省外、国外扩张。我省谭鱼头、皇城老妈、狮子楼等一批川菜连锁企业已将连锁店开到了全国 80 多个大中城市和香港、台湾等地，为弘扬川菜文化，打造川菜王国，实现我省经济跨越式发展起到了积极的推动作用。

2. 扩大连锁经营的行业范围

在巩固食品、药品等基本生活用品连锁企业发展的同时，积极在烟草、农资、石化、

电信、服装、旅游、家具、家电、IT等行业中推行连锁经营。目前，我省医药连锁企业已达150余家，连锁门店近3000家；中石化、中石油以做大做强为目标，大力开展连锁经营，在近5000家加油站中，已有近500家实行了连锁经营；在实行专营专卖的烟草行业中，开展了集中统一配送、统一管理、统一价格、统一门店的经营模式，从源头上堵住了经营假冒伪劣香烟的不法行为。

3. 加快人才培训，提高连锁企业的经营管理水平

近几年，我们深入连锁经营企业调查研究，推广先进的经营理念、营销技术和管理方法，先后举办了多起连锁经营等现代流通业态的培训班和讲座，为连锁经营企业培养了一批高素质的管理人才。与此同时，积极开展连锁企业内部的建章立制，在建立和完善企业管理制度的过程中，按照连锁经营标准化、专业化的要求，逐步建立了一套完善的经营管理体系和作业标准，加强对企业经营活动的计划与成本控制，提高了连锁企业的管理水平。

4. 以人为本，追求卓越的企业文化

在发展连锁经营中，始终坚持“品质、价值、价格”的经营理念，取信于消费者，回报社会。倡导连锁经营企业以“客户为先，服务至上”，打造先进的企业文化，促进连锁企业快速发展。鼓励连锁经营企业培养具有核心竞争力的产品，使其通过技术、品牌获得高速扩张。如谭鱼头的“一锅红艳”、红旗连锁的便民服务宗旨都为企业发展起到了很好的作用。

四、存在的主要问题

我省连锁企业受传统观念影响，在发展连锁经营上还存在认识不到位，措施不具体的问题。表现在：一是对流通现代化在市场经济中的地位和作用的认识还不到位，不同程度地存在重工轻商思想，政府政策扶持力度不大、管理体制不顺导致了对商贸流通企业指导、服务和管理功能的弱化。二是经营管理理念滞后，企业创新意识不强，在一定程度上影响了流通现代化进程。三是连锁企业规模普遍较小，竞争力不强。四是地区间发展不平衡，中小城市新型商业业态发展缓慢。

五、下一步工作重点

1. 落实各项政策措施，促进连锁经营在现有基础上向更大范围、更深层次发展和延伸。

2. 推进物流配送中心建设。结合我省实际，加快建设与连锁经营发展相适应的物流配送中心，加强连锁企业内部物流配送中心的建设和管理。

3. 进一步扩大开放。以项目为载体，内外资并重，促进我省流通业实现经营方式和管理方式的创新，推动连锁企业在对外开放和竞争中发展。

4. 继续抓好29户大公司大集团，在产业导向、政策扶持、工作措施等方面给予支持，促进其做大做强。

（商务部商业改革发展司提供）

重庆市连锁经营发展情况

2003年，重庆市实现国内生产总值2250亿元，比上年增长11.4%，是近年来速度最快的一年；人均GDP达到975美元，为重庆连锁业快速发展奠定了坚实的经济基础。2002年，重庆全市社会消费品零售总额835.5亿元，年增长率9.5%，扣除物价因素后实际增长10%。截至2003年末，全市在工商部门登记注册的连锁企业有25家，还有一批企业未正式登记注册而实际在从事连锁经营活动，全年实现连锁销售额97亿元，比上年增长40.5%，占社会消费品零售总额的11.6%。

2003年，重庆连锁业发展有以下特点：

1. 龙头企业雄风依旧

重庆市著名商业大型企业——重庆商社（集团）、重百大楼，也是重庆连锁业的龙头企业，2003年销售额分别增长23.8%、11%，已跻身全国连锁企业前30强，名列第14、第25位。

2. 餐饮业成为重庆连锁主力军

在连锁企业中餐饮业约占三四成。德庄、秦妈、小天鹅、维也纳等知名品牌火锅连锁企业，一般有直营门店10家以上，特许加盟店100~200个。有的企业门店遍布全国各地，有的企业已经走出国门，到欧美发展连锁加盟店。

3. 连锁业向一些特种行业、特殊商品渗透

除发展传统的零售业、餐饮业连锁外，重庆市还拥有与农业、农村、农民息息相关的丰谷农资超市连锁；有实行专卖管理的重庆烟草零售连锁；有号称“经济输血站”的加油站连锁；还有门点遍布城乡、人民群众须臾不能离开的药店连锁等等。

4. 外资连锁企业纷纷抢滩重庆

家乐福超市、好又多量贩店、普尔斯马特商场、麦德隆仓储式商场、百盛公司等外资连锁企业已在重庆安营扎寨，沃尔玛正在渝兴造大型卖场。

5. 连锁企业之间精诚合作

山城超市有限公司与中石油加油站合作，把超市开到加油站，既方便了加油的消费者，两企业之间也做到了互补共赢。

为了推进重庆商贸流通现代化，重庆市人民政府于2002年5月31日专门颁发了《重庆市人民政府关于推进商贸流通现代化，加快商贸流通业发展的意见》（渝府发（2002）43号文件），强调要充分认识商贸流通业的地位、作用和发展目标；抓好流通现代化的三项重点工作；加大政策支持力度，推进商贸流通业更快发展。政策支持包括：简化连锁企业证照办理；给予税收征管政策优惠；实行土地房屋税费减让政策；实行财政、信贷扶持政策；改善行政监督工作等。

为了搭建政府部门与连锁企业之间相互联系、相互沟通的桥梁，重庆市连锁经营协会于2003年3月26日正式成立，有会员单位33家。协会成立不久，即遭遇“非典”影响，

工作开展遇到一些困难。下半年才逐步起步。

2003年12月，重庆连锁经营协会与上海展贸展览服务公司合作，在解放碑中心购物广场举办了首届重庆国际连锁加盟创业展及中国连锁加盟高层论坛。

2003年重庆市连锁企业销售额情况表（前五名）

序号	企业名称	现有店铺（个）	销售额（亿元）
1	重庆百货大楼股份有限公司	33	31
2	重庆新世纪连锁公司	31	29
3	重庆国美电器连锁公司	7	10
4	重庆商社电器连锁公司	8	9.5
5	和平药房连锁公司	950	8

2003年重庆市零售及连锁销售统计表

年度	零售总额（亿元）	年增长率（%）	连锁销售额（亿元）	年增长率（%）	连锁销售额占零售总额份额%
2003	835.5	9.5	97	40.5	11.4
2002	763	5	69		9

（重庆连锁经营协会）

甘肃省连锁经营发展情况

一、全省连锁经营发展现状

据不完全统计，截至2003年上半年，全省共有连锁经营企业50家，门店数300多个，从业人员10000余人，配送中心25个，经营面积近20万平方米，年销售总额近25亿元，占社会消费品零售总额433亿元的5.7%。其中单店面积上万平方米的近10家，连锁企业自营门店个数最多的60余家。企业经营范围已扩大到百货、家电、生鲜食品、医药、餐饮、粮食、服装、汽车、烟草、通讯工具、图书分销等多个行业。近几年来，全省连锁经营企业发展较快，成为流通领域发展最快、增长潜力最大的新型业态，也是流通现代化发展的亮点之一。主要有以下几个特点：

1. 投资主体多元化

连锁经营作为现代化的组织形式，吸引各类资本纷纷涌入。经过几年发展，已形成国有、民营、股份制、外资等多种所有制共同发展的局面。2001年全省限额以上连锁企业调查显示，国有占14.3%，民营占14.3%，外资占7.1%，股份制占64.3%。

2. 市场份额不断扩大，呈高速发展态势

近5年来，全省连锁企业从无到有，从少到多，年均增长速度在45%以上。经营范围不断扩大，业态结构渐趋合理，大型超市、专业店、专卖店均呈良好发展势头。

3. 以开放促发展，外省连锁企业占主导地位

近5年来，百盛集团、北京华联、赛特、国美、苏宁、天津家世界、肯德基等大型知名连锁集团相继进驻甘肃，为全省流通业的发展输入了先进的管理理念和管理技术。据统计，在全省连锁经营企业销售总额中，外埠企业占60%以上。

4. 特许加盟连锁有所发展

北京华联超市依托兰州华联，向西宁、银川周边省区和兰州西固、安宁区等地县拓展，实施低成本扩张战略，已成功开办了4个1万平方米以上的大型超市，并在省内白银、金昌、张掖、酒泉市通过特许经营办了4个加盟连锁店，在兰州市办了2个便民连锁店。甘肃绿叶医药连锁公司拥有的40家门店中，有直营连锁店18家，加盟连锁店22家。

5. 大型超市、连锁店成为引导市场、平抑物价、稳定市场的重要载体和依托

非典期间，各大副食品超市、医药连锁店、便利连锁店积极组织货源，保证了粮、油、盐、莱、消毒用品、方便食品的供应，在抗击非典战役中起到了主力军的作用。

二、存在的问题

一是企业规模小，组织化程度低。省内现有连锁企业中，平均门店数仅为10个，最

多的60多个，最少的不足5个，平均年销售额不足1亿元。全部连锁企业销售总额占全社会消费品零售额不足6%，远低于全国平均10%的水平，而上海、广东等发达省市已接近20%，美国等发达国家已超过50%。

二是国有流通企业改革改制滞后，亏损严重，负债累累，业务萎缩，自身生存困难，更难顾及发展。加之经营管理人员观念落后和不适应，人才流失严重，融资困难，造成结构调整慢，难以适应市场需求。

三是经营管理不规范，现代管理技术、设备水平不高，信息化程度低。现代物流配送、信息技术、网络管理没有普遍应用，统一配送比例低、速度慢，费用居高不下，时点销售系统（POS）尚未完全普及，管理信息系统（MIS）才刚刚起步，客户关系管理和供应链管理技术尚处于认知阶段。上述管理技术的薄弱使商品的品类管理、防盗防损、订货及结算等环节难以适应市场发展要求，整体上削弱了企业的竞争力。

四是资金、人才缺乏，企业发展后劲不足。一方面，由于我省企业普遍规模小，企业自有资金比例较低，资产负债率较高。据测算，开办一家1万平方米的超市，光土地租金、店铺建设和装修费用、营业设施等投资需3000万～4000万元，企业融资渠道少，贷款困难；另一方面，省内熟悉现代流通管理技术、懂经营、掌握国内国际流通法律法规的高素质人才奇缺，这两方面均制约了省内连锁企业进一步发展壮大的进程。

五是地区间、业态间发展不平衡。从地区分布看，全省连锁企业70%以上集中在省城兰州，引进的外地连锁企业也基本全在兰州，其余各省辖市（地区）才刚刚起步，县乡基本是空白。从业态结构看，大型超市发展较快，而各类专业店、专卖店、便利店、折扣店发展缓慢。

六是缺乏统一规划，政府管理部门职能交叉，对连锁经营的扶持力度不够。不同程度地存在着地区封锁、行业垄断、部门分割等情况，各项扶持政策难以落实到位。

三、对策及建议

第一，根据国办发［2002］49号文件，加快全省“十五”连锁规划的制定，重点是兰州、天水、白银、酒泉、张掖市立即着手制定切实可行的连锁经营发展规划，确定具体发展措施，加快企业产权改革，侧重改造传统商业，提升全省流通产业的竞争力。

第二，欢迎东部地区大型连锁集团参与我省国有流通企业的改革、改组和改造。我省将大力坚持不求所有、但求所在的原则，迫切希望引进国内外先进的流通技术、管理经验和管理技术，带动我省连锁经营跨越式发展。同时，急需建立与国际接轨的贸易和物流网络体系，通过跨国连锁企业的国际营销网络，促进和带动省内产品的销售和出口。

第三，进一步配套制定和完善对连锁经营的扶持政策。针对连锁企业在税收、市场监管、配送车辆、工商登记等方面的问题，积极协调配合，为连锁经营健康发展创造良好的外部环境。建议国家将西部现代物流配送中心和连锁企业信息化建设优先列入国债贴息项目，并给西部省区予以倾斜照顾。

第四，建议商务部制定扶持政策，鼓励东部发达省区的连锁经营企业对西部地区企业实行跨地区、跨部门、跨所有制的兼并、联合、重组，提升西部流通企业的规模和科技含量，加快业态结构调整，推动西部流通现代化水平。

第五，建议商务部举办现代流通人才培训班，培养熟悉现代流通规则、方式和管理技术的高素质人才。组织西部与国外、东部地区连锁企业的对口交流和合作。

（商业务商业改革发展司提供）

新疆连锁经营发展情况

一、关于落实国办发 49 号文件的情况

自 2002 年全国推进流通现代化工作现场会以来，在我区党委、政府的高度重视下，我们认真贯彻会议精神，积极落实国家《关于促进连锁经营发展的若干意见》和《全国连锁经营“十五”发展规划》，成立了自治区推进流通现代化办公室，本着规划、指导、协调、服务的工作职能，制定了《新疆维吾尔自治区关于推进流通现代化的意见》（新政发［2002］62 号），编制了《新疆推进流通现代化“十五”规划》，确定了 10 家自治区推进流通现代化重点企业，推动了以连锁经营为主要形式的新型流通业态的快速发展。通过大力推进流通现代化，进一步促进了我区流通产业结构的调整。

在贯彻落实国办发 49 号文件各项政策方面，我区积极协调工作关系，落实有关政策。在简化审批手续、建立健全市场准入机制方面，连锁经营企业经营一般商品的工商登记注册政策已基本落实，但经营或兼营特许商品（如药品、小轿车、危险化学品等）在办理相关手续时仍有很大困难。在统一纳税方面，由于缺乏统一规范的财政转移支付实施办法，除乌鲁木齐市外，其他跨地、州的连锁经营网点无法执行。在减少对连锁经营企业的重复检查，严格收费管理方面已基本落实，但个别基层执法部门仍存在对企业经营商品进行重复抽检、收费现象。

二、我区连锁经营发展情况

1．统筹规划，加快构建新型流通体系

根据国家《全国连锁经营“十五”发展规划》，我区结合实际编制了《新疆推进流通现代化“十五”规划》，提出了指导思想和发展目标：“到‘十五’末，发展连锁经营网点 2500 个，连锁经营销售额 200 亿元，占社会消费品零售总额的 25%以上。建立以区域间连锁经营企业、大型专业批发市场、物流配送中心为支撑的流通骨干网络，初步形成我区连接城乡、覆盖全疆、辐射全国、渗透中亚的集物流、信息流、资金流三大功能于一体的现代流通体系。努力实现连锁经营等新型流通业态在商业和服务业中占主导地位”。为此，自 2002 年以来，我们组织实施了“5421”工程，即进一步规范 5 个中高级批发市场，加快提升改造 4 个现代化物流配送中心，稳妥进行 2 个电子商务试点，积极培育发展 1000 个连锁经营网点。与此同时，为保证我区“十五”规划的落实，编制了《流通现代化重点项目目录》，加强与有关部门的合作，将重点项目列入城市建设规划。

2．扶优扶强，积极培育大型流通企业

2002 年，通过实地调研选择确定了 10 家自治区推进流通现代化重点企业，从政策落

实、项目安排、咨询培训等多方面予以扶持、培育，支持企业做大做强、快速发展。目前，10家重点企业发展连锁经营网点679家，2003年新增257个；建设物流配送中心22个，2003年新增5个。10家企业的发展在社会上起到了良好的示范作用，带动其他企业发展连锁经营网点600余个。

3. 以点带面，努力拓展连锁经营领域

为推动连锁经营从零售业、餐饮业向其他领域拓展，我们在确定重点企业时，尤其注重选择不同行业中有发展潜力的企业进行试点，以便取得经验，在全区推广。如：为保证老百姓吃放心药，大力发展药品连锁经营网点，确定了新疆新特药民族药公司；为整合新疆机电市场，拓展新的消费领域，确定了以经营机电、汽车类商品为主业的新疆亚中机电物流园有限公司；为支持农村基础设施改造建设，积极发展城乡连锁网络，确定了以经营电线电缆、五交化商品为主业的新疆百商投资集团有限公司；以及为交通运输服务的新疆基钰投资有限公司。通过政策扶持，上述重点企业在区府的支持引导下，不仅自身得到了快速发展，而且带动了相关行业的连锁经营发展，为推进我区流通现代化起到了良好的示范作用。

三、帮助企业不断提高规范化管理水平

新疆经济发展水平较低，信息基础设施薄弱。缺资金、少人才是流通主管部门和流通企业普遍存在的问题。大部分人不知道什么是流通现代化，不知道连锁经营的具体内容，甚至没见过POS系统。因此，在发展连锁经营时，我们只能结合新疆实际，逐步提高企业科学管理水平。首先，我们组织了重点企业领导和业务骨干到上海、江苏的大型连锁经营企业考察，了解连锁经营的优势和组织结构、管理模式及经营运作方式；其次，先后组织3次培训，请专家为企业培训连锁经营、物流配送、电子商务骨干；第三，扶持连锁经营企业加快信息管理系统建设，在资金和项目上予以优先安排。第四，通过各种新闻媒体向社会大力宣传推进流通现代化的重要性，以及发展新型业态的深远意义。通过以上工作，使连锁经营企业逐步认识到科学管理、规范运作，不断提高信息管理水平的优越性和迫切性。2003年，我们向各地提出了开展以连锁经营为主的推进流通现代化试点工作的要求，由于各地缺乏相应人才和对相关专业知识的了解，制约了这项工作的开展。因此，组织全疆有关企业和主管部门的人员培训、学习，成为当务之急。

四、促进我区连锁经营进一步向多业态和多领域发展的思路

目前，我区推进流通现代化工作总体情况良好，但由于基础薄弱、起步较晚，流通企业规模偏小，组织化程度较低，管理技术落后，与发达省区相比仍有较大差距。这些因素严重影响了我区流通业的快速发展。

面对全国流通现代化发展的新形势，我们要继续贯彻落实中央和自治区经济工作会议精神，按已确定的推进流通现代化工作基本思路和规划，做好以下各项工作：

一是为推进流通现代化创造良好的外部环境。认真贯彻国办发49号文件和《新疆维吾尔自治区关于推进流通现代化的意见》，协调相关部门制定配套措施，进一步落实《新

疆推进流通现代化“十五”规划》，组织各地做好实施工作。

二是加快培育一批具有较强竞争力的大型流通企业集团。继续支持10家推进流通现代化重点企业整和现有商业网点资源，引导企业加强与国内外知名企业的交流合作，引进先进科学管理技术和新型业态方式，实现快速发展。同时，积极争取国家和自治区有关政策，加大对重点企业技改项目的资金支持力度，今年争取完成流通技改项目投资占自治区技改总投资规模的10%左右。

三是大力支持发展连锁经营。今年我区计划发展连锁经营网点1000家，重点做好各地推进流通现代化试点工作。在城市，大力发展连锁超市、便利店及社区服务网点；在农村，大力发展集农资销售、工业品下乡和农副产品收购于一体的连锁经营方式。同时，不断扩大连锁经营的范围，发展医药、农资、汽车、机电、成品油、装饰装修材料等行业的连锁经营。

四是积极发展现代物流配送中心，稳妥进行电子商务试点。大力培育以乌鲁木齐为中心，奎屯、库尔勒、阿克苏为节点的现代化、社会化、专业化的物流配送网络。逐步提高连锁经营企业统一采购、配送的比例以及向社会提供配送服务的能力。

五、存在的问题和政策建议

为了促进我区流通现代化工作顺利开展，在此，我们向商务部和国家有关部门提出几点政策建议：

1. 在加强宏观调控、规范管理方面，由商务部尽快制定《商业网点（流通设施）建设管理办法》，明确流通主管部门在商业网点建设管理中的职能和行业规划的作用，强化管理措施，规范商业网点及设施建设，坚决杜绝多头立项、重复建设。

2. 在研究制定相关政策方面：

（1）关于“连锁经营企业在总部所在地统一纳税”政策的落实，由商务部商财政部和国家税务总局制定统一规范的实施办法，下发各地执行。

（2）关于特许商品连锁经营企业简化办证程序的问题，由商务部协调有关部委制定特许商品和特殊行业连锁经营配套实施办法，明确办事程序和适用范围。

3. 在解决流通现代化重点项目建设资金缺口方面，恢复由商务部统一调配的商业网点建设专项资金，加大国家财政对流通现代化重点项目的资金扶持力度，提高流通设施的现代化程度。

4. 在规范连锁经营和特许经营发展方面，由商务部组织有关行业协会，尽快编制特许加盟和连锁经营标准文本，指导企业规范发展，兼顾各方利益，防止商业欺诈。

（商务部商业改革发展司提供）

西安市连锁经营发展情况

一、西安连锁经营发展现状

2002年，西安连锁经营在商贸流通业保持了较快的发展势头，全年社会消费品零售总额实现409亿元，连锁经营实现销售收入32亿元，同比增长27.5%；占全市社会消费品零售总额由上年的6.8%上升到7.8%，高于全国“九五”末平均数3.04个百分点。2003年上半年实现销售22.3亿元，同比增长37.7%，占同期社会消费品零售总额的10.42%；截至2003年上半年，西安连锁企业由上年底的56家增加到67家、连锁门点由1020个增加到1100个；连锁经营范围已从初期的日用百货、副食品、粮油等逐步扩展到石油、餐饮、医药、图书、美容、物资、音像、房地产、减肥、家电、软件等15个行业。

今后几年，西安连锁经营将呈现出规模化趋势加剧、外资企业纷纷涌入、便利店加速布点、加盟店迅速增加的发展态势。天津家世界、深圳人人乐、西安海星等商业，老百姓、怡康药业、双鹤医药等药业以及竹园、小肥羊等餐饮业的连锁经营企业依靠品牌和资金实力加快了扩张步伐；德国麦德隆、法国家乐福、泰国易初莲花和美国沃尔玛等相继涌入西安，有的即将开业、有的已经动工，有的抓紧选址；海星和西果连锁也借鉴“农改超”的经验，以取缔马路市场、走入社区为契机，制定了新的布点计划；随着西安《加快连锁经营发展指导意见》文件的出台，房屋租赁、汽车交易以及农业生产资料等更多的产业将纷纷加盟连锁经营，西安连锁正值蓬勃发展的大好时期。

二、西安发展连锁的主要工作措施

为了保持连锁经营良好的发展势头，西安市商贸委近年注重转变管理指导理念，强化现代服务意识，积极推进现代化流通方式，特别是结合西安连锁经营发展实际，有针对性地制定相应的政策法规，努力为连锁经营创造平等、公正、宽松的发展环境。

一是认真贯彻落实《全国连锁经营“十五”发展规划》和《关于促进连锁经营发展的若干意见》，制定西安连锁经营近、远期发展规划。西安市商贸委根据市场形势的变化，结合当地实际制定印发了《关于进一步加快发展连锁经营的指导意见》，对各项优惠政策做了进一步的规定和细化；重新修改、完善了《西安连锁经营“十五”发展规划》，为多种所有制投资西安连锁经营提供了全面、详实、准确的市场背景材料、明确的政策规定和客观的前景分析，引导其消除思想疑虑，坚定投资连锁的信心。

二是研究制定连锁经营及超市管理办法，加强行业指导、监督工作力度。针对西安部分连锁、超市企业在设立、经营过程中存在的与供货商货款结算、销售商品质量以及侵犯消费者合法权益等问题，西安市商贸委还研究制定了《西安市连锁经营企业管理办法》和

《西安市关于规范连锁、超市收费的意见》，旨在尝试规范连锁经营以及超市的设立、经营行为，避免出现损害供货商和消费者利益、引发社会不稳定的因素。

三是制定《西安现代物流产业发展规划》，建立有利于连锁配送的现代物流体系。根据西安城市总体规划布局要求，西安将现代物流产业作为地方经济的支柱产业之一，致力于打破行业封锁，整合社会资源，积极有序地建立布局合理、功能完备、运转高效的现代物流配送系统。

四是实行《西安市设立大型商业网点听政办法》，保护连锁经营投资者的合法权益。为了优化西安商业网点布局，保障连锁经营投资效益，促进连锁经营持续、快速、健康的发展，西安市2003年实行了包括连锁经营在内的大型商业网点设立听政会，市商贸委邀请有关行政部门、社会有关方面共同对新开设的连锁经营及其他商业网点的科学性、合理性、可行性进行论证，以保证其既符合城市总体规划和商贸设施发展规划，也促使其对市场环境、经营结构、效益前景等做到心中有数，从而发挥社会商业资源的最大效用。

五是定期召开连锁经营座谈会，及时协调解决现实中出现的问题。

三、进一步加快发展连锁经营的建议

连锁经营是现代化流通方式的重要组成部分，也是传统商业改造、提升商贸流通企业现代市场竞争能力的有效途径，要保证西安市连锁经营蓬勃发展的大好形势，除了当地政府的积极努力外，还需要得到上级新的政策规定的有力支持，以落实和巩固已经取得的成果。

针对西安地区连锁企业反映的多头检查、资金扶持、税收优惠等问题以及为了促使连锁经营再上新台阶的思考，提出以下需要制定新的政策文件的建议：

1. 以打破条块分割为重点，彻底解决多头检查和地方保护的问题

连锁企业在经营工作实践中，最常见的是名目繁多的各种检查，特别是来自具有执法职能的特殊商品管理者的检查。因此，现实工作中需要制定特别是需要各行业主管部门从连锁经营发展的大局出发，出台相应的、更具体、易于操作的政策规定，增强各地统一的、规范化的政策力度。

2. 资金扶持应对多种所有制经济成分一视同仁

由于思想观念、企业信用以及资金安全等多种因素影响，管理部门（主管部门、财政部门、工商部门等）在安排连锁贷款和贴息时，往往对国有连锁企业支持的多，企业办事也方便得多；遇到民营企业特别是个体企业开展连锁经营的，大多是不办理的多、不放心的多。统一纳税问题也时有因总部所在地与分店所在地辖区争税而迁怒于连锁企业的情况发生。

3. 连锁企业规范化经营水平还需进一步提高

目前，统一采购、统一配送在连锁经营企业中所占比重与其发展速度和水平不相符合。市场经济条件下企业间竞争的形式将变为供应链之间的竞争，连锁经营企业或者自办商品配送，或者将物流配送外包，无论如何，都必需严格按照连锁经营的组织形式和技术加以规范，以确保连锁经营业态实现经营成本降低、核心竞争力增强的目标。

4. 加快现代信息技术的应用

现有的连锁企业单体店大都配备、使用了先进的POS系统（即时销售系统）和MIS系统（内部信息管理系统），企业销售和管理趋于快捷和透明；但是，就连锁业态本身而言，总部与各直营店、加盟店之间，连锁店与供应商之间，连锁店与消费者之间的信息变化得不到有效交流，不能实现商品生产和销售信息的资源共享，企业运用信息网络增强其核心竞争力和提高其服务水平的潜力急需挖掘，网络技术的应用能力直接制约着连锁企业经营水平的提高和新的市场条件下竞争能力的增强。

5. 打造连锁品牌，实现集团规模经济

加大改革力度、打破条块分割、整合社会资源，打造区域性、全国性乃至具有国际竞争力的大型连锁集团，特别是造就在消费者中叫得响的连锁品牌企业，应成为连锁企业和各级政府共同奋斗的目标；与此同时，应引导连锁经营企业在扩大规模、加快发展的过程中注意效益和规模的关系。

6. 制定多层次、多形式的培训制度，营造连锁人才培养机制

连锁经营作为一种现代流通方式，和传统零售商业有所不同，具有统一采购、统一配送、统一标识、统一经营方针、统一服务规范和统一销售价格的基本规范和内在要求，需要大批具有一定现代营销、企业管理、网络信息等知识能力，特别是能与国际接轨、勇于竞争的人才。因此，开展多层次、多形式的专业培训，营造连锁专业人才的锻炼、认定、培养机制已成为当务之急。

（西安市连锁经营协会）

第五部分　法规篇

财政部、国家税务总局关于连锁经营企业有关税收问题的通知

财税　［2003］　1号

各省、自治区、直辖市、计划单列市财政厅（局）、国家税务局、地方税务局：

为贯彻落实《国务院办公厅转发国务院体改办、国家经贸委关于促进连锁经营发展若干意见的通知》（国办发［2002］49号）的精神，支持连锁经营的发展，现将连锁经营企业实行统一缴纳增值税、所得税的有关问题进一步明确如下：

一、在省、自治区、直辖市、计划单列市内跨区域经营的统一核算的连锁企业，需要实行由总机构向其所在地主管税务机关统一申报缴纳增值税的，按照财政部、国家税务总局《关于连锁经营企业增值税纳税地点问题的通知》（财税字［1997］97号）的有关规定办理。

二、根据《中华人民共和国企业所得税暂行条例》和《中华人民共和国企业所得税暂行条例实施细则》的有关规定，对内资连锁企业省内跨区域设立的直营门店，凡在总部领导下统一经营、与总部微机联网、并由总部实行统一采购配送、统一核算、统一规范化管理，并且不设银行结算账户、不编制财务报表和账簿的，由总部向其所在地主管税务机关统一缴纳企业所得税。依照《中华人民共和国外商投资和外国企业所得税法》和《中华人民共和国外商投资和外国企业所得税法实施细则》的有关规定，对从事跨区域连锁经营的外商投资企业，由总机构向其所在地主管税务机关统一缴纳企业所得税。

三、上述跨区域经营的连锁企业实行统一缴纳增值税、所得税后，各级财政部门要认真贯彻执行国办发［2002］49号文件的精神，及时制定统一纳税后所属地区间财政利益调整办法，妥善处理好各级财政利益分配关系，以确保连锁企业门店所在地的财政利益在纳税地点变化后不受影响，以利于连锁经营的发展。

二〇〇三年二月二十七日

卫生部《散装食品卫生管理规范》

第一条 为加强散装食品经营过程的卫生管理，保障消费者健康，依据《中华人民共和国食品卫生法》（以下简称《食品卫生法》）的有关规定，制定本规范。

第二条 本规范适用于所有经营散装食品的食品超市、商场等销售单位（以下称“经营者”），但不包括餐饮业和集贸市场。

本规范所称散装食品是指无预包装的食品、食品原料及加工半成品，但不包括新鲜果蔬，以及需清洗后加工的原粮、鲜冻畜禽产品和水产品等。

第三条 运输散装食品必须使用专用运输工具，并在符合食品保存条件的状态下运输。

出厂的散装食品必须采用符合卫生标准要求的包装材料和容器进行密封包装，并在标签上标明以下内容：食品名称、配料表、生产者和地址、生产日期、保质期、保存条件、食用方法、包装规格。同时应附有检验合格证明。

第四条 经营者采购散装食品时，必须向制售者索取并核对生产者的卫生许可证和食品检验合格证明等材料，留存复印件备查。

经营者应查验散装食品的标签内容是否清晰、完整，制售者必须如实提供。经营者应配备相应设备或工具，对购进的食品进行检验或送检。

任何经营者不得经销未取得卫生许可证的生产者生产的食品、无检验合格证明和标签内容不完整的散装食品。

第五条 经营者进货后，应按照所采购食品的保存条件的要求进行储存，防止二次污染。

第六条 经营者应按照“生熟分开”的原则设定散装食品销售区域。生、熟食品销售地点应保持一定距离，不得在同一区域内销售，防止交叉污染。

散装食品的销售区域应具有明显的区分或隔离标志并保持清洁，严禁放置废弃物处理设施和销售任何非食品物品，并且根据所销售食品的需要，设置相应的温度调节、洗涤、消毒和存放设备、设施。

第七条 经营者销售的直接入口食品和不需清洗即可加工的散装食品，必须做到：

1. 食品应由专人负责销售，并为消费者提供分拣及包装服务。销售人员必须持有效健康证明，操作时须戴口罩、手套和帽子。

2. 销售的食品必须有防尘材料遮盖，设置隔离设施以确保食品不能被消费者直接触及，并具有禁止消费者触摸的标志。

3. 经营者应在盛放食品的容器的显著位置或隔离设施上标识出食品名称、配料表、生产者和地址、生产日期、保质期、保存条件、食用方法。

4. 经营者具有符合卫生要求的洗涤、消毒、储存和温度调节等设施或设备。

5. 经营者必须提供给消费者符合卫生要求的小包装，并保证消费者能够获取符合本条第3项要求的完整标签。

第八条　供消费者直接品尝的散装食品应与销售食品明显区分，并标明可品尝的字样。

第九条　经营者销售需清洗后加工的散装食品时，应在销售货架的明显位置设置标签，并标注以下内容：食品名称、配料表、生产者和地址、生产日期、保质期、保存条件、食用方法等。经营者应保证消费者能够方便地获取上述标签。

第十条　由经营者重新分装的食品，其标签应按原生产者的产品标识真实标注，必须标明以下内容：食品名称、配料表、生产者和地址、生产日期、保质期、保存条件、食用方法等。

第十一条　散装食品标签标注的生产日期必须与生产者出厂时标注的生产日期相一致。

由生产者和经营者预包装或分装的食品，严禁更改原有的生产日期和保质期限。

已上市销售的预包装食品不得拆封后重新包装或散装销售。

第十二条　经营者应将不同生产日期的食品区分销售，并标明生产日期。如将不同生产日期的食品混装销售，则必须在标签上标注最早的生产日期和最短的保质期限。

第十三条　经营者应配备专门的食品卫生管理员，负责散装食品卫生管理工作，其主要职责是：

1. 负责检查散装食品的卫生情况、标签内容是否完整；

2. 逐项落实散装食品经营过程的卫生要求，并负责督促检查；

3. 及时清理超过保质期限的食品；

4. 对进货后发现的不合格食品，应立即向当地卫生监督机构报告，并采取措施防止流向其他单位和个人。

第十四条　超过保质期限的散装食品，不得重新加工销售，应由经营者或制售者负责销毁并保存相关记录。

第十五条　违反本规范第四条规定，经营者未向制售者索取查验并留存卫生许可证和检验合格证明的，应按照《食品卫生法》第四十条的规定予以行政处罚。

第十六条　违反本规范第五条、第六条、第七条规定，经营者经营散装食品不符合卫生要求的，应按照《食品卫生法》第四十一条的规定予以行政处罚。

第十七条　违反本规范第十四条规定，经营超过保质期限的食品，以及使用超过保质期限的食品作为食品加工原料的，应按照《食品卫生法》第四十二条的规定予以行政处罚。

第十八条　集贸市场的散装食品由各省、自治区、直辖市卫生行政部门参照本规范要求，制定相应的管理规定。

第十九条　本规范自2004年1月1日起执行。

农业部关于发展农产品和农资连锁经营的意见

农市发 ［2003］ 3号

各省、自治区、直辖市、计划单列市农业厅（局、委）：

连锁经营作为当今世界商品流通和服务业中最具活力的经营方式，目前在我国已经得到积极推广，并显示出巨大的发展潜力。近年来，我国农产品和农资连锁经营在一些地区已经起步，并取得了初步进展。但总的看，发展水平还很低，突出表现在连锁经营企业少、规模小、规范化程度低。为了适应我国加入WTO后日趋激烈的农产品和农资市场竞争，提高流通的现代化水平和效率，必须积极引导、大力发展农产品和农资连锁经营。为此，提出以下意见。

一、充分认识发展农产品和农资连锁经营的重要意义

连锁经营是通过对若干零售企业实行集中采购、分散销售、规范化经营，从而实现规模经济效益的一种现代商品流通方式，主要有直营连锁、特许连锁、自由连锁等类型。实行统一采购、统一配送、统一标识、统一经营方针、统一服务规范和统一销售价格等是连锁经营的基本规范和内在要求。发展连锁经营不仅是流通业态的变革，而且对我国农产品和农资生产逐步走向规范化、现代化也具有积极的影响。

当前，我国农产品和农资流通面临着新的形势。农业发展进入新阶段，农产品买方市场形成，竞争加剧；人民生活步入小康，农产品消费从数量型向质量型转变；农资零售网点以个体经营为主，数量众多，不利于控制农资进销渠道，质量难以保证；农资市场主体规模小、经营分散，相互缺乏合作与联合，市场竞争力弱；加入WTO后进一步扩大开放，农产品和农资面临国际市场的冲击等。这些都对农产品和农资流通提出了新的要求。从实践看，发展农产品和农资连锁经营，有利于实现生产与市场的有效对接，减少流通环节，提高流通效率；有利于促进规模经营，壮大市场主体，提高竞争力；有利于规范流通秩序，保证农产品和农资的质量。各地农业部门要充分认识发展农产品和农资连锁经营的重要意义，把引导、扶持农产品和农资连锁经营发展作为一项重要工作，列入议事日程，抓紧抓好。

二、从实际出发，积极引导和推动农产品和农资连锁经营

农产品实行连锁经营需要有一定的经济基础和客观条件。2002年全国人均国民生产总值已接近1000美元，其中大中城市和东部经济较发达地区的经济发展更快一些。这些地区的居民生活水平较高，工作和生活节奏快，对方便、快捷的超市食品需求不断扩大，客

观上具备了实行农产品较大规模连锁经营的条件，应该大力发展。其他地区可以有选择地进行连锁经营的试点，以积累经验，培养人才，逐步推进。

各类农业生产资料，每年、每个生产季节都有大量而且相对稳定的需求，实行连锁经营一般不受地域和经济发展水平的限制，可以大力发展。

发展连锁经营是企业为提高市场竞争力和盈利能力而选择的一种营销组织形式，必须尊重客观经济规律，坚持以市场为取向，由企业自主决策和运作。在推进企业发展连锁经营中，要注意把握好几个条件：一是企业要有相当的经济实力。连锁经营依靠规模效益盈利，没有大量的资金投入，开设的连锁门店数量达不到一定规模，经营总额和效益很难上去。二是要有先进的管理模式、管理手段和过硬的管理队伍。连锁经营实行集中配送、分散销售，在人、财、物、信息管理等方面对企业都提出了很高的要求，必须要有全新的管理模式和现代化的管理手段，特别是要有一支懂经营、会管理的中高级管理人才队伍。三是要有一定知名度、信誉度的企业品牌。连锁经营在相当程度上是品牌经营，既靠品牌吸引消费者，打开市场，也靠品牌吸引供货商提供质优、价廉的商品，没有品牌，难以做大做强连锁经营。四是每一个连锁店的开设，在方位、地址的选择，目标市场和消费者群体的锁定方面，要慎重决策，充分考虑到原有商业网点布局及其经营特点、消费水平和购买习惯等因素，权衡利弊，充分论证，避免盲目投资。

农产品连锁经营要根据各种农产品生产与消费的特点，循序渐进，逐步扩大经营范围。一般说，经过工业加工的农产品最适宜连锁经营，如各种蔬果饮料、罐头食品、腌制食品、粮食制品、糖果制品等；经过分级、包装、保鲜处理的生鲜农产品，如水果、冷冻鱼肉、茄果类和根茎类蔬菜等也比较适宜连锁经营；叶菜、活家禽、活鱼等产品搞连锁经营的难度相对大一些，必须结合实际，合理规划和布局。

农资连锁经营要将农资销售与农业技术推广服务紧密地结合起来，通过有效的技术服务带动农资销售。农资连锁店经营人员应具备一定的农业技术知识，具有指导农户正确使用农资并传播先进适用技术的能力。在经营品种上要突出科技含量较高的名、特、优、新农资产品。

三、分类指导，促进农产品和农资连锁经营健康发展

农产品和农资连锁经营在我国还处于起步阶段，各地农业部门要会同有关部门，争取为发展农产品和农资连锁经营营造良好的政策氛围。在实际工作中，要注意引导和推动以下各类企业发展农产品和农资连锁经营。

农业技术服务部门所办企业。多年来，从上到下农业技术服务部门建设了一批从事农产品和农业生产资料商贸活动的企业，设立了不少经营网点。各地农业部门要引导和鼓励这些企业积极创新，转变营销方式，本着先易后难、从小到大、逐步推进的原则，积极探索和发展连锁经营。尤其是为广大农民服务的种子、农机具、农药、农膜、化肥、饲料等农资供应销售，要依靠基层农业技术服务体系，积极发展连锁经营，改变目前单店经营为主、商品质量无保障、售后服务不规范、市场开拓能力不强的状况，逐步建立起现代化的营销模式。

农业产业化龙头企业。产业化龙头企业一般经营规模较大，有一定经济实力，并且与

生产基地和农民联系紧密，市场开拓能力强。实践证明，产业化龙头企业发展连锁经营具备较好的条件。要鼓励各类龙头企业发挥自身优势推行连锁经营。支持流通型龙头企业直接领办连锁超市或连锁商店，支持加工型企业配合连锁经营，搞好农产品和农资的集中配送。

乡镇企业。与农产品和农资流通、加工有关的乡镇企业要通过多种形式的合作与联合，积极参与农产品和农资连锁经营，既可以成为加盟店，也可以成为供货商或配送中心，条件好的企业还可以领办连锁企业。

农民专业合作组织。在当前农业结构调整过程中，各级农业部门要引导农民积极发展各种专业合作组织，使生产同类产品的农民组织起来，按照连锁经营的需要，发展规模化、专业化、标准化生产，提高产品质量，形成批量，统一向连锁经营企业直供直销农产品。

农产品批发市场。批发市场货源集中，品种齐全，具有持续供货能力，集中采购的成本低，发展连锁经营有优势。要积极引导各地的农业部定点批发市场拓展业务范围，参与农产品连锁经营。近期可大力发展农产品配送中心，为其他连锁经营企业搞好配送服务，或依托批发市场引进配送企业，培育农产品配送产业；有条件的批发市场可以直接投资建立连锁经营企业，依托批发市场从事农产品连锁经营。

各地农业部门还可以通过组织举办一些农产品产销洽谈活动，邀请连锁经营企业、配送中心和农产品生产基地的专业合作组织参加，协助他们加强业务沟通，密切产销联系，为农产品连锁经营的发展提供服务。

农产品和农资连锁经营在我国是一件新生事物。各地农业部门要注意调查研究，发现和总结典型经验，加强指导。

二〇〇三年三月十四日

国家新闻出版总署关于推进和规范出版物发行连锁经营的若干意见

为深化出版物发行体制改革，提高出版物市场的组织化程度，增强我国出版物发行企业的竞争力，促进发行生产力更大发展，现就推进和规范出版物发行连锁经营工作提出如下意见。

一、连锁经营的基本形式

出版物发行连锁经营是指以经营出版物为主、使用统一商标的若干门店或企业，在总部的统一管理下，以实现规模效益为目标的经营组织形式。出版物发行连锁经营企业应由10个以上门店组成，实行规范化管理，做到统一标识、统一进货、统一配送、统一信息、统一服务、统一管理等“六个统一”。

出版物发行连锁经营可以采用以下三种形式：(1) 直营连锁。连锁店的门店均由总部全资或控股开设，在总部的直接领导下统一经营。(2) 自愿（自由）连锁。连锁店的门店均为独立法人，各自的资产所有权关系不变，在总部的指导下共同经营。(3) 特许（加盟）连锁。连锁店的门店同总部签订合同，取得使用总部的商标、商号的特许权，经营权集中于总部（新华书店的商标使用按有关规定执行）。

二、发展连锁经营的指导思想和原则

高举邓小平理论伟大旗帜，以“三个代表”重要思想为指导，解放思想，实事求是，遵循社会主义市场经济规律和出版发行业发展内在要求，以企业为主体，以提高规模效益为中心，充分运用市场规律，促进国有发行企业的体制创新和机制转换，加快结构调整和市场整合步伐，增强占领市场、控制市场、引导市场的能力，使出版物发行工作更好地为发展先进生产力、传播先进文化、满足人民群众日益增长的精神文化需求服务。

发展出版物连锁经营应遵循下列原则：

（一）坚持将社会效益放在首位，做到社会效益与经济效益的统一，提高出版物的市场覆盖率，努力满足读者需求。

（二）按照现代企业制度要求，深化体制和管理创新，推动出版物连锁经营向科学化、规范化方向发展。

（三）遵循连锁经营的规律，探索适合我国国情和出版发行业特点的连锁形式。

（四）遵循市场法则，防止贸易壁垒、市场垄断和不正当竞争。

（五）因地制宜，统筹规划，合理布局，逐步推开，防止一哄而上，力戒形式主义。

三、连锁经营网络建设的总体布局和工作重点

到2005年底，在全国初步建立起以大型连锁集团为主导，经营布局合理、供应网络完善、业态结构优化、企业管理先进、群众购买方便的出版物销售体系。培育覆盖全国的大型连锁经营企业6～8家，具有一定规模的连锁经营企业50家，其中新华书店系统不少于30家，连锁店铺数目达到5000个以上，年纯销售额（不包括教材）不低于当年出版物纯销售总额的25%。

当前，连锁经营网络建设的工作重点是：

1. 以发行集团和条件比较好的新华书店作为连锁经营的主体。同时，鼓励出版集团、报业集团、广电集团等新闻出版单位和有一定实力、管理规范的国有流通企业开办出版物经营连锁店。

2. 以大中城市为中心，以发行集团为龙头，以大中型书店为骨干，以针对不同细分市场的专业出版物零售店、社区便民店、书报亭、读者俱乐部、网上书店等为补充，逐步形成连锁经营网络。

3. 在发展直营连锁的基础上，发展特许（加盟）连锁、自愿（自由）连锁等多种经营组织形式，不断扩大出版物连锁经营的规模效益。

4. 借鉴国内外流通领域的先进管理经验，逐步实现出版物连锁经营企业的规范化管理。在"六个统一"前提下，保证企业管理有章可循，信息系统畅通无阻，经营活动快捷准确。

5. 注重连锁企业的品牌经营。增强核心竞争力，提升品牌形象，发挥品牌效益。

四、重视物流配送中心的规划和建设

发展连锁经营需要物流网络的支撑和推动。物流配送中心建设要统筹规划，合理配置资源，避免重复建设和过度竞争。各发行集团要在2002年8月底前制订出物流中心整体改造和建设方案，并用两年左右时间，初步建立适应本地区出版物发行特别是连锁经营需要的物流基础及配套设施。北京、上海、辽宁、广东、四川、陕西要抓紧建设大型物流配送中心，形成东西南北中相互关联、相互竞争、相互促进的出版物物流网络体系。各地正在建设或已建成的物流配送中心，要借鉴并形成先进的管理方法和模式，积极采用先进的计算机管理和网络技术，大力推进跨地区经营，真正成为符合连锁经营发展需要的现代物流配送中心。大型物流配送中心及其信息系统建设，要争取纳入国家重点技术改造项目范围，以获得国家有关部门在规划、贴息等方面的支持。

物流配送中心的建设要以国有出版物发行企业为主体，充分发挥市场机制作用，鼓励国内外投资者参与。积极改造传统的运输和仓储企业，挖掘现有物流网络设施的潜力，积极利用第三方物流，节约建设资金，降低运行成本。

物流配送中心要积极与出版社建立新型代理制，包括与本地出版社建立代理关系，与外地出版社发展区域性代理业务，以新的服务方式充分发挥物流配送中心的效能。

五、加快信息网络建设和人才培养

新闻出版总署在调查研究和总结经验的基础上，确定全国统一的信息标准和信息管理软件系统。连锁企业要增加财务管理、物流管理和信息管理的技术含量，实现信息流、商流、物流和资金流的一体化管理，提高连锁经营的现代化水平。

要高度重视人才的培养，通过长期培养与短期培训、学校培养与在职培训、国内培养与国外培训等多种方式，发挥新闻出版行政部门、教育部门、行业协会和企业自身的作用，加大投入力度，加速人力资源的开发与培养，造就一支熟悉连锁经营业务、具有较强经营管理能力和操作能力的出版物营销队伍。

六、改进对连锁企业的审批与监管

进一步改进出版物发行连锁经营（包括商业连锁企业兼营出版物零售）的行政审批办法。今后，凡申请从事地区性出版物发行连锁经营业务的，报总部所在地省（自治区、直辖市）新闻出版行政部门审批；申请从事出版物跨省连锁经营业务的，由总部所在地省（自治区、直辖市）新闻出版行政部门审核后，报新闻出版总署批准。经批准的出版物发行连锁经营总部在许可区域内建立直营连锁门店，应向审批部门报送开店计划，开店计划应符合许可区域出版物发行网点设置规划。连锁门店不再单独办理许可证，经门店所在地新闻出版行政部门备案，凭连锁总部的出版物发行经营许可证复印件，到工商部门办理有关登记手续。经批准的出版物连锁经营总部开办自愿（自由）连锁店、特许（加盟）连锁店，连锁门店应按开办出版物零售店的有关规定办理审批手续。中外合资开办出版物经营连锁企业，报新闻出版总署审批，2006 年 11 月以前，中外合资开办有 30 家以上出版物连锁经营门店的企业，由中方控股。

连锁经营企业要严格遵守国家法律、法规，实行规范化、科学化管理。管理规范的直营连锁企业总部经年检合格后，可免予对所属门店的年检。连锁企业直营门店如有违法经营行为，由门店所在地新闻出版行政部门依法处罚，并将处罚结果报连锁企业总部发证部门备案，连锁企业总部的审批部门还应依法对连锁企业总部进行处罚。因连锁企业总部管理不善致使其特许（加盟）、自愿（自由）连锁门店发生违法经营行为的，除对特许（加盟）、自愿（自由）连锁门店处罚外，连锁企业总部要承担相关责任。

七、努力营造发展连锁经营的良好环境

各级新闻出版行政部门要以尽快建立管理规范，覆盖全国的现代出版物营销体系为目标，加强对连锁经营网络和物流配送体系建设的领导和协调。要强化服务意识，提高工作效率，加大市场监管力度，打破地区封锁和行业垄断，反对不正当竞争，严厉打击盗版盗印等严重破坏市场秩序的行为，为连锁企业参与市场公开竞争提供有力保障。

国家新闻出版总署、对外贸易经济合作部《外商投资图书、报纸、期刊分销企业管理办法》

中华人民共和国新闻出版总署
中华人民共和国对外贸易经济合作部　令　第18号

第一条　为扩大对外交流与合作，加强对外商投资图书、报纸、期刊分销企业的管理，根据《中华人民共和国中外合资经营企业法》、《中华人民共和国中外合作经营企业法》、《中华人民共和国外资企业法》和《出版管理条例》等有关法律、法规，制定本办法。

第二条　本办法适用于在中华人民共和国境内设立的外商投资图书、报纸、期刊分销企业。

本办法所称图书、报纸、期刊是指经国务院出版行政部门批准的出版单位出版的图书、报纸、期刊。

本办法所称分销业务，是指图书、报纸、期刊的批发和零售。

本办法所称外商投资图书、报纸、期刊分销企业，是指外国企业、其他经济组织或者个人（以下简称外国投资者）经中国政府有关部门依法批准，在中国境内与中国企业或者其他经济组织（以下简称中国投资者）按照平等互利的原则，共同投资设立的中外合资、中外合作图书、报纸、期刊分销企业，以及外国投资者在中国境内独资设立的图书、报纸、期刊分销企业。

外国投资者参股或并购内资图书、报纸、期刊分销企业，是设立外商投资图书、报纸、期刊分销企业的一种方式。外国投资者参股或并购内资图书、报纸、期刊分销企业的，该企业应按本办法办理变更为外商投资企业的相关手续。

第三条　申请设立的外商投资图书、报纸、期刊分销企业为有限责任公司或股份有限公司。

第四条　外商投资图书、报纸、期刊分销企业从事图书、报纸、期刊分销业务，应当遵守中国法律、法规。

外商投资图书、报纸、期刊分销企业的正当经营活动及投资各方的合法权益受中国法律的保护。

第五条　外商投资图书、报纸、期刊分销企业在选址定点时，应当符合城市规划的要求。

第六条　国务院新闻出版行政部门和国务院对外贸易经济合作行政部门（以下简称国务院外经贸行政部门）负责外商投资图书、报纸、期刊分销企业的审批和监督管理。

县级以上地方新闻出版行政部门和外经贸行政部门依照各自的职责分工，负责本行政区域内外商投资图书、报纸、期刊分销企业的监督管理工作。

第七条 设立外商投资图书、报纸、期刊批发企业应当具备下列条件：

（一）中、外投资方能够独立承担民事责任，具有从事图书、报纸、期刊分销业务的能力，最近三年内没有违法违规记录；

（二）法定代表人或总经理应取得出版物中级以上发行员职业资格证书，发行专业人员应取得出版物初级以上发行员职业资格证书；

（三）有与批发业务相适应的固定的经营场所，营业面积不少于50平方米，独立设置的经营场所营业面积不少于500平方米；

（四）注册资金不少于3000万元人民币；

（五）经营期限不超过30年。

第八条 设立外商投资图书、报纸、期刊零售企业应当具备下列条件：

（一）中、外投资方能够独立承担民事责任，具有从事图书、报纸、期刊分销业务的能力，最近三年内没有违法违规记录；

（二）法定代表人或总经理应取得出版物中级以上发行员职业资格证书，发行专业人员应取得出版物初级以上发行员职业资格证书；

（三）有与经营业务相适应的固定的经营场所；

（四）注册资金不少于500万元人民币；

（五）经营期限不超过30年。

第九条 中方投资者以国有资产参与投资（包括作价出资或作为合作条件），应按照国家的有关规定办理国有资产评估和评估结果的确认（或备案）手续。

第十条 设立外商投资图书、报纸、期刊分销企业，应先向企业所在地省、自治区、直辖市新闻出版行政部门提出申请，并提交下列申请文件：

（一）设立外商投资图书、报纸、期刊分销企业申请书。

（二）投资各方法定代表人或总经理签署的、由各方共同编制或认可的项目建议书及可行性研究报告。项目建议书应当载明下列事项：

1. 各方投资者的名称、住所；

2. 拟设立外商投资图书、报纸、期刊分销企业的名称、法定代表人、住所、经营范围、注册资本、投资总额等；

3. 各方投资者的出资方式和出资额。

（三）各方投资者的营业执照或注册登记证明、资信证明文件和法定代表人的有效证明文件以及职业资格证书。

（四）中外合资、中外合作企业的中方投资者以国有资产参与投资的，应提供国有资产评估报告及评估结果的确认（或备案）文件。

省、自治区、直辖市新闻出版行政部门自收到申请文件之日起15个工作日内提出审核意见，报送国务院新闻出版行政部门审批。

第十一条 省、自治区、直辖市新闻出版行政部门向国务院新闻出版行政部门报送外商投资图书、报纸、期刊分销企业的申请，应提交下列文件：

（一）本办法第十条规定的申请文件；

（二）省、自治区、直辖市新闻出版行政部门的审核意见；

（三）法律、法规规定的其他文件。

国务院新闻出版行政部门自收到申请及审核意见之日起30个工作日内做出批准或者不批准的决定，并由省、自治区、直辖市新闻出版行政部门书面通知申请人；不予批准的，应说明理由。

第十二条 申请人获得国务院新闻出版行政部门批准文件后，按照有关法律、法规向所在地省、自治区、直辖市外经贸行政部门提出申请，并提交下列文件：

（一）本办法第十一条规定的申请文件和国务院新闻出版行政部门的批准文件；

（二）由投资各方法定代表人或其授权的代表签署的外商投资图书、报纸、期刊分销企业的合同、章程；

（三）拟设立外商投资图书、报纸、期刊分销企业的董事会成员名单及证明文件；

（四）工商行政管理部门出具的企业名称预先核准通知书；

（五）法律、法规规定的其他文件。

省、自治区、直辖市外经贸行政部门自收到申请及有关文件之日起15个工作日内提出审核意见，报送国务院外经贸行政部门审批。

第十三条 省、自治区、直辖市外经贸行政部门向国务院外经贸行政部门报送外商投资图书、报纸、期刊分销企业的申请，应提交下列文件：

（一）本办法第十二条规定的申请文件；

（二）省、自治区、直辖市外经贸行政部门的审核意见；

（三）法律、法规规定的其他文件。

国务院外经贸行政部门自收到规定的全部文件之日起30个工作日内做出批准或者不批准的书面决定。批准设立申请的，发给《外商投资企业批准证书》。

第十四条 外商投资图书、报纸、期刊分销企业的申请人，获得批准后90天内持批准文件和《外商投资企业批准证书》到省、自治区、直辖市新闻出版行政部门领取《出版物经营许可证》。申请人持《出版物经营许可证》和《外商投资企业批准证书》向所在地工商行政管理部门依法领取营业执照后，方可从事图书、报纸、期刊的分销业务。

第十五条 经批准设立的外商投资图书、报纸、期刊分销企业，申请变更投资者、注册资本、投资总额、经营范围、经营年限的，应依照本办法第十条、第十一条、第十二条、第十三条、第十四条办理相应变更手续和注册登记手续。

外商投资图书、报纸、期刊分销企业其他事项变更，按有关外商投资企业的规定，报国务院外经贸行政部门批准或备案。外商投资图书、报纸、期刊分销企业变更企业名称、住所、法定代表人、主要负责人以及经营期满终止经营活动的，应当在30天内向所在地省、自治区、直辖市新闻出版行政部门备案。

第十六条 外商投资图书、报纸、期刊分销企业经营期限届满，确需延长的，应当在经营期限届满180天前向国务院外经贸行政部门提出申请，国务院外经贸行政部门应当在收到申请书之日起30天内做出批准或不批准的书面决定。获得批准的，应当在30天内向所在地省、自治区、直辖市新闻出版行政部门备案。

第十七条 香港特别行政区、澳门特别行政区、台湾地区的投资者在其他省、自治区、直辖市设立图书、报纸、期刊分销企业，适用本办法。

第十八条 外商投资图书、报纸、期刊分销企业从事网上销售、连锁经营和读者俱乐部等业务的，按照本办法第七条至第十四条的规定办理审批手续。

第十九条　本办法自 2003 年 5 月 1 日起施行。

本办法中关于设立外商投资图书、报纸、期刊批发企业的规定自二〇〇四年十二月一日起施行。

文化部关于加强互联网上网服务营业场所连锁经营管理的通知

文市发　［2003］　15号

各省、自治区、直辖市文化厅（局），新疆生产建设兵团文化局：

为深入贯彻《互联网上网服务营业场所管理条例》，整顿和规范网络文化市场，根据《国务院办公厅转发国务院体改办国家经贸委关于促进连锁经营发展若干意见的通知》（国办发［2002］49号）精神，现就互联网上网服务营业场所连锁经营管理有关问题通知如下：

一、促进和规范互联网上网服务营业场所连锁经营，是加强对网吧等互联网上网服务营业场所管理，规范互联网上网服务经营活动的重要措施。各地文化行政部门一方面要继续坚持从严审批、从严管理、从严控制总量、从严打击违法经营的原则，合理布局、优化结构，加强对网吧等互联网上网服务营业场所的宏观调控和行政执法力度，探索长效管理机制，落实经营管理技术措施；另一方面要加强对现有网吧的正面引导和改造提高，通过促进和规范互联网上网服务营业场所连锁经营，力争让规模化、连锁化、主题化、品牌化的网吧等互联网上网服务营业场所逐步占据市场主流，在社会上树立起网吧等互联网上网服务营业场所文明、健康的良好形象。

二、本通知所称的互联网上网服务营业场所连锁经营，是指若干互联网上网服务营业场所在连锁经营企业总部的统一管理下，严格按照连锁经营的组织规范，统一经营方针、统一服务规范、统一形象标识、统一营业场所风格，并且统一上网首页和统一计算机远程管理的经营组织形式，主要包括直营连锁和特许（或称加盟）连锁两种组织形式。连锁经营企业对直营连锁门店的控股比例不得低于51%。不符合上述要求的，不得以连锁名义从事经营活动。

三、文化部负责全国性和跨省（自治区、直辖市）连锁经营的互联网上网服务营业场所连锁经营企业的审批；省、自治区、直辖市文化行政部门负责审批在本行政辖区内从事连锁经营的互联网上网服务营业场所连锁经营企业的审批，并报文化部备案。各省、自治区、直辖市文化行政部门要对互联网上网服务营业场所连锁经营企业及其连锁门店的数量和布局进行合理规划，既要防止独家垄断，又要避免恶性竞争。每个省（自治区、直辖市）审批设立的互联网上网服务营业场所连锁经营企业不超过3家，全国性互联网上网服务营业场所连锁经营企业原则上不超过10家。要在严格控制总量的前提下优先审批互联网上网服务营业场所连锁经营企业的直营连锁门店，从严审批新设立的特许连锁门店，鼓励和支持互联网上网服务营业场所连锁经营企业在商业自愿的原则下收购、兼并、联合、重组、参股、控股现有的互联网上网服务营业场所经营单位。今后要在城市和有条件的农村地区停止审批非连锁经营的互联网上网服务营业场所。

四、申请设立互联网上网服务营业场所连锁经营企业应当符合《互联网上网服务营业场所管理条例》和国家有关规定，并具备下列条件：

（一）有企业的名称、住所、组织机构和章程；

（二）在一个省（自治区、直辖市）内从事连锁经营的，注册资本（金）或出资不得少于1000万元；从事全国性和跨省（自治区直辖市）连锁经营的，注册资本（金）或出资不得少于5000万元；

（三）有与其连锁经营活动相适应并取得从业资格的经营管理人员、专业技术人员；

（四）在一个省（自治区、直辖市）内从事连锁经营的，应当有不少于10家直营连锁门店；从事全国性和跨省（自治区、直辖市）连锁经营的，应当在不少于两个省（自治区、直辖市）内拥有不少于20家直营连锁门店；

（五）直营连锁门店不得少于连锁门店总量的10%；从事特许经营活动应当依法签订特许经营合同；

（六）具有与其连锁经营活动相适应并符合连锁经营规范的经营管理体系和向连锁门店提供长期经营指导的能力；

（七）拥有统一的上网首页和对连锁门店统一实施的计算机远程管理系统；

（八）法律法规和文化部规定的其他条件。

五、申请设立互联网上网服务营业场所连锁经营的企业应当提供以下文件：

（一）名称预先核准通知书或营业执照和章程；

（二）法定代表人或主要负责人的身份证明等有关证明材料，主要经营管理人员、专业技术人员的从业资格等有关证明材料；

（三）资金信用证明和符合本通知第四条规定数量的营业场所产权证明或者租赁意向书；

（四）符合连锁经营规范的筹建方案；

（五）符合国家法律法规规定的连锁经营管理制度及特许连锁门店的加盟章程；

（六）作为统一上网首页的合作网站合作意向书或者自建网站的筹建方案；

（七）统一计算机远程管理系统的筹建方案；

（八）需要提交的其他文件。

六、文化部或省、自治区、直辖市文化行政部门收到互联网上网服务营业场所连锁经营企业设立申请后，经审查符合条件的，发给同意筹建的批准文件。申请人完成筹建后，应当持符合本通知第四条规定数量的连锁门店《网络文化经营许可证》复印件、直营连锁门店的直营证明材料和特许连锁门店的特许经营协议书（合同）等证明材料向文化行政部门申请最终审核。文化行政部门经实地检查并审核合格的，发给《网络文化经营许可证》；经审查不符合条件的，应当向申请人说明理由。

七、互联网上网服务营业场所连锁经营企业设立连锁门店应当取得当地县（区）级以上文化行政部门的书面同意，并按照《互联网上网服务营业场所管理条例》的有关规定单独办理《网络文化经营许可证》。已经依法办理《网络文化经营许可证》的连锁门店应当办理变更登记手续。各省（自治区、直辖市）文化行政部门应当支持全国性或跨省（自治区、直辖市）连锁经营企业于一年以内在本行政区内设立不少于10家连锁门店。

八、互联网上网服务营业场所连锁经营企业及其连锁门店应当自觉接受当地文化行政部门的日常监督管理。凡连锁门店受到停业整顿以上行政处罚的，当地文化行政部门应当将处罚决定逐级上报至连锁经营企业发证部门备案。一年以内累计受到两次以上停业整顿以上行政处罚的特许连锁门店，连锁经营企业应当终止与该门店的特许经营关系；一年以内 3%以上连锁门店受到停业整顿以上行政处罚的，发证部门应当责令连锁经营企业进行整改；一年以内 3%以上连锁门店被吊销《网络文化经营许可证》的，取消连锁经营企业的连锁经营资格。

九、文化行政部门要对网吧等互联网上网服务营业场所、连锁经营企业及其分支机构实行年审制度。要加强对互联网上网服务营业场所连锁经营企业的指导，积极引导连锁经营企业提高经营管理水平，按照连锁经营标准化、专业化的要求，逐步建立起完善的经营管理体系和服务标准，坚决杜绝假连锁现象。积极引导连锁经营企业加强互联网文化建设，不断拓展增值服务项目，开发主题鲜明、特色突出的互联网文化内容和增值服务功能，为上网消费者提供丰富多彩、健康有益的衍生文化产品和增值服务项目。要充分发挥连锁经营企业在行业协会中的骨干作用和示范作用，努力促进行业自律。

国家烟草专卖局贯彻《国务院办公厅转发国务院体改办国家经贸委关于促进连锁经营发展若干意见的通知》的若干意见

国烟法　［2003］　735 号

各省级局（公司）：

为贯彻《国务院办公厅转发国务院体改办国家经贸委关于促进连锁经营发展若干意见的通知》（国办发［2002］49 号）精神，积极支持和促进连锁经营企业的发展，根据《烟草专卖法》及其《实施条例》的有关规定，经商国家发改委、商务部后，现就连锁经营企业申领烟草专卖零售许可证和进货问题通知如下：

一、所有连锁经营企业从事烟草制品零售业务，总部和各门店必须单独申领烟草专卖零售许可证。直营连锁经营企业总部取得烟草专卖零售许可证后，各门店持总部的许可证复印件到所在地烟草专卖局申领烟草专卖零售许可证时，所在地烟草专卖局可以对其经营资金、经营场所等条件免予审查，但需要审查其是否符合合理布局的要求，并在同等条件下对其优先考虑、重点照顾。

二、直营连锁经营企业总部及各门店取得烟草制品零售资格后，在同一行政区域（包括不设区的市或县以及具备条件的地级市）内，可由总部统一向所在地烟草公司订货，由门店所在地烟草部门分别负责送货。

三、各级烟草专卖局（公司）要高度重视，积极创造条件，切实支持和促进连锁经营企业的发展。

二○○三年十二月九日

商务部、建设部关于做好地级城市商业网点规划工作的通知

商建发　［2004］　18号

各省、自治区经贸委（经委、商委、贸易合作厅、内贸办、财贸办）、商务厅（局）、建设厅：

为推动各地城市商业网点规划工作，原国家经贸委先后印发了《关于城市商业网点规划工作的指导意见》（国经贸贸易［2001］789号）、《关于进一步做好大中城市商业网点规划工作的通知》（国经贸贸易［2002］44号）和《关于加强城市商业网点规划工作的通知》（国经贸贸易［2003］83号）。目前，直辖市、计划单列市、省会（首府）城市商业网点规划已基本制定完成。为了做好地级城市商业网点规划（以下简称商业网点规划）工作，现就有关问题通知如下：

一、指导思想

商业网点规划要以建立统一开放、竞争有序的商品市场体系为目标，以满足市场需求和提高人民生活水平为出发点，以优化市场布局和调整市场结构为主线，注重发挥市场配置资源的基础性作用，避免低水平重复建设和无序竞争，促进城市社会与经济的协调发展。

二、基本原则

（一）商业网点规划要与城市规划相结合。商业网点建设是城市建设的重要内容，商业网点规划是城市总体规划的重要组成部分。制定商业网点规划要按照城市总体规划的要求，与人口分布、消费需求、道路交通、文化景观、环境保护相协调，与相关产业的发展相配合，促进城市功能完善和城市社会经济的发展。

（二）商业网点规划要与当地经济发展水平相结合。要充分考虑本地区和周边地区消费水平、市场需求、现有商业网点状况，合理确定规划期内商业网点的数量、规模、档次和业态，不搞形象工程，避免贪大求多和重复建设，并要为将来发展留有余地。

（三）商业网点规划要与结构调整和布局优化相结合。要体现大力发展各类新型零售业态，调整、提升和规范传统零售业态的要求。商业竞争不够充分的地区要增加商业网点，竞争过于激烈的地区要控制新增商业网点。要根据不同商业区域的特点，合理规划批发、零售、物流基地布局以及各类零售业态。

（四）大型商业设施建设与中小商店的生存发展相结合。大型商店在竞争中处于强势

地位，如任意发展，将影响中小商店的生存。大型商店特别是大型超市所售商品价格低、品种齐全，而中小商店贴近居民社区、购物便利。为了满足消费者多层次和多样化的需求，创造更多的就业岗位，应合理规划大中小型商业网点布局，促进大店与中小店铺之间协调发展。

（五）规划的调控功能与市场机制的基础作用相结合。制定商业网点规划既要体现政府社会管理意图，又要尊重市场经济规律。要真正发挥引导社会资金投向，减少重复建设、盲目发展和无序竞争的作用。

三、规划内容

（一）规划范围：大型零售商店、批发市场、商品交易市场、物流基地。

（二）规划重点：一要摸清现有各类商业网点状况，并制作现有网点分布图表。二要根据以上原则，在科学分析和充分论证的基础上，提出规划期内商业网点发展的总规模、空间布局、业态结构。在空间上，着重对市级商业中心、区域商业中心、居住区商业、郊区城镇商业和专业特色商业街进行规划。在结构上，结合空间布局对各类商业流通设施和零售业态进行合理定位。构筑布局和结构合理、功能完善、层次分明、体系完整的市场格局。

（三）详略程度：历史比较悠久，城市格局已经基本定型的城市，商业网点规划应当详细、具体一些；城市格局尚未完全定型、商业处于快速发展期的城市，规划可以相对原则一些。

四、具体要求

（一）加强领导，明确责任。各省、自治区商务和建设部门要加强对本地区商业网点规划工作的领导，掌握规划工作进展情况，及时协调解决有关问题，切实负起指导、督促、检查的责任。各地级城市商务和城乡规划部门应当落实组织机构，建立健全工作班子，充实力量，专人负责，并争取本地区财政部门给予经费支持。

（二）密切配合，形成合力。商业网点建设涉及城市商务、规划、建设、工商、卫生、交通、环保、消防等多个部门。各地级城市商务和城乡规划部门要密切协作，共同组成商业网点规划工作班子，同时应主动加强与有关部门的沟通和协调，优势互补、形成合力。

（三）科学组织，保证质量。商业网点规划涉及经济、贸易、人口、建筑、文化、历史、旅游等多学科门类，是一项科学性、政策性很强的综合性业务。要深入实际，搞好现有商业网点普查；采取政府部门与专业机构相结合的方式，注重发挥专家的作用；充分发扬民主，认真听取市民的意见。使规划具有科学性和可操作性，力戒做表面文章、搞形式主义。

（四）加快进度，按时完成。制定商业网点规划需要进行大量的调查、研究和论证，任务十分艰巨。各地商务和城乡规划部门一定要增强紧迫感，尽快开展工作，务必在今年年底前制定完成，并按法定程序上报市政府批准、发布施行。各省、自治区商务部门应于每月月底前向商务部（市场体系建设司）报送工作进度，并在年底前将各市经批准的商业网点规划报商务部备案。

二〇〇四年一月十五日

国家发展和改革委员会《制止价格垄断行为暂行规定》

国家发改委　令　第3号

第一条　为制止价格垄断行为，促进公平竞争，保护经营者和消费者的合法权益，根据《中华人民共和国价格法》(以下简称《价格法》)，制定本规定。

第二条　本规定所称价格垄断行为，是指经营者通过相互串通或者滥用市场支配地位，操纵市场调节价，扰乱正常的生产经营秩序，损害其他经营者或者消费者合法权益，或者危害社会公共利益的行为。

第三条　市场支配地位主要依据经营者在相关市场占有市场份额、所经营商品的可替代程度和新的竞争者进入市场的难易程度判定。

第四条　经营者之间不得通过协议、决议或者协调等串通方式实行下列价格垄断行为：

（一）统一确定、维持或变更价格；

（二）通过限制产量或者供应量，操纵价格；

（三）在招投标或者拍卖活动中操纵价格；

（四）其他操纵价格的行为。

第五条　经营者不得凭借市场支配地位，在向经销商提供商品时强制限定其转售价格。

第六条　经营者不得凭借市场支配地位，违反法律、法规的规定牟取暴利。

第七条　经营者不得凭借市场支配地位，以排挤、损害竞争对手为目的，以低于成本的价格倾销；或者采取回扣、补贴、赠送等手段变相降价，使商品实际售价低于商品自身成本。

第八条　经营者不得凭借市场支配地位，在提供相同商品或者服务时，对条件相同的交易对象在交易价格上实行差别待遇。

第九条　对经营者有本规定所列价格垄断行为的，由政府价格主管部门依法认定。

第十条　经营者有本规定所列价格垄断行为的，由政府价格主管部门依据《价格法》第四十条和《价格违法行为行政处罚规定》第四条实施处罚。

第十一条　有关法规、规章对本规定第六、七条所列行为的处罚及处罚机关另有规定的，可以依照有关法规、规章的规定执行。

第十二条　政府及其所属部门应当依法保护经营者的定价自主权，不得对市场调节价进行非法干预。

第十三条　政府鼓励、支持、保护一切组织和个人对价格垄断行为进行社会监督。政府价格主管部门可以对价格垄断行为的举报人给予奖励，并应当为举报人保密。

第十四条　行业组织应当加强价格自律，不得从事违反本规定的行为。

第十五条　本规定由国家发展和改革委员会负责解释。

第十六条　本规定自2003年11月1日起施行。

商务部《突发事件生活必需品应急管理暂行办法》

中华人民共和国商务部　令　［2003］　第 7 号

第一章　总　则

第一条　为了有效监测、及时控制和消除生活必需品市场异常波动，满足居民日常基本生活需求，维护正常的社会秩序，促进社会主义市场经济持续稳定健康发展，根据《中华人民共和国传染病防治法》、《中华人民共和国国防法》、《中华人民共和国价格法》、《中华人民共和国防震减灾法》和《突发公共卫生事件应急条例》等法律、法规的有关规定，制定本办法。

第二条　本办法所称生活必需品市场异常波动（以下简称市场异常波动），是指因突然发生的严重自然灾害、公共卫生事件、战争、恐怖袭击或其他事件，造成肉类、蔬菜、蛋品、奶制品、边销茶和卫生清洁用品等生活必需品供求关系突变，在较大范围内引起抢购，导致价格异常波动或商品脱销的状态。

第三条　本办法规定的市场异常波动分为两级：一级是指全国或跨省、自治区、直辖市的市场异常波动；二级是指发生在一个省、自治区、直辖市较大范围或一个计划单列市、省会城市的市场异常波动。

第四条　市场异常波动应急工作，应当贯彻统一领导、分级负责、做好预案、科学监测、及时反应、处置得力的原则。

第五条　商务部负责对全国市场异常波动应急管理工作的统一领导，并成立由部长担任总指挥、分管副部长担任副总指挥的商务部应对市场异常波动指挥部。

省、自治区、直辖市及计划单列市、省会城市人民政府（以下简称“省会城市以上地方人民政府”）商务行政主管部门，分别成立由主要负责人担任总指挥、分管负责人担任副总指挥的应对市场异常波动指挥部，负责领导、指挥本行政区域内市场异常波动应急管理工作。

第六条　省会城市以上地方人民政府商务行政主管部门，应当建立严格的市场异常波动防范和应急处理责任制，切实履行职责，建立和加强市场异常波动信息交流和区域合作，保证市场异常波动应急处理工作的正常进行。

第七条　省会城市以上地方人民政府商务行政主管部门，应当组织开展预防市场异常波动相关科学研究，建立完善市场异常波动监测系统和必要的应急措施及手段，并保证经费。

第八条　省会城市以上地方人民政府商务行政主管部门，应当对参加市场异常波动应急处理做出贡献的单位和人员，给予表彰和奖励。

第二章　应急准备

第九条　商务部制定全国和跨省、自治区、直辖市市场异常波动应急预案。

省会城市以上地方人民政府商务行政主管部门，根据全国和跨省、自治区、直辖市市场异常波动应急预案，会同有关部门，结合本地实际情况，制定本行政区域的市场异常波动应急预案，并报商务部备案。

第十条　市场异常波动应急预案应当包括以下主要内容：

（一）应对市场异常波动指挥部的组成，及相关部门的具体职责和分工；

（二）市场日常监测机构的运行，监测数据的综合评价、预警标准及市场异常波动的报告、通报制度；

（三）应对市场异常波动的具体程序及拟采取的措施，如区域调剂、商品储备、组织进口、征购及组织紧急调运等手段；

（四）应对市场异常波动的生活必需品投放网络；

（五）相关保障工作，如做好舆论宣传工作，稳定人心；加强市场监管，整顿和规范市场秩序；保障应急预案落到实处的各项具体措施等；

（六）应对市场异常波动的值班制度和联络方式。

第十一条　市场异常波动应急预案应当根据市场变化和实施中发现的问题及时修订、补充。

第十二条　省会城市以上地方人民政府商务行政主管部门，应当增强对市场异常波动的防范意识和应对能力，防范市场异常波动的发生。

第十三条　省会城市以上地方人民政府商务行政主管部门，应当根据市场异常波动应急预案的要求，完成应急设施、设备、生活必需品等物资储备。

第十四条　应当完善以大型批发、零售企业为主体的应急设施、设备、生活必需品等物资投放网络。

第三章　监测预警

第十五条　商务部负责建立全国统一的城市生活必需品市场异常波动监测预警系统。

省会城市以上地方人民政府商务行政主管部门，应当利用现代信息技术，根据本地实际情况，建立和完善本行政区域市场异常波动监测预警系统，定期开展市场调查，及时掌握市场总需求、总供给（现有库存、本地生产能力、外地可采购能力）和销售、价格变化情况。

列入全国市场异常波动监测预警范围的不同业态流通企业，应当与全国市场异常波动监测预警系统联网，并按要求及时、准确、完整地报送有关统计资料。

第十六条　商务部根据国民经济发展状况和居民生活消费需求的变化，负责确定和调整需要监测的生活必需品的品种。

省会城市以上地方人民政府商务行政主管部门在按商务部要求进行监测的基础上，可以根据当地居民消费实际情况，适当增加需要监测的生活必需品的品种，并报商务部备案。

第十七条 监测与预警工作应当根据市场异常波动的类别，科学分析、综合评价监测数据，掌握市场运行情况。对早期发现的潜在隐患以及可能发生的市场异常波动，应当依照本办法规定的报告程序和时限及时报告。

第十八条 商务部负责发布市场异常波动警报。一级波动发布红色预警警报；二级波动发布黄色预警警报。

第四章 报告与信息发布

第十九条 商务部负责建立全国市场异常波动应急报告制度和市场异常波动信息报告系统。

有下列情形之一的，省会城市以上人民政府商务行政主管部门，应当在接到报告2小时内，向商务部报告：

（一）发生洪水、干旱、地震等严重自然灾害，造成市场异常波动的；

（二）发生群体性疾病、重大食物中毒等公共卫生事件，引发公众恐慌，造成市场异常波动的；

（三）战争、恐怖袭击等引发公众恐慌，造成市场异常波动的；

（四）其他引发市场异常波动的情况。

第二十条 大型批发、零售企业等有关单位发现有本办法第十九条规定情形之一的，应当在1小时内向本地人民政府商务行政主管部门报告；接到报告的商务行政主管部门应当在2小时内向本级人民政府报告，并同时向上级人民政府商务行政主管部门报告。

第二十一条 接到报告的市场异常波动发生地地方人民政府商务行政主管部门依照本办法规定报告的同时，应当立即组织力量对报告事项调查核实、确证，采取必要的控制措施，并及时报告调查情况。

第二十二条 商务部对发生的一级或二级市场异常波动，应当立即向国务院报告，及时向国务院有关部门和军队有关部门通报，并分别向全国或相关省会城市以上人民政府商务行政主管部门通报。

第二十三条 任何单位和个人对市场异常波动，不得隐瞒、缓报、谎报或者授意他人隐瞒、缓报、谎报。

第二十四条 商务部负责建立全国市场异常波动的信息发布制度，负责向社会发布全国市场异常波动的信息。

省会城市以上人民政府商务行政主管部门向社会发布本行政区域内市场异常波动的信息。信息发布应当及时、准确、全面。

第五章 应急处理

第二十五条 市场异常波动发生后，省会城市以上人民政府商务行政主管部门应当对市场异常波动进行综合评估，初步判断市场异常波动的类型，提出是否启动市场异常波动应急预案的建议。

第二十六条 发布黄色预警警报后，启动发生地省会城市以上应急预案，做好在全国范围内启动应急预案的准备；发布红色预警警报后，启动全国市场异常波动应急预案。

第二十七条　在全国范围内或者跨省、自治区、直辖市范围内启动全国市场异常波动应急预案，由商务部报国务院批准后实施。省、自治区、直辖市启动省级市场异常波动应急预案，应报省、自治区、直辖市人民政府批准实施，并向商务部报告。计划单列市、省会城市启动当地市场异常波动应急预案，应报当地人民政府决定，并向省、自治区、直辖市商务行政主管部门报告，同时还应向商务部报告。

第二十八条　应急预案启动前，省会城市以上地方各级人民政府商务行政主管部门，应当根据市场异常波动的实际情况，做好应急处理准备，采取必要的应急措施。

第二十九条　市场异常波动发生后，地方各级人民政府商务行政主管部门，应当及时协调有关部门保证应急处理所需生活必需品的生产、运输。

第三十条　市场异常波动发生后，发生地应对市场异常波动指挥部应当督促流通企业与生产者、供应商密切合作，积极组织货源，保持合理的商业库存，保障市场供应，不得以次充好、囤积居奇、哄抬物价。

第三十一条　市场异常波动发生后，发生地人民政府商务行政主管部门应当向周边地区人民政府商务行政主管部门通报，并与周边地区建立商品调剂的互助工作机制。

第三十二条　市场异常波动发生后，如需要动用中央储备物资，由省、自治区、直辖市人民政府有关职能部门，按程序向国务院有关职能部门提出申请。

第三十三条　当国内生活必需品产量不足时，省、自治区、直辖市人民政府商务行政主管部门报请商务部，迅速组织进口。

第三十四条　根据市场异常波动应急处理的需要，地方各级人民政府商务行政主管部门会同有关部门报本级人民政府批准后，有权统一紧急调集生活必需品、交通工具以及相关设施，并应以市场异常波动发生前的合理价格予以补偿。有关单位和个人应当予以配合，不得以任何理由予以拒绝。必要时在重点地区对食品等基本生活必需品实行统一发放、分配和定量销售，保障人民群众基本生活需要。

第三十五条　市场异常波动发生时，地方各级人民政府商务行政主管部门应当做好信息的收集和报告，向社会通报市场供求状况和宣传消费相关知识，正确引导消费。

第六章　监督管理

第三十六条　商务部对全国市场异常波动应急处理工作进行督察和指导，地方各级人民政府商务行政主管部门应当予以配合。

省会城市以上地方人民政府商务行政主管部门对本行政区域内市场异常波动应急处理工作进行督察和指导。

第三十七条　商务部应当对省、自治区、直辖市及计划单列市、省会城市市场异常波动应急预案制定和落实情况进行检查。

第三十八条　省会城市以上人民政府商务行政主管部门应当建立市场异常波动举报制度。任何单位和个人有权向商务行政主管部门报告市场异常波动隐患，有权举报不履行市场异常波动应急处理职责，或者不按照规定履行职责的情况。接到报告、举报的商务行政主管部门，应当立即组织对市场异常波动隐患、不履行或者不按照规定履行市场异常波动应急处理职责的情况进行调查处理。商务部建立全国市场异常波动举报制度，公布统一的市场异常波动报告、举报电话。

对举报市场异常波动有功的单位和个人，应当予以奖励。

第七章　罚　则

第三十九条　省会城市以上地方人民政府商务行政主管部门有下列行为之一的，由上级人民政府商务行政主管部门责令改正，通报批评，给予警告，对其主要负责人建议有关单位依法给予降级或者撤职的行政处分；造成严重危害后果的，建议依法给予开除的行政处分；构成犯罪的，提请司法机关依法追究刑事责任：

（一）未按照规定履行报告职责，隐瞒、缓报、谎报或授意他人隐瞒、缓报、谎报市场异常波动的；

（二）未按照规定完成市场异常波动应急处理所需要的设施、设备和商品等物资的供应和储备的；

（三）未按照规定履行市场监测职责的；

（四）未按照规定及时采取控制措施的；

（五）在应急处置工作中玩忽职守，失职、渎职的；

（六）对上级人民政府商务行政主管部门的督察、指导不予配合，或者采取其他方式阻碍、干涉的。

第四十条　生活必需品销售和储运单位及其人员有下列行为之一的，由县级以上地方人民政府有关主管部门根据情节，依法责令改正、没收违法所得、罚款、警告；造成严重危害后果，构成犯罪的，提请司法机关依法追究刑事责任：

（一）未按照规定履行市场异常波动报告职责，隐瞒、缓报或者谎报的；

（二）未按照规定报送监测资料的；

（三）购进、销售假冒伪劣商品及囤积居奇、哄抬物价的；

（四）未按照规定及时采取组织货源等预防控制措施的；

（五）拒绝服从商务行政主管部门调遣的；

（六）拒绝、阻碍或者不配合现场调查、资料收集及监督检查的。

第八章　附　则

第四十一条　本办法由商务部负责解释。

第四十二条　本办法自公布之日起施行。

商务部《外商投资商业领域管理办法》

中华人民共和国商务部　令　［2004］　第8号

第一条　为进一步扩大对外开放，完善市场流通体系的建设，根据《中华人民共和国中外合资经营企业法》、《中华人民共和国中外合作经营企业法》、《中华人民共和国外资企业法》及《公司法》等法律、行政法规，制定本办法。

第二条　外国公司、企业和其他经济组织或者个人（以下简称“外国投资者”）在中国境内设立外商投资商业企业，从事经营活动，遵守本办法。

第三条　外商投资商业企业是指从事以下经营活动的外商投资企业：

（一）佣金代理：货物的销售代理商、经纪人或拍卖人或其他批发商通过收取费用在合同基础上对他人货物进行的销售及相关附属服务；

（二）批发：对零售商和工业、商业、机构等用户或其他批发商的货物销售及相关附属服务；

（三）零售：在固定地点或通过电视、电话、邮购、互联网络、自动售货机，对于供个人或团体消费使用的货物的销售及相关附属服务；

（四）特许经营：为获取报酬或特许经营费通过签订合同授予他人使用其商标、商号、经营模式等。

外国公司、企业和其他经济组织或者个人必须通过在中国境内设立的外商投资企业从事前款第（一）、（二）、（三）、（四）项所规定的经营活动。

第四条　外商投资商业企业应遵守中华人民共和国法律、行政法规及相关规章，其正当经营活动及合法权益受中国法律的保护。

第五条　国家商务主管部门依法对外商投资商业领域及外商投资商业企业的经营活动进行监督和管理。

第六条　外商投资商业企业的外国投资者应有良好的信誉，无违反中国法律、行政法规及相关规章的行为。鼓励具有较强的经济实力、先进的商业经营管理经验和营销技术、广泛的国际销售网络的外国投资者举办外商投资商业企业。

第七条　外商投资商业企业应当符合下列条件：

（一）最低注册资本符合《公司法》的有关规定。

（二）符合外商投资企业注册资本和投资总额的有关规定。

（三）外商投资商业企业的经营期限一般不超过30年，在中西部地区设立外商投资商业企业经营期限一般不超过40年。

第八条　外商投资商业企业开设店铺应当符合以下条件：

（一）在申请设立商业企业的同时申请开设店铺的，应符合城市发展及城市商业发展的有关规定。

（二）已批准设立的外商投资商业企业申请增设店铺的，除符合第（一）项要求外，还应符合以下条件：

1. 按时参加外商投资企业联合年检并年检合格；

2. 企业的注册资本全部缴清。

第九条 经批准，外商投资商业企业可以经营下列业务：

（一）从事零售业务的外商投资商业企业：

1. 商品零售；

2. 自营商品进口；

3. 采购国内产品出口；

4. 其他相关配套业务。

（二）从事批发业务的外商投资商业企业：

1. 商品批发；

2. 佣金代理（拍卖除外）；

3. 商品进出口；

4. 其他相关配套业务。

外商投资商业企业可以授予他人以特许经营方式开设店铺。

外商投资商业企业经批准可以从事以上一种或几种销售业务，其经营的商品种类应在合同、章程有关经营范围的内容中注明。

第十条 外商投资商业企业的设立与开设店铺，按照下列程序办理：

（一）外商投资商业企业的立项、可行性研究报告和企业设立一次性申报和核准。

（二）除本条第一款第（三）、（四）项另有规定外，拟设立外商投资商业企业的投资者、申请开设店铺的已设立的外商投资商业企业需向外商投资商业企业注册地的省级商务主管部门分别报送第十二条和第十三条所规定的申请文件。省级商务主管部门对报送文件进行初审后，自收到全部申请文件之日起一个月内上报商务部。

商务部应自收到全部申请文件之日起三个月内做出是否批准的决定，对于批准设立的，颁发《外商投资企业批准证书》；对于不批准的，应说明原因。

商务部可以依照本办法授权省级商务主管部门审批上述申请。

（三）从事零售业务的外商投资商业企业在其所在地省级行政区域内开设店铺，如符合以下条件且经营范围不涉及电视、电话、邮购、互联网络、自动售货机销售及本办法第十七条、十八条所列商品的，由该省级商务主管部门在其审批权限内审批并报商务部备案。

1. 单一店铺营业面积不超过3000平方米，且店铺数量不超过3家，其外国投资者通过设立的外商投资商业企业在中国开设同类店铺总数不超过30家；

2. 单一店铺营业面积不超过300平方米，店铺数量不超过30家，其外国投资者通过设立的外商投资商业企业在中国开设同类店铺总数不超过300家。

（四）中外合资、合作商业企业的商标、商号所有者为内资企业、中国自然人，且中国投资者在外商投资商业企业中控股、该外商投资商业企业的经营范围不涉及本办法第十七、十八条所列商品的，其设立及开店申请由企业所在地省级商务主管部门在其审批权限内审批。如跨省开设店铺，还应征求拟开设店铺所在地省级商务主管部门的意见。

未经商务部授权，省级商务主管部门不得自行下放本条第一款第（三）、（四）项所规定的审批权。

第十一条　投资者应当自收到批准证书之日起一个月内，凭《外商投资企业批准证书》，向工商行政管理机关办理登记手续。

第十二条　申请设立外商投资商业企业，应当报送下列文件：

（一）申请书；

（二）投资各方共同签署的可行性研究报告；

（三）合同、章程（外资商业企业只报送章程）及其附件；

（四）投资各方的银行资信证明、登记注册证明（复印件）、法定代表人证明（复印件），外国投资者为个人的，应提供身份证明；

（五）投资各方经会计师事务所审计的最近一年的审计报告；

（六）对中国投资者拟投入到中外合资、合作商业企业的国有资产的评估报告；

（七）拟设立外商投资商业企业的进出口商品目录；

（八）拟设立外商投资商业企业董事会成员名单及投资各方董事委派书；

（九）工商行政管理部门出具的企业名称预先核准通知书；

（十）拟开设店铺所用土地的使用权证明文件（复印件）及（或）房屋租赁协议（复印件），但开设营业面积在3000平方米以下店铺的除外；

（十一）拟开设店铺所在地政府商务主管部门出具的符合城市发展及城市商业发展要求的说明文件。

非法定代表人签署文件的，应当出具法定代表人委托授权书。

第十三条　已设立的外商投资商业企业申请开设店铺，应当报送下列文件：

（一）申请书；

（二）涉及合同、章程修改的，应报送修改后的合同、章程；

（三）有关开设店铺的可行性研究报告；

（四）有关开设店铺的董事会决议；

（五）企业最近一年的审计报告；

（六）企业验资报告（复印件）；

（七）投资各方的登记注册证明（复印件）、法定代表人证明（复印件）；

（八）拟开设店铺所用土地的使用权证明文件（复印件）及（或）房屋租赁协议（复印件），但开设营业面积在3000平方米以下的店铺除外；

（九）拟开设店铺所在地政府出具的符合城市发展及城市商业发展要求的说明文件。

非法定代表人签署文件的，应当出具法定代表人委托授权书。

第十四条　外商投资商业企业签订的商标、商号使用许可合同、技术转让合同、管理合同、服务合同等法律文件，应作为合同附件（外资商业企业应作为章程附件）一并报送。

第十五条　外商投资商业企业开设店铺所用土地，应当按照国家有关土地管理的法律、行政法规的规定，以公开招标、拍卖、挂牌等方式取得商业用地。

第十六条　外商投资商业企业经营国家有特殊规定的商品以及涉及配额、许可证管理的进出口商品，应当按照国家有关规定办理手续。

第十七条　外商投资商业企业经营下列商品，除必须符合本办法规定外，还应符合下列规定：

外商投资商业企业经营图书、报纸、期刊的，应符合《外商投资图书、报纸、期刊分销企业管理办法》。

外商投资商业企业经营加油站从事成品油零售的，应具有稳定的成品油供应渠道，符合当地加油站建设规划，经营设施符合现有国家标准和计量检定规程的规定，符合消防、环保等要求，具体实施办法由商务部另行制定。

外商投资商业企业经营药品的，应符合国家有关药品销售的管理规范。具体实施办法由商务部另行制定。

外商投资商业企业经营汽车的，应在批准的经营范围内经营。具体实施办法由商务部另行制定。

除本办法第十八条和本条另有规定外，外商投资设立农副产品、农业生产资料商业企业不受地域、股比和投资金额的限制。

从事批发的外商投资商业企业，2004年12月11日前不得经营药品、农药和农膜。2006年12月11日前不得经营化肥、成品油和原油。

从事零售的外商投资商业企业，2004年12月11日前不得经营药品、农药、农膜和成品油。2006年12月11日前不得经营化肥。

从事批发的外商投资商业企业不得经营盐、烟草，从事零售的外商投资商业企业不得经营烟草。

第十八条 同一外国投资者在境内累计开设店铺超过30家以上的，如经营商品包括图书、报纸、杂志、汽车（2006年12月11日起取消本限制）、药品、农药、农膜、化肥、成品油、粮食、植物油、食糖、棉花等商品，且上述商品属于不同品牌，来自不同供应商的，外国投资者的出资比例不得超过49%。

第十九条 外商投资商业企业授予他人以特许经营方式开设店铺的，除应遵守本办法规定外，国家对特许经营活动另有规定的，还应遵守其规定。

第二十条 外商投资商业企业经营拍卖业务，应符合《拍卖法》、《文物法》等有关法律，由商务部予以审批，具体实施办法另行制定。

第二十一条 2004年12月11日起，允许设立外资商业企业。

第二十二条 从事零售的外商投资商业企业及其店铺的设立地域在2004年12月11日前限于省会城市、自治区首府、直辖市、计划单列市和经济特区。自2004年12月11日以后，取消地域限制。

从事批发的外商投资商业企业自本办法实施之日起取消地域限制。

第二十三条 外商投资企业在境内投资商业领域的，应符合《关于外商投资企业境内投资的暂行规定》，并参照本办法办理。

第二十四条 外商投资商业企业以外的其他外商投资企业，从事本办法第三条所列经营活动的，应符合本办法的规定，并依法变更相应的经营范围。

第二十五条 香港特别行政区、澳门特别行政区的投资者、台湾地区的投资者在中国其他省、自治区、直辖市投资设立商业企业，除下述规定外，参照本办法执行：

（一）自2004年1月1日起，香港、澳门商业服务提供者可以在内地设立外资商业企业。

（二）香港、澳门商业服务提供者在内地设立零售企业的地域范围扩大到地级市，在广东省扩大到县级市。

（三）自2004年1月1日起，香港、澳门商业服务提供者可依据本办法的相关条款申请在内地设立从事汽车零售业务的商业企业，但其申请前三年的年均销售额不得低于1亿美元；申请前一年的资产额不得低于1000万美元；在内地设立的汽车零售企业的注册资本最低限额为1000万元人民币，在中西部地区设立的汽车零售企业注册资本最低限额为600万元人民币。

（四）允许香港、澳门永久性居民中的中国公民依照内地有关法律、法规和规章设立个体工商户从事商业零售活动（除特许经营外），其营业面积不超过300平方米。

（五）本条所规定的香港、澳门商业服务提供者应分别符合《内地与香港关于建立更紧密经贸关系的安排》和《内地与澳门关于建立更紧密经贸关系的安排》中关于“服务提供者”的定义及相关规定的要求。

第二十六条　鼓励外商投资商业企业加入有关行业协会，加强企业自律。

第二十七条　本办法由商务部负责解释。

第二十八条　本办法自2004年6月1日起施行。

第二十九条　原国家经济贸易委员会、对外贸易经济合作部联合发布的《外商投资商业企业试点办法》自本办法施行之日起废止。

第六部分　附　录

附录一

2002 年中国连锁业大事记

1. 超市发、天客隆牵手

2001 年 12 月 18 日，超市发、天客隆牵手。超市发在北京拥有 64 家分店，总资产 4.88 亿元，位列北京连锁企业第二；天客隆在北京拥有 26 家分店，总资产 3.7 亿元，位列北京连锁企业第四。合并后的公司总资产 8 亿元，位列京城连锁企业第一。

2. 全国推进流通现代化工作现场会召开

2002 年 1 月 20 日，国家经贸委在北京召开了“全国推进流通现代化工作现场会”，提出今后我国要大力推广连锁经营，经过 5 年努力，初步确定连锁经营在商业和服务业中的主体地位。到“十五”末期，全国连锁企业店铺数达 10 万个，销售额 7000 亿元，年递增 35%，占全社会批发零售额贸易和餐饮业零售总额的 20%左右；年销售额 50 亿元以上的连锁企业达 20 家，20 亿 ~ 40 亿元以上的连锁企业达 40 家；培育出 5 ~ 10 家主业突出、核心竞争力强、初步具有国际竞争力的大型连锁企业集团。

3. 万达进军零售业

2002 年 1 – 3 月，大连万达集团分别在天津、沈阳、上海签署万达天津、沈阳购物广场协议，以及与上海百胜餐饮的联合发展合同。4 月，6 万平方米的万达长春国际购物广场动工，并于 11 月开业，万达已将新的发展目标瞄向零售业。

4. 华榕超市倒闭

2002 年初，福建华榕超市资不抵债，进入破产重组程序。华榕超市在 2000 年中国连锁业百强排名中居第 26 位。

5. 肯德基开中餐馆

2002 年 4 月，肯德基有关人士对外宣布，要在美国开设中餐馆。肯德基是较早在中国搞“中餐运动”的洋快餐企业，不仅卖榨菜肉丝汤，而且还推出了香菇米饭。

6. 城市之光倒闭

2002 年 4 月，曾经红火的北京城市之光超市倒闭，其在北京的 20 多家门店基本都已停止营业。

7. 首届“中国西部特许经营论坛”举行

2002 年 4 月 19 – 21 日，“首届中国西部特许经营论坛”在成都举行。论坛的主要议题是，中国加入 WTO 后中西部地区如何发展连锁经营和特许经营。

8. 十大连锁企业联合招商

2002 年 4 月 14 – 16 日，由中国连锁经营协会牵头，上海联华、上海华联、农工商、华润万佳等 12 家连锁业巨头共同联合招商。与会的企业通过专家洽谈和综合交流，与到会的 178 家合作企业签订了合作意向协议。本次招商活动对我国大型连锁企业跨地区发展起到了推动作用。

9. 跨国零售集团国际采购会举行

2002年4月22－24日，国家经贸委和江苏省政府联合组织了南京跨国零售集团国际采购会。来自美国、英国、日本等15个国家及地区的34家跨国零售企业与中国的1100多家生产企业进行了“零距离”接触和交流。

10. 首联、迪亚合作开折扣店

2002年5月16日，北京首联集团与西班牙迪亚集团签订合作意向书，合资设立北京迪亚首联有限公司。双方计划2003年在北京及我国北方省份开设折扣店。

11. 华润收购华润万方

2002年5月22日，中国华润总公司及中润国内贸易公司以1.4亿元获取了深圳华润万方超市有限公司50%的股权，从而实现了华润集团对整个华润超市的完全控制。

12. 民润收购阳江百惠

2002年6月，民润农产品配送连锁商业有限公司在“招安”珠海新七星、广州岛内价、佛山真实惠之后，又与已有3家分店的阳江百惠联姻，将省内第四家民营超市请进民润大家庭。

13. 华联网络化物流公司成立

2002年6月6日，上海华联超市物流有限公司成立，新公司在承担内部配送任务的同时，也对外提供服务，是连锁企业发展物流配送过程中出现的新动向。

14. 2001－2002年中国优秀特许品牌评出

2002年6月12日，中国连锁经营协会特许委员会2002年年会在北京举行。会上推选出2001－2002年度中国优秀特许品牌，肯德基、全聚德、东来顺、谭鱼头、马兰拉面、仙踪林、联华超市、华联超市、杉杉、福奈特、新华驿站等11个特许品牌获此殊荣。

15. 第四届中国特许加盟大会暨展览会在北京举行

2002年6月13－15日，第四届中国特许加盟大会暨展览会在北京国际会议中心举行。35个行业业态的117家企业，在近200个展位上与来自国内外的近2万人次的专业人士进行交流和洽谈。统计数据显示，投资者对零售业（66.8%）、餐饮业（42.1%）和服务业（41.2%）的投资意向最为热切。

16. 上海制定便利店“选址公约”

2002年7月，华联便利、可的便利、良友便利、85818、四海便利、家家乐等上海便利店协会成员签订了上海便利店业首份“选址公约”。根据约定，在一般路段的同侧或相对两侧开设便利店，店与店之间的距离不低于100米；在交通要道、主要道路的交叉路口或拐角设店，不低于半径50米；还要做到不隔墙开店等。

17. 友谊集团控股上海三联

2002年7月，上海市两大商业集团——友谊集团和新世界集团，对新世界集团下属的上海三联集团实施资产重组，“友谊”出资7500万元，成为“三联”第一大股东，标志着友谊的触角已伸向钟表、眼镜、照相器材等领域。

18. 联华超市控股杭州华商

2002年7月4日，上海联华超市股份有限公司与华商集团各投资方共同签署了“杭州华商集团有限公司之增资协议”，以人民币2.1亿元参与杭州华商集团有限公司单方增资。增资后联华超市股份有限公司以50%的股权成为杭州华商集团有限公司的控股公司。

19. 北京开通供货商投诉热线

2002年7月29日，北京市商委在全国率先开通供货商投诉热线63088147，受理商业零售企业拖欠供货商货款或不合理收费问题。8月20日起，北京市商委联合工商部门组织对北京各大商业零售企业进行突击检查。

20. 沃尔玛采购中心迁至深圳

2002年8月初，沃尔玛公司将其跨国采购中心从香港迁往深圳。

21. 华润并购苏果超市

2002年8月，华润创业有限公司宣布以现金2.32亿元人民币收购江苏省最大的连锁超市零售商——苏果超市有限公司39.25%的股权。

22. 首联与7－Eleven联合开店

2002年8月21日，7－Eleven集团对外公布，7－Eleven在北京的经营权已有归属。北京7－Eleven合资公司的股东为四家，日本7－Eleven集团持股51%，台湾统一超商持股14%，中国糖酒集团与首联集团分别持有10%和25%的股份。据悉，7－Eleven总部于去年宣布授权日本7－Eleven与统一超商未来5年内在北京开设最多达500家店铺，首批店铺于2003年开业。

23. 经贸委公布上半年连锁30强

2002年8月，国家经贸委贸易市场局公布上半年我国连锁企业销售额前30名排名，上海联华超市股份有限公司以81.21亿元的销售额、1421家店铺的业绩，继续名列全国首位。上海华联超市股份有限公司、北京国美电器有限公司、大连商场集团公司、三联商社分别以56.02亿元、47亿元、43.15亿元和42.88亿元的业绩排名第二至五位。名列第六到三十位的企业有较大的变动。

24. 全国首家超大型办公用品专业店亮相

2002年8月，由民营资本运作的首家超大型办公用品专业店在广州亮相。

25. 零售业上市公司最新排名出台

2002年8月初，《新财富》杂志评出2002年100家最具成长性上市公司，华联超市股份有限公司在综合性零售行业上市公司中排首位，成为成长最快的零售业上市公司。

26. 肯德基在中国开店达到700家

2002年9月13日，肯德基中国第700家餐厅正式设立。肯德基1987年进入中国，前9年开店100家，之后6年又开400家，11个月后迅速增开了200家店。目前，肯德基餐厅已遍布中国150多个城市。

27.《关于促进连锁经营发展的若干意见》出台

2002年9月27日，国务院办公厅转发国务院体改办、国家经贸委《关于促进连锁经营发展的若干意见》，要求各地方政府、国务院各部门进一步提高对连锁经营促进流通，带动大生产，改造传统商业，推动流通现代化作用的认识，采取切实措施，积极促进连锁经营发展。

28. 北京推出首批名优特许经营品牌

2002年9月，北京市推出首批名优特许经营品牌。全聚德、东来顺、亚飞汽车、北京同仁堂、普兰德、吴裕泰等20个品牌获此殊荣。

29.2002北京大型流通企业峰会召开

2002年9月19日，“2002北京大型流通企业峰会”召开，峰会制定了北京市培育和发展流通业“六大板块”、18家大型流通企业集团，建立大企业主导型流通格局的战略。其中六大板块是：超市、百货店、专业店和专卖店、餐饮、食品加工和批发配送。

30. 深圳海王星辰与 Medicine Shoppe 携手

2002年9月，深圳海王星辰医药有限公司与全球第一大特许经营医药连锁公司 Medicine Shoppe 合作启动 Medicine Shoppe 中国特许经营项目。

31. 沃尔玛加快进军中国市场步伐

2002年9月，沃尔玛在上海与中国国际信托投资公司签署协议，双方决定设立华东沃尔玛百货有限公司。同时，沃尔玛成立全球采购上海分部，负责在华东和华北地区筹组供应商网络，为采购商品和在上海开设分店做好准备。

32. 第三届全国连锁（零售）协会秘书长联席会议举行

2002年10月12－14日，第三届全国连锁（零售）协会秘书长联席会议在湖南张家界举行。联席会议通报了目前连锁行业发展的热点问题，交流了协会工作经验，对协会在协调、处理工商关系中如何进一步发挥作用进行了研讨。

33.《关于进一步加强商业职业道德建设的意见》出台

2002年10月，国家经贸委、全国总工会联合出台《关于进一步加强商业职业道德建设的意见》，提出了以“守法、诚信、公平、敬业、服务”为中心内容，大力开展商业职业道德建设，建立良好商业信用体系的要求。中国连锁经营协会、中国百货商业协会、中国饭店协会、中国烹饪协会、中国家电维修协会和中国旧货协会等六家流通行业协会积极响应《意见》要求，制定了本行业的道德规范，并联合倡议流通企业认真遵守“十字”准则。

34. 上海出台《关于规范超市收费的意见》

2002年10月，上海市商委、市工商局联合出台《关于规范超市收费的意见》，这是全国首次对超市、大卖场向供应商收费现象提出的（区域）法规性限定政策。

2003年中国连锁业大事记

1. 商业经受非典考验，现代流通功不可没

2003年4月，突如其来的非典疫情给全国商业服务业经营造成了重创。在疫情严重的北京，零售、餐饮、美容美发、旅游等商业服务行业销售额与上年同比普遍下降五成以上；与此同时，部分日用消费品还一度出现了恐慌性抢购。

但在关键时刻，在各级政府的统一协调下，经过近十年发展起来的现代连锁商业，凭借其先进的连锁经营方式及高效的物流系统，迅速平息了抢购风潮，稳定了市场。在世界卫生组织宣布北京“双解除”后，全国各地商业服务企业又积极开展形式多样的促销活动，开拓市场，扩大销售。

据统计，1至10月份，全国实现全社会消费品零售额36903.6亿元，依然保持了强劲增长态势，与上年同比增长8.8%。零售业经受住了非典的严峻考验，正是中国现代商业进步的集中体现。

2. 商务部一统内外贸行政管理，与国际接轨

2003年3月10日，十届全国人大一次会议通过了国务院机构改革方案，宣布撤销对外经济贸易合作部和国家经贸委，在原外经贸部、国家经贸委和国家计委的部分职能基础上组建商务部。商务部的成立，体现了中国加入世贸组织后政府行政管理与国际接轨的思路，结束了内外贸管理长期分割的格局，实现了一体化管理。

商务部成立伊始，就致力于加强和完善商业法制建设，督促各地商业规划的尽快出台，要求在2003年底前，完成直辖市、省会城市和计划单列市一级的商业网点规划。商务部起草和制定了《商业特许经营管理条例》、《外商投资商业企业管理暂行办法》、《反垄断法》等法规，并提出了重点培育一批大型流通企业集团的目标。由此表明，新组建的商务部在流通管理思路、职能和方法上已开始转变。

3. 内地与港澳签署CEPA，服务贸易提前开放

2003年6月29日，《内地与香港关于建立更紧密经贸关系的安排》（CEPA，以下简称《安排》）在香港签署。《安排》的核心内容，一是逐步取消货物贸易的关税和非关税壁垒，逐步实现服务贸易自由化，促进贸易投资便利化。二是货物贸易尽快实行零关税。从2004年1月1日起，对香港有较大实际利益的273个税目的香港原产货物，进入内地市场实行零关税；其他香港原产货物不迟于2006年1月1日实行零关税。三是服务贸易提前开放。从2004年1月1日起，涉及服务业的17个领域对香港提前实施内地对世界贸易组织成员所作的部分开放承诺。四是贸易投资便利化。

2003年10月17日，中央政府与澳门也签署了类似内容的协议文本。

此举对香港、澳门商品制造商和零售商无疑是一个巨大利好，而对内地商业服务而言，则是机遇与挑战并存。

4. 物价长期走低今反弹，经济进入新增长期

自2003年第三季度开始，我国自1997年以来首次出现物价显著上升的趋势。国家统计局统计数据表明，全国居民消费价格总水平1至10月份累计平均比去年同期上涨0.8%。

种种迹象表明，今年的物价上涨与上次短缺时代的通货膨胀有所不同。有专家预言，此次物价上涨表明中国经济将进入新一轮增长期。

5. 上海组建百联商业航母，探索国资管理新模式

2003年4月，上海一百集团、华联集团、友谊集团、物资集团组建了目前国内最大的商业集团——上海百联集团，并提出了冲刺世界500强的宏伟目标。百联集团组建后，总资产超过280亿元，年销售规模700多亿元，其旗下拥有上海一百、华联商厦、联华超市、华联超市等7家上市公司在内的一大批知名企业，几乎涵盖了零售业所有业态。

百联是在我国号召商业做强做大背景下成立的，同时也是在政府直接主导下进行的。作为商业改革的样板，百联的尝试势必会对未来的商业政策产生影响。在资本运作上，百联宣称国有资产不会简单退出，而是要实现国有资产价值的最大化。在做强做大国有资产的基础上，再考虑实现投资主体的多元化和外来资本的引入。

如果百联重组成功，将对国有商业服务业起到通过资本运作做强的示范效应，事实上，无论其探索成功与否，都将在中国国有资产改革进程中留下重要的一笔。

6. 兼并重组风风火火，并购后遗症接连爆发

2003年初，深圳，曾缔造了万佳百货辉煌的总经理徐刚突然离职，后又有华润万佳大批中高层管理人员陆续辞职。徐刚辞职的原因，普遍的说法是因为两个企业并购后，在人事整合、扩张战略、经营理念上存在重大分歧。之后，华润万佳扩张步伐明显放慢。

4月，北京，重组不过一年的超市发和天客隆为部分新开店铺的产权归属对簿公堂。在双方产权纠纷尚未了结之际，大商集团又收购了天客隆，进而成为超市发新的大股东。这场错综复杂的股权变更和并购中的利益冲突，最终导致了超市发原董事长李秀珍被免职，大商集团高管人员出任新的超市发总裁。

2003年，突出体现为企业纠纷、高层人士震荡的并购后遗症纷纷显现，引起业内普遍关注。

7. 外资开店步伐加快，大城市仍为投资热点

根据加入世界贸易组织的承诺，中国将于2004年年底前全面开放商业零售领域。在这种背景下，外商加快了在华投资建店的步伐。

全球最大的零售商沃尔玛继在我国14个城市开店28家店后，2003年，其长沙店、济南店、南昌店、北京店、青岛店、南京店等相继开业；在我国发展较快的家乐福2003年开设50家迪亚折扣店的计划进展顺利，并在乌鲁木齐、济南、杭州、合肥等城市开展“圈地运动”。在区域上，大城市依然是外商投资的热点。仅北京市2003年外资新开大卖场就达15家之多，创北京市外资开店数量新纪录。另外，德国欧倍德、荷兰万客隆、日本伊滕洋华堂和“7－11”便利店、法国欧尚、瑞典宜家等均在今年加大了在华投资的力度。

外资零售企业开始遍布全国各大城市，并逐步向二级城市渗透，外资零售企业开店的数量和规模都已大大超过预期。

8. 联华、物美香港成功上市，外资看好内地零售潜力

2003年6月27日，联华超市股份有限公司正式在香港联交所主板市场挂牌上市。联华超市此次发行1.5亿股H股新股，其中90%即1.35亿股以国际配售形式发售，其余10%即1500万股在香港公开发售。挂牌当天，联华超市H股成交数超过了6700万股，总成交额约2.77亿港元。

2003年11月21日，北京物美商业集团股份有限公司在香港联交所创业板挂牌上市。这是国内首家在香港上市的民营商业企业。此次赴港上市的是北京物美投资集团位于北京和华北的部分连锁超市业务，所获资金将主要用于北京及周边地区拓展连锁超市、便利店网络和优化IT技术、加强物流配送的建设。物美的目的是逐步把业务从北京拓展至华北、华东地区乃至全国范围。物美上市后吸引了世界银行、摩根大通等国际著名金融投资机构争相购持。物美此次在香港上市募集资金6亿元，居香港创业板首位。

9. 商业地产异军突起，未来走向三大趋势

2003年可谓是商业地产年。最明显的表现是全国各地与商业地产相关的研讨会和展览会此起彼伏。大连万达与沃尔玛等强势零售业的结盟，号称世界面积最大的金源Mall的建设，更是成为中国商业地产开发中的标志性事件。

从分布在城市各个角落的以裙楼、门市房为代表的小商业店面，到以大型百货商厦为中心的大商业圈，再到专业规划、专业建造、专业营销的商业地产，我国的商业物业模式经历了一系列的变革。商业房地产蕴藏着巨大的投资空间，商业地产迅速成为房地产业投资的新热点，以致有人称“商业地产时代”已经到来。1997年到2002年，商铺销售占整体房地产销售的比例约为7%，其中，2000年商铺销售增幅近40%，2002年为30%。从解决居住逐步过渡到发展经济的阶段，房地产业越来越向商业、第三产业倾斜。订单化、大型化、规范化必将成为未来商业地产三大趋势。

10. 中小超市合纵连横，结盟采购探索出路

2003年8月25日，湖南步步高、山东家家悦、宁波三江购物、沈阳佳美隆跳蚤市场等60多家中小超市聚首湖南湘潭，联合发出采购联盟倡议书，成立中小超市采购联盟自此被提上议事日程。其后几位发起人再聚烟台，共谋采购联盟成立事宜。10月31日，在武汉召开的第五届中国连锁业会议上，由六家中小超市组成的中国第一家跨区域超市采购联盟——上海家联采购联盟有限公司正式宣告成立。

走联合之路已成为众多在夹缝中生存的中小零售企业的共识。早在2002年7月，由北京大中、上海永乐、河南通利、青岛雅泰等九家家电连锁企业合资注册的上海中永通泰电器营销有限公司正式投入运营，拉开家电连锁企业合纵连横的序幕。2003年随着上海永乐家电入主广东东泽，北京大中取得青岛雅泰、深圳铭可达的部分股权，中永通泰通过成员企业之间的资本合作实现企业重组意图开始显露。

而在河南，亦有许昌胖东来、洛阳大张、南阳万德隆和信阳西亚等四家民营超市奏响了联盟序曲，他们频繁接触并最终于2003年初春的2月6日在郑州成立联合采购办公室，实行统一采购。

如何在外资和国内强势企业的挤压下生存和发展，是许多中小商业企业面临的问题，“家联”的成立对于中小商业企业寻求出路，不失为一种可贵探索。

11. 家乐福遇炒货风波，工商博弈市场评判

2003年6月，上海炒货协会部分会员企业在进场费上与家乐福发生争执，双方协商未果，工商矛盾激化。协会将此事诉诸报端，指责家乐福收取不合理的进场费。随后，其中部分炒货企业又采取暂停向家乐福供货的行动，以示抗议。

此风波前后历时一个多月，其他部分城市供应商及供应商组织采取多种形式表示声援。与炒货协会大张旗鼓形成鲜明对比的是，家乐福在这一事件中始终采取低调回应、毫不妥协的强硬立场。事件最后在外界不明朗情况下，以炒货企业恢复供货而收场。可以预见，工商矛盾在未来一个较长时期内还将继续存在。

12. 美亚收购21世纪便利，揭开连锁企业套现序幕

2003年6月，美亚音像连锁公司出资2亿元，突然收购了拥有575家门店的上海21世纪便利店。这也是到目前为止，上海金额最大的一宗便利店收购案。

不少企业涉足零售业并非战略考虑，将企业建立成型后在市场上涨价套现才是他们的初衷。21世纪便利店的成功出售，有可能揭开一个套现序幕。

13. 外资进入图书分销，垄断渠道面临挑战

2003年5月1日，中国开放图书零售市场，允许外国投资者在国内市场从事图书、报纸和期刊的零售业务。政策的利好消息加速了外资进军中国图书分销市场的举动，而守候已久的贝塔斯曼则成为第一个幸运者——第一家鲸食中国图书零售业市场巨大“蛋糕”的外资公司。

12月3日，中国首家中外合资的图书连锁企业宣布诞生——贝塔斯曼成功收购民营企业北京21世纪锦绣图书40%的股份后，新公司进行更换股东、增资扩股，贝塔斯曼成为新成立公司的第二大股东，为其今后在中国的全面扩张迈出了重要一步。

14. 三联商社借壳郑百文，家电连锁上市第一家

2003年8月，郑百文正式更名为三联商社股份有限公司，至此，三联集团通过重组郑百文已经成功借壳上市。这意味着三联集团已顺利进入资本市场，成为中国家电流通业的第一家也是目前为止惟一一家上市公司。

经过近三年的等待，2003年7月18日，PT郑百文终于在上交所恢复上市。不过此郑百文已不是当年彼郑百文。当年，郑百文以每股收益－2.54元、净资产收益率－1148.46%，创下股市每股净亏之最。并以一年亏掉9.8亿元，创下沪深股市亏损纪录。2001年3月，因连续3年亏损，郑百文暂停上市。

此后，在关于郑百文是否应退出股市以及建立退市机制的争议声中，郑百文公布重组方案，三联集团正式介入，将百文集团所持郑百文国家股中的50%转入“三联郑百文重组股票账户”，三联集团最终以5000万流通股成为最大股东，从而将其连锁家电优质资产装入复牌上市公司，成功实现借壳上市。

15.2003年3月20日发布连锁百强

3月20日，“2002年中国连锁百强”新闻发布会在京召开。2002年连锁百强的销售额和店铺数分别比上一年增长了52%和29%，分别达到2465亿元和16986个。

16.2003年7月15日，中国连锁经营协会颁布“2002年度中国优秀特许品牌”

“2002年中国优秀特许品牌”等奖项新闻发布会7月15日在京召开，十家企业获“2002年优秀特许品牌”奖。另外，此次评比首推特许企业优秀管理者奖和优秀加盟者奖。

17.2003年亚洲特许展、第五届中国特许加盟大会暨展览会复展

因非典推迟的“2003亚洲特许展”、“第五届中国特许加盟大会暨展览会”于8月28日在北京复展。

18.2004世界特许联合会、亚太特许联合会年会确定在北京召开

9月，在马来西亚召开的2003世界特许联合会及亚太特许联盟年会支持中国连锁经营协会主办2004世界特许联合会及亚太特许联合会年会。

19. 第五届连锁大会被列入“商商联手、工商联手开拓市场系列活动”

零售业的行业盛会——“第五届中国连锁企业会议暨展览会”被列入商务部“商商联手、工商联手开拓市场系列活动”。

附录二

中国连锁经营协会简介

中国连锁经营协会是在民政部登记注册的连锁领域惟一的全国性行业组织。协会会员包括来自本土和跨国的零售商、特许企业、供应商、与连锁相关的中介咨询机构及国内各地方的连锁经营协会。

在会员企业中，既包括联华超市、华联超市、农工商、沃尔玛、家乐福、麦德龙、麦当劳、肯德基、国美电器、苏宁电器、三联家电等国内外知名、著名连锁企业，也包括上海家化、强生、百事、3M、AC尼尔森等相关企业和机构。此外，协会还吸收业内企业中高层管理人员、知名专家和记者为协会个人会员。

中国连锁经营协会为会员提供连锁和特许相关知识培训，维护行业和会员企业利益，争取相关政策支持，为会员提供交流合作平台，提供行业信息和行业统计数据。

行业培训是中国连锁经营协会的重要工作之一。自1997年中国连锁经营协会成立以来，协会先后与众多跨国及国内企业及专家合作，推出了一系列有针对性的行业培训。以“证书制度”为核心的培训将是一段时期内中国连锁经营协会培训工作的重点。

中国连锁业会议每年11月召开，是国内零售业最具影响、规模最大的专业会议之一。会议云集众多业内人士和专家学者，是把握连锁业发展趋势和技术的最佳机会。

中国连锁店展览会是国内零售业最具影响、规模最大的专业展览之一。展览会的最大特色是零售商唱主角，设施设备、技术服务提供商、快速消费品制造企业与零售商同场展示。第五届展览会展览规模达到2万多平方米，共有486家企业参展。中国连锁业会议与中国连锁店展览会同期、同地召开。

中国特许加盟大会暨展览会每年春季召开，是国内特许经营企业和投资者最为关注、最具影响力，也是规模最大、参展企业最多的特许展会。自1999年开始已成功举办五届。其中，特许加盟大会是国内特许界人士的大聚会，包括主场大型研讨会、分场专题研讨会等。

中国连锁经营协会每年都对会员和社会公众发布大量行业信息，包括行业调查统计结果、行业相关书籍、电子通讯等。此外，协会网站也竭诚为会员单位、相关企业及社会公众提供信息交流和发布的平台。

协会本着“引导行业、服务会员、回报社会、提升自我”的理念，积极为会员企业和行业服务，也欢迎相关企业申请加入中国连锁经营协会，在连锁经营这个大平台上相互交流，共同发展。

附录三

各地连锁协会名录

单位	地址	邮编	电话
北京市连锁经营协会	北京东城区朝内大街 190 号	100010	010－63435429
天津市连锁商业协会	天津市和平路赤峰道 51 号	300041	022－23326127
上海连锁商业协会	上海市石门一路 251 弄 4 号	200041	021－62717620
大连市连锁企业协会	大连市中山区解放路 659 号世纪宾馆 301、302 室	116013	0411－82369233
黑龙江省连锁经营协会	哈尔滨市南岗区和兴路北鸿花园 e 栋 708 室	150080	0451－86320598
安徽省连锁经营协会	合肥市庐江路 70 号	230001	0551－2621143
河南省商业行业协会	河南省郑州市文化路任寨北街 2 号	450003	0371－3817447
广东省连锁经营协会	广州市天河区龙口东路 363 号保供大厦 15 楼	510630	020－38483951
广州市连锁经营协会	广州市西湾东路 18 号广州蔬果大厦 7 楼	510160	020－86470151
深圳市零售商业行业协会	深圳市彩田南路路灯大厦 3 楼 D 座	518026	0755－82948451
东莞市零售行业协会	东莞市广太大道篁村路段 13 号 2 楼 202	523000	0769－2477290
西安市连锁经营协会	西安市二府街 27 号	710003	029－87295045
沈阳市连锁经营协会	沈阳市市府大路 260 号	110013	024－22722104
武汉商会连锁经营协会	武汉市汉口京汉大道 893 号	430013	027－82814273
湖南省连锁经营协会	湖南省长沙市五一中路 69 号	410011	0731－2214766
重庆市连锁经营协会	重庆市渝中区临江支路 32 号 2 楼	400010	023－63782456
安徽商业联合会零售商业委员会	合肥市芜湖路 209 号 17 栋 408	230001	0551－2658284
太原市连锁经营协会	太原市南内环街 61 号	030084	0351－4666347

附录四

世界特许经营发展情况介绍

20世纪90年代初期，未来学家和经济学家不约而同地积极预测特许经营将会在全球范围内高速增长，并称其将成为21世纪主导经营模式，在各国社会经济发展中的作用将日益突出。综观这一时期特许经营在世界各地实际增长与发展的情况，特许经营活动已达到并超过了预期的增长速度，平均每年销售额增加37亿美元。经济全球化和现代信息技术的应用，各国政府和特许经营协会积极促进和保护特许经营国际化，并努力营造良好的发展环境都是特许经营在世界范围内快速发展的条件和保障。

截至2003年年底，全球主要市场共有超过15000家特许经营企业及体系，120万个加盟商，年销售额1.8万亿美元，向社会提供的直接就业岗位达1.55亿个。

截至2004年6月，共有37个国家和地区建立了特许经营协会，世界特许联合会（WFC－World Franchise Council）是特许经营全球性协调机构，由37个国家和地区的特许经营协会组成，注册地在英国伦敦，主席国和秘书处实行轮值制，每两年轮值一次，由成员国自愿申请，并经过年会半数以上会员国同意产生。2003－2005年世界特许联合会的轮值主席国是美国国际特许经营协会（U.S.A.International Franchise Association）。

欧洲特许联盟（EFF－European Franchise Federation）、亚太特许联合会（APFC－Asia Pacific Franchise Confederation）是相应区域国的地区性特许经营联合体。中国连锁经营协会同时是亚太特许联合会和世界特许联合会的成员，2001年9月当选为亚太特许联合会副主席国，2004年5月当选为亚太特许联合会主席国，郭戈平任会长，任期两年。

表1　　世界特许联合会（WFC－World Franchise council）会员表

（按字母顺序排列，截至2004年6月17日）

英文名称及网址	中文名称	英文名称及网址	中文名称
ARGENTINA Franchise Association www.aafranchising.com	阿根廷特许经营协会	ITALY Franchise Association www.assofranchising.it	意大利特许经营协会
AUSTRALIA Franchise Council www.fca.com.au	澳大利亚特许经营协会	JAPAN Franchise Association	日本特许经营协会
AUSTRIA Franchise Association www.franchise.at	奥地利特许经营协会	KAZAKHSTAN Franchise Association Kazaf@mail.ru	哈萨克斯坦特许经营协会
BELGIUM Franchise Federation www.fbf－bff.be	比利时特许经营协会	LATVIA Franchise Association www.franch.lv	拉托维亚特许经营协会
BRAZIL Franchise Association www.abf.com.br	巴西特许经营协会	MALAYSIA Franchise Association www.mfa.org.my	马来西亚特许经营协会

续表

英文名称及网址	中文名称	英文名称及网址	中文名称
BRITISH Franchise Association www.british－franchise.org.uk	英国特许经营协会	MEXICO Franchise Association	墨西哥特许经营协会
CANADA Franchise Association www.cfa.ca	加拿大特许经营协会	NETHERLANDS Franchise Association www.nfv.nl	荷兰特许经营协会
CHINA Chain Store & Franchise Association www.ccfa.org.cn	中国连锁经营协会	NEW ZEALAND Franchise Association	新西兰特许经营协会
COLOMBIA Franchise Association www.centercourt.com/acolfran	哥伦比亚特许经营协会	PHILIPPINES Franchise Association www.philfranchise.com	菲律宾特许经营协会
CZECH Franchise Association www.czech－franchise.cz	捷克斯洛伐克特许经营协会	PORTUGAL Franchise Association www.apfranchise.org	葡萄牙特许经营协会
DENMARK Franchise Association www.dk－franchise.dk	丹麦特许经营协会	SINGAPORE Franchising and Licensing Association www.flansingapore.org	新加坡特许经营与品牌许可协会
EUROPEAN Franchise Federation www.eff－franchise.com	欧洲特许联盟	SLOVENIA Franchise Association www.franchise－slovenia.net	斯洛文尼亚特许经营协会
FINLAND Franchising Association www.franchising.fi	芬兰特许经营协会	SOUTH AFRICA Franchise Association www.fasa.co.za	南非特许经营协会
FRANCE Franchise Federation www.franchise－fff.com	法国特许经营协会	SPAIN Franchise Association www.franquiciadores.com	西班牙特许经营协会
GERMANY Franchise Association www.dfv－franchise.de	德国特许经营协会	SWEDEN Franchise Association www.franchiseforeningen.a.se	瑞典特许经营协会
GREECE Franchise Association www.franchising.gr	希腊特许经营协会	SWITZERLAND Franchise Association www.franchiseverband.ch	瑞士特许经营协会
HONG KONG Franchise Association www.franchise.org.hk	香港特许经营协会	Association of Chain and Franchise Promotion, TAIWAN www.tcsa.org.tw	台湾连锁加盟促进会
HUNGARY Franchise Association www.franchise.hu	匈牙利特许经营协会	(U.S.A.) International Franchise Association www.franchise.org	美国国际特许经营协会
INDIA Franchise Association	印度特许经营协会		

就全球范围而言，餐饮业、生活服务业和非食品的零售业是成长最快的行业，其中餐饮业的增长最为显著和突出。但是在地区范围，生活服务业在南美洲、欧洲以及非洲、大洋洲的增长尤为迅速。特许经营在欧洲、非洲、大洋洲的零售业广为采用，促进了该地区

零售业的发展，零售业增长最快。而在一些国家，例如在美国、法国、意大利和日本等这样传统的特许经营市场中，特许经营依然在持续增长。其他非主要行业在一些国家也得到了增长，例如墨西哥和泰国的教育业；巴西的计算机和电子行业；捷克共和国、意大利和英国的地产业；荷兰的咨询业；印度的卫生行业；澳大利亚的建筑业。

表 2　　**主要市场特点**（按占有率划分）

	全球	北美洲	南美洲	欧洲	亚洲	非洲/大洋洲
增长行业	餐饮 23%，生活服务 21%，非食品零售 19%	餐饮 60%，商务服务 20%	餐饮 66%，生活服务 33%	餐饮 36%，生活服务 21%	餐饮 27%	餐饮 25%，建筑 25%，生活服务 25%
特许企业输出国	法国 14%，德国 10%，美国 7%，中国 7%，埃及 7%	美国 20%，墨西哥 20%	阿根廷 17%，巴拉圭 17%	法国 24%，德国 18%，西班牙 12%，英国 20%，葡萄牙 17%	中国 18%，东南亚 9%	非洲 17%，澳大利亚 8%

从全球看，特许者最好的策略是提供低成本产品（35%），然后是特色服务（33%），附带服务的产品（20%），特色产品（18%），最后是低成本服务（15%）。商业策略因地区的不同而不同。南美、非洲、大洋洲人均收入很低，低成本产品特别受欢迎。特色服务在各地都有商业机会，在非洲、大洋洲、亚洲机会更多。低成本服务在北美最强，但在南美几乎没有。提供附带服务的产品的特许商在南美和亚洲机会最多，但在非洲、大洋洲机会很少。提供特色或差别产品的特许商在欧洲的机会最多，这些策略在南美和非洲、大洋洲机会却并不多。

表 3　　**特许商业策略**

经营策略	全球	北美	南美	欧洲	亚洲	非洲/大洋洲
低成本产品	35%	25%	50%	21%	25%	50%
低成本服务	15%	25%	–	14%	6%	17%
特色产品	18%	13%	–	29%	13%	–
特色服务	33%	25%	25%	21%	31%	33%
附带服务的产品	20%	13%	25%	14%	25%	–

表4　　世界主要国家特许经营发展情况介绍

国别	特许体系数（个）	加盟商数（个）	年销售额（亿美元）	就业岗位（万个）
澳大利亚	700	50000	612，占GDP的12%	60
中国	1900	87400	－	200
日本	1100	220000	1640	200
马来西亚	321	8300	30	9.38
菲律宾	749	100000	50，占社会商品零售总额的15%	50
新加坡	380	3000		
墨西哥	500	35000	40	
南非（2002年）	373	20515	75	
美国	1400	767000	1.53万	1800，占全社会的13.7%
法国	765	34745		

大约18个国家有特许经营的专门法律或法规。国际统一私法协会（UNIDROT－International Institute for the Unification of Private Law）于2004年4月颁布了《特许经营信息披露示范法》（Model Franchise Disclosure Law）。

（武瑞玲）

附录五

部分连锁企业及相关机构简介

联华超市股份有限公司

联华超市股份有限公司创建于1991年5月，是上海首家以发展连锁经营为特色的超市公司。经过13年的发展，联华已成为现今中国最大的商业零售企业；形成了大型综合超市（大卖场）、超级市场、便利店等多元业态联动互补、组合推进的规模发展优势。在上海、北京、天津、江苏、浙江、安徽、江西、广东、山东、山西、河南、河北、辽宁、吉林、新疆、内蒙等22个省市和自治区的100多个城市建立了强大的连锁经营网络。联华连续7年稳坐中国零售连锁业翘楚之席，是消费者最信赖的商业品牌之一。

2003年6月27日，联华在香港主板市场挂牌上市（0980），标志着联华通过香港H股进入国际资本市场，向国际化跨出了重要的一步。

2004年联华继续坚持发展、转型、提升的战略方针，以创新变革为动力，通过经营创新、技术创新、管理创新，提升核心竞争力。围绕“扩销、降本、增盈”挖掘潜力，确保完成2004年预算目标，稳健推进全国战略，继续保持联华在中国连锁业的领先地位。

1. 以发展为主旋律，稳步推进全国发展战略

联华继续以“跳跃式”与“推土机式”相结合的发展方式，遵循速度与质量并重的原则，各业态严格按照2010年战略发展规划所指定的重点地区发展连锁规模。把握集中度，快速形成区域优势；继续采取直营、合资、并购、加盟并举的扩张策略。根据市场形势变化，注重对并购和特许加盟手段的运用。

2. 以创新变革为动力，实现区域向全国转型

进一步加快流程重组和资源整合，提升综合竞争力，以适应市场变化和联华跨业态、跨区域发展的需要。循序渐进，有条不紊，扎扎实实地做好业态转型、经营模式转型、总部职能转型、组织体系转型、经营机制转型和管理方式转型等各项转型工作，逐步实现由区域性公司向全国性公司转型。

3. 以提升为核心，培育国际竞争力

加快提升联华的商品管理能力，完善集约化采购体系，全面推进品类管理。做好全国物流规划，进一步完善全国供应链体系建设。加快推进信息管理技术标准化建设，实现跨地区、跨业态的信息共享，提高集约化经营与管理效率。建立市场化的营销机制，充分发挥营销资源集约优势，提升营销管理和策划能力。加强人力资源开发，建立梯级人材培养体系。以现代零售技术为手段，通过梳理、改良、优化业务流程，变革经营机制，建立科学的业绩考核体系，提升可持续发展能力。

4. 以业绩为主流文化，实施文化战略

以弘扬企业精神为导向，以企业使命为己任，围绕企业远景和核心价值观，倡导业绩

文化。同时，处理好全局利益与局部利益的关系，牢固树立执行意识、沟通意识和服务意识，积极倡导和推动业绩文化。弘扬“团结协作，精益求精，包容共济”的企业精神，争取在 2004 年取得更辉煌的成绩。

华联超市股份有限公司

华联超市股份有限公司是中国国内第一家上市的连锁超市公司，其前身为成立于 1993 年 1 月的上海华联超市公司。

公司以“挑战极限，追求卓越”为企业精神，以“低投入，低风险，高效率，高产出”为经营原则，以特许加盟为经营特色，坚持低成本发展模式的经营策略。公司积极推行现代企业制度和公司制法人治理结构，已经形成了以标准超市、大卖场、便利店为主营业态，以现代化物流和信息化管理为核心，以开拓全国市场、参与全球竞争为目标的经营格局。至 2003 年年底，公司已在国内设有 22 个子（分）公司，拥有连锁门店 1388 家，网点遍布上海、北京、江苏、浙江、安徽、江西、河南、山东、福建、山西等 10 多个省市，建立了以长江三角洲为核心，以京沪两地为重点，向全国辐射发展的战略框架。公司的经营规模、销售业绩、盈利水平等主要经济指标已跃居国内领先地位，成为中国同行业目前最具影响力和知名度的连锁超市公司之一。

华联超市适时推出的“便利角”，不仅具备便利店的全部优势，更重要的是有效地克服了“软肋”。在商品和服务上与便利店完全一样，但“便利角”的商品价格和所在超市的保持一致，因此同样的商品和同样的服务，“便利角”的价格比便利店便宜些。同时“便利角”以整个超市为后盾，超市原有的品种数量弥补了一般便利店品种不足的现象，它兼具了超市与便利店的优势，真正做到了便民又利民。至 2003 年年底，华联超市在上海市内的门店“便利角”已经发展到近 70 家，规模效应和经济效益开始显现。

2001 年 12 月 28 日，位于江西省南昌市渊明北路 3 号的华联超市南昌大卖场开张营业。这是华联超市在上海市外开张的第一家大型卖场。她的诞生，标志着华联超市通过业态创新拓展全国市场迈出了战略性的一步。截至 2003 年年底，华联超市在国内开张的大卖场已增加到 13 家，大卖场营业总面积达到 90000 平方米。

华联超市早已开发建设自己的物流配送中心，并不断扩容和完善。目前公司物流配送中心可为 1000 家门店配货，其智能化、无纸化、机械化程度在国内首屈一指。

华联超市始终贯彻“比竞争对手成本更低”的成本策略，变“用了再算”为“算了再用”，使公司在高速发展的同时避免了费用的高速膨胀。华联超市已经从对显性资金流的控制提升到对隐性资金流的控制，主要通过全员控制、全过程控制和全方位控制的“三管齐下”，向管理要效益。正是得益于精细化管理以及严格的内控制度，华联超市近几年来主营业务收入和净利润都有较大幅度的增长。

深圳市海王星辰医药有限公司

深圳市海王星辰医药有限公司于 1995 年 6 月 28 日成立，是一家大型医药、健康产品的专业营销公司。在中国医药零售行业，海王星辰率先引进国外先进医药经营管理技术，积极研究与开拓医药健康产品零售市场，创立了适合中国国情、具有全新模式的现代零售药店“海王星辰健康药房”。多年来，海王星辰凭借自身丰富的市场营销经验、企业战略管理和人才优势，不断探索前行，致力于中国现代医药零售事业的健康发展。

海王星辰从当初仅有十几个人，成立第一家健康药房，发展到拥有500家健康药房，近4000名员工的企业。迄今，已在深圳、广州、昆明、成都、上海、杭州、苏州、常州、无锡、宁波、大连等城市建立了分支机构。海王星辰在人才、物流、信息等方面所拥有的资源与能力，已经在同行业中具备相对优势。

海王星辰以行业GSP规范为准则，借助现代信息管理技术，实施采购、配送、营销和服务等连锁标准化经营，创立及实践自己独有的市场营销策略：经营“健康+专业+便利”的药房，努力实现对消费者“品质保证、专业服务、顾客满意”的承诺，树立服务新形象，倡导健康新概念。

2002年，海王星辰与全美专业药房排名第一的Medicine Shoppe结盟，致力于将美国先进的医药零售技术引入中国医药零售连锁行业。

2003年，海王星辰携手北京同仁堂（集团）、北京首创科技投资有限公司共同组建了北京同仁堂商业投资发展有限责任公司。商业公司旨在运用海王星辰先进的科学管理技术，发展同仁堂现代国药精品店，力争将同仁堂打造为中医药行业的第一品牌。

在中国连锁经营协会2002年的评比中，海王星辰荣获“中国连锁百强企业”的称号；同年，海王星辰更荣获“广东省流通龙头企业”的称号，成为深圳市医药零售行业中惟一获此殊荣的企业。

今后，海王星辰将以华南、华东经济发达地区为重点拓展领域，对局部市场进行深度开发，采取步步为营、层层推进的经营策略，重质、重量地加快连锁经营的步伐，在销售上争取主动，抢占医药流通终端市场。展望未来，到2005年，海王星辰将拥有直营药店1200家，年销售额达到20亿元，将初步完成在国内的布局，成为国内医药零售领域的一流企业，在市场占有率、品牌价值、销售额以及营业利润等方面，海王星辰将位居行业前列，排在中国医药连锁行业的第一方阵。

团结、务实的星辰人，以其专业和创新的精神在专业化与多元化并行的轨道上稳健、持续地前行；在中国医药连锁行业发展的道路上，海王星辰一路领跑！

Medicine Shoppe 美信医药国际连锁

Medicine Shoppe成立于1970年，总公司位于美国密苏里州圣路易市，为美国第二大医药批发商Cardinal Health的全资子公司，股票上市企业，为全美排位第一并被评为最佳的医药零售特许经营品牌，年销售额超过20亿美元。

Medicine Shoppe已经在全世界多个国家通过加盟特许方式发展全球业务，其加盟药房总数超过1300家，遍布美国、加拿大、澳大利亚、墨西哥、波多黎哥、台湾、马来西亚、印度尼西亚、印度、菲律宾等国家和地区。其中国特许经营业务——Medicine Shoppe美信医药国际连锁的启动，标志着第一个医药零售国际品牌在中国特许经营业务的启动，也标志着第一个医药零售国际品牌进入中国大陆市场。

Medicine Shoppe美信医药国际连锁于2002年9月进入中国，由美信医药连锁管理咨询有限公司在中国特许经营，使用 Medicine Shoppe 的商标和经营管理技术，继承了美国 Medicine Shoppe 的成功经营模式，引进其独特的“企业制度加盟体系”，有别于国内其他连锁药店“产品及商标加盟体系”，并融合中方股东——海王星辰健康药房本土化发展的经验，立志于为顾客和社区民众提供最好的、最专业的医药保健服务，为加盟美信医药连锁的投资者和经营者带来满意的利益回报，以无愧于全球领先的医药连锁国际品牌的声誉。

Medicine Shoppe 美信医药国际连锁秉持“100%专业药房”的理念，恪守100%顾客满意，提供专业品质及服务的承诺。Medicine Shoppe 美信医药连锁系统将会提供全球最好的药学服务经验，成为社区民众健康与医药信息之依赖，向顾客提供全面的药物管理、医生处方之判断与调剂；进行病患咨询、教育与安全用药指导；实行病患追踪、疗效管理；对特许病患提供专科药学照顾。

Medicine Shoppe 美信医药国际连锁致力于在零售专业药房领域提供有支持的自主经营机会，专注于满足顾客需求和实现经营者的资产增值，并通过品牌、营运系统和持续支持模式服务中国的每个市场，缔造中国最优秀的专业药房，为提升中国民众的健康服务不懈努力。

Medicine Shoppe 美信医药连锁管理咨询有限公司为加盟药房提供全面和持续的经营辅导和支持，Medicine Shoppe 美信医药国际连锁提供的国际品牌、营销支持、营运系统和后继服务，保证加盟商获得销售增长、毛利增加、费用控制和资产管理四重利益。

上海瀚颖活净水科技有限公司

1. 企业简介

1999年10月，台湾瀚颖活净水科技股份有限公司结合了电子、化工、水处理、机械及银行金融等行业人员，在近三十位股东同意下正式成立，并一致通过由郑颖儒先生担任执行董事长及企业董事长一职，带领瀚颖科技全体职工全力构建市场，期许瀚颖科技成为全球最大“水”业的自动贩卖连锁。在历经一年多的努力下，瀚颖科技成功地跃为台湾地区加水站业界的龙头，不仅将自有品牌“ROER 瀚颖活净水”打出响亮知名度，更在2001年5月及2001年7月将经营触角分别伸入马来西亚和中国大陆。2001年8月1日，瀚颖科技正式成立中国总部——上海瀚颖活净水科技有限公司。截至2003年底，瀚颖科技集团在海峡两岸及马来西亚共拥有近两千台加水站。在中国境内，中国城市代理、上海市区代理共计二十余家，加水站台数1123台。

2. 企业远景目标、经营理念及品牌核心优势

让每个人能用最便宜的成本喝到最高品质的饮用水，为个人健康生活打好基础，获得美好的未来，这是瀚颖科技的心愿与使命。在加盟业务方面，翰颖科技除提供加盟主经营辅导、宣传促销、媒体广告及技术支持等十大保证及产品十大特色外，更提供全国首创“一年还本履约保证”，让众多加盟主在经营项目时全无后顾之忧，真正达到加盟创业百分百获利。

预计在2004年瀚颖科技完成中国城市代理100家经营目标，加水站台数5000台市场目标，期许完成年度总营收目标人民币1.8亿元。

3. 加盟产品介绍、加盟条件及加盟对象的选拔

随着人口增长、生活品质提高、环境污染严重，大众对干净、安全、卫生、便宜的生活饮用水需求日益增加。“瀚颖活净加水站”就是由瀚颖科技将“直饮水工程”及“自动贩卖系统”两大概念结合，所产生的新兴科技产品，将其成功转入市场、深入百姓生活周遭，彻底而又有效地解决民众饮用水问题、政府建设资金支出问题和社会就业问题。瀚颖科技以“免人工”、“免店面”、“24 小时营业”为诉求，并提供全国首创“一年还本履约保证”服务，只须自备人民币 49500 元的投资基金，即可让加盟者一圆当“小老板”的美梦，拥有获利高达九成的理想事业！

拍档电子科技（上海）有限公司

1. 企业介绍

拍档集团是 POS 系统及周边设备的专业制造厂商，经过十多年的努力，已在美国、韩国、日本、香港、新加坡、菲律宾及中国等地设置了分支机构，发展成为一家在全球拥有十多家分公司的跨国高科技企业。

多年来，拍档一直快速而准确地满足 POS 行业的特殊市场需求，已成功开发出一系列独特且极具竞争力的产品。近年来，更是推出更多适合全球不同商圈、不同业态以及 IT 产业的新产品。拍档目前在全球销售产品共分四大类：POS 整机、POS 周边、IT 产品以及 AUTO ID 产品。

2. 打造梦想——研发与品管

为实现产品保持技术领先的同时切合客户需要，拍档每年投入超过四分之一的人力与财力于研究及产品开发，以市场的需要为产品的研发依据。敏锐的洞察力及快速的反应力结合高素质的研发队伍，使拍档产品不断推陈出新，不断满足客户群的各种需求，以客户的观点、科学的方法来设计具有前瞻性的产品。拍档对于产品品质的完美追求，得到了国际市场的验证和肯定，其产品曾获欧洲贸易杂志评选的最佳产品奖项。

3. 经营团队——最佳拍档

企业的竞争永无止境，拍档能够不断提升的因素，除了以专业、实力、品质、创新取得的竞争优势，也在于其“以人为本”的管理视野。

在中国，除了强有力的管理团队以外，拍档的销售及服务专才已遍及二十多个省区，为中国客户提供及时有效的服务。

4. 产品介绍

（1）POS 整机：分体组合式 POS、集成一体式 POS、触摸屏 POS、双荧幕 POS、Thin client POS、无线 POS。

（2）POS 周边：可编程键盘、顾客显示牌、条码扫描器、票据打印机、磁卡阅读器、银箱、操作员 LCD 屏。

（3）IT 产品：KIOSK、LCD 显示屏、无线通讯产品。

（4）AUTO ID 产品：门禁考勤设备、停车场设备。

5. 全球典型使用客户

百胜集团（Pizza Hut 必胜客，KFC 肯德基），McDonald 麦当劳，Warner Bros. Cinema 华纳影院，SOGO 太平洋，IS COFFEE，Holiday Inn 假日酒店，Jockey Club，Marco Polo，物美集

团，家得利超市，华联吉买盛，重百集团等。

地址：上海市松江区九亭镇松江高科技园区涞寅路969号（201615）
电话：021-67696667
传真：021-67696699
邮箱：sales@partnertech.com.cn
网址：www.partner.com.tw

北京凯朗伯思咨询顾问公司

北京凯朗伯思咨询顾问公司（Beijing Keybox Consultants Company）是一家以市场营销、品牌管理和连锁经营为主要业务的管理咨询公司。公司的顾问都是有丰富实践经验，现任或曾经任国内有较高知名度的连锁经营企业的管理者，特许经营优秀品牌管理者，从事连锁经营研究有突出成果的专家和学者，以及港澳台地区的国际特许品牌的经营者。公司的理念是为客户提供实用的帮助。

公司还协助连锁企业进行海外融资（私募和上市），介绍海外投资机构，进行旨在提高成功率的融资前和融资过程中的管理咨询。

公司执行董事，总经理陈实从事市场营销、品牌管理和连锁经营10余年。陈实曾任中国蓝星集团总公司总经理助理，马兰拉面快餐连锁公司总经理、董事长，负责过蓝星清洗（中国驰名商标）、马兰拉面（中式快餐著名品牌）、中车汽修（目前国内最大的汽修连锁企业）等3个连锁品牌的策划、经营和管理。

陈实先生同时还是中国连锁经营协会会员，协会特许经营委员会和自律委员会委员，中国烹饪协会快餐专业委员会执行委员。陈实先生有丰富的资本运营经验，主持过多项并购和海外融资业务，现受聘担任香港一家投资银行的高级顾问。

地址：北京市海淀区中关村东路18号财智国际大厦C座611室（100083）
电话：010-82601692（FAX）
网址：www. keybox. cn
邮箱：600@keybox. cn

北京凡佳诗管理顾问有限公司

北京凡佳诗管理顾问有限公司是专业特许连锁经营顾问公司，拥有一支由国内外资深特许经营专家、品牌营销专家、管理专家、财务专家和法律专家组成的顾问团队，亲自操盘多个大型连锁经营项目，具有丰富的企业运作经验，为所服务的企业创造了良好的经营管理业绩。

凡佳诗的优势是：拥有业内一流资深专家团队和连锁经营实操专家，熟悉中国企业和经济环境，融合中外专家的经验和优势，既能制定方案，也能对企业实际营运进行指导，咨询绩效卓著；在连锁经营领域具有专业研究力量，已初步形成适合中国企业的连锁经营管理理论和实操体系；在发掘企业业务潜能，并将其引申为可行的商业运作体系方面具有非常丰富的经验；特别擅长连锁店的管理与经营，在特许经营开发及打造连锁企业核心竞争力方面具有独到之处。由凡佳诗资深专家领导的连锁咨询项目达几十个。

凡佳诗的主要客户有：赛特集团、杉杉集团、电大在线、亚联电信、赛克赛思、中创投资、香港兴惠、司迈特电器、伟人居、大胖餐饮、亚泰集团、凯爱房地产、联创农机超市、大富豪家具、丽人美容、韵泓工艺品等几十家企业。

凡佳诗的理念是：

诚信、创新、追求卓越！

干则一流，干则必成！

凡佳诗的目标是：

与客户共同打造连锁金链条！

地址：北京市海淀区太阳园 10－1604（100086）

电话：010－82118518

传真：010－82118519

邮箱：fcc@franchise－c.com.cn

北京惠诚律师事务所

业务范围包括：

1. 为国外特许商进入中国进行法律环境、政策调查，提供法律可行性分析，进行特许体系资料尤其是特许合同等文本的翻译及本土化改造工作，推荐、考察候选受许人，参加授权谈判，管理受许人，解决双方的纠纷。

2. 为国内特许商建立特许经营体系提供全方位法律服务，包括起草、制定特许合同以及其他法律文本，规范特许经营体系，为特许经营推广活动提供法律支持，参加授权谈判，调查受许人资质，参加对受许人的日常事务管理，制止受许人的违约行为，解决与受许人之间的纠纷，提供特许经营咨询和法律培训。

3. 为国内受许人推荐、调查国外、国内特许商，分析特许体系的法律风险，进行特许合同的翻译和本土化工作，参加授权谈判，解决与特许人的纠纷。

地址：北京市朝外大街 19 号华普国际大厦 515 室（100020）

电话：010－67682349

传真：010－67682294

邮箱：lawlawyer@sina.com.cn

网址：www.huichenglawyer.com

英格律师事务所

英格律师事务所是以特许经营、知识产权、国际投资、企业改制、经济合同等法律事务为专业方向的合伙制律师事务所，是较早从事特许经营法律服务的律师事务所之一，与特许经营主管机关、行业协会、学术机构、管理顾问公司建立了稳定的合作关系，是中国连锁经营协会会员和特许委员会会员单位，同时也是中国烹饪协会快餐委员会委员单位，并出版发行《特许经营合同及案例分析》等专著。

在特许经营方面的主要客户有：马兰拉面、福奈特洗衣、新华驿站、中石化、好伦哥比萨、九头鸟餐饮、特丽洁清洗、小土豆餐饮等国内外知名特许企业。

特许经营业务范围包括：法律、法规及政策咨询；项目调研和策划；国内外特许品牌跨国发展方案的策划和设计；特许经营投资、融资的策划和设计；特许经营合同及其附件的制定；对特许企业的合作伙伴进行资信调查和商誉评估；对商标、专利、著作权侵权及不正当竞争的调查和诉讼；特许经营法律专项培训；担任常年法律顾问；其他法律事务。

地址：北京市东三环南路2号（国贸桥东南角）恋日国际18号楼25层（100022）
邮箱：wangguibin3@yeah.net
电话：010－65667650
　　　65669211/12/13/14
传真：010－65667653